编委会成员

主　编　张　盈　张海燕

执行主编　石俊峰

副主编　徐　岚　陈向娟　李晓东　王　萌

姜　彪　王　巍　周隆君

撰 稿 人（按姓氏拼音排列）

褚宝鹏　程　亮　郭清华　何　宁　韩　旭　李　惠

陆佳伟　刘　盼　李　硕　刘鑫岩　任荟好　孙国宾

孙培培　师志强　王　超　王　蛮　徐　頔　熊伟娜

姚　凯　赵旭善

办案策略与技巧丛书

合同案件

办案策略与技巧

张　盈
张海燕　主编

第2版

中国法制出版社
CHINA LEGAL PUBLISHING HOUSE

序言

本书距离2016年首次出版，已七年有余。七年的时间，足以发生很多变化。

对于从事律师工作实务的人而言，变化最大的，应是《民法典》的颁布实施。随着《民法典》自2021年1月1日起施行，原先大家所熟知和常用的《婚姻法》《继承法》《民法通则》《收养法》《担保法》《合同法》《物权法》《侵权责任法》《民法总则》同时废止。律师是一个需要终身坚持学习的职业，必须结合最新的法律变化而不断更新知识，方能实现以"当下之法"理"当下之事"。因此，决定了本书必须结合最新的法律规定进行相应的更新和修订。同时，律师也是一个实践性极强的职业，既是工作所需、职责所在，也是一个不断丰富、不断积累的过程。七年时间的实务经验积累，足以让一名律师业务水平得到质的提升。因此，本书也有更新的必要。基于上述原因，欣然接受了编辑老师的书约，对本书进行全面的更新和修订。

从本书的结构上，第二版仍然沿用了上、下两编的总体结构。上编主要研究《民法典》合同编通则中一般的合同纠纷类型，下编主要研究《民法典》第二分编中的典型合同以及生活中常见的合同纠纷类型。由于建设工程合同、技术合同包含内容较多宜专门研究讨论，仓储合同与保管合同相似，行纪合同与委托合同相似，故未在本书中予以讨论。本次修订，主要体现在三个方面：一是结合《民法典》及配套司法解释的规定，对各章节中涉及的相关法律法规进行了相应的更新，尤其是对新增的相关规定进行了重点的解读。二是结合近些年司法实务中一些新的实践案例和裁判观点，对相关知识点进行了更新和修正。三是增加了第一版中未涉及但实践中又较为常见的七种合同纠纷，具体为：股权转让合同纠纷、保理合同纠纷、物业服务合同纠纷、保险合同纠纷、医疗服务合同纠纷、网络主播演艺经纪合同纠纷、合伙合同纠纷。加上第一版中的十七类常见合同纠纷，共计对二十四类常见合同纠纷的办案策略与实务技巧进行了较为全面的研究和梳理，对于从事相关合同案件的代理工作，可以起到抛砖引玉和参考借鉴的作用。

从编写人员上看，考虑到本书既然是实务书籍，当集众人之经验和智慧。同时，由于本次修订增加了七种合同纠纷案件类型，因此，本书的编者数量较第一版有所增加。所有参加本书编写的人员，都是奋战在法律实务工作一线的律师，从而继续保持了本书的实务性特点。全书由张海燕、石俊峰审稿，具体章节的撰稿人，将在相应章节中予以注明。

从写作过程来看，修订出版本书，不仅是经验和教训的总结，更是知识和方法的升华。囿于知识和经验所限，本书所述未必全面、深刻，谬误之处在所难免，在此，请广大同行专家、专业人士及读者朋友们予以批评指正，以助我们不断提升和完善。此外，由于本书编写人员较多，在体例、风格、表述方面可能存在不够统一的问题，本人作为主编，当担首责，诚祈大家谅涵！

最后，再次感谢中国法制出版社编辑韩璐玮女士为本书的再版给予的帮助和作出的奉献！

张海燕

2023 年 12 月

目录

上编　一般合同纠纷办案策略与技巧

下编 常见类型合同纠纷办案策略与技巧

上编

一般合同纠纷办案策略与技巧

第一章　合同纠纷概述[①]

第一节　合同和合同纠纷概述

当今社会，以分工协作为基础，以开放交流为特点。[②] 大到世界经济贸易、国家经济运转，小到日常生产、交易、生活和消费，大多通过合同实现，合同的身影无处不在。在我国的法律语境下，合同有行政法上的合同、劳动法上的合同、民法上的合同等[③]，但本书讨论的范围限于民法上的合同，即当事人之间设立、变更、终止民事关系的协议，其基本的规范依据是《民法典》合同编。本书的研究体系亦基于《民法典》合同编的立法体例，分为上、下两编，上编为合同一般纠纷，即合同编第一分编通则中予以规范和调整的适用于各类合同纠纷的一般性问题；下编为常见合同纠纷，这些纠纷与日常生活联系紧密，适用频繁，大多在民法典合同编第二分编典型合同中有相应的规范，但本书也包括典型合同中未明文规定但实践中常见的其他合同纠纷，如股权转让合同纠纷、旅游合同纠纷等，还包括近年来由于网络主播的兴起而日益增多的演艺经纪合同纠纷。对于典型合同中规定的某些专业领域的合同纠纷（如建设工程合同纠纷、技术合同纠纷、金融借款合同纠纷等），考虑到另有书籍专门系统研究，本书中则未予探讨。

合同纠纷是诉讼律师代理工作实务中最为常见的纠纷类型，在各类诉讼纠纷中占比最大。可以说，合同纠纷是律师诉讼业务的核心领域。要做一名

---

① 本章作者张海燕。

② 韩世远：《合同法总论》（第 4 版），法律出版社 2018 年版，第 2 页。

③ 韩世远：《合同法总论》（第 4 版），法律出版社 2018 年版，第 2 页。

优秀的诉讼律师，在合同纠纷领域的诉讼经验必不可少。实际上，在非诉讼领域，不论是公司并购、股权转让还是私募基金、投融资业务，都是依靠一系列的合同（包括合同性文件）来构建的交易模式和交易框架及规则。诚如很多资深律师所言，要做好非诉讼业务，必须有扎实的诉讼功底。进一步可言之，要做好民商领域的非诉讼业务，必须有扎实的合同纠纷诉讼功底。即便是从事刑事案件辩护的律师，在承办经济犯罪案件中，也可能会涉及对合同的分析和判断，最为典型者如合同诈骗罪。从这个角度而言，不论是诉讼业务还是非诉讼业务，扎实的合同纠纷诉讼功底，是做好律师业务的基础和根本。

第二节　对合同纠纷裁判思维的宏观把握

经济生活是丰富多彩且日新月异的，法律具有一定的滞后性决定了现有的法律法规不可能对所有的经济行为及其模式进行规定。因此，理解并掌握审判机关对于合同纠纷的基本裁判思维，对于办理合同案件而言至关重要。审判机关在长期的审判实践中，对于合同纠纷案件的基本审判理念或裁判思维是有着基本共识的。这些裁判思维，应成为律师办理合同纠纷案件的诉讼思路指引。

一、合同自由，有限干预

合同自由是私法自治的核心，在私法领域，必须尊重并保护当事人的自主意志。所谓合同自由，包括缔结合同自由、选择相对人自由、决定合同内容自由、变更或解除合同自由、违约补救自由、争议解决自由等多个维度，其中合同内容自由是合同自由的核心。当事人有权自主决定其在合同中的各项权利义务，法律应当尊重当事人对自我权利的处置和义务的设置。不论是立法还是司法实践，对于合同自由的尊重和保护都是具有共识的。《民法典》第 5 条明文规定民事主体从事民事活动，应当遵循自愿原则，按照自己的意思设立、变更、终止民事法律关系。在实践中，一般而言，合同纠纷的主要裁判依据就是当事人的合同约定。但同时需要注意的是，任何形式的自由都不可能是无限度的、绝对的自由，个人自由权利的行使应以不损害国家利益、社会公共利益和他人合法权利为边界，越过边界的合同行为，就会受到法律的干预，其效力将被法律所否认，不能达到当事人的合同目的。比如，符合《民法典》第144条、第146条、第153条规定情形的合同就是无效合同。此外，还应当注意其他特别法对于相关领域合同行为的特殊规制和干预，如《公司法》对于公司领域合同的优先适用，《广告法》对于广告合同领域的优先适用等。

二、促进交易，规范秩序

市场经济的实质是合同经济，一切的经济行为都是通过合同实现，可以说，各式各样的合同行为构成了完整的市场经济活动。因此，《民法典》作为市场经济的基本法律，其必然承担着促进交易、规范秩序的职能。审判机关在裁判过程中，也无不把促进交易、规范秩序作为重要的审判理念之一。

所谓促进交易，是指合同立法和合同纠纷的审判要促进当事人按照其既定的交易意志完成交易行为，只要这种交易不违反法律和社会公共利益，不侵犯他人合法权益即可。比如，《民法典》第147条关于可变更民事法律行为的规定以及第577条关于继续履行、采取补救措施等违约责任的规定，就是促进交易最明显的体现。但应当注意的是，为了市场经济的整体利益，在促进交易的同时，还必须遵守一定的底线，对于扰乱甚至是伤害市场经济秩序和交易安全的行为，则必须予以制裁，以建立并维护市场经济交易秩序的规范和安全。

三、诚实信用，公平有偿

诚信原则作为民法领域的一项基本原则，甚至被称为帝王原则，在《民法典》第7条中明文予以规定，同时具有法律调节和道德调节的双重功能。[①]

---

① 吴庆宝主编：《合同纠纷裁判标准规范》，人民法院出版社2009年版，第15页。

诚信原则，是指当事人在市场经济活动中应讲究信用、恪守诺言、诚实无欺、不损人利己。在立法上，诚信原则贯穿于《民法典》合同编的整个内容，不论是在缔约阶段、订立阶段、履约阶段还是终止阶段，均有诚信原则的体现。如《民法典》第500条规定的缔约过失责任，第501条规定的保密责任，第509条规定的通知、协助、保密义务，第525条至第527条关于抗辩权的规定，第558条规定的合同终止后的通知、协助、保密等义务，都是诚信原则的体现。在司法审判实践中，法官引用诚信原则的情况更比比皆是。如在陈某玲、陈某峰民间借贷纠纷案［最高人民法院（2019）最高法民终218号］中，最高人民法院指出：人民法院应根据诚信原则审查用于抵销的主动债权的取得情况，以保护善意抵销权的同时不损害第三人的合法权益。本案中，在陈某玲明知黄某作为多起案件被执行人缺乏可供执行财产的情形下，在本案一审庭审之后受让债权并主张抵销的行为，违背了诚信原则。抵销抗辩的诉请，不予支持。

公平原则是市场经济等价有偿原则在合同法中的体现和必然要求，在《民法典》第6条中明文予以规定。此外，该法第147条至第151条关于合同撤销的规定，第533条关于情势变更原则的规定，第585条关于违约金数额调整的规定，第583条、第584条等关于损失赔偿的规定等均是公平原则的体现。

第三节　律师办理合同纠纷案件的总体思路和方法

律师在办理合同纠纷案件时，应从意思自治和诚实信用的高度上把握合同纠纷的基本裁判原则，从鼓励、维护交易秩序的角度审视合同的价值，从合同约定、法律规定、审判精神等多个角度审视合同主体之间权利义务的规则，从合同效力、权利义务等细节方面梳理合同纠纷的办案方法和思路。一般而言，可遵循以下思路和步骤：

步骤1：分析判断当事人之间所签订合同是否成立生效并有效。这是办理合同纠纷案件的第一步，如果合同未成立、未生效或无效，则应主要通过

《民法典》的相关规定来分析合同当事人的责任，如缔约过失责任。若合同已成立、生效并合法有效，则主要依据合同的条款来分析。

步骤2：收集、分析合同履行情况。通过收集分析，掌握合同履行证据，并进一步判断当事人履约是否符合约定和法律规定。

步骤3：结合合同约定、法律规定来分析当事人的责任。合同约定是首要标准，首先应看合同中对于争议事项是否有相应的规定，如有则首先依照合同条款来分析，若没有相应约定，则结合《民法典》的相关规定来进行分析。同时，还应充分收集实践判例，尤其是最高人民法院公布的指导案例、公报案例来辅助分析。

步骤4：综合前述分析，结合当事人的诉讼目的制定诉讼方案。一般情况下，当事人会采纳律师的分析意见和建议，但如果当事人有特殊的诉讼目的或要求，或者当事人对于律师的某些分析意见并非完全同意，或者是对于一些本身就难以准确判断的事项，则应对当事人如实告知并征求当事人的意见，做好风险提示。

一、充分尊重并适用合同约定

当事人之间所签署的合同，是合同纠纷案件的核心证据，是确定当事人之间权利义务的基础，是分析判断当事人合同责任的首要依据，也是律师办理合同纠纷案件首先要详细审阅的材料。对于办理合同纠纷案件而言，只要当事人之间的合同是有效的，则首先应根据合同条款来分析双方的权利义务和责任，充分尊重合同的约定。

二、准确把握法律对当事人意思自治的支持和限制

合同自由是《民法典》合同编的基本原则，但同时应当注意的是任何自由都是有限度的，绝对的自由并不存在。若允许合同绝对自由，则难以保障社会经济秩序的良性有序。也正是基于此，法律对于当事人的意思自治进行了必要的限制，如《民法典》第144条、第146条、第153条、第154条对于合同效力的规定，第585条对于违约金过高的调整等。只要是在法律的限度之内的意思自治，则会受到法律的保护，当事人之间可以自由设定自身的

权利义务。反之，则会受到法律的否定性评价，甚至承担其他法律责任。这一点是律师在办理合同纠纷案件中必须时刻谨记的理念之一。

三、全面收集、分析司法裁判精神并灵活运用

法律制度总是滞后于经济的发展，这是成文法国家的特点。改革开放以来，我国的经济发展取得了长足的进步，社会主义市场经济建设取得了突出的成就。如前所述，合同支撑着我们的日常经济生活和社会有序运转，市场经济实际上也可以称为合同经济。《民法典》在原《合同法》的基础上，完善了合同制度，但立法的修改程度不可能完全匹配经济发展的速度。为统一裁判尺度及解决现实中出现的新型合同纠纷，最高人民法院作出了大量的司法解释和司法政策性文件。司法解释主要为对某类专门问题的解释（如《关于审理建设工程施工合同纠纷案件适用法律问题的解释（一）》《关于审理商品房买卖合同纠纷案件适用法律若干问题的解释》等）。司法政策文件主要体现为最高人民法院在不同时期颁布的“意见”“答复”“通知”“复函”“批复”“会议纪要”“若干规定”等（如《最高人民法院关于当前形势下审理民商事合同纠纷案件若干问题的指导意见》等）。此外，最高人民法院通过制定《关于案例指导工作的规定》，确立了案例指导制度，截至2023年12月7日，已发布39批共224个指导性案例，在同类案件的裁判尺度上，指导性案例对于全国法院具有指导作用。

从上述分析来看，律师在办理合同案件中，资料检索能力是必备的技能之一。在对案件基本情况、法律关系、争议焦点等有初步掌握后，必须穷尽办法搜索相关司法解释、司法政策及实践判例（尤其是指导案例、公报案例），以达到准确分析判断争议焦点、科学制定诉讼方案的目的。此外，还需要注意的是，如果没有指导案例和公报案例，还可以检索案件受理法院以及其上级法院曾经作出的类似判决，虽然相关判决仅针对个案，但其中的裁判精神和对具体法律规定适用问题的论述无疑具有较高的指导作用，可以作为律师与所代理案件的承办法官沟通的重要依据。

第二章　合同效力纠纷[①]

第一节　可撤销合同纠纷

一、理论概述与实务指引

合同的撤销，是指因意思表示不真实，通过撤销权人行使撤销权，使已经生效的合同归于消灭。所谓可撤销合同，是指存在撤销原因的合同。可撤销的合同在被撤销权人撤销之前，其保持有效的状态；当撤销权人以适当的方式行使撤销权之后，其效力归于消灭，被视为自始无效。需要说明的是，本节所讨论的合同撤销，是指合同当事人行使撤销权之情形，而不包括合同当事人之外的第三人行使撤销权之情形。债权人撤销权纠纷将在本书上篇第五章中予以讨论。

（一）可撤销合同的特征

从上述概念可以看出，可撤销合同具有如下特征：

1. 撤销对象是意思表示不真实的合同。合同是当事人意思表示一致的结果，亦称为“合意”。根据《民法典》第143条之规定，意思表示真实，是合同有效的必备要件之一。但实践中由于各种原因，可能导致当事人一方意思表示不真实，在此情况下，法律赋予意思表示不真实的一方当事人以撤销权，通过撤销权的行使，使已经签署的合同归于消灭。

2. 合同的撤销有赖于撤销权人行使撤销权来实现。撤销权是法律赋予意

① 本章作者张海燕。

思表示不真实的一方当事人的民事权利，是否行使由撤销权人自行决定，法律不强行干预。这是可撤销合同与无效合同的根本区别。在合同无效的情况下，无论合同当事人是否提出主张，该合同法定自始无效，不以当事人的意志为转移。

3. 可撤销合同在被撤销之前其保持有效状态。撤销权不行使，合同持续有效；撤销权适当行使后，合同归于消灭，产生自始无效的法律后果。

（二）合同可撤销的具体原因

根据《民法典》第 147 条至第 151 条之规定，可撤销的原因主要包括重大误解、欺诈（包括受第三人欺诈）、胁迫、显失公平等。

1. 重大误解

重大误解是指行为人对行为的性质、对方当事人以及标的物的品种、质量、规格和数量等方面的错误认识。《民法典》第 147 条规定："基于重大误解实施的民事法律行为，行为人有权请求人民法院或者仲裁机构予以撤销。"根据《最高人民法院关于适用〈中华人民共和国民法典〉总则编若干问题的解释》（以下简称《民法典总则编司法解释》）第 19 条第 1 款之规定，行为人对行为的性质、对方当事人或者标的物的品种、质量、规格、价格、数量等产生错误认识，按照通常理解如果不发生该错误认识行为人就不会作出相应意思表示的，人民法院可以认定为民法典第 147 条规定的重大误解。

2. 欺诈

欺诈是指以使他人陷入错误并因而为意思表示为目的，故意陈述虚伪事实或隐瞒真实情况的行为。[①]《民法典》第 148 条规定："一方以欺诈手段，使对方在违背真实意思的情况下实施的民事法律行为，受欺诈方有权请求人民法院或者仲裁机构予以撤销。"第 149 条规定："第三人实施欺诈行为，使一方在违背真实意思的情况下实施的民事法律行为，对方知道或者应当知道该欺诈行为的，受欺诈方有权请求人民法院或者仲裁机构予以撤销。"根据

---

① 韩世远：《合同法总论》（第 4 版），法律出版社 2018 年版，第 251 页。

《民法典总则编司法解释》第 21 条之规定，故意告知虚假情况，或者负有告知义务的人故意隐瞒真实情况，致使当事人基于错误认识作出意思表示的，人民法院可以认定为民法典第 148 条、第 149 条规定的欺诈。

需要注意的是，《民法典》第 149 条规定的第三人实施欺诈的情形，是《民法典》新增的规定内容，借鉴了大陆法系多数国家和地区的立法例。[①] 与合同相对方实施欺诈不同，在第三人实施欺诈的情况下，受欺诈人享有撤销权的前提是合同相对方非善意（即知道或者应当知道该欺诈行为），如果合同相对方并不知情，则受欺诈方不享有撤销权，只能向实施欺诈行为的第三人主张赔偿。

3. 胁迫

胁迫是指行为人通过威胁、恐吓等不法手段对他人思想上施加强制，由此使他人产生恐惧心理并基于恐惧心理做出意思表示的行为。[②] 根据《民法典总则编司法解释》第 22 条之规定，以给自然人及其近亲属等的人身权利、财产权利以及其他合法权益造成损害或者以给法人、非法人组织的名誉、荣誉、财产权益等造成损害为要挟，迫使其基于恐惧心理作出意思表示的，人民法院可以认定为民法典第 150 条规定的胁迫。

4. 显失公平

显失公平是指一方当事人利用对方处于困境，或者缺乏判断能力等情况下，与对方当事人实施的对自己明显有重大利益而使对方明显不利的民事法律行为。《民法典》第 151 条规定："一方利用对方处于危困状态、缺乏判断能力等情形，致使民事法律行为成立时显失公平的，受损害方有权请求人民法院或者仲裁机构予以撤销。"

上述四种原因是合同可撤销的主要原因。此外，根据《最高人民法院关于审理涉及金融不良债权转让案件工作座谈会纪要》第 6 条第 2 款之规定，在金融资产管理公司转让不良债权后，国有企业债务人有证据证明不良债权

---

① 黄薇主编：《中华人民共和国民法典总则编解读》（上册），中国法制出版社 2020 年版，第 485 页。

② 黄薇主编：《中华人民共和国民法典总则编解读》（上册），中国法制出版社 2020 年版，第 486 页。

根本不存在或者已经全部或部分归还而主张撤销不良债权转让合同的，人民法院应当撤销或者部分撤销不良债权转让合同；不良债权转让合同被撤销或者部分撤销后，受让人可以请求金融资产管理公司承担相应的缔约过失责任。

（三）撤销权及其行使

合同的撤销是指因意思表示不真实，通过撤销权人行使撤销权，使已经生效的合同归于消灭。存在撤销原因的合同称可撤销合同。[①]

1. 撤销权及其行使方式

根据《民法典》第 147 条至第 151 条之规定，撤销权仅属于受损害方，且由于撤销权的行使将彻底改变民事法律行为的效力，关涉当事人的重大利益，[②] 因此撤销权仅能通过诉讼或仲裁的方式行使。如果受损方没有要求变更或撤销，只要该合同不违反法律、法规的强制性规定，应认定该合同合法有效。

2. 撤销权的行使期限

在民法理论上，撤销权属于形成权。但由于撤销权的行使将使得可撤销的民事法律行为效力终局性地归于无效，将对相对人的利益产生重大影响。因此，享有撤销权的权利人必须在一定期间内决定是否行使这一权利，从而保护相对人的利益，维护交易安全。[③] 根据《民法典》第 152 条第 1 款之规定，重大误解类的合同的撤销权行使期限是当事人自知道可撤销事由之日起九十日内，显失公平以及欺诈类的合同的撤销权期限是当事人自知道可撤销事由之日起一年内，胁迫类合同撤销权行使期限是胁迫行为终止之日起一年内。之所以重大误解类的撤销权期限较短，其原因在于撤销权人对于撤销事由具有过错，是其自己造就。此外，为了稳定法律关系和交易秩序，《民法

---

① 崔建远：《合同法》（第 4 版），北京大学出版社 2021 年版，第 82 页。

② 黄薇主编：《中华人民共和国民法典总则编解读》（上册），中国法制出版社 2020 年版，第 479~494 页。

③ 黄薇主编：《中华人民共和国民法典总则编解读》（上册），中国法制出版社 2020 年版，第 495 页。

典》第 152 条第 2 款规定："当事人自民事法律行为发生之日起五年内没有行使撤销权的，撤销权消灭。"

3. 合同被撤销后的法律后果

根据《民法典》第 155 条、第 157 条之规定，合同被撤销后，自始没有法律约束力，因该合同取得的财产，应当予以返还；不能返还或者没有返还必要的，应当折价补偿。有过错的一方应当赔偿对方因此所受到的损失，双方都有过错的，应当各自承担相应的责任。法律另有规定的，依照其规定。

二、办案思路与实战技巧

办理合同撤销案件，关键是解决好两个方面的问题：一是全面分析并准确判断合同撤销的原因；二是要围绕合同撤销原因的构成要件充分举证。律师办理此类案件，应着重注意以下问题。

（一）重大误解的构成要件

构成《民法典》所规定的重大误解，应具备以下四个要件：

1. 合同一方和双方对合同的主要内容存在错误认识。即行为人对行为的性质、对方当事人或者标的物的品种、质量、规格、价格、数量等合同主要事项存在错误认识。如《民法典》第 171 条所规定的在无权代理之情形，善意第三人在被代理人追认之前可以撤销该合同。该条规定所指向的即是善意第三人对合同当事人发生了错误认识，属于重大误解。

2. 合同双方均无主观故意。即合同双方对于错误认识事项均无主观故意。

3. 合同一方基于错误认识而订立合同。

4. 合同一方因该合同而遭受了较大损失。即认识错误一方不仅要存在客观上的较大损失，且该损失与其错误认识之间存在因果关系。如果没有损失或损失较小，或者损失与错误认识之间没有因果关系，则不能构成重大误解。

（二）欺诈的构成要件

构成《民法典》所规定的欺诈，应具备以下四个要件：

1. 客观上合同一方存在欺诈行为。欺诈行为通常表现为积极的作为，如告知对方虚假情况，以假充真，以次充好等；也包括消极的不作为，即隐瞒真相。

2. 主观上合同一方存在欺诈故意。所谓欺诈故意，是指行为人明知其欺诈行为会使对方陷入错误，但仍希望或放任对方作出错误的意思表示。

3. 合同相对方做出错误的意思表示。若仅有欺诈一方的欺诈行为，而相对方并未做出错误的意思表示的，则不构成欺诈。合同相对方意思表示是否错误，属于主观范畴，很难有客观标准可进行判断，因此法律上将撤销权赋予该错误表示一方。一般而言，此处所称的意思表示错误，应当是指对合同标的、价款及其他与相对方重要权利相关的合同内容的认识错误，如将劣质产品误认为是合格产品。

4. 合同相对方的错误意思表示与欺诈行为之间存在因果关系。若合同相对方（被欺诈方）的错误意思表示并非由于一方（欺诈人）的欺诈行为而导致，而是由于其他原因导致，则不构成欺诈，不产生《民法典》所规定的欺诈的法律后果。

（三）胁迫的构成要件

构成《民法典》所规定的胁迫，应具备以下四个要件：

1. 客观上合同一方实施了胁迫行为。即以将要实施某种加害行为威胁另一方，使得受胁迫一方产生心理恐惧。威胁包括以直接实施加害相威胁和以将来要发生的损害相威胁两类。威胁的内容一般包括荣誉、名誉、财产、人身安全等。我国法律上规定的胁迫既包括发生在合同当事人之间的胁迫，也包括第三人的胁迫。对于合同当事人之外的第三人实施的胁迫行为能否构成合同撤销的理由，审判实务中一般以行为人系受合同一方指使为前提。[①] 在合同一

---

① 吴庆宝主编：《合同纠纷裁判标准规范》，人民法院出版社2009年版，第89页。

方知道或应当知道第三人的胁迫行为的情况下，也应赋予受胁迫方撤销权。

2. 主观上合同一方（胁迫一方）有胁迫的故意。即胁迫一方明知自己的行为会使相对方产生恐惧，而希望对方因此与己方签订合同。

3. 胁迫一方的胁迫行为具有不法性。胁迫的手段和目的均为非法，不具有正当性，反之则不构成胁迫。比如，以起诉、依法监督举报、检举违法行为等，则不属于《民法典》所规定的胁迫行为。

4. 合同相对方（受胁迫方）的意思表示与胁迫行为之间存在因果关系。即相对方基于对胁迫行为的恐惧而签订了合同。当然，此处的因果关系带有较大的主观性，以受胁迫方的心理恐惧情况作为判断标准，不同的人产生恐惧的条件和原因不尽相同，需具体情况具体分析。

（四）显失公平的构成要件

构成《民法典》所规定的显失公平，应具备以下三个要件：

1. 合同为有偿合同，相对方需支付对价，否则不会产生利益失衡和显失公平的问题。

2. 合同双方权利义务明显不对等，违反公平原则。主要表现为合同价格过高或合同义务、责任过重。

3. 不公平之结果系行为人利用相对方处于危困状态、缺乏判断能力等情形所致。所谓危困状态，一般指因陷入某种暂时性的急迫困境，而对于金钱、物的需求极为迫切等。所谓缺乏判断能力，是指缺少基于理性考虑而实施民事法律行为或对民事法律行为的后果予以评估的能力。[①] 需要注意的是，前述显失公平情形均应发生在订立合同之时，若发生于合同订立之后，则不能构成显失公平，而应考虑适用情势变更原则。

（五）合同撤销诉讼方案的关键点

律师在拟定合同撤销诉讼案件诉讼方案时，除结合上述构成要件进行全

---

① 黄薇主编：《中华人民共和国民法典总则编解读》（上册），中国法制出版社 2020 年版，第 493 页。

面分析外，还应注意以下关键点：

1. 证明责任及证明思路

根据《民事诉讼法》第68条以及《最高人民法院关于适用〈中华人民共和国民事诉讼法〉的解释》（以下简称《民事诉讼法解释》）第91条、第109条之规定，当事人对自己提出的主张应当及时提供证据。主张法律关系变更、消灭或者权利受到妨害的当事人，应当对该法律关系变更、消灭或者权利受到妨害的基本事实承担举证证明责任。当事人对欺诈、胁迫、恶意串通事实的证明，人民法院确信该待证事实存在的可能性能够排除合理怀疑的，应当认定该事实存在。

从实务中看，欺诈的证明重点是证明欺诈方虚构事实或隐瞒真相（在第三人欺诈的情况下，还需证明相对方知道或应当知道欺诈行为的存在）；胁迫的证明重点是证明非法胁迫行为的存在（在第三人胁迫的情况下，还需证明相对方知道或应当知道胁迫行为的存在）；重大误解的证明重点是“误解”内容及损失的重大性；显失公平的证明重点是权利义务明显不对等。从证明难度上讲，撤销原因大多涉及当事人的主观状态，需要结合外部表现形式来证明，举证难度较大。审判实践中，法院对相关证据的采纳也趋于严格和谨慎，一般不会以单一证据来进行认定。因此，律师在举证时应当尽可能收集不同方面和形式的证据相互佐证，并引用生活常理，充分运用逻辑推理排除合理怀疑来说服法官，以取得其认可和支持。在J建工集团、J建工集团昆明分公司与劳务分包公司建设工程合同纠纷案［最高人民法院（2017）最高法民申844号］中，最高人民法院指出：《民事诉讼法解释》第109条规定：“当事人对欺诈、胁迫、恶意串通事实的证明，以及对口头遗嘱或者赠与事实的证明，人民法院确信该待证事实存在的可能性能够排除合理怀疑的，应当认定该事实存在。”举示的报案记录、案情说明书、现场照片等证据，仅能证明在签订结算表及承诺书、委托付款函等材料的过程中，双方发生过分歧和冲突的事实，但是对于发生了胁迫事实的证明，尚不足以排除合理怀疑。对此，J建工集团、J建工集团昆明分公司应当承担举证不能的法律后果。

2. 确定诉请

根据《民法典》第147条至第151条规定，对于存在可撤销原因的合同，受损害一方仅可起诉要求“撤销”。相较于原《合同法》第54条，《民法典》删去了“可变更”的规定。在实务工作中，律师在与委托人沟通确定诉讼请求时，对此应予注意，若委托人要求变更合同的，应向委托人进行解释说明。

3. 起诉期限

如前所述，我国法律上规定的撤销权的行使期间一般为1年。其中，重大误解类的合同的撤销权行使期限是当事人自知道可撤销事由之日起九十日。且自合同订立之日起，最长不超过五年。前述期间为除斥期间，不适用诉讼时效中止、中断或延长的规定。因此，律师在办理此类案件时，必须首先客观判断撤销权的行使期间是否已过。律师在进行判断时，重点是准确确定该期间的起算点，即：自撤销权人知道或应当知道撤销事由之日起算，胁迫类合同撤销权行使期限是胁迫行为终止之日起算。

关联案例1

案件名称：资产管理公司与张某香合同案

案　　号：山东省济南市中级人民法院（2019）鲁01民终10377号①

裁判观点：赋予债权人撤销权是因债务人减少其清偿能力，不能使债权人依债权本质得到满足，从而对债权人造成损害。但本案存有真实的股权对价交易，在2015年6月转让股权时，资产管理公司并不是环保公司司法确定的债权人，无权提起撤销权之诉，结合朱某杰、赵某霞作为担保人，亦不属于债权人行使撤销权的主体。

① 载中国裁判文书网，本书未特别注明案件来源的，均来自中国裁判文书网。

关联案例2

案件名称：J建工集团、J建工集团昆明分公司与劳务分包公司建设工程合同案

案　　号：最高人民法院（2017）最高法民申844号

裁判观点：当事人对欺诈、胁迫、恶意串通事实的证明，应达到排除合理怀疑的证明标准，举示的报案记录、案情说明书、现场照片等证据，仅能证明在签订结算表及承诺书、委托付款函等材料的过程中，双方发生过分歧和冲突的事实，但是对于发生了胁迫事实的证明，还不足以达到排除合理怀疑的证明标准。

关联案例3

案件名称：L城市信用社与某银行S区支行欠款担保合同案①

裁判观点：债务人是否存在欺诈，其主张权属于债权人，根据合同法相关规定，即使债务人的行为构成欺诈，请求撤销与之签订合同的权利也只能属于债权人，而债权人并未主张撤销其与债务人所签的合同。在合同条款均不违反法律、法规的禁止性规定的情况下，应当认定合同合法有效。

关联案例4

案件名称：某银行长沙市X支行与投资管理公司、开发建设公司借款担保合同案

裁判观点：导致合同当事人分别持有的合同文本内容有出入的原因复杂多样，不能据此简单地认定合同某一方当事人存在故意欺诈的情形。合同一方如果据此主张对方当事人恶意欺诈，还应当提供其他证据予以证明。

---

① 本书关联案例及典型案例精析部分未注明案号的，此类案例均为作者根据实际工作经验，为说明相关法律问题，结合部分案例原型编辑加工而得。

三、典型案例精析

张某诉保健品公司买卖合同案

案情简介

原告张某于2003年取得被告保健品公司旗下产品在内蒙古呼伦贝尔市和吉林省松原市的代理权。代理期间，张某与呼伦贝尔市药业公司签订合同，投入大量资金开发市场，但被告存在产品串货现象，给原告造成巨大损失。为此，双方经协商于2012年2月27日签订书面《协议书》，约定：1. 乙方（保健品公司）一次性给付甲方（张某）价值20万元的乙方生产的产品，作为对甲方的补偿；2. 双方以前存在的业务关系终止，权利义务全部清结，且无其他任何争议；3. 本协议达成后，甲方不得以任何理由再向乙方主张任何权利，且不得向其他第三方反映、投诉或者泄露乙方的商业秘密和甲方认为乙方存在的问题；4. 本协议达成后，甲方如果违反上述约定，应当按照第1条的货款价值的1.5倍支付违约金（即30万元），且乙方有权在乙方所在地人民法院提起诉讼；5. 本协议签订后，乙方同意保持为甲方的供货关系。附表，价值20万元产品清单。合同签订后，被告于2012年3月发送了45848元的产品，其余产品未发送。为此，原告提出如下诉讼请求：1. 给付原告价值154152元的产品；2. 重新开具已给付45848元货物的增值税发票；3. 赔偿利息损失（自2012年3月1日起至判决确定给付之日止，按同期人民银行基准贷款利率计算）；4. 诉讼费用由被告承担。

被告辩称，1. 原被告之间是买卖合同关系而非代理销售关系，原告是自行将产品销售他人赚取差价；2. 原告以电话、短信、电子邮件方式，威胁被告，称要到税务管理部门举报被告经营账目中存在的问题，被告因为害怕才被迫签署上述协议，属于受到胁迫而签订；3. 被告未发送剩余产品一方面是因为原材料供应不上，另一方面也是因为被告不想再受原告胁迫，所以未再给付。并据此申请撤销该协议，要求驳回原告的诉讼请求。

经法院审理查明，上述情况基本属实。其中，原告在签订该合同之前，曾给被告经理发送过两份电子邮件，内容分别为：“李总，我按中国人的传统让你过一个好年，希望你不要误判形势！春节过后我们再见”以及“李总，我21号晚上到天津，希望我的问题在22号一天时间得以解决，否则我23号上午到天津市国税局去举报，这就意味着我们彻底决裂！其中的利害关系请您自己定夺”。

法院裁决

原审法院认为，根据《最高人民法院关于贯彻执行〈中华人民共和国民法通则〉若干问题的意见（试行）》（以下简称《民通意见》）第69条①之规定，以给公民及其亲友的生命健康、荣誉、名誉、财产等造成损害，或者以给法人的荣誉、名誉、财产等造成损害为要挟，迫使对方作出违背真实的意思表示的，可以认定为胁迫行为。对照邮件中反映的相关内容尚不足以证实该陈述系胁迫性质，亦不能证实已经达到迫使保健品公司做出违背其真实意思表示的程度；另外，根据我国《税收征收管理法》的相关规定，任何单位和个人都有检举违反税收法律、行政法规的权利，且税务机关应当按照规定对举报人给予奖励，故张某即使告知保健品公司其要向税务机关举报，该行为亦为行使其合法权利；另外，保健品公司无法证实协议书签订的基础原因系由于张某告知其举报，结合协议由保健品公司起草，保健品公司在签订协议后自愿履行了部分义务的事实，不能认定张某存在胁迫行为。据此，法院驳回了保健品公司要求撤销协议书的诉讼请求。一审判决后，保健品公司不服，提出上诉。经天津市第二中级人民法院终审认为，虽然保健品公司同意提供20万元货物进行补偿并非出于主观愿望，而是为了解决双方矛盾纠纷，迫于压力而做出的选择。保健品公司在这种意思表示虽然有些无奈，但并非迫于张某的胁迫而作出，不能否定其意思表示的真实性。因此，驳回了保健品公司的上诉请求。

律师评析

本案虽然案由是买卖合同纠纷，但其关键问题是双方之间所签订的《协

---

① 《民法典》实施后，应为《最高人民法院关于适用〈中华人民共和国民法典〉总则编若干问题的解释》第22条。

议书》的效力问题。若该协议书有效，则保健品公司应当向张某提供20万元的货物。若该协议书被撤销，则保健品公司可免除供货义务。本案中，一审法院援引《民通意见》第69条及《税收征收管理法》的有关规定，认为张某拟进行的“举报”行为是张某的合法权利，并不构成胁迫，无疑是准确的。同时，一审法院还结合保健品公司起草协议文本且已部分履行这一事实，否定保健品公司关于胁迫的主张，亦属合情合理。

根据《民法典》关于胁迫的构成要件，胁迫行为必须为非法，否则不能构成胁迫。我国《税收征收管理法》第13条规定：“任何单位和个人都有权检举违反税收法律、行政法规的行为。收到检举的机关和负责查处的机关应当为检举人保密。税务机关应当按照规定对检举人给予奖励。”据此，张某拟对保健品公司税务违法行为进行举报并不具有非法性，进而张某的行为也就不能构成胁迫。若保健品公司不存在税收违法行为，则张某的“举报”对其并无威胁，若保健品公司存在税收违法行为，则张某的“举报”属于合法行为，为《税收征收管理法》所支持，亦不构成胁迫。因此，保健品公司以胁迫为由要求撤销该协议书的主张难以得到法院的支持。

第二节 确认合同无效纠纷

一、理论概述与实务指引

合同无效，是相对于有效合同而言的，是指合同虽然已经成立，但因其严重欠缺有效要件，不允许按照当事人合意的内容产生法律效果，而是依据法律的规定赋予法律效果。在此应当注意的是，合同无效，仅系不按当事人合意的内容赋予效力，并非不发生任何效力，[①] 根据《民法典》第157条之规定，合同无效仍会产生财产返还、折价补偿、赔偿损失等法律效果。

① 韩世远：《合同法总论》（第4版），法律出版社2018年版，第213页。

（一）合同无效的原因

根据《民法典》及其他有关法律规定，合同无效的原因主要包括《民法典》第 144 条至第 146 条、第 153 条、第 154 条规定的情形，此外《民法典》第 506 条对免责条款的无效情形进行了规定，《民法典》第 496 条、第 497 条关于格式条款的无效情形进行了规定，《保险法》第 31 条、第 34 条对保险合同的无效情形进行了规定，《海商法》第 126 条对海上旅客运输合同的无效情形进行了规定。

1. 合同主体因欠缺相应的民事行为能力而订立的合同无效

《民法典》第 144 条规定："无民事行为能力人实施的民事法律行为无效。"无民事行为能力人是指：（1）不满八周岁的未成年人；（2）不能辨认自己行为的成年人；（3）不能辨认自己行为的八周岁以上的未成年人。需注意的是，无民事行为能力人可以作为民事法律行为相对人，在司法实践中，纯获利的民事法律行为应当有效，而负担民事法律行为一般会被判令无效。《民法典》第 145 条对限制民事行为能力人实施的民事法律行为效力作出了规定，即实施的与其年龄、智力、精神健康状况相适应的以及纯获利益的民事法律行为有效，其他法律行为如果未经其法定代理人同意或者事后追认则当然归于无效。合同是一种民事法律行为，若合同主体欠缺相应的民事行为能力，则订立的合同无效。

2. 合同主体因虚伪表示而订立的合同无效

《民法典》第 146 条规定："行为人与相对人以虚假的意思表示实施的民事法律行为无效。以虚假的意思表示隐藏的民事法律行为的效力，依照有关法律规定处理。"此条规定中"虚假的意思表示"又称虚伪表示，是指行为人与相对人都知道自己所表示的意思并非真意，通谋作出与真意不一致的意思表示。[①] 虚伪表示通常包括外部的表面行为和内部的隐藏行为等两种行为。实践中较为典型的是"阴阳合同"，如避税型阴阳合同的认定，阳合同中的

---

① 黄薇主编：《中华人民共和国民法典总则编解读》（上册），中国法制出版社 2020 年版，第 472 页。

价格条款系合同双方通谋作出的虚假意思表示，属于无效的虚假民事法律行为；阴合同中的价格条款系合同双方实际给付的价款，也是被隐藏的真实意思表示。之所以虚伪表示无效，是因为双方均知道所订立的合同并非双方的真实意思表示，均不希望真正发生法律上的效力，故该合同因欠缺效果意思而无效。但需要注意的是，虚伪表示的合同无效，但隐藏的合同并不一定无效，若不存在其他无效情形，隐藏的合同应为有效。司法实践中认为，保兑仓交易以双方有真实买卖关系为前提，无真实买卖关系的，属于名为保兑仓交易实为借款合同，保兑仓交易无效，被隐藏的借款合同是当事人的真实意思表示，如不存在其他无效情形，应当认定有效。保兑仓交易认定为借款合同关系的，不影响卖方和银行之间担保关系的效力，卖方仍应当承担担保责任。

3. 违反法律、行政法规的强制性规定的合同无效

《民法典》第153条第1款规定："违反法律、行政法规的强制性规定的民事法律行为无效。但是，该强制性规定不导致该民事法律行为无效的除外。"在实践中，根据此条认定合同无效，一是要将"规定"限定于法律和行政法规，而不包括地方性法规、规章及有关规范性文件。二是要将"规定"限定于法律和行政法规中的"效力性"强制性规定，而不能基于"管理性"强制性规定。结合《全国法院民商事审判工作会议纪要》第30条的相关规定，人民法院在审理合同纠纷案件时，要慎重判断"强制性规定"的性质，特别是要在考量强制性规定所保护的法益类型、违法行为的法律后果以及交易安全保护等因素的基础上认定其性质，并在裁判文书中充分说明理由。需要注意的是，对于合同因违反法律、行政法规的强制性规定而无效的规定，不应机械理解。一方面，并非违反法律、行政法规的强制性规定的合同一律无效。根据《最高人民法院关于适用〈中华人民共和国民法典〉合同编通则若干问题的解释》（以下简称《合同编通则司法解释》）第16条第1款规定，合同违反法律、行政法规的强制性规定，有下列情形之一，由行为人承担行政责任或者刑事责任能够实现强制性规定的立法目的的，人民法院可以依据民法典第一百五十三条第一款关于"该强制性规定不导致该民事法律行为无效的除外"的规定认定该合同不因违反强制性规定无效：（一）强制性规定虽然旨在维护社会公共秩序，但是合同的实际履行对社会公共秩序造成的影响显著轻微，认定合同无效将导致案件处理结果有失公平公正；（二）强制性规定旨在维护政府的税收、土地出让金等国家利益或者其他民事主体的合法利益而非合同当事人的民事权益，认定合同有效不会影响该规范目的的实现；（三）强制性规定旨在要求当事人一方加强风险控制、内部管理等，对方无能力或者无义务审查合同是否违反强制性规定，认定合同无效将使其承担不利后果；（四）当事人一方虽然在订立合同时违反强制性规定，但是在合同订立后其已经具备补正违反强制性规定的条件却违背诚信原则不予补正；（五）法律、司法解释规定的其他情形。另一方面，合同不违反法律、行政法规的强制性规定，也未必就一定有效。根据《合同编通则司法解释》第 17 条第 1 款规定，合同虽然不违反法律、行政法规的强制性规定，但是有下列情形之一，人民法院应当依据民法典第一百五十三条第二款的规定认定合同无效：（一）合同影响政治安全、经济安全、军事安全等国家安全的；（二）合同影响社会稳定、公平竞争秩序或者损害社会公共利益等违背社会公共秩序的；（三）合同背离社会公德、家庭伦理或者有损人格尊严等违背善良风俗的。

4. 违背公序良俗的合同无效

《民法典》第 153 条第 2 款规定："违背公序良俗的民事法律行为无效。"公序良俗是社会公共秩序和善良风俗的简称，其内容较为宽泛，属于不确定概念。① 在司法实践中，本条款以合同内容为出发点，审查合同的标的、主体的目的和动机等是否与社会公众道德和社会公共秩序相违背。② 违反社会公共利益亦属于违背公序良俗，社会公共利益，是指社会正常的经济、政治、文化秩序以及社会大多数人尤其是不特定多数人的利益③，包括社会公共秩序和善良风俗两个方面。我国著名学者梁慧星教授列举了 10 类违背公序良俗的行为④，具体包括：（1）违反国家公序型；（2）危害家庭关系型；

---

① 黄薇主编：《中华人民共和国民法典总则编解读》（上册），中国法制出版社 2020 年版，第 501 页。

② 戴孟勇：《法律行为与公序良俗》，载《法学家》2020 年第 1 期。

③ 吴庆宝主编：《合同纠纷裁判标准规范》，人民法院出版社 2009 年版，第 61 页。

④ 梁慧星：《民法学说判例与立法研究》（第 2 册），国家行政学院出版社 1999 年版，第 16 页。转引自韩世远：《合同法总论》（第 4 版），法律出版社 2018 年版，第 230 页。

（3）违反性道德型；（4）射幸行为型；（5）违反人权和人格尊重行为型；（6）限制经济自由型；（7）违反公正竞争型；（8）违反消费者保护型；（9）违反劳动者保护型；（10）暴利行为型。是否属于违背公序良俗，在实践中需要法院根据具体案情综合判断。根据《合同编通则司法解释》第 17 条第 2 款的规定，人民法院在认定合同是否违背公序良俗时，应当以社会主义核心价值观为导向，综合考虑当事人的主观动机和交易目的、政府部门的监管强度、一定期限内当事人从事类似交易的频次、行为的社会后果等因素，并在裁判文书中充分说理。当事人确因生活需要进行交易，未给社会公共秩序造成重大影响，且不影响国家安全，也不违背善良风俗的，人民法院不应当认定合同无效。

5. 恶意串通损害他人合法权益的合同无效

《民法典》第 154 条规定："行为人与相对人恶意串通，损害他人合法权益的民事法律行为无效。"所谓恶意串通，是指行为人与相对人为牟取私利而互相串通勾结的行为，从客观上当事人之间存在共同的意思联络（即串通行为），从主观上具有损害他人合法权益的恶意。在恶意串通损害他人合法权益的合同中，恶意串通是行为方式，牟取私利是行为目的，损害他人合法权益是行为结果。关于第三人权益，是指特定的第三人的合法权益，若是不特定的第三人，则属于社会公共利益的范畴。实践中，较为常见的如房屋所有人与其他人恶意串通，将房屋一房二卖，导致原买受人无法取得房屋产权；[①]"借新还旧"骗取担保人担保、与国企工作人员串通贱卖国有资产等，均属于恶意串通损害他人合法权益的行为，所订立的合同应为无效。

6. 免责条款及格式条款的无效情形

根据《民法典》第 497 条的规定，格式条款中提供格式条款一方不合理地免除或者减轻其责任、加重对方责任、限制对方主要权利、排除对方主要权利的条款无效。若格式条款符合《民法典》第一编第六章第三节和第 506 条规定的，当然亦属无效。根据《民法典》第 506 条的规定，合同中造成对

---

① 《最高人民法院关于审理商品房买卖合同纠纷案件适用法律若干问题的解释》第 7 条专门进行了规定，原买受人可以请求人民法院认定产权人与第三人的此种买卖行为无效。

方人身损害以及因故意或者重大过失造成对方财产损失的免责条款无效。

7. 其他法律规定的无效原因

除《民法典》外，在其他一些单行法中也存在一些关于合同无效的规定，若符合相关规定情形的，合同无效。律师在实务工作中，应加强对此类规定的学习和积累，以便准确判断合同效力。如根据《保险法》第 31 条第 3 款的规定，订立合同时，投保人对被保险人不具有保险利益的，合同无效。第 34 条第 1 款规定，以死亡为给付保险金条件的合同，未经被保险人同意并认可保险金额的，合同无效。另根据《海商法》第 126 条的规定，海上旅客运输合同中含有下列内容之一的条款无效：（1）免除承运人对旅客应当承担的法定责任；（2）降低本章规定的承运人责任限额；（3）对本章规定的举证责任作出相反的约定；（4）限制旅客提出赔偿请求的权利。

（二）合同无效的法律后果

如前所述，合同无效导致的是合同自始无效、当然无效、绝对无效。但合同无效并非不产生任何法律效力。根据《民法典》第 157 条、第 507 条的规定，仍会产生如下法律效果：

1. 财产返还

根据《民法典》第 157 条前段之规定，因该合同取得的财产应当予以返还，不能返还或者没有必要返还的，应当折价补偿。财产返还的范围包括一方所取得的全部财产及其孳息，而不仅指取得财产一方当下所占有的财产和利益。若互相取得财产的，应当互相返还。若合同无效是因为损害国家利益的，当事人因履行该合同而获得的财产应收归国有，此为财产返还的特殊情形，其作用在于对当事人故意违规行为的制裁。

2. 赔偿损失

根据《民法典》第 157 条后段之规定，对于合同无效有过错的一方应当赔偿对方因此受到的损失，双方都有过错的，各自承担相应的责任。

3. 争议解决条款独立有效

根据《民法典》第 507 条之规定，合同不生效、无效、被撤销或者终止的，不影响合同中有关解决争议方法的条款的效力。因此，虽然合同无效，但合同中关于争议解决方法的条款效力不受影响，继续有效。

此外，在合同并非整体无效，而是部分条款无效的情况下，根据《民法典》第 156 条之规定，若该部分条款无效不影响其他部分效力的，其他部分仍然有效。

二、办案思路与实战技巧

办理确认合同无效案件，关键是解决好两个方面的问题：一是全面分析并准确锁定无效的原因；二是要针对不同的原因充分举证。从律师实务来看，办理此类案件，应着重注意以下问题。

（一）关于国有企业利益的认识

在诉讼实务中，经常会碰到以侵犯国有企业利益导致国有资产流失为由主张合同无效的情形。在此种情形下，应当注意的是：首先，虽然国有企业的财产属于国有资产，但国有企业同样是普通的市场主体，与其他市场主体并无二致。国有企业的利益不应理解为《民法典》所指的国家利益。若存在恶意串通损害国有企业利益的情形，可依据《民法典》第 154 条规定予以认定。其次，根据《民法典》第 534 条之规定，对当事人利用合同实施危害国家利益、社会公共利益行为的，由市场监督管理和其他有关行政主管部门依照法律、行政法规的规定负责监督处理。

（二）关于恶意串通的认定

在实践当中，律师通常是接受合同之外的第三人委托，主张合同当事人之间存在恶意串通行为。但由于“串通”的双方通常具有某种特殊共同利益，且串通行为通常是私下为之，很难被客观证据所记录和证实。因此，作为合同之外的第三人举证难度较大，应根据具体的案情，结合交易背景、合同当事人之间的关系、交易价格、是否实际支付等多方面来进行推定和论证。如在信托投资公司、贸易发展公司等确认合同无效纠纷案［最高人民法院（2021）最高法民终 492 号］中，最高人民法院的认定思路为：1. 从转让行为背景看，信托投资公司至今未向 G 清算组清偿任何债务。在 G 清算组向信托投资公司发出书面通知，明确表示已请求执行法院通知信托房产公司直接向G清算组履行债务的情况下，信托投资公司仍于2016年4月19日将70号判决项下的权益转让给贸易发展公司，具有逃避债务的主观恶意。2. 从转让受让行为主体看，信托投资公司对贸易发展公司存在管理与被管理关系。3. 从竞拍资金来源看，贸易发展公司交纳拍卖款的资金主要来源于信托投资公司的关联公司。4. 从拍卖过程及价款情况看，案涉拍卖仅贸易发展公司一家公司作为竞买人参与竞拍，且拍卖以4850万元的底价成交，拍卖成交价款与拍卖债权数额具有较大差距。5. 从转让的履行与后果看，信托投资公司将70号判决项下的权益转让给贸易发展公司后，所得拍卖款亦未向G清算组清偿其所欠债务；而信托投资公司向贸易发展公司低价转让70号判决项下的权益，必然导致信托投资公司责任财产实质减损，降低了信托投资公司的对外偿债能力，影响G清算组债权的实现。根据上述认定，最终判定信托投资公司将70号判决项下权益转让给贸易发展公司的行为应属无效，并进而判决确认该合同无效。

（三）批准、登记对合同效力的影响

在诉讼实务中，有些特殊的合同需要办理批准或登记手续方可生效，如《矿产资源法》规定的探矿权、采矿权转让合同，《反垄断法》规定的经营者集中协议等。根据《民法典》第502条第2款之规定，未办理批准等手续影响合同生效的，不影响合同中履行报批等义务条款以及相关条款的效力。应当办理申请批准等手续的当事人未履行义务的，对方可以请求其承担违反该义务的责任。根据《合同编通则司法解释》第12条第1款的规定，合同依法成立后，负有报批义务的当事人不履行报批义务或者履行报批义务不符合合同的约定或者法律、行政法规的规定，对方请求其继续履行报批义务的，人民法院应予支持；对方主张解除合同并请求其承担违反报批义务的赔偿责任的，人民法院应予支持。因此，对于此类合同，应注意区分合同未生效和合同无效，合同未生效是合同的现状（不一定无效），而合同无效是对合同的定性，不能以未经批准或登记而主张合同无效。批准、登记不是合同的有效要件，而是合同的生效要件。

（四）多重无效原因的竞合与灵活运用

在前述合同无效的 7 种原因中，第 6 种、第 7 种属于法律明文规定，直接予以适用即可。前 5 种原因均属于《民法典》合同编第六章第三节中规定民事法律行为的效力的内容，但相关的规定具有较大的弹性，且相互之间并无明显的界限，存在竞合的情况。如以虚假的意思表示的合同，往往和恶意串通损害第三人权益竞合，违反法律、行政法规的强制性规定和违背公序良俗也可能发生竞合。因此，在律师诉讼实践中，应根据具体案件的证据情况来选择适用无效理由。此外，在合同当事人的行为仅违反行政规章或地方性法规的场合，则不宜以违反法律法规的强制性规定为由主张合同无效，而可以考虑以损害社会公共秩序为由主张合同无效，其原因在于行政规章或地方性法规往往涉及相关的社会公共秩序，属于社会公共利益。

（五）确认合同无效诉讼方案的关键点

律师在拟定确认合同无效纠纷的诉讼方案时，除结合上述分析确定无效原因之外，还应注意以下关键点：

1. 证明责任及证明思路

根据《民事诉讼法》第 68 条以及《民事诉讼法解释》第 91 条、第 109 条之规定，当事人对自己提出的主张应当及时提供证据。主张法律关系变更、消灭或者权利受到妨害的当事人，应当对该法律关系变更、消灭或者权利受到妨害的基本事实承担举证证明责任。从实务中来看，司法审判对于合同效力的否定日趋谨慎，无效合同的范围正在逐渐缩小，确认合同无效的难度在相应增大。在前述 7 种合同无效原因中，第 1 种、第 6 种、第 7 种无效原因相对清晰，举证难度相对较低，将相关的合同主体、合同内容与相应的法律条款来加以印证和论述即可；在第 2 种无效原因中，关键在于证明当事人之间所掩盖的“隐藏行为”，但实际上这是非常困难的；在第 3 种无效原因中，关键在于区分哪些属于效力性强制性规范；在第 4 种无效原因中，关键在于对公序良俗这一抽象概念进行界定，需要论证相关合同是否损害了相应的社会公共秩序或善良风俗；在第 5 种无效原因中，关键在于证明合同当事人之间存在恶意串通行为。

2. 确定诉讼主体

根据合同相对性原则，一般情况下，能够提起合同无效之诉的主体应当是合同的当事人，第三人不能对合同效力提出诉讼。但在合同当事人恶意串通损害第三人权益的情况下，该第三人有权提出诉讼要求确认该合同无效。在置业公司、郑某如确认合同无效纠纷案［最高人民法院（2021）最高法民申1723号］中，最高人民法院指出：如以合同相对性为由禁止与该合同约定事项有利害关系的第三人提起确认合同无效的诉讼，那么与合同约定事项有利害关系的合同外第三人的合法权益将得不到保障，亦有违前述法律规定的立法精神。而合同以外的第三人以起诉的方式请求人民法院确认合同无效，其必须以原告的身份起诉，故该第三人应符合《民事诉讼法》第122条关于原告资格的规定，及相应起诉条件。因此，第三人如与诉讼标的没有利害关系或者仅有事实上的利害关系，则不能作为原告起诉；而与涉案合同约定事项具有法律意义上直接利害关系的第三人，则可向有管辖权的人民法院提起案由为“确认合同无效纠纷”的诉讼。

3. 诉讼请求的确定

根据《民法典》第156条之规定，民事法律行为部分无效，不影响其他部分效力的，其他部分仍然有效。因此，在确定诉讼请求时，首先要根据当事人的诉讼目的和案件证据情况明确是要求确认合同整体无效还是部分无效。此外，合同无效后，依法会发生财产返还、赔偿损失的法律后果。因此，在起诉时，应根据财产是否还能够返还来确定是要求返还财产还是折价补偿。同时，还应据实确定损失，受害人有过错的，亦应承担相应的过错责任。需要注意的是，该损失限于信赖利益损失（包括直接损失和间接损失），不包括合同有效情形下通过履行可以获得的利益。[①] 主要包括：订约费用、履约费用以及合理的间接损失（如丧失与第三人订立有效合同的机会所蒙受的损失）。

---

① 最高人民法院民事审判第一庭编：《民事审判参考与指导》（2009年第4辑），法律出版社2010年版，第128页。

关联案例1

案件名称：信托投资公司与贸易发展公司等确认合同无效案

案　　号：最高人民法院（2021）最高法民终492号

裁判观点：债务人将主要财产以明显不合理低价转让给其关联公司，关联公司在明知债务人欠债的情况下，未实际支付对价的，可以认定债务人与其关联公司恶意串通、损害债权人利益，与此相关的财产转让合同应当认定为无效。

关联案例2

案件名称：置业公司与郑某如确认合同无效案

案　　号：最高人民法院（2021）最高法民申1723号

裁判观点：第三人如与诉讼标的没有利害关系或者仅有事实上的利害关系，则不能作为原告起诉；而与涉案合同约定事项具有法律意义上直接利害关系的第三人，则可向有管辖权的人民法院提起案由为“确认合同无效纠纷”的诉讼。

三、典型案例精析

饶某礼诉某物资供应站等房屋租赁合同案①

裁判要旨

违反行政规章一般不影响合同效力，但违反行政规章签订租赁合同，约定将经鉴定机构鉴定存在严重结构隐患，或将造成重大安全事故的应当尽快拆除的危房出租用于经营酒店，危及不特定公众人身及财产安全，属于损害社会公共利益、违背公序良俗的行为，应当依法认定租赁合同无效，按照合同双方的过错大小确定各自应当承担的法律责任。

---

① 本案为最高人民法院发布的第170号指导案例。

案情简介

某假日酒店组织形式为个人经营，经营者系饶某礼，经营范围及方式为宾馆服务。2011 年 7 月 27 日，假日酒店通过公开招标的方式中标获得租赁某物资供应站所有的南昌市青山南路 1 号办公大楼的权利，并向物资供应站出具《承诺书》，承诺中标以后严格按照加固设计单位和江西省建设工程安全质量监督管理局等权威部门出具的加固改造方案，对青山南路 1 号办公大楼进行科学、安全的加固，并在取得具有法律效力的书面文件后，再使用该大楼。同年 8 月 29 日，假日酒店与物资供应站签订《租赁合同》，约定：物资供应站将南昌市青山南路 1 号（包含房产证记载的南昌市东湖区青山南路 1 号和东湖区青山南路 3 号）办公楼 4120 平方米建筑出租给假日酒店，用于经营商务宾馆。租赁期限为十五年，自 2011 年 9 月 1 日起至 2026 年 8 月 31 日止。除约定租金和其他费用标准、支付方式、违约赔偿责任外，还在第五条特别约定：1. 租赁物经有关部门鉴定为危楼，需加固后方能使用。假日酒店对租赁物的前述问题及瑕疵已充分了解。假日酒店承诺对租赁物进行加固，确保租赁物达到商业房产使用标准，假日酒店承担全部费用。2. 加固工程方案的报批、建设、验收（验收部门为江西省建设工程安全质量监督管理局或同等资质的部门）均由假日酒店负责，物资供应站根据需要提供协助。3. 假日酒店如未经加固合格即擅自使用租赁物，应承担全部责任。合同签订后，物资供应站依照约定交付了租赁房屋。假日酒店向物资供应站给付 20 万元履约保证金，1000 万元投标保证金。中标后物资供应站退还了 800 万元投标保证金。

2011 年 10 月 26 日，假日酒店与技术工程公司签订加固改造工程《协议书》，假日酒店将租赁的房屋以包工包料一次包干（图纸内的全部土建部分）的方式发包给技术工程公司加固改造，改造范围为主要承重柱、墙、梁板结构加固新增墙体全部内粉刷，图纸内的全部内容，图纸、电梯、热泵。开工时间 2011 年 10 月 26 日，竣工时间 2012 年 1 月 26 日。2012 年 1 月 3 日，在加固施工过程中，案涉建筑物大部分垮塌。

江西省建设业安全生产监督管理站于 2007 年 6 月 18 日出具《房屋安全

鉴定意见》，鉴定结果和建议是：1. 该大楼主要结构受力构件设计与施工均不能满足现行国家设计和施工规范的要求，其强度不能满足上部结构承载力的要求，存在较严重的结构隐患。2. 该大楼未进行抗震设计，没有抗震构造措施，不符合《建筑抗震设计规范》(GB50011-2001) 的要求。遇有地震或其他意外情况发生，将造成重大安全事故。3. 根据《危险房屋鉴定标准》(GB50292-1999)，该大楼按房屋危险性等级划分，属 D 级危房，应予以拆除。4. 建议：(1) 应立即对大楼进行减载，减少结构上的荷载。(2) 对有问题的结构构件进行加固处理。(3) 目前，应对大楼加强观察，并应采取措施，确保大楼安全过渡至拆除。如发现有异常现象，应立即撤出大楼的全部人员，并向有关部门报告。(4) 建议尽快拆除全部结构。

饶某礼向一审法院提出诉请：一、解除其与物资供应站于 2011 年 8 月 29 日签订的《租赁合同》；二、物资供应站返还其保证金 220 万元；三、物资供应站赔偿其各项经济损失共计 281 万元；四、本案诉讼费用由物资供应站承担。

物资供应站向一审法院提出反诉诉请：一、判令饶某礼承担侵权责任，赔偿其 2463.5 万元；二、判令饶某礼承担全部诉讼费用。

再审中，饶某礼将其上述第一项诉讼请求变更为：确认案涉《租赁合同》无效。物资供应站亦将其诉讼请求变更为：饶某礼赔偿物资供应站损失 418.7 万元。

法院裁决

江西省南昌市中级人民法院于 2017 年 9 月 1 日作出（2013）洪民一初字第 2 号民事判决：一、解除饶某礼经营的假日酒店与物资供应站 2011 年 8 月 29 日签订的《租赁合同》；二、物资供应站应返还饶某礼投标保证金 200 万元；三、饶某礼赔偿物资供应站 804.3 万元，抵扣本判决第二项物资供应站返还饶某礼的 200 万元保证金后，饶某礼还应于本判决生效后十五日内给付物资供应站 604.3 万元；四、驳回饶某礼其他诉讼请求；五、驳回物资供应站其他诉讼请求。一审判决后，饶某礼提出上诉。江西省高级人民法院于 2018 年 4 月 24 日作出（2018）赣民终 173 号民事判决：一、维持江西省南昌市中级人民法院（2013）洪民一初字第2号民事判决第一项、第二项；二、撤销江西省南昌市中级人民法院（2013）洪民一初字第2号民事判决第三项、第四项、第五项；三、物资供应站返还饶某礼履约保证金20万元；四、饶某礼赔偿物资供应站经济损失182.4万元；五、本判决第一项、第三项、第四项确定的金额相互抵扣后，物资供应站应返还饶某礼375.7万元，该款项限物资供应站于本判决生效后10日内支付；六、驳回饶某礼的其他诉讼请求；七、驳回物资供应站的其他诉讼请求。饶某礼、物资供应站均不服二审判决，向最高人民法院申请再审。最高人民法院于2018年9月27日作出（2018）最高法民申4268号民事裁定，裁定提审本案。2019年12月19日，最高人民法院作出（2019）最高法民再97号民事判决：一、撤销江西省高级人民法院（2018）赣民终173号民事判决、江西省南昌市中级人民法院（2013）洪民一初字第2号民事判决；二、确认饶某礼经营的假日酒店与物资供应站签订的《租赁合同》无效；三、物资供应站自本判决发生法律效力之日起10日内向饶某礼返还保证金220万元；四、驳回饶某礼的其他诉讼请求；五、驳回物资供应站的诉讼请求。

律师评析

本案作为最高人民法院公布的指导案例（第170号指导案例），对于全国法院审理此类案件均具有一定的指导性。根据《民法典》第153条第2款的规定，违背公序良俗的民事法律行为无效。但如前所述，"公序良俗"属于不确定概念，不容易界定。本案再审法院的认定思路可以作为律师办案的借鉴和参考。

本案的关键在于：第一，关于案涉《租赁合同》的效力问题；第二，关于《租赁合同》无效的责任认定及法律后果承担问题。法院的认定思路如下：

1. 合同内容违反部门规章。《商品房屋租赁管理办法》第6条规定，不符合安全、防灾等工程建设强制性标准的房屋不得出租。本案中，案涉危房并不具有可在加固后继续使用的情形。根据中华人民共和国住房和城乡建设部《危险房屋鉴定标准》（2016年12月1日实施）第6.1条规定，房屋危险性鉴定属 D 级危房的，系指承重结构已不能满足安全使用要求，房屋整体处于危险状态，构成整幢危房。第 7.0.5 条规定，对评定为局部危房或整幢危房的房屋可按下列方式进行处理：（1）观察使用；（2）处理使用；（3）停止使用；（4）整体拆除；（5）按相关规定处理。本案中，根据江西省建设业安全生产监督管理站于 2007 年 6 月 18 日出具的《房屋安全鉴定意见》，案涉房屋已被确定属于存在严重结构隐患或将造成重大安全事故的应当尽快拆除的 D 级危房。故，《租赁合同》违反了部门规章。

2. 违背公序良俗的民事法律行为无效。《商品房屋租赁管理办法》虽在效力等级上属部门规章，但是，该办法第 6 条规定体现的是对社会公共安全的保护以及对公序良俗的维护。结合本案事实，在案涉房屋已被确定属于存在严重结构隐患或将造成重大安全事故、应当尽快拆除的 D 级危房的情形下，双方当事人仍签订《租赁合同》，约定将该房屋出租用于经营可能危及不特定公众人身及财产安全的商务酒店，明显损害了社会公共利益、违背了公序良俗。从维护公共安全及确立正确的社会价值导向的角度出发，对本案情形下合同效力的认定应从严把握，司法不应支持、鼓励这种为追求经济利益而忽视公共安全的有违社会公共利益和公序良俗的行为。

3. 物资供应站损失的确认。物资供应站主张的损失包括三部分，一是租金损失，二是房屋毁损的损失，三是支付排除危险、补偿他人费用而发生的损失。案涉房屋已被有权鉴定机构确定为具有重大安全隐患应及时拆除的 D 级危房，依法该房屋不应进入交易市场，也即在此情形下该房屋不再具有交易价值，故租金损失不予支持。同时，对于应立即拆除的危房，其亦不具有使用价值，物资供应站主张折价补偿缺乏相应事实基础。故房屋毁损的损失不予支持。关于案涉房屋倒塌后物资供应站支付给他人的补偿费用问题，对物资供应站主张的案涉房屋毁损损失及房屋倒塌后赔偿他人损失属于物资供应站的实际损失。

4. 饶某礼损失的确定。饶某礼主张其损失 281 万元的依据是司法鉴定中心出具的《鉴定报告》，该报告中的损失包括装修工程款 1007500 元，以及 2012 年 2 月 1 日至 2012 年 12 月 31 日的经营利润损失 1802500 元。由于上述《鉴定报告》系饶某礼在提起本案诉讼前单方委托鉴定机构作出，《鉴定报告》所依据的《工程预（结）算表》《工程造价取费表》等既未经施工单位确认，亦未经物资供应站质证确认，原审判决对该《鉴定报告》的证明效力不予采信并无不当。尽管饶某礼据以主张其损失的《鉴定报告》依法不足以采信，但其实际已对案涉房屋进行了加固施工，在案涉房屋倒塌后，饶某礼主张其发生了一定损失符合常理。

5. 关于合同无效的后果问题。根据《合同法》第 58 条[①]合同无效后，"双方都有过错的，应当各自承担相应的责任"之规定，本案中，物资供应站作为案涉房屋的出租方，明知该房屋是存在严重结构隐患或将造成重大安全事故及应尽快拆除的危房，却未按照上述《房屋安全鉴定意见》的要求和建议及时安排拆除该房屋，而是忽视公共安全隐患将危房出租用于经营商务酒店，故物资供应站对《租赁合同》无效具有主要过错，应承担主要责任。上述《房屋安全鉴定意见》中的几点建议包括应立即对大楼进行减载、对有问题的结构构件进行加固处理、对大楼加强观察并采取措施确保大楼安全过渡至拆除、尽快拆除全部结构等，该意见中并没有案涉房屋经加固后可以使用的表述或建议，而住房和城乡建设部办公厅发布的《农村危房改造基本安全技术导则》系对农村危房处理的规定，亦不适用于本案。物资供应站关于该房屋经加固后仍可以正常使用的主张，缺乏事实和法律依据，不能成立。同时，根据《租赁合同》第五条约定，租赁物经有关部门鉴定为危房，需加固后方能使用，饶某礼对租赁物的前述问题及瑕疵已充分了解。可见，饶某礼作为承租方，在订立《租赁合同》时亦明知案涉房屋属于危房，虽饶某礼称其仅知道案涉房屋为危房，而不知道系应立即拆除的房屋，但作为承租人其有义务对租赁房屋的状况进行审查，特别是在已知房屋是危房的情形下，更有义务对该房屋是否应立即拆除以及能否继续使用等情况进行核查，饶某礼未尽到合理注意义务而签订案涉《租赁合同》，并欲将租赁房屋用于经营可能危及不特定公众人身及财产安全的商务酒店，其对该合同无效亦有过错，应承担相应责任。

---

① 对应《民法典》第 157 条。

第三章 合同履行纠纷

第一节 合同履行抗辩权纠纷[①]

一、理论概述与实务指引

抗辩权，是指在符合法定条件时，当事人一方对抗对方当事人的履行请求权，暂时拒绝履行自己债权的权利。[②] 抗辩权的行使是正当行使法定权利的表现，不构成违约，一旦抗辩权成立，将会导致对方请求权的延期发生。本节所讨论的抗辩权是指合同法中所特有的双务合同中的履行抗辩权，而非通常意义上的“抗辩”（如主张合同无效或可撤销）或“辩解”。根据《民法典》第 525 条至第 528 条的规定，合同履行中的抗辩权包括同时履行抗辩权、先履行抗辩权和不安抗辩权等三项抗辩权，下面分别阐释。

（一）同时履行抗辩权

同时履行抗辩权，是指在没有履行先后顺序的双务合同中，在对方当事人未履行或履行不符合约定的情况下，一方当事人有权拒绝对待履行的权利，其源于“一手交钱，一手交货”的交易观念。《民法典》第 525 条规定：“当事人互负债务，没有先后履行顺序的，应当同时履行。一方在对方履行之前有权拒绝其履行请求。一方在对方履行债务不符合约定时，有权拒绝其相应的履行请求。”一方行使同时履行抗辩权，需要符合如下条件：

---

① 本节作者张海燕、韩旭。

② 韩世远：《合同法总论》（第 4 版），法律出版社 2018 年版，第 379 页。

1. 同时履行抗辩权只能发生在同一双务合同之中，双方当事人互负债务，其履行互为对价。若双方的债务是基于两个以上的合同，则不可能发生同时履行抗辩。2. 合同当事人双方的债务均已届履行期。3. 主张同时履行抗辩权一方没有先为给付的义务。4. 对方当事人未履行债务或履行债务不符合约定，包括未履行、部分履行和瑕疵履行（如质量瑕疵、权利瑕疵等）。

（二）先履行抗辩权

先履行抗辩权，是指在双务合同中当事人互负债务且有先后履行顺序，应当先履行债务一方未履行或者履行不符合约定的，后履行一方有权拒绝对方的履行请求或拒绝对方相应的履行请求。《民法典》第 526 条规定："当事人互负债务，有先后履行顺序，应当先履行债务一方未履行的，后履行一方有权拒绝其履行请求。先履行一方履行债务不符合约定的，后履行一方有权拒绝其相应的履行请求。"一方行使先履行抗辩权，需要符合如下条件：1. 先履行抗辩权只能发生在同一双务合同之中，双方当事人互负债务，其履行互为对价。这一要件与同时履行抗辩权的要件一致。2. 一方当事人负有先为履行的义务。3. 负有先为履行义务的一方当事人不履行或不适当履行合同义务，包括迟延履行、瑕疵履行、加害给付等。4. 后履行一方当事人的债务已届履行期。如在餐饮文化公司、港务公司租赁合同案①中，最高人民法院认为：因被申请人未提供符合合同约定用途的租赁物，申请人拒绝支付租金不构成违约，二审法院认定申请人不享有后履行抗辩权存在逻辑错误。本案中，申请人曾多次书面致函请求被申请人提交房产证，补正履行，但被申请人对申请人合理正当要求置之不理。故，在被申请人先履行行为不符合约定时，申请人拒绝履行支付租金义务不构成违约，只有在被申请人补正瑕疵后，申请人方可向被申请人支付对应租金。

（三）不安抗辩权

不安抗辩权，又称为保证履行抗辩权②，是指合同当事人互负债务，有

① 最高人民法院（2020）最高法民申 5822 号。

② 庞景玉、何志：《合同纠纷裁判依据新释新解》，人民法院出版社 2014 年版，第 165 页。

先后履行顺序，负有先履行义务的一方当事人有确切证据证明对方当事人丧失履行能力时，有中止履行合同义务的权利。《民法典》第527条第1款规定："应当先履行债务的当事人，有确切证据证明对方有下列情形之一的，可以中止履行：（一）经营状况严重恶化；（二）转移财产、抽逃资金，以逃避债务；（三）丧失商业信誉；（四）有丧失或者可能丧失履行债务能力的其他情形。"一方行使不安抗辩权，需要符合如下条件：1. 不安抗辩权只能发生在同一双务合同之中，双方当事人互负债务，其履行互为对价。这一要件与同时履行抗辩权、先履行抗辩权的要件一致。2. 一方当事人负有先为履行的义务。3. 负有先为履行义务的一方有确切证据能够证明对方当事人（后履行一方）存在前述四种情形之一。如果没有确切证据证明，而是根据主观臆想判断对方不能履行或不会对待履行，即单方中止履行合同的，则构成违约应承担违约责任。①

需要注意的是，根据《民法典》第528条之规定，一方当事人行使不安抗辩权中止履行合同的，应当及时通知对方。对方提供适当担保时，应当恢复履行。此为不安抗辩权人应当承担的附随义务，也是与同时履行抗辩权和先履行抗辩权的重要区别。中止履行后，对方在合理期限内未恢复履行能力且未提供适当担保的，视为以自己的行为表明不履行主要债务，中止履行的一方可以解除合同并可以请求对方承担违约责任。

二、办案思路与实战技巧

合同履行抗辩权案件，一般发生在当事人作为被告的场合。在被告提出反诉的情况下，原告也可能行使抗辩权。律师办理此类案件，应着重注意以下问题：

（一）合同履行顺序的确定

本节所讨论的三项履行抗辩权，均与合同履行顺序息息相关。因此，在

① 苏泽林主编、最高人民法院审判监督庭编：《立案工作指导》（2008年第3辑），人民法院出版社2008年版，第78~84页。

办理此类案件时，首先要确定合同当事人履行义务的顺序，进而才能准确行使相应的抗辩权。若履行合同没有先后顺序，则不可能产生先履行抗辩权。当然，在合同一方当事人出现《民法典》第527条第1款所规定的四种情形时，在没有履行先后顺序的情况下，对方也可拒绝履行其合同义务。但于此情形下，没有必要援引不安抗辩权的规定，直接援引同时履行抗辩权的规定更为简单。

如何确定合同履行顺序？在实践中主要有以下几个方法：

1. 查看合同约定。一般情况下，合同中会对合同各方履行义务的顺序作出约定，如“甲方完成……之后，乙方支付全部合同款项”。在合同对履行顺序有约定的情况下，应首先尊重合同的约定。

2. 依据交易习惯。在合同没有明确约定的情况下，可考虑根据交易习惯来确定合同的履行顺序。如在劳动合同中，劳动者提供劳动在前，用人单位支付劳动报酬在后应属一般交易习惯。此外，在当事人之间存在长期、多次相似交易的情况下，既往的履行顺序也可以作为双方的交易习惯。

3. 根据诚信原则推断。如在卖方已经依约交货的情况下，只要买卖合同没有特殊约定，则买方应当支付相应的货款，而不能以卖方未开具发票为由而拒绝付款。

（二）抗辩权的行使与诚信原则的规制

合同履行抗辩权是法律赋予合同当事人保护自身合法权益、维护交易秩序的权利，其法理基础是《民法典》规定的诚信原则。如果当事人滥用抗辩权，则会导致交易秩序的混乱和诚信的丧失，应当承担违约责任。合同当事人在行使抗辩权时应保持适当的抗辩程度，而不能过度抗辩。对此，不论是《民法典》第525条关于同时履行抗辩权的规定，还是第526条关于先履行抗辩权的规定，均规定了“……有权拒绝其相应的履行请求”。此处所指的“相应的”，是指一方拒绝履行的债务应当与对方不适当履行的债务相当。具体而言，对方未履行的，可以拒绝其全部履行请求，对方部分履行的，只能就未履行的部分行使抗辩权。《合同编通则司法解释》第31条第1款规定：“当事人互负债务，一方以对方没有履行非主要债务为由拒绝履行自己的主要债务的，人民法院不予支持。但是，对方不履行非主要债务致使不能实现合同目的或者当事人另有约定的除外。”在笔者代理的一起买卖合同纠纷案件中，合同约定了先款后货，在买方已经支付91%的货款的情况下，卖方并未交货，在诉讼中卖方以其享有先履行抗辩权为由进行抗辩，显然不能获得法院的支持。此外，一方当事人在行使不安抗辩权时，负有向对方的及时通知义务，这也是诚信原则的具体体现。

（三）举证责任的分担

律师在代理委托人提出抗辩权的主张时，应区分不同的抗辩权所对应的举证责任，具体来说：

1. 在主张同时履行抗辩权或先履行抗辩权的情况下，若主张抗辩权一方是基于对方未履行合同义务，则对于对方未履行合同不负有举证义务，应当由对方举证证明其已经履行合同义务。但若主张抗辩权一方是基于对方部分履行或不适当履行，则应举证证明对方的实际履行情况与合同约定不符。

2. 在主张不安抗辩权的情况下，当事人必须举证证明对方存在《民法典》第527条第1款所规定的四种情形之一，同时还须证明其已经适当履行通知义务。否则，不安抗辩权不能成立，应当承担违约责任。对于不安抗辩权的举证，在实践中较为复杂，大致可从以下几个方面进行举证：

（1）主观不履行：即对方是否有不履行义务的明确意思表示（如书面文件）或有明确的行为表示。

（2）遭受行政处罚：即对方是否存在被吊销营业执照、被注销、被撤销、被处以大额罚款等遭受行政处罚的情形？对此，可从工商、税务、质监、环保等部门的处罚信息中获取证据。

（3）经营停止：即对方是否已经人去楼空、处于歇业或停业状态。

（4）财产减损：即对方是否有转移财产、抽逃资金导致偿债能力降低的情形？此种证据在实践中不易收集，因转移财产和抽逃资金的行为通常较为隐蔽，难以及时发现；此外，对方是否遭受重大财产损失？如其购买的原材料在运输途中因不可抗力毁损、发生重大安全事故等。

（5）涉诉事项：即对方是否涉及重大诉讼？是否被采取财产保全措施。

（6）信誉事项：即对方商业信誉是否遭受重大打击？如被媒体曝光、被信用机构降低信用评级、被人民法院列入失信被执行人名单等。

（四）对抗辩权法律后果的预判

律师在代理委托人提出抗辩权的主张之前，应当对抗辩权的法律后果进行判断并向委托人进行提示。具体而言，主张同时履行抗辩权的法律后果是：如果抗辩权成立，则法院一般的判决思路为交换履行，判决的主文为：原告履行向被告的某项给付义务时，被告应当同时向原告为给付；[①] 主张先履行抗辩权的法律后果是：如果抗辩权成立，则法院一般的判决思路为驳回原告的诉讼请求，若抗辩权不成立，则会判决支持原告的诉讼请求，被告向原告为给付；主张不安抗辩权的法律后果是：若抗辩权成立，对方提供适当担保时，应当恢复履行。中止履行后，对方在合理期限内未恢复履行能力并且未提供适当担保的，中止履行的一方可以解除合同。若抗辩权不成立，则主张抗辩一方构成违约，法院一般会判决被告向原告为给付并承担违约责任。

三、典型案例精析

科技公司诉 W 公司买卖合同案[②]

裁判要旨

当事人互负债务，有先后履行顺序，先履行一方未履行的，后履行一方有权拒绝其履行要求。先履行一方履行债务不符合约定的，后履行一方有权拒绝其相应的履行要求。合同当事人行使先履行抗辩权应当遵守诚信原则，对方未履行的，可以拒绝其全部履行请求，对方部分履行的，只能就未履行的部分行使抗辩权。

---

① 吴庆宝主编：《合同纠纷裁判标准规范》，人民法院出版社 2009 年版，第 129 页。

② 案号：天津市第二中级人民法院（2013）二中民二终字第 231 号，另作者为说明相关法律问题，对本案进行了适当改写。

一方违约导致相对方合同目的不能实现的，相对方有权解除合同并要求违约方赔偿损失。

案情简介

2011年2月15日科技公司与W公司签订了一份货物买卖合同，约定由W公司向科技公司销售2000吨玉米淀粉，价款为648万元以承兑汇票为支付方式。该合同还约定科技公司应于2月18日前付清全部货款，否则合同无效；W公司应于3月31日前将全部货物运到营口鲅鱼圈港口并向科技公司提供出口用的全部单证。该合同约定管辖法院为起诉方所在地法院。因汇票面额问题，截至2月18日科技公司共支付货款6341264元，欠付货款38736元，另有10万元因汇票磨损严重未能承兑。W公司截至3月31日共计到港货物900余吨，并未交付科技公司相关单证。因W公司在4月3日方将全部货物运抵鲅鱼圈港口并存放于其委托的仓储公司仓库之中，科技公司因W公司迟延交货而导致其外贸合同被外方取消，于是双方发生争议，经谈判无果，科技公司和W公司于2011年10月29日分别向各自所在地人民法院起诉，科技公司主张合同无效，要求返还货款；W公司要求继续履行合同并赔偿损失。双方均不服对方所在地法院管辖，经过管辖异议的审理，最终由双方各自所在地法院的共同上级法院最高人民法院裁定指定由天津市津南区人民法院审理。津南区人民法院于2013年4月12日受理，天津张盈律师事务所接受科技公司委托并指派张海燕、孙国宾两位律师承办本案。

法院裁决

一审法院经审理认为：本案中W公司作为后履行义务一方所要行使的应当是先履行抗辩权。先履行抗辩权的行使，将阻止对方当事人请求权的行使，而约定交货量的45%到约定的港口，相关单证至开庭审理时仍未交付，显然非导致对方请求权的消灭。先履行抗辩权的行使要件是：（1）在同一双务合同，双方当事人互负债务；（2）一方当事人负有先为履行的义务；（3）先履行一方不履行或不适当履行合同义务，而不适当履行应构成根本违约。此外，在行使先履行抗辩权的过程中，还应当遵循诚实信用原则，不应滥用抗辩权，否则不仅不能产生抗辩权的效果，还将构成违约。而本案的情况是，科技公司所欠货款仅占全部货款的2%，虽然构成违约，但显然不是根本违约。而W公司在合同约定的2011年3月31日前仅组织了604.8吨货物（占约定交货量的45%）送到约定的港口，相关单证至开庭时仍未交付，显然违背诚信原则，更是对抗辩权的曲解。W公司自2011年4月1日起已构成根本违约，合同目的已不能实现。该情形下，科技公司要求解除合同的诉讼请求符合法律规定，应予支持。合同解除后，尚未履行的，终止履行。已经履行的，根据履行情况和合同性质，当事人可要求恢复原状、采取其他补救措施，并有权要求赔偿损失。当事人双方都违反合同的，应当承担各自相应的责任。因此判决：一、W公司与科技公司之间所签订的《产品购销合同》自判决生效之日起解除；二、W公司返还科技公司货款6341264元，并以该货款为本金，按人民银行同期贷款利率支付2011年4月1日至判决生效之日的利息；三、涉案货物变现后的货款归W公司所有，港口堆存费由W公司负担；四、科技公司承担以138736元为本金自2011年2月19日至3月31日的违约金。一审判决后，W公司不服，向天津市第二中级人民法院提出上诉。二审法院经审理，于2013年10月12日作出终审判决驳回上诉，维持原判。

律师评析

本案法律关系较为清晰（买卖合同），但在事实方面较为复杂，涉及内贸、外贸等诸多事实，标的较大且历时较长，又经过最高人民法院对管辖权的审理和裁定。所以，不论是对于原被告及代理人，还是对于受理法院，都是一件重大的案件。在本案当中，有如下几个方面的问题值得总结：

1. 关于根本违约的认定问题

根本违约（Fundamental breach），又称为重大违约，是指一方当事人违反合同的结果，使另一方当事人蒙受损失，以至于实际剥夺了受害方根据合同有权期待得到的利益。《联合国国际货物销售合同公约》第25条规定："一方当事人违反合同的结果，如使另一方当事人蒙受损失，以至于实际上剥夺了他方根据合同规定有权期待得到的东西，即为根本违反合同，除非违反合同一方并不预知而且一个同等资格、通情达理的人处于相同情况中也没有理由预知会发生这种结果。”据此，认定根本违约应满足如下构成要件：(1) 有违约行为存在。(2) 违约行为给对方造成重大损害，合同目的落空。(3) 违约方能够预知违约后果。就本案而言，W 公司迟延送货达 55%，属重大违约。(4) 该违约行为导致科技公司的合同目的不能实现。买卖合同的基本目的是货权的转移，但本案当中 W 公司直到庭审结束亦未将货权转移给科技公司，因为该货物始终处于 W 公司的实际控制之下，相关单据也未交付。此外，科技公司购买该货物是为了出口，W 公司对此也是明知。因此，科技公司取得货权并用于出口，应认定为科技公司的合同目的。而反观 W 公司，其已经获得了 97%的货款，因此，科技公司欠付 138736 元的行为并不构成根本违约；W 公司作为一家长期从事农产品贸易的企业，其对于迟延交货的后果应当是明知的。因此，判决认定 W 公司根本违约是准确的。

2. 关于先履行抗辩权的行使问题

先履行抗辩权，是指在双务合同中当事人互负债务且有先后履行顺序，应当先履行债务一方未履行或者履行不符合约定的，后履行一方有权拒绝对方的履行请求或拒绝对方相应的履行请求。《民法典》第 526 条规定：“当事人互负债务，有先后履行顺序，应当先履行债务一方未履行的，后履行一方有权拒绝其履行请求。先履行一方履行债务不符合约定的，后履行一方有权拒绝其相应的履行请求。”先履行抗辩权的法律效果是：在先履行一方未履行的情况下，后履行一方有权拒绝其履行请求。在先履行一方未适当履行的情况下，后履行一方有权拒绝其相应的履行请求。先履行抗辩权的行使，应当具备抗辩范围、时间和方式上的合理性。就本案而言，W 公司以科技公司欠付 2.2%的货款而主张其迟延交货 55%的行为不构成违约显然不符合抗辩范围的对应性。此外，W 公司从未以任何方式向科技公司表达其欲行使先履行抗辩权，而是在庭审过程中才提出这一主张，因此可以认为其在行使方式和时间上均有违诚信原则，故其先履行抗辩权不能成立。

3. 关于争议的处理方式问题

本案货物为具有 2 年保质期的玉米淀粉，但双方处理争议的时间长达两年半之久。争议处理完毕之时，涉案货物早已过期，价值大打折扣，且产生了数十万元的堆存费用。不论判决结果如何，对双方而言损失都在不断扩大。因此，律师在办理此类案件时，应当及时提出建议防止损失继续扩大。在本案当中，法官非常认可律师的建议，并远赴沈阳组织双方就先行变卖货物达成一致，这是有利于双方利益的做法。律师不仅要依法维护委托人的合法权益，解决争议，还应当尽可能避免双方当事人损失的扩大，这是律师职业道德的应有之义。

第二节　债权债务转让纠纷①

一、理论概述与实务指引

本节包括合同债权的转让和合同债务的转移等两部分内容。合同债权的转让，是指合同当事人一方依法将其在合同中的债权全部或部分转让给第三人。合同债务的转移，是指合同当事人一方将其在合同中的债务全部或部分转移给第三人，该债务转移需得到债权人的同意方可有效。合同债权债务的转让，均属于在不改变合同内容的情况下，合同主体的变更。

（一）债权转让的条件

《民法典》第 545 条规定："债权人可以将债权的全部或者部分转让给第三人，但是有下列情形之一的除外：（一）根据债权性质不得转让；（二）按照当事人约定不得转让；（三）依照法律规定不得转让。当事人约定非金钱债权不得转让的，不得对抗善意第三人。当事人约定金钱债权不得转让的，不得对抗第三人。"第 546 条第 1 款规定："债权人转让债权，未通知债务人的，该转让对债务人不发生效力。"根据前述规定，可以看出债权的转让须符合下列条件：

---

① 本节作者张海燕。

1. 须存在有效的债权

债权转让，必须以债权的有效存在为前提。即所转让的权利应当真实存在，且应当是被法律所认可的债权。否则，债权转让不能成立。在裴某强、化工公司等债权转让合同案［最高人民法院（2021）最高法民申 6128 号］中，最高人民法院认为：一方当事人通过债权转让协议，取得原合同中的权利及主体地位。现基于债权转让关系向原合同债务人主张债权，实质是在行使原合同项下权利，该项权利能否得到支持，首先需要审查原合同效力。裴某强坚持以债权转让协议作为请求权基础提起本案诉讼，客观上使得人民法院无法查明前述合同是否合法有效。因此，驳回裴某强的再审申请。

2. 转让的债权须具有可让与性

根据《民法典》第 545 条第 1 款之规定，下列三类债权不得转让：

（1）根据债权性质不得转让

所谓根据债权性质不得转让的债权，主要包括两类：一是具有人身属性或基于信任关系的债权，不得转让。如基于特定信任关系而建立的律师服务委托合同、咨询合同中委托人享有的债权等。此类债权之所以不能转让，是因为其只能发生在特定的当事人之间，如果转让给第三人会使合同内容发生变更，违背当事人订立合同的初衷。二是债权人的变动会损害债务人基于原合同而享有的利益或增加债务人负担的债权，也不得转让。债权转让是在债务内容不发生变化的前提下进行的转让，若债权人变更后，债务的内容会发生变化，则该债权不得转让。

（2）按照当事人约定不得转让

如果当事人在合同中专门约定合同中的某些债权（金钱债权除外）不能转让，则该债权不得转让。否则，转让方应当承担违约责任。当然，在具体合同中，还需要进一步审查该约定是否违反《民法典》无效的民事法律行为之规定。

（3）依照法律规定不得转让

比如法律法规规定应当办理批准、登记手续的合同，若未经批准、登记的，该权利不得转让。根据《保险法》第 34 条第 2 款之规定，以死亡为给付保险金条件的合同所签发的保单，未经被保险人书面同意，不得转让。

3. 债权人与受让人就债权转让达成一致

债权转让的实质是转让人和受让人就合同债权转让达成的合意，属于一份新的协议。没有这种合意的存在，自然不能出现债权转让之情形。

4. 转让形式及程序须合法

如前所述，债权转让是一种协议行为，因此其必须符合《民法典》规定的有效条件。如果该转让行为符合《民法典》第 146 条、第 153 条、第 154 条之无效情形，则转让无效。比如，在笔者曾代理的一起债权转让合同纠纷案件中，转让方已存在多起未履行的强制执行案件，已被第三方申请破产，但仍与受让方签订巨额的债权转让合同，且未明确约定转让对价，笔者提出该债权转让涉嫌恶意串通损害第三方合法权益，应当认定为无效。最终，法院支持了笔者的主张，认为该债权转让无效，驳回了受让方的起诉。此外，债权转让必须依法通知债务人，否则对债务人不产生法律效力。需要注意的是，未通知债务人的情况下，债权人与受让人之间的债权转让合同并不会因此无效，仅是对债务人不产生法律效力。

（二）合同债权转让的法律后果

根据《民法典》第 546 条至第 549 条之规定，合同债权转让会产生下列法律后果：

1. 债务人对受让人负有履行义务

债权转让一经完成，原债权人不再是合同主体，受让人取得债权人地位，债务人有义务向受让人履行义务，受让人可以向债务人要求履行合同，而无须债务人同意。根据《民法典》第 545 条、第 546 条之规定，债权人可以将合同权利全部或者部分转让给第三人，转让只需通知到债务人即可，而无须征得债务人的同意。在债权全部转让的情况下，债权转让一经完成，原债权人即不再是原债权的权利主体，丧失以自己名义向债务人主张债权的资格。

2. 从权利随债权转让而转让

从权利附随于主权利，派生于主权利。根据“从随主”的基本原则，债权人转让其合同债权的，从权利也一并转让给受让人。如从属于主债权的保证担保权、抵押权、质押权、孳息请求权等，都属于从权利。如光伏公司与S新能源公司、L能源公司买卖合同案［最高人民法院（2016）最高法民终663号］中最高人民法院指出：保证期间，债权人依法将主债权转让给第三人的，保证人在原保证担保的范围内继续承担保证责任。保证合同另有约定的，按照约定。按照该条规定，光伏公司转让债权，不影响L能源公司保证责任的承担。但根据《民法典》第547条第1款之规定，专属于债权人自身的从权利并不会随着主债权的转让而转让。

3. 债务人对原债权人所享有的权利可以对抗受让人

债权转让虽无须取得债务人的同意，但债权转让不能损害债务人的合法权益。因此，债务人对于原债权人的权利（如抗辩权），对受让人可以主张。房地产公司、张某辉债权转让合同案［最高人民法院（2019）最高法民申5986号］中，最高人民法院明确指出：债务人接到债权转让通知后，债务人对让与人的抗辩，可以向受让人主张。二审法院对房地产公司所主张的抗辩是否成立未全面审查，事实认定不清。同时，二审法院在认定上述还款均不能视为房地产公司对案涉债务的偿还的情况下，又认定房地产公司的上述还款足以导致本案诉讼时效中断，前后存在矛盾。在秦某红已作为第三人参加本案诉讼的情况下，对于相关债务以及房地产公司享有抗辩权的范围，应该通盘考虑一并查明，以减少当事人诉累。

4. 债务人的抵销权

基于债务人利益不得因债权转让而受损的原则，若债务人对债权人也享有债权的，依法可以向受让人行使抵销权。根据《民法典》第549条规定，有下列情形之一的，债务人可以向受让人主张抵销：（1）债务人接到债权转让通知时，债务人对让与人享有债权，且债务人的债权先于转让的债权到期或者同时到期；（2）债务人的债权与转让的债权是基于同一合同产生。

（三）合同债务转移的条件

债务转移，是指在不改变债务内容的情况下，债务人将其全部或部分债务转移给第三人。《民法典》第551条规定："债务人将债务的全部或者部分转移给第三人的，应当经债权人同意。债务人或者第三人可以催告债权人在合理期限内予以同意，债权人未作表示的，视为不同意。”据此，债务转移应当具备如下条件：

1. 债务转移行为需合法

合同债务转移，实质上包括两个协议行为，一是债权人与债务承担人之间的关于债务转移的协议，二是债务人与债务承担人之间的关于债务转移的协议。因此，债务转移行为必须合法，否则不产生债务转移的法律后果。

2. 债务需具备可转让性

与合同债权转让的原理相似，在性质上不能转移的债务，或法律法规禁止转让的债务以及当事人约定不能转让的债务，不得进行转让。

3. 须经债权人同意

不论是合同债务全部转移还是部分转移，均需取得债权人的同意，否则对债权人不发生效力。这是合同债务转移与合同债权转让最主要的区别。《民法典》未对债权人同意的方式进一步规定。在实践中，债权人同意的方式可以是书面同意函，也可以是在债务转移协议上盖章，或者是对债务转移文件明确予以接受。此外，在债权人已经接受承接债务一方作为其债务人并要求履行债务的情况下，即便债权人没有明示同意，也可认定为债权人已默示同意。

（四）合同债务转移的法律后果

根据《民法典》第 553 条至条第 554 条之规定，合同债务转移后，可产生如下法律后果：

1. 债权人可直接向债务承担人主张权利，但不能向原债务人主张权利

合同债务转移后，原债务人退出合同关系，债务承担人成为新的债务人。因此，债权人可直接向债务承担人主张权利，但不能向原债务人主张权利。

2. 新债务人享有原债务人的抗辩权利，并承担原债务人的合同义务（包括从义务）

基于债务转移不改变债务内容的原则，债务人转移债务的，新债务人可以主张原债务人对债权人的抗辩。基于“从随主”的原则，与主债务有关的从债务，新债务人应当承担，但是该从债务专属于原债务人自身的除外。需要注意的是，原债务人对债权人享有债权的，新债务人不得向债权人主张抵销。原因在于原债务人仅是将债务转移给新债务人，并未将其基于原合同而享有的债权也一并转让给新债务人。

二、办案策略与实战技巧

在律师办案实务当中，债权转让纠纷中争议较多的是债权转让通知是否有效、债权是否已经依法转移等问题；债务转移纠纷中争议较多的是如何认定债务人是否已经退出原债权债务关系，抑或是构成债务加入、第三人代为履行、增加保证等问题。律师应当结合案件中的相关证据，基于保护债权人利益的基本立法目的，准确判断当事人的意思表示。

（一）债权转让通知问题

《民法典》第 546 条第 1 款规定："债权人转让债权，未通知债务人的，该转让对债务人不发生效力。"根据《合同编通则司法解释》第 48 条第 1 款的规定，债务人在接到债权转让通知前已经向让与人履行，受让人请求债务人履行的，人民法院不予支持；债务人接到债权转让通知后仍然向让与人履行，受让人请求债务人履行的，人民法院应予支持。但《民法典》并未对通知的内容、形式等进行进一步的规定，实践中发生的争议以此类较多，因此有必要进行进一步的分析和讨论：

1. 通知主体

从文义解释的角度来看，《民法典》第 546 条第 1 款规定的通知主体应为债权人，但并未排除受让人也可以作为通知主体，司法实践中也有持肯定意见的裁判观点。[①] 但从债权转让不得增加债务人负担以及避免产生不必要争议的角度来考量，笔者不建议由受让人直接通知，因为这样会导致债务人增加核实该债权转让是否真实的义务，受让人也需要提供能够确认债权转让事实的相关证据，同时也会对通知是否符合法律规定问题引起不必要

---

① 在数据资源公司与资产管理公司深圳市分公司债权转让合同案［最高人民法院（2020）最高法民申 6483 号］中，最高人民法院认为：债权转让通知一般应由原债权人通知债务人，但在原债权人同意的情况下，受让人通知债务人，同样对债务人发生效力。

的争议，还可能引发赔偿因此给债务人造成的损失及费用等问题。《合同编通则司法解释》第48条第2款规定："让与人未通知债务人，受让人直接起诉债务人请求履行债务，人民法院经审理确认债权转让事实的，应当认定债权转让自起诉状副本送达时对债务人发生效力。债务人主张因未通知而给其增加的费用或者造成的损失从认定的债权数额中扣除的，人民法院依法予以支持。"但若债权人与受让人共同向债务人发出转让通知，或者让与人基于债权人的合法委托而通知（如有公证委托书）的情况下，则应视为有效。

2. 通知内容

通知的内容至少应包括转让的债权性质（即究竟转让什么权利）、转让的额度（即部分还是全部）以及转让的权利范围等内容。出于诚信和不增加债务人负担的考虑，还应当进一步告知债务人有关受让人的联系方式、履行方式等内容。最高人民法院倾向认为，合同权利的转让是指合同原债权人通过协议将其债权全部或者部分转让给第三人的行为，属于广义上的合同变更的范畴。合同变更系当事人设立、变更和终止民事权利和民事义务的民事法律行为。一般认为，债权转让的意思表示必须明确、真实，即原合同债权人究竟是转让什么权利给新债权人、是全部转让还是部分转让、转让的权利范围是多少等，均应在原债权人和第三人签订的债权转让合同中明确予以约定。且只有在债权转让的意思表示明确、真实的情况下，才能确定转让后新的债权人和原债务人之间所形成的新的法律关系的具体内容，对于原债务人而言，其履行义务才有了合法的依据。否则，应当推定债权未转让。

3. 通知形式

就通知形式而言，实践当中有书面通知、口头通知、公告通知等多种方式。从保护民事权利流转的角度，只要债权转让通知能在一定范围内达到通知要求的形式做出明确的债权转让的意思表示，即应认定该方式具有通知效力①。相比而言，书面通知形式最为妥当。口头通知也属于有效，但举证较为困难。公告通知在金融资产转让领域较为多见，这种方式在实践中也可以被认可。此外，若受让人直接以起诉方式要求债务人履行债务的，起诉状副本送达债务人时，也可以发生债权转让通知的效力。

（二）债务转移与第三人债务加入、第三人代为履行、增加保证等的认定与区别问题

债务加入是不变更合同内容，由第三人加入合同关系中，并由第三人与债务人共同向债权人承担债务。在学说上也称为并存的债务承担，其法律效果是使债权人的债权得到进一步的保障②，在此意义上与第三人代为履行有相似之处。但其区别在于债权人可以向债务加入人主张权利，但不能向代为履行的第三人主张权利。债务转移的本质特征是债务人脱离原债权债务关系，不再向债权人承担债务。

在实践中，争议较多的是在有第三人介入的情况下，如何认定原债务人已经脱离原债权债务关系。从最高人民法院的裁判观点精神来看，保护债权人的利益是基本的立法目的。因此，债权人必须有明确的同意债务转移并免除债务人责任的意思表示，方可认定为债务转移。在投资管理公司、工贸公司企业借贷案［最高人民法院（2020）最高法民申 2705 号］中，最高人民法院认为：债务转移须债权人和第三人明确表示免除原债务人的责任。因债权人和第三人另行达成协议负担债务，且均有免除原债务人工贸公司责任的行为和意思表示，故构成债务转移并产生免除原债务人责任的法律效果。反之，即使是存在“由第三人代替债务人履行债务”之类的表述，也不能认定为债务转移。在化工公司与轮胎公司买卖合同案［最高人民法院（2021）最

---

① 最高人民法院倾向认为，作为债权转让通知，只要能在一定范围内达到通知要求的形式作出明确的债权转让的意思表示，并且债务人没有异议的情况下，就应当认定该方式具有通知的效力。债务人以公告债权转让不同于通知为由，认为并未发生债权转让的通知行为的上诉理由，不予支持。

② 庞景玉、何志：《合同纠纷裁判依据新释新解》，人民法院出版社 2014 年版，第 224~225 页。

高法民申 1559 号］中，最高人民法院指出：债务转移是指债务人经债权人同意，将自己的合同义务转移给第三人承担，债务人自己退出与债权人之间的合同关系；而由第三人代为履行债务是指当事人约定由第三人履行债务，但债务人未退出与债权人之间的合同关系。区别债务转移与由第三人代为履行债务可以从以下两点进行分析：1. 债务人是否退出原债权债务关系。在债务转移中，因由债务受让人履行债务已征得债权人的同意，原债务人退出债权债务关系，债权人与第三人成立新的债权债务关系。在第三人代为履行中，债务人并不退出原债权债务关系，第三人仅是履行债务辅助人。2. 第三人是否承担违约责任。在债务转移的情况下，第三人已经成为合同关系当事人，债权人可直接请求第三人履行义务及承担违约责任。在第三人代为履行中，当第三人不履行或履行债务不符合约定时，债权人不能直接向第三人请求履行债务，只能要求债务人承担第三人不履行的违约责任。本案中，轮胎公司、化工公司、W 公司签订《三方债权债务转让协议》约定："W 公司同意代轮胎公司偿还所欠化工公司货款 4456400 元。化工公司同意轮胎公司所欠货款 4456400 元由 W 公司代轮胎公司偿还。轮胎公司同意所欠化工公司货款转入 W 公司账户。"虽然该协议文本中有多处"代偿还"表述，但该协议名称为债权债务转让协议，且协议签署后各方当事人的实际履行行为表明该协议的性质应为债务转移协议。故案涉三方法律关系符合债务转移法律关系的特征。

如果第三人有较为明确的保证意思表示，则可认定为保证人的增加。在某银行沙湾县支行、吕某江与刘某萍、尹某寿等金融借款合同案［新疆维吾尔自治区塔城地区中级人民法院（2020）新 42 民终 999 号］中，审理法院认为：债务人与第三人为债权人另行提供相应的担保，除债权人和保证人之间有消灭保证责任意思表示外，原保证责任并不免除。本案中，保证人履行份额偿还义务可以证实债权人某银行沙湾县支行并无同意变更或解除原保证人保证责任的明确意思表示，本案亦无变更或解除保证责任的明确意思表示。结合殷某刚虽表示愿意承担连带责任，且出具第二份承诺，由其偿还剩余全部借款本息，但债权人某银行沙湾县支行在接受同时，并无明确意思表示同意债务人由刘某萍、尹某寿变更为殷某刚，故殷某刚承诺行为不能构成债务转移，即不能构成债务人变更，但对殷某刚保证人身份有较为明确的表示与认可，某银行沙湾县支行主张殷某刚承诺系保证人增加的理由成立。

关联案例1

案件名称：裴某强与化工公司等债权转让合同案

案　　号：最高人民法院（2021）最高法民申6128号

裁判观点：基于债权转让关系向原合同债务人主张债权，实质是在行使原合同项下权利，该项权利能否得到支持，首先需要审查原合同效力。

关联案例2

案件名称：光伏公司与S新能源公司、L能源公司买卖合同案

案　　号：最高人民法院（2016）最高法民终663号

裁判观点：保证期间，债权人依法将主债权转让给第三人的，保证人在原保证担保的范围内继续承担保证责任。保证合同另有约定的，按照约定。

关联案例3

案件名称：房地产公司与张某辉债权转让合同案

案　　号：最高人民法院（2019）最高法民申5986号

裁判观点：债务人接到债权转让通知后，债务人对让与人的抗辩，可以向受让人主张。

关联案例4

案件名称：顾某娇与房地产公司、面粉公司、科技公司民间借贷案

案　　号：最高人民法院（2017）最高法民终219号

裁判观点：生效的（2014）丹刑初字第872号刑事判决已经将该案涉款项认定为冷某亮吸收存款的一部分，并判决予以追缴，发还集资参与人顾某娇。其损失应当通过刑事诉讼程序追缴获偿。因此，顾某娇主张案涉款项的主债务人已由冷某亮转为陈某平，房地产公司是担保人承担连带偿还责任缺乏事实依据。

关联案例5

案件名称：机械公司与钢铁公司其他合同案

裁判观点：债权转让的意思表示必须明确、真实，即原合同债权人究竟是转让什么权利给新债权人、是全部转让还是部分转让、转让的权利范围是多少等，均应在原债权人和第三人签订的债权转让合同中明确予以约定。

关联案例6

案件名称：投资管理公司与工贸公司企业借贷案

案　　号：最高人民法院（2020）最高法民申2705号

裁判观点：债务转移须债权人和第三人明确表示免除原债务人的责任。因债权人和第三人另行达成协议负担债务，且均有免除原债务人工贸公司责任的行为和意思表示，故构成债务转移并产生免除原债务人责任的法律效果。

关联案例 7

案件名称：化工公司与轮胎公司买卖合同案

案　　号：最高人民法院（2021）最高法民申 1559 号

裁判观点：债务转移是指债务人经债权人同意，将自己的合同义务转移给第三人承担，债务人自己退出与债权人之间的合同关系；而由第三人代为履行债务是指当事人约定由第三人履行债务，但债务人未退出与债权人之间的合同关系。

关联案例 8

案件名称：某银行沙湾县支行、吕某江与刘某萍、尹某寿等金融借款合同案

案　　号：新疆维吾尔自治区塔城地区中级人民法院（2020）新 42 民终 999 号

裁判观点：债务人与第三人为债权人另行提供相应的担保，除债权人和保证人之间有消灭保证责任意思表示外，原保证责任并不免除。

三、典型案例精析

资产管理公司、房产开发公司与 H 集团债权转让合同案[①]

裁判要旨

基于合法有效的《债权转让协议》，并向债务人、保证人送达了《债权转让通知书》，且不存在法律规定的不得转让的情形，故债权受让人依法可以取得债权，包括与主债权相关的从权利。

---

① 一审：广西壮族自治区高级人民法院（2017）桂民初 28 号；二审：最高人民法院（2019）最高法民终 894 号；再审：最高人民法院（2020）最高法民申 3866 号。说明：本案中，各方当事人对于原始债权的数额争议较大，涉及多家单位在多年的经营过程中的经济往来细节，考虑到本书主要探讨债权转让相关的法律问题，故主要摘录与债权转让相关的基本事实。

案情简介

2014年7月10日，房产开发公司作为债务转让人（甲方），黄某柳作为债务受让人（乙方），有色金属公司作为债权人（丙方），资产管理公司、黄某南、黄某瑜、黄某作为无限连带担保人（丁方）签订一份《债务转让协议》，内容为：第一条债务承担：房产开发公司对有色金属公司负债务本金3.7亿元（从2008年1月1日开始计息，截至2014年5月30日本金及利息共计468158998.86元）。债权债务关系真实有效，已经黄某柳确认。经有色金属公司同意，由黄某柳承担房产开发公司对有色金属公司所负上述债务及自欠款之日起至还款日的应付利息（利息按照中国人民银行同期贷款利率计算）。第二条甲方承诺：如按照我国法律规定，本协议被法院或仲裁机构确定为无效或被撤销后，则房产开发公司仍继续向有色金属公司承担原债务，但是不能免除担保人的担保责任，担保人仍然对该债务承担无限连带担保责任。第三条乙方承诺：黄某柳通过审查债权债务发生的相关文件，已确知房产开发公司对有色金属公司所负债务真实，并自愿接受本合同第一条中房产开发公司对有色金属公司所负债务，接替房产开发公司成为债务人。黄某柳与房产开发公司或任何第三方的其他任何协议或债权债务均与本协议无关，协议生效后，黄某柳不以其与房产开发公司、任何第三方之间的任何其他协议或债权债务的无效、撤销或解除为由，拒绝本协议的履行。黄某柳不以房产开发公司的任何过错为由，拒绝履行本协议约定的义务。第四条丙方承诺：本协议生效后，如果黄某柳没有按照本合同的约定向有色金属公司归还欠款，那么有色金属公司有权继续向房产开发公司主张本协议中已被转让的债务的履行，同时要求黄某柳和黄某南、黄某瑜、黄某承担无限连带的清偿责任。第五条债务归还时间：黄某柳必须在2014年12月31日前归还欠款本金人民币2亿元，必须在2015年6月30日前归还剩余欠款本金及相应利息。第六条担保责任：资产管理公司、黄某南、黄某瑜、黄某对黄某柳所欠本金人民币3.7亿元及相应利息的债务承担无限连带担保责任，黄某柳到期不能偿还全部债务时，有色金属公司有权向资产管理公司、黄某南、黄某瑜、黄某进行追偿，资产管理公司、黄某南、黄某瑜、黄某承担无限连带担保责任的期限至2017年6月30日。

2015年6月26日，作为债务转让人（甲方）、资产管理公司作为债务受让人（乙方）、有色金属公司作为债权人（丙方）等四人作为无限连带责任担保人（丁方）、房产开发公司作为原始债务人（戊方）签订《债务转让补充协议》，约定将2014年7月10日《债务转让协议》中黄某柳对有色金属公司所负的债务转由资产管理公司承接，如资产管理公司未按约定归还欠款，有色金属公司有权继续向黄某柳及房产开发公司主张债务的履行，同时要求资产管理公司和黄某柳等四人承担无限连带的清偿责任。债务归还时间按原债务转让协议的约定执行。无限连带担保责任的期限至2017年6月30日。

2015年8月31日，有色金属公司作为债权转让方（甲方）、H集团公司作为债权受让方（乙方）签订一份《债权转让协议》，约定：截至2015年6月30日，有色金属公司尚欠H集团公司借款本金及利息共计2161945906.81元。房产开发公司为有色金属公司实际控制的公司，房产开发公司因开发经营的A房地产项目尚欠有色金属公司3.7亿元及相应利息，后资产管理公司受让该债务。有色金属公司将对房产开发公司、资产管理公司享有的468158998.86元款项及相应利息的债权转让给H集团公司，以抵销H集团公司对有色金属公司的等额欠款。有色金属公司协调房产开发公司、资产管理公司于2015年12月31日之前偿还债权总额的10%，于2016年6月30日之前偿还债权总额的40%，于2016年12月31日前还清所有款项。利息计算方式为以3.7亿元为基数，按银行同期贷款基准利率从2014年5月31日起开始计算，计至实际还清款项之日止。有色金属公司保证对房产开发公司、资产管理公司享有的债权真实、合法、有效。如有色金属公司违反前述保证，应按《合同法》有关规定向H集团公司支付违约金，且有色金属公司仍需继续偿还H集团公司尚未收回的欠款。

2015年8月31日，有色金属公司分别向资产管理公司、房产开发公司、黄某柳等四人发出《债权转让告知函》，告知资产管理公司、房产开发公司、黄某柳等四人向H集团公司履行还款及担保义务。

2015年10月26日，资产管理公司、房产开发公司、黄某柳等四人分别向有色金属公司发出《关于〈债权转让告知函〉的复函》，对有色金属公司转让债权不持异议，但是不同意按照有色金属公司与H集团公司签订的相关协议约定的还款顺序进行债务清偿或承担担保责任，坚持按照有色金属公司与房产开发公司于2015年8月19日签订的《关于共管账户的资金管理协议》约定的还款顺序进行债务清偿（或进行担保），即相关项目销售所得按以下顺序清偿：优先支付该项目的施工工程款，再行支付职工退房款，留足项目运营所需费用后，余额再行向H集团公司清偿债务。

H集团公司向一审法院起诉请求：判令资产管理公司、房产开发公司共同归还债务本金3.7亿元及利息（计至2014年5月30日为98158998.86元；以3.7亿元为基数，从2014年5月31日起按中国人民银行同期贷款利率计至实际清偿之日，暂计至2017年6月20日利息为62064416.67元）；黄某柳等四人对上述本金及利息债务承担连带清偿责任。

法院裁决

一审法院经审理认为：首先，案涉《债权债务处理协议》是三方当事人的真实意思表示，应视为三方当事人对历年来经济往来款项所做的最终结算。其次，《债务转让协议》及《债务转让补充协议》均是各方当事人的真实意思表示，内容没有违反法律法规的禁止性规定，债权人有色金属公司亦在协议上盖章签字。该《债务转让协议》及《债务转让补充协议》合法有效。有色金属公司将案涉债权转让给H集团公司，不存在法定不得转让的情形，亦通知了债务人，故H集团公司依法取得涉案债权，是适格的诉讼主体。《债务转让协议》及《债务转让补充协议》均约定如债务受让方未依约偿还债务的，债权人仍可向房产开发公司主张债务履行责任。故房产开发公司抗辩称其只是原债务人，债务转让后其不应再承担债务偿还责任的理由不成立。最后，黄某柳等四人作为连带责任担保人，在《债务转让补充协议》中承诺对相关公司的债务本金3.7亿元及利息承担无限连带的偿还责任，H集团公司作为债权受让人，诉请黄某柳等四人对本案债务承担连带清偿责任，有事实和法律依据。据此，一审判决如下：资产管理公司、房产开发公司于判决生效之日起十日内向H集团公司偿还债务本金3.7亿元及利息（利息计算：截至2014年5月30日的利息为98158998.86元；从2014年5月31日起至实际清偿之日止，以3.7亿元为基数，按中国人民银行同期流动资金贷款利率计付)；黄某柳等四人对上述债务承担连带清偿责任。黄某柳等四人承担清偿责任后，有权向资产管理公司、房产开发公司追偿。

一审判决后，资产管理公司、房产开发公司、黄某柳等四人提起上诉，最高人民法院经审理后认为：首先，根据已查明的事实，可以认定有色金属公司为建设相关项目，共向房产开发公司投入至少3.7亿元。该债权数额经几方当事人共同确认，并经审计机关审计认定，真实合法有效。其次，3.7亿元是对房产开发公司历年来所欠有色金属公司债务的总结算，是有色金属公司及其关联公司因相关项目向房产开发公司支付款项的一揽子概括性确认，其包含的并非某一笔款项，而是对所有收支的最后审定。相关协议均合法有效。因此，上诉人的上诉请求不能成立，应予驳回；一审判决认定事实清楚，适用法律正确，应予维持。二审判决后，资产管理公司、房产开发公司、黄某柳等四人又向最高人民法院申请再审，最高人民法院审理后裁定驳回再审申请。

律师评析

本案涉及与债权转让有关的问题主要包括：1. 有色金属公司与H集团公司之间的债权转让是否合法有效？2. H集团公司受让债权后，各方的责任如何承担？

1. 关于债权转让的效力问题

第一，债权合法性问题。

债权转让合同纠纷案件中，被转让的债权是否合法，是需要重点审核的基础性问题。从法院查明的事实来看，本案债权源自有色金属公司在房产开发公司建设项目过程中的投入，属于合法债权，且不存在不得转让的情形。

第二，债权转让通知问题。

债权转让需通知债务人，方可对债务人产生法律效力。本案中，2015年8月31日，有色金属公司分别向资产管理公司、房产开发公司、黄某柳等四人发出《债权转让告知函》，告知资产管理公司、房产开发公司、黄某柳等四人向 H 集团公司履行还款及担保义务。2015 年 10 月 26 日，资产管理公司、房产开发公司、黄某柳等四人分别向有色金属公司发出《关于〈债权转让告知函〉的复函》，对有色金属公司转让债权不持异议。也就是说，该债权转让通知已确定无疑送达债务人。因此，该债权转让对资产管理公司、房产开发公司、黄某柳等四人产生法律效力。

第三，债权数额的确定性问题。

首先，2013 年 12 月 25 日，广西壮族自治区审计厅作出的《关于李某通同志任职期间履行经济责任情况的审计决定》载明，有色金属公司以在职职工出资名义成立房产开发公司，负责建设集团商住楼（即“金色家园”项目）。截至 2012 年底，有色金属公司为建设该项目共转给房产开发公司 3.7 亿元。其次，2014 年 7 月 10 日房产开发公司作为债务转让人（甲方），黄某柳作为债务受让人（乙方），有色金属公司作为债权人（丙方），资产管理公司、黄某南、黄某瑜、黄某作为无限连带担保人（丁方）签订的《债务转让协议》第一条明确：房产开发公司对有色金属公司负债务本金人民币 3.7 亿元。最后，资产管理公司、房产开发公司、黄某柳等四人分别向有色金属公司发出的《关于〈债权转让告知函〉的复函》中，对有色金属公司转让债权不持异议，对债权数额也未提出异议。因此，从证据角度而言，该债权的数额足以确定。

综上，有色金属公司与 H 集团公司之间的债权转让协议合法有效，且已经通知债务人，H 集团公司依法取得案涉债权。

2. 债权转让后的各方的责任问题

本案中，有色金属公司的债务人发生了两次变化，同时还增加了相关保证人。因此，H 集团公司受让债权后，应当从债权性质来锁定债务人及其责任。

第一，关于主债权。

主债权是指转让方对债务人所享有的债权。在本案中，即是指有色金属公司对债务人享有的 3.7 亿元债权，该债权最初的债务人为房产开发公司。根据 2014 年 7 月 10 日《债务转让协议》的约定，黄某柳受让该笔债务，成为债务人，同时增加了保证人资产管理公司、黄某南、黄某瑜、黄某。根据

2015年6月26日《债务转让补充协议》的约定，2014年7月10日《债务转让协议》中黄某柳对有色金属公司所负的债务转由资产管理公司承接，资产管理公司和黄某柳等四人承担无限连带的清偿责任。据此，资产管理公司成为债务人，应当承担偿还责任，H集团公司对资产管理公司享有债权。

关于房产开发公司的责任问题，《债务转让协议》虽然约定了其债务转移给黄某柳，但并未明确免除其偿还责任，相反，该协议中明确约定“如果黄某柳没有按照本合同的约定向有色金属公司归还欠款，那么有色金属公司有权继续向房产开发公司主张本协议中已被转让的债务的履行”。也就是说，该《债务转让协议》虽然名为“债务转让”，但从协议内容来看，并没有免除房产开发公司的债务，房产开发公司没有脱离原债权债务关系，该《债务转让协议》并不产生《民法典》所规定的债务转移的法律效果。因此，房产开发公司对于有色金属公司的债务并未免除，仍应承担偿还责任，H集团公司在受让债权后对房产开发公司享有债权。

第二，关于从权利。

《民法典》第547条第1款规定：“债权人转让债权的，受让人取得与债权有关的从权利，但是该从权利专属于债权人自身的除外。”此即“从随主”的原则。本案中，有色金属公司对黄某柳等四人享有保证债权，该债权属于从权利，且不专属于有色金属公司，因此，H集团公司在取得主债权的同时取得相关从权利，有权要求黄某柳等四人承担连带清偿责任。

第三节　合同解除纠纷[①]

一、理论概述与实务指引

合同的解除是合同权利义务终止的事由之一，是指在合同成立并生效后，当具备法定解除条件或出现当事人约定的解除时，或经当事人协商一

① 本节作者张海燕。

致时，因当事人一方或双方的意思表示而使合同关系归于消灭。《民法典》第 562 条至第 567 条对合同解除的原因及法律效果进行了规定。其中，第 562 条规定的是当事人之间的协议解除（包括协商解除和约定解除条件），第 563 条规定的是法定解除，第 564 条是关于解除权行使期间的规定，第 565 条是关于合同解除程序的规定，第 566 条是关于合同解除法律效果的规定。

（一）合同的协议解除

《民法典》第 562 条第 1 款规定："当事人协商一致，可以解除合同。"第 2 款规定："当事人可以约定一方解除合同的事由。解除合同的事由发生时，解除权人可以解除合同。"前述规定的解除均以当事人之间存在一致的意思表示为前提，故统称为协议解除。第 1 款规定的解除情形可称为协商解除，第 2 款规定的解除情形可称为约定解除。

1. 协商解除

协商解除是指合同生效后，当事人之间经过协商一致而解除合同。此种情形下，必须经过双方协商，并就合同解除及解除后各方的责任达成一致方可解除。合同当事人单方可以提出解除的意向，但在对方同意之前不得主张合同已解除而拒绝履行合同义务，否则应承担违约责任。在实践中需要注意的是：虽然合同双方未对解除合同及合同解除后的后果达成一致，但如果能够认定双方均有解除合同的意思表示的，可以认定合同解除。《合同编通则司法解释》第 52 条规定："当事人就解除合同协商一致时未对合同解除后的违约责任、结算和清理等问题作出处理，一方主张合同已经解除的，人民法院应予支持。但是，当事人另有约定的除外。有下列情形之一的，除当事人一方另有意思表示外，人民法院可以认定合同解除：（一）当事人一方主张行使法律规定或者合同约定的解除权，经审理认为不符合解除权行使条件但是对方同意解除；（二）双方当事人均不符合解除权行使的条件但是均主张解除合同。前两款情形下的违约责任、结算和清理等问题，人民法院应当依据民法典第五百六十六条、第五百六十七条和有关违约责任的规定处理。"在天然气公司湖南销售分公司合同案［最高人民法院（2020）最高法民再

215号］中，最高人民法院指出：天然气公司湖南销售分公司起诉请求解除合同，成某光亦反诉请求解除合同，杨某华对此未持异议，二审判决解除案涉合同并无不当，本院予以维持。本案中，一方起诉请求解除合同，另一方反诉亦请求解除合同，即双方解除合同的意思表示一致，此种属于《合同法》第93条[①]规定的"当事人协商一致，可以解除合同"的情形。

2. 约定解除

约定解除是指合同当事人在合同中约定一定的解除条件，在合同生效后未履行或未完全履行之前，当约定的解除条件成就时，当事人通过行使解除权而解除合同。在此种情形下，享有解除权的一方单方作出解除的意思表示并送达对方即可解除合同，无须征得对方当事人的同意。在能源公司、焦化公司合同案［最高人民法院（2019）最高法民终1875号］中，最高人民法院指出：在当事人约定的解除合同条件成就，且因该解约事由的持续，致使守约方Z煤炭公司重组并购Y煤矿（含合同约定采矿权）的主要合同目的至今不能实现的情况下，Z煤炭公司主张解除案涉合同，原审法院判决解除案涉合同，符合诚实信用原则、合同约定和法律规定。但需要注意的是：若违约行为轻微且不影响合同目的实现的，即便符合约定的解除条件，守约方也不能以符合解除条件而主张解除合同。在贸易公司与装饰工程公司等房屋租赁合同案［（2019）苏0585民初6492号］中，法院认为：根据房屋租赁合同约定，J公司应于2020年8月20日之前向贸易公司支付2020年下半年租金140万元，但其仅在2019年9月10日和2019年9月12日各支付20万元，且在贸易公司提起本案诉讼之后才将剩余100万元房租付清，其逾期支付房租已超20天；同时，J公司未经出租人贸易公司同意擅自将部分房屋转租给M公司，亦属违约。根据合同约定，针对J公司的上述违约行为，贸易公司有权解除双方合同，但从违约形态看，J公司逾期支付租金虽已超20日，但在贸易公司起诉后不久即付清了拖欠房租，而此后在影响企业生产经营的情况下，J公司仍如数支付房租；J公司之前将部分厂房转租他人，但转租面积较小、时间较短，且本案诉讼时M公司早已搬离涉案厂房，故J公

---

① 对应《民法典》第562条。

司的违约行为显著轻微，未造成贸易公司重大损失。另外，由于J公司对使用涉案厂房有过较大投入，如果解除合同会造成剩余数年租期提前终止，双方利益严重失衡。因此，贸易公司主张解除房屋租赁合同不宜支持，其可依法要求J公司支付相应的违约金及欠付的水费、税费。

此外，解除条件的约定也属于当事人订立的合同内容，在关于该解除条件的约定合法有效的情况下，当事人可援引该约定而解除合同，若当事人约定的解除条件无效的，当事人不能据此解除合同。

（二）合同的法定解除

合同的法定解除，是指在合同生效后，没有履行或未完全履行完毕之前，因出现法定的解除事由，当事人一方通过行使解除权而解除合同。《民法典》第563条规定："有下列情形之一的，当事人可以解除合同：（一）因不可抗力致使不能实现合同目的；（二）在履行期限届满前，当事人一方明确表示或者以自己的行为表明不履行主要债务；（三）当事人一方迟延履行主要债务，经催告后在合理期限内仍未履行；（四）当事人一方迟延履行债务或者有其他违约行为致使不能实现合同目的；（五）法律规定的其他情形。以持续履行的债务为内容的不定期合同，当事人可以随时解除合同，但是应当在合理期限之前通知对方。"关于前述法定解除条件的具体内涵及认定，将在本节第二部分详细阐述。

（三）合同解除的程序

1. 解除权人发出解除通知

根据《民法典》第565条第1款前段之规定，当事人一方依法主张解除合同的，应当通知对方。合同自通知到达对方时解除；通知载明债务人在一定期限内不履行债务则合同自动解除，债务人在该期限内未履行债务的，合同自通知载明的期限届满时解除。

一般情况下，解除权人应为守约一方，违约一方不享有合同解除权。但在特殊情况下，法院也可能会赋予违约方解除权，但同时会判决违约一方承担赔偿责任。在新宇公司诉冯玉梅商铺买卖合同纠纷案①中，南京市中级人民法院指出：当违约方继续履约所需的财力、物力超过合同双方基于合同履行所能获得的利益时，应该允许违约方解除合同，用赔偿损失来代替继续履行。《全国法院民商事审判工作会议纪要》（法〔2019〕254 号）第 48 条规定："违约方不享有单方解除合同的权利。但是，在一些长期性合同如房屋租赁合同履行过程中，双方形成合同僵局，一概不允许违约方通过起诉的方式解除合同，有时对双方都不利。在此前提下，符合下列条件，违约方起诉请求解除合同的，人民法院依法予以支持：（1）违约方不存在恶意违约的情形；（2）违约方继续履行合同，对其显失公平；（3）守约方拒绝解除合同，违反诚实信用原则。人民法院判决解除合同的，违约方本应当承担的违约责任不能因解除合同而减少或者免除。"

2. 对方当事人的异议权

根据《民法典》第 565 条第 1 款后段之规定，对方对解除合同有异议的，任何一方当事人均可以请求人民法院或者仲裁机构确认解除行为的效力。但需要注意的是，不能仅看收到解除通知一方是否提出异议，还应判断发出通知一方是否具有合同解除权。《全国法院民商事审判工作会议纪要》（法〔2019〕254 号）第 46 条规定："……人民法院在审理案件时，应当审查发出解除通知的一方是否享有约定或者法定的解除权来决定合同应否解除，不能仅以受通知一方在约定或者法定的异议期限届满内未起诉这一事实就认定合同已经解除。"《合同编通则司法解释》第 53 条规定："当事人一方以通知方式解除合同，并以对方未在约定的异议期限或者其他合理期限内提出异议为由主张合同已经解除的，人民法院应当对其是否享有法律规定或者合同约定的解除权进行审查。经审查，享有解除权的，合同自通知到达对方时解除；不享有解除权的，不发生合同解除的效力。"

3. 解除权的行使期限

《民法典》第 564 条规定："法律规定或者当事人约定解除权行使期限，期限届满当事人不行使的，该权利消灭。法律没有规定或者当事人没有约定

① 该案为最高人民法院公报案例，载《最高人民法院公报》2006 年第 6 期。

解除权行使期限，自解除权人知道或者应当知道解除事由之日起一年内不行使，或者经对方催告后在合理期限内不行使的，该权利消灭。”据此规定，解除权人欲行使解除权的，应当在法律规定或当事人约定的时限内行使，否则，解除权归于消灭，不能达到解除合同之效果。如《最高人民法院关于审理商品房买卖合同纠纷案件适用法律若干问题的解释》第 11 条规定：“根据民法典第五百六十三条的规定，出卖人迟延交付房屋或者买受人迟延支付购房款，经催告后在三个月的合理期限内仍未履行，解除权人请求解除合同的，应予支持，但当事人另有约定的除外。法律没有规定或者当事人没有约定，经对方当事人催告后，解除权行使的合理期限为三个月。对方当事人没有催告的，解除权人自知道或者应当知道解除事由之日起一年内行使。逾期不行使的，解除权消灭。”需要注意的是，当事人的解除权消灭后，又约定了解除权或者发生了使当事人享有解除权的新的法定情形，依然可以依法行使解除权。

（四）合同解除的法律效果

《民法典》第 566 条规定：“合同解除后，尚未履行的，终止履行；已经履行的，根据履行情况和合同性质，当事人可以请求恢复原状或者采取其他补救措施，并有权请求赔偿损失。合同因违约解除的，解除权人可以请求违约方承担违约责任，但是当事人另有约定的除外。主合同解除后，担保人对债务人应当承担的民事责任仍应当承担担保责任，但是担保合同另有约定的除外。”据此规定，合同解除后，当事人权利义务终止，因此对于尚未履行的部分，双方均无须再履行。实践中的重点问题是：对于已经履行的部分如何处理？根据前述规定，需根据履行情况和合同性质而采取不同的处理方式。所谓履行情况，是指履行部分对债权的影响。如果债权人的利益不是必须通过恢复原状才能得到保护，则不一定采用恢复原状。所谓合同性质，是指合同标的的属性。[①]

① 黄薇主编：《中华人民共和国民法典合同编解读》（上册），中国法制出版社 2020 年版，第 365 页。

1. 恢复原状

恢复原状是指恢复至订立合同前的状态，该处理方式仅发生于合同部分履行或全部履行的情形。需要注意的是，根据合同性质不能恢复原状的，如劳务合同、供水（电、热等能源）合同、租赁合同，不能适用恢复原状这一规定。此外，在标的物已被第三人善意取得或已经灭失的情况下，也不能要求恢复原状。在能够恢复原状的情况下，应当返还因合同而取得的财产（若是种类物，可以同类物返还）及相应的孳息，还应当补偿因保管、维护及返还原物而支出的必要费用。

2. 采取其他补救措施

在无法恢复原状或恢复原状成本过高而没有必要恢复原状的情况下，解除权人可以要求对方采取补救措施，实践中主要是折价补偿。

3. 赔偿损失

解除合同与赔偿损失都是违约的救济措施，解除权人因对方违约而解除合同后，若因此遭受了损失的，还可以要求违约方予以赔偿。若当事人还约定了其他违约责任形式的，解除权人有权要求违约方承担违约责任。从实务角度来看，赔偿损失通常也是合同当事人解除合同的重要目的之一。但需要注意的是，若赔偿损失与违约责任（尤其是违约金）同时适用后，过分高于造成的损失的，违约方可以根据《民法典》第 582 条第 2 款的规定主张适当减少。

4. 担保责任不免除

在存在担保人的合同中，主合同解除后，担保人对于债务人应当承担的民事责任仍应承担担保责任，但是担保合同另有约定的除外。

二、办案思路与实战技巧

合同解除纠纷案件是律师经常会遇到的案件类型之一，一般均是在双方就合同是否解除以及解除后的责任产生争议的情况下而产生诉讼。因此，律师办理此类案件时，首先要分析当事人是否有合法的解除权。其次要审查当事人的解除程序是否合法。最后确定当事人的诉讼请求是否具有法律依据。其中，第一个问题是核心，需要区分是协议解除还是法定解除，并分析解除权的合法性；第二个问题是程序问题，根据《民法典》第565条的规定进行审查即可；第三个问题需要根据具体案情和当事人的诉求来合理确定诉讼请求。

（一）合同解除条件是否成就

如前所述，当事人可以约定一定的条件作为解除合同的条件，当该条件成就时，可以解除该合同。但实践中，对于解除条件是否成就往往产生争议。因此，要求律师必须准确分析判断：（1）合同中所约定的解除条件是否合法有效？（2）合同中所约定的解除条件是否确已成就？如果约定的条件不合法或未成就，均不能产生合同解除的效果，擅自主张解除合同的一方构成违约。此外，还需要注意的是：即便是合同约定了解除条件，也还应当进一步判断该违约行为的违约程度以及对合同目的的影响，不能简单地以符合合同约定的解除条件就认为享有解除权。《全国法院民商事审判工作会议纪要》（法〔2019〕254号）第47条规定："合同约定的解除条件成就时，守约方以此为由请求解除合同的，人民法院应当审查违约方的违约程度是否显著轻微，是否影响守约方合同目的的实现，根据诚实信用原则，确定合同应否解除。违约方的违约程度显著轻微，不影响守约方合同目的的实现，守约方请求解除合同的，人民法院不予支持；反之，则依法予以支持。"

（二）法定解除条件的认定思路

对于《民法典》第563条所规定的法定解除情形，在实践中运用最多，案件当事人争议较大。尤其是合同目的的内涵以及合同目的是否无法实现、根本违约的认定标准等，往往是案件的争议焦点。因此，需要准确理解和运用该条所规定的几种解除情形，并根据具体案件情况来充分举证和论证。

1. 因不可抗力致使不能实现合同目的

不可抗力是指不能预见、不能避免并不能克服之客观情况。一般包括自然灾害（如地震、台风、海啸、极端恶劣天气等）、政府行为、社会突发事件、公共卫生事件等。在实践当中，不可抗力的认定需要结合具体案情，分析相关客观情况对于合同当事人而言是否符合"三不"标准，不能简单将客观事件等同于不可抗力。比如，台风通常可以视作不可抗力，但如果运输方可以关注天气预报即可预知并能够采取适当的措施避免损失的发生，则不属于不可抗力。

需要注意的是，作为合同的解除条件，仅发生不可抗力并不足够，还需要具备合同目的不能实现这一要件。其原因在于不可抗力对于合同的影响程度并不完全一样，有些情况下只是暂时阻碍合同履行或只是影响到合同的部分内容的履行。在此情况下，不可抗力原因消失后还有继续履行的可能。从维护经济秩序稳定的角度，无解除之必要。因此，必须是在不可抗力导致合同目的无法实现时，才能主张解除合同。

2. 在履行期限届满前，当事人一方明确表示或者以自己的行为表明不履行主要债务

在法理上，此种情形被称为预期根本违约，即合同一方在合同规定的履行期到来之前，明确表示不履行自己承担的合同义务。我国法律上规定的逾期根本违约包括两种表现形态：一是一方明确表示不履行，即“明示”拒绝履行。二是一方以自己的行为表明不履行，即“默示”拒绝履行。在办案过程中，需要注意的是：（1）债务人拒绝履行，其前提是合同能够履行，债务人有履行能力，否则属于履行不能问题；（2）债务人拒绝履行行为违法，如果债务人拒绝履行有正当理由，如行使同时履行抗辩权或不安抗辩权，则债权人不能以此为由解除合同。① 因此在此种情况下，债务人属于合法的拒绝，不能构成预期根本违约。

3. 当事人一方迟延履行主要债务，经催告后在合理期限内仍未履行

适用本项规定，需满足以下 3 个条件：

（1）合同履行期已届满。如果债务履行期尚未届满，则债务人具有合法的抗辩事由，自不构成违约。

（2）一方未履行其主要债务。

在实践中应当尤为注意的是何谓“主要债务”？是否构成合同的主要债务应当结合具体的合同内容而定。在庭审中，首先应明确违约方负有哪些义

---

① 韩世远：《合同法总论》（第 4 版），法律出版社 2018 年版，第 660 页。

务，进而确定哪些为主要债务。一般来讲，影响合同目的实现的债务，应为主要债务。合同的主要债务是相对的，如在买卖合同中，卖方的主要债务是交付符合约定的货物，而买方的主要债务则是足额支付货款。其次，应进一步证明违约方的违约行为是否达到足够严重的程度。若违约方的违约行为较为轻微，则不能主张解除合同。如在S房地产公司与H房地产公司建设用地使用权转让合同纠纷案［最高人民法院（2010）民一终字第121号］中，最高人民法院指出：尽管合同的约定解除权优于法定解除，但不得滥用，更不得违反法律的强制性规定。本案中，H房地产公司虽逾期支付土地转让款构成违约，但其支付的土地转让款已达合同总额的98.1%，已履行了绝大部分合同义务，因履行瑕疵解除合同，不利于维护合同的稳定性和交易安全。因此，S房地产公司请求解除合同的主张，依法不予支持[①]。而在实业公司、F公司、物业发展公司、投资发展公司合作开发房地产合同案［最高人民法院（2010）民一终字第45号］中，最高人民法院在认定实业公司构成根本违约这一点上，则从四个方面进行论证：其一，实业公司仅建设了约28000平方米的未完建筑，与合同约定的完成15万平方米建设相去甚远。其二，实业公司未按照合同约定支付土地出让金17338026元。其三，实业公司未按约定提供1000万元的开发资金给F公司。其四，实业公司未按约定履行出资义务。综合前述四点，最高人民法院最终认定实业公司未履行其主要合同义务，构成根本违约。

（3）经另一方催告后，在合理期限内仍未履行。

实践中容易产生争议的是，何谓“合理”期限？需要结合具体案情，根据债务履行的难易程度及所需时间的长短来确定。在食品公司、机械公司买卖合同案［最高人民法院（2019）最高法民再229号］中，最高人民法院指出：“经食品公司多次发函催促，机械公司至本案起诉前均未按合同要求，履行将涉案设备调试、维修、更换等至正常使用状态，且目前机械公司已进入破产程序，确已无能力履行维修和更换设备的义务，其行为已构成《合同

---

① 最高人民法院民事审判第一庭编：《民事审判指导与参考》（2011年第2辑），人民法院出版社2011年版，第140~156页。转引自庞景玉、何志：《合同纠纷裁判依据新释新解》，人民法院出版社2014年版，第241页。

法》第九十四条第三项①‘当事人一方迟延履行主要债务，经催告后在合理期限内仍未履行’的法定解除情形，食品公司有权要求解除上述合同。”

4. 当事人一方迟延履行债务或者有其他违约行为致使不能实现合同目的

本项规定包括两种情形：一是当事人一方迟延履行债务致使合同目的不能实现；二是当事人一方有其他违约行为致使合同目的不能实现。致使合同目的不能实现的违约，称为根本违约。违约行为会产生违约责任，但当事人一方违约并不必然导致另一方有合同解除权，只有在因该违约行为导致另一方合同目的不能实现时，另一方才享有合同解除权。对于迟延履行的情形，需考虑时间因素对于合同履行的重要性，如果时间对于当事人合同目的的实现至关重要，则可主张构成根本违约，反之则应主张违约责任。如在订购婚礼物品的合同中，一旦错过婚期，则购买方的合同目的显然已无法实现，卖方迟延履行应构成根本违约，该合同可以解除。对于其他违约行为，如质量不合格、规格不符合约定等，则需具体分析该违约行为是否影响当事人合同目的的实现。如在B科技公司、M科技公司计算机软件开发合同案［最高人民法院（2021）最高法知民终1593号］中，最高人民法院认为：涉案合同明确约定应用软件的开发语言为原生语言，则M科技公司应依约使用合同限定的语言进行开发。通过比较原生语言开发与混合开发各自的特点可知，改变开发语言能为M科技公司带来缩短开发时长、减少开发工作量、降低开发成本的好处，却违反了B科技公司在涉案合同中对开发语言提出的明确要求，且使B科技公司想要达到的该家政服务类应用软件运行速度快、安全性能高、用户体验好、抢单成功率高、客户端硬件设备调用充分的合同目的无法实现，因而构成根本违约。因此，M科技公司未使用约定语言进行涉案应用软件开发的行为构成根本违约，B科技公司依法享有解除权。

5. 法律规定的其他解除情形

法律规定的其他解除情形，一是指《民法典》第563条规定之外的其他条款规定的合同解除，如《民法典》第610条、第634条第1款、第711条、第716条第2款、第787条、第899条第1款、第933条等；二是《民

---

① 对应《民法典》第563条第3项。

法典》以外的其他法律规定的合同解除，如《保险法》第 15 条、《旅游法》第 66 条第 1 款、《企业破产法》第 18 条等。

（三）解除程序中的特殊问题

合同解除的程序如本节第一部分所述，此不赘述。但需要对其中的一些特殊问题进行分析和解答。

1. 通知是否必须为书面通知

根据《民法典》第 565 条之规定，一方主张解除合同的，应当通知对方。但该条并未对通知的形式作出规定。因此，在实践中，虽然书面解除通知的情形较为多见，且易于举证，但并不仅限于书面形式，关键在于是否向对方当事人作出了解除合同的意思表示。如通过微信作出解除合同的意思表示，可以发生解除合同的法律效力。

2. 诉讼中是否可以行使解除权

如果当事人发生纠纷后，在诉讼过程中主张合同解除的，并不能产生依通知而解除合同的效果，需以人民法院的裁判结果为准。最高人民法院认为，在合同当事人因对合同履行情况发生争议，起诉到人民法院后，对于该合同的效力及履行情况，应当由人民法院依法作出认定。

3. 合同解除异议如何提出

根据《民法典》第 565 条第 1 款后段之规定，对方对解除合同有异议的，任何一方当事人均可以请求人民法院或者仲裁机构确认解除行为的效力。但相对方的救济方式是否仅限于“请求人民法院或者仲裁机构确认解除的效力”？在实务中，并不能做这样的理解。法律对就解除通知有异议的当事人的救济方式的规定为“可以”，即赋予其“可以”通过请求人民法院或仲裁机构确认解除合同通知的效力的方式来救济，而未采用“必须”，即并未限定此为唯一方式。对方以诉请继续履行合同的方式否定解除通知、解除效力进行救济，并不违反该条规定。故主张解除合同的一方以其发出的解除合同通知送达对方即已产生合同解除的效果，如对方对解除有异议，须首先向人民法院提起确认解除合同的效力后，方可请求法院判令继续履行合同的主张，人民法院不予支持。

（四）诉讼请求的确定

根据《民法典》第 566 条之规定，主张解除合同的，可根据履行情况和合同性质进一步请求恢复原状、采取其他补救措施并请求赔偿损失。其中，关于恢复原状的诉请结合本节第一部分的分析确定即可，采取其他补救措施需根据具体案件情况及案件当事人的目的来确定，通常为折价补偿，较为复杂的是赔偿损失如何确定。

解除权人要求赔偿时，应当注意：（1）损害赔偿应当以解除权人受到损害为前提，若无损害，则无赔偿。如在合同尚未履行的情况下，解除权人一般尚未有损失发生，则不能要求赔偿损失。（2）赔偿范围包括因对方不履行合同所致的损失，因保管、返还所产生的费用，以及合同履行后可以获得的利益。在投资公司、房地产公司合资、合作开发房地产合同案［最高人民法院（2019）最高法民终 167 号］中，最高人民法院指出：双方在合同中明确约定，因房地产公司根本违约导致合同解除时，在认定投资公司的损失时应将投资公司可能获得的预期投资回报一并考虑在内。故综合当事人的合理预期、前期的合作投资收益、损益相抵原则以及诚信原则，上述法律规定的损失赔偿范围除包括投资公司的实际损失之外，还应一并考虑投资公司可能获得的投资利益。但实务中需要注意的是，在确定赔偿数额时，一是要注意"可预见规则"的限制，即所有的赔偿项目加起来不得超过违约一方订立合同时预见到或应当预见到的因违约可能造成的损失；二是要注意"减损规则"的限制，即基于诚信原则，在违约方出现违约的情况下，守约方应当采取必要的措施防止损失的扩大，否则，对于扩大部分的损失，违约方可以主张免责。

实践中还有一个存在争议的问题就是合同解除后违约金条款的适用。对于此问题，一种观点认为违约金条款随着合同的解除而解除，不能继续适用。另一种观点认为违约金条款属于《民法典》第 567 条中的结算和清理条款，应当继续适用。最高人民法院近年来的文件及裁判中采取了后一种观点。《全国法院民商事审判工作会议纪要》（法〔2019〕254 号）第 49 条第 1 款规定："合同解除时，一方依据合同中有关违约金、约定损害赔偿的计算方法、定金责任等违约责任条款的约定，请求另一方承担违约责任的，人民法院依法予以支持。”《最高人民法院关于审理买卖合同纠纷案件适用法律问题的解释》（以下简称《买卖合同司法解释》）第20条规定：“买卖合同因违约而解除后，守约方主张继续适用违约金条款的，人民法院应予支持；但约定的违约金过分高于造成的损失的，人民法院可以参照民法典第五百八十五条第二款的规定处理。”

关联案例1

案件名称： 天然气公司湖南销售分公司合同案

案　　号： 最高人民法院（2020）最高法民再215号

裁判观点： 在当事人双方未履行或者未完全履行前，一方起诉请求解除合同，另一方反诉亦请求解除合同，即双方解除合同的意思表示一致，此种属于《合同法》第93条规定的“当事人协商一致，可以解除合同”的情形。

关联案例2

案件名称： 能源公司与焦化公司合同案

案　　号： 最高人民法院（2019）最高法民终1875号

裁判观点： 当事人在合同中明确约定合同解除条件，当解除条件成就时，当事人行使解除权，法院将审查该解除条件是否存在违反法律强制性规定，侵害国家、第三人的利益的情形。

关联案例3

案件名称： 贸易公司与装饰工程公司等房屋租赁合同案

案　　号： 江苏省太仓市人民法院（2019）苏0585民初6492号

裁判观点： J公司的违约行为显著轻微，未造成贸易公司重大损失。另外，由于J公司对使用涉案厂房有过较大投入，如果解除合同会造成剩余数年租期提前终止，双方利益严重失衡。因此，贸易公司主张解除房屋租赁合同不宜支持。

关联案例4

案件名称： 食品公司与机械公司买卖合同案

案　　号： 最高人民法院（2019）最高法民再229号

裁判观点： 合同一方多次发函催促，另一方至本案起诉前均未按合同要求，履行将涉案设备调试、维修、更换等至正常使用状态，且目前另一方已进入破产程序，确已无能力履行维修和更换设备的义务，其行为已构成“当事人一方迟延履行主要债务，经催告后在合理期限内仍未履行”的法定解除情形，守约方有权要求解除上述合同。

关联案例5

案件名称： B科技公司与M科技公司计算机软件开发合同案

案　　号： 最高人民法院（2021）最高法知民终1593号

裁判观点： M科技公司未使用约定语言进行涉案应用软件开发的行为构成根本违约，致使B科技公司合同目的无法实现，B科技公司依法享有解除权。

关联案例6

案件名称： G科技公司与L科技公司等计算机软件开发合同案

案　　号： 最高人民法院（2021）最高法知民终749号

裁判观点： 守约方通过微信向违约方法定代表人作出解除合同的意思表示，可以发生解除合同的法律效力，涉案合同及补充协议于当日解除。

关联案例7

案件名称：开发公司与焦化公司等买卖合同案

裁判观点：法律对就解除通知有异议的当事人的救济方式的规定为“可以”，即赋予其“可以”通过请求人民法院或仲裁机构确认解除合同通知的效力的方式来救济，而未采用“必须”，即并未限定此为唯一方式。

关联案例8

案件名称：投资公司与房地产公司合资、合作开发房地产合同案

案　　号：最高人民法院（2019）最高法民终167号

裁判观点：双方在合同中明确约定，因一方根本违约导致合同解除时，在认定另一方的损失时应将可能获得的预期投资回报一并考虑在内。故综合当事人的合理预期、前期的合作投资收益、损益相抵原则以及诚信原则，上述法律规定的损失赔偿范围除包括实际损失之外，还应一并考虑可能获得的投资利益。

三、典型案例精析

某银行青海分行等与王某诚商品房预售合同案①

裁判要旨

当事人可以约定一方解除合同的事由。解除合同的事由发生时，解除权人可以解除合同。解除权人可以直接向法院起诉解除。在《借款合同》及《商品房担保贷款合同》因《商品房预售合同》解除而解除的情况下，开发商负有返还其收受的贷款本息的义务，但并不必然免除买受人的还贷义务。

① 一审：青海省高级人民法院（2017）青民初13号；二审：最高人民法院（2017）最高法民终683号。

案情简介

2015年8月12日，王某诚与Y公司签订《商品房预售合同》，约定以147953124元购买Y公司开发的商业用房，2015年10月30日前交付。王某诚首付73983124元，剩余房款按揭贷款。2015年8月14日，王某诚、王某博、王某宝（以下简称王某诚等三人）与某银行青海分行、Y公司签订《个人住房（商业用房）借款合同》，向某银行青海分行借款7397万元，担保方式为抵押加阶段性保证，抵押物为案涉房产，保证人为Y公司。该借款合同第十九条约定，若借款合同解除，借款人应当返还剩余贷款本息及实现债权费用，或委托售房人还款。同日，王某诚与某银行青海分行、Y公司签订《房地产抵押合同》（在建工程/预购房）。2015年8月18日，某银行青海分行就案涉房产办理了抵押权他项权利证书。前述合同签订后，某银行青海分行于2015年8月21日向Y公司支付7397万元，王某诚按月归还银行贷款，但Y公司未能按照合同约定期限交付房屋。2017年2月，王某诚以Y公司、某银行青海分行为被告向一审法院起诉请求：1. 判令解除王某诚与Y公司于2015年8月12日签订的《商品房预售合同》；2. 判令解除王某诚等三人与Y公司、某银行青海分行签订的《个人住房（商业用房）借款合同》；3. 判令解除王某诚与某银行青海分行签订的《房地产抵押合同》（在建工程/预购房）（以下简称《房地产抵押合同》）；4. 判令Y公司返还王某诚购房首付款73983124元；5. 判令Y公司偿还王某诚已向某银行青海分行偿付的贷款本息1310.4万元；6. 判令Y公司赔偿王某诚购房首付款的利息损失，其中2016年12月29日前的利息损失为24907651.7元，2016年12月29日后的利息损失按年利率24%计算，支付至购房首付款实际清偿时止；7. 判令Y公司偿还某银行青海分行借款担保合同项下剩余的贷款本息；8. 判令Y公司承担本案全部诉讼费用。

法院裁决

一审法院认为：首先，截至2015年10月30日Y公司并未按约定向王某诚交付案涉房屋，Y公司已违约，王某诚据此行使合同解除权，符合约定，应予支持。庭审中，Y 公司亦同意解除合同，因此《商品房预售合同》应予解除。其次，案涉《商品房预售合同》解除后，Y 公司应向王某诚返还首付房款 73983124 元，并赔偿王某诚因此所产生的损失。因王某诚投资资金被长期占用，不能实现合同目的和合同履行后可以获取的利益，同时也失去了其他投资的商机，造成王某诚重大损失。对 Y 公司而言，其违约行为致使王某诚的合同目的未能实现，但作为同地段的商业用房价格环比上涨，其同意解除合同的同时，亦获取了房屋涨幅的利润。因此，王某诚请求增加违约金损失的主张应予支持。一审法院据此判决：一、解除 2015 年 8 月 12 日王某诚与 Y 公司就 66－16 商业用房签订的《商品房预售合同》；二、解除 2015 年 8 月 14 日王某诚、王某博、王某宝与某银行青海分行、Y 公司签订的《个人住房（商业用房）借款合同》，王某诚与某银行青海分行、Y 公司签订的《房地产抵押合同》；三、Y 公司于判决生效之日起十日内向王某诚返还房款 73983124 元及赔偿损失（从 2015 年 8 月 13 日起至付清之日止，按中国人民银行同期同类贷款利率计算），并向王某诚返还贷款本金 9170995. 81 元、利息 6095047. 89 元；四、Y 公司于判决生效之日起十日内向某银行青海分行返还《个人住房（商业用房）借款合同》《房地产抵押合同》项下的剩余借款本息，即借款本金 64799004. 19 元及利息（从 2017 年 3 月 21 日起，按《个人住房（商业用房）借款合同》约定的利率计算利息）；自 Y 公司清偿上述贷款及利息完毕之日起七日内，某银行青海分行办理 66－16 商业用房上抵押登记的涤除手续。如果未按判决指定的期间履行给付金钱义务，应当依照《民事诉讼法》第 253 条之规定，加倍支付迟延履行期间的债务利息。

某银行青海分行提起上诉，最高人民法院经审理后认为：首先，在《商品房预售合同》解除的情况下，王某诚从某银行青海分行借款支付购房款的目的已经无法实现，王某诚请求解除《个人住房（商业用房）借款合同》的，应予支持。其次，由于商品房担保贷款合同的特殊性，本案贷款实际上由某银行青海分行直接支付到了开发商 Y 公司的账户，因此根据《商品房买卖合同司法解释》第 25 条第 2 款“商品房买卖合同被确认无效或者被撤销、解除后，商品房担保贷款合同也被解除的，出卖人应当将收受的购房贷款和购房款的本金及利息分别返还担保权人和买受人”的规定，Y公司应将剩余的贷款本息返还某银行青海分行。不过，就《商品房买卖合同司法解释》第25条第2款的本意来说，并没有免除购房者（同时又是借款合同的借款人）的还款义务。因此，最高人民法院于2017年11月28日做出终审判决：一、维持青海省高级人民法院（2017）青民初13号民事判决第一、二、三、四项；二、驳回王某诚的其他诉讼请求。一审案件受理费601773.88元，由Y公司负担。二审案件受理费365795元，由王某诚负担185795元，某银行青海分行负担180000元。

律师评析

本案主要涉及合同解除及合同解除后的法律效果问题。

1. 关于合同解除问题

《民法典》第562条规定：“当事人协商一致，可以解除合同。当事人可以约定一方解除合同的事由。解除合同的事由发生时，解除权人可以解除合同。”本案中，王某诚与Y公司签订的《商品房预售合同》系当事人真实意思表示，属合法有效。根据《商品房预售合同》第八条“交付期限：Y公司应当在2015年10月30日前交付房屋”及第九条出卖人逾期交房的违约责任中“除本合同第八条规定的特殊情况外，出卖人如未按本合同规定的期限将该商品房交付买受人使用，逾期超过120日，买受人有权解除合同”的约定，Y公司逾期交房超过120日已违约，王某诚据此可以行使合同解除权。行权的方式可以是通知解除，也可以直接起诉解除。庭审中，Y公司亦同意解除合同。因此，不论是基于协商一致，还是基于合同约定，《商品房预售合同》应予解除。

《商品房预售合同》是《个人住房（商业用房）借款合同》及《房地产抵押合同》签订的基础，在《商品房预售合同》解除的情况下，《个人住房（商业用房）借款合同》及《房地产抵押合同》亦应同时解除。《商品房买卖合同司法解释》第24条规定：“因商品房买卖合同被确认无效或者被撤销、解除，致使商品房担保贷款合同的目的无法实现，当事人请求解除商品房担保贷款合同的，应予支持。”

2. 关于合同解除的后果

《民法典》第566条规定:“合同解除后，尚未履行的，终止履行；已经履行的，根据履行情况和合同性质，当事人可以请求恢复原状或者采取其他补救措施，并有权请求赔偿损失。合同因违约解除的，解除权人可以请求违约方承担违约责任，但是当事人另有约定的除外。主合同解除后，担保人对债务人应当承担的民事责任仍应当承担担保责任，但是担保合同另有约定的除外。”据此规定，在本案中，合同解除后，主要产生财产返还和赔偿损失两个问题。首先，Y公司应向王某诚返还首付房款73983124元及王某诚累计向某银行青海分行偿还的借款本金9170995.81元、利息6095047.89元；其次，Y公司应向某银行青海分行返还《个人住房（商业用房）借款合同》《房地产抵押合同》剩余的贷款本金64799004.19元及利息；最后，本合同系因Y公司违约而解除，因此Y公司还应赔偿损失。关于损失问题，合同约定“按买受人累计已付款的0.5%向买受人支付违约金”，王某诚投资资金被长期占用，不能实现合同目的和合同履行后可以获取的利益，同时也失去了其他投资的商机，造成王某诚较大损失，而Y公司因同地段的商业用房价格环比上涨而获取了房屋涨幅的利润。因此，王某诚有权以违约金低于损失为由请求增加违约金。

3. 关于王某诚作为买受人是否应当承担贷款的还款责任问题

商品房出卖人将其收到的购房贷款本息返还银行，从法律关系上来说是受购房者的委托向银行归还贷款本息，其所还款项就是购房者的还款，但还款义务人仍然应当是借款合同的借款人，因为根据合同相对性原理，购房者才是借款合同的借款人，商品房出卖人不是借款合同的借款人，就借款合同而言，其不负有还款义务。之所以做这样的规定，是考虑到按揭合同的特殊性，因商品房出卖人直接接受了银行支付的贷款，在商品房买卖合同和贷款合同都解除后，就没有必要由商品房出卖人将银行支付的贷款先归还给购房者，然后再由购房者归还给银行，而是应当直接由商品房出卖人归还给银行。因此，本案中，最高人民法院驳回了王某诚“不承担偿还某银行青海分行借款担保合同项下剩余的贷款本息的责任”的诉讼请求。也就是说，并不必然免除买受人的还款义务。

在本案之后，某银行青海分行另案起诉王某诚等三人与 Y 公司共同偿还贷款本金 58546649.55 元及利息［最高人民法院（2019）最高法民再 245 号］。最高人民法院再审后，撤销了二审判决，维持了一审判决，即驳回某银行青海分行的诉讼请求。最高人民法院对此的评析如下：第一，根据《商品房买卖合同司法解释》第 25 条第 2 款之规定，应由出卖人 Y 公司将收取的购房贷款本金及利息返还某银行青海分行，王某诚等三人不负有返还义务。第二，案涉《个人住房（商业用房）借款合同》第 19 条“贷款人与借款人的借贷关系解除的，借款人应当立即返还其所欠贷款的本金、利息、罚息及实现债权的费用，或委托售房人直接将上述款项归还贷款人”系某银行青海分行为重复使用而提前拟定的格式条款，在《商品房买卖合同司法解释》已经明确规定的情况下，该条内容意味着要求王某诚等三人在既未取得所购房屋亦未实际占有购房贷款的情况下归还贷款，明显不合理地加重了王某诚等三人的责任，故该条款无效。第三，若按合同约定的权利义务关系处理，则在王某诚等三人对合同解除无过错的情况下，仍要求其对剩余贷款承担还款责任，明显不合理地加重了其负担，各方权利义务失衡，有违公平原则。

从上述最高人民法院的判决理由来看，在《个人住房（商业用房）借款合同》及《房地产抵押合同》因《商品房预售合同》解除而解除的情况下，开发商负有返还其收受的贷款本息的义务，但并不必然免除买受人的还贷义务。在合同因开发商违约而解除的情况下，银行要求买受人继续偿还贷款不能得到法院支持。对此裁判观点，律师在办案过程中应予准确理解和把握。

第四章　债权人代位权纠纷[①]

第一节　理论概述与实务指引

债权人代位权，是指因债务人怠于行使其对相对人享有的债权或者与该债权有关的从权利，影响债权人的到期债权实现的，债权人可以向人民法院请求以自己的名义代位行使债务人对相对人的权利。债权人代位权和债权人撤销权是《民法典》合同编规定的合同保全制度，旨在防止债务人的责任财产不当减少或支配受限而给债权人实现债权造成现实危害，即由法律规定的为防止债务人的财产不当减少或者应当增加却不增加，且给债权人的债权造成损害时，允许债权人依法行使代位权或撤销权，以实现其债权的一种法律制度。债权人代位权属于一种法定权利，无须当事人事先约定，但该权利必须通过提起诉讼的方式得以行使，即应由法院来确认其是否符合法律规定的行使要件。《民法典》第 535 条第 1 款规定："因债务人怠于行使其债权或者与该债权有关的从权利，影响债权人的到期债权实现的，债权人可以向人民法院请求以自己的名义代位行使债务人对相对人的权利，但是该权利专属于债务人自身的除外。"

一、债权人代位权的特征

代位权作为债权人的一种法定权利，属于债权的对外效力，是债权的一种法定权能，[②] 具有如下特征：

---

① 本章作者姜彪。

② 崔建远：《合同法》（第 3 版），北京大学出版社 2016 年版，第 167 页。

1. 债权人代位权指向的是债务人的消极的不行使权利的行为，即债务人怠于行使权利的行为，其目的是防止债务人的财产不当减少或者应增加而未增加。

2. 债权人代位权是债权人向人民法院请求以自己的名义代位行使债务人的债权或者与该债权有关的从权利。即由债权人向相对人提出的请求而不是向债务人提出，这与债权人向债务人或债务人向相对人提出的请求不同。

3. 债权人代位权的行使方式必须是债权人向人民法院提起诉讼，请求人民法院允许债权人行使代位权，由人民法院审理后以判决的形式加以确认。

4. 债权人代位权是一种权利而并不是义务，债权人可依据自己的意志自行决定是否行使。债权人既可以行使代位权，也可以不行使代位权，如果债权人不行使代位权，债权人依然可以向债务人及保证人行使权利。

二、债权人行使代位权的要件

在理解债权人代位权的构成要件时，既要注意“保护债权人的债权”，又要注意“保护债务人的经济自由”，要做到兼顾双方的利益，也就是要维护交易安全与尊重债务人的意思自由这两个价值目标之间的平衡。① 债权人代位权的行使应当符合下列条件：债权人对债务人的债权合法有效；债务人怠于行使其债权或者与该债权有关的从权利，影响债权人的到期债权实现；债务人的债权不是专属于债务人自身的债权。

1. 债权人对债务人的债权合法有效

债权人对债务人的权利，是代位权的标的。实践中需要行使债权人代位权时，首先需要考量债权人对债务人的债权是否合法有效，这是行使债权人代位权的先决条件。若债权人对于债务人享有合法有效的债权，则具备行使代位权的权利基础。反之，则债权人不具备行使代位权的合法基础。需要注意的是，虽然债权人代位权规定于《民法典》合同编之中，但这种债权产生的基础却不仅限于合同之债，合同之债、侵权之债、不当得利之债、无因管

---

① 王闯：《对最高人民法院关于适用〈中华人民共和国合同法〉若干问题的解释（一）的若干理解》，载《判解研究》（2000 年第 1 期），人民法院出版社 2000 年版，第 102 页。

理之债等皆可以成为债权人代位权的基础。

2. 债务人怠于行使其债权或者与该债权有关的从权利，影响债权人的到期债权实现

这是实践中行使债权人代位权的实质要件，债务人一方面迟延履行对债权人的债务，另一方面债务人又不积极行使其对相对人享有的权利，只有债务人同时存在这两方面的行为时，债权人才能行使代位权。

3. 债务人的债权不是专属于债务人自身的债权

根据《民法典》第535条第1款的规定，债权人可以代位行使的权利不能是专属于债务人自身的权利。所谓专属于债务人自身的权利，通常是指与债务人的人身权、人格权、身份权相关的债权，这些权利往往与债务人的人身和生活息息相关、难以分割，因此对于这些债权不能由债权人行使代位权。实践中，基于扶养关系、抚养关系、赡养关系、继承关系产生的给付请求权和劳动报酬、退休金、养老金、抚恤金、安置费、人寿保险、人身伤害赔偿请求权等权利，通常不得由债权人代位行使。

第二节　办案思路与实战技巧

办理债权人代位权纠纷案件，应围绕着行使代位权的各构成要件，逐一分析、论证并充分举证。

一、对债权人对债务人的债权合法有效性的审查思路及要点

在债权人代位权纠纷中，债权人对债务人的债权合法有效是行使代位权的先决条件。实务中，律师在办理代位权案件时应首先审查债权人对债务人的债权是否合法有效。通常情况下，需从以下两方面进行审查：

1. 关于债权人与债务人之间的债权合法有效性的审查

律师实务中，律师在办理债权人代位权纠纷案件时，首先应审查债权人对债务人债权的合法性。若债权人对债务人的债权是非法债权（如因赌博等非法行为产生的债权债务），则债权人行使代位权将不能得到法院的支持。

债权人的代位权是基于债权的保全权能而产生的一项从权利，债权人与债务人之间必须有合法有效的债权债务关系存在，这构成了代位权者行使权利的正当性基础。其次，应进一步审查债权人对债务人债权的有效性。只有债权在合法有效存续期间，债权人才能够行使保全的权利。如果债权基于当事人之间的意志已经消灭，或基于法律的规定而归于无效，则债权人对该债权的保全请求将不能获得法院的支持。① 因此，实务中律师在接手代位权案件之初，还应依据《民法典》合同编的有关规定，对产生债权人与债务人之间的债权债务关系的合同是否为无效合同进行必要的审查。

2. 关于债权人与债务人之间的债权确定性的审查

司法实践中，法院在审理债权人代位权纠纷案件时，除会对债权人的债权的合法有效性进行审查外，还会对债权是否确定进行审查。审查标准在于：债务人是否对其与债权人之间的债权存在异议，以及该异议是否成立。② 也就是说，一旦债务人在债权人代位权诉讼案件中对债权人的债权提出异议，并经法院审查认定异议成立，则会产生法院依法裁定驳回债权人的起诉的结果。如在商业公司、典当公司等债权人代位权案［（2021）川民终1060号］中，四川省高级人民法院认为：债权人提起债权人代位权诉讼的基础应以主债权和次债权的成立为要件。而债权成立不仅指债权的形式和内容不违反法律行政法规规定，而且还要求债权的数额亦应当确定。这种确定既可以表现为债务人、次债务人对债权的认可，也可经人民法院判决或者仲裁机构裁决加以确认。因此，律师在办理代位权案件时，对债权确定性的审查应当引起重视，即应当审查确定债权人到期债权的数额。

二、对债务人怠于行使其债权或者与该债权有关的从权利，影响债权人的到期债权实现的审查思路及要点

这是行使债权人代位权的实质要件。实务中，律师应重点审查债务人是

---

① 江必新、何东林等：《最高人民法院指导性案例裁判规则理解与适用·合同卷二》，中国法制出版社2012年版，第442页。

② 杜万华、宋晓明主编：《基层人民法院法官培训教材》（实务卷），人民法院出版社2005年版，第525页。

否怠于行使其债权或者与该债权有关的从权利并影响债权人的到期债权实现。通常情况下，需从以下三方面进行审查：

1. 关于债权人债权是否到期的审查

律师实务中，律师在办理债权人代位权纠纷案件时，应首先审查债权人对债务人的债权是否为到期债权。从《民法典》第 535 条第 1 款和第 2 款的规定来看，债权人债权应为到期债权。否则，债务人有权拒绝提前履行债务。当然，根据《民法典》第 536 条之规定，债权人的债权到期前，债务人的债权或者与该债权有关的从权利存在诉讼时效期间即将届满或者未及时申报破产债权等情形，影响债权人的债权实现的，债权人可以代位向债务人的相对人请求其向债务人履行、向破产管理人申报或者作出其他必要的行为。

2. 关于债务人怠于行使其对相对人的债权或者与该债权有关的从权利的审查

关于如何确定债务人怠于行使其对相对人的债权或者与该债权有关的从权利，《全国法院贯彻实施民法典工作会议纪要》第 8 条规定："民法典第五百三十五条规定的'债务人怠于行使其债权或者与该债权有关的从权利，影响债权人的到期债权实现的'，是指债务人不履行其对债权人的到期债务，又不以诉讼方式或者仲裁方式向相对人主张其享有的债权或者与该债权有关的从权利，致使债权人的到期债权未能实现。相对人不认为债务人有怠于行使其债权或者与该债权有关的从权利情况的，应当承担举证责任。"《合同编通则司法解释》第 33 条规定："债务人不履行其对债权人的到期债务，又不以诉讼或者仲裁方式向相对人主张其享有的债权或者与该债权有关的从权利，致使债权人的到期债权未能实现的，人民法院可以认定为民法典第五百三十五条规定的'债务人怠于行使其债权或者与该债权有关的从权利，影响债权人的到期债权实现'。"因此，债务人对相对人享有债权或者与该债权有关的从权利，而债务人又未以诉讼方式或者仲裁方式向其债务人主张权利的，即构成了"债务人怠于行使其债权或者与该债权有关的从权利，影响债权人的到期债权实现"，债权人也就享有了行使债权人代位权的权利。需要注意的是，这里法律认可的能证明债务人已积极行使其权利的方式包括两种：一是提起诉讼，二是申请仲裁。除此之外的其他方式，如向相对人直接主张债权、向相对人的代理人主张债权、向相对人的上级或主管单位主张债权，或向人民调解委员会申请调解、向行政机关请求处理等，皆属于“怠于”行使其权利。律师实务中，律师在办理债权人代位权纠纷案件时，如相对人一方主张债务人不存在怠于行使其债权或者与该债权有关的从权利的情况的，应当由相对人承担举证责任。如在建设公司与货运代理公司、物流公司债权人代位权案［（2014）津高民四终字第35号］中，天津市高级人民法院认为，债务人物流公司所享有的对相对人G公司的涉案债权已于2009年10月和11月到期，至债权人货运代理公司于2013年3月18日提起本案诉讼之日止，在货运代理公司已于2011年9月向其发出《费用确认函》和《催款函》的情形下，未以诉讼或仲裁方式向G公司主张权利，致使货运代理公司的到期债权未能实现，其行为属于怠于行使债权的情形。G公司虽以涉案债权被天津海事法院和北京市朝阳区人民法院采取财产保全措施为由，主张物流公司不存在怠于行使债权的情形，但由于上述法院的财产保全措施并未导致物流公司丧失以诉讼或仲裁方式向G公司主张债权的权利，故G公司的上述主张缺乏依据。在工程公司与工业公司债权人代位权纠纷案［（2022）京01民终7453号］中，北京市第一中级人民法院认为，工程公司二审提交证据以证明S公司向其进行过催款，不存在怠于行使权利的情况。经审查本院对上述证据的真实性予以认可，但是截至本判决作出之日，工程公司未向S公司支付尚欠款项，S公司在催款未果的情况下亦未以诉讼或仲裁方式向工程公司主张其案涉合法债权；故上述证据不足以证明其欲证明之事项，本院对此均不予采信。

此外还需要注意的是，对于债务人对相对人享有的债权（即次债权），同样要审查合法有效性和是否到期的问题，理由同前，此不赘述。对于次债权的确定性问题，法律上并不要求债权数额具体明确，但在代位权诉讼中应予审查认定（包括是否享有债权、债权的数额或范围），以便确定次债务人对债务人的债务上限。在鲁某鱼、陈某芬债权人代位权案［（2019）最高法民申1201号］中，最高人民法院认为：通常而言“次债权到期”并不要求“次债权确定”，因为关于次债权数额的争议，可以在代位权诉讼中解决。

3. 关于债务人对债权人到期债权的实现造成影响的审查

根据《全国法院贯彻实施民法典工作会议纪要》第 8 条的规定，“影响债权人的到期债权实现”是指债务人既不履行其对债权人的到期债务，又不行使其对相对人享有的债权或者与该债权有关的从权利的行为，致使债权人的到期债权不能实现。通常这种“影响债权人的到期债权实现”在客观上表现为因债务人怠于主张其对相对人的债权或者与该债权有关的从权利的行为致使其未能及时清偿对债权人的债务，进而损害了债权人的利益；债务人的外在行为反映出其主观上是具有过错的，即具有不愿意清偿对债权人的债务或损害债权人债权的故意或过失。律师在办理债权人代位权纠纷案件时，审查是否“影响债权人的到期债权实现”时，应着重从三方面考量：一是债权人对债务人的债权到期后，债务人是否及时清偿债务；二是债务人未及时清偿债务的同时，是否怠于行使其对相对人的债权或者与该债权有关的从权利；三是债务人怠于行使其对相对人的债权或者与该债权有关的从权利与其未清偿对债权人的债务之间是否具有一定的因果关系。

三、对债务人的债权是否专属于其自身的审查思路及要点

专属于债务人自身的权利，通常是指与债务人的人身权、人格权、身份权相关的债权。实践中，基于扶养关系、抚养关系、赡养关系、继承关系产生的给付请求权和劳动报酬、退休金、养老金、抚恤金、安置费、人寿保险、人身伤害赔偿请求权等权利，一般不得由债权人代位行使。《合同编通则司法解释》第 34 条规定：“下列权利，人民法院可以认定为民法典第五百三十五条第一款规定的专属于债务人自身的权利：（一）抚养费、赡养费或者扶养费请求权；（二）人身损害赔偿请求权；（三）劳动报酬请求权，但是超过债务人及其所扶养家属的生活必需费用的部分除外；（四）请求支付基本养老保险金、失业保险金、最低生活保障金等保障当事人基本生活的权利；（五）其他专属于债务人自身的权利。”

四、债权人行使代位权的法律效果

《民法典》第 537 条规定：“人民法院认定代位权成立的，由债务人的相

对人向债权人履行义务，债权人接受履行后，债权人与债务人、债务人与相对人之间相应的权利义务终止。债务人对相对人的债权或者与该债权有关的从权利被采取保全、执行措施，或者债务人破产的，依照相关法律的规定处理。”基于债的关系所具有的相对性，其法律效力通常仅限于具有债权债务关系的当事人之间。而债权人通过行使代位权使债的效力得以扩张至债权债务关系以外的相对人，即债权人可以通过向人民法院提起诉讼的方式向相对人主张权利。因债权人向相对人行使代位权会产生以下三方面的法律效果：

1. 对债权人的法律效力

根据《民法典》第 537 条的规定，在债权人提起的代位权之诉经人民法院审理后认定其成立时，如果并无其他债权人对债务人提起诉讼或已经获得胜诉判决，则债权人可以直接取得相对人的清偿。但是，如果有两个或者两个以上的债权人以同一相对人为被告提起代位权之诉的，则人民法院可以合并审理，如该两个或者两个以上债权人的代位权主张均能够成立，则相对人清偿的财产应在获得胜诉判决的债权人之间按比例清偿。

2. 对债务人的法律效力

《民法典》第 537 条的规定可以理解为，在金钱债务场合，借助于抵销制度，使代位权制度发挥了简易的债权回收手段的功能，从而代位债权人在事实上取得优先受偿的效果，但其在法律上并不当然地具有优先性，代位权行使的直接效果应归属于债务人，该效果借助于抵销制度间接地归属于债权人。① 当然，若债权人获得了来自相对人的清偿后，尚有剩余的财产，则应当交给债务人，作为债务人的一般责任财产。

3. 对相对人的法律效力

债权人一旦提起代位权之诉，相对人应作为被告参加诉讼，即在债权人与相对人之间形成了代位诉讼的法律关系。而相对人不得以其与债权人之间不存在合同关系为由提出抗辩，债权人代位权一旦经人民法院审理后认定为成立的，则相对人即应当对债权人履行清偿义务。但是，根据《民法典》第 535 条第 3 款之规定，相对人对债务人的抗辩，可以向债权人主张。相对人

---

① 韩世远：《合同法总论》（第 2 版），法律出版社 2008 年版，第 296~297 页。

的抗辩，包括债权存在与否、是否可行使、债权数额及范围等各方面的抗辩。对于相对人提出的抗辩，法院均会进行审查，债权人也应当做好充分的应对准备。否则，一旦相对人抗辩成功，即意味着债权人的代位权难以实现。

关联案例 1

案件名称：商业公司与典当公司等债权人代位权案

案　　号：四川省高级人民法院（2021）川民终 1060 号

裁判观点：债权人提起债权人代位权诉讼的基础应以主债权和次债权的成立为要件。而债权成立不仅指债权的形式和内容不违反法律行政法规规定，而且还要求债权的数额亦应当确定。这种确定即可以表现为债务人、次债务人对债权的认可，也可经人民法院判决或者仲裁机构裁决加以确认。

关联案例 2

案件名称：建设公司与货运代理公司与物流公司债权人代位权案

案　　号：天津市高级人民法院（2014）津高民四终字第 35 号

裁判观点：债务人不履行其对债权人的到期债务，又不以诉讼方式或仲裁方式向其债务人主张其享有的具有金钱给付内容的到期债权，致使债权人的到期债权未能实现的，其行为属于怠于行使到期债权的情形。

关联案例 3

案件名称： 工程公司与工业公司债权人代位权案

案　　号： 北京市第一中级人民法院（2022）京 01 民终 7453 号

裁判观点： 工程公司二审提交证据以证明 S 公司向其进行过催款，不存在怠于行使权利的情况。经审查本院对上述证据的真实性予以认可，但是截至本判决作出之日，工程公司未向 S 公司支付尚欠款项，S 公司在催款未果的情况下亦未以诉讼或仲裁方式向工程公司主张其案涉合法债权；故上述证据不足以证明其欲证明之事项，本院对此均不予采信。

关联案例 4

案件名称： 鲁某鱼与陈某芬债权人代位权案

案　　号： 最高人民法院（2019）最高法民申 1201 号

裁判观点： 通常而言，"次债权到期"并不要求"次债权确定"，因为关于次债权数额的争议，可以在代位权诉讼中解决。

第三节　典型案例精析

案例 1：某银行汇金支行诉涤纶厂债权人代位权案[①]

裁判要旨

债务人在债务到期后，没有以诉讼或者仲裁方式向次债务人主张债权，而是与次债务人签订协议延长履行债务期限，损害债权人债权的，属于怠于

① 江苏省高级人民法院（2001）苏民二终字第 299 号，《最高人民法院公报》2004 年第 4 期。虽然该案距今时间较长，但该案作为公报案例，具有一定的代表性，故本书予以引用和分析。

行使到期债权的行为，债权人可以以自己的名义代位行使债务人的债权。债务人与次债务人之间的具体债务数额是否确定，不影响债权人行使代位权。

案情简介

原告某银行汇金支行因与被告涤纶厂、第三人工艺品公司发生代位权纠纷，向江苏省苏州市中级人民法院提起诉讼。经法院审理查明：1997 年 7 月，第三人工艺品公司因代理被告涤纶厂进口日本产聚酯 fdy 卷绕装置及配套设备，向某银行哈尔滨市分行国际业务部申请开具信用证，原告某银行汇金支行为工艺品公司申请的两份信用证垫付 23866811.55 元。涤纶厂通过工艺品公司，向某银行汇金支行支付信用证项下保证金 998 万元，并将所购设备抵押给工艺品公司。1999 年 2 月 6 日，涤纶厂向工艺品公司出具分期付款资金安排计划函一份，承诺自 1999 年 4 月至 2000 年 1 月分批付清工艺品公司垫付的信用证余款。对此，工艺品公司未表示异议，涤纶厂出具还款承诺后，先后支付给工艺品公司 110 万元。2000 年 2 月 16 日，工艺品公司致函涤纶厂称：根据涤纶厂 1999 年 2 月 6 日的承诺，应在 2000 年 1 月 30 日前偿还全部欠款，现要求在 2000 年 2 月 20 日前全部归还。2000 年 2 月 18 日，涤纶厂复函称：由于企业困难，请求允许其自 2000 年 3 月起每月支付 10 万元，其将在能力许可的范围内安排归还更多的资金。2000 年 2 月 23 日，工艺品公司在涤纶厂的复函上签署“同意以上付款的意见”，并加盖了单位公章。

另查明：涤纶厂与工艺品公司所签订的代理进口协议第四条约定：“日方同意推迟付款日期，日方银行应于装船后 330 天内将延期付款通知传递给开证行，收到银行通知后，双方按补充协议执行并修改信用证”，涤纶厂提供了与外商达成付款时间延长的协议，但未能提供上述条款约定的日方银行的装船通知，工艺品公司在二审中承认未要求某银行汇金支行修改信用证、推迟对外付款，在履行代理进口协议时存在违约行为。

1999 年 2 月 6 日，被告涤纶厂出具还款承诺后，先后支付给第三人工艺品公司 110 万元。同年 6 月 21 日，涤纶厂与工艺品公司就抵押设备签订了《关于抵押合同变更协议》，在该协议中双方明确：双方之间的债原为 2380

万元左右，现涤纶厂尚欠工艺品公司债务 1400 万元左右。

本案一审判决之后，涤纶厂与工艺品公司于 2001 年 8 月 25 日达成以资产抵债协议，确认在考虑工艺品公司违约因素后涤纶厂对工艺品公司欠款 950 万元，涤纶厂以价值 22441200 元的设备抵给工艺品公司；工艺品公司同意接受抵押物，以此抵清所欠 950 万元欠款。涤纶厂提交了该厂与工艺品公司签订的交接清单，证明协议已经履行。

原告某银行汇金支行诉称：被告涤纶厂因从日本购买设备，于 1997 年 7 月通过第三人工艺品公司在我行申请向日本东京 S 银行开出信用证，我行为其购买设备垫付 2111 万元。而工艺品公司一直怠于行使对涤纶厂的 2231.4 万元到期债权。依据《合同法》第 73 条的规定，因债务人怠于行使其到期债权，对债权人造成损害的，债权人可以向人民法院请求以自己的名义代位行使债务人的债权。诉请判令：(1) 被告代偿第三人欠款 2231.4 万元；(2) 通知被告停止给付第三人欠款。

被告涤纶厂辩称：根据我厂与工艺品公司 2000 年 2 月 23 日签订的还款计划，所欠债务尚未到期。我厂 1999 年 6 月 21 日与工艺品公司在《关于抵押合同变更协议》中约定主债务为 1400 万元左右并不是准确的数字，工艺品公司在代理行为中有违约行为，造成了我厂的损失，故我厂与工艺品公司之间债务的具体数额尚未确定。故某银行汇金支行不具备行使代位权的条件，不同意某银行汇金支行的诉讼请求。

第三人工艺品公司未答辩。

法院裁决

江苏省苏州市中级人民法院审理后认为：工艺品公司没有根据涤纶厂 1999 年 2 月 6 日的还款承诺通过诉讼或仲裁的方式向涤纶厂主张到期债权，相反，对涤纶厂 2000 年 2 月 18 日出具的每月还款 10 万元的承诺予以认可，属怠于行使到期债权，且对某银行汇金支行造成损害，故某银行汇金支行有权提起代位权诉讼。根据涤纶厂 1999 年 2 月 6 日出具的还款承诺，涤纶厂对工艺品公司明确的债务为 880 万元，扣除此后涤纶厂汇付工艺品公司的 110 万元，剩余 770 万元涤纶厂应当代为清偿，某银行汇金支行与工艺品公司以及工艺品公司与涤纶厂之间就该 770 万元相应的债权债务关系即予消灭。据此判决：（一）涤纶厂对工艺品公司结欠某银行汇金支行的信用证垫付款 770 万元履行清偿义务；（二）驳回某银行汇金支行的其他诉讼请求。

某银行汇金支行和涤纶厂均不服一审判决，向江苏省高级人民法院提起上诉。江苏省高级人民法院审理后认为：1. 某银行汇金支行可以行使代位权。2. 某银行汇金支行代位行使工艺品公司对涤纶厂的债权的具体数额应为 12786811.55 元。一审法院以 1999 年 2 月 6 日协议认定代位权数额为 770 万元不当。3. 涤纶厂与工艺品公司在一审判决后达成以资产抵债协议无效，不能产生导致本案终结的法律后果。遂判决：（一）撤销一审判决；（二）涤纶厂给付某银行汇金支行为工艺品公司垫付的信用证款余款 12786811.55 元；（三）驳回某银行汇金支行的其他诉讼请求。

律师评析

本案所涉及的关键法律问题包括：1. 债务人在债务到期后，没有以诉讼或者仲裁方式向相对人主张债权，而是与相对人签订协议延长履行债务期限，是否损害了债权人的债权，债权人可否以自己的名义代位行使债务人的债权？2. 行使代位权的数额。3. 代位权行使后的法律效果。

1. 关于债权人的代位权问题

《民法典》第 535 条第 1 款规定：“因债务人怠于行使其债权或者与该债权有关的从权利，影响债权人的到期债权实现的，债权人可以向人民法院请求以自己的名义代位行使债务人对相对人的权利，但是该权利专属于债务人自身的除外。”本案中，某银行汇金支行对工艺品公司享有合法有效的到期债权，工艺品公司对涤纶厂也享有合法有效的到期债权，因此，关键在于判断工艺品公司是否怠于行使权利影响某银行汇金支行债权的实现。根据《全国法院贯彻实施民法典工作会议纪要》第 8 条“民法典第五百三十五条规定的‘债务人怠于行使其债权或者与该债权有关的从权利，影响债权人的到期债权实现的’，是指债务人不履行其对债权人的到期债务，又不以诉讼方式或者仲裁方式向相对人主张其享有的债权或者与该债权有关的从权利，致使债权人的到期债权未能实现。相对人不认为债务人有怠于行使其债权或者与该债权有关的从权利情况的，应当承担举证责任”之规定，即债务人必须及时通过提起诉讼或仲裁的方式向相对人主张权利，否则，即构成“怠于行使权利”。本案中，法院最终认定工艺品公司已经构成了怠于行使其对涤纶厂的债权的原因是，双方在原代理进口合同和代垫信用证款债权到期后，又分别达成了两份延期还款协议。其中1999年2月6日的第一份还款计划，系在涤纶厂无法按期还款的情况下，根据其实际履行能力向工艺品公司作出的分期付款的计划，延期还款时间为十个月，延期还款期限尚属合理范畴，虽然导致债务延期，但债务人所签订的还款协议并未明显地损害债权人的利益，亦不存在故意恶意逃债的意图，债权人某银行汇金支行对此亦予以认可，故该份还款计划应属合法有效；但第二份还款计划，工艺品公司却在明知到期债权数额巨大的情况才同意涤纶厂每月仅还款10万元，致使还款时间延长达8年之久，则明显损害了其债权人某银行汇金支行的利益，该份还款计划显属无效，进而更不能作为债务人积极行使其债权的依据。据此，债务人工艺品公司已经构成了怠于行使其对第三人涤纶厂的债权，债权人某银行汇金支行依法有权行使代位权。

2. 代位权行使的数额问题

根据《民法典》第535条第2款之规定，代位权的行使范围以债权人的到期债权为限。同时，也不能超出次债权的数额。本案中，某银行汇金支行对工艺品公司的债权，是其为信用证项下的全部垫款减去申请开证人已付的保证金，数额为13886811.55元。工艺品公司对涤纶厂的债权，是其对外支付的货款和履行代理进口协议的代理费用。1999年6月21日，工艺品公司与涤纶厂签订的《关于抵押合同变更协议》中，双方约定的债务数额为1400万元左右，这是双方的真实意思表示。某银行汇金支行在上诉期间，只向涤纶厂主张12786811.55元的代位清偿权，并未超过工艺品公司对涤纶厂的债权范围，符合法律规定。

还需要注意的是，涤纶厂在诉讼中主张工艺品公司违约，工艺品公司也承认违约。根据《民法典》第535条第3款之规定，相对人对债务人的抗辩，可以向债权人主张。但该抗辩是否成立，并不以债务人的自认为依据，而应当经过法院的审理确定。

3. 代位权行使后的法律效果问题

《民法典》第 537 条规定："人民法院认定代位权成立的，由债务人的相对人向债权人履行义务，债权人接受履行后，债权人与债务人、债务人与相对人之间相应的权利义务终止。债务人对相对人的债权或者与该债权有关的从权利被采取保全、执行措施，或者债务人破产的，依照相关法律的规定处理。"据此规定，在债权人代位权成立的情况下，相对人应直接向债权人履行义务。因此，二审法院判决涤纶厂给付某银行汇金支行为工艺品公司垫付的信用证余款 12886811.55 元是正确的。

此外，本案中，一审判决之后，涤纶厂与工艺品公司于 2001 年 8 月 25 日达成以资产抵债协议，确认在考虑工艺品公司违约因素后涤纶厂对工艺品公司欠款 950 万元，涤纶厂以价值 22441200 元的设备抵给工艺品公司；工艺品公司同意接受抵押物，以此抵清所欠 950 万元欠款。对于该抵债协议，法院认为进入代位权诉讼程序后，债务人即丧失了主动处分次债务人债权的权利。代位权行使的后果直接归属于债权人，次债务人如果履行义务，只能向代位权人履行，不能向债务人履行。工艺品公司在诉讼中主动清结债权债务，存在逃避诉讼，规避法律的故意。因此，该协议应属无效。

案例 2：D 街道办事处、常某立等债权人代位权案①

裁判要旨

因债务人怠于行使其到期债权，对债权人造成损害的，债权人可以向人民法院请求以自己的名义代位行使债务人的债权。代位权诉讼需要审查主债务人和次债务人之间的债务范围，据以判断主债务人对于次债务人是否实际享有债权利益以及明确次债务人向主债务人所应承担责任的上限。

案情简介

常某立为原告，周某松、城投公司为被告民间借贷案，县法院于 2016

① 一审：河南省郑州市中级人民法院（2019）豫 01 民初 1513 号；二审：河南省高级人民法院（2020）豫民终 442 号。

年7月6日作出（2016）豫0122民初950号民事判决：一、周某松于判决生效之日起十日内返还常某立借款2000万元并支付利息（利息自2015年1月20日起至清偿之日止，按年利率24%计算）；二、城投公司对周某松的上述债务承担连带清偿责任；三、驳回常某立的其他诉讼请求。该判决生效后，周某松、城投公司至2016年8月9日仍未履行该判决所确定的义务，常某立向县法院申请强制执行。郑州中院于2017年10月17日作出（2017）豫01执监129号执行裁定书，指定该执行案件由新密市法院执行。新密市法院作出的（2017）豫0103执3773号之三执行裁定书载明，因周某松、城投公司无财产或财产线索，该执行裁定书裁定终结本次执行程序。2018年9月21日，新密市法院出具《履行债务证明书》载明D街道办事处于2018年9月20日已向常某立履行对城投公司到期债务2665万元。

另：2014年3月21日，D街道办事处作为甲方、城投公司作为乙方、城中村改造和合村并城指挥部办公室作为鉴证方，签订《合作协议书》，主要约定：D街道郭庄村进行改造开发建设，改造范围总占地面积约274亩（具体以规划和国土部门出具的红线图及出让面积为准）。城投公司同意按照《关于调整国家建设征收集体土地青苗费和地上附着物补偿标准的通知》等文件规定的有关标准向D街道办事处提供资金，包括安置区征地补偿费、拆迁补偿费、临时安置过渡费、搬家费、拆迁奖励费等相关费用，如果有新的补偿安置政策则按新政策执行。城投公司在协议签订后15个工作日内，向D街道办事处缴纳2000万元风险保证金。建筑物及附属物补偿费、临时安置过渡费、搬家费、拆迁奖励费，由城投公司在该项目启动前20个工作日内一次性全额支付给D街道办事处。住宅安置房建设周期为30个月（含装修时间3个月）、公共服务设施项目交付期限为30个月。同时约定了其他权利义务。2014年8月19日，D街道办事处作为甲方、城投公司作为乙方签订了上述城中村改造项目的《补充协议书》，对拆迁补偿费使用、优惠价购置安置房等相关事项进行了约定。政府作为甲方、投资公司作为乙方、国际公司作为丙方、建设工程公司作为丁方，签署了《社区安置房建设项目投资建设与政府采购合同》，就社区安置房建设项目投资建设相关事项进行了约定，在城投公司与D街道办事处就《合作协议书》履行陷入停滞的情况下，以政府采购的形式，另行委托他人继续推进城中村改造项目。目前，该项目建设工作基本完成。

2018 年 7 月 27 日，D 街道办事处向县政府递交《请示》。该请示显示，城中村改造项目前期，城投公司共计投资 6648 万元。经 D 街道办事处一再催促，对合同已履行的部分，城投公司始终不愿进行核算。

2018 年 8 月 29 日，D 街道办事处以城投公司为被告向法院提起诉讼，请求：1. 要求解除双方于 2014 年 3 月 21 日签订的《合作协议书》以及 2014 年 8 月 19 日双方所签订的《补充协议书》；2. 要求城投公司支付违约金 500 万元，大写：伍佰万元整；3. 要求双方就郭庄项目拆迁补偿款进行清算；4. 要求城投公司承担案件的诉讼费用。2018 年 12 月 20 日，D 街道办事处撤回对城投公司的起诉。同日，法院作出（2018）豫 0122 民初 5127 号民事裁定书，准许 D 街道办事处撤诉。

在 D 街道办事处与城投公司签订的《合作协议书》第九条约定，城投公司在协议签订后 15 个工作日内，向 D 街道办事处缴纳 2000 万元风险保证金。安置房主体完工（以监理签字为准）后 30 日内返还 1000 万元；安置房在取得竣工备案证后 30 日再返还 500 万元；安置房交付使用 1 年后无质量安全问题，返还剩余的 500 万元。风险保证金由县财政局设立专项账户进行管理，专项用于抵御安置风险。

2016 年 9 月 27 日，县非税局向县法院出具《证明》内容显示，经该局查账核实，城投公司于 2014 年 3 月缴至县非税局账户城中村改造风险保证金 2000 万元。

常某立向一审法院起诉请求：1. 依法判令 D 街道办事处、县非税局向常某立履行代为清偿义务，向常某立支付借款本金 2000 万元及利息（利息按照年利率 24%暂计至 2019 年 6 月 19 日为 1052 万元，之后的利息按照年利率 24%计算至全部借款本息清偿完毕之日止）；2. 依法判令本案诉讼费、保全费等费用由 D 街道办事处、县非税局承担。

法院裁决

一审郑州市中级人民法院认为：首先，债权人对债务人的债权合法是债权人提起代位权之诉的基础。常某立对第三人周某松、城投公司债权已经县法院做出生效判决确认，且已部分执行，该债权为合法债权。其次，城投公司对D街道办事处债权已经到期，城投公司怠于行使该到期债权，对常某立产生损害。最后，常某立诉请债权并不属于城投公司专属债权。据此判决：（一）D街道办事处于判决生效之日起十日内，向常某立代为履行借款本金2000万元及利息；（二）驳回常某立的其他诉讼请求。

一审判决后，D街道办事处提起上诉。二审河南省高级人民法院经审理认为：首先，本案中，常某立对周某松、城投公司的债权已经生效判决确认，且已部分执行，系合法确定的债权。在案证据可以证实城投公司对D街道办事处的投资债权已经到期且怠于行使该到期债权之事实。其次，结合本案其他事实证据及当事人诉辩情况，本院认定常某立可代位行使的债权范围，应以扣除上述2000万元保证金及D街道办事处所主张的500万元违约金后的数额即6148万元为限。遂判决：（一）撤销河南省郑州市中级人民法院（2019）豫01民初1513号民事判决；（二）D街道办事处于本判决生效之日起十日内，向常某立代为履行支付借款本金16782539元及利息，代为清偿数额应以6148万元为限；（三）驳回常某立的其他诉讼请求。

律师评析

本案的核心法律问题包括：1. 常某立的债权人代位权是否成立。2. 次债务人D街道办事处的债务数额范围及具体金额。

1. 关于常某立的债权人代位权是否成立问题

债权人提起代位权诉讼，应当符合下列条件：（1）债权人对债务人的债权合法且已到期；（2）债务人的债权已到期；（3）债务人怠于行使其到期债权，对债权人造成损害；（4）债务人的债权不是专属于债务人自身的债权。本案中，首先，常某立对第三人周某松、城投公司债权已经县法院做出生效判决确认，且已部分执行，该债权为合法债权且属于到期债权。其次，根据法院查明的事实来看，至少可以明确：城中村改造项目建设工程基本完工，项目前期，城投公司共计投资6648万元。经D街道办事处一再催促，对合同已履行的部分，城投公司始终不愿进行核算，D街道办事处曾起诉城投公司要求解除双方协议并就项目拆迁补偿款进行清算（后撤诉）。因此，可以认定城投公司的债权已到期，但其怠于行使权利进行结算。结合（2017）豫0103执3773号之三执行裁定书载明“因周某松、城投公司无财产或财产线索，该执行裁定书裁定终结本次执行程序”之事实，可以认定常某立的债权受到了侵害。同时，城投公司对D街道办事处享有的债权不属于城投公司专属债权。因此，常某立向D街道办事处主张行使代位权成立。

此外，对于县非税局而言，法院认为常某立不成立代位权。原因在于根据城投公司与D街道办事处签订《合作协议书》约定，该2000万元保证金的主要用途为抵御安置风险。对保证金分批退还均有条件及数额限制。协议约定改造项目虽基本完成，但后续工作仍在进行。因此，该保证金退还条件尚未成就，不属于到期债权，故不成立代位权。

2. 关于次债务人D街道办事处的债务数额范围及具体金额问题

次债务人应承担的债务范围，取决于两个方面，一是债权人对债务人享有的债权数额，二是债务人对次债务人享有的债权数额或范围。在债权人债权成立的情况下，次债务人需要向债权人承担的债务以前述二者中低者为限。本案中，法院最终认定债权人常某立的债权为借款本金16782539元及利息。关于城投公司对D街道办事处债权的认定，具有较强的参考价值：

首先，法院认定城投公司对D街道办事处享有债权，其依据是城投公司向案涉项目实际进行投资并缴纳了保证金，因此，双方必然涉及项目结算问题，D街道办事处应当向城投公司支付项目款项。

其次，在D街道办事处于2018年7月27日向县政府递交《请示》中显示，城中村改造项目前期，城投公司共计投资6648万元。

最后，在2018年8月29日，D街道办事处以城投公司为被告向县法院提起诉讼中请求：解除双方签订的《合作协议书》及《补充协议书》，城投公司向其支付违约金500万元。

综上几点，法院认为：即便城投公司存在违约，需要承担违约责任，按照D街道办事处的主张，违约金应为500万元，将该部分费用予以扣除后，其剩余债权应为6148万元。因此，法院最终认定D街道办事处承担责任的上限为6148万元。

从上述认定逻辑来看，对于债务人对次债务人所享有的债权数额，往往会由于次债务人行使抗辩权而变得困难，尤其在债务人缺席或拒不配合的情况下，债权人往往面临较大的举证难度，在此情形下，债权人要综合各方证据，一是证明债务人对次债务人享有合法债权，二是要证明该债权的数额，至少应证明该债权的范围，以便确定次债务人承担责任的上限，否则，债权人的代位权将难以成立。

第五章 债权人撤销权纠纷[①]

第一节 理论概述与实务指引

债权人撤销权，是指债权人对于债务人所为的危害债权的行为，可请求法院予以撤销的权利[②]。债权人撤销权制度属于合同的保全制度之一，目的在于维持债务人的责任财产以备全体债权人债权的清偿，体现了现代民法强化诚信原则以保护债权人利益的价值取向[③]。需要说明的是，本节所讨论的债权人撤销权，是指债权人对于债务人与第三人的合同行为行使撤销权之情形，而不包括合同当事人对于可撤销合同行使撤销权之情形，可撤销合同纠纷可参见本书第三章第一节相关内容。

一、债权人撤销权的性质

债权人对债务人主张撤销权必须以诉讼方式为之，而撤销权的性质直接影响撤销权诉讼的性质，进而影响撤销权诉讼当事人诉讼地位的确定及诉讼的法律效果等方面，撤销权性质的探讨是撤销权得以正确适用的前提与关键。但司法实务中对撤销权的性质存在较大分歧，主要体现在形成权性质说、请求权性质说与折中说。

学说一：形成权性质说。形成权性质说认为，债权人撤销权是一种依债权人的意思而撤销债务人与第三人之间的法律行为（诈害行为）的效力的形

① 本章作者周隆君。
② 崔建远：《合同法》（第5版），法律出版社2010年版，第158页。
③ 在最高人民法院（2009）民二提字第58号民事判决书中即是如此论述。

成权。依此说，撤销权诉讼为形成之诉。该说主张的“撤销法律行为”，是以形成权概念为基础，从形式逻辑上讲最为明白简洁。但是这一说法超越了保全责任财产的目的，强调撤销的绝对效力而引起不当交易关系的混乱，往往并不符合这一制度的目的。

学说二：请求权性质说。请求权性质说认为，债权人撤销权为对于因债务人的行为而受利益的第三人直接请求返还的债权①。依此说，撤销权诉讼为给付之诉。其不足在于，难以解释债务人的行为有效时第三人何以应负担返还义务。

学说三：折中说。折中说认为，撤销权兼具形成性质权与请求性质权的性质。债权人撤销权的行使，一方面使债务人与第三人的法律行为归于无效；另一方面又使债务人的责任财产恢复至行为前的状态。依此说，撤销权诉讼通常兼具形成之诉与给付之诉两种性质。该性质下的撤销权诉讼兼具形成之诉和给付之诉的特点，因而诉讼处理方式既包括撤销债务人的处分行为，又包括返还财产的判决内容。目前，此说得到了我国学者与司法实务界的普遍认同。

二、债权人撤销权的行使

1. 债权人撤销权的行使方式

根据《民法典》第 538 条、第 539 条之规定，撤销权仅能通过诉讼的方式行使。债权人撤销权制度是对合同相对性原则的突破，因而法律对该制度的行使作出了特别规定，即债权人必须通过诉讼方式向法院主张撤销权，经法院判决方可发生撤销权的法律效果。

2. 债权人撤销权的行使期限

根据《民法典》第 541 条之规定，债权人撤销权的行使期限受两个期间的限制。一个期间为除斥期间，时间为 1 年，自债权人知道或应当知道撤销事由之日起算。若未在此期间行使债权人撤销权，则该撤销权丧失。另一个期间为最长存续期间，时间为 5 年，从债务人的行为发生之日起算。无论债

---

① 崔建远：《合同法》（第 5 版），法律出版社 2010 年版，第 159 页。

权人什么时候知道撤销事由，也无论债权人行使撤销权是否是在知道撤销事由之日起 1 年内，只要距债务人的行为发生之日超过 5 年，撤销权就不得再行使。

3. 债权人撤销权的行使范围

根据《民法典》第 540 条之规定，债权人行使撤销权应以债权为限。如果债权为连带债权，则所有的债权人可以共同行使撤销权，也可以连带债权人中的一个提起诉讼，如果数个债权因同一债务人的行为而受损害，则各个债权人均有权提起诉讼，但其请求的范围仅限于各自债权的范围。作为撤销权的标的，不能超过债权人债权的数额是理所当然的，其超过部分不能列入撤销权行使范围之内。

4. 债权人撤销权行使的法律效果

（1）撤销权行使的效力

根据《民法典》第 155 条、第 157 条之规定，债务人的行为一旦被撤销，即自始失去法律约束力。尚未依该行为给付的，当然恢复原状。已经依该行为给付的，受领人负有恢复原状的义务，在存在给付物的物权复归于给付人的情况下，产生具有物权效力的财产返还；在物权已不复存在的情况下，发生作价返还的效果。①

（2）法律效果的归属

需要特别注意的是，行使撤销权的债权人不具有优先受偿权。因为撤销权作为债的保全制度的实质是为了恢复债务人的责任财产，保全全体债权人的利益。故因行使撤销权自第三人处取回的财产应归属于债务人的一般财产，尤其是在债权人的债权尚未到期的情况下，该财产更不能直接交付给债权人而优先受偿。

（3）费用的负担

根据《民法典》第 540 条之规定，债权人行使撤销权的必要费用，由债务人负担。

---

① 崔建远：《合同法》（第 5 版），法律出版社 2010 年版，第 166 页。

第二节　办案思路与实战技巧

律师办理债权人撤销权纠纷案件，关键要解决好两个方面的问题：一是全面分析并准确判断债务人的财产处分行为是否符合债权人行使撤销权的构成要件；二是要针对撤销权的构成要件进行充分举证。

我国学者及司法实务界普遍认为，从《民法典》第538条、第539条的规定来看，债权人撤销权的构成要件因有偿行为还是无偿行为有所差别。第538条规定的是债务人放弃其债权、放弃债权担保、无偿转让财产等无偿处分行为，第539条规定的是债务人以明显不合理的低价转让财产、以明显不合理的高价受让他人财产或者为他人的债务提供担保的行为，二者在构成要件方面有所不同。司法实践中，在区分债务人的诈害行为是否有偿的基础上，债权人撤销权的成立要件不同：对债务人放弃到期债权、无偿转让财产的诈害行为，撤销权的行使仅符合客观要件即可，不以债务人主观上存在恶意为成立要件；而在债务人以明显不合理的低价转让财产这一有偿行为的场合，除客观要件的满足外，还须以债务人、受让人主观上有恶意为成立要件。

从上述观点来看，无论是有偿行为或是无偿行为，都需要具备客观要件，故笔者先就客观要件进行分析，再进而分析有偿行为需具备的主观要件。

一、债权人撤销权的客观构成要件

1. 债务人实施了处分财产的行为

根据《民法典》第538条、第539条之规定，债权人可以撤销的债务人的行为包括：放弃债权、放弃债权担保、无偿转让财产、恶意延长到期债权的履行期限、以明显不合理的低价转让财产、以明显不合理的高价收购他人财产、为他人的债务提供担保等。实践中主要包括以下三种情形：

（1）以明显不合理低价转让财产的行为

以明显不合理低价转让财产的行为属于一种有偿行为，除了需要具备客观要件，还需要具备主观要件。在司法实践中，以明显不合理低价转让财产成为债务人逃避债务的主要手段。这类案例在审判实务中的重点和难点在于如何认定“明显不合理低价”。《合同编通则司法解释》第 42 条规定：“对于民法典第五百三十九条规定的‘明显不合理’的低价或者高价，人民法院应当按照交易当地一般经营者的判断，并参考交易时交易地的市场交易价或者物价部门指导价予以认定。转让价格未达到交易时交易地的市场交易价或者指导价百分之七十的，一般可以认定为‘明显不合理的低价’；受让价格高于交易时交易地的市场交易价或者指导价百分之三十的，一般可以认定为‘明显不合理的高价’。债务人与相对人存在亲属关系、关联关系的，不受前款规定的百分之七十、百分之三十的限制。”可见，“明显不合理低价”是以交易时当地物价部门指导价或市场价作为参照价，并综合考虑其他因素。

（2）以明显不合理高价收购他人财产的行为

明显不合理高价收购他人财产的行为使得债务人财产积极减少，从而减少责任财产，这种行为与明显不合理低价转让财产如出一辙。对于何为明显不合理高价的认定，根据《合同编通则司法解释》第 42 条第 2 款之规定，受让价格高于交易时交易地的市场交易价或者指导价百分之三十的，一般可以认定为明显不合理的高价。

（3）其他不合理交易行为

根据《合同编通则司法解释》第 43 条之规定，债务人以明显不合理的价格，实施互易财产、以物抵债、出租或者承租财产、知识产权许可使用等行为，影响债权人的债权实现，债务人的相对人知道或者应当知道该情形，债权人请求撤销债务人的行为的，人民法院应当依据民法典第五百三十九条的规定予以支持。

2. 债务人的行为必须以财产为标的

所谓以财产为标的的行为，指财产上受直接影响的行为。债务人的行为，非以财产为标的者不得予以撤销。如此，如结婚、收养或终止收养、继承的抛弃或承认等，不得撤销。以不作为债务的发生为目的的法律行为，以提供劳务为目的的法律行为，财产上利益的拒绝行为，以不得扣押的财产权为标的的行为，均不得作为债权人撤销权的标的。

3. 债权发生在债务人财产处分行为之前

此要件应当包含的前提是债权人必须享有有效债权，并且债权发生在债务人处分财产之前。在李某妍、李某旭与于某宝、宋某刚、宋某平债权人撤销权案［（2019）吉05民终245号］中，吉林省通化市中级人民法院认为：撤销权制度是保障合同债务履行，维护债权人利益的重要措施。债权人撤销权行使的前提条件是债权人对债务人享有合法有效的债权，客观条件是债务人作出无偿或明显不合理低价处分财产的行为，且该行为有害于债权的实现。同时，要求债权人行使撤销权需以债权为限，并且债权人必须在除斥期间内行使撤销权。在木业公司与赵某敏、周某引债权人撤销权案［（2019）浙1003民初171号］中，台州市黄岩区人民法院认为：撤销权行使的前提条件是债权人对债务人享有合法有效的债权，即债权应先于债务人的行为有效成立。本案中，原告对被告赵某敏享有的债权系基于被告赵某敏对债务人H厂的担保行为，而涉案房屋买卖行为发生时该担保债务尚未形成，原告不具备行使撤销权的债权人资格，故其要求撤销四被告之间房屋买卖合同的诉请缺乏法律依据，本院不予支持。

4. 债务人的行为有害债权

所谓有害债权，是指因债务人的行为导致其清偿资力的减少，以至于无法满足债权的要求，给债权的实现造成了损害①，这是债权撤销权构成的一个重要判断标准，否则，即使债权人实施减少其财产的处分行为，但其资力雄厚，足以清偿全部债权时，债权人不能行使撤销权。

债务人的行为是否有害于债权，应当从两个方面予以把握：其一，关于有害于债权的判断标准。一般而言，债务人放弃到期债权、放弃债权担保、无偿转让财产、以不合理的低价转让财产、以明显不合理的高价收购他人财产、为他人的债务提供担保等行为都会导致其责任财产或偿债资力的减少，通常都会对债权人的债权产生不利的影响，但这种不利影响必须达到债务人没有清偿资力的程度方可构成债权的侵害。其二，关于举证责任的承担。根据“谁主张，谁举证”的分配原则，债权人应当负担举证责任，以证明债务人无清偿资力的客观事实。

---

① 最高人民法院（2015）民二终字第322号民事判决书中对“有害债权”的含义进行的界定。

二、债权人撤销权的主观构成要件

在债务人处分财产的行为是无偿行为的情况下，原则上无须要求债务人或第三人存在主观恶意，有客观行为即可。在有偿行为的情况下，行使撤销权须以债务人或者第三人具有主观恶意为条件。债务人恶意的证明，应实行推定规则。债务人的财产除对于特定债务人设有担保物权外，应为一切债务的总担保。债务人明知其财产不足以清偿全部债务而处分财产或权利，即可推定其具有恶意。受益人的恶意，指其于收益时知道债务人的行为将有害于债权，而无须受益人自己具有危害债权人的恶意。受益人对可能危害债权的事实没有认知的，债权人不得行使撤销权。受益人的恶意，以受益时为标准，其于受益时不知的，不得对其行使撤销权。

三、债权人撤销权案件的关键点

律师在拟定债权人撤销权纠纷案件诉讼方案时，除结合上述构成要件进行全面分析外，还应注意以下关键点：

1. 证明责任及证明思路

从实务操作来看，债权人主张撤销权的，应当首先证明其对债务人享有真实、合法、有效的债权，此乃债权人行使撤销权的前提条件。其次，无论债务人行为属于无偿行为或者有偿行为，债权人均应对其请求符合撤销权成立客观要件之事实负举证责任。结合笔者的实际办案经验来看，对于债务人无资力的举证责任，一般应由债权人承担；如债务人亦主张有资力的，法院可以责令其承担适当的举证责任。同时，债权人还必须证明债务人无资力与其处分行为具备相当因果关系，包括债务人无资力系在其为处分行为即已发生，且在债权人行使债权时仍然持续两方面的内容。

2. 起诉期限

如前所述，根据《民法典》第 541 条之规定，债权人撤销权的行使期限受两个期间的限制。一个期间为 1 年，属除斥期间，自债权人知道或应当知道撤销事由之日起算。另一个期间为 5 年，是最长存续期间，该期间从债务人的行为发生之日起算。因此，律师在办理此类案件时，必须首先客观判断该1年期的除斥期间是否已过，若该期间已经超过，则不能再主张行使撤销权。律师在进行判断时，重点是准确确定该期间的起算点，即自撤销权人知道或应当知道撤销事由之日起算。

此外，应判断5年的最长存续期间是否经过。5年期间是从债务人的行为发生之日起算。无论债权人什么时候知道撤销事由，也无论债权人行使撤销权时是否在知道撤销事由之日起1年内，只要据债务人的行为发生之日超过5年，撤销权就不得再行使。而债务人的行为发生之日应理解为债务人与受让人或者受益人之间债权产生之日，而非债权实际履行之日。如笔者在典型案例中所分析的王某凤与咨询公司、实业公司债权人撤销权纠纷案中，最高人民法院以2005年9月21日咨询公司与实业公司签订《房屋转让协议》作为5年最长存续期间的起算日，而非以咨询公司与实业公司办理过户手续的行为日期为起算日。

关联案例1

案件名称： 刘某峰与何某杰债权人撤销权案

案　　号： 河北省石家庄市中级人民法院（2020）冀01民终8482号

裁判观点： 因债务人放弃其到期债权或者无偿转让财产，对债权人造成损害的，债权人可以请求人民法院撤销债务人的行为。债务人以明显不合理的低价转让财产，对债权人造成损害，并且受让人知道该情形的，债权人也可以请求人民法院撤销债务人的行为。在区分债务人的诈害行为是否有偿的基础上，规定了债权人撤销权的两种成立要件：一是债务人放弃到期债权、无偿转让财产的诈害行为，撤销权的行使仅符合客观要件即可，不以债务人主观上存在恶意为成立要件；二是债务人以明显不合理低价转让财产这一有偿行为，除须满足对债权人造成损害外，还须以债务人、受让人主观上存在恶意为成立要件。

关联案例2

案件名称：李某妍、李某旭与于某宝、宋某刚、宋某平债权人撤销权案

案　　号：吉林省通化市中级人民法院（2019）吉05民终245号

裁判观点：撤销权制度是保障合同债务履行，维护债权人利益的重要措施。债权人撤销权行使的前提条件是债权人对债务人享有合法有效的债权，客观条件是债务人作出无偿或明显不合理低价处分财产的行为，且该行为有害于债权的实现。同时，要求债权人行使撤销权需以债权为限，并且债权人必须在除斥期间内行使撤销权。

关联案例3

案件名称：木业公司与赵某敏、周某引债权人撤销权案

案　　号：浙江省高级人民法院（2019）浙1003民初171号

裁判观点：债权人的撤销权是指因债务人放弃对第三人的债权，实施无偿或低价处分财产的行为而有害于债权人的债权，债权人可以依法请求法院撤销债务人实施的行为。撤销权行使的前提条件是债权人对债务人享有合法有效的债权，即债权应先于债务人的行为有效成立。

关联案例4

案件名称：X实业公司与D大酒楼、J实业公司等债权人撤销权案

案　　号：最高人民法院（2015）民二终字第322号

裁判观点：债权人撤销权制度的立法原意在于使债务人的责任财产维持在适当状态，以达到保障债权人实现债权的目的。所谓有害于债权，是指因债务人的行为导致其清偿能力减少，以至于无法满足债权的需要，给债权的实现造成了损害。

第三节　典型案例精析

案例 1：粮油公司等与国际银行北京分行债权人撤销权案[①]

裁判要旨

对债务人放弃到期债权，无偿转让财产的损害行为，撤销权的行使仅符合客观要件即可，不以债务人主观上存在恶意为成立要件。

现行法律未规定债权人行使撤销权时债权数额必须确定。只要债务人对债权人确实负有债务且债务人积极处分责任财产的行为损害了债权的将来实现，债权人即可行使撤销权，不以债权数额确定为必要条件。

案情简介

2014 年 12 月 29 日，贷款人国际银行北京分行和借款人、出质人 P 公司共同签订《第 27 号补充协议》。该协议约定国际银行北京分行向借款人 H 公司北京分公司提供总额不超过 25630 万元的非承诺性、可循环贸易融资额度。额度的最终到期日为 2015 年 3 月 31 日。该协议签订后，H 公司北京分公司从国际银行北京分行处获得了贷款。一审庭审中，双方一致确认，截至 2016 年 5 月 31 日，H 公司北京分公司尚欠国际银行北京分行涉案债务本金 19923.3 万元及相应利息、罚息。贷款期限为 H 公司北京分公司完成对张家港 H 公司股权转让并收到全部股权转让款后一次性偿还。

2015 年 5 月 28 日，H 公司北京分公司（出让方）与粮油公司（受让方）签订了在江苏省张家港保税区工商行政管理局备案的《股权转让协议书》，约定：一、出让方出让其在张家港 H 公司的出资 4550 万元，占总注册资本的 70%的股权出让给受让方。二、受让方受让出让方在张家港 H 公司的

① 一审：北京市西城区人民法院（2016）京 0102 民初 15573 号；二审：北京市第二中级人民法院（2018）京 02 民终 10005 号。

出资4550万元，占总注册资本的70%的股权。三、本协议自双方盖章后生效，生效之日起出让方不再享有张家港H公司的权利义务，受让方按其股权比例享有张家港H公司的权利义务。四、本协议一式四份，双方各执一份，工商局及张家港H公司各留存一份备案。

上述《股权转让协议书》订立之前，张家港H公司（甲方）、粮油公司（乙方）与H公司北京分公司（丙方）签订《债务转让三方协议》，约定对张家港H公司所负的6000万元欠款（因借款、订立购销合同、债权债务转移等形式形成）转移由粮油公司承担。与此同时，粮油公司对H公司北京分公司所负股权收购款6000万元债务即告清偿。

国际银行北京分行向一审法院起诉请求：1. 撤销2015年5月28日H公司北京分公司就其所持有的张家港H公司70%的股权（出资4550万元）与粮油公司签署的《股权转让协议书》；2. 粮油公司向H公司北京分公司返还受让的张家港H公司70%股权，张家港H公司协助办理前述股权回转登记手续；3. 粮油公司赔偿国际银行北京分行行使撤销权所支出的律师费10万元、保全申请费5000元及保全担保费25万元；4. 本案诉讼费用由H公司北京分公司、粮油公司承担。

法院裁决

一审法院认为：根据法律规定，债权人行使撤销权需要符合以下要件：（一）债权人对债务人必须存在有效的债权；（二）债务人实施了处分财产的行为；（三）债务人的行为有害于债权；（四）债务人处分财产具有恶意，即属于放弃债权、无偿转让财产或者以明显不合理低价转让财产且受让人明知。H公司北京分公司作为民事主体，有经营决策自由，但其自由的限度在于不应当损害他人利益。根据在案证据，H公司北京分公司无偿转让股权的行为减少其责任财产，影响国际银行北京分行债权的实现，故国际银行北京分行请求行使债权人撤销权于法有据，一审法院予以支持。一审法院于2017年12月25日作出（2016）京0102民初15573号民事判决：一、撤销H公司北京分公司与粮油公司于2015年5月28日签署的《股权转让协议书》。二、粮油公司于判决生效之日起30日内向H公司北京分公司返还其受让的张家港H公司70%股权；张家港H公司协助办理前述股权回转登记手续。三、H公司北京分公司于判决生效之日起 7 日内支付国际银行北京分行律师费 50000 元、保全担保费 125000 元；粮油公司于判决生效之日起 7 日内支付国际银行北京分行律师费 50000 元、保全担保费 125000 元。如果未按判决指定的期间履行给付金钱义务，应当依照《民事诉讼法》第 253 条的规定，加倍支付迟延履行期间的债务利息。

一审判决后，H 公司北京分公司、粮油公司提起上诉。北京市第二中级人民法院于 2018 年 12 月 12 日作出终审判决：驳回上诉，维持原判。

律师评析

本案焦点问题是：国际银行北京分行提起的撤销权诉讼是否符合法律规定。

《民法典》第 538 条、第 539 条规定：因债务人放弃其到期债权或者无偿转让财产，对债权人造成损害的，债权人可以请求人民法院撤销债务人的行为。债务人以明显不合理的低价转让财产，对债权人造成损害，并且受让人知道该情形的，债权人也可以请求人民法院撤销债务人的行为。上述条款规定，是在区分债务人的诈害行为是否有偿的基础上，规定了债权人撤销权的不同成立要件：对债务人放弃到期债权、无偿转让财产的诈害行为，撤销权的行使仅符合客观要件即可，不以债务人主观上存在恶意为成立要件；而在债务人以明显不合理的低价转让财产这一有偿行为的场合，除客观要件的满足外，还须以债务人、受让人主观上有恶意为成立要件。

国际银行北京分行确认其提起本案诉讼的请求权基础为《民法典》第 538 条中关于债务人无偿转让财产诈害债权的规定。由此，本案件的重点应当确定为：（1）国际银行北京分行对 H 公司北京分公司是否享有合法有效的债权；（2）H 公司北京分公司是否实施了无偿转让财产的行为；（3）H 公司北京分公司的行为是否对国际银行北京分行造成损害；（4）国际银行北京分行是否在除斥期间行使撤销权。

1. 关于国际银行北京分行对 H 公司北京分公司是否享有合法有效的债权的问题

首先，现行法律并未规定必须待债权到期才能行使撤销权。撤销权针对的是债务人积极损害债权的行为，目的在于保全将来的债务履行。如果需要待债权期限届满时才能行使撤销权，债权所受损害将无法补救。故撤销权的行使不以债权到期为前提。

其次，国际银行北京分行起诉时其与H公司北京分公司约定的还款期限已届满，其债权已到期。

2. 关于H公司北京分公司是否实施了无偿转让财产的行为的问题

本案中，H公司北京分公司、粮油公司称涉案股权转让系承债式转让，该股权转让款系以粮油公司承担H公司北京分公司欠张家港H公司债务的方式支付，案件审理程序中，并未提供证据予以证明H公司北京分公司欠张家港H公司6000万元债务的事实。本案一审、二审均认定H公司北京分公司系无偿转让涉案股权。

3. 关于H公司北京分公司的行为是否对国际银行北京分行造成损害的问题

所谓有害于债权，是指因债务人的行为导致其清偿资力的减少，以至于无法满足债权的要求，给债权的实现造成了损害。本案中，国际银行北京分行与H公司北京分公司的补充协议中均约定H公司北京分公司收到转让股权款项后应立即用于偿还贷款。涉案股权作为债务人H公司北京分公司的责任财产的重要性。H公司北京分公司无偿处分涉案股权之后，现其无能力向国际银行北京分行偿还债务，其行为给国际银行北京分行的债权实现造成妨害，故应当认定H公司北京分公司转让涉案股权的行为损害了国际银行北京分行的债权。

关于附有担保的债权能否行使撤销权，应根据该担保是否足以保障债权的实现来判断撤销权是否有行使的必要。如果债权上的担保足以保障债权实现，则撤销权没有行使的必要；反之，则仍应允许债权人通过撤销权保全债务人的责任财产。本案中，尽管国际银行北京分行的债权上曾经设有质押担保，但并不意味着国际银行北京分行通过实现质权能够使其债权足额受偿。根据国际银行北京分行、H公司北京分公司及案外人P公司确认的事实，质押物已经灭失，故国际银行北京分行的质权已丧失，目前并无证据证明质押物的灭失可获得保险金使国际银行北京分行的债权足以受偿。故国际银行北京分行债权上曾经存在的质权并不能保障债权的实现。

4. 关于国际银行北京分行是否在除斥期间行使撤销权的问题

江苏省张家港保税区工商行政管理局于2015年6月5日受理张家港H公司股东变更的申请文件，于2015年6月8日对张家港H公司股东变更予以登记。因此，国际银行北京分行在2015年6月5日之前知道涉案股权转让的事实，其于2016年6月3日向一审法院起诉，显然未超过一年的法定除斥期间。此外，粮油公司未举证证明其或H公司北京分公司在股权转让时曾告知过国际银行北京分行。2015年7月3日国际银行北京分行与H公司北京分公司签订《第31号补充协议》时仍约定股权转让所得款项用于偿还贷款，显然当时国际银行北京分行未被告知涉案股权已转让的事实。

案例2：建设公司、田某辉等债权人撤销权案①

裁判要旨

债权人撤销制度的立法目的，在于通过特别允许债权人干涉债务人对其财产的自由处分，使债务人的责任财产维持在适当状态，以保障债权得以实现。但与此同时，债权人撤销权制度突破了传统的合同相对性规则，将债权人的债权效力延展到债务人之外的第三人，是对债务人与第三人之间法律关系的一种突破。适用不当，可能对交易安全构成威胁，并在一定程度上限制债务人的经营决策自由，从而影响到私法自治的基本原则。因此，债权人权利、债务人自治以及第三人交易安全这三者之间的平衡保护，是理解适用债权人撤销权法律制度的关键。在债务人放弃部分债权具有合理、正当理由的情况下，仍应进一步考察当事人是否具有逃避债务损害的恶意这一主观要件。

案情简介

田某辉系H公司法定代表人。2013年5月13日建设公司中标城固县林业局危房改造A标段项目，张某某（已死亡）系工程实际负责人，田某辉参与该项目塑钢窗及阳台护栏工程。2019年张某某突发疾病死亡，与田某辉或H公司并未结算。建设公司在另案中曾向城固县人民法院出具了《情况说明》，说明的主要内容为经核实张某某负责城固县林业局危房改造工程期间，该工程项目对外拖欠材料费、人工费、工程款债权等共23家，共计约467

① 一审：陕西省城固县人民法院（2021）陕0722民初1058号；二审：陕西省汉中市中级人民法院（2021）陕07民终1143号；再审：陕西省高级人民法院（2022）陕民申1816号。

万元。张某某去世后，建设公司完成了后续工程，经协商，包括田某辉在内的 10 家债权人已经达成了折让债权的协议，并且其中 9 家已实际履行，其余债权人正在协商谈判中。

刘某斌与田某辉之间因购买不锈钢材料形成买卖合同关系，2019 年 7 月刘某斌向城固县人民法院诉讼，经（2019）陕 0722 民初 2129 号民事判决书判决："由田某辉于本判决生效后 20 日内向刘某斌支付拖欠货款人民币 173635 元及逾期支付 155000 元货款利息，155000 元货款的逾期付款利息自 2017 年元月 26 日起至本判决确定履行之日止按月利率 1%计算。"2020 年 11 月 25 日，田某辉出具工程结算单载明："城固县林业局危房改造项目塑钢窗、阳台护栏工程款 150000 元（壹拾伍万元整）（实际 300000 元，经协商田某辉自愿放弃 150000 元）凭次结算单为最终结算单依据，待林业局工程款到公司后，田某辉给开票据税务发票结算窗户护栏工程款 150000 元（壹拾伍万元整）。结算人：田某辉 1899268××××. 2020. 11. 25. 方某某。"方某某系张某某（已死亡）内弟，全程参与该项目。刘某斌认为田某辉出具的该结算单侵害了自身利益，向人民法院提起诉讼。

法院裁决

一审法院经审理认为：田某辉作为刘某斌债务人，在生效判决确定的法定债务履行完毕之前，田某辉通过出具工程结算单放弃部分工程款 150000 元的行为，客观上影响到刘某斌债权的实现。田某辉欠刘某斌的债务在先，其自愿放弃 150000 元并出具工程结算单的行为在后，该工程结算单放弃部分债权的后果直接损害了债权人即刘某斌的利益。田某辉未提供证据证明其还有其他财产能够偿还所欠刘某斌的债务，其放弃部分债权的行为使得田某辉无足够的财产用以清偿债务，因而损害了刘某斌的债权。故判决：对田某辉出具工程结算单中"经协商田某辉自愿放弃 150000 元凭次结算单为最终结算单依据，待林业局工程款到公司后，田某辉给开票据税务发票结算窗户护栏工程款 150000 元（壹拾伍万元整）"，予以撤销。

一审判决后，建设公司提起上诉。汉中市中级人民法院二审经审理认为：建设公司已达成的债权折让协议包含田某辉在内共计 10 家，田某辉的折让比例和其他债权人保持在同等比例，建设公司与田某辉并未恶意逃避债务。其次，本案中，因项目负责人张某某突然去世，导致项目运行出现重大风险，建设公司能够出面继续完成合同约定内容，一定程度上保障了各方当事人的利益。在对外欠款支付过程中，各债权人与建设公司协商解决欠款问题既尊重事实，又迅速解决实际问题，赢得了时间和机会成本，因此田某辉签署工程结算单放弃部分债权的行为并不是无偿的处分财产权益。故判决：一、撤销陕西省城固县人民法院（2021）陕0722民初1058号民事判决；二、驳回刘某斌的诉讼请求。

二审判决后，刘某斌申请再审。陕西省高级人民法院于2022年7月28日作出裁定：驳回刘某斌的再审申请。

律师评析

本案系债权人撤销权纠纷。虽然债务人存在放弃部分债权的行为，但由于该行为具有合理性，不存在恶意，故债权人的撤销权未被支持。陕西省高级人民法院在本案中对于债权人撤销制度立法目的及适用的裁判观点，对于办理实务案件具有一定的参考意义。该院认为：债权人撤销制度的立法目的，在于通过特别允许债权人干涉债务人对其财产的自由处分，使债务人的责任财产维持在适当状态，以保障债权得以实现。但与此同时，债权人撤销权制度突破了传统的合同相对性规则，将债权人的债权效力延展到债务人之外的第三人，是对债务人与第三人之间法律关系的一种突破。适用不当，可能对交易安全构成威胁，并在一定程度上限制债务人的经营决策自由，从而影响到私法自治的基本原则。因此，债权人权利、债务人自治以及第三人交易安全这三者之间的平衡保护，是理解适用债权人撤销权法律制度的关键。在本案中，刘某斌基于生效判决对田某辉享有合法债权，在法院执行中因田某辉现无可执行财产而终结本次执行程序，说明刘某斌的债权经申请强制执行仍未得到清偿，存在权益受损的事实。但据本案查明事实，法院认为田某辉与建设公司签订结算单时放弃部分债权，具有特定原因。

首先，张某某挂靠建设公司承揽案涉工程，田某辉与张某某口头约定承包其中的塑钢窗及阳台护栏工程，张某某因病亡故时与田某辉未完成结算。张某某亡故导致案涉工程停工，建设公司接手进行后续建设，当时建设单位工程款尚未拨付到位，建设公司需垫付张某某对外所欠工程相关债务。田某辉与建设公司结算其工程款时，没有与建设公司的书面合同，与建设公司也不具有直接合同关系，同时田某辉也无与张某某的书面合同，亦无经张某某确认的结算资料，在此情形下，田某辉的工程款债权存在一定实现风险，其对此亦有明确认识，因此，田某辉同意放弃部分债权以实现余下债权的现实给付，是其规避风险的合理选择，属正常交易行为。故田某辉签署结算放弃部分债权，不足以认定是以逃避债务为目的的诈害行为，不宜对该行为在法律上予以否定性评价。

其次，对于建设公司而言，若无张某某突然亡故这一事件发生，其本无与田某辉直接签署结算书的必要。建设公司负担张某某对外债务、接手续建未完工程，存在一定程度上的化解社会矛盾的正向价值，因此本案中建设公司交易安定性的利益应予充分考虑。同时建设公司已达成的债权折让协议包含田某辉在内共计 10 家，田某辉的折让比例和其他债权人保持在同等比例，也表明申请人并非建设公司特定选择的针对对象，因此，在案证据不能证明建设公司在与田某辉交易时存在损害刘某斌债权的主观恶意。

最后，对于田某辉放弃部分债权是否为无偿的问题，二审法院认为，在张某某意外死亡的情况下，各债权人与建设公司协商解决欠款问题既尊重事实，又迅速解决实际问题，赢得了时间和机会成本，因此田某辉签署工程结算单放弃部分债权的行为并不是无偿处分财产权益。该观点实际上是将“赢得时间和机会成本”解释为放弃部分债权的对价，故而需要进一步考量是否存在逃避债务的恶意。

前已述及，对于债务人放弃债权的行为，原则上不要求具有主观恶意，只需有客观的放弃行为即可。但从本案来看，二审法院和再审法院的说理部分有所不同，但有异曲同工之处，即在债务人放弃部分债权具有合理、正当理由的情况下，仍应进一步考察当事人是否具有逃避债务的恶意这一主观要件。对此，律师在办理实务案件中应予注意。

第六章　合同责任纠纷[①]

第一节　违约损失赔偿纠纷

一、理论概述与实务指引

违约损失赔偿，是指违约方因其违约行为而给对方造成损失，依法或依照合同约定应当承担的赔偿责任，是合同责任中较为常见的责任方式之一。我国法律上采取的是金钱赔偿主义，即由违约方对守约方支付一定数额的金钱，目的在于通过违约方的损害赔偿来弥补守约方所遭受的损失。《民法典》第 577 条规定："当事人一方不履行合同义务或者履行合同义务不符合约定的，应当承担继续履行、采取补救措施或者赔偿损失等违约责任。"第 583 条规定："当事人一方不履行合同义务或者履行合同义务不符合约定的，在履行义务或者采取补救措施后，对方还有其他损失的，应当赔偿损失。"第 584~585 条对赔偿责任的范围和损失赔偿额的确定进行了规定；第 591~593 条规定了防止损失扩大、双方过失及第三人原因的赔偿责任。

（一）违约损失赔偿的法律特征

一般认为，违约损失赔偿具有如下特征：

1. 违约损失赔偿的前提是合同有效且当事人存在违约行为

违约损失赔偿是违约方对守约方（受害方）承担违约责任的一种责任形式，其前提是当事人之间存在有效的合同关系，且当事人一方或双方存在违

---

① 本章作者张海燕。

约行为，否则不能产生违约损失赔偿。

2. 违约损失赔偿具有补偿性和特殊情形下的惩罚性

《民法典》第 584 条规定："当事人一方不履行合同义务或者履行合同义务不符合约定，造成对方损失的，损失赔偿额应当相当于因违约所造成的损失，包括合同履行后可以获得的利益；但是，不得超过违约一方订立合同时预见到或者应当预见到的因违约可能造成的损失。"该条规定充分体现了违约损失赔偿的补偿性特征，即补偿受害方因违约方的违约行为所遭受的损失。在一些特殊的领域，违约损失赔偿也体现出一定的惩罚性，如《消费者权益保护法》中的双倍赔偿、《食品安全法》中的十倍赔偿等。《民法典》第 179 条第 2 款规定："法律规定惩罚性赔偿的，依照其规定。"

（二）违约损失赔偿责任的构成要件

违约损失赔偿责任的构成要件与侵权责任的构成要件相似，主要包括违约行为、损害后果、因果关系等三个方面。在能源公司与 S 公司租赁合同案［（2012）民一终字第 67 号］中，最高人民法院指出：违约损失赔偿责任是一种违约责任，该责任的构成需要符合对方当事人存在违约行为、受害人受有损害以及违约行为与损害结果之间存在因果关系的要件。

第一，存在违约行为。追究违约损失赔偿责任的前提是当事人存在违约行为，若无违约行为，违约损失赔偿无从谈起。需要进一步说明的是，存在违约行为的前提是存在合法有效的合同关系，若合同不成立、被确认无效或被撤销，产生的是缔约过失责任，而非违约损失赔偿责任。

第二，存在损害后果。违约损失赔偿的补偿性决定了违约损失赔偿须以损害后果的发生为要件，无损害即无赔偿[①]。

第三，违约行为与损害后果之间存在因果关系。没有因果关系，不能构成违约损失赔偿责任。

审判实务中，对于违约方是否存在过错问题并不做强行要求。一般不考虑过错，非违约方只需证明违约方的违约行为即可，无须再进一步证明违约

---

① 吴庆宝主编：《合同纠纷裁判标准规范》，人民法院出版社 2009 年版，第 168 页。

方的主观过错。但法律上对于特定情形下违约责任的减轻和免除所作出的规定，在实践中应予注意。如《民法典》第 590 条第 1 款前半段规定："当事人一方因不可抗力不能履行合同的，根据不可抗力的影响，部分或者全部免除责任，但是法律另有规定的除外。"第 823 条第 1 款规定："承运人应当对运输过程中旅客的伤亡承担赔偿责任；但是，伤亡是旅客自身健康原因造成的或者承运人证明伤亡是旅客故意、重大过失造成的除外。"

（三）违约损失赔偿责任的赔偿范围

关于损失赔偿范围，通常可以采用"三步走"的方法来确定：

1. 有约定，从约定

首先看合同中是否存在关于损失赔偿额的计算方式，若有，只要当事人的合同约定不存在无效情形，则优先适用该约定。《民法典》第 585 条第 1 款规定："当事人可以约定一方违约时应当根据违约情况向对方支付一定数额的违约金，也可以约定因违约产生的损失赔偿额的计算方法。"

2. 无约定，从法定

在当事人未约定损失赔偿额计算方式的情况下，看是否有相关法律规定。若有，则可适用相关规定。如《买卖合同司法解释》第 18 条第 4 款规定："买卖合同没有约定逾期付款违约金或者该违约金的计算方法，出卖人以买受人违约为由主张赔偿逾期付款损失，违约行为发生在 2019 年 8 月 19 日之前的，人民法院可以中国人民银行同期同类人民币贷款基准利率为基础，参照逾期罚息利率标准计算；违约行为发生在 2019 年 8 月 20 日之后的，人民法院可以违约行为发生时中国人民银行授权全国银行间同业拆借中心公布的一年期贷款市场报价利率（LPR）标准为基础，加计 30—50%计算逾期付款损失。"《最高人民法院关于审理民间借贷案件适用法律若干问题的规定》第 28 条第 2 款第 1 项规定："既未约定借期内利率，也未约定逾期利率，出借人主张借款人自逾期还款之日起参照当时一年期贷款市场报价利率标准计算的利息承担逾期还款违约责任的，人民法院应予支持。"

3. 都没有，按实际

在既无合同约定，又没有明文规定的情况下，只能是通过举证证实实际损失的方式来确定赔偿范围，即《民法典》第584条前段所规定的“因违约所造成的损失，包括合同履行后可以获得的利益”。我国《民法典》规定的违约损失赔偿原则为完全赔偿，即通过赔偿损失，应使受害人处于如同合同已届履行的状态①。具体而言，违约损失赔偿的范围包括直接利益损失和可得利益损失。直接利益损失是指当事人现有财产的损失，包括为准备履行合同义务而支出的费用、守约方应得到的与其实际得到的价值的差额、守约方采取补救措施以及因违约造成的其他财产损失。可得利益损失是指在合同得到履行后，守约方利用合同标的从事生产经营可获得的利益损失，通常包括生产利润损失、经营利润损失、转售利润损失等。之所以在直接利益损失之外还要赔偿可得利益损失，是因为如果只赔偿直接利益损失而不赔偿可得利益损失，就只能使守约方的利益恢复到合同订立前的状态，这对守约方不公平，而且也纵容了违约方。② 此外，关于违约损失赔偿的范围问题，还需要结合合理预见规则、减轻损害规则、损益相抵及过失相抵原则来具体确定。本节随后将进行详细分析，此处不赘述。

二、办案思路与实战技巧

律师在办理合同违约损失赔偿案件中，是否存在违约行为、赔偿范围和赔偿责任大小是此类案件的核心问题。是否存在违约行为，可以查阅合同中关于双方义务的约定，结合实际履行情况即可判断出是否存在违约行为。如果合同中没有明确约定，则可以通过结合《民法典》的相关规定来判断是否存在违约行为。相对来说，违约行为的认定并不复杂，有章可循。而赔偿范围和赔偿责任大小则较为复杂，需要结合具体案情详细分析。

---

① 崔建远：《合同法》（第7版），北京大学出版社2021年版，第246页。

② 宋晓明主编、最高人民法院民事审判第二庭编：《最高人民法院商事审判裁判规范与案例指导》，法律出版社2010年版，第80页。转引自庞景玉、何志：《合同纠纷裁判依据新释新解》，人民法院出版社2014年版，第296页。

（一）准确界定赔偿范围

在有合同约定或法律规定的情况下，损失赔偿范围容易确定。难点在于在既无约定又无法定的情况下，如何证明损失的存在以及损失的范围。如前所述，违约损失赔偿责任的赔偿范围包括直接利益损失和可得利益损失。直接利益损失是要使受害人达到合同订立以前的状态，现状与缔约前状态的差额即为直接利益损失，① 包括因订立和履行合同而实际支出的各种费用、采取合理措施减轻损失的费用、利息损失等。从举证角度来看，直接利益损失相对容易，当事人一般均能够提供相关的损失证据，如为准备履行合同而租用的仓库，提供仓库租赁合同及付费凭证即可。而对于可得利益的界定和举证则较为复杂，应注意如下问题：

1. 应区分开信赖利益和可得利益

信赖利益是缔约人在缔约过程中善意一方因相对人过错行为导致合同未成立、无效或被撤销时所失去的利益，对应的责任为缔约过失责任。可得利益是当事人基于合同的有效成立和完全履行而能够获得的利益，发生于合同有效成立的场合，对应的责任为违约损失赔偿责任。需要注意的是，可得利益损失是指在生产、销售或提供服务的合同中，生产者、销售者或服务提供者因对方的违约行为而受到的预期纯利润的损失，② 其必须具有确定性，假定或可能发生的损失，不能作为违约损失赔偿对象。③

2. 准确界定可得利益损失的内容

根据《最高人民法院关于当前形势下审理民商事合同纠纷案件若干问题的指导意见》第 9 条的规定，根据交易的性质、合同的目的等因素，可得利

---

① 吴庆宝主编：《合同纠纷裁判标准规范》，人民法院出版社 2009 年版，第 173 页。

② 宋晓明：《加强调查研究，探索解决之道——就在全国民商事审判工作会议中提出的若干疑难问题答记者问》，载《民商事审判指导》（2007 年第 1 辑），人民法院出版社 2007 年版，第 80 页。

③ 在能源公司与 S 公司租赁合同案［最高人民法院（2012）民一终字第 67 号］中，最高人民法院指出：违约损失赔偿以当事人实际遭受的全部损失为原则，包括合同正常履行时的可得利益，该可得利益损失须具有确定性，假定或可能发生的损失，不能作为违约损失赔偿的对象。

益损失主要分为生产利润损失、经营利润损失和转售利润损失等类型。生产设备和原材料等买卖合同违约中，因出卖人违约而造成买受人的可得利益损失通常属于生产利润损失。承包经营、租赁经营合同以及提供服务或劳务的合同中，因一方违约造成的可得利益损失通常属于经营利润损失。先后系列买卖合同中，因原合同出卖方违约而造成其后的转售合同出售方的可得利益损失通常属于转售利润损失。因此，在办案过程中，应当结合当事人的主营业务和单位性质来确定主张何种损失。如为生产型企业，可以主张生产利润损失，若主张转售利润损失则难以得到支持。

（二）合理计算可得利益的数额

可得利益的计算，是实践中的一个难题。根据《最高人民法院关于当前形势下审理民商事合同纠纷案件若干问题的指导意见》第 10 条的规定，人民法院在计算和认定可得利益损失时，应当综合运用可预见规则、减损规则、损益相抵规则以及过失相抵规则等，从非违约方主张的可得利益赔偿总额中扣除违约方不可预见的损失、非违约方不当扩大的损失、非违约方因违约获得的利益、非违约方亦有过失所造成的损失以及必要的交易成本。此外，若法律对于损失赔偿另有明确规定的，不适用可得利益赔偿规定。

1. 可预见原则

《民法典》第 584 条后半段规定："损失赔偿额应当相当于因违约所造成的损失，包括合同履行后可以获得的利益；但是，不得超过违约一方订立合同时预见到或者应当预见到的因违约可能造成的损失。"对此规定，可以进一步分析如下：（1）预见主体应指违约方；（2）预见时间为"订立合同时"；（3）预见的内容为违约方预见到或应当预见到的损害程度，具体需要结合违约方的身份、职业等进行综合认定。一般而言，应以社会一般人的标准来衡量，但若违约方为该领域的专业人士或长期从事涉案合同领域的业务，则可主张以更高的标准来衡量其应当预见的损害程度。《合同编通则司法解释》第 63 条第 1 款规定："在认定民法典第五百八十四条规定的'违约一方订立合同时预见到或者应当预见到的因违约可能造成的损失'时，人民法院应当根据当事人订立合同的目的，综合考虑合同主体、合同内容、交易类型、交易习惯、磋商过程等因素，按照与违约方处于相同或者类似情况的民事主体在订立合同时预见到或者应当预见到的损失予以确定。”实践中，对于根据市场行情自行扩大生产的风险所造成的损失不能认定为可得利益损失。在科技公司、能源公司买卖合同纠纷案［最高人民法院（2017）最高法民终 820 号］中，最高人民法院认定：首先，双方在签订《采购协议》时并未约定因合同的履行科技公司需要建设连云港公司，是否建设连云港公司并非合同的约定内容，亦不是签订合同时能源公司所应预见到的事实。同时，亦不能以科技公司产量不足为由推定科技公司必然要新建连云港公司，更不能将科技公司根据市场行情自行扩大生产的风险转移给能源公司。其次，连云港公司亦与其他案外人进行市场交易，并非专门针对本案《采购合同》而进行建设并生产。若如科技公司所述连云港公司是为履行《采购合同》所建设，那么科技公司在签订《采购合同》时，其自身理应对可能遭受的损失进行预估，相关赔偿责任亦已包含于《采购合同》中，不存在另行主张损失的问题。况且，在《采购合同》与 40 份短单合同的实际履行明显存在差异的情况下，科技公司并未就连云港公司投资损失的问题作出过特别说明。最后，如前所述科技公司在本案中存在违约情形，而能源公司未有违约情形。因此，科技公司主张能源公司承担连云港公司 1.5 亿元的损失没有事实和法律依据。

2. 减损原则

《民法典》第 591 条规定：“当事人一方违约后，对方应当采取适当措施防止损失的扩大；没有采取适当措施致使损失扩大的，不得就扩大的损失请求赔偿。当事人因防止损失扩大而支出的合理费用，由违约方负担。”此即《民法典》关于减损规则的规定。在适用本条规定时，应当着重注意的是采取“适当的”防止损失扩大的措施。何谓适当？第一层含义是能力上的适当，即守约方是否有能力采取该防止措施？第二层含义是成本上的适当，即守约方采取该防止措施的成本不能过高。

3. 损益相抵原则

该规则的含义是：在违约方的违约行为造成损失的同时，守约方获得了一定的利益，则守约方主张损失赔偿时应当减去该部分利益。该规则旨在确定受害人因对方违约而遭受的“净损失”。通常而言，可以扣除的利益包括：标的物残值、本应支付因违约行为的发生而免予支付的费用、守约方本应缴纳的税收等。[①] 在《买卖合同司法解释》中明确规定了这一规则。该解释第 23 条规定：“买卖合同当事人一方因对方违约而获有利益，违约方主张从损失赔偿额中扣除该部分利益的，人民法院应予支持。”买卖合同对于其他有偿合同具有参照适用的作用，因此，其他有偿合同也应适用损益相抵规则。

4. 过失相抵原则

该规则的含义是：在双方都存在违约的情况下，应当互为赔偿损失，该损失可以相互冲抵。《民法典》第 592 条规定：“当事人都违反合同的，应当各自承担相应的责任。当事人一方违约造成对方损失，对方对损失的发生有过错的，可以减少相应的损失赔偿额。”

5. 成本扣除原则

如前所述，由于违约损失赔偿的目的是应使受害人处于如同合同已届履行的状态，因此，在计算可得利益的数额时，还应当扣除守约方必要的成本。比如，在计算生产利润损失时，还应当扣除守约方必要的生产成本，如人员工资、税款、运费等。《合同编通则司法解释》第 60 条第 1 款规定：“人民法院依据民法典第五百八十四条的规定确定合同履行后可以获得的利益时，可以在扣除非违约方为订立、履行合同支出的费用等合理成本后，按照非违约方能够获得的生产利润、经营利润或者转售利润等计算。”

综上，可以得出可得利益损失的基本计算公式为：可得利益损失 = 损失总额 - 不可预见的损失 - 扩大的损失 - 受害方获得的利益 - 受害方自己的违约损失 - 必要的成本。在实际办案过程中，可参考这一公式进行计算。

6. 替代交易与可得利益计算

根据《合同编通则司法解释》第 60 条第 2 款及第 3 款之规定，非违约方依法行使合同解除权并实施了替代交易，主张按照替代交易价格与合同价

---

① 宋晓明：《加强调查研究，探索解决之道——就在全国民商事审判工作会议中提出的若干疑难问题答记者问》，载《民商事审判指导》（2007 年第 1 辑），人民法院出版社 2007 年版，第 80 页。

格的差额确定合同履行后可以获得的利益的，人民法院依法予以支持；替代交易价格明显偏离替代交易发生时当地的市场价格，违约方主张按照市场价格与合同价格的差额确定合同履行后可以获得的利益的，人民法院应予支持。非违约方依法行使合同解除权但是未实施替代交易，主张按照违约行为发生后合理期间内合同履行地的市场价格与合同价格的差额确定合同履行后可以获得的利益的，人民法院应予支持。

7. 长期履行合同中可得利益的计算

根据《合同编通则司法解释》第 61 条之规定，在以持续履行的债务为内容的定期合同中，一方不履行支付价款、租金等金钱债务，对方请求解除合同，人民法院经审理认为合同应当依法解除的，可以根据当事人的主张，参考合同主体、交易类型、市场价格变化、剩余履行期限等因素确定非违约方寻找替代交易的合理期限，并按照该期限对应的价款、租金等扣除非违约方应当支付的相应履约成本确定合同履行后可以获得的利益。非违约方主张按照合同解除后剩余履行期限相应的价款、租金等扣除履约成本确定合同履行后可以获得的利益的，人民法院不予支持。但是，剩余履行期限少于寻找替代交易的合理期限的除外。

8. 无法证明可得利益的情况下，根据公平原则和诚信原则确定

根据《合同编通则司法解释》第 62 条之规定，非违约方在合同履行后可以获得的利益难以根据本解释第 60 条、第 61 条的规定予以确定的，人民法院可以综合考虑违约方因违约获得的利益、违约方的过错程度、其他违约情节等因素，遵循公平原则和诚信原则确定。

9. 不适用可得利益的情形

（1）经营者对消费者提供商品或者服务有欺诈行为的情形，依照《消费者权益保护法》的规定承担损害赔偿责任（《消费者权益保护法》第 55 条）。

（2）当事人约定了因违约产生的损失赔偿额的计算方法的，依约定确定损失赔偿数额（《民法典》第 585 条第 1 款）。

（3）因违约导致人身伤亡、精神损害等情形的，不宜适用可得利益损失赔偿规则（《最高人民法院关于当前形势下审理民商事合同纠纷案件若干问题的指导意见》第 10 条）。

关联案例1

案件名称： 科技公司与能源公司买卖合同案

案　　号： 最高人民法院（2017）最高法民终820号

裁判观点： 对于根据市场行情自行扩大生产的风险所造成的损失不能认定为可得利益损失，非为双方当事人所能预见，不应列入违约损失赔偿范围。

关联案例2

案件名称： 旅游公司与C市人民政府合同案

案　　号： 最高人民法院（2016）最高法民终772号

裁判观点： 双方当事人均存在违约行为的事实，不应影响合同违约责任条款的法律效力。违约损失赔偿以当事人实际遭受的全部损失为原则，包括合同正常履行时的可得利益，该可得利益损失须具有确定性，假定或可能发生的损失，不能作为违约损失赔偿的对象，而且赔偿预期利益损失的目的在于保护和弥补守约方利益，而不是弥补违约方的利益。

三、典型案例精析

投资公司与房地产公司等合资、合作开发房地产合同案①

裁判要旨

在合同基于一方根本违约而解除且当事人对于损失赔偿未作约定的情况下，人民法院应以合同解除可能给对方当事人造成的损失为基础行使裁量权。同时，还应综合当事人的合理预期、前期的合作投资收益、损益相抵原则以及诚信原则来认定守约方的损失。

① 一审：黑龙江省高级人民法院（2017）黑民初212号；二审：最高人民法院（2019）最高法民终第167号；再审：最高人民法院（2019）最高法民申4123号。为了突出本节的讨论重点，因此，在概括案情时有所取舍，仅选择与讨论重点相关的主要事实。

案情简介

韩某飞、刘某豪于2014年4月3日与房地产公司签订2份《借款合同》，约定二人各出借房地产公司2亿元，借款利率为月息2.5%。投资公司与房地产公司均认可该款系投资公司出借给房地产公司。房地产公司与投资公司于2015年11月12日签订《开发项目投资协议书》约定，双方于2014年4月3日和12月17日签署了两份借款合同，投资公司借给房地产公司共计3.6亿元用于二期项目开发建设，截至2014年12月17日，投资公司借给房地产公司的资金实际到位3.9亿元。经双方友好协商，一致同意将该3.9亿元款项变更为投资公司对二期项目的投资款。在保障二期项目工程建设的前提下，在该项目商品房销售个人银行按揭贷款到账后，投资公司有权优先收回其全部投资本金3.9亿元。投资公司除本金之外的投资收益部分可作为三、四期项目（具体项目名称待定）投资款。双方还约定了投资公司优先收回投资三、四期项目收益分配比例及争议解决的问题。

2015年12月6日投资公司与房地产公司签订《三、四期项目投资协议书》(以下简称《1206投资协议》)。约定双方共同合作开发三、四期项目。房地产公司与投资公司于2015年12月27日签订《关于购置轻纺城的情况说明》(以下简称《说明》)约定，就房地产公司于2015年11月12日与贸易公司签订的《土地房屋安置补偿协议书》作出如下说明：1. 房地产公司用于支付《土地房屋安置补偿协议书》中土地及房产的补偿款出自房地产公司哈尔滨第二分公司。该笔资金为双方共有，其中房地产公司占51%，投资公司占49%，上述补偿款系双方依据2015年12月6日签署的《1206投资协议》约定，双方共同支付的三、四期项目前期征地拆迁投资款项。2. 房地产公司依据《土地房屋安置补偿协议书》所支付的补偿款为双方共同所有，其中房地产公司占51%的份额，投资公司占49%的份额（投资公司权益为1.0045亿元）。3. 如双方按《1206投资协议》约定合作开发三、四期项目，上面所涉及的补偿款作为双方前期投资款的性质不变。如双方不再按协议约定合作开发三、四期项目，房地产公司须在该地块拆迁前将投资公司支付的投资款返还后方可实施拆迁。房地产公司应适当考虑投资公司投资回报，具体金额由双方根据实际情况协商确定。4. 任何一方违反上述义务的，违约方需要赔偿守约方因违约行为所遭受的全部损失。双方合作过程中，房地产公司设立全资子公司开发公司，2017 年 8 月 29 日，开发公司与哈尔滨市国土资源局签订《国有建设用地使用权出让合同》，将案涉三期项目土地受让人由房地产公司变更为开发公司。此后，开发公司开发建设了三期项目。投资公司以房地产公司构成根本违约为由提起诉讼，请求：1. 解除案涉《1206 投资协议》；2. 房地产公司返还投资款并向投资公司赔偿损失 2 亿元；3. 开发公司承担连带赔偿责任。

法院裁决

一审法院经审理认为：房地产公司在未通知投资公司的情况下，由开发公司取得案涉项目土地使用权并独自作为开发主体，《1206 投资协议》已经履行不能，房地产公司构成根本违约。开发公司作为房地产公司设立的全资子公司，作为受益人无偿获取利益后亦应承担相应责任。因此，一审法院于 2018 年 10 月 15 日判决：一、解除《1206 投资协议》；二、房地产公司于判决生效之日起三十日内返还投资公司投资款 1.0045 亿元；三、房地产公司于判决生效之日起三十日内返还投资公司投资款 1.0045 亿元的损失（其中 7350 万元自 2015 年 11 月 14 日起，2450 万元自 2016 年 1 月 27 日起，245 万元自 2016 年 3 月 3 日起，均按照中国人民银行同期同类贷款利率的二倍计算至该判决生效之日止）；四、开发公司对判决第二项、第三项承担共同给付责任；五、驳回投资公司的其他诉讼请求。

房地产公司、开发公司、投资公司均不服一审判决，向最高人民法院提起上诉。最高人民法院经审理认为：投资公司与房地产公司合作开发案涉项目，因房地产公司将案涉项目的土地使用权变更至开发公司名下，由开发公司实际完成三期项目的开发建设。房地产公司的行为导致《1206 投资协议》的合同目的无法实现，构成根本违约，房地产公司应向投资公司返还投资款并赔偿损失。损失赔偿范围除包括投资公司的实际损失之外，还应考虑投资公司可能获得的投资利益。关于投资公司可得利益损失的认定，综合考虑双方合资合作开发房地产关系肇始于双方之间的民间借贷关系、双方合作开发二期项目的实际投资收益等情况，结合损益相抵原则及诚信原则，以年利率24%的标准认定投资公司的损失。一审法院酌定按照中国人民银行同期同类贷款利率的二倍认定投资公司的损失赔偿数额，虽能一定程度上弥补投资公司的损失，但此认定同投资公司可能获得的投资回报有较大差距，裁量权行使失当，予以纠正。2019 年 4 月 28 日，最高人民法院判决：一、维持（2017）黑民初 212 号民事判决第一项、第二项、第四项、第五项；二、变更（2017）黑民初 212 号民事判决第三项为：房地产公司于判决生效之日起三十日内赔偿投资公司投资款 1.0045 亿元的损失（其中 7350 万元自 2015 年 11 月 14 日起，2450 万元自 2016 年 1 月 27 日起，245 万元自 2016 年 3 月 3 日起，均按照年利率 24%的标准计算至实际清偿之日止）；三、驳回投资公司的其他上诉请求；四、驳回房地产公司的上诉请求；五、驳回开发公司的上诉请求。

二审判决后，房地产公司申请再审。最高人民法院于 2019 年 12 月 19 日作出裁定：驳回再审申请人房地产公司的再审申请。

律师评析

考虑到本章的内容主要讨论违约损失赔偿，因此，仅就最高人民法院关于违约损失赔偿相关内容进行评析。就此角度而言，本案主要涉及一方存在根本违约行为的情况下，合同解除后的赔偿认定问题，包括是否有权要求赔偿以及赔偿的范围及数额两个问题。

1. 关于投资公司是否有权要求赔偿损失的问题

《民法典》第 566 条第 1 款规定："合同解除后，尚未履行的，终止履行；已经履行的，根据履行情况和合同性质，当事人可以请求恢复原状或者采取其他补救措施，并有权请求赔偿损失。"本案中，在已经能够确定投资公司对三、四期项目投入的投资款为 1.0045 亿元的情况下，房地产公司返还该笔款项属于"恢复原状"。但除恢复原状之外，投资公司作为守约方仍有权要求违约方房地产公司赔偿损失。

2. 关于赔偿损失范围的问题

《民法典》第 584 条规定："当事人一方不履行合同义务或者履行合同义务不符合约定，造成对方损失的，损失赔偿额应当相当于因违约所造成的损失，包括合同履行后可以获得的利益；但是，不得超过违约一方订立合同时预见到或者应当预见到的因违约可能造成的损失。"据此规定，赔偿范围应以守约方因违约而遭受的损失为基础，且受到可预见原则、损益相抵原则的制约。从实务角度，如果当事人在合同中约定了明确的违约金或者损失赔偿额的计算方法，则应优先适用合同的约定。《民法典》第 585 条第 1 款规定："当事人可以约定一方违约时应当根据违约情况向对方支付一定数额的违约金，也可以约定因违约产生的损失赔偿额的计算方法。"在合同中没有约定的情况下，则应根据实际受损情况，尽可能举证说服法官认可所受损失并做出裁量。最高人民法院在本案中明确指出：人民法院应以合同解除可能给对方当事人造成的损失为基础行使裁量权。

本案中，最高人民法院认为房地产公司应以 1.0045 亿元为基数，按照年利率 24%赔偿投资公司的损失，主要是基于以下四个方面考虑：(1) 双方当事人的合理预期和合理预见。在诉争项目合作开发之前，房地产公司、投资公司之间存在民间借贷关系，投资公司向房地产公司提供了 3.9 亿元借款，利率为月息 2.5%，后该借款转为投资款。且双方签订的《说明》也明确约定："如双方不再按协议约定合作开发三、四期项目，房地产公司须在该地块拆迁前将投资公司支付的投资款返还后方可实施拆迁。房地产公司应适当考虑投资公司投资回报，具体金额由双方根据实际情况协商确定。"因此，以当时法律允许的民间借贷的最高利率计算投资公司的损失符合双方预期。(2) 当事人之前合作的投资收益实际。从双方前期合作的实际情况来看，投资公司在二期项目中获得的收益远高于二倍银行贷款利率。(3) 损益相抵原则。因三、四期项目的开发实际由开发公司进行，投资公司并未参与三、四期项目的开发经营管理，就此而言，投资公司亦客观上因未参与经营管理而节省了该部分管理成本的必要支出，故原则上在赔偿其损失时应适当扣除该部分获益。(4) 诚信原则。在本案由于房地产公司根本违约的情况下，如果在解除合同赔偿投资公司的损失时不包括投资公司履行合同可能获得的利益，则无异于通过保护当事人恶意违约剥夺另一方合同履行利益的不诚信行为，有违诚信原则。

此外，还有一点值得注意：投资公司主张应以轻纺城现有价值和购买时的价差来确定房地产公司的损失赔偿范围，并申请评估鉴定，但未获得法院的支持。最高人民法院认为：双方当事人的合作目的并不是共同购买案涉轻纺城的土地和房产，而是包括取得国有土地使用权、实施工程发包、管理、房地产对外销售等一系列合资合作开发经营行为，故投资公司主张应按照轻纺城的现有价值和购买价值之差来赔偿其损失的上述主张，不符合房地产开发的实际，也无明确的法律依据。也就是说，在提出赔偿请求时，还应当结合当事人的合同目的来进行判断，不能将间接损失作为赔偿的范围。如果本案中，双方的合作目的是共同购买案涉土地及房产，那么投资公司的主张则可能得到法院的支持。

第二节　违约金责任纠纷

一、理论概述与实务指引

违约金是指合同的一方当事人在不履行或不完全履行合同约定的义务时，根据合同的约定或法律的规定向另一方当事人支付一定数额的金钱。根据违约金产生的依据不同，可分为法定违约金和约定违约金两类。法定违约金是基于法律法规的明文规定而计算的违约金。如《电信条例》第 34 条第 1 款后半段规定："电信用户逾期不交纳电信费用的，电信业务经营者有权要求补交电信费用，并可以按照所欠费用每日加收 3‰的违约金。"《保障中小企业款项支付条例》第 15 条规定："机关、事业单位和大型企业迟延支付中小企业款项的，应当支付逾期利息。双方对逾期利息的利率有约定的，约定利率不得低于合同订立时 1 年期贷款市场报价利率；未作约定的，按照每日利率万分之五支付逾期利息。"对于法律法规有明文规定的，按照有关规定计算即可。本节主要讨论约定违约金。

约定违约金是指合同当事人在合同中约定的当一方当事人违约时向对方支付的违约金。《民法典》第585条第1款规定："当事人可以约定一方违约时应当根据违约情况向对方支付一定数额的违约金，也可以约定因违约产生的损失赔偿额的计算方法。"此条规定即是当事人在合同中约定违约金的法律依据。

（一）违约金的法律特征

违约金责任是实践中最为常见的一种违约责任形式，具有如下特征：

1. 补偿性为主、惩罚性为辅

我国立法及司法实践中均承认违约金具有补偿性和惩罚性的双重性质。从《民法典》第585条第2款中可以看出，违约金的数额应以违约所造成的损失为基础，与损失大致相当，不能低于或过分高于损失。在建设公司、煤业公司合同案［（2020）最高法民终1246号］中，最高人民法院指出：违约金是指根据法律的规定或者合同的约定，当一方当事人违约时，应当向对方当事人支付一定数额的金钱，具有补偿与惩罚的双重性质。

2. 以当事人约定为前提

违约金条款属于合同的内容之一，系当事人对将来合同履行过程中可能出现的违约行为的一种制裁，属于当事人事先约定的范畴。但实践中也不排除当事人在违约行为发生后而达成的违约金协议。但不论如何，违约金责任的产生，应以当事人的约定为前提。

3. 不以损失的实际发生为必要条件

当事人约定违约金的目的之一就是避免在违约行为发生后主张损失赔偿时的计算及举证困难。因此，当事人主张对方承担违约金责任的，只需要证明对方当事人存在违约行为即可。当然，在主张调整违约金之场合，法官可能会要求主张违约金一方举证证明其所受损失的大小，但这属于违约金责任的特殊情形而非常态。

（二）违约金责任的构成要件

违约金责任不以违约方过错为要件，其构成要件主要包括三个方面：

1. 需存在合法有效的合同。追究违约金责任的前提是当事人之间存在合法有效的合同，如果合同是不合法或无效的，违约金责任将缺乏合同基础。

2. 需存在违约金条款。即合同中必须有明确的违约金责任条款，否则无法根据合同约定来主张违约金，而只能根据有关法律法规的规定来进行主张。若没有相关规定的，则只能是主张赔偿损失。

3. 需存在对应的违约行为。即违约方须出现合同中违约金条款所针对的违约行为。若合同中的违约金条款是笼统的约定，如合同中约定“一方违约的，应当承担××元违约金责任”，则可笼统地适用；若合同中的违约金条款是针对具体的某种违约行为的，则必须出现该种违约行为方可适用。如合同中约定“卖方迟延交货的，每迟延一天，应当承担××元违约金责任”，则必须在卖方出现迟延交货的违约行为时方可适用该违约金条款，若卖方未迟延交货而是货物质量不符合约定，则不能适用该违约金条款。

二、办案思路与实战技巧

在办理合同纠纷案件中，若要主张违约金责任，首先要确定合同中是否存在违约金条款以及是否存在违约行为，按照本节前述构成要件逐一分析即可。其次，更为重要的是要熟练掌握违约金的调整规则和程序。《民法典》第 585 条第 2 款规定：“约定的违约金低于造成的损失的，人民法院或者仲裁机构可以根据当事人的请求予以增加；约定的违约金过分高于造成的损失的，人民法院或者仲裁机构可以根据当事人的请求予以适当减少。”因此，在违约金过高的场合，应掌握将违约金适当调低的条件和程序。在违约金低于损失的场合，应掌握将违约金适当调高的条件和程序。

（一）违约金过高的认定及调整

1. 违约金过高的认定标准

《合同编通则司法解释》第 65 条规定：“当事人主张约定的违约金过分高于违约造成的损失，请求予以适当减少的，人民法院应当以民法典第五百八十四条规定的损失为基础，兼顾合同主体、交易类型、合同的履行情况、当事人的过错程度、履约背景等因素，遵循公平原则和诚信原则进行衡量，并作出裁判。约定的违约金超过造成损失的百分之三十的，人民法院一般可以认定为过分高于造成的损失。恶意违约的当事人一方请求减少违约金的，人民法院一般不予支持。”对此规定，应作如下理解：

第一，违约金是否过高应以非违约方的实际损失为判断基础。

第二，应当根据案件具体情况具体分析，应综合考虑合同主体、交易类型、合同的履行情况、当事人的过错程度、履约背景等因素，根据公平原则和诚信原则来衡量违约金是否过高。

第三，高于实际损失的 30%，并非必然过高，30%不是固定的“一刀切”标准，该条款的表述是“可以”而非“应当”。当然，在实践中，法院通常以 30%作为判断标准，这属于法官的自由裁量权，律师在办案中应予注意。

第四，违约方可以要求调减违约金的前提是其违约行为不属于严重违反诚信原则，若违约方系恶意违约，法院将不会支持其调减违约金的请求。

2. 调整的启动

根据《民法典》第 585 条第 2 款的规定，请求调低违约金的主体应当是违约方。一般情况下，如果当事人没有提出调整的主张，法院不应主动进行调整，应当尊重当事人的意思自治，只要该条款合法有效即可。实践当中，法院一般会通过释明的方式询问当事人是否要求调整，不会主动予以调整。但如果按照约定违约金标准判决将严重违背公序良俗原则、诚实信用原则、公平原则并导致利益严重失衡的，人民法院可以按照《民法典》第 6 条的规定（公平原则，笔者注）进行调整①。《最高人民法院关于当前形势下审理民商事合同纠纷案件若干问题的指导意见》第 6 条也规定：“在当前企业经营状况普遍较为困难的情况下，对于违约金数额过分高于违约造成损失的，应当根据合同法规定的诚实信用原则、公平原则，坚持以补偿性为主、以惩罚性为辅的违约金性质，合理调整裁量幅度，切实防止以意思自治为由而完全放任当事人约定过高的违约金。”

---

① 王闯：《当前人民法院审理商事合同案件适用法律若干问题》，载宋晓明主编、最高人民法院民事审判第二庭编：《最高人民法院商事审判裁判规范与案例指导》，法律出版社 2010 年版，第 99~100 页。

关于违约方应当以何种方式启动调整程序的问题，根据《合同编通则司法解释》第64条第1款之规定，当事人一方可以通过反诉或者抗辩的方式提出调减请求。实践当中，大多数当事人会以抗辩的形式来提出要求降低违约金，或者主张其不违约、不应承担违约责任等。当然，若当事人以反诉的方式提出对违约金进行调整，也为法院所认可。此外，根据《合同编通则司法解释》第66条之规定，当事人一方请求对方支付违约金，对方以合同不成立、无效、被撤销、确定不发生效力、不构成违约或者非违约方不存在损失等为由抗辩，未主张调整过高的违约金的，人民法院应当就若不支持该抗辩，当事人是否请求调整违约金进行释明。第一审人民法院认为抗辩成立且未予释明，第二审人民法院认为应当判决支付违约金的，可以直接释明，并根据当事人的请求，在当事人就是否应当调整违约金充分举证、质证、辩论后，依法判决适当减少违约金。被告因客观原因在第一审程序中未到庭参加诉讼，但是在第二审程序中到庭参加诉讼并请求减少违约金的，第二审人民法院可以在当事人就是否应当调整违约金充分举证、质证、辩论后，依法判决适当减少违约金。

3. 证明责任

按照"谁主张，谁举证"的原则，主张违约金过高的举证责任在于违约方，非违约方主张违约金约定合理的，亦应提供相应的证据，而不能仅以合同约定不得对违约金进行调整为由主张不予调整违约金。《合同编通则司法解释》第64条第2款规定："违约方主张约定的违约金过分高于违约造成的损失，请求予以适当减少的，应当承担举证责任。非违约方主张约定的违约金合理的，也应当提供相应的证据。"在实践中，只要违约方足以让法官对非违约方的实际损失产生怀疑，法官就会对非违约方赋予举证责任，要求其证明实际损失的大小。在陈某、徐某芳、陈某洁诉旅行社公司旅游合同案[（2014）沪一中民一（民）终字第2510号][①] 中，上海市第一中级人民法院认为：关于"损失已实际产生"和"损失的合理性"的举证责任在于旅行社公司，如举证不力，则由旅行社公司承担不利后果。综观旅行社公司的

---

① 《最高人民法院公报》2015年第4期（总第222期）。

证据材料，不论在证据的效力和证据的证明力上，以及直接证据、间接证据之间的相互印证上，均无法形成令人信服的证据优势。旅行社公司为其酒店费用损失提供了相关证据，但“收费证明”“取消政策”等境外证据未经公证、认证，部分证据无翻译件，形式上明显存有瑕疵，难以证明旅行社公司实际发生了酒店费用的支出；旅行社公司虽辩称其扣除的金额中还包括已经支付的签证费和保险费，但其未提供支付凭证。法院在二审期间再次给予旅行社公司一个月的举证期限补充、补强相关证据，但其未能进一步有效举证，未提供经过公证、认证的境外证据，仅提供了与境外公司的邮件往来、报备文件，证明力较弱，难以印证损失已经实际产生并属合理，且均未得到陈某、徐某芳、陈某洁的认可；鉴于旅行社公司扣除相关费用欠缺证据证明，故陈某、徐某芳、陈某洁的上诉请求中部分内容应予以支持。

4. 调整幅度

在实践当中，违约金的调整幅度属于法官自由裁量权范围，法官会结合合同主体、交易类型、合同的履行情况、当事人的过错程度、履约背景等因素，根据公平原则和诚信原则进行裁量，但一般不会超过实际损失的30%。

（二）违约金低于损失的认定及调整

1. 认定标准

根据《民法典》第585条第2款的规定，与违约金过高的认定相比，违约金低于损失的，不要求“过分低于”，仅需“低于”因违约造成的损失即可。

2. 调整的启动

根据《民法典》第585条第2款的规定，请求调高违约金的主体应当是非违约方。

3. 证明责任

根据“谁主张，谁举证”的原则，主张违约金低于损失的举证责任在于非违约方。实践中，非违约方仅需证明自己所受到的损失即可，将其与约定的违约金相比，只要低于约定的违约金，即可完成证明责任，若违约方认为非违约方的损失数额不实的，一方面应从质证角度进行反驳，另一方面亦应提供反证。

4. 调整幅度

《全国法院贯彻实施民法典工作会议纪要》第11条第2款规定："当事人请求人民法院增加违约金的，增加后的违约金数额以不超过民法典第五百八十四条规定的损失为限。增加违约金以后，当事人又请求对方赔偿损失的，人民法院不予支持。"据此规定，非违约方要求调高违约金的，最多只能调至与实际损失数额相同，而不能超过实际损失数额。

关联案例1

案件名称：建设公司与煤业公司合同案

案　　号：最高人民法院（2020）最高法民终1246号

裁判观点：双方对滞纳金的约定系到期不履行结算义务，违约责任的承担方式即对违约金计算方式的约定。而违约金是指根据法律的规定或者合同的约定，当一方当事人违约时，应当向对方当事人支付一定数额的金钱，具有补偿与惩罚的双重性质。违约金与利息的概念、性质均不相同。

关联案例2

案件名称：新能源公司与置业公司合资、合作开发房地产合同案

案　　号：山东省高级人民法院（2020）鲁民终410号

裁判观点：置业公司抗辩称，系新能源公司违约在先，未履行2.1亿元借款义务，未进行1.3亿元的后续投资，其自身不存在违约行为，不应当承担违约责任。根据举重以明轻的原则，可以视为置业公司向一审法院提出了违约金过高的抗辩主张。综合本案事实，结合公平原则，法院可以对双方约定过高的违约金主动进行调整。

关联案例3

案件名称： 陈某、徐某芳、陈某洁与旅行社公司旅游合同案

案　　号： 上海市第一中级人民法院（2014）沪一中民一（民）终字第2510号

裁判观点： 当事人对自己提出的主张，有责任提供证据。旅游经营者主张旅游者的单方解约系违约行为，应当按照合同约定承担实际损失的，则旅游经营者应当举证证明“损失已实际产生”和“损失的合理性”。如举证不力，则由旅游经营者承担不利后果。

三、典型案例精析

电器公司、设备公司发明专利实施许可合同案①

裁判要旨

违约金兼具补偿性和惩罚性，以补偿性为主、惩罚性为辅的双重性质。就违约金的补偿性而言，违约金本质上属于损失赔偿额之预定，其主要功能在于填补守约方的损失，相当于履行之替代。在合同解除情况下，损失赔偿请求权与违约金请求权可以同时存在。若二者指向不同利益，守约方自可以一并主张；若指向同一利益，则不能一并主张，以避免双重得利的情况。在能够确定实际损失的前提下，违约金可以适当超过实际损失，但不能超过损失的30%。

案情简介

2017年3月20日，设备公司（甲方）与电器公司（乙方）签订《发明专利实施许可合同》，设备公司将其拥有的五项发明专利许可给电器公司使

① 一审：上海知识产权法院（2020）沪73知民初311号；二审：最高人民法院（2022）最高法知民终93号。

用。合同对于专利许可的方式与范围、专利的技术内容、专利许可使用费、产销数量要求、违约及索赔等进行了约定。其中第十二条违约及索赔约定为：对许可方：排他实施许可中，许可方向被许可方以外的第三方许可实施1、2、3项发明专利技术，双方另有协议除外，被许可方有权终止合同，并要求甲方支付违约金2000万元。对被许可方：1. 被许可方拒付入门费或专利许可使用费，许可方有权终止合同，并要求赔偿其损失，并支付违约金500万元。2. 被许可方延期支付专利许可使用费的，每逾期一天要支付给许可方使用额1%的违约金；逾期超过三个月，乙方应另支付违约金500万元，且许可方有权终止合同。同日，电器公司法定代表人出具收条，确认收到涉案合同附件所列的全部专利文件和设备公司法定代表人与该公司的授权书。2017年3月22日，设备公司将可供参考的内循环式油烟空气净化机的两款产品设计技术资料发至电器公司指定的邮箱。

2018年10月24日，设备公司就涉案合同向国家知识产权局办理了备案。备案证明显示合同的有效期限为：2017年3月20日至2023年3月19日。

2019年12月3日至4日，设备公司员工至电器公司协商发生差旅费1489.5元；2020年1月7日，设备公司支付律师费2万元。设备公司于2020年4月7日提出解除涉案合同的诉讼请求，该解除通知于2020年8月10日到达电器公司。

原审中，设备公司认可电器公司曾向其支付一次性入门费50万元。双方当事人均认可电器公司并未引入生产线实际开展生产经营活动，亦未向设备公司支付按生产数量提成部分的专利许可使用费。双方当事人曾就专利许可使用费事宜进行过协商，但未达成和解协议。电器公司表示希望继续履行合同，请求设备公司给予其相应时间筹措资金引进生产线，但截至一审判决作出之日，电器公司仍未能引入生产线开展生产经营。

法院裁决

一审法院经审理认为：电器公司经设备公司多次催告后仍未支付相应专利许可使用费，设备公司依法享有解除合同的权利。因此合同自解除通知送达电器公司时解除。合同解除后，设备公司的实际损失为其应当依据涉案合同约定收取的专利许可使用费。关于设备公司同时主张按生产数量计费和违约金两部分赔偿的主张，由于涉案合同对违约金作出了约定，此时应当优先适用违约金，故一审法院按照合同约定的违约金确定损害赔偿额，对设备公司主张的专利许可使用费不再予以支持。2021 年 7 月 27 日一审法院判决如下：一、电器公司于判决生效之日起十日内向设备公司支付违约金 500 万元；二、驳回设备公司的其他诉讼请求。一审案件受理费 75304 元，由设备公司负担 41503 元，电器公司负担 33801 元。

一审判决后，电器公司提起上诉。上诉理由为：（一）电器公司不存在违约行为，电器公司支付专利许可使用费的条件尚未成就。（二）涉案五项专利基本没有市场价值。（三）根据法律规定，如法院判令涉案合同解除，设备公司应返还电器公司预付的 50 万元合同款。

最高人民法院经审理认为：电器公司的上诉请求不能成立，应予驳回。一审判决认定事实清楚，适用法律正确，应予维持。遂于 2022 年 3 月 22 日作出终审判决：驳回上诉，维持原判。二审案件受理费 46800 元，由电器公司负担。

律师评析

本案的焦点在于当事人约定的违约金过高的情况下，法院如何调整的问题。

首先，关于违约金的性质问题。目前，我国立法和司法界普遍认同的观点是违约金兼具补偿性和惩罚性，以补偿性为主。当约定的违约金低于或等于造成的损失时，体现为补偿性。当约定的违约金高于造成的损失时，超出的部分体现为惩罚性。本案中，最高人民法院明确指出：违约金兼具补偿性和惩罚性，以补偿性为主、惩罚性为辅的双重性质。就违约金的补偿性而言，违约金本质上属于损失赔偿额之预定，其主要功能在于填补守约方的损失，相当于履行之替代。在合同解除情况下，损失赔偿请求权与违约金请求权可以同时存在。若二者指向不同利益，守约方自可以一并主张；若指向同一利益，则不能一并主张，以避免双重得利的情况。在本案中，设备公司同时主张违约金和损失赔偿金，但法院并未全部支持。其原因在于，设备公司主张的 500 万元违约金针对的是电器公司未履行专利许可使用费的给付义务以及资金占用损失，在法院对 500 万元违约金予以支持的情况下，如果再支持其主张的专利许可使用费，则意味着设备公司双重获利。因此，律师在确认诉请的过程中，应注意判断损失赔偿请求权以及违约金请求权指向利益是否一致，若二者指向不同利益，守约方可以一并主张；若指向同一利益，则不能一并主张。

其次，关于违约金过高的认定问题。根据《全国法院贯彻实施民法典工作会议纪要》第 11 条第 3 款之规定，约定的违约金超过损失的 30% 的，一般可以认定为“过分高于造成的损失”。但需要注意的是，对于该条中的 30%，不宜作机械理解，而应兼顾合同的履行情况、当事人的过错程度以及预期利益等综合因素，根据公平原则和诚实信用原则予以衡量。这种衡量是法律赋予法官根据案件具体情况而自由裁量的权利，其目的在于保障个案的公平合理。本案当中，法院认定设备公司的实际损失为合同前两年按生产数量提成计费的专利许可使用费 405 万元。在损失能够确定的情况下，500 万元的违约金并未超过设备公司的实际损失的 30%，因此，电器公司关于违约金过高的主张不能得到法院的支持。

最后，关于违约金调整的启动问题。一般而言，应当由主张调整的一方提出明确的调整要求，如在答辩或法庭辩论中明确提出，就如本案中电器公司明确提出违约金过高请求调整。但实践中，一方未明确提出调整要求，而是主张己方不存在违约的，也可视为提出了调整要求。但从严谨角度考虑，律师在代理案件中，如果主张违约金过高的，应当明确提出调整要求，或者采用假定方式表述，即一方面否认违约，另一方面提出：“即使构成违约，违约金也明显过高，应当予以调整。”

第三节　定金责任纠纷

一、理论概述与实务指引

定金是指合同的一方当事人以担保合同的签订、履行或解除为目的，而向对方给付的一定金钱。我国《民法典》第586—588条对定金罚则及其适用进行了规定。由于定金主要存在于合同关系之中，定金罚则体现为一种合同责任，因此，在合同责任纠纷中将其作为其中一类责任加以讨论。

（一）定金的分类

根据定金的作用不同，可分为立约定金、成约定金、违约定金和解约定金。

1. 立约定金，是指为保障合同当事人如约签订主合同而支付的定金。给付定金一方拒绝订立主合同的，无权要求返还定金；收受定金一方拒绝订立主合同的，应当双倍返还定金。《合同编通则司法解释》第67条第2款规定："当事人约定以交付定金作为订立合同的担保，一方拒绝订立合同或者在磋商订立合同时违背诚信原则导致未能订立合同，对方主张适用民法典第五百八十七条规定的定金罚则的，人民法院应予支持。"

2. 成约定金，是指作为合同成立或生效条件的定金。比如合同中约定"卖方收到买方的定金后合同生效"。但是，主合同已经履行或者已经履行主要部分的，不影响主合同的成立或生效。《合同编通则司法解释》第67条第3款规定："当事人约定以交付定金作为合同成立或者生效条件，应当交付定金的一方未交付定金，但是合同主要义务已经履行完毕并为对方所接受的，人民法院应当认定合同在对方接受履行时已经成立或者生效。"

3. 违约定金，是指担保合同债务履行的定金，给付定金的一方不履行债务或者履行债务不符合约定，致使不能实现合同目的的，无权请求返还定金；收受定金的一方不履行债务或者履行债务不符合约定，致使不能实现合同目的的，应当双倍返还定金。《民法典》第 586 条第 1 款规定："当事人可以约定一方向对方给付定金作为债权的担保。定金合同自实际交付定金时成立。"

4. 解约定金，是指作为合同解除代价的定金。定金交付后，交付定金的一方可以按照合同的约定以丧失定金为代价而解除主合同，收受定金的一方可以双倍返还定金为代价而解除主合同。解约定金可以被认为是一种约定解除权。[①]《合同编通则司法解释》第 67 条第 4 款规定："当事人约定定金性质为解约定金，交付定金的一方主张以丧失定金为代价解除合同的，或者收受定金的一方主张以双倍返还定金为代价解除合同的，人民法院应予支持。"

需要提示的是，我国现行法律体系中规定的定金，主要是指违约定金。即如果合同当事人约定定金条款时未明确定金性质的，应解释为违约定金；明确约定定金性质或从约定内容能够直接判断出定金性质的，定金性质从其约定。[②]《民法典》第 587 条规定："债务人履行债务的，定金应当抵作价款或者收回。给付定金的一方不履行债务或者履行债务不符合约定，致使不能实现合同目的的，无权请求返还定金；收受定金的一方不履行债务或者履行债务不符合约定，致使不能实现合同目的的，应当双倍返还定金。"《合同编通则司法解释》第 67 条第 1 款后半段规定："当事人约定了定金性质，但是未约定定金类型或者约定不明，一方主张为违约定金的，人民法院应予支持。"因此，本节中所讨论的内容主要是针对违约定金。

（二）定金的成立及效力

1. 定金的成立条件

根据《民法典》第 586 条之规定可以看出，定金的成立应当具备如下条件：

（1）需存在书面定金合同或设定定金的合意。定金担保是合同的一种，

---

① 黄薇主编：《中华人民共和国民法典合同编解读》（上册），中国法制出版社 2020 年版，第 450 页。

② 最高人民法院民事审判第二庭编著：《最高人民法院关于买卖合同司法解释理解与适用》，人民法院出版社 2016 年版，第 442 页。

须以双方的合意为前提，《民法典》第 586 条第 1 款并未对定金合同的形式作出要求，但从严谨的角度，笔者认为定金应当以书面形式约定。定金合同可以是单独的一份从合同，也可以是主合同中的定金条款。实践中，更多采取的是后者，甚至可以直接体现为定金收据。如在北京市第一中级人民法院（2022）京 01 民终 8749 号民事判决书中，法院认为：李某利向陈某梅出具的《收据》亦明确载明“租房定金”，因此，双方之间形成定金合同关系。该合同关系是双方当事人的真实意思表示，且未违反法律、行政法规的强制性规定，应属合法有效。

（2）当事人需实际交付定金。定金合同为实践性合同，以定金的实际交付为成立要件。根据《民法典》第 586 条第 1 款之规定，定金合同自实际交付定金时成立。

（3）定金数额不得超过主合同标的额的 20%。《民法典》第 586 条第 2 款规定：“定金的数额由当事人约定；但是，不得超过主合同标的额的百分之二十，超过部分不产生定金的效力。实际交付的定金数额多于或者少于约定数额的，视为变更约定的定金数额。”

2. 定金的效力

根据《民法典》第 587 条的规定，定金的效力体现在三个方面：

（1）债务人履行债务后，定金应当抵作价款或者收回；

（2）给付定金的一方不履行约定的债务，致使不能实现合同目的的，无权要求返还定金；

（3）收受定金的一方不履行约定的债务，致使不能实现合同目的的，应当双倍返还定金。

需要注意的是，根据《合同编通则司法解释》第 68 条之规定，定金责任的大小与违约程度息息相关。若合同双方均存在根本违约情形，其中一方请求适用定金罚则的，人民法院不予支持；若一方根本违约，另一方轻微违约，则轻微违约一方仍可主张适用定金罚则；若一方已经部分履行合同，对方同意接受的，应按照未履行部分所占比例而不能主张按照合同整体适用定金罚则（除非部分未履行致使不能实现全部合同目的）。

二、办案思路与实战技巧

律师在办理定金责任纠纷案件时，首先要分析判定当事人合同中所约定的是否为《民法典》上所规定的定金？其次，在构成定金责任的情况下，要注意根据合同履行情况区分定金责任的大小，不能机械地主张丧失定金或双倍返还定金。

（一）定金与相关概念的区分

在实践中，定金常与预付款、订金、押金、违约金等概念并存或混用，律师应当注意准确把握和区分相关概念之间的联系与区别。是否能够认定为“定金”，关键看具体条款的内容是否具备“丧失或双倍返还的意思表示”这一定金的本质属性。《合同编通则司法解释》第 67 条第 1 款前半段规定：“当事人交付留置金、担保金、保证金、订约金、押金或者订金等，但是没有约定定金性质，一方主张适用民法典第五百八十七条规定的定金罚则的，人民法院不予支持。”

1. 定金与预付款

预付款是合同一方当事人为实现其合同目的而预先支付给另一方的一定数额的金钱。在合同履行后，定金可抵作价款。在这一点上，二者有相似之处。但二者的区别在于：

（1）作用不同。定金的主要作用是担保合同债务的履行，具有担保性质，而预付款属于合同债务的一部分（预先支付部分款项），不具有担保性质。

（2）性质不同。定金合同为主合同的从合同，而预付款条款一般为主合同内容的一部分。

（3）生效条件不同。定金合同自交付定金时生效，而预付款条款随主合同生效而生效。

（4）效力不同。给付定金的一方不履行约定的债务的，无权要求返还定金；收受定金的一方不履行约定的债务的，应当双倍返还定金。而预付款则不具备前述效力，接受预付款一方不履行合同的，承担违约责任，但不是双倍返还预付款。

（5）是否有数额限制不同。定金不能超过主合同标的额的20%，而预付款数额则无限制。

在实践中，应根据合同条款的本意而不能机械地按照字面意思来判定究竟是定金还是预付款。如在外贸烟台包装器材实业公司与烟台市物资贸易市场购销合同案件中，最高人民法院指出：当事人双方签订购销合同，约定合同签订后，3日内需方交付供方预定金，余款货到验收合格后，按实际数量5日内付清。其中写明的“余款”指货款，那预定金也应认定为货款。在合同违约责任栏目中没有写明双倍返还的意思，而是写明不能供货的违约责任。如果加上双倍返还的意思，就是对合同作了扩大解释，不符合合同本意。因此，应当认定预定金就是预付款，而不是定金。[①]

此外，在实践中常常会见到关于“订金”的约定。在此种情况下，不能简单地等同于“定金”，仍应按照合同条款本意来判定。在钢铁公司、投资公司买卖合同案［最高人民法院（2017）最高法民申1423号］中，最高人民法院认为：双方当事人关于案涉800万元的约定为《购销合同》第四条，其中分别使用了“定金”和“订金”的表述，且合同相关条款中亦无关于适用定金罚则的约定，因此，认定双方对案涉800万元款项性质约定不明。

2. 定金与押金

押金与定金一样，具有合同履行担保的功能。但二者的区别在于：

（1）交付时间不同。定金应在主合同义务履行之前交付，而押金的交付时间并无限制，可以在合同签订之前、之后或履行过程中交付。

（2）效力不同。押金不存在丧失或双倍返还的情形。

（3）是否有数额限制不同。定金不能超过主合同标的额的20%，而押金数额则无限制。

3. 定金与违约金

定金与违约金都是违约责任的形式，二者在保障合同履行和惩罚违约行为的性质上具有相同之处。二者的区别在于：

---

① 最高人民法院经济审判庭编：《最高人民法院审理的二审再审经济纠纷案例选编（二）》，中国政法大学出版社1997年版，第84~89页。转引自庞景玉、何志：《合同纠纷裁判依据新释新解》，人民法院出版社2014年版，第316页。

（1）交付时间不同。定金应在主合同义务履行之前交付，而违约金是事先约定但须于违约行为发生之后才会产生。

（2）数额限制不同。定金不能超过主合同标的额的 20%，但违约金的数额以实际损失为基础，不能低于或过分高于实际损失。

（3）效力不同。违约金不存在丧失或双倍返还的情形。

（二）定金罚则的适用问题

《民法典》第 587 条后半段规定："给付定金的一方不履行债务或者履行债务不符合约定，致使不能实现合同目的的，无权请求返还定金；收受定金的一方不履行债务或者履行债务不符合约定，致使不能实现合同目的的，应当双倍返还定金。"在适用定金罚则时，应当注意：

1. 不履行债务或者履行债务不符合约定的内涵及具体情形。《民法典》以"不履行债务或者履行债务不符合约定，致使不能实现合同目的"为适用定金罚则的法定条件，但并未对"不履行"的表现形态作进一步规定。在实务当中，首先应确定该定金合同是否合法有效。在合法有效的前提下，"不履行"应当包括拒绝履行、部分履行、迟延履行、不能履行等多种情形，除非当事人有明确约定或法律另有规定。① 在具体适用定金罚则时，应当综合考虑合同的履行情况来主张定金责任的大小及数额。在实业公司、能源公司合同案［最高人民法院（2020）最高法民终 1247 号］中，最高人民法院指出：因实业公司和能源公司在合同履行过程中均存在违约行为，原审未适用《合同法》第 115 条②规定的定金罚则并无不当。

2. 定金罚则的承担主体限于交付定金一方或收受定金一方，而不能做扩大解释和适用。在建设公司与徐某青等保证合同纠纷案［（2016）苏 11 民终 3057 号］中，江苏省镇江市中级人民法院认为：法律关于不能要求返还定金和双倍返还定金的定金罚则，是对按照定金合同支付定金和收取定金的当事人责任的规定，张某跃不是收取定金的一方，不是法律规定的双倍返还定金的责任人。

---

① 参见庞景玉、何志：《合同纠纷裁判依据新释新解》，人民法院出版社 2014 年版，第 320 页。

② 对应《民法典》第 586 条、第 587 条。

关联案例1

案件名称： 钢铁公司与投资公司买卖合同案

案　　号： 最高人民法院（2017）最高法民申1423号

裁判观点： 双方当事人在案涉合同中，分别使用了“定金”和“订金”的表述，主要看合同相关条款中有无关于适用定金罚则的约定，双方明确约定适用定金罚则，意思表示真实、清楚，不违反法律规定，应当认定该约定有效，若无明确约定，则该笔款项性质不明。

关联案例2

案件名称： 建设公司与徐某青等保证合同纠纷案

案　　号： 江苏省镇江市中级人民法院（2016）苏11民终3057号

裁判观点： 法律关于不能要求返还定金和双倍返还定金的定金罚则，是对按照定金合同支付定金和收取定金的当事人责任的规定。

关联案例3

案件名称： 李某利与陈某梅房屋租赁合同案

案　　号： 北京市第一中级人民法院（2022）京01民终8749号

裁判观点： 一方向另一方出具的《收据》明确载明“租房定金”，因此，双方之间形成定金合同关系。

三、典型案例精析

畅某涛、马某龙与韩某娟买卖合同案①

裁判要旨

口头形式也可以成立定金合同。定金合同属于实践合同，自定金交付时

① 一审：陕西省乾县人民法院（2022）陕0424民初45号；二审：陕西省咸阳市中级人民法院（2022）陕04民终2827号。

成立，定金的数额不得超过主合同标的额的20%。定金与主合同债务应区分对待。

案情简介

2021年4月2日，原告马某龙与被告畅某涛签订了三份《二手车交易合同》，约定：畅某涛将其挂靠在S公司的6辆汽车以78万元的价格转让给马某龙。三份协议中均约定马某龙先付10万元，手续办清付尾款，被告畅某涛负责车辆提档过户，2021年4月2日前此车产生的任何债权、债务由被告畅某涛承担，4月3日后产生的费用由马某龙承担。协议还约定：畅某涛负责车辆提档过户，保证车辆合法正常，任何一方违约应及时退还定金。

协议签订后，马某龙分别于2021年4月2日、4月14日、5月31日向畅某涛支付20万元、10万元、10万元，被告畅某涛出具收据，前两笔注明收到定金，后一笔注明收到购车款，但畅某涛未能为马某龙办理过户手续。马某龙将车辆开走后，支出修理费755元，缴纳保险12336元，办理车辆审验手续7200元。另，韩某娟与畅某涛为夫妻关系。

综上，原告马某龙起诉要求解除双方签订的《二手车交易合同》，返还购车款及利息，赔偿修理费755元、审验费7200元，另需赔偿保险费12336元、停车费200元、雇用司机费900元，韩某娟与畅某涛承担连带责任。

法院裁决

一审法院陕西省乾县人民法院经审理后认为：原、被告签订的《二手车交易合同》合法有效，被告畅某涛将其实际所有的车辆卖与原告马某龙，合同没有约定交付定金，原告马某龙依约定交付30万元后，被告畅某涛应当办理车辆过户手续，但其未办理，构成违约，致使合同目的无法实现，原告马某龙请求解除合同，依法予以支持。原告马某龙向他人交付的车辆审验费，依法应由被告畅某涛负担。保险费实际并未办理保险，其要求被告畅某涛支付，依法不予支持。原告马某龙请求被告畅某涛承担停车费及雇用司机的费用，因合同约定的交付条件是付清尾款后被告办理提档过户，因此，车辆并不具备交付条件，产生的停车费及雇用司机的费用，由原告自行承担。

原、被告签订合同，并不涉及被告韩某娟，其请求韩某娟承担责任，理由不足，依法予以驳回。依照《民法典》第 595 条、第 509 条之规定，判决：一、解除原、被告签订的《二手车交易合同》；二、原告马某龙在判决生效后返还被告畅某涛 6 辆汽车，被告畅某涛在判决生效后返还原告马某龙购车款 40 万元及利息（利息从 2021 年 4 月 14 日起计算至偿还之日止，按年息 3.7%计算）；三、被告畅某涛在判决生效后返还原告马某龙已支付的修理费 755 元、审验费 7200 元，共计 7955 元；四、驳回原告马某龙的其他诉讼请求。

一审判决后，马某龙提起上诉，请求：1. 撤销原审判决第四项，改判被上诉人韩某娟与畅某涛共同向马某龙承担还款、赔偿责任；2. 改判支持韩某娟与畅某涛赔偿马某龙停车费 200 元、雇用司机费 900 元，保险费 12336 元；3. 一、二审诉讼费由韩某娟与畅某涛负担。畅某涛也提起上诉，请求：1. 撤销原审判决，改判驳回马某龙的诉讼请求或发回重审。2. 一、二审诉讼费由马某龙负担。

陕西省咸阳市中级人民法院经审理后认为：关于双方之间是否订立定金合同的问题，虽然马某龙和畅某涛未订立书面的定金合同，但从合同第五条的约定及 2021 年 4 月 2 日和 2021 年 4 月 14 日收条就资金性质的标注来看，双方的确口头订立了定金合同。关于马某龙是否按照合同约定履行了自己的义务的问题。由于定金合同属于实践合同，自定金交付时成立，定金的数额不得超过主合同标的额的 20%，马某龙与畅某涛的主合同标的额为 78 万元。故马某龙和畅某涛之间定金最多应为 15.6 万元。马某龙实际向畅某涛支付了 30 万元，扣除 15.6 万元定金后，其余 14.4 万元应作为合同价款，连同马某龙 2021 年 5 月 31 日支付的 10 万元购车款，马某龙向畅某涛支付的购车款为 24.4 万元。这与合同约定每辆车先支付 5 万元，共计支付 30 万元不符。由此可见，马某龙未按照合同约定履行自己的义务。故畅某涛有权利拒绝为马某龙办理过户手续。由于畅某涛拒绝向马某龙办理过户手续是在依法行使先履行抗辩权，不构成违约。故马某龙不能据此要求解除合同。原审判决解除合同不当，应予纠正。据此，陕西省咸阳市中级人民法院于 2022 年 9 月 29 日作出终审判决：一、撤销陕西省乾县人民法院（2022）陕 0424 民初 45 号民事判决；二、驳回上诉人马某龙的诉讼请求。

律师评析

本案涉及的法律关系较为明确，事实也较为清楚，但关于定金合同是否成立以及定金与主合同债务之间的关系问题，二审法院与一审法院作出了不同的认定，判决结果也截然不同，值得进一步探讨。

首先，关于定金合同是否成立的问题。《民法典》第 586 条第 1 款规定："当事人可以约定一方向对方给付定金作为债权的担保。定金合同自实际交付定金时成立。"据此，定金为实践性合同，以定金的实际交付为成立要件。本案中，双方并未签订书面的定金合同，《二手车交易合同》中也未约定交付定金，因此，一审法院未认定双方之间成立了定金合同，但二审法院根据《二手车交易合同》第五条中"退还定金"的表述以及 2021 年 4 月 2 日和 2021 年 4 月 14 日收条中注明资金为"定金"的事实，认定双方之间成立了定金合同。笔者认为，原《担保法》第 90 条规定："定金应当以书面形式约定。当事人在定金合同中应当约定交付定金的期限。定金合同从实际交付定金之日起生效。"若根据该规定，定金合同应当以书面方式为之且以实际交付定金为生效要件。但《民法典》实施后，原《担保法》废止，《民法典》第 586 条第 1 款并未对定金合同的形式作出要求，并将定金的实际交付作为定金合同的成立要件而非生效要件。因此，二审法院认为双方之间成立了口头的定金合同并不违反法律规定。从合同解释的角度，双方在《二手车交易合同》第五条中约定"违约方应退还定金"且两份收据均载明收到定金款项，可以推定双方之间存在定金的意思表示。但严格地讲，双方并未对于"丧失或双倍返还定金"这一核心意思进行明确记载，因此，对于双方是否成立定金合同关系存在一定争议，这也是一审法院和二审法院作出不同认定的原因所在。从实务角度来讲，笔者认为若当事人之间欲成立定金合同，应当单独签订书面的定金合同或者在主合同中载明定金条款，并就定金的"丧失及双倍返还"做出明确的约定，以避免不必要的争议。

其次，关于定金的数额问题。《民法典》第 586 条第 2 款规定："定金的数额由当事人约定；但是，不得超过主合同标的额的百分之二十，超过部分不产生定金的效力。实际交付的定金数额多于或者少于约定数额的，视为变更约定的定金数额。”也就是说，定金的数额在主合同标的额 20%的范围内，以实际交付为准。本案中，主合同标的额为 78 万元，故定金最多为 15. 6 万元。

最后，关于定金与主合同债务的关系问题。若当事人交付的定金高于主合同标的额 20%的，超过部分，不产生定金的效力，作为对主合同债务的履行。在本案中，马某龙实际向畅某涛支付了 30 万元，超过了主合同标的额的 20%，15. 6 万元，其余 14. 4 万元应作为合同价款。也正是基于此认定，二审法院认为马某龙未按照合同约定足额支付购车款 30 万元构成违约，畅某涛有权行使先履行抗辩权，拒绝为马某龙办理过户手续，马某龙不能据此要求解除合同。也就是说，在双方成立定金合同的情况下，只有在债务人履行债务时，定金才可以抵作价款或者收回，而在债务人未按照主合同约定履行债务时，一方支付的定金不能等同于履行了主合同债务，未履行主合同债务的，构成违约。在实践办案过程中，对此应予注意。

第四节　多种合同责任交叉纠纷

一、理论概述与实务指引

根据《民法典》第 577 条、第 579 条、第 582—588 条的规定，我国法律所规定的合同责任主要包括要求违约方继续履行合同、采取补救措施、赔偿损失、支付违约金、适用定金罚则等形式。在一个合同纠纷案件中，往往会同时涉及多种合同责任。《民法典》第 179 条第 2 款规定，承担民事责任的方式，可以单独适用，也可以合并适用。此外，根据《民法典》第 186 条之规定，因当事人一方的违约行为，损害对方人身权益、财产权益的，受损害方有权选择请求其承担违约责任或者侵权责任。在律师实务中，应当注意区分各种责任形式的适用条件和要求。

（一）继续履行与违约金

根据《民法典》第 579 条、第 580 条之规定，对于一方金钱债务之违约行为，对方可以要求继续履行，即支付价款。但在非金钱债务违约场合，有三种情形不适用继续履行：一是法律上或者事实上不能履行，如破产程序中债务人与单个债权人的合同即属于法律上不能履行。如特定的标的物已灭失的情形，即属于事实上不能履行。二是债务的标的不适于强制履行或者履行费用过高，如债务标的为提供个人劳务的情形，即属于不适于强制履行。若继续履行合同的成本超过双方基于合同所能获得的利益，即属于履行费用过高。三是债权人在合理期限内未要求履行。当然，我国法律上并未对合理期限作进一步规定，需要结合具体案情进行分析。

当事人订立合同，必有其合同目的。在一方违约，但合同尚可继续履行的情况下，法律保护非违约方要求继续履行合同以实现其合同目的的权利。若合同已不能履行，非违约方可基于合同约定要求违约方承担违约金责任，此自不待言。但在合同尚可继续履行的情况下，是否还可以要求违约方支付违约金，就是需要格外注意的问题了。从实践经验来看，需要结合违约金的性质来进行分析。我国《民法典》所规定的是违约金责任具有补偿性和惩罚性的双重属性，也未禁止在继续履行的情况下主张违约金。《民法典》第582条规定："履行不符合约定的，应当按照当事人的约定承担违约责任。对违约责任没有约定或者约定不明确，依据本法第五百一十条的规定仍不能确定的，受损害方根据标的的性质以及损失的大小，可以合理选择请求对方承担修理、重作、更换、退货、减少价款或者报酬等违约责任。"就个案而言，若当事人约定了还需支付违约金，则应当可以适用该约定（若违约金过分高于损失，对方可以主张降低）。若当事人未约定的，则需根据继续履行后是否还有其他损失而定，若无损失，则难以再主张惩罚性违约金，但可以根据标的的性质以及损失的大小，合理选择请求对方承担修理、重作、更换、退货、减少价款或者报酬等违约责任。若还有其他损失，则应主张赔偿损失。

（二）继续履行与定金

根据《民法典》第587条之规定，定金罚则的适用条件是一方"不履行"或者"履行债务不符合约定"，致使不能实现合同目的。因此，若无当事人的特殊约定，继续履行与定金不能并用。

（三）继续履行与赔偿损失

《民法典》第583条规定："当事人一方不履行合同义务或者履行合同义务不符合约定的，在履行义务或者采取补救措施后，对方还有其他损失的，应当赔偿损失。"由此可见，继续履行与赔偿损失可以并用。但应当注意的是，若非违约方的损失已经获得全部的赔偿，则不能再主张继续履行，否则非违约方将获得双倍利益，有违公平原则。

（四）违约金与赔偿损失

司法实践中，一般认为惩罚性违约金与赔偿损失可以并用。如《民法典》第585条所规定的迟延履行违约金，就属于惩罚性违约金。补偿性违约金与赔偿损失原则上应优先适用违约金，不能与赔偿损失并用。违约金低于实际损失的，可以要求调高。违约金过分高于实际损失的，可以要求调低。前已述及，此处不赘述。

（五）违约金与定金

《民法典》第588条规定："当事人既约定违约金，又约定定金的，一方违约时，对方可以选择适用违约金或者定金条款。定金不足以弥补一方违约造成的损失的，对方可以请求赔偿超过定金数额的损失。"因此，在实务当中，违约金与定金只能择一适用。但需要注意的是，本节所称的定金是指违约定金，若定金性质为解约定金，人民法院可能会支持定金和违约金并提。①

（六）定金与赔偿损失

定金责任不以发生实际损失为前提，只要合同一方当事人出现不履行或根本违约之情形，不论是否造成实际损失，非违约方均可主张定金责任。《民法典》第588条规定，当事人既约定违约金，又约定定金的，一方违约

---

① 最高人民法院民事审判第二庭编：《合同案件审判指导》，法律出版社2014年版，第474页。

时，对方可以选择适用违约金或者定金条款。定金不足以弥补一方违约造成的损失的，对方可以请求赔偿超过定金数额的损失。

二、办案思路与实战技巧

律师在办理合同纠纷案件中，就如何适用合同责任的问题，应当从两个方面予以把握，一是在违约与侵权竞合的情况下，确定责任性质；二是确定主张何种责任形式。

（一）违约责任与侵权责任的竞合与选择

1. 竞合的情形

合同关系必然会指向相应的财产和人身权益，合同的适当履行与否，往往会引起合同当事人权益的变化。在实践中，违约行为与侵权行为常常发生竞合，有的违约行为同时侵害了他人的合法权益，有的侵权行为同时也构成对合同的违反。常见的竞合情形有：

（1）违反法定义务

如在产品买卖合同关系中，如果卖方提供的产品不符合法定标准或约定标准造成买方损害的（学术上也称为“加害履行”或“瑕疵履行”），一方面违反了合同关于产品质量的约定，构成违约；另一方面也违反了《产品质量法》关于产品质量的规定，对买方的人身或财产权益造成侵害，构成侵权。另如，在医疗纠纷案件中，院方违反诊疗常规造成患者损害的，一方面属于违反医疗服务合同规定的义务，构成违约；另一方面也违反了国家关于医院诊疗行为的规定，构成对患者身体健康权的侵害。

（2）加害履行

加害履行，有的也称为瑕疵履行，指当事人不适当履行合同义务，不仅违约，同时也侵害了对方当事人的合法权益。如保管合同中，保管人非法使用保管财产，导致保管财产损毁的，其非法使用行为本身是侵权行为，同时又构成对合同约定的违反。另如，在货物运输合同中，由于承运人过失发生交通事故导致货物损毁的，亦构成违约和侵权的竞合。

（3）违反附随义务

《民法典》第 509 条第 2 款规定："当事人应当遵循诚信原则，根据合同的性质、目的和交易习惯履行通知、协助、保密等义务。"该等义务属于附随义务，若一方违反该义务，造成他人财产或人身权益受损的，也构成竞合。常发生于服务型合同纠纷中，典型的如：消费者在酒店住宿过程中，由于酒店管理不善导致物品被盗或滑倒摔伤，酒店的行为一方面违反了住宿服务合同中关于旅客人身财产安全所承担的保护义务，构成违约；另一方面该行为也对消费者构成侵权。

2. 违约责任与侵权责任的比较和选择

《民法典》第 186 条规定："因当事人一方的违约行为，损害对方人身权益、财产权益的，受损害方有权选择请求其承担违约责任或者侵权责任。"违约行为造成对方人身、财产权益受到侵害的，受损害方可以选择主张违约责任，也可以选择主张侵权责任。律师在办理案件过程中，应当结合具体的案情和证据情况进行分析比较，以当事人合法利益最大化为原则，综合考虑举证难易程度来提示当事人选择何种诉由。违约责任与侵权责任的主要区别在于：

（1）归责原则不同

违约责任的归责原则是无过错原则，不要求违约一方具有过错。而侵权责任一般均为过错原则，即要求侵权人存在过错，仅在特殊的侵权纠纷（如产品质量责任、危险作业侵权责任、环境污染责任）中为无过错责任。

（2）赔偿范围不同

违约损失赔偿可以由当事人在合同中约定，若无约定，法定的赔偿范围包括直接损失和可得利益损失，但一般不支持精神损害赔偿。侵权责任赔偿范围一般包括直接损失和间接损失，在侵犯人格权的情形中还可要求精神损害赔偿，造成受害人残疾或死亡的，还要赔偿被扶养人生活费。

（3）责任方式不同

违约责任一般为财产性责任，而侵权责任中除财产性责任外，还包括停止侵权、消除影响、赔礼道歉、恢复名誉等非财产性责任。

（4）举证责任不同

在违约之诉中，非违约方证明双方存在合同关系即可，违约方须证明其已适当履行合同义务。违约责任不以损害后果为前提，一般情况下非违约方无须就其所受损害承担举证责任，仅在违约方举证证明违约金过高或足以引起法官合理怀疑的情况下，才会被要求举证证明损失的存在；而在侵权之诉中，受害人应当证明侵权行为、过错、损害后果及因果关系的存在，仅在特殊侵权案件中实行举证责任倒置。

（5）管辖法院不同

合同违约之诉中，除专属管辖之外，若当事人依法约定了管辖法院，依约定确认。未约定管辖的，一般由被告住所地或合同履行地法院管辖。而侵权之诉中，除专属管辖之外，一般由被告所在地或侵权行为地法院管辖。

（6）第三人责任不同

在合同责任诉讼中，若违约方的违约行为系因第三人原因所致，违约方不能据此免除违约责任，其可以在承担违约责任后向第三人追偿。而在侵权责任之诉中，侵权责任仅能由侵权行为人承担。

根据上述分析，一般情况下，若损害后果不明显或举证难度较大，则选择违约之诉更为合理；反之，则应进一步分析赔偿范围问题，若欲主张精神损害赔偿或其他赔偿项目，则选择侵权之诉更为合理。此外，还应结合具体案情，综合考虑诉讼时效、管辖法院等因素，作出相对合理的诉讼选择。

（二）责任形式问题

在确定选择违约之诉的情况下，应当注意区分各种责任形式的适用条件和要求（详见本节第一部分内容），合理主张责任形式。总的原则是：首先，审阅合同关于违约责任的约定，优先适用该约定。如果没有合同约定，则应根据《民法典》的相关规定要主张违约责任。其次，不论主张何种方式，均应以赔偿实际损失为原则，若低于实际损失，则应主张增加赔偿，若过分高于实际损失，则应适当降低。

在确定选择侵权之诉的情况下，则应结合具体案情，根据《民法典》第179条之规定，提出相应的诉讼请求。根据该条规定，承担侵权责任的方式主要有：（一）停止侵害；（二）排除妨碍；（三）消除危险；（四）返还财产；（五）恢复原状；（六）修理、重作、更换；（七）赔偿损失；（八）支付违约金；（九）消除影响、恢复名誉；（十）赔礼道歉。以上承担民事责任的方式，可以单独适用，也可以合并适用。

（三）违约之诉与侵权之诉的变更节点

根据《民事诉讼法》第54条以及《民事诉讼法解释》第232条之规定，若当事人在起诉后欲变更诉由的，应当在法庭辩论终结前提出，否则将不能再进行变更，这是律师在代理案件过程中应当把握的程序节点。

三、典型案例精析

物流公司与保险公司上海分公司保险人代位求偿权案①

裁判要旨

在存在合同责任和侵权责任竞合的情况下，受损害方有权择一主张。在法律并无明确规定的情况下，应当遵循自愿、公平、诚实信用的基本原则，合理平衡当事人利益。对于同一损害，当事人双方既存在合同关系又存在侵权法律关系的，不能完全割裂两者的联系，既要保护一方在请求权上的选择权，也要保护另一方依法享有的抗辩权。在责任竞合的情况下，如果允许一方选择侵权赔偿，并基于该选择排除对方基于生效合同享有的抗辩权，则不仅会导致双方合同关系形同虚设，有违诚实信用原则，也会导致市场主体无法通过合同制度合理防范、处理正常的商业经营风险。因此，无论一方以何种请求权向对方主张合同明确约定的事项，均不能排除对方依据合同享有的抗辩权。

案情简介

2011年11月11日，F公司（甲方）与物流公司（乙方）签订《货物运输服务合同书》，约定F公司委托物流公司运输发往全国各地的货物，在合同书的责任与赔偿一节中的约定："A. 甲方未委托乙方办理运输保险的，

① 参见《最高人民法院公报》2019年第12期。

对于货物不能修复的：……铁路和公路运输的货物的实际损失价值最高按损失货物对应运费的3倍赔偿；货物能修复的：按接近市场价的修理费赔偿，但最高不超过20元每千克。B. 甲方已委托乙方办理货物运输保险的，乙方协助甲方索赔，按照保险定损金额赔偿。”

2012年3月，京AE××××（京AE×××挂）车辆载运F公司的31托不同类型的ATM柜员机模块从上海运往深圳。2012年3月21日，上述运输车辆在G60沪昆高速上海方向375公里+600米处发生交通事故。根据《道路交通事故认定书》，涉案车辆车头及车身左侧与中央护栏碰撞冲破护栏后与赣G1××××的货车车身左侧发生碰撞后，车头及车身右侧与护栏发生了二次碰撞，造成车辆及货物不同程度的损坏。根据事故发生的情况，交警判定京AE××××（京AE×××挂）车辆驾驶员高某由于未按操作规程驾驶，存在过错，负事故的全部责任。

F公司在保险公司上海分公司处投保货物运输保险。发生上述事故后，根据公估结果，货物遭受严重撞击后损坏严重，造成货物损失金额1464745元。根据保险合同的约定，保险公司上海分公司于2012年7月27日向F公司赔偿了1464745元，并依法取得代位权。

发生上述损失后，保险公司上海分公司向北京市顺义区人民法院提起诉讼，要求司机高某及车辆登记所有人北京物流公司承担赔偿责任，案号为（2013）顺民初字第11772号。在该诉讼期间，物流公司向北京市顺义区人民法院提交说明称：“所涉货物运输系2012年3月21日我公司在2011年11月11日与F公司签订的运输合同下使用京AE××××车辆承运F公司货物的业务，司机高某系我公司雇员，其行为系职务行为。”该说明落款时间为2013年12月19日。2014年1月13日，北京市顺义区人民法院出具民事裁定书。2014年12月30日，北京市通州区人民法院接受移送案件立案，案号为（2015）通民（商）初字第1502号。之后，因保险公司上海分公司申请撤回起诉，北京市通州区人民法院于2015年2月9日裁定准予保险公司上海分公司撤回起诉。2016年2月14日，保险公司上海分公司向上海市嘉定区人民法院起诉，2016年4月22日，一审法院予以受理。

法院裁决

一审法院经审理认为：物流公司辩称的货物运输服务合同书中有关的赔偿约定，保险公司上海分公司在本次诉讼中向物流公司主张的是侵权赔偿责任，系根据物流公司在事故中的过错来主张物流公司承担责任，而上述合同书中的相关赔偿约定并不能对抗保险公司上海分公司的侵权责任赔偿主张。判决如下：一、物流公司应于判决生效之日起十日内赔偿保险公司上海分公司 1464745 元；二、物流公司应于判决生效之日起十日内赔偿保险公司上海分公司以 1464745 元为基数，自 2016 年 5 月 15 日起至判决生效之日止，按照中国人民银行同期贷款利率计算的利息损失。

一审判决后，物流公司提出上诉，认为不论对方当事人选择违约赔偿请求权还是侵权赔偿请求权，其都有权援引合同责任限制条款。保险公司上海分公司辩称：本案是侵权诉讼，不受合同约束。当事人可以选择合同或者侵权，在选择了侵权诉讼的情况下，不应适用合同法。

二审法院经审理认为：物流公司关于其有权援引合同责任限制条款的上诉理由成立。考虑到涉案受损货物最终由 F 公司以 440755 元予以回收，结合受损货物照片、《联合检验现场清点记录》等证据，物流公司主张按照 20 元每千克赔偿尚属合理范围内，应予采纳。涉案受损货物总重为 5775 千克，以此标准计算，物流公司的赔偿额总计应为 115500 元。判决如下：一、撤销上海市嘉定区人民法院（2016）沪 0114 民初 5194 号民事判决；二、上诉人物流公司应于本判决生效之日起十日内赔偿被上诉人保险公司上海分公司人民币 115500 元；三、上诉人物流公司应于本判决生效之日起十日内赔偿被上诉人保险公司上海分公司以人民币 115500 元为基数，自 2016 年 5 月 15 日起至本判决生效之日止，按照中国人民银行同期贷款利率计算的利息损失。

律师评析

本案是一起较为典型的侵权和违约竞合的案件，原告选择依据侵权责任赔偿起诉，要求被告承担违约赔偿责任于法有据。最高人民法院作为公报案例予以公布。对于本案，可以从以下几个方面来进行分析：

第一，关于责任竞合问题。根据《民法典》第186条之规定，违约行为造成对方人身、财产权益受到侵害的，受损害方可以选择主张违约责任，也可以选择主张侵权责任。本案中，在承运人物流公司存在违约和侵权责任竞合的情况下，委托方F公司有选择权，可以提起合同违约之诉，也可以提起侵权赔偿之诉，保险公司上海分公司基于保险代位权，可以享有与F公司同等的权利。因此，保险公司上海分公司有权提起本案侵权诉讼。

第二，保险公司上海分公司选择提起侵权诉讼，一是在管辖方面，可以根据侵权结果发生地而将管辖法院确定为该公司所在地法院；二是在举证责任方面，本案中，根据事故发生的情况，交警判定京AE××××（京AE×××挂）车辆驾驶员高某由于未按操作规程驾驶，存在过错，负事故的全部责任。侵权行为及因果关系较为清楚，保险公司上海分公司的举证责任并不会比提起合同之诉要重。

第三，关于侵权主体是否享有合同抗辩权的问题。本案中，法院给予肯定态度。法院认为“对于同一损害，当事人双方既存在合同关系又存在侵权法律关系的，不能完全割裂两者的联系，既要保护一方在请求权上的选择权，也要保护另一方依法享有的抗辩权。在责任竞合的情况下，如果允许一方选择侵权赔偿，并基于该选择排除对方基于生效合同享有的抗辩权，则不仅会导致双方合同关系形同虚设，有违诚实信用原则，也会导致市场主体无法通过合同制度合理防范、处理正常的商业经营风险。因此，无论一方以何种请求权向对方主张责任，均不能禁止其依据合同的有关约定进行抗辩”。从另一方面来看，本案中保险公司上海分公司提出侵权赔偿诉讼的基础法律关系是物流公司与F公司之间的运输合同关系，双方之间关于货损的责任约定合法有效，即使F公司提起侵权赔偿诉讼，该责任限度也是有效的。因此，保险公司上海分公司提起代位求偿诉讼，也应受到该条款的约束。

最后，鉴于本案属于最高人民法院公布的公报案例，在处理类案中，法院的裁判观点可资借鉴。

第七章　缔约过失责任[①]

第一节　理论概述与实务指引

缔约过失责任，是指在合同订立过程中，一方因违反诚信原则未履行先合同义务而导致对方信赖利益的损失，依法应承担的一种赔偿责任。该种责任以先合同义务为前提，以过错为要件，其本质在于违反诚信原则。在投资公司与A市财政局股权转让案［（2016）最高法民终802号］中，最高人民法院明确指出：缔约过失责任制度是实现诚实信用这一民法基本原则的具体保障。通过要求缔约过失责任人承担损害赔偿责任，填补善意相对人信赖利益损失，以敦促各类民事主体善良行事，恪守承诺。《民法典》第500条规定："当事人在订立合同过程中有下列情形之一，造成对方损失的，应当承担赔偿责任：（一）假借订立合同，恶意进行磋商；（二）故意隐瞒与订立合同有关的重要事实或者提供虚假情况；（三）有其他违背诚信原则的行为。"第501条规定："当事人在订立合同过程中知悉的商业秘密或者其他应当保密的信息，无论合同是否成立，不得泄露或者不正当地使用；泄露、不正当地使用该商业秘密或者信息，造成对方损失的，应当承担赔偿责任。"

一、缔约过失责任的性质及特征

从理论及实践角度来看，缔约过失责任被认为是一种不同于违约责任和侵权责任的独立责任。缔约过失责任与违约责任的差异较大，即缔约过失责任是违反先合同义务承担的责任，而违约责任是违反合同义务承担的责任。

---

① 本章作者张海燕、王蛮。

就缔约过失责任与侵权责任的关系而言，理论界存在一些质疑二者界限的观点，[①] 认为缔约过失责任和侵权责任在法律适用上几无差异，故不存在区分的必要。同时，我国的缔约过失责任制度继受自德国，而德国之所以规定缔约过失责任是因为其旧侵权法的规制范围过于狭隘，但我国实际上并不存在这种引入缔约过失责任的制度需求。但总的来看，主流观点仍认为缔约过失责任是与侵权责任不同的一种责任，《民法典》第 500 条和第 501 条就缔约过失责任作出了专门的规定。

缔约过失责任的主要特征在于：

（一）发生于订立合同过程中，以存在先合同义务为前提

从《民法典》第 500 条及第 501 条的规定中均可以看出，缔约过失责任发生于“订立合同过程中”，以当事人违反订立合同过程中的先合同义务为要件。在文某与房地产公司缔约过失责任案［最高人民法院（2020）最高法民再 194 号］中，最高人民法院认为：缔约过失责任是指在合同缔结过程中，缔约人故意或者过失地违反依据诚实信用原则所应负的先合同义务，致使另一方的信赖利益受损，而应承担的民事责任。在物流公司、G 镇人民政府租赁合同案［（2018）最高法民申 4113 号］中，最高人民法院认为：案涉公司应当知晓案涉土地来源，亦应当对案涉土地的性质进行审查，其未审查违反了先合同义务。同时，未能在案涉项目建设前取得建设规划许可手续，并在相关部门向其发送停止建设及拆除违法建筑通知后，仍继续进行违法建设，存在明显的主观过错，应当对合同无效导致的扩大损失承担责任。综上，案涉公司应对合同无效承担相应的缔约过失责任。

（二）保护对象为当事人的信赖利益

在缔约阶段，合同当事人之间都在为合同的订立和履行进行着不同程度

---

① 李中原：《缔约过失责任之独立性质疑》，载《法学》2008 年第 7 期；冉克平：《缔约过失责任性质新论——以德国学说与判例的变迁为视角》，载《河北法学》2010 年第 2 期；于飞：《我国〈合同法〉上缔约过失责任性质的再认识》，载《中国政法大学学报》2014 年第 5 期。

的准备工作，双方之间存在彼此信赖的关系。基于这种信赖关系发生的利益，即为信赖利益。所谓信赖利益损失，是指缔约人信赖合同有效成立，但因法定事由的发生，致使合同不成立、无效、不被追认或被撤销等而造成的损失，它同样包括直接损失和间接损失。[①] 法律之所以对缔约阶段的合同当事人科以更高的注意义务并规定缔约过失责任，其目的就在于保护合同当事人的信赖利益，保障缔约过程规范有序进行。在合同履行阶段，当事人享有的是合同履行利益，该利益则通过违约责任加以保护。

（三）以过错为归责原则

缔约过失责任整体上仍受过错责任原则支配。[②] 缔约过失责任产生的前提是先合同义务，是一种法定义务，当事人违反这种法定义务，即构成过错。而违约责任则往往由合同当事人约定，不以过错为必要条件。

二、缔约过失责任的构成要件

关于缔约过失责任的构成要件，目前学术和实务界大都倾向于“四要件说”[③]。即构成缔约过失责任，应符合下列要件：

（一）缔约一方在缔约过程中违反先合同义务

所谓先合同义务，又称“先契约义务”，是指缔约双方在缔约过程中（合同生效前）基于诚信原则而应负有的相互告知、协助、保护、保密、说明等合同附随义务。一般认为，先合同义务包括：诚信缔约义务、告知义务、保密义务及其他基于诚信原则而产生的先合同义务。先合同义务存在于

---

① 崔建远：《合同法》（第2版），北京大学出版社2013年版，第111页。

② 韩世远：《合同法总论》（第4版），法律出版社2018年版，第170页。

③ 从我国合同法主要研究学者及最高人民法院的著述中可以看出，目前理论合同实务界均倾向于认同“四要件说”，具体可参见韩世远：《合同法总论》（第4版），法律出版社2018年版，第170页；崔建远：《合同法》（第2版），北京大学出版社2013年版，第110页；最高人民法院民事审判第二庭编：《合同案件审判指导》，法律出版社2014年版，第32页。此外，在甘肃省高级人民法院（2013）甘民二终字第123号民事判决书中亦将缔约过失责任的构成要件认定为：先合同义务的违反、缔约过程中过失的存在、损失的存在、因果关系。

要约生效之后、合同成立之前这一特定的时间段。违反先合同义务，是构成缔约过失责任的核心要件。如在温某源与T矿业公司、常某、W矿业公司缔约过失责任纠纷案［最高人民法院（2020）最高法民终403号］中即将T矿业公司、常某、W矿业公司在履行先合同义务中是否存在违背诚信原则的行为作为该院审查的第一个焦点问题。

（二）缔约相对方受到损失

缔约相对方受到的损失为信赖利益损失而非履行利益的损失，具体包括直接利益的减少以及丧失其他缔约机会而遭受的损失等。如在房地产公司与H公司缔约过失责任案［四川省高级人民法院（2018）川民终658号］中，房地产公司请求H公司承担其按照H公司的要求进行工程设计变更而多支出的设计费用，即是在主张因合同最终未订立使其设计变更落空而导致的直接利益的减少。具体的损失额根据案件实际情况进行计算，但不得超过合同履行利益即合同成立并得到履行后所获得的利益。[①] 同时，该损失限于财产损失而不包括精神损失。

（三）一方违反先合同义务与相对方所受损失之间有因果关系

一方违反先合同义务与相对方所受损失之间有因果关系，即缔约相对方的财产损失是由于缔约方违反先合同义务所导致。如在投资公司与房地产公司缔约过失责任纠纷案中，该院认定双方当事人在缔约过程中均存在违反先合同义务的行为，故双方应当按照50%：50%的比例分担投资公司遭受的损失，这实际上是认为投资公司遭受损失中的50%与房地产公司的行为无因果关系。

（四）违反先合同义务一方存在过错

此处之过错是指对于合同无效、被撤销、不被追认、不成立等情形的过错，包括违反先合同义务一方的恶意或过失。缔约过失责任以当事人在订立

---

① 黄薇主编：《中华人民共和国民法典合同编解读》（上册），中国法制出版社2020年版，第135页。

合同过程中存在违背诚实信用原则的行为为前提，致使合同不成立、无效、被撤销或未生效的，应对给对方造成的信赖利益损失予以赔偿。存在过错，违反法定附随义务或先合同义务，造成对方的信赖利益损失，行为与损失之间存在因果关系。在双方均有过错的情形下，应分清双方过错程度，按比例划分，对损失各自承担相应的责任。缔约过失责任的构成要件是：（1）缔约一方违反先合同义务（缔约过程中存在过错）；（2）客观上造成另一方信赖利益损失；（3）违反先合同义务的行为与对方所受到的损失之间存在因果关系。

三、缔约过失责任的主要情形

缔约过失责任的主要情形，指的是缔约过失责任中“缔约一方在缔约过程中违反先合同义务”这一构成要件的典型表现形式。根据《民法典》第500条、第501条之规定，缔约过失责任主要包括以下几种情形：

（一）假借订立合同，恶意进行磋商

即缔约人没有真正订立合同的本意，而出于恶意的目的（包括损害对方或第三人的利益，如为了限制竞争对手），制造希望订立合同的假象，与缔约相对方进行磋商。

（二）故意隐瞒与订立合同有关的重要事实或者提供虚假情况

此种情形与《民法典》第148条合同撤销原因中的“欺诈”大致相同，包括消极的不作为（隐瞒真相）和积极的作为（虚假陈述）两种行为。需要说明的是，欺诈作为合同撤销的原因之一，解决的是合同效力问题（即可撤销），而《民法典》第500条第2项解决的是合同被撤销后受损缔约方的赔偿请求权问题，二者并不矛盾。

（三）泄露或不正当使用商业秘密

在订立合同过程中，缔约方对于所知悉的对方的商业秘密，不论合同是否成立，均负有保密义务。若缔约方泄露或不正当使用该等商业秘密，造成

对方损失，将承担相应的法律责任。但是，这种法律责任的性质因泄露或不正当使用商业秘密的行为发生的时间不同而有所不同。若行为发生于缔约阶段，行为人违反的是先合同义务，则法律责任的性质是缔约过失责任；若行为发生于履约阶段，行为人违反的是合同履行过程中的附随义务，则法律责任的性质是违约责任。

（四）其他违背诚信原则的情形

前述三种情形是《民法典》明文规定的典型的缔约过失责任类型。但根据《民法典》第500条“当事人在订立合同过程中有下列情形之一，造成对方损失的，应当承担赔偿责任：……（三）有其他违背诚信原则的行为”之规定，《民法典》关于前述三种情形的规定应当仅为示例性规定。就合同订立磋商而言，只要是基于诚信原则进行磋商，不论磋商是否成功，均不会产生缔约过失责任。但若违背了协助、照顾、保护、通知等基于诚信原则而产生的义务，则将产生缔约过失责任。缔约过失责任的本质在于违背诚信原则，而违背诚信原则的行为在实践中层出不穷。因此，对于《民法典》中未明确规定而又确实违反诚信原则的情形即可归为此类。

需要特别指出的是，对于经批准方可生效的合同中报批条款的效力，《民法典》作出了全新的规定。《民法典》第502条第2款规定，“依照法律、行政法规的规定，合同应当办理批准等手续的，依照其规定。未办理批准等手续影响合同生效的，不影响合同中履行报批等义务条款以及相关条款的效力。应当办理申请批准等手续的当事人未履行义务的，对方可以请求其承担违反该义务的责任”。《民法典》的上述规定使得经批准方可生效的合同中的报批条款在事实上成了独立的合同，可以独立于合同中的其他条款先行生效。因此，若负有报批义务的一方拒不履行报批义务，其承担的责任应为违约责任而不再是缔约过失责任。

四、缔约过失责任的责任形式

根据《民法典》第500条、第501条之规定，缔约过失责任的责任形式主要为损害赔偿，即《民法典》第179条规定的承担民事责任的方式中的赔偿损失。赔偿的范围以受损害的当事人的信赖利益为限，包括直接利益的减少，如谈判中发生的费用，还包括受损害的当事人因此失去与第三人订立合同机会的损失①。缔约过失责任的赔偿范围分为两类，一是“为订立合同或者准备履行合同所支出的合理费用等损失”，该部分损失，由当事人按照过错程度予以分担；二是“因丧失其他缔约机会而造成的损失”，该部分损失应限于一方当事人“假借订立合同，恶意进行磋商，或者实施其他严重违背诚信原则的行为”，同时，还应当扣除受损失一方为取得该机会所应支出的合理费用。

第二节　办案思路与实战技巧

律师在办理缔约过失责任纠纷案件时，其思路应当是：首先对案件是否属于缔约过失责任纠纷进行判断，其次对双方的行为性质进行分析判断，最后在前两项判断的基础上确定诉由及诉请。

一、对于案件纠纷性质的审查判断

就缔约过失责任纠纷而言，首先应当对该合同纠纷案件的性质进行初步的判断。若该案件属于合同解除纠纷，则无适用缔约过失责任的余地。若该案件属于合同未成立、不生效、无效或可撤销纠纷中的一种，则可考虑主张缔约过失责任并进一步论证。审查合同的效力，首先需要区分合同成立、合同生效、合同无效、合同撤销、合同解除这几个概念。考虑到本书中将有专门的章节来探讨合同无效、合同撤销、合同解除等内容，在此仅对前述几个概念的基本含义进行阐述。

合同成立是指当事人经过要约、承诺，就合同的主要条款达成合意。《民法典》第483条规定：承诺生效时合同成立，但是法律另有规定或者当

① 黄薇主编：《中华人民共和国民法典合同编解读》（上册），中国法制出版社2020年版，第135页。

事人另有约定的除外。就承诺的具体方式，可分为以下几种情形：当事人采用合同书形式订立合同的，自当事人均签名、盖章或者按指印时合同成立（《民法典》第490条第1款第1句）；在签名、盖章或者按指印之前，当事人一方已经履行主要义务，对方接受时，该合同成立（《民法典》第490条第1款第2句）；法律、行政法规规定或者当事人约定合同应当采用书面形式订立，当事人未采用书面形式但是一方已经履行主要义务，对方接受时，该合同成立（《民法典》第490条第2款）；当事人采用信件、数据电文等形式订立合同要求签订确认书的，签订确认书时合同成立（《民法典》第491条第1款）；当事人一方通过互联网等信息网络发布的商品或者服务信息符合要约条件的，对方选择该商品或者服务并提交订单成功时合同成立，但是当事人另有约定的除外（《民法典》第491条第2款）。

合同生效是指已经成立的合同在当事人之间产生了实质性的法律约束力，合同当事人应当按照合同的约定行使权利和履行各自的义务。合同无效是指合同虽然成立，但因其符合法律明确规定的无效要件，故法律对其原本应产生的法律效果予以排除，使其不能按照当事人的约定产生拘束力，它反映了国家对合同关系，即当事人意思自治的干预。合同撤销是指因意思表示不真实或不自由，通过撤销权人行使撤销权，使已经生效的合同归于消灭。合同解除是合同有效成立后，因当事人一方或双方的意思表示，使合同关系归于消灭。

二、对合同当事人缔约过失行为进行逐一分析

在初步判断案件属于缔约过失责任纠纷的基础上，需要进一步分析造成合同瑕疵（即究竟是属于合同未成立、未生效、无效或可撤销中的哪一种）的原因，即究竟是什么原因导致的合同瑕疵？当事人出现了何种缔约过失行为？

（一）确定导致合同瑕疵的法律原因

如前所述，合同未成立、未生效、无效或可撤销均存在发生缔约过失责任的可能，而造成这些瑕疵的原因又是多种多样的。如《民法典》第144

条、第 146 条、第 505 条对合同无效的情形作出了明确规定；第 147 条至第 151 条对合同可撤销的情形作出了集中规定。因此，应当进一步分析究竟是何种原因导致了本案的合同瑕疵。

（二）进一步分析导致合同瑕疵的行为原因

在明确合同瑕疵的法律原因后，应当进一步分析其行为原因。比如在合同无效的场合，应进一步分析是何种原因导致了合同无效。即当事人实施了何种行为？如前所述，缔约过失行为的本质是违反先合同义务，因此，根据先合同义务的不同而会呈现出若干的表现形态。实践中，可能导致产生缔约过失责任的行为主要包括：

1. 假借订立合同，恶意进行磋商

此种行为属于违反“诚信缔约义务”的行为。所谓假借订立合同，就是指当事人根本没有与对方订立合同的意思，仅是以订立合同为幌子而与对方进行磋商，以达到损害对方或第三方的目的。所谓“恶意”，应为没有与对方订立合同的真意，不以损害对方为前提。恶意磋商，包括恶意开始磋商和恶意继续磋商。比较典型的行为模式是：当事人 A 与 B 正在就某项合同进行谈判，当事人 C 为 B 的竞争对手，C 为了阻止 A 与 B 之间达成协议，进而以更优厚的条件与 A 进行磋商，但 C 实际上根本就没有与 A 订立合同的意思，其本意只是为了阻止 A 与 B 之间达成合作，进而打压竞争对手。在此种情形下，C 的行为就构成假借订立合同恶意进行磋商。此外，如广告公司发布招聘广告，让应聘者设计作品作为面试条件，但实际上该公司根本就没有与应聘者订立劳动合同的意思，其只是为了让应聘者免费为其设计作品，这种行为也属于假借订立合同恶意进行磋商。

2. 隐瞒真相或虚假陈述

隐瞒真相是一种消极的虚假表示，虚假陈述是一种积极的虚假表示。此种行为属于违反信息告知义务的情形。应当注意的是，在订立合同过程中，当事人应当告知哪些信息，即信息披露的程度，需要结合具体的合同来判定。一般而言，应当是与该合同有关，会影响到当事人重要决策的信息。通常情况下，隐瞒真相与虚假陈述往往同时存在，比如，在房屋买卖过程

中，不告诉买方该房屋已经抵押的事实，即可构成隐瞒真相，同时卖方一般均会表示其房屋不存在抵押，即虚假陈述。再如，在汽车销售过程中，标的车辆实际上已经更换过部件，但经销商告诉购车人该车辆为原装进口新车，即构成虚假陈述，而其不告诉购车人车辆已更换过部件的行为则属于隐瞒真相。在隐瞒真相与虚假陈述并存的情形下，通常以缔约方积极的虚假陈述主张其承担低于过失责任即可，消极的隐瞒真相可以被积极的虚假陈述所吸收。

3. 违反有效要约

要约、承诺是合同订立的两个阶段。在当事人一方发出要约的情况下，只要受要约人作出承诺的意思表示，该合同即告成立。在受要约方发出承诺通知前，要约人可以依法撤回要约或撤销要约。但根据《民法典》第 476 条之规定，有下列情形之一的，要约不得撤销：（1）要约人以确定承诺期限或者其他形式明示要约不可撤销；（2）受要约人有理由认为要约是不可撤销的，并已经为履行合同做了合理准备工作。若要约人违反规定强行撤销要约，即可构成缔约过失。

4. 违反已经达成的初步协议

对于一些需要反复进行磋商和谈判的合同，合同的订立往往需要经历一个较长时间的过程。为了约束双方均能诚信缔约，通常会在达成初步框架协议或意向后签署意向书或初步协议或类似文件（如会谈纪要、备忘录等），若一方在后来的谈判过程中对已经达成的初步协议条款未予遵守，导致双方无法达成合作的，也应承担相应的缔约过失责任。比如，A 公司拟收购 B 公司资产，经初步沟通，双方就尽职调查、定价原则、工作步骤等达成初步协议，而后 B 公司反悔，在尽职调查过程中不予配合导致收购无法完成的，则 B 公司就需承担缔约过失责任。

5. 未履行通知、协助、照顾、保护义务及保密义务

上述的各种义务在法理上也被称为附随义务，它是在法律无明文规定，当事人之间亦无明确约定的情况下，为了确保合同目的的实现并维护对方当事人的人身和财产利益，遵循诚信原则，依据合同的性质、目的和交易习惯所承担的作为或不作为的义务。这种附随义务贯穿合同的缔结、履行和消灭

全过程。在合同缔结阶段，若违反此种附随义务，造成合同不成立或被撤销的，则可能构成缔约过失。如根据《民法典》第171条的规定，无权代理关系中，行为人未告知相对人其无代理权，善意相对人依法行使撤销权的情况下，行为人即构成缔约过失责任。在合同履行过程中及终止后，违反此种附随义务，则可能构成违约或侵权。此外，在合同缔结阶段违反保密义务也构成缔约过失责任。比如，在上述收购例子中，若A公司在完成尽职调查后，不当使用其在尽职调查过程中所掌握的B公司商业秘密，则A公司需承担缔约过失责任。

6. 因当事人过失导致合同无效或被撤销

《民法典》第157条规定：民事法律行为无效、被撤销或者确定不发生效力后，行为人因该行为取得的财产，应当予以返还；不能返还或者没有必要返还的，应当折价补偿。有过错的一方应当赔偿对方由此所受到的损失；各方都有过错的，应当各自承担相应的责任。法律另有规定的，依照其规定。此种责任也属于缔约过失责任。如在李某与邱某杰特许经营合同案［（2021）豫知民终476号］中，河南省高级人民法院指出：本案中，涉案合同无效的主要原因是邱某杰不具备作为特许人从事特许经营活动的主体资格，其以个人名义签订特许经营合同，违反了行政法规的强制性规定，虽然李某在签订合同时未尽到注意义务亦具有一定过错，但邱某杰对涉案协议书的无效应当承担主要责任。本案的店面装修设计、安装、运费以及广告费是根据邱某杰的设计方案及要求为履行合同约定而支出的费用，在特许经营合同无效后已无法重复利用，应视为损失，邱某杰应当赔偿部分李某上述费用。

7. 因无权代理而导致合同不成立或被撤销

《民法典》第171条第1款、第2款规定：行为人没有代理权、超越代理权或者代理权终止后，仍然实施代理行为，未经被代理人追认的，对被代理人不发生效力。相对人可以催告被代理人自收到通知之日起三十日内予以追认。被代理人未作表示的，视为拒绝追认。行为人实施的行为被追认前，善意相对人有撤销的权利。撤销应当以通知的方式作出。对于当事人无代理权而订立的合同，在不构成表见代理的情况下，善意相对人在被代理人追认之前可以撤销该合同，由此产生的责任由行为人承担，该责任亦属于缔约过失责任。

（三）如何判断是否属于“订立合同过程中”

《民法典》第500条将缔约过失责任限定于“订立合同过程中”，因此，要判断一个行为是否能够构成缔约过失，需要准确判断该行为发生的阶段。从合同关系的整体发展过程来看，一般包括成立、履行及终止三个阶段。合同的成立，是指当事人经过要约、承诺，就合同的主要条款达成合意，标志着合同订立过程的完结，属于合同阶段的静态描述。“订立合同过程中”，是指自合同双方为合同开始接触直至合同生效前这一阶段，是订立合同的动态过程。合同双方接触之前不存在先合同义务，合同生效后即进入履行阶段，均无缔约过失产生之余地。

三、合理提出赔偿请求

（一）必须提出独立的赔偿请求

缔约过失责任是建立在合同未成立、未生效、无效或可撤销的前提之上，与建立在合同有效基础之上的继续履行、采取补救措施、违约赔偿等存在根本区别，且有其独立的请求权基础（《民法典》第500条、第501条）和独立的案由。因此，律师在办理缔约过失责任案件中，若主张缔约过失赔偿责任的，须提出独立的赔偿请求，否则，法院有可能不予审理。

（二）赔偿范围限于信赖利益损失

所谓的“信赖利益的损失”是指一方实施某种行为后，足以使另一方对其产生信赖并因此而支付了一定的费用，后因对方违反诚信原则而遭受损失。信赖利益损失的赔偿范围，应以对方的缔约过失造成的实际损失为准，包括为缔结合同的支出、由于对方违反先合同义务而受到的损失，以及由于对方过失而造成的订约机会丧失而受到的损失。[①] 根据《全国法院民商事审判工作会议纪要》第32条之规定，信赖利益损失的赔偿范围应以合同履行利益为限。具体而言，①信赖利益损失限于直接损失。一般不包括因此错失的机会丧失等间接损失，否则，信赖利益损失就可能会漫无边际，不当加重当事人的责任。只有在一方严重违反诚信原则的情况下，才对机会丧失导致的损失承担赔偿责任。②不能参照合同约定来确定信赖利益的范围。③信赖利益不得超过履行利益。④信赖利益损失属于财产损失，不包括人身损害或精神损害。当事人在缔约过程中遭受的人身损害或精神损害，应当根据侵权责任相关规定提出请求，而不能基于缔约过失责任提出。[②] 此外，还应注意过失相抵、损益相抵的赔偿规则，在双方都存在过错的情况下，均应承担相应的缔约过失责任，分担相应的信赖利益损失。

关联案例1

案件名称： 文某与房地产公司缔约过失责任案

案　　号： 最高人民法院（2020）最高法民再194号

裁判观点： 缔约过失责任是指在合同缔结过程中，缔约人故意或者过失地违反依据诚实信用原则所应负的先合同义务，致使另一方的信赖利益受损，而应承担的民事责任。缔约过失责任的构成要件是：（1）缔约一方违反先合同义务（缔约过程中存在过错）；（2）客观上造成另一方信赖利益损失；（3）违反先合同义务的行为与对方所受到的损失之间存在因果关系。

---

① 庞景玉、何志：《合同纠纷裁判依据新释新解》，人民法院出版社2014年版，第78页。

② 最高人民法院民事审判第二庭编著：《〈全国法院民商事审判工作会议纪要〉理解与适用》，人民法院出版社2019年版，第260~261页。

关联案例2

案件名称：温某源与T矿业公司、常某、W矿业公司缔约过失责任案

案　　号：最高人民法院（2020）最高法民终403号

裁判观点：缔约过失责任的构成，须合同一方当事人存在违背诚实信用原则的行为，且给对方当事人造成了损失。

关联案例3

案件名称：物流公司与G镇人民政府租赁合同案

案　　号：最高人民法院（2018）最高法民申4113号

裁判观点：缔约过失责任的承担主体应为合同缔约当事人，作为案涉场地规划的设计方和建设方，应当对所涉土地的性质进行审查而未审查，违反了先合同义务。未履行建设规划许可手续，且在政府相关部门向其发送停止建设及拆除违法建筑通知后，继续进行违法建设。对案涉合同的无效亦应承担缔约过失责任。

关联案例4

案件名称：游艇公司与顾某荣、李某虹缔约过失责任案

案　　号：辽宁省高级人民法院（2020）辽民终363号

裁判观点：关于李某虹的过错，原审认定正确，即李某虹未妥善履行监护人的法定职责，以致限制民事行为能力人顾某荣与游艇公司签订了总价人民币750万元的游艇购买合同。但李某虹在合同签订后的第七天（即2012年4月5日）得知案涉合同被签订后，即明确通知游艇公司法定代表人穆某佳及业务联系人朱某楠，顾某荣患有深度抑郁症正处于发病期，要求游艇公司立即终止《游艇销售合同》，并在作出通知后的第十二天即2012年4月17日，和顾某荣一起向人民法院提起了民事诉讼请求判令案涉合同无效，在此阶段，李某虹积极补救，其行为并无过错。

关联案例5

案件名称： 李某与邱某杰特许经营合同案

案　　号： 河南省高级人民法院（2021）豫知民终476号

裁判观点： 涉案合同无效的主要原因是邱某杰不具备作为特许人从事特许经营活动的主体资格，其以个人名义签订特许经营合同，违反了行政法规的强制性规定，虽然李某在签订合同时未尽到注意义务亦具有一定过错，但邱某杰对涉案协议书的无效应当承担主要责任。本案的店面装修设计、安装、运费以及广告费是根据邱某杰的设计方案及要求为履行合同约定而支出的费用，在特许经营合同无效后已无法重复利用，应视为损失，邱某杰应当赔偿部分李某上述费用。

关联案例6

案件名称： 房地产公司与H公司缔约过失责任案

案　　号： 四川省高级人民法院（2018）川民终658号

裁判观点： 房地产公司委托变更设计、施工的时间均发生在6月30日H公司告知不能合作之后，故变更设计、施工费用的产生与H公司的行为没有因果关系。H公司在磋商过程中及时告知不能合作，对上述费用的产生没有过错。房地产公司请求H公司承担上述变更设计、施工费用的上诉理由不能成立。

关联案例7

案件名称：投资公司与房地产公司缔约过失责任案

案　　号：广东省高级人民法院（2019）粤民终947号

裁判观点：投资公司和房地产公司之间签订的《协议书》因违反了法律强制性规定而被已生效的（2016）粤01民终10811号民事判决认定为无效，同时，已生效的（2018）粤01民终14053号民事判决认定，双方在明知应办理相关手续且了解涉案土地的使用风险后，仍一直未向政府部门申请办理涉案土地分割转让的批准手续及未取得涉案10000平方米土地的使用权证书，对上述《协议书》无效的后果均存在过错，且过错相当，双方各自按50%比例承担责任。

第三节　典型案例精析

投资公司与A市财政局股权转让案①

裁判要旨

在合同缔约过程中，如一方当事人违背诚实信用原则，不履行相关先合同义务，其应对相对人因此所受损失承担赔偿责任。缔约过失人获得利益以善意相对人丧失交易机会为代价，善意相对人要求缔约过失人赔偿的，人民法院应予支持。除直接损失外，缔约过失人对善意相对人的交易机会丧失等间接损失，应予赔偿。间接损失数额应考虑缔约过失人过错程度及获得利益情况、善意相对人成本支出及预期利益等，综合衡量确定。

案情简介

2011年11月29日，A市财政局为委托方，沈交所为受托方，双方签订

① 《最高人民法院公报》2017年第12期。

一份《产权转让挂牌登记委托协议》，约定A市财政局作为出让方将其持有的某银行的国有股权出让信息委托产权交易所登记并挂牌公布。2011年12月30日，在交易所网站上对A市财政局转让27.7161%股权（69300万股）及股份转让明细、转让价格、受让股东资格条件、保证金比例金额、挂牌时间等内容进行转让挂牌公告。

2012年3月21日，投资公司向沈交所提交了挂牌公告中要求提交的摘牌材料。2012年3月28日，投资公司等四家公司摘牌，其中投资公司摘牌2.75亿股，含涉案A市财政局股权2.25亿股。2012年3月29日，沈交所向投资公司发出《意向受让受理通知书》，认为投资公司符合意向受让资格，予以受理并要求支付摘牌保证金1650万元。2012年3月30日，投资公司向沈交所交纳保证金1650万元。2012年4月17日，转让方A市财政局（甲方）与受让方投资公司（乙方）签订一份《股份转让合同书》，就甲方拟转让其合法持有的标的企业9.9986%即22500万股份给乙方等相关事宜进行了约定。

2012年2月10日，投资公司按约定将相关报批材料按双方合同约定提交至某银行，并在申报的材料中作出相关承诺和声明。2012年6月，某银行向中国银行业监督管理委员会A市监管分局报送了《关于投资公司等2家企业受让持股A市股东资格审查的请求》。2012年6月12日，中国银行业监督管理委员会A市监管分局向辽宁银监局报送了《关于A市银行股份有限公司2012年度股东变更情况的监管意见》，拟同意此次股东变更有关行政许可事项。

2013年3月25日，A市作出《关于终止A市银行国有股权受让的函》。2013年3月26日，中国银行业监督管理委员会辽宁监管局作出《行政许可事项不予受理通知书》载明："A市银行：你单位报送《关于投资公司等2家企业受让持股A市银行股东资格审查的请求》，按照《中国银行业监督管理委员会行政许可实施程序规定》《辽宁银监局行政许可事项操作规程》等相关规定，你行于补正通知发出之日起3个月内未能提交补正申请材料，该行政许可事项不予以受理。"2013年6月6日，A市财政局作出《关于终止A市银行国有股权转让的函》，以本次国有金融资产转让久未成交，目前实际情况与挂牌时相比已经发生较大变化，为维护国有金融资产的合法权益为由，决定终止本次 A 市银行国有及国有法人股 8.08 亿股的转让。2013 年 6 月 14 日，交易所根据 A 市财政局上述文件，向投资公司等发出《关于终止 A 市银行国有股权转让的通知》。2013 年 10 月 16 日，投资公司等受让企业收到 A 市财政局退还的保证金。2013 年 12 月 31 日，A 市财政局在北京金融资产交易所将上述股权重新挂牌转让。2014 年 7 月 24 日，A 市财政局将案涉股权 5 亿股以每股高于协议 0.5 元的价格即每股 2.5 元转让给了投资公司。2015 年 5 月 20 日，投资公司等向 A 市财政局、耐火材料总厂向 A 市财政局发出《关于要求损失赔偿的函》，要求赔偿交易费用、应得利益、摘牌保证金利息等损失。A 市财政局于 2015 年 5 月 26 日签收该函，但未予回应。2015 年 9 月 1 日，投资公司向一审法院提起本案诉讼。

法院裁决

一审法院认为：（1）本案 A 市财政局转让其持有 A 市银行国有股权，应根据前述规定经相应级别的政府部门审批合同才生效。涉案的《股份转让合同书》未经政府部门审批，该合同成立但未生效。（2）从退还保证金及支付交易费的要求过程推断，可以认定双方签订的《股份转让合同书》已于 2013 年 10 月 11 日约定解除。（3）涉案股份转让合同成立未生效并解除后，投资公司有权向 A 市财政局主张承担损害赔偿责任。综上，判决：一、A 市财政局赔偿投资公司交易费本金人民币 27.846535 万元及相应利息；二、A 市财政局赔偿投资公司 1350 万元的保证金利息；三、A 市财政局赔偿投资公司 1294.30693 万元的保证金利息；四、驳回投资公司其他诉讼请求。

一审判决后，投资公司提起上诉，请求：撤销一审判决第四项，改判支持投资公司的可得利益损失 11250 万元。A 市财政局提起上诉，请求：撤销一审判决第一项、第二项、第三项，改判 A 市财政局不承担赔偿责任。最高人民法院经审理认为：（1）涉案《股份转让合同书》应认定为成立未生效合同。（2）涉案《股份转让合同书》应认定为于 2013 年 10 月 11 日协商解除。（3）A 市财政局未将涉案合同报送批准存在缔约过失。投资公司在缔约过程中支付交易费及保证金利息，属于投资公司的直接损失，应由 A 市财政局承担赔偿责任。当事人客观合理的交易机会丧失应属于缔约过失责任赔偿范围，A 市财政局对投资公司所主张的可得利益损失应予适当赔偿。综上，判决：一、维持辽宁省高级人民法院（2015）辽民二初字第 00060 号民事判决第一项、第二项、第三项；二、撤销辽宁省高级人民法院（2015）辽民二初字第 00060 号民事判决第四项；三、A 市财政局赔偿投资公司损失 1125 万元；四、驳回投资公司的其他诉讼请求。

律师评析

本案判决公布于《最高人民法院公报》2017 年第 12 期，对于深入理解和掌握缔约过失责任的概念、适用情形、过失行为的表现形式及赔偿责任范围等均有较高的参考价值。

1. 关于缔约过失责任的概念、适用情形问题

缔约过失责任是一方因违反先合同义务而造成对方信赖利益损失而应承担的民事赔偿责任。缔约过失责任的承担须以先合同义务的存在及违反作为前提条件，适用于合同未成立、不生效、无效或被撤销之情形。就本案而言，法院认为案涉《股份转让合同书》虽已经成立，但因未经有权机关批准，应认定其效力为未生效。投资公司主张涉案合同已经 A 市人民政府批准，其所依据的是 A 市国有银行股权转让说明书，但该说明书仅是 A 市人民政府对涉案股权挂牌出让的批准，并非对涉案《股份转让合同书》的批准。在合同未成立的情形下，有缔约过失责任发生的可能。如前所述，律师在办理缔约过失责任案件时，首先就要判断是什么原因导致合同出现问题，是未成立、不生效、无效还是可撤销？这是分析是否适用缔约过失责任的前提。

2. 关于缔约过失责任的具体原因

根据《民法典》第 500 条及第 501 条之规定，缔约过失行为包括假借订立合同，恶意进行磋商，故意隐瞒与订立合同有关的重要事实或者提供虚假情况，泄露或不正当地使用商业秘密以及有其他违背诚实信用原则的行为等四种情形。其中“其他违背诚实信用原则的行为”属于兜底条款，需要结合实际案情来进行分析判断。在本案中，根据本案的事实以及双方的诉辩主张，判定案涉公司是否应当承担缔约过失责任之关键，主要在于 A 市财政局未将涉案合同报送批准，法院据此认为 A 市财政局的行为属于“其他违背诚实信用原则的行为”，应认定其存在缔约过失。需要注意的是：在《民法典》实施后，根据《民法典》第502条之规定，经批准方可生效的合同中的报批条款可以独立于合同中的其他条款先行生效。因此，若负有报批义务的一方拒不履行报批义务，其承担的责任应为违约责任而不再是缔约过失责任。

3. 关于赔偿责任范围问题

首先，过失方需赔偿非过失方的直接损失，自不待言。本案中，投资公司在缔约过程中支付交易费及保证金利息，属于投资公司的直接损失，应由A市财政局承担赔偿责任。其次，对于非过失方合理范围内的可得利益损失，也应当由过失方予以赔偿，尤其在过失方存在明显过错的情况下，如果不让其不诚信行为付出代价，也不符合公平原则。通常情况下，缔约过失责任人对善意相对人缔约过程中支出的直接费用等直接损失予以赔偿，即可使善意相对人利益得到恢复。但如果善意相对人确实因缔约过失责任人的行为遭受交易机会丧失等间接损失，则缔约过失责任人也应当予以适当赔偿。这也是贯彻诚实信用原则，保护无过错方利益的应有之义。当然，交易机会本身存在的不确定性对相应损害赔偿数额的认定存在影响，应当根据具体案情予以确定。就本案而言，A市财政局在能够将涉案合同报送有权机关批准的情况下，拒不按照银监部门的要求提交相应材料，导致银监部门对相关行政许可事项不予以受理，致使合同不能生效。不仅如此，还将涉案股权在很短时间内另行高价出售，其行为明显违背诚实信用原则，过错明显。如果不对投资公司的交易机会损失予以赔偿，将导致双方利益严重失衡，不符合公平原则。

下编

常见合同纠纷办案策略与技巧

第一章　买卖合同纠纷[①]

第一节　理论概述与实务指引

从《民法典》合同编的立法模式看，买卖合同居十九类典型合同之首，《民法典》合同编通则分编中许多制度都是以买卖合同为蓝本构建起来的，如缔约过失制度、违约责任制度、抗辩权制度、撤销权制度、出卖人的瑕疵担保制度等。《民法典》第646条进一步规定："法律对其他有偿合同有规定的，依照其规定；没有规定的，参照适用买卖合同的有关规定。"由此可见买卖合同是所有合同的核心，极具代表性。

一、买卖合同的概念

关于买卖合同的概念，存在广义和狭义两种观点。狭义说认为，买卖合同是买卖财产所有权的合同，出卖人应转移财产所有权于买受人，买受人应向出卖人支付价款。这种买卖合同仅限于实物买卖，不包括无形资产的买卖。广义说认为，买卖合同是各种财产权利类型流转的合同，出卖人将财产所有权或者其他财产权移转于买受人，买受人向出卖人支付价款。与狭义买卖合同相比，广义说的标的物范围更大。除实物外，具有经济价值的财产权利也可以成为买卖的标的物。《民法典》第595条规定："买卖合同是出卖人转移标的物的所有权于买受人，买受人支付价款的合同。"该规定采纳了狭义说的观点，转移标的物所有权，标的物为动产和不动产，而不包括使用权、知识产权及其他各种财产权益的转让。

---

① 本章作者王萌、路佳伟。

二、买卖合同的特征

从上述概念可以看出，买卖合同具有以下法律特征：

1. 买卖合同是双务、有偿合同

在买卖合同中，买卖双方既享有权利，又负有义务，双方的权利义务相互对应。出卖人负有交付标的物并转移所有权给买受人的义务，买受人也同时负有向出卖人支付价款的义务，一方的义务也正是另一方的权利。因此，买卖合同是一种典型的双务、有偿合同。

2. 出卖人须转移标的物的所有权于买受人

根据《民法典》第 598 条“出卖人应当履行向买受人交付标的物或者交付提取标的物的单证，并转移标的物所有权的义务”之规定，买卖的目的之一是转移标的物的所有权。所谓转移，是指出卖人使买受人取得权利的行为。通过买卖，出卖人丧失对标的物的所有权，买受人相应地取得标的物的所有权，由此实现买受人的合同目的。因此，出卖人须将标的物所有权转移给买受人，这是出卖人的主给付义务，为买卖合同的主要法律性质。

3. 买受人须向出卖人支付价款

买卖的另一目的，是转移作为标的物对价的价款。作为等价交换，买受人必须向出卖人支付一定价款，才能取得标的物的所有权。由此实现出卖人的合同目的。

4. 买卖合同是诺成合同

除法律另有规定或当事人另有约定外，买卖合同自双方当事人意思表示一致，即双方达成协议之时起成立，并不以一方当事人交付实物或完成其他给付行为作为合同的成立要件①。由此体现买卖合同的诺成性。

三、民事案由解析

买卖合同是日常生活中最常见的法律行为，故《民事案由规定》将买卖合同列为第三级案由。《民法典》合同编中对分期付款买卖合同、凭样品买

---

① 崔建远：《合同法》（第 7 版），法律出版社 2021 年版，第 280 页。

卖合同、试用买卖合同和互易合同作了专门规定，这些合同类型在实践中也大量存在，故将其列为第四级案由。国际货物买卖合同是国际贸易中最主要的一种合同，此类纠纷在涉外民商事案件中占有较大比重，也将其列为第四级案由。

随着网络购物和电视购物等新型购物方式的全面发展，信息网络买卖合同也逐渐成为日常生活中常见的买卖合同方式，因此发生纠纷而诉至法院的情况也逐渐增多，《民事案由规定》将其作为买卖合同下的第四级案由。另外，2020 年最高人民法院修改《民事案由规定》时，将招标投标买卖合同纠纷由独立于买卖合同纠纷的第三级案由调整为买卖合同纠纷项下的第四级案由。需要注意的是，这里的第四级案由都是特殊形式的买卖合同纠纷，对其他普通买卖合同纠纷而言，直接以第三级的买卖合同纠纷来确定案由即可。另外，对一些特定标的物的买卖合同，如果有其他案由以作专门规定的，就应适用专门的案由，不能再将之确定为买卖合同纠纷，如房屋买卖合同发生纠纷后案由就应确定为房屋买卖合同纠纷，而不用本案由。

第二节 办案思路与实战技巧

一、一般买卖合同纠纷案件的办案思路与实战技巧

如前所述，根据《民法典》第 595 条之规定，买卖合同的核心是出卖人转移标的物的所有权于买受人，买受人须向出卖人支付价款。因此，一般买卖合同纠纷也均是围绕着标的物的质量、数量、包装、运输、风险转移、交付及验收、价款支付等而产生。作为律师，在办理买卖合同纠纷案件时，首先应当判断买卖合同是否成立并生效，其次应当根据当事人的陈述和提供的资料确定双方的争议焦点（如究竟是价款纠纷、逾期交货纠纷还是质量纠纷），然后再根据相关的法律规定和裁判规则来审查证据材料，并进一步论证己方诉请的可支持程度和诉讼风险。

在实践当中，关于数量、包装、运输等问题，一般取决于合同当事人的

约定，相对易于分析和把握。律师可根据当事人的合同约定来审查实际履行情况，进而确定各方责任。较为复杂也频发的争议焦点主要包括买卖合同的成立和生效问题、标的物质量问题、标的物交付问题、标的物的风险转移以及所有权保留问题。下面结合律师实务操作逐一进行分析：

1. 关于买卖合同成立和生效的办案思路及要点

律师在办理买卖合同纠纷案件当中，第一步就是要判断出该买卖合同是否成立并生效，这关系到立案案由、诉讼请求、证据收集、适用法律规定等一系列重要问题的处理。在大量的买卖交易实践中，有的存在书面合同，有的则是口头约定。有书面合同的，直接向法院提交由双方当事人签章的书面合同原件，则认定买卖合同是否成立并非难事。但是，在买卖双方口头约定的情况下，该如何认定买卖合同是否成立呢？《买卖合同司法解释》第 1 条规定："当事人之间没有书面合同，一方以送货单、收货单、结算单、发票等主张存在买卖合同关系的，人民法院应当结合当事人之间的交易方式、交易习惯以及其他相关证据，对买卖合同是否成立作出认定。对账确认函、债权确认书等函件、凭证没有记载债权人名称，买卖合同当事人一方以此证明存在买卖合同关系的，人民法院应予支持，但有相反证据足以推翻的除外。"

（1）举证证明

根据本条解释，在没有书面合同的情况下，能够证明买卖合同成立的有送货单、收货单、结算单、发票，或者对账确认函、债权确认书等书面证据。根据证据内容的不同，这些证据可分为三类：①交货凭证，如收货单、送货单；②结算凭证，如结算单、发票；③债权凭证，如对账确认函、债权确认书等函件凭证。这三类证据因所承载的内容不同，对买卖合同成立的证明力也各不相同。

从对买卖合同成立的证明力上看，债权凭证对买卖合同成立的证明力要大于交货凭证和结算凭证[①]。在没有书面买卖合同的情况下，如果律师向法院提交的送货单、收货单、结算单、发票等交货凭证和结算凭证系孤证的，

---

① 最高人民法院民事审判第二庭编著：《最高人民法院关于买卖合同司法解释理解与适用》，人民法院出版社 2012 年版，第 49 页。

因这些证据属于间接证据，法院通常不会直接认定买卖合同成立，还需要综合分析双方提交的其他证据及证明力的大小来进行认定。如新疆维吾尔自治区高级人民法院（2021）新民申3133号①案件中，法院认为双方在多次交易中有通过微信协商的方式订立买卖合同的交易习惯，且买受人在出卖人催款时“再等等”等，并未否定欠款或提出其他异议，结合买卖双方的微信聊天记录、家具及餐厅实际情况、网咖设计图、送货单及出卖人姜某鹏与送货员、家具卖方微信聊天记录等证据，法院认定姜某鹏与朱某名之间存在买卖合同关系。

但是，如果律师向法院提交的没有记载债权人名称的对账确认函、债权确认书等债权凭证并非孤证的，因这些证据足以证明债务人承认此债务存在的事实，所以除非债务人提出足以推翻该证据的相反证据，否则法院可直接据此认定买卖合同成立。如在辽宁省高级人民法院（2015）辽民二终字第00055号②案件中，该院认为混凝土公司为王某出具了盖有B公司公章的结算单，B公司对收到王某供应的沙子无异议，而且，B公司还给付了部分货款。虽然双方之间没有书面的合同，但从双方提供的证据可以证明双方之间形成了事实上的买卖合同法律关系。

（2）举证责任的分配

律师在办理买卖合同纠纷案件时，经常会面临被告方以不认可签收人是其工作人员或者不认可签收人有权利代表其签字为由，来否认买卖合同成立的事实。那么，律师该如何应对，是不是就没有其他救济措施了？通常而言，否定事实无须举证。就签收人是不是被诉方的工作人员、是否有权代表其签字的事实而言，被告方具有较强的举证责任能力，而原告方的举证责任能力相对较弱。在此种情况下，原告方可依据《民事诉讼法》第67条第2款“当事人及其诉讼代理人因客观原因不能自行收集的证据，或者人民法院认为审理案件需要的证据，人民法院应当调查收集”之规定向法院提出申请，要求被告方就否认的事实举证，或者要求其提交工作人员的花名册、工

① 朱某名、姜某鹏买卖合同纠纷案。

② 混凝土公司与王某买卖合同案。

资表等文件。如果其拒绝提供或者提供的文件有重大瑕疵的，应当承担举证不利的后果①。同时，还可以申请律师调查令到人力资源和社会保障部门进行调查取证，获取签收人是被诉方工作人员的证据材料。此外，根据《民事诉讼证据规定》第 10 条第 1 款“下列事实，当事人无须举证证明：……（五）已为仲裁机构的生效裁决所确认的事实；（六）已为人民法院发生法律效力的裁判所确认的基本事实；（七）已为有效公证文书所证明的事实”之规定，原告方可以通过中国裁判文书网查询被告方是否有其他的诉讼案件，从被告方之前的诉讼案件材料当中寻找签收人是被诉方工作人员的相关证据。

2. 关于标的物交付问题的办案思路及要点

交付是指将标的物或提取标的物的单证占有转移②。《民法典》第 598 条规定：“出卖人应当履行向买受人交付标的物或者交付提取标的物的单证，并转移标的物所有权的义务。”因此，向买受人交付标的物是出卖人应当履行的一项基本义务。出卖人除了应当按照约定的质量、数量交付标的物外，还应当按照约定的期限、地点、包装、方式等交付标的物，并履行向买受人转移标的物所有权的义务。

出卖人是否适当履行该义务，不仅关系着出卖人是否构成违约并承担违约责任，而且对于标的物所有权的变动、风险负担的转移等，也会产生重大影响。因此，判断出卖人是否履行了交付义务，往往是律师在办理买卖合同纠纷案件中所需解决的争议焦点之一。处理好标的物的交付问题，关键是要针对标的物已经交付的主张充分举证。根据买卖活动的交易习惯及规则，一般来说能够证明买卖合同是否交付的有送货单、收货单、结算单、发票，或者对账确认函、债权确认书等书面证据。

在买卖合同纠纷案件实务中，对增值税发票能否作为认定出卖人交付标的物的依据，以及对电子信息产品是否交付的认定，存在一定的争议，有必要对此进行专门分析：

---

① 最高人民法院民事审判第二庭编著：《最高人民法院关于买卖合同司法解释理解与适用》，人民法院出版社 2012 年版，第 49 页。

② 崔建远：《合同法》（第 7 版），法律出版社 2021 年版，第 282 页。

（1）增值税发票能否作为认定出卖人交付标的物的依据

在现实商业交易中，既存在先付款后开具发票的情形，也存在先开具发票再付款的情形；既存在先交货后开发票的情形，也存在先开发票后交货的情形；甚至存在很多代开发票现象，情形不一而足。在买卖合同纠纷案件诉讼中常见的情形是，出卖人以其已经开具增值税发票为由主张其已经履行了交付标的物的义务，要求买受人支付价款。而买受人则往往辩称仅凭增值税发票不能认定出卖人已经完成交付行为，出卖人还应当提供其他交付证据。因此，增值税发票能否作为认定出卖人已经履行标的物交付义务的依据，往往是买卖合同纠纷案件当中的重要争议焦点之一。《买卖合同司法解释》第5条专门就此问题加以规定："出卖人仅以增值税专用发票及税款抵扣资料证明其已履行交付标的物义务，买受人不认可的，出卖人应当提供其他证据证明交付标的物的事实。合同约定或者当事人之间习惯以普通发票作为付款凭证，买受人以普通发票证明已经履行付款义务的，人民法院应予支持，但有相反证据足以推翻的除外。"在北京市第二中级人民法院（2022）京02民终4082号[①]案件中，法院认为合同中并未约定以发票作为付款凭证，N公司主张双方的交易习惯是先付款再开具发票，但经法院查明J公司实际供货金额、J公司向N公司开具发票总金额、N公司提供的付款凭证（含收据、进账单、汇票、支票存根）合计金额都不吻合，N公司付款的具体时间、金额与J公司开具发票的具体时间、金额也不存在对应关系，N公司亦未提交其他证据佐证其主张的交易习惯，作为履行付款义务一方，N公司仅以发票证明其已履行付款义务，但没有提交证据证明该事实存在，法院认定N公司尚有部分款项未付清并无不当。因此，在该案中N公司仅以增值税专用发票作为双方之间结算依据的理由不成立，存在明显的证据缺陷。

（2）电子信息产品是否交付的认定

计算机技术的迅猛发展使得电子信息产品广泛出现，并在现代社会经济生活中占据越来越重要的地位。以电子信息产品为交易对象的买卖合同的数量和交易额激增，随之而来的纠纷也越来越多。如何认定电子信息产品是否

---

① 江苏N公司与J公司买卖合同案。

交付，成为律师办理此类案件的关键点之一。

由于电子信息产品与有体物在法律特征上有诸多不同，因此以有体物为原型的民法理论及有关买卖合同交付的法律规定，能否直接适用以电子信息产品为标的物的买卖合同，不无疑问。为解决此类问题，《买卖合同司法解释》第 2 条对此作出规定："标的物为无需以有形载体交付的电子信息产品，当事人对交付方式约定不明确，且依照民法典第五百一十条的规定仍不能确定的，买受人收到约定的电子信息产品或者权利凭证即为交付。"

对无实物载体的电子信息而言，确实无法以实物转移的方式实现支付。从电子信息产品交易的实践来看，主要有两种交付方式：①交付权利凭证；②以在线网络传输的方式接收或者下载该产品。对第一种交付方式而言，买卖双方交付的并非电子信息产品本身，而是仅交付电子信息凭证。例如，访问或使用特定电子信息产品的密码。在此情形下，买受人在取得权利凭证后，即可自由决定取得、使用该电子信息产品的时间。因此，不宜以买受人是否实际收到该产品为标准来确定交付是否完成，买受人收到该产品的权利凭证的，即应认定出卖人已经完成交付义务。对第二种交付方式而言，系通过电子方式在线传输实现电子信息产品的交付。电子信息产品的传输过程包括出卖人发出电子信息产品和买受人接收电子信息产品两个不同的阶段。由于技术、网络、计算机系统的原因，出卖人发出电子信息产品并不必然引起买受人收到电子信息产品的后果。因此，如果以出卖人发出电子信息产品为交付标准，有可能产生买受人虽未能实际接收到该产品，仍须承担给付价款的合同义务，难免陷于不公。考虑到电子信息产品出卖人在电子信息产品的制作及传输方式选择方面有更强的专业优势，因此本条解释规定：以买受人收到约定的电子信息产品为完成交付的标准。

3. 关于标的物质量问题的办案思路及要点

虽然形成买卖合同纠纷的原因众多，但是对标的物的质量争议已经成为形成买卖合同纠纷的主要原因之一，由此引发的质量纠纷案件不仅数量众多，专业性强，而且对律师来说举证复杂、代理难度较大。笔者将从标的物的质量标准认定、瑕疵检验期限、瑕疵异议三个部分，对标的物质量问题的办案思路及要点进行分析和梳理：

（1）标的物的质量标准认定

如果合同中对于标的物的质量标准有约定，则适用合同的约定即可。但实践中往往出现争议的是合同中没有明确约定质量标准的情况。此类情况一旦发生，买受人主张的质量问题就可能会因其难以通过对抽象的质量标准予以充分举证而不被法庭所采纳。依据《民法典》第 511 条第 1 项“质量要求不明确的，按照强制性国家标准履行；没有强制性国家标准的，按照推荐性国家标准履行；没有推荐性国家标准的，按照行业标准履行；没有国家标准、行业标准的，按照通常标准或者符合合同目的的特定标准履行”之规定，如果买卖双方在合同中未明确约定质量标准，依次可以适用强制性国家标准、推荐性国家标准、行业标准；若没有国家标准、行业标准可以参照，适用通常标准或者符合合同目的的特定标准。但究竟什么是通常标准或者特定标准？又是一个见仁见智的问题，在买卖双方因为质量问题产生争议的情况下，几乎不存在共同认可某种标准的可能，只能是依靠法官的自由裁量了。

（2）标的物的瑕疵检验期限

瑕疵检验期限是为督促买受人及时检验而设定。对于买受人而言，及时检验和通知属于一种对己义务，是买受人主张瑕疵担保权利的前提。《民法典》第 620 条规定：“买受人收到标的物时应当在约定的检验期限内检验。没有约定检验期限的，应当及时检验。”然而在律师代理买卖合同纠纷案件当中，经常遇到两类问题：

一类是虽然买卖双方有约定检验期限，但是在实际订立买卖合同过程中，有时出卖人相对强势，拥有更多的合同话语权，在合同中约定的瑕疵检验期限过短，这就会导致买受人不能及时全面地对标的物进行检验。《民法典》第 622 条规定：“当事人约定的检验期限过短，根据标的物的性质和交易习惯，买受人在检验期限内难以完成全面检验的，该期限仅视为买受人对标的物的外观瑕疵提出异议的期限。约定的检验期限或者质量保证期短于法律、行政法规规定期限的，应当以法律、行政法规规定的期限为准。”

另一类是买卖双方没有约定检验期限，买受人应当在发现或者应当发现标的物的数量或质量不符合约定的合理期限内通知出卖人。此时如何认定买受人的检验行为是否在“合理期限”内成为办案中的难题。对此，《买卖合同司法解释》第12条第1款规定："人民法院具体认定民法典第六百二十一条第二款规定的'合理期限'时，应当综合当事人之间的交易性质、交易目的、交易方式、交易习惯、标的物的种类、数量、性质、安装和使用情况、瑕疵的性质、买受人应尽的合理注意义务、检验方法和难易程度、买受人或者检验人所处的具体环境、自身技能以及其他合理因素，依据诚实信用原则进行判断。"如在天津市第三中级人民法院（2021）津03民终6779号①案件中，法院认为综合不锈钢公司的商誉及其对自身供应链的宣传、产品质量合格证、工程公司缺乏专业鉴定能力及追赶工期等因素，合同约定的10天检验期间应视为对案涉管材外观瑕疵提出异议的期限，因此工程公司在2020年6月20日发生严重漏水事故后9日内委托第三方进行检测，并在排除设计、施工等原因后，于2020年9月向不锈钢公司提出质量异议，应视为工程公司在"合理期限"内提出了质量异议。法院最终认定不锈钢公司未按合同约定提供货物，构成违约。合理期限是《民法典》赋予法官的自由裁量权，法官对合理期限的判定往往直接决定了案件的结果。作为代理律师，应当尽可能地围绕上述司法解释所列举的参考因素进行充分举证，从而尽可能获得法官在自由裁量时的支持。

（3）买受人在检验期限内提出瑕疵异议的方式及未提出异议的法律后果

在标的物存在质量瑕疵的情况下，买受人若要追究出卖人的违约责任，应当在检验期限内以适当的方式提出瑕疵异议。若买受人以书面方式（包括但不限于信函、邮箱、微信、短信等）提出异议的，自当无异议。但实践中经常会遇到"一经动用即视为合格"的观点，出卖人往往也以买受人履约等行为对买受人的瑕疵异议进行抗辩。但是，买受人接受标的物后是否提出瑕疵异议与其是否支付价款、确认欠款数额、使用标的物等行为之间并不存在必然因果联系，不能因买受人履约等行为即认定买受人放弃了对标的物的瑕疵异议权。对此，《买卖合同司法解释》第13条规定："买受人在合理期限内提出异议，出卖人以买受人已经支付价款、确认欠款数额、使用标的物等为由，主张买受人放弃异议的，人民法院不予支持，但当事人另有约定的除外。"

① 不锈钢公司、工程公司买卖合同案。

但如果买受人在合理的检验期限内没有提出异议的，则可能被推定为认可标的物的质量，或者推定为放弃异议权。在青海省高级人民法院（2021）青民申 1119 号[①]案件中，法院认为买受人安装公司未能提供证据证明产品存在质量问题，并且安装公司提供的质监站检测报告显示 2019 年 8 月 1 日该公司就已经知晓产品存在质量问题，但并未向出卖人工程公司提出书面异议，作为建筑业企业，安装公司应当对案涉产品具备足够的判断经验和技能，即便验收时无法发现产品内在质量问题，之后也有足够时间做出判断并向工程公司反映，但其验收产品之后未就质量问题正式提出交涉，并结合安装公司于 2019 年 9 月 3 日及 9 月 16 日向工程公司共支付货款 400000 元的事实，可以证实安装公司以所供材料规格不符合合同约定而要求解除合同的权利，因其自愿继续履行合同行为而丧失。法院最后认定安装公司未能在合理期限内提出异议，因此丧失提出异议的权利。

4. 关于标的物的风险负担问题的办案思路及要点

标的物毁损、灭失的风险负担，是指买卖合同订立后，标的物因不可归责于双方当事人的事由而发生毁损、灭失的不利益，由谁承担的问题[②]。关于风险负担的确定，我国采取约定优先适用原则，即如果当事人在合同中对风险负担有特别约定，那么就优先适用当事人之间的约定。对于当事人在合同中对风险负担未做约定或约定不明确时，如何确定风险负担，则只能适用法律的任意性规定。

对于合同双方有特别约定的情形适用约定，自不赘述，笔者将主要针对风险负担未做约定或约定不明确时所产生的争议问题，从卖方违约形态下、买方违约形态下、路货买卖、未经特定的标的物这四个方面进行分析：

（1）卖方违约形态下标的物的风险负担

①数量不符。对于卖方违反数量条款对风险负担的影响，应当区别卖方是根本违约还是非根本违约来分别对待。只有构成根本违约的情况下，买受人依法拒绝接受标的物或者解除合同的情况下，风险仍由卖方承担。

---

① 安装公司、工程公司买卖合同案。

② 崔建远：《合同法》（第 7 版），法律出版社 2021 年版，第 293 页。

②质量瑕疵。《民法典》第 610 条规定："因标的物不符合质量要求，致使不能实现合同目的的，买受人可以拒绝接受标的物或者解除合同。买受人拒绝接受标的物或者解除合同的，标的物毁损、灭失的风险由出卖人承担。"需要注意的是，出卖人交付标的物质量必须达到根本违约的程度，并且买受人要明确拒绝接受标的物或者要求解除合同，标的物毁损、灭失的风险才由出卖人承担。

（2）买方违约形态下标的物的风险负担

①迟延受领。迟延受领，是指买受人对出卖人交付的标的物，在约定的期限内未予受领或未予其他给付完成所必要的协助的事实。我国《民法典》第 605 条对买受人迟延受领时的责任负担有明确规定："因买受人的原因致使标的物未按照约定的期限交付的，买受人应当自违反约定时起承担标的物毁损、灭失的风险。"

②拒绝受领。拒绝受领是合同履行期限届满之时，买方拒收卖方交付的货物。《民法典》第 608 条规定："出卖人按照约定或者依据本法第六百零三条第二款第二项的规定将标的物置于交付地点，买受人违反约定没有收取的，标的物毁损、灭失的风险自违反约定时起由买受人承担。"在北京市第二中级人民法院（2021）京 02 民终 14087 号①案件中，法院认为买受人李某英要求出卖人科技公司将第一批产品送到指定地点，并要求科技公司代为保管第二批产品之后再未指令科技公司送货，因此李某英主张科技公司未依约送货，并主张科技公司承担产品过期的责任，要求科技公司退货款的要求，不能得到法律的支持。该案中买受人违约，因此法院判定其自行承担产品过期的责任。

（3）路货买卖中标的物的风险负担

路货买卖，又称在途货物的买卖，是指货物已在运输途中，出卖人寻找买受人，出卖在途货物的买卖②。对于路货买卖合同的风险负担，《民法典》第 606 条规定："出卖人出卖交由承运人运输的在途标的物，除当事人另有

① 李某英与科技公司买卖合同案。

② 最高人民法院民事审判第二庭编著：《最高人民法院关于买卖合同司法解释理解与适用》，人民法院出版社 2012 年版，第 248 页。

约定外，毁损、灭失的风险自合同成立时起由买受人承担。”这一规定内涵的假设前提是买卖双方在订立合同时都不可能知道货物是否有毁损、灭失的情况。但如果合同订立时，出卖人已经知道标的物在运输途中发生毁损、灭失的情况却隐瞒该情况而与买受人签订买卖合同，此时风险负担如何处理，民法典没有明确规定。对此，《买卖合同司法解释》第10条规定：“出卖人出卖交由承运人运输的在途标的物，在合同成立时知道或者应当知道标的物已经毁损、灭失却未告知买受人，买受人主张出卖人负担标的物毁损、灭失的风险的，人民法院应予支持。”

（4）未经特定的标的物的风险负担

所谓货物特定化，即指卖方在货物上加盖标记，或以装运单据，或向买方发出通知或以其他方式清楚地将货物注明于有关合同项下的行为①。未经特定的货物，亦称为种类物，是指在订立合同时，全部或完全未经确定的货物，有待以后由卖方特定化。对于标的物为种类物的风险负担问题，《买卖合同司法解释》第11条规定：“当事人对风险负担没有约定，标的物为种类物，出卖人未以装运单据、加盖标记、通知买受人等可识别的方式清楚地将标的物特定于买卖合同，买受人主张不负担标的物毁损、灭失的风险的，人民法院应予支持。”

5. 所有权保留问题的办案思路及要点

保留所有权的买卖是指在转移所有权的商品交易中，根据法律规定和合同约定，出卖人转移财产占有于买受人，但仍保留该财产的所有权，待买受人履行付款义务或者其他义务后，该财产所有权才发生转移的买卖。《民法典》第641条规定：“当事人可以在买卖合同中约定买受人未履行支付价款或者其他义务的，标的物的所有权属于出卖人。出卖人对标的物保留的所有权，未经登记，不得对抗善意第三人。”律师在代理此类案件中应注意以下问题：

（1）出卖人的取回权

出卖人的取回权是指在所有权保留情形下，买受人有违约行为并可能损

---

① 最高人民法院民事审判第二庭编著：《最高人民法院关于买卖合同司法解释理解与适用》，人民法院出版社2012年版，第266页。

害出卖人合法权益时，出卖人依法享有的从买受人处取回标的物的权利。《民法典》第 642 条规定：“当事人约定出卖人保留合同标的物的所有权，在标的物所有权转移前，买受人有下列情形之一，造成出卖人损害的，除当事人另有约定外，出卖人有权取回标的物：（一）未按照约定支付价款，经催告后在合理期限内仍未支付；（二）未按照约定完成特定条件；（三）将标的物出卖、出质或者作出其他不当处分。出卖人可以与买受人协商取回标的物；协商不成的，可以参照适用担保物权的实现程序。”在湖南省株洲市中级人民法院（2022）湘 02 民终 824 号①案件中，法院认为买受人黄某南与出卖人设备公司签订的《购物广场订货协议》及之后签订的补充协议性质的《欠条》合法有效，约定了欠付货款情况下，出卖人享有取回权。在设备公司履行了交付货物的义务后，黄某南未按约定足额付款，构成违约，故法院依据双方对取回权的约定，认定黄某南自愿放弃了货物的所有权，判决案涉货物的所有权归设备公司，设备公司有权取回并且无须退还货款。

（2）出卖人取回权的限制

《买卖合同司法解释》第 26 条对出卖人的标的物取回权进行了规定，保护了出卖人的可期待利益。但是由于出卖人行使取回权直接剥夺了买受人的占有，而买受人在占有标的之前可能已经支付了一定对价，并且在占有标的物期间买受人也可能与第三者之间就该标的物确立了权利义务关系。因此，有必要就出卖人取回权进行一定限制，以防止取回权之滥用，平衡出卖人与买受人之间的权利义务关系。对此，《买卖合同司法解释》第 26 条规定：“买受人已经支付标的物总价款的百分之七十五以上，出卖人主张取回标的物的，人民法院不予支持。在民法典第六百四十二条第一款第三项情形下，第三人依据民法典第三百一十一条的规定已经善意取得标的物所有权或者其他物权，出卖人主张取回标的物的，人民法院不予支持。”

前述规定第 1 款实质上表明买受人已支付标的物总价款达到百分之七十五以上的，出卖人不得取回标的物，此时“已经支付标的物总价款的百分之七十五以上”是一个事实状态，条件成就即具有阻却效力，而不考虑在价款

---

① 黄某南、设备公司等合同案。

支付过程中买受人是否存在延迟履行等相关违约行为。这主要是因为在买受人已经支付总价款的百分之七十五以上时，出卖人的利益已经在较大程度上得到了实现，此时买受人的期待利益相对来说更加重要，而出卖人可以采取其他救济方式，比如分期付款改为要求支付全部价款、解除合同等，而不必采用取回的方式来保障其权利。如在广东省深圳市中级人民法院（2020）粤03 民终 17014 号①案件中，法院认为所有权保留条款及取回权条款的目的在于担保出卖人债权的实现，出卖人设备公司据此主张权利，应符合双方约定或法律规定。根据司法解释的规定，买受人电器公司已付款项亦已超过合同全款的 75%，设备公司无权主张取回。所以设备公司对贴装机进行远程密码锁死，令电器公司无法对机器进行使用，虽设备仍被电器公司占有，但设备的控制权客观上已由出卖人收回，其行为效果类同于出卖人取回权的行使，在双方没有明确约定的情况下，该情形可参照适用法律关于取回权行使的规定予以规范。电器公司购买设备是为了生产经营，现设备公司擅自锁机导致电器公司无法使用其所购买的设备，设备公司的行为构成违约，其对电器公司无法使用设备造成的损失应予以赔偿。

前述规定第 2 款主要是解决所有权保留制度与善意取得的冲突。在标的物已不被买受人占有或已被设定了其他权利后，出卖人行使取回权就可能与该物上的其他权利发生冲突，本条司法解释即通过《民法典》物权编中的善意取得制度来协调这些权利关系，即在第三人善意取得标的物的所有权或者其他物权时，出卖人不得主张取回标的物。如在湖北省高级人民法院（2019）鄂民申 1894 号②案件中，法院认为第三人王某启受让挖掘机时是主观善意的，支付了合理的价格，挖掘机并非需要登记的特殊不动产，挖掘机已经交付给王某启，因此王某启符合善意取得制度的规定，取得挖掘机的所有权。依据司法解释的规定，在王某启构成善意取得的情形下，设备公司主张对案涉挖掘机的取回权，缺乏事实和法律依据，法院依法不予支持。

---

① 电器公司、设备公司买卖合同案。

② 设备公司、王某启返还原物案。

二、特种买卖合同纠纷案件的办案思路与实战技巧

随着社会经济生活的不断丰富，买卖合同这一最为常见的交易形式也日益丰富和多样。最高人民法院审判委员会在 2020 年 12 月 23 日修正了《买卖合同司法解释》，对此前关于特种买卖合同纠纷的规定进行了一些修改。律师在办理此类案件时，除适用一般买卖合同纠纷的规定外，还应当熟练运用最高人民法院的特殊规定以及实践中的裁判规则。

1. 分期付款买卖合同纠纷的办案思路

分期付款买卖是一种特殊的买卖形式，是买受人将其应付的总价款分为若干部分，按照一定期限分不同期数向出卖人逐次支付的买卖[①]。在现代经济活动中，分期付款买卖大量存在，其重要性在房屋及高档生活消费品的买卖中得到彰显，已成为商家促销商品和消费者购买商品的一个有效方法。分期付款的买卖方式在极大地促进市场繁荣和发展社会经济的同时，也存有一些弊端。如买受人的资金周转受到影响、出卖人到期无法收回货款的风险加大等。

《民法典》第 634 条规定："分期付款的买受人未支付到期价款的数额达到全部价款的五分之一，经催告后在合理期限内仍未支付到期价款的，出卖人可以请求买受人支付全部价款或者解除合同。出卖人解除合同的，可以向买受人请求支付该标的物的使用费。"实践中，因分期付款买卖合同的解除而产生的争议主要集中在以下两个方面：

（1）出卖人与买受人约定的解除条件与《民法典》规定不符时的认定

《民法典》第 634 条第 1 款是关于限制分期付款买卖合同中出卖人的合同解除权的混合性规范，属于半强制性规范。当事人约定违反该款规定的，应认定无效，但该约定有利于买受人，即双方约定的比例高于五分之一的除外[②]。

（2）出卖人选择解除合同并要求买受人支付标的物使用费的处理方式

由于标的物已经由买受人占有和使用，出卖人若选择解除合同，就会产

---

① 崔建远：《合同法》（第 7 版），法律出版社 2021 年版，第 294 页。
② 李勇：《买卖合同纠纷》（第 2 版），法律出版社 2015 年版，第 176 页。

生恢复原状的效果。买受人应将标的物返还出卖人，出卖人应将收受的价款返还买受人。但出卖人有权要求买受人支付标的物的使用费。

《买卖合同司法解释》第 28 条规定："分期付款买卖合同约定出卖人在解除合同时可以扣留已受领价金，出卖人扣留的金额超过标的物使用费以及标的物受损赔偿额，买受人请求返还超过部分的，人民法院应予支持。当事人对标的物的使用费没有约定的，人民法院可以参照当地同类标的物的租金标准确定。"如在江苏省徐州市中级人民法院（2020）苏 03 民终 5291 号[①]案件中，法院认为出卖人高某于 2018 年 12 月 28 日将车辆交与买受人丁某金，高某于 2019 年 3 月 5 日将车辆开走，其间车辆由丁某金支配使用，高某诉请丁某金支付 2018 年 12 月 28 日至 2019 年 3 月 4 日合计 67 天的使用费，不违反法律规定。结合高某提交的租车订单载明的车辆价格，结合车辆行驶里程与购买年限，高某主张按照 218 元每天的标准支付使用费，法院予以支持。

2. 凭样品买卖合同纠纷的办案思路

凭样品买卖，又称货样买卖，是指当事人双方约定一定的样品，出卖人交付的标的物应与样品具有相同品质的买卖[②]。该合同的最根本特征是出卖人交付标的物应当与样品及其说明的质量相同。因此，如何确定标的物质量与样品质量是否相同，成为代理凭样品买卖合同纠纷案件的关键性问题。

《民法典》第 635 条规定："凭样品买卖的当事人应当封存样品，并可以对样品质量予以说明。出卖人交付的标的物应当与样品及其说明的质量相同。"该条规定了凭样品买卖合同的当事人可以对样品质量进行文字说明，但是，如果样品质量与文字说明不一致时，合同约定的标的物质量标准究竟是以样品实物为准还是以文字说明为准？合同编中对此并没有明确规定。《买卖合同司法解释》第 29 条规定："合同约定的样品质量与文字说明不一致且发生纠纷时当事人不能达成合意，样品封存后外观和内在品质没有发生变化的，人民法院应当以样品为准；外观和内在品质发生变化，或者当事人

---

① 高某、丁某金买卖合同纠纷案。

② 崔建远：《合同法》（第 7 版），法律出版社 2021 年版，第 296 页。

对是否发生变化有争议而又无法查明的，人民法院应当以文字说明为准。”如在广东省东莞市中级人民法院（2021）粤19民终10394号①案件中，法院认为出卖人刘某祥给买受人谢某邮寄了无纺布的样品，但双方均陈述未保留相关样品，根据法律规定，凭样品买卖的特点是加强出卖人的责任，视为出卖人担保交付的买卖标的物与货样为同一品质。为了检验买卖标的物是否与货样品质相同，通常采取封存样品的办法，以待验证。本案出卖人刘某祥未封存样品，甚至未留存样品，应依法承担相应的后果。根据双方的微信聊天记录，谢某在收到案涉货物第二天凌晨即向刘某祥反映案涉无纺布无法使用，要求退货。经双方多次沟通，谢某仍认为该布用不了，坚持退回。刘某祥主张双方协商一致由谢某自行处理无纺布，该说法与微信聊天内容反映的情况不相符，对于刘某祥该项主张，法院不予支持。法院认为出卖人交付的标的物应当与样品及其说明的质量相同是凭样品买卖合同中出卖人应当承担的基本义务，刘某祥作为出卖人显然未履行该项义务。法院最后判决解除双方的买卖合同并由刘某祥退回货款、取回货物。

作为特种买卖合同，当事人双方就其买卖是否为凭样品买卖及出卖人所交付标的物是否与样品相符的举证责任应由哪一方当事人负担，这也是处理好凭样品买卖合同纠纷案件的又一关键性问题。《民事诉讼法解释》第90条规定：“当事人对自己提出的诉讼请求所依据的事实或者反驳对方诉讼请求所依据的事实，应当提供证据加以证明，但法律另有规定的除外。在作出判决前，当事人未能提供证据或者证据不足以证明其事实主张的，由负有举证证明责任的当事人承担不利的后果。”根据该规定，凭样品买卖合同中的举证责任分配有两种情形：

（1）对是否为凭样品买卖合同的举证责任分配

买受人主张为凭样品买卖的，应当由买受人举证；出卖人主张为凭样品买卖的，应当由出卖人举证。如买受人主张出卖人交付的标的物不符合样品品质，应首先对样品买卖的存在举证。出卖人如请求价金、买受人提出标的物与样品品质不符时，出卖人应证明样品不存在。

---

① 刘某祥、谢某买卖合同案。

（2）对标的物的品质与样品及其说明不一致的举证责任分配

在凭样品买卖合同履行中，买受人以标的物的品质与样品不符而拒绝受领标的物的，举证责任由出卖人负担，出卖人应证明标的物的品质与样品的品质相符，否则应负不完全履行责任；如买受人在受领标的物后主张违反瑕疵担保义务请求权的，买受人应就标的物品质不符合样品的品质负举证责任。

3. 试用买卖合同纠纷的办案思路

试用买卖，也称试验买卖，是指当事人双方约定，于合同成立时，出卖人将标的物交付买受人试验或检验，并以买受人在约定期限内对标的物的认可为生效要件的买卖合同[①]。在试用买卖中，买受人同意是整个制度的基础，这一特征决定了试用买卖在标的物所有权移转、风险负担、瑕疵担保责任等方面存在不同于普通买卖的特点。因此，如何判断买受人是否同意购买，成为律师代理此类案件的关键性问题。

买受人明确表示同意购买标的物的，则试用买卖合同即成立，此类情况无须赘言。买受人未明确表示同意购买的，根据试用买卖合同的性质，结合《民法典》合同编的规定，对买受人承认的推定应根据以下不同情况区分对待：

（1）标的物因试用已经交付于买受人的

标的物因试用已经交付于买受人的，试用期满买受人对是否购买未作出明确表示，且亦未返还标的物的，应推定为购买。这一交易规则的设定是为了避免当事人之间的法律关系过久地处于不稳定状态。如在广东省广州市中级人民法院（2021）粤 01 民终 21773 号[②]案件中，法院认为涉案《购买（试用）合同》约定试用期为 30 天，即 2020 年 6 月 13 日至 2020 年 7 月 13 日，买受人机械公司在试用期届满后并未通知出卖人精机公司是否购买，则应视为买受人购买，故机械公司在试用期结束后对涉案机器的继续使用不属于试用期的延续，而是购买行为的延续。

---

① 崔建远：《合同法》（第 7 版），法律出版社 2021 年版，第 297 页。

② 机械公司、精机公司买卖合同案。

（2）标的物经试用未交付于买受人的

基于约定或标的物试用的需要，出卖人并没有交付标的物的控制占有于买受人的，如果买受人在试用期限届满后，未表示同意购买的，应当视为拒绝购买。

（3）买受人无保留地支付一部分或全部价金的

《民法典》第 638 条第 2 款规定："试用买卖的买受人在试用期内已经支付部分价款或者对标的物实施出卖、出租、设立担保物权等行为的，视为同意购买。"这意味着试用买卖的买受人在试用期内已经无保留地支付了一部分价款的，支付价款是履行债务的行为，表明买受人满意标的物的效用。据此可以认为买受人以其支付价金的形式来表示认可的意思，故可推定买受人同意购买标的物。如在广东省东莞市中级人民法院（2019）粤 19 民终 6815 号[①]案件中，买受人机械公司与出卖人科技公司签订的《试用买卖合同》约定的 3 天试用期届满后，机械公司仍不向科技公司书面表示合意或不合意且未将设备退还给科技公司，科技公司有权视为机械公司试用合意、设备试用合格并已按科技公司市面销售价格购买，双方买卖合同成立。机械公司在试用期届满后没有表示拒绝购买，反而在试用期内将部分设备抵押给第三人莫某坚，根据《买卖合同司法解释》（2012 年）第 41 条第 2 款"在试用期内，买受人对标的物实施了出卖、出租、设定担保物权等非试用行为的，人民法院应当认定买受人同意购买"的规定，法院认定买受人机械公司同意购买案涉设备。

（4）对标的物为出卖、出租、设定担保物权等试用以外的行为的

买受人在试用期内对标的物无处分权，其仅对标的物有试用的权利。如果买受人对标的物进行诸如出卖、出租或者设定担保物权等非试用行为，则其显然是将标的物视为己物，依据《民法典》第 638 条第 2 款的规定可推定买受人此时已经同意购买。

① 机械公司、科技公司试用买卖合同案。

关联案例1

案件名称：朱某名与姜某鹏买卖合同案

案　　号：新疆维吾尔自治区高级人民法院（2021）新民申3133号

裁判观点：当事人之间没有书面合同，一方以送货单、收货单、结算单、发票等主张存在买卖合同关系的，人民法院应当结合当事人之间的交易方式、交易习惯（通过微信聊天的方式沟通买卖合同的内容）以及其他相关证据（微信聊天记录、家具及餐厅实际情况、网咖设计图、送货单及出卖人姜某鹏与送货员、家具卖方微信聊天记录等证据），对买卖合同是否成立作出认定。

关联案例2

案件名称：江苏N公司与J公司买卖合同案

案　　号：北京市第二中级人民法院（2022）京02民终4082号

裁判观点：出卖人仅以增值税专用发票及税款抵扣资料证明其已履行交付标的物义务，买受人不认可的，出卖人应当提供其他证据证明交付标的物的事实。合同约定或者当事人之间习惯以普通发票作为付款凭证，买受人以普通发票证明已经履行付款义务的，人民法院应予支持，但有相反证据足以推翻的除外。

关联案例3

案件名称：不锈钢公司与工程公司买卖合同案

案　　号：天津市第三中级人民法院（2021）津03民终6779号

裁判观点：当事人约定的检验期限过短，根据标的物的性质和交易习惯，买受人在检验期限内难以完成全面检验的，该期限仅视为买受人对标的物的外观瑕疵提出异议的期限。当事人没有约定检验期限的，买受人应当在发现或者应当发现标的物的数量或者质量不符合约定的合理期限内通知出卖人。

关联案例4

案件名称：安装公司与工程公司买卖合同案

案　　号：青海省高级人民法院（2021）青民申1119号

裁判观点：当事人没有约定检验期限的，买受人应当在发现或者应当发现标的物的数量或者质量不符合约定的合理期限内通知出卖人。买受人在合理期限内未通知或者自收到标的物之日起二年内未通知出卖人的，视为标的物的数量或者质量符合约定。

关联案例5

案件名称：李某英与科技公司买卖合同案

案　　号：北京市第二中级人民法院（2021）京02民终14087号

裁判观点：出卖人按照约定或者依据买受人的指示将标的物置于交付地点，买受人违反约定没有收取的，标的物毁损、灭失、过期变质等的风险自违反约定时起由买受人承担。

关联案例6

案件名称：黄某南与设备公司等合同案

案　　号：湖南省株洲市中级人民法院（2022）湘02民终824号

裁判观点：当事人约定出卖人保留合同标的物的所有权，在标的物所有权转移前，买受人又未按照约定支付价款，经催告后在合理期限内仍未支付的情形，造成出卖人损害的，出卖人有权取回标的物。

关联案例 7

案件名称： 电器公司与设备公司买卖合同案

案　　号： 广东省深圳市中级人民法院（2020）粤 03 民终 17014 号

裁判观点： 分期付款买卖合同中，在买受人已经支付总价款 75%以上时，出卖人的利益已经在较大程度上得到了实现，此时买受人的期待利益相对来说更加重要，而出卖人可以采取其他救济方式，比如分期付款要求支付全部价款、解除合同等，而不必采用取回的方式来保障其权利。

关联案例 8

案件名称： 设备公司与王某启返还原物案

案　　号： 湖北省高级人民法院（2019）鄂民申 1894 号

裁判观点： 当事人约定所有权保留，在标的物所有权转移前，买受人将标的物出卖、出质或者作出其他不当处分，对出卖人造成损害，出卖人主张取回标的物的，人民法院应予支持。但第三人已经善意取得标的物所有权或者其他物权，出卖人主张取回标的物的，人民法院不予支持。

关联案例 9

案件名称： 机械公司与精机公司买卖合同案

案　　号： 广东省广州市中级人民法院（2021）粤 01 民终 21773 号

裁判观点： 试用期届满，买受人对是否购买标的物未作表示的，视为购买。试用买受人负有通知义务，当合同约定试用期届满后，买受人并未通知出卖人是否购买，应视为购买，买受人在试用期结束后的继续使用不属于试用期的延续。

关联案例10

案件名称： 机械公司与科技公司试用买卖合同案

案　　号： 广东省东莞市中级人民法院（2019）粤19民终6815号

裁判观点： 在试用期间买受人支付了全部或者部分购买的价款，或者在试用期间内买受人对标的物实施了出卖、出租、设定担保物权等不属于试用行为的，推定认为买受人同意购买。

第三节　典型案例精析

案例1：石油公司与销售公司买卖合同案

裁判要旨

根据《发票管理办法》第22条关于任何单位和个人不得虚开与实际经营业务情况不符的发票的规定，在无相反证据的情况下，法院根据由销售公司开具、航油公司接受并提交税收征管机关认证的增值税专用发票，确认双方当事人实际交易价格，可以认定双方当事人已就变更合同价格达成一致意见。

案情简介

2009年3月，石油公司与销售公司签订《成品油采购合同》，约定销售公司向石油公司销售0号柴油1万吨，单价每吨4300元，合同总价款为4300万元，交货地点在销售公司，交货方式为石油公司在销售公司自提，交货时间为2009年4月，结算方式为一票结算，付款方式为银行转账。2009年3月26日，石油公司向销售公司支付货款4300万元。2009年4月2日，销售公司与石油公司签订一份“确认函”，内容为“根据石油公司要求在集团未确定价格期间自行销售10000吨0号柴油，待集团确定价格后待定”，“确认函”上有销售公司总经理、石油公司总经理助理签字。2009年4月9

日，销售公司与石油公司又签订一份“油品定价确认函”，内容为“致：石油公司，为了确保贵公司采购0号柴油早日实现，我公司决定：由于集团0号柴油价格未确定，所以之前与贵公司所签合同不能执行，需等集团价格确定后，再协商贵公司采购价，望贵公司理解并支持。特此确认！销售公司”，“油品定价确认函”上有销售公司总经理、石油公司党委书记签字。2009年4月3日至6月18日，石油公司从被告销售公司陆续提油4156.56吨，销售公司出具了4800元、4900元、5200元价格不等的增值税专用发票。后销售公司于2009年6月19日、6月26日、7月8日、9月5日分四次共向石油公司退款22835712元，其中9月5日转账支票存根有石油公司盖章，其余三张转账支票存根有石油公司财务人员签字。

另查明，2009年6月23日至25日，销售公司以每吨5200元的价格向石油公司开具1520万元的增值税专用发票，6月26日，石油公司以每吨5600元的价格向销售公司开具1519.28万元的增值税专用发票。

还查明，2009年1月14日，国家发改委下发“关于降低成品油价格的通知”，通知自1月15日零时起宁夏0号柴油最高零售价为5565元；2009年3月24日，国家发改委下发《关于提高成品油价格的通知》，通知自2009年3月25日零时起宁夏0号柴油最高零售价为5745元；2009年5月31日，国家发改委下发“关于提高成品油价格的通知”，通知自2009年6月1日零时起宁夏0号柴油最高零售价为6145元。

法院裁决

一审法院经审理认为：石油公司与销售公司签订的《成品油采购合同》是双方当事人的真实意思表示，内容不违反法律、行政法规的强制性规定，为有效合同。本案争议焦点是双方实际交易成品油的数量、价格以及双方是否存在违约的问题。

1. 关于双方实际交易成品油数量问题

庭审中，双方均认可2009年4月至6月石油公司从销售公司共拉油4156.56吨，对该部分，一审法院予以确认。此外，石油公司认为2009年6月25日以每吨5600元的价格返销给销售公司2713吨0号柴油，对此问题，销售公司第一次开庭时认为双方并没有发生实际业务，而是双方倒账行为。第二次开庭时，销售公司认为双方实际发生了交易，销售公司先以每吨 5200 元的价格销售给石油公司 2923.077 吨 0 号柴油，后应石油公司请求，销售公司以每吨 5600 元的价格从石油公司购买 2713 吨 0 号柴油，总额均为 1520 万元，但并未向法庭提供实际交易的证据。结合全案证据，一审法院认为，销售公司于 2009 年 6 月 19 日开始向石油公司退款，转账支票存根有石油公司人员签字，说明石油公司已经接受销售公司退款，双方已就终止合同事宜达成一致意见，故 2009 年 6 月 19 日合同终止后双方发生的交易与本案无关，一审法院对其不作认定。

2. 关于成品油交易价格问题

国家发改委关于调整成品油价格的通知中载明“对符合资质的民营批发企业最高供应价格，按最高零售价格扣减 400 元确定。当市场零售价格降低时，对民营批发企业的供应价格也要相应降低，保持价差不小于 400 元。具体供应价格可在不超过最高供应价格的前提下，由供需双方协商确定”。由此可以看出，民营批发企业的油品销售价格要符合国家最高限价的规定。本案中，合同约定每吨 0 号柴油 4300 元，符合当时成品油国家最高限价的规定，销售公司反诉认为合同价格条款违反国家行政法规的强制性规定，交易价格应按国家指导价 5400 元计算的理由不能成立。2009 年 4 月 2 日和 4 月 9 日，双方两次签订“油品定价确认函”，对合同价格条款进行变更，在石油公司提油后，销售公司先后给石油公司开具了价格不等的增值税专用发票。《成品油采购合同》、“油品定价确认函”与上述增值税专用发票形成证据链，相互印证，可以证明增值税专用发票载明的价格为双方实际交易的价格，故应以增值税专用发票载明的价格确定交易价格。

3. 关于双方是否违约的问题

2009 年 6 月 19 日销售公司开始向石油公司退款，石油公司接受销售公司退款的事实表明，双方已就合同终止事宜达成一致意见，原合同不再履行。销售公司按照石油公司实际拉油数量和价格与石油公司进行结算、退款，不存在销售公司欠石油公司 0 号柴油的问题，也不存在石油公司欠销售公司购油款的问题，故双方均不存在违约行为。

综上，石油公司请求销售公司交付剩余油品并支付违约金的诉讼请求没有事实和法律依据，一审法院不予支持。销售公司对石油公司支付购油款和滞纳金的反诉请求亦不能成立，一审法院不予支持。一审法院判决：一、驳回石油公司的诉讼请求；二、驳回销售公司的反诉请求。案件受理费150586元，由石油公司负担；反诉费27930元，由销售公司负担。

航油公司不服一审法院上述民事判决向二审法院提起上诉。

二审法院经审理查明：1. 一审诉讼期间，石油公司申请变更企业名称。2010年7月1日，宁夏回族自治区工商行政管理局核发了《企业名称变更核准通知书》，航油公司于2010年9月19日起更名为“石油公司”。2. 销售公司于2009年6月19日、6月26日分别向航油公司开具两张转账支票，金额合计1520万元。该两张转账支票存根上有航油公司财务人员王某霞的签字，存根记载用途分别为回款、油款。3. 销售公司于2009年7月8日向航油公司开具的转账支票存根上有“石油公司”财务专用章，9月5日的转账支票存根上有航油公司财务人员王某霞的签字。上述两张转账支票存根记载用途均为退款。对一审查明的其他事实，本院予以确认。

二审法院认为，航油公司与销售公司签订的《成品油采购合同》是双方当事人的真实意思表示，内容不违反法律、行政法规的强制性规定，为有效合同。本案二审争议焦点为：1. 双方当事人是否在2009年3月24日国家发改委下发《关于提高成品油价格的通知》后终止《成品油采购合同》；2. 双方当事人是否已经协商一致变更《成品油采购合同》约定的销售价格；3. 双方当事人是否在部分履行合同后协商一致退还剩余款项、解除合同。

第一，关于双方当事人是否在2009年3月24日国家发改委下发“关于提高成品油价格的通知”后终止《成品油采购合同》的问题。

销售公司主张，本案《成品油采购合同》签订时间为2009年3月21日，因国家发改委于2009年3月25日零时对柴油价格进行行政性调高，此情形属合同履行过程中的不可抗力和法定解除情形，所以原合同应不再履行。因2009年3月24日国家发改委《关于提高成品油价格的通知》中载明“对符合资质的民营批发企业最高供应价格，按最高零售价格扣减400元确定。当市场零售价格降低时，对民营批发企业的供应价格也要相应降低，保持价差不小于 400 元。具体供应价格可在不超过最高供应价格的前提下，由供需双方协商确定”，本案中《成品油采购合同》约定每吨 0 号柴油价格为 4300 元，并未超过当时成品油国家最高限价，且双方当事人在该通知下发后仍在实际履行，《成品油采购合同》并未终止，对销售公司该项主张本院不予支持。

第二，关于双方当事人是否已经协商一致变更《成品油采购合同》约定的销售价格的问题。

对航油公司关于增值税专用发票载明的价格不是双方真实交易价格的主张，根据《发票管理办法》第 22 条关于任何单位和个人不得虚开与实际经营业务情况不符的发票的规定，在无相反证据的情况下，一审法院根据由销售公司开具、航油公司接受并提交税收征管机关认证的增值税专用发票，确认双方当事人实际交易价格，并认定双方当事人已就变更合同价格达成一致意见并无不妥，本院予以维持，对航油公司的上述主张本院不予支持。对销售公司在一审法院就本案第一次开庭时提交的增值税专用发票，航油公司在一、二审庭审中无证据否认其真实性，对其证据效力本院予以确认，对航油公司关于销售公司应承担举证不能的不利法律后果的主张，本院不予支持。本案所涉增值税专用发票直接关系国家税收利益，且对查明本案案情具有关键作用，一审法院依职权向税收征管机关调取有关增值税专用发票认证情况的行为符合证据规则要求，该证据可以作为认定本案事实的根据，对航油公司关于该行为违法等主张，本院不予支持。

第三，关于双方当事人是否在部分履行合同后协商一致退还剩余款项的问题。

对航油公司关于销售公司自 2009 年 6 月 19 日起以转账支票形式支付的款项事实上为购油款而非退款的主张，由于销售公司于 2009 年 6 月 19 日、6 月 26 日分别向航油公司开具的两张转账支票存根记载用途分别为回款、油款，其 1520 万元的总金额与 2009 年 6 月 23 日至 26 日双方互开的购销 0 号柴油的增值税专用发票总金额均基本一致，且双方当事人均正式承认发生了实际交易，但并未提交实际交付 0 号柴油的证据，据此应当认定双方当事人通过回购交易，由销售公司开具上述两张转账支票，以回购款形式向航油公司返还了 1520 万元。销售公司于 2009 年 7 月 8 日向航油公司开具的转账支票存根上记载金额为 500 万元，9 月 5 日向航油公司开具的转账支票存根上记载金额为 2635712.00 元，金额合计 7635712.00 元。因该两张转账支票存根上有航油公司财务人员的签字或者盖有“石油公司”财务专用章，用途均记载为退款，航油公司已将该两张支票入账，且无相反证据证明该款项不是退款，应当认定该款项性质为退款，双方当事人已就该退款达成一致意见。同时，根据航油公司依据《成品油采购合同》已向销售公司支付的全部款项，以及双方当事人实际交易的 0 号柴油数量和变更后的交易价格计算，上述款项为双方当事人部分履行合同后的全部剩余款项。

综上，由于销售公司已经根据实际交易的 0 号柴油数量向航油公司开具了增值税专用发票，退还了全部剩余款项，航油公司已经接受了该增值税专用发票和退款，应当认定双方当事人已经协商一致变更合同价格、结算退款并解除《成品油采购合同》，双方当事人均不存在违约行为，该合同约定的双方当事人权利义务已经终止，对航油公司的上诉请求本院不予支持。判决如下：驳回上诉，维持原判。

律师评析

价格条款是合同的基本条款。根据《民法典》合同编第 488 条的规定，在缔约过程中，对有关合同价格或者报酬的变更是对要约内容的实质性变更。本案当事人争议的核心焦点就是，是否因为国家发改委调价通知而导致合同解除，或者双方在履行中协商一致变更合同价格条款。围绕这一争议焦点，本案所涉及主要法律问题如下：

1. 国家发改委调整成品油价格行为的法律性质

根据我国《价格法》第 18 条的规定，与国民经济发展和人民生活关系重大的极少数商品价格、资源稀缺的少数商品价格、自然垄断经营的商品价格、重要的公用事业价格、重要的公益性服务价格，政府在必要时可以实行政府指导价或者政府定价。

所谓政府定价，是指依照《价格法》规定，由政府价格主管部门或者其他有关部门，按照定价权限和范围制定的价格，其定价权限和具体适用范围，以中央的和地方的定价目录为依据。所谓政府指导价，是由县级以上各级人民政府物价部门，业务主管部门按照国家规定权限，通过规定基准价和浮动幅度，最高限度和最低保护价等，指导企业制定的商品价格和收费标准。

根据《国务院关于实施成品油价格和税费改革的通知》（国发〔2008〕37号）规定，汽、柴油价格继续实行政府定价和政府指导价。（1）汽、柴油零售实行最高零售价格。最高零售价格由出厂价格和流通环节差价构成。适当缩小出厂到零售之间流通环节差价。（2）汽、柴油批发实行最高批发价格。（3）对符合资质的民营批发企业汽、柴油供应价格，合理核定其批发价格与零售价格价差。（4）供军队、新疆生产建设兵团和国家储备用汽、柴油供应价格，按国家核定的出厂价格执行。（5）合理核定供铁路、交通等专项部门用汽、柴油供应价格。（6）上述差价由国家发展改革委根据实际情况适时调整。由这些规定可知，除对军队等特殊对象供应成品油实行政府定价管理外，对其他对象的成品油供应均实行政府指导价管理。

本案所涉2009年3月24日国家发改委“关于提高成品油价格的通知”正是依据上述规定作出的行政决定。从提价通知的内容上分析，提价通知系严格按照前引有关成品油价格的法律和行政法规规定，根据供应对象的不同，分别实行政府定价和政府指导价。本案中，由于航油公司和销售公司均不属于实行政府定价供应的军队等特殊对象，双方的成品油交易应当实行政府指导价，而非政府定价。因此，不论《成品油采购合同》订立在提价通知下发前或者下发后，合同都应当履行。

2. 增值税专用发票能否作为认定实际交易价格的直接证据

（1）人民法院能否依职权调取增值税发票认证情况

《民事诉讼法解释》第96条规定：“民事诉讼法第六十七条第二款规定的人民法院认为审理案件需要的证据包括：（一）涉及可能损害国家利益、社会公共利益的；（二）涉及身份关系的；（三）涉及民事诉讼法第五十八条规定诉讼的；（四）当事人有恶意串通损害他人合法权益可能的；（五）涉及依职权追加当事人、中止诉讼、终结诉讼、回避等程序性事项的。除前款规定外，人民法院调查收集证据，应当依照当事人的申请进行。”本案一审法院依职权从国家税收征管机关调取了销售公司向航油公司开具的部分增值税专用发票的认证情况（包括增值税专用发票的复印件），其行为是否符合上述规则是双方当事人争议的一个法律问题。由于增值税专用发票是否如实开具，不仅关系到交易双方实际交易情况的认定，而且关系到国家税收利益。依据上述证据规则的规定，在司法审判中人民法院可以依职权向国家税收征管机关调取此类证据。

（2）增值税专用发票能否作为认定实际交易价格的直接证据

所谓直接证据，就是能够单独、直接地证明案件主要事实的证据。在本案中，能否仅由增值税专用发票直接证明航油公司和销售公司买卖 0 号柴油的实际价格呢？这主要取决于我们对增值税专用发票证明力的认识。如果增值税专用发票是如实开具的，则可以作为证明实际交易价格的直接证据使用，反之则不然。那么，证明增值税专用发票是否如实开具，可以从以下两方面判断：

第一，增值税专用发票本身的特点。

《发票管理办法》第 21 条规定："开具发票应当按照规定的时限、顺序、栏目，全部联次一次性如实开具，开具纸质发票应当加盖发票专用章。任何单位和个人不得有下列虚开发票行为：（一）为他人、为自己开具与实际经营业务情况不符的发票；（二）让他人为自己开具与实际经营业务情况不符的发票；（三）介绍他人开具与实际经营业务情况不符的发票。"从该规定可以看出，发票记载与实际经营业务情况或者实际交易情况相符是国家对增值税专用发票使用的首要要求。因此，在无相反证据的情况下，我们应当认为增值税专用发票是如实开具的。经过税收征管机关认证的增值税专用发票，其本身的真实性和所记载内容的真实性都更应得到肯定。

第二，购买方对增值税专用发票的处理。

在增值税专用发票载明的价格与合同约定的价格不一致的情况下，根据增值税专用发票认定实际交易价格本质上是对合同双方变更价格条款的一致意思表示的认定，因此合同双方是否认可增值税专用发票记载的内容也很重要。如果双方对此认识一致，便可直接得出结论；如果双方对此认识不一致，则对销售方而言，应当认为其出具发票的行为本身可以证明其对增值税专用发票的认可，而对购买方来说，除提交认证的行为可以表明其对增值税专用发票记载内容的认可外，其接受增值税专用发票并入账的行为，也可以证明其对增值税专用发票记载内容的认可。

综上所述，在购买方接受销售方开具增值税专用发票，并提交税收征管机关认证的情况下，应当将增值税专用发票作为认定实际交易价格的直接证据。本案中，航油公司不仅接受了销售公司开具的载明价格与合同价格不符的增值税专用发票，而且提交税收征管机关进行了认证，且无其他证据证明发票价格不是实际交易价格。故，二审法院据此认定双方协商一致变更了合同价格，对航油公司有关上诉主张不予支持。

案例 2：生物公司与吴某澜买卖合同案[①]

裁判要旨

通过不违反公序良俗的方法提取的人体组织干细胞，属于民法上的物，但由于干细胞来源于人体，基于独特的生物属性，在法律上不得直接作为交易标的物。干细胞技术作为一种新型的生物治疗技术，相关的临床研究和转化应用应面向医疗卫生需求，因此，与干细胞相关的管理规范具有公共利益属性。干细胞买卖合同因损害社会公共利益而无效。

案情简介

2018 年 4 月 5 日，吴某澜与生物公司的法定代表人王某川通过微信进行沟通，双方约定吴某澜向生物公司购买 30 份“人胎盘来源的间质干细胞”，即吴某澜委托生物公司培养“干细胞”，之后生物公司提供相关场所进行“干细胞”回输，约定每份“干细胞”价格为 3.50 万元，但双方并未签订书面合同。吴某澜于同日通过银行转账的方式向生物公司账户转账了上述预订“干细胞”货款的半数预付款 52.50 万元，双方并口头约定之后每购买使用 1 份“干细胞”由该预付款中扣除 1.75 万元外，吴某澜仍需另行支付 1.75 万元。自 2018 年 4 月 20 日起至 7 月 6 日生物公司向吴某澜共计交付了

① 一审：上海市浦东新区人民法院（2019）沪 0115 民初 71447 号；二审：上海市第一中级人民法院（2020）沪 01 民终 4321 号。

8份“干细胞”，剩余“干细胞”均未交付。之后吴某澜多次要求生物公司履行合同项下剩余“干细胞”的交货义务，生物公司均未履行。故吴某澜提起诉讼，请求：1. 判令解除吴某澜与生物公司之间的“干细胞”买卖口头合同；2. 判令生物公司返还吴某澜尚未使用的预付款39.75万元并支付资金占用利息（以39.75万元为基数，自2019年2月起按年利率6%计算至实际支付之日止）。

另查明，2018年4月20日至7月6日，生物公司共向吴某澜交付了8份“干细胞”。前3份“干细胞”按3.50万元/份的价格计算，在预付款中按1.75万元/份进行扣除，再由吴某澜另行支付1.75万元/份；后5份“干细胞”按1.50万元/份的价格计算后直接在预付款项中扣除。经结算，预付款已扣除12.75万元，目前尚剩余预付款39.75万元。

还查明，生物公司提供的《细胞培养委托合同》载明，第一条第一项：“甲方向乙方订购以下数量的细胞”中，项目名称一栏写明为“细胞培养（细胞种类）”，数量、合计均为空白。第二条第二项“本合同第一条第一项中，甲方向乙方提供第一次订购的特惠价格；特惠价格为人民币35000元/份（大写：人民币叁万伍仟圆整/份），此价格已包括细胞制备费及细胞回输的医疗机构服务费用”，第二条第四项“上述特惠价格，仅限于本合同中双方约定的份数：100份，相应需支付的金额为人民币350万元（大写：叁佰伍拾万圆整）。合同签署之后，甲方需在2018年4月5日前支付人民币75万元（大写：柒拾伍万圆元整），然后在2018年4月30日前，支付人民币100万元（大写：壹佰万圆整）；余款在甲方使用细胞前按照订单数量逐批支付”。生物公司及其法定代表人王某川在合同落款乙方处盖章及签字，合同落款时间及甲方处均为空白。

法院裁决

一审法院经审理认为：公民的合法权益受法律保护。吴某澜与生物公司虽未签订书面买卖合同，但吴某澜向生物公司购买“干细胞”之事实，由吴某澜提供的微信聊天记录、银行流水明细等证据所证实，故双方之间已形成买卖关系，吴某澜、生物公司理应按约履行。吴某澜已按约向生物公司支付了预付款，故生物公司理应按约向吴某澜提供“干细胞”。现生物公司向吴某澜交付部分“干细胞”货物后未继续履行合同，也未返还吴某澜剩余预付款，该事实由吴某澜提供的微信聊天记录等证据及吴某澜、生物公司的陈述所证实，故予以确认。基于吴某澜、生物公司之间的“干细胞”买卖合同已事实终止，故现吴某澜要求解除双方之间的“干细胞”口头买卖合同，依法应予以准许。生物公司理应将上述剩余预付款如数返还给吴某澜，但因双方对预付款的返还期限并无约定，故现吴某澜要求生物公司支付资金占用期间的利息难以支持。生物公司辩称双方所约定的每份“干细胞”价格为优惠价格而非单份市场价格，故吴某澜要求退款应将所购“干细胞”以市场价格予以扣除，但其未能提供相应证据予以证实，故难以采信。故现吴某澜要求生物公司返还剩余预付款，理由正当，应予以支持。

一审法院审理后，作出判决：一、解除吴某澜与生物公司间的“干细胞”买卖合同；二、生物公司于判决生效之日起十五日内返还吴某澜预付货款397500元；三、驳回吴某澜其余诉讼请求。负有金钱给付义务的当事人如未按判决指定的期间履行给付义务，应当依照《民事诉讼法》第253条之规定，加倍支付迟延履行期间的债务利息。

生物公司不服一审法院上述民事判决，向二审法院提起上诉，请求撤销一审判决，改判驳回被上诉人吴某澜的一审全部诉讼请求。

二审法院经审理确认一审查明的事实，另查明剩余预付款39.75万元及生物公司提供的《细胞培养委托合同》载明的条款内容。

二审法院认为本案的主要争议焦点为：(1) 本案双方存在何种形式的合同；(2) 涉案合同的效力应当如何认定；(3) 如果涉案合同解除或被认定无效，法律后果应当如何处理。

1. 关于本案双方存在何种形式的合同

首先，订立合同，应采取要约、承诺方式。虽然生物公司在本案中主张，《细胞培养委托合同》依法成立，其已按照约定履行合同义务，但是《细胞培养委托合同》上仅有乙方生物公司的盖章和法定代表人王某川签字，并无落款时间，吴某澜未在《细胞培养委托合同》甲方处签字。

其次，采用合同书形式订立合同，在签字或者盖章之前，当事人一方已经履行主要义务，对方接受的，该合同成立。本院注意到，吴某澜与生物公司的法定代表人王某川是通过微信进行联系，约定吴某澜向生物公司购买30份“干细胞”，其中双方谈妥的标的物价款、数量、款项支付、履行方式等内容与《细胞培养委托合同》的内容并不一致，存在实质性不同。因此，生物公司认为《细胞培养委托合同》依法成立，应按照此合同履行的上诉主张，法院不予采信。

最后，书面形式是指合同书、信件和数据电文（包括电报、电传、传真、电子数据交换和电子邮件）等可以有形地表现所载内容的形式。吴某澜辩称其与生物公司系通过微信沟通、洽谈，双方之间存在口头形式的买卖合同。对此，法院认为，微信作为能够有形地表现所载内容，并可以随时调取查用的数据电文，亦属于书面形式范畴，故生物公司与吴某澜之间存在书面形式的“干细胞”买卖合同。

2. 关于涉案合同的效力应当如何认定

法院认为，人民法院在审理合同纠纷案件过程中，应当依职权审查合同是否存在无效的情形。本案双方当事人之间成立的“干细胞”买卖合同不符合原国家卫生计生委会同原国家食品药品监管总局联合制定的《干细胞临床研究管理办法（试行）》之规定，损害了社会公共利益，该合同应当认定为无效。对此，法院结合干细胞特性，具体阐述如下：

首先，干细胞来源于人体，具有特别的生物属性。干细胞是一类具有不同分化潜能，并在非分化状态下自我更新的细胞。而干细胞治疗是指应用人自体或异体来源的干细胞经体外操作（干细胞在体外的分离、纯化、培养、扩增、诱导分化、冻存及复苏等）后输入或植入人体，用于疾病治疗的过程。用于细胞治疗的干细胞主要包括成体干细胞、胚胎干细胞及诱导的多能性干细胞。从干细胞采集的来源看，存在不同供体或组织来源，包括自体来源和异体来源。不管是异体来源的干细胞，还是经过复杂的体外培养和操作后的自体来源的干细胞，均含有供者的生物学性状信息，可服务于临床研究和应用。我国《干细胞临床研究管理办法（试行）》规定，开展干细胞临床研究的医疗机构不得收取相关费用，不得发布或变相发布干细胞临床研究广告。《脐带血造血干细胞库管理办法（试行）》第2条第2款规定：“任何单位和个人不得以营利为目的进行脐带血采供活动。”就法理上而言，民法上的物是指存在于人体之外，能够为人力所控制或支配并能满足人类社会生活需要的有体物和自然力，因而，以不违反公序良俗之方法脱离人体组织后的干细胞，经由相关人员进行体外操作，以有体物的形式存在，并且具有可能的医学价值，属于民法上的物。因此，基于干细胞的生物属性，从人体提取的干细胞在法律上不得直接作为交易标的之物。

其次，干细胞作为一种新型的生物治疗技术，具有特殊的管理属性。《基本医疗卫生与健康促进法》第 44 条第 1 款规定：“国家对医疗卫生技术的临床应用进行分类管理，对技术难度大、医疗风险高，服务能力、人员专业技术水平要求较高的医疗卫生技术实行严格管理。”我国建立了以医疗机构为责任主体，干细胞临床研究机构和项目双备案的管理机制。《干细胞临床研究管理办法（试行）》第 52 条规定：“未经干细胞临床研究备案擅自开展干细胞临床研究，以及违反规定直接进入临床应用的机构和人员，按《中华人民共和国药品管理法》和《医疗机构管理条例》等法律法规处理。”《干细胞临床研究管理办法（试行）》《干细胞制剂质量控制及临床前研究指导原则（试行）》对干细胞均予以严格管控，其中规定，干细胞的临床转化需要注册申报和临床试验申请；干细胞的来源和获取过程应当符合伦理等。《人胚胎干细胞研究伦理指导原则》亦规定，对于人胚胎干细胞的研究，应当符合生命伦理规范。由此可见，干细胞的研究和应用必须遵循科学、规范、公开、符合伦理等原则，应当遵守法律、行政法规和国家有关规定以及各项技术操作规程和制度。生物公司未取得干细胞临床研究的立项与备案，不具备从事干细胞临床研究的条件与资质。同时，涉案“干细胞”未经药物临床试验或获得药品上市许可，亦非用于严重危及生命且无有效治疗手段的疾病治疗或者重大医疗卫生需求。生物公司制备“干细胞”后销售给吴某澜并协助完成部分“干细胞”回输的行为，显然违反了《干细胞临床研究管理办法（试行）》等相关管理规定。

再次，干细胞的临床研究和转化应用面向医疗卫生需求，具有特定的市场属性。目前，除已有成熟技术规范的造血干细胞治疗血液系统疾病外，其他干细胞治疗尚未进入临床应用，安全性、有效性均存在不确定性。用于干细胞治疗的细胞制备技术和治疗方案，具有多样性、复杂性和特殊性。不可否认，干细胞治疗是生物医学技术的一项创新和进步，对人类健康事业具有重大意义，但也蕴含着极大的临床安全风险。我国对干细胞治疗产品加强监管的同时，正在进一步提升和促进干细胞的临床研究和转化应用。干细胞可以按照《干细胞临床研究管理办法（试行）》在已备案的干细胞临床研究机构完成临床研究后，将已获得的临床研究结果作为技术性申报资料提交，用于申请药品注册临床试验；也可以直接根据《药品注册管理办法》申请药品注册临床试验。生物公司既非干细胞临床研究机构或从事干细胞制剂或相关药品的研制、生产、经营的企业，亦未向本院举证证明涉案“干细胞”系医疗技术的临床应用或符合药品管理规范。因此，生物公司销售“干细胞”的行为游离于国家有关部门的监管之外，不但增加了国家对干细胞临床研究和药品试验的管控风险，而且影响公众用药安全和合法权益，扰乱社会经济秩序。

最后，与干细胞相关的管理规范具有公共利益属性。虽然《干细胞临床研究管理办法（试行）》不属于法律、行政法规，在法律规范的效力位阶上属于部门规章，但是该管理办法系依据《药品管理法》《医疗机构管理条例》等法律、行政法规而制定，旨在规范和促进干细胞临床研究健康、有序发展。该管理办法的制定与《药品管理法》《医疗机构管理条例》的立法目的是一致的，都是规范疾病治疗的临床研究，促进医疗卫生事业发展，保障医疗安全和公众生命健康。本院需要指出，即便出于干细胞临床研究需要而制备的干细胞制剂，也要遵循《药品管理法》的规定，获得国家药品监督管理部门注册批准后，方可进入临床应用。生物公司销售“干细胞”给他人直接用于人体回输，违反了《干细胞临床研究管理办法（试行）》第 52 条关于禁止干细胞直接进入临床应用的规定的同时，严重违背了伦理规范，破坏国家医疗监管制度，危及不特定个体生命健康安全，进而损害社会公共利益。

综上，法院认为，社会公共利益是明确国家和个人权利的行使边界，判断民事法律行为正当性与合法性的标准。医疗卫生技术的进步和有序发展、干细胞应用的安全性和有效性、药品市场的管理秩序、公众用药安全和生命健康等均涉及社会公共利益。因此，生物公司与吴某澜之间成立的“干细胞”买卖合同因损害社会公共利益而无效。一审法院对涉案合同的效力认定有误，二审依法予以纠正。

3. 关于涉案合同无效后的法律后果处理

合同无效或者被撤销后，因该合同取得的财产，应当予以返还；不能返还或者没有必要返还的，应当折价补偿。有过错的一方应当赔偿对方因此所受到的损失，双方都有过错的，应当各自承担相应的责任。首先，鉴于涉案合同无效是自始、确定、绝对、当然地不发生法律约束力，吴某澜在一审中提出要求解除合同的事实基础和法律依据均不成立，对于其一审诉讼请求，二审法院难以支持。其次，在二审庭审中，二审法院就合同无效的法律后果向双方当事人进行释明。双方当事人同意由二审法院一并处理，均明确表示对于已经交付的“干细胞”和扣除的价款，不再向对方主张标的物返还或价款返还，亦不向对方主张因合同无效后所受到的损失，故二审法院对此予以确认。最后，双方当事人一致确认尚有 22 份“干细胞”未制备，现就是否应当返还剩余的预付款存在争议：生物公司认为已交付的 8 份“干细胞”价格系吴某澜会购买 30 份基础上的优惠价，现应当按 8 万—10 万元/份的市场价计算，吴某澜不应享受优惠价，事实上还需要补足价款，故生物公司无须向吴某澜返还剩余的预付款；吴某澜主张双方在微信中约定了“干细胞”的交易价格，生物公司应当返还剩余的预付款。对此，二审法院认为，双方当事人在微信中就“干细胞”价格进行了明确约定，生物公司亦按照约定价格从预付款中扣除了部分价款，并无证据证明双方对“干细胞”价格作出过其他约定。因此，合同无效后，因该合同取得的财产，应当予以返还，生物公司理应将剩余预付款 39.75 万元返还给吴某澜。生物公司认为按照市场价格进行计算，不应返还剩余预付款的上诉主张，缺乏相应的事实和法律依据，二审法院不予支持。

二审法院判决如下：一、撤销上海市浦东新区人民法院（2019）沪 0115 民初 71447 号民事判决；二、吴某澜与生物公司之间的“干细胞”买卖合同无效；三、生物公司应于本判决生效之日起十日内返还吴某澜剩余预付款 397500 元；四、驳回吴某澜的全部一审诉讼请求。

律师评析

本案例是人体干细胞买卖合同纠纷案。随着生命科学技术的进步，人体干细胞在医学、药物、美容等领域逐渐显现出重大的作用，但是干细胞具有特别的生物属性，同时作为一种新型的生物治疗技术，也具有特殊的管理属性，一般来说干细胞的临床研究和转化应用面向医疗卫生需求，才符合其特定的市场属性及具有公共利益属性相关的管理规范。围绕干细胞开展的不规范市场行为极易引起民事纠纷，本案二审判决恰当地处理了合同关系认定和合同形式问题、法官释明权与当事人处分权和辩论权的平衡问题、特殊标的物导致合同无效的认定和法律后果判定问题，对今后类似的案件审理具有重要的指导意义。

二审法院总结本案争议焦点为：(1) 本案双方存在何种形式的合同；(2) 涉案合同的效力应当如何认定；(3) 如果涉案合同解除或被认定无效，法律后果应当如何处理。本书基于二审法院总结的争议焦点，对本案审理过程中涉及的几个重要问题，依据《民法典》及相关法律法规的规定及司法实践进行评析。

1. 当事人之间实际合同关系的认定和合同形式问题

本案中，两级法院查明事实的过程中，吴某澜主张其与生物公司通过微信聊天的方式成立了口头合同，生物公司则主张双方成立《细胞培养委托合同》，双方分别基于不同的合同关系主张参与庭审的诉辩。根据《民事诉讼法解释》第 90 条规定：“当事人对自己提出的诉讼请求所依据的事实或者反驳对方诉讼请求所依据的事实，应当提供证据加以证明，但法律另有规定的除外。在作出判决前，当事人未能提供证据或者证据不足以证明其事实主张的，由负有举证证明责任的当事人承担不利的后果。”第 91 条规定：“人民法院应当依照下列原则确定举证证明责任的承担，但法律另有规定的除外：(一) 主张法律关系存在的当事人，应当对产生该法律关系的基本事实承担举证证明责任；(二) 主张法律关系变更、消灭或者权利受到妨害的当事人，应当对该法律关系变更、消灭或者权利受到妨害的基本事实承担举证证明责任。”虽然生物公司主张与吴某澜之间成立《细胞培养委托合同》，但是未能证明吴某澜就该合同与生物公司经过要约、承诺的方式订立合同，也未能证明其与吴某澜实际履行了《细胞培养委托合同》，而吴某澜主张其与生物公司法定代表人王某川以微信聊天的方式订立合同，并且相关的聊天内容和付款情况也能证明双方实际履行了该合同，因此二审法院对生物公司所主张的合同关系不予认证，采纳了吴某澜所主张的买卖合同关系的主张。

另外，吴某澜在庭审中主张其与生物公司通过微信聊天的方式成立了口头合同，可见吴某澜一方对数据电文这一书面形式和证据性质了解不足，但如二审法院的“本院认为”部分所说，吴某澜与生物公司法定代表人王某川通过微信聊天就购买 30 份“干细胞”进行洽商，并且双方在微信中谈妥了标的物价款、数量、款项支付、履行方式等内容，微信聊天属于电子数据，当作为合同的载体时，可以视为书面形式，因此吴某澜与生物公司通过电子数据的方式订立了一份书面买卖合同。《民法典》第 469 条规定：“当事人订立合同，可以采用书面形式、口头形式或者其他形式。书面形式是合同书、信件、电报、电传、传真等可以有形地表现所载内容的形式。以电子数据交换、电子邮件等方式能够有形地表现所载内容，并可以随时调取查用的数据电文，视为书面形式。”第 471 条规定：“当事人订立合同，可以采取要约、承诺方式或者其他方式。”第 490 条规定：“当事人采用合同书形式订立合同的，自当事人均签名、盖章或者按指印时合同成立。在签名、盖章或者按指印之前，当事人一方已经履行主要义务，对方接受时，该合同成立。法律、行政法规规定或者当事人约定合同应当采用书面形式订立，当事人未采用书面形式但是一方已经履行主要义务，对方接受时，该合同成立。”本案中吴某澜主张成立口头合同虽未影响到二审法院对合同关系最终的认定，但是在实务中还是应当注意采取数据电文形式订立的合同是可以视为书面形式的。

2. 法官释明权与当事人处分权和辩论权的平衡问题

二审法院在庭审中就合同无效的法律后果向双方当事人进行释明。双方当事人同意由二审法院一并处理，均明确表示对于已经交付的“干细胞”和扣除的价款，不再向对方主张标的物返还或价款返还，亦不向对方主张因合同无效后所受到的损失，二审法院对此予以确认。结合本案的审判，对诉讼中的法官释明进行介绍和评析，增进读者对释明的理解，以便读者在司法实践中更高效地配合法官的审理工作。

所谓释明，亦称法官释明义务，也称释明权，是指在当事人的主张不正确、有矛盾、不清楚，或当事人误以为提出的证据足够充分时，法官依据职权向当事人提出事实及法律上的质问或指示，让当事人将不正确或有矛盾的主张予以排除，将不清楚的主张予以澄清，将不充分的证据予以补充的一种权能。2002 年施行的《民事诉讼证据规定》第 35 条最先创造性引入释明制度，涉及法律观点的开示问题，即要求法官在当事人主张的法律关系的性质或者行为效力与法院认定不一致时应当告知当事人变更诉讼请求。《民事诉讼证据规定》第 53 条第 1 款规定："诉讼过程中，当事人主张的法律关系性质或者民事行为效力与人民法院根据案件事实作出的认定不一致的，人民法院应当将法律关系性质或者民事行为效力作为焦点问题进行审理。但法律关系性质对裁判理由及结果没有影响，或者有关问题已经当事人充分辩论的除外。"经过修订，释明的三个特点值得关注：第一，法官不再负有告知当事人变更诉讼请求的义务；第二，法院在案件审理中应当将法律关系性质或者民事行为效力作为争议焦点问题进行审理；第三，当法律关系性质不影响裁判理由和结果，或者有关问题已经当事人充分辩论的，则可以不归为争议焦点，法官可以依法径行裁判。

法官进行释明时，应当注意给予双方当事人程序保障，让当事人得以就法院的释明作出回应。法官释明应当以当事人的处分权和对方当事人的辩论权为边界，也即法官可以帮助当事人作出正确的决定，但不能强行改变当事人的诉讼请求和诉辩意见，也不能造成在实质上增强当事人的诉讼能力，从而导致不平等对待对方当事人的后果，构成重大程序瑕疵。法院对诉讼请求的释明应当受当事人事实主张的限制，基于当事人所主张的事实关系，不能在当事人的事实主张之外提示变更、修正或补充诉讼请求。

本案中法官就合同无效的法律后果向双方当事人进行释明就是一次良好的示范。吴某澜一方未能在一审中意识到合同无效问题，仍以合同成立并有效为前提主张生物公司违约进而解除合同、返还剩余款项，其退款的请求也得到了一审判决支持。二审法院依职权审查了案涉买卖合同的效力后认定合同无效，因此并不支持吴某澜主张的解除合同的诉请，而是直接判定合同无效，并结合双方当事人在庭审中确认的内容，判定生物公司向吴某澜返还因合同取得的财产。

3. 特殊标的物导致合同无效的认定和法律后果判定问题

《民法典》第143条规定："具备下列条件的民事法律行为有效：（一）行为人具有相应的民事行为能力；（二）意思表示真实；（三）不违反法律、行政法规的强制性规定，不违背公序良俗。"第153条规定："违反法律、行政法规的强制性规定的民事法律行为无效。但是，该强制性规定不导致该民事法律行为无效的除外。违背公序良俗的民事法律行为无效。"所谓"法律、行政法规"应当严格限定在国家立法机关全国人民代表大会及其常委会制定的法律，以及中央人民政府国务院制定的行政法规，不包括地方性法规、部门规章和司法解释等。所谓"强制性规定"是指：（1）关于意思自治以及意思自治行使要件的规定，如民事行为能力、意思表示生效的要件以及合法的行为类型（限于对行为类型有强制性规定的情形）；（2）保障交易稳定、保护第三人之信赖的规定；（3）为避免产生严重的不公平后果或为满足社会要求而对意思自治予以限制的规定。所谓"公序良俗"是指公共秩序和善良风俗。在民事审判工作中，人民法院应当充分发挥在培育和践行社会主义核心价值观、倡导和维护公序良俗方面的引领、规范和保障作用，立足审判职能，对于违背社会主义核心价值观基本内容、违背公序良俗的民事法律行为依法认定无效，以司法公正引领社会公正，让遵纪守法者扬眉吐气，让违法失德者寸步难行。作为买卖合同法律关系客体的标的物，不能"违反法律、行政法规的强制性规定的"，也不能"违背公序良俗"，否则会导致买卖合同无效。在我国，大部分天然物和生产物都可以作为买卖合同的标的物，但是根据通说，有四类物不得进入商品流通领域，成为买卖合同等民事法律关系的可以有：（1）人类公共之物或国家专有之物，如海洋、山川、水流、空气；（2）文物；（3）军事设施、武器（枪支、弹药）等；（4）危害人类之物（如毒品、假药、淫秽物品等）。

本案中生物公司擅自制备、回输人体干细胞，并从事相关的买卖合同，属于买卖"危害人类之物"，违反了《干细胞临床研究管理办法（试行）》《药品注册管理办法》的规定，也不符合上位法《药品管理法》《医疗机构管理条例》等的立法目的，损害了医疗卫生技术的进步和有序发展、干细胞应用的安全性和有效性、药品市场的管理秩序、公众用药安全和生命健康等社会公共利益，因此二审法院依法判定吴某澜与生物公司之间的干细胞买卖合同无效。

《民法典》第157条规定："民事法律行为无效、被撤销或者确定不发生效力后，行为人因该行为取得的财产，应当予以返还；不能返还或者没有必要返还的，应当折价补偿。有过错的一方应当赔偿对方由此所受到的损失；各方都有过错的，应当各自承担相应的责任。法律另有规定的，依照其规定。"买卖合同无效或被撤销后，虽然不发生当事人期望的法律后果，但是会发生法律规定的后果，具体说就是返还财产、折价补偿、赔偿损失等民法上的法律后果，以及行政处罚等非民法上的法律后果。民法上的效果分为两类，返还请求权和赔偿请求权，应当返还的是原物的，则为物权请求权（返还原物请求权），应当返还的为物之外的其他权益（如已经支付的价款、债权让与等），则为不当得利返还请求权。折价补偿，具体包括事实上不能返还、法律上不能返还、因不具有合理经济效益而没有必要返还，法律上不能返还主要是指第三方善意取得等情形。赔偿请求权在学术上有侵权责任说和缔约过失责任说，但是客观上来说都是由有过错的一方赔偿对方因此遭受的损失。

本案中双方当事人在法官释明后，对52.50万元合同金额中已经发生的12.75万元（1.75万元×3+1.5万元×5）均无异议，也均不主张返还原物及价款，存在争议的为剩余的39.75万元。二审法院认为合同无效后，因该合同取得的财产，应当予以返还，故判决生物公司将剩余预付款39.75万元返还给吴某澜。

第二章 供用电、水、气、热力合同纠纷[①]

第一节 理论概述与实务指引

有关供用电、水、气、热力合同的规定位于《民法典》合同编第二分编第十章，位列十九类典型合同之次席，可以说处在十分重要的位置。在司法实践中，2021 年 1 月 1 日起施行的《民事案件案由规定》为供用电、水、气、热力合同纠纷确立了独立的案由，但实际上属于“冷门”纠纷类型。

虽然在实务中供用电、水、气、热力合同纠纷相对较少，但这四种合同在现实生活中使用率高、使用范围广，与所有人的生活息息相关。而且随着近年来公民权利意识的觉醒，此类合同纠纷有上涨趋势，甚至存在引发群体诉讼、影响社会稳定的可能。因此，仍有必要进行专题分析。

一、供用电、水、气、热力合同的概念

《民法典》第 648 条第 1 款规定：“供用电合同是供电人向用电人供电，用电人支付电费的合同。”第 656 条规定：“供用水、供用气、供用热力合同，参照适用供用电合同的有关规定。”据此，供用电、水、气、热力合同，是提供电、水、气、热力一方与使用电、水、气、热力一方之间，就供应方如何提供电、水、气、热力及使用方如何支付使用费而签订的合同。

二、供用电、水、气、热力合同的特征

供用电、水、气、热力合同是一些特殊标的物的买卖合同，正是因为标

---

① 本章作者王巍。

的物的特殊性，决定了供用电、水、气、热力合同不同于其他买卖合同的诸多特征。

1. 标的物交付方式的特殊性

由于供用电、水、气、热力合同是特殊标的物的买卖合同，这些特殊标的物的送达和交付，需借助专门的管道或线路设施，而这些设施的规模、造价及技术要求远非使用方（买方）所能认识和解决的，而只能由供应方(卖方)统一解决，集中供应。

2. 供应方负有强制缔约义务的公用性

供应方的强制缔约义务源自此类合同的公用性，即供应方提供的电、水、气、热力的对象并非某些特定群体，而是一般的社会公众。因此，供应方负有强制缔约义务，不得拒绝使用方合理的供应要求。《民法典》第 648 条第 2 款规定："向社会公众供电的供电人，不得拒绝用电人合理的订立合同要求。"同时，此类合同内容大部分都是依照政府相关管理部门的政策、规定执行，相较于普通商事合同而言，当事人之间的自主性相对较低。但需要注意的是，虽然供应方负有强制缔约义务，但前提是使用人提出的要求具有"合理性"，这种合理性主要集中在是否具备使用人身份以及其提出的要求是否合理两个方面。就使用人身份而言，只要与使用载体存在利害关系(如产权人、居住人、合法使用人等）即可。就合理要求而言，主要是指使用人提出的要求符合有关管理规范、标准，不存在在先义务。在杨某生与电力公司等供用电合同案［(2021）京 0119 民初 11698 号］中，北京市延庆区人民法院认为：(1）关于杨某生主体资格问题，本案中杨某生提供的信息显示，杨某生长女杨某某、次女杨某 1，其居住证（卡）确认单显示其暂住地址为北京市延庆区××小区××号楼××室，其居住证亦在有效期内，且会娟物业公司亦在其出具的《车位说明》中确认业主杨某某、杨某生居住地址为北京市延庆区××小区××号楼××室，故杨某生作为居住人对供用电合同订立有直接利害关系，应系本案适格原告。(2）关于杨某生要求订立电动汽车充电桩供用电协议问题。根据《民法典》第 648 条及《电力法》第 26 条第 2 款规定，申请新装用电、临时用电、增加用电容量、变更用电和终止用电，应当依照规定的程序办理手续。电力公司对杨某生合理的并依规定程序办理手续的新装用电需求有强制缔约义务。但由于杨某生在小区内没有固定车位，其意欲安装自用充电桩涉及地点为小区公用停车位，同时其并未向电力公司提供物业出具（无物业关联小区由业委会或居委会出具）的同意安装充电桩的证明材料，也未提供任何证据证明上述单位或组织同意其在公共车位上安装自用充电桩。因此，其要求无事实与法律依据，法院不予支持。

3. 公益性

公益性是指这类公共供用合同不只是为供应方从中得到利益，更主要的是为满足人民生活、生产的需要，提高人民生活质量。电、水、气、热力供应企业并非纯粹以营利为目的的企业，而是以提高公共生活水平等公益为重要目标的企业，这类企业往往需要行政主管部门确定并获得相应资质，方可从事供应业务。国家对于这类合同的收费标准都有一定的限制，供应方不得随意将收费标准提高①，具有鲜明的公益性。如《电力法》第35条第2款规定："电价实行统一政策，统一定价原则，分级管理。"《城市供水条例》第26条规定："城市供水价格应当按照生活用水保本微利、生产和经营用水合理计价的原则制定。城市供水价格制定办法，由省、自治区、直辖市人民政府规定。"

4. 持续性

供用电、水、气、热力合同中，使用方合同目的的实现需要供应方持续不断地履行合同义务，因检修、限电或用户违法原因需要中断供应的，应当事先通知用户，因自然灾害中断供应的，应当及时维修。因此，与经由合同义务人一次交付行为即可完成合同履行的合同不同，供用电、水、气、热力合同为持续性合同。《民法典》第652条规定："供电人因供电设施计划检修、临时检修、依法限电或者用电人违法用电等原因，需要中断供电时，应当按照国家有关规定事先通知用电人；未事先通知用电人中断供电，造成用电人损失的，应当承担赔偿责任。"

---

① 崔建远：《合同法》（第3版），北京大学出版社2016年版，第476页。

第二节　办案思路与实战技巧

在《民法典》合同编第二分编第十章“供用电、水、气、热力合同”中，将上述四种合同归为一类，并以供用电合同为例，专门作出规定，同时规定供用水、供用气、供用热力合同，参照适用供用电合同的有关规定。对于供用电合同，一般情况下，合同的基本内容包括供用的方式、质量、时间，用电容量、地址、性质，计量方式，电价、电费的结算方式，供用电设施的维护责任等条款。根据笔者常年服务供用电、水、气、热力企业经验，对于类似于高、低压供用电合同，购电合同等非居民生活用电、特种供用电合同，由于使用方主体身份特殊、专业性高，供电部门出具的合同一般不让用户修改，发生争议也大多以协调方式解决。因此，本书对相关特殊用电合同不再展开讨论，仅就常见的居民生活用电、水、气、热力的计量方式、检修义务、质量瑕疵、中断供应等纠纷中的律师代理思路及要点进行分析。

一、关于计量方式问题的办案思路及要点

电、水、气、热力的价格标准由国家有关部门规定。因此，在价格相对确定的情况下，计量方式就变得尤为重要。随着科学技术的不断发展进步及城市基础设施建设投入的不断增加，传统的“抄表式”计量方式逐渐被智能计量表取代，在给供用双方提供更多便利的同时，也更加有利于合同的履行。在计量过程中，纠纷通常是因计量仪器原因造成的计量不准所致。一般分为两种情况：(1) 因供应方原因造成的。如首检未做或到了规定时间未予更换计量仪器等原因造成的计量不准，因此所产生的责任须由供应方承担。(2) 因使用方原因造成的。如故意损坏、更换或发现损坏后未及时报修、更换等，一般供应方可根据使用方之前一定时间内最高月使用量或平均月使用量来收取费用。例如，《天津市城市供水用水条例》第 31 条规定：“供水企业应当按照不同用水类别为用户安装结算水表。用户发现结算水表损坏的，应当及时报告供水企业。因用户原因造成结算水表损坏不能计量的，供水企

业可以按照前六个月中的最高月用水量估算水费。”

在实务中，对于计量仪器计量是否准确的结论，一般需要通过专业的检测或鉴定得出。因此，在检测或鉴定之前，需要对案涉计量器具进行充分的现状保护，以便得出客观可信的结论。在检测或鉴定结论作出之后，再结合具体案情进一步分析当事人的责任。

二、关于检修义务的办案思路及要点

供用电、水、气、热力设施均属于消耗品，即便在没有外力介入的情况下，也会随着时间推移逐渐发生损坏。由于四类行业不仅关系到民生公益，同时还存在发生重大安全事故的风险，因此相关法律法规均规定了对供用设施进行强制检修的义务。如《城市供水条例》第 27 条规定：“城市自来水供水企业和自建设施供水的企业对其管理的城市供水的专用水库、引水渠道、取水口、泵站、井群、输（配）水管网、进户总水表、净（配）水厂、公用水站等设施，应当定期检查维修，确保安全运行。”《电力法》第 19 条第 2 款规定：“电力企业应当对电力设施定期进行检修和维护，保证其正常运行。”从上述法律规定不难看出，对于供用设施强制检修和维护责任均规定应由供应单位承担。而在实务中，纠纷较多地集中在对于计量装置的检定责任上。根据《国家市场监督管理总局关于调整实施强制管理的计量器具目录的公告》（国家市场监督管理总局公告 2020 年第 42 号）规定，电能表、水表、燃气表、热能表等均属于“型式批准强制检定”的计量器具，而无论是国家级立法还是地方性立法一般都规定由供应单位承担强制检定责任。而如果供应方未能尽到相应义务，则须承担因此所产生的不利后果。例如，在水务公司、门窗公司等供用水合同案［（2021）鲁 0891 民初 2566 号］中，济宁高新技术产业开发区人民法院认为：供水人水务公司在明知道注册水表损坏的情况下，在长达近 3 年的时间里，没有对“无法正确读数”的水表进行维护、维修，未尽到企业责任，最终导致其主张补缴水费的诉请未能得到法院的支持。

对于检定的监管方式、强检方式、强检范围及说明，根据《国家市场监督管理总局关于调整实施强制管理的计量器具目录的公告》的规定，与本文相关的计量表的检定情况如下：

器具	种别	监管方式	强检方式	强检范围及说明
热能表	热能表 DN15～DN50	型式批准 强制检定	周期检定	用于贸易结算： 用热量的测量
水表	水表 DN15～DN50	型式批准 强制检定	工业用：周期检定 生活用：首次强制检定，限期使用，到期轮换	用于贸易结算： 用水量的测量
燃气表	燃气表 G1.6～G16	型式批准 强制检定	工业用：周期检定 生活用：首次强制检定，限期使用，到期轮换	用于贸易结算： 用煤气（天然气）量的测量
电能表	电能表	型式批准 强制检定	工业用：周期检定 生活用：首次强制检定，限期使用，到期轮换或根据表计状态延期	用于贸易结算： 用电量的测量

在供用电、水、气、热力合同中，确定运营设施检修义务承担主体的前提是确定产权的分界点。在日常实务中，供用双方一般会在合同中对于分界点进行协商约定，在供用电、水、气、热力合同示范文本中也有明确的约定，如“建设部、国家工商行政管理局印发《城市供用水合同》、《城市供用气合同》、《城市供用热力合同》的示范文本中《城市供用水合同》第四条“供、用水设施产权分界与维护管理”规定：“（一）供、用水设施产权分界点是：供水人设计安装的计费总水表处。以户表计费的为进入建筑物前阀门处。（二）产权分界点（含计费水表）水源侧的管道和附属设施由供水人负责维护管理。产权分界点另侧的管道及设施由用水人负责维护管理，或者有偿委托供水人维护管理。”

另外，在供用热力合同中，还可能会出现用热人擅自拆改供暖设施情形。用热人未经供热单位同意即拆改室内供暖设施（如暖气片、管道、阀门等），有的将供暖设施箱体装修包裹，导致室内温度不达标或阻碍供暖设施修缮。在此类纠纷中，如室内温度不达标或供热单位未进行及时修缮，查明系因用热人擅自拆改设施及其妨碍、拒绝设施正常检查所致的，用热人仍需按照全额缴纳供暖费。同时，如果因为拆改行为给其他主体造成损失的，用热人还须承担相应责任。

三、关于质量瑕疵问题的办案思路及要点

供用电、水、气、热力合同属于特殊标的物的买卖合同，供方需要按照国家法定质量和安全标准进行供应。《民法典》第651条规定："供电人应当按照国家规定的供电质量标准和约定安全供电。供电人未按照国家规定的供电质量标准和约定安全供电，造成用电人损失的，应当承担赔偿责任。"《电力供应与使用条例》第19条规定："用户受电端的供电质量应当符合国家标准或者电力行业标准。"《城镇燃气管理条例》第17条第1款规定："燃气经营者应当向燃气用户持续、稳定、安全供应符合国家质量标准的燃气，指导燃气用户安全用气、节约用气，并对燃气设施定期进行安全检查。"《城市供水条例》第20条规定："城市自来水供水企业和自建设施对外供水的企业，应当建立、健全水质检测制度，确保城市供水的水质符合国家规定的饮用水卫生标准。"

在实务中，四类合同常见的质量瑕疵纠纷包括：供应的暖气温度不够，致使用热人室内温度不达标；供应的水压力不达标，致使用水人用水不畅；供应的天然气纯度不足，致使不能达到燃烧标准；供应的电力质量瑕疵，致使电压不稳等。在处理涉及此类纠纷的案件时，可以从以下几个方面着手：

1. 充分审查合同内容及相关法律规定，确定质量标准

在实际生产生活中，质量标准会根据使用主体、用途等不同而不同，例如供用热力标准可根据主体的不同划分为民用和公建；供水企业须向用水单位和个人提供生产、生活和其他用水等。因此，作为代理律师，在处理此类纠纷时，首先应对合同内容进行充分的审查，确定适用的质量标准。如出现没有约定或约定不明的情况，则需要根据使用主体、用途的不同参考相关法律规定。

此类合同纠纷的一个重要特点就是相关法律法规及依据多而杂。每一类合同均既有法律法规，又有地方位阶的法规、规章，还有相关国家标准、行

业标准等，在代理此类案件时应当全面收集、准确理解可适用于案件的相关规定和标准。

2. 多途径收集证据，合理运用证据规则

由于标的物的特殊性，在实务中，对于所供应的电、水、气及热力的质量瑕疵，很难像其他货物一样通过视觉、触觉、嗅觉等直观感觉去确认，即便能够确认，由于供应的持续性和消耗性的特点，也很难对证据进行固定、保全。因此对于此类纠纷质量瑕疵的收集及整理往往需要一个相对较长的过程，而且为了保证形成完整的证据链条，所采取的手段也是多途径的。以供用热力合同中供用热量不能达到供热温度要求为例，代理律师应着重对室内温度进行检测举证。如案件正处于供暖期，且双方均出具各自的测温记录，可协调各地区供热办公室或有相应资质的第三方检测机构进行测温，在特定区间取两次测温平均值作为案件审理依据；如案件处于供暖季结束后，而双方均未举证证明供暖温度，可由供热单位提交该区域的抽查测温记录，在用热人无相反证据情况下，可作为推定涉案房屋供暖温度的证据材料。用热人仅提供自备设备测温的证据材料的，通常不能认定其证据效力，但如果供热单位无法提供抽查测温记录，也可酌情认定供热单位未提供符合要求的服务。在用户提出异议的情况下，供热单位应当及时响应并进行检测，否则，有可能承担不利后果。如在热力公司、销售公司供用热力合同案［（2022）黑11民终81号］中，黑龙江省黑河市中级人民法院认定供热人热力公司明知用热人销售公司对供热温度存在异议，仍未对销售公司进行室温检测，其履行供用热力合同存在瑕疵，最终审理法院认定应酌减部分供热费。

对于室内温度的举证，由于证据采集方式较为容易，而且无更高的技术要求，尚可尝试通过自行收集证据取得，而对于水质要求、燃气纯度、供电质量等证据则由于专业性及技术要求需要依靠专门的鉴定机构出具鉴定报告或专家辅助人的方式取得。

3. 合理确定赔偿标准

对于此类合同质量瑕疵的违约责任一般包括恢复原状、赔偿损失、退费等，在确定违约责任的承担方式及程度时，合理确定违约责任在代理实务中非常重要，不仅有助于案件的成功代理，同时也可以有效降低委托人的诉讼成本。根据笔者经验，需建立在“合同目的实现程度”这一前提基础上，合理确定违约责任。以供用热力合同温度不达标为例，用热人订立合同的目的在于获得暖气抵御寒冷，每个人对于寒冷的程度认识有别，虽然室内温度未达标，但是一般情况下，只要供热人提供了暖气，即可认为用热人已经部分实现合同目的，用热人就无权拒绝支付全部供热费。在供热人履行义务不符合要求的情况下，则用热人享有不交或少交供热费的抗辩权。但这种抗辩仅支持其对供热不合格部分的供热费用的请求权提出抗辩，因此，违约责任的承担上应当是部分返还供热费用，而不是全部返还。若供热人根本没有供热，则可以主张返还全部供热费用。

四、关于中断供应问题的办案思路及要点

1. 供应方主动中断供应

根据《民法典》第 652 条的规定，供电人因供电设施计划检修、临时检修、依法限电或者用电人违法用电等原因，需要中断供电时，应当按照国家有关规定事先通知用电人；未事先通知用电人中断供电，造成用电人损失的，应当承担赔偿责任。

以供电企业为例，供用电合同是一种持续供给合同，供电人在发电、供电系统正常的情况下，应当连续向用电人供电，不得中断，否则应当承担违约责任。这是供电人连续供电的义务。但是在某些法定情形下，供电人可以中断供电。《电力法》第 29 条规定了供电企业有权中断供电的情形，这些情形包括供电设施检修、依法限电或者用户违法用电等。“供电设施检修”，包括供电设施计划检修和临时检修；“依法限电”，是指根据有关法律、行政法规规定，对一个地区中的一部分区域、部分用户、用电大户的部分用电设施中断供电，使其用电总量减少的一种措施行为；“用户违法用电”，包括违章用电、窃电、超计划用电、不安全用电以及其他违反法律、行政法规规定用电的行为。供电人在上述情形下中断供电，不承担违约责任，但前提是应当按照国家有关规定事先通知用电人。因供电设施计划检修停电，供电企业应当提前 7 天通知用户或者进行公告；因供电设施临时检修停电，供电企业应

当提前24小时通知重要用户；因发电、供电系统发生故障需要停电、限电时，供电企业应当按照事先确定的限电序位进行停电或者限电。但限电序位应事前公告用户。引起停电或者限电的原因消除后，供电企业应当尽快恢复供电。

如果因供电设施检修、依法限电或者用户违法用电等原因中断供电，供电企业未通知用电人或者通知未履行法定程序，给用电人造成损失的，应当承担损害赔偿责任。

此外，还需要注意的是，《民法典》第654条规定："用电人应当按照国家有关规定和当事人的约定及时支付电费。用电人逾期不支付电费的，应当按照约定支付违约金。经催告用电人在合理期限内仍不支付电费和违约金的，供电人可以按照国家规定的程序中止供电。供电人依据前款规定中止供电的，应当事先通知用电人。"也就是说，即便是用电人逾期不支付电费及违约金，供电人因此而中止供电的，也需要履行事先通知义务。

2. 供应方被动中断供应

《民法典》第653条规定："因自然灾害等原因断电，供电人应当按照国家有关规定及时抢修；未及时抢修，造成用电人损失的，应当承担赔偿责任。"例如，在郭某标、供电局供用电合同案［（2021）粤06民终6907号］中，广东省佛山市中级人民法院认为：在发生雷电暴雨极端天气导致断电后，供电人提供的紧急抢修工作票、技术交底单、临时性作业风险快速评估表、现场勘验工作单原件及短信通知记录等证据，表明供电人已及时通知停电情况并组织抢修，最终判决供电人不承担赔偿责任。除自然灾害外，根据《民法典》第590条"当事人一方因不可抗力不能履行合同的，根据不可抗力的影响，部分或者全部免除责任，但是法律另有规定的除外。因不可抗力不能履行合同的，应当及时通知对方，以减轻可能给对方造成的损失，并应当在合理期限内提供证明"之规定，在受不可抗力影响的情况下，供电人也可以全部或部分予以免责。需要注意的是，虽然不可抗力是合同履行的免责事由，但在不可抗力发生以后，供电人应及时抢修，以最大限度地减少因不可抗力所造成的损失。如果因供电人没有及时抢修，给用电人造成损失的，供电人应当就没有及时抢修而给用电人造成的损失部分承担赔偿责任。

在实务中，作为代理律师在处理此类纠纷时，笔者认为主要的代理难点在于：一是确定造成供应中断的原因。使用方限于技术及条件限制，无法第一时间了解到中断的原因，往往需要通过事后的取证工作才能确定。常见的确定方式为调取事故报告、现场拍照、通过新闻报道了解等。二是确定损失情况。在实务中，对于因停止供用造成损失求偿的往往集中于生产经营过程中，这就需要律师针对中断后造成的影响情况综合进行判断，以确定损失范围。

关联案例1

案件名称： 杨某生与电力公司等供用电合同案

案　　号： 北京市延庆区人民法院（2021）京0119民初11698号

裁判观点： 房屋的居住人对供用电合同订立有直接利害关系，有权要求与供电部门订立电动汽车充电桩供用电协议，但应当依照规定的程序办理手续。在没有取得符合规定要求的安装手续的情况下，要求与供电部门订立用电协议没有事实和法律依据。

关联案例2

案件名称： 水务公司与门窗公司等供用水合同案

案　　号： 山东省济宁高新技术产业开发区人民法院（2021）鲁0891民初2566号

裁判观点： 供水人在明知道注册水表损坏的情况下，没有对“无法正确读数”的水表进行维护、维修，未尽到企业责任，应承担因此所产生的不利后果。

关联案例3

案件名称：热力公司与销售公司供用热力合同案

案　　号：黑龙江省黑河市中级人民法院（2022）黑11民终81号

裁判观点：供热人明知用热人对供热温度存在异议，仍未对用热人进行室温检测，其履行供用热力合同存在瑕疵，应酌减部分供热费。

关联案例4

案件名称：郭某标与供电局供用电合同案

案　　号：广东省佛山市中级人民法院（2021）粤06民终6907号

裁判观点：发生雷电暴雨极端天气等自然灾害导致断电后，供电人及时通知停电情况并组织抢修的，供电人对于用电人的损失不承担赔偿责任。

第三节　典型案例精析

案例1：科技公司、热力公司供用电合同案①

裁判要旨

供热单位作为向社会公众提供供热服务的供热人，不得拒绝用热人合理的订立合同要求，但用热人缺乏合理性的，法院不予支持。

案情简介

坐落于河北区某房屋原产权人为孙某坤，该房屋处于被告热力公司提供供热服务的范围内。因原产权人孙某坤拖欠2015—2016年度供热费，热力

① 天津市河北区人民法院（2021）津0105民初6522号。

公司已关停该户供热阀门、停止供热。

2021 年 5 月 6 日，科技公司通过阿里拍卖平台通过竞拍方式，从处置单位天津市第一中级人民法院竞拍购得该房屋。在拍品详情中房屋瑕疵说明部分载明：“……法院以现状进行拍卖，买受人须接受拍卖标的物现状。标的物转让登记所涉及的一切税、费及有可能存在的物业费、水、电等欠费均由买受人自行向有关部门咨询并负担……”科技公司竞拍购得该房屋后于 2021 年 5 月 18 日取得不动产权属证书，权利人已变更登记为科技公司。

次月，科技公司找到热力公司位于河北区的收费网点办理重新签订供用热力合同事宜和缴纳 2021—2022 年度供热费时，热力公司告知科技公司该房屋此前存在欠费，根据《天津市集中供热暂停和恢复用热管理办法》的规定，暂停用热期间，每个供热期热能损耗补偿费收取标准为以面积计费方式的供热采暖费的 20%；恢复供热前，用热户如有欠费应予补齐，暂停供热期间，房屋产权发生变更的，新、老用热户需同时到供热单位办理变更手续，如有欠费应予补齐。需由科技公司补齐欠费才能重新订立合同。

法院裁决

法院经审理认为：被告热力公司作为向社会公众提供供热服务的供热人，不得拒绝用热人合理的订立合同要求。本案中，原告科技公司系通过司法拍卖方式购得涉案房屋，在拍品详情中的瑕疵说明部分已明确告知“可能存在的物业费、水、电等欠费均由买受人自行向有关部门咨询并负担”，科技公司明悉上述内容并竞拍购得该房屋，表明其愿意承担上述风险。最终法院判决在原告科技公司将拖欠的供热费用补齐后，再由双方就该房屋签订供用热力合同。

律师评析

供用热力合同具有公益性和合同双方缺乏自主性的特点。一般情况下，用热人无能力独立供热，供热人处于绝对强势地位。因此，这就要求供热人在用热人满足用热条件的情况下，必须与其订立供用热力合同并实际供热，也就是供热人负有强制缔约的义务。《民法典》第 648 条第 2 款规定：“向社会公众供电的供电人，不得拒绝用电人合理的订立合同要求。”《电力法》第 26 条第 1 款规定：“供电营业区内的供电营业机构，对本营业区内的用户有按照国家规定供电的义务；不得违反国家规定对其营业区内申请用电的单位和个人拒绝供电。”依据《民法典》第 656 条“供用水、供用气、供用热力合同，参照适用供用电合同的有关规定”之规定，供热人也负有强制缔约义务，不得拒绝用热人合理的订立合同的要求，这就是供热人的强制缔约义务。所谓强制缔约，是指只要一方提出订立合同的要求，负有强制缔约义务的主体依法不得拒绝，必须与之订立合同。公用事业企业的设立本身属于一种要约邀请，使用方要求供应方提供服务的行为属于要约。由于公用事业单位负有强制缔约的义务，因此，除非有正当理由，必须履行承诺义务，但用户提出的订立合同的要求应当具有“合理性”。

本案中，需要特别指出的是：该房屋的原产权人存在欠费事实，原告是通过法院拍卖后取得的房屋产权。原则上，科技公司并无支付原产权人所欠费用的义务，供热单位应当向欠费人进行主张，因为欠费的是“人”而不是“房屋”。在辽宁省沈阳市中级人民法院（2021）辽 01 民终 12915 号民事判决书中，法院认为：关于热力公司提出的不交纳此前欠费无法交纳当年的采暖费系其收费系统自动设置的程序，故无法单独交纳当年采暖费的意见。本院认为，以何种方式收费系热力公司的自由，但其收费方式不能与法律规定相悖，让非用热人承担房屋前期用热人应交纳的采暖费更无法律依据，因此热力公司以该种理由拒绝科技公司订立供暖合同的行为，违反法律规定，无法得到支持。

但本案的特殊性在于，在拍卖过程中已经明确该房屋可能存在欠费，竞买人应向有关部门咨询并承担费用。原告科技公司既然参加竞拍，即视为其已经承诺履行该义务。若科技公司拒绝履行该义务，而要求供热单位订立合同的，欠缺“合理性”。因此，科技公司要求与供热单位订立合同不能得到支持。法院最终判决科技公司在补交欠款后再由双方签订供用热力合同，符合法律规定，也节约了司法资源，具有“合理性”。与此相似的情况是，若购房人在房屋买卖合同中约定由购房人承担所欠费用的，也应遵守这一裁判规则。可以进一步思考的是，倘若该房屋在拍卖时并未注明需由买受人承担欠费，在买受人竞拍取得产权后，供热单位则不能拒绝与买受人订立供用热力合同。

案例 2：构件场、电力公司财产损害赔偿案

裁判要旨

供电单位有协助国家有关职能部门采取停电措施的职责，也有审慎依法实施停电行为的义务。在具体实施停电行为时，没有审查行政机关是否已尽停电通知义务，自身也没有主动事先通知，径直采取停电措施是违规的，具有过错。该违规行为与因停电遭受经济损失间存在一定的因果关系，应承担相应的赔偿责任。

案情简介

2020 年 4 月 10 日，县环境保护委员会印发饮用水水源地环境问题整治实施方案，其中明确指出 A 镇某河饮用水水源地一级保护区内建有一家小型预制板厂，要求 A 镇牵头负责依法拆除或关闭，责任单位为 A 镇人民政府。2020 年 7 月 2 日，A 镇人民政府向原告构件场送达了《通知》，主要内容为：要求构件场停止一切生产经营活动并于 7 月 31 日将所有设备和产品撤离一级保护区范围外，否则将联合有关部门进行强制拆除。构件场拒不签收并未按《通知》履行，照常生产。2020 年 8 月 3 日，A 镇人民政府向被告供电公司发送《请求采取停电措施的函》，电力公司当日向 A 镇人民政府发送《关于对 A 镇有关预制场实施停电工作的函告》，其中要求："请贵单位提前向用户下达停电通知，明确具体的实施时间、期限，并抄送我单位，如有变更请书面告知。"2020 年 8 月 4 日，市生态环境局向构件场作出《责令改正违法行为决定书》，责令原告立即停止排污。2020 年 8 月 11 日，电力公司对构件场采取了停电措施。2021 年 4 月 12 日，A 镇人民政府发现原告私接电线仍在继续生产，向电力公司发送《关于支持相关预制板厂采取停电措施的函》，要求其配合其采取停电措施。电力公司回复了与 2020 年 8 月 3 日同样

内容的函告，并在未核实A镇人民政府是否已提前告知原告停电且自身亦未事前通知原告停电的情况下于2021年4月21日对构件场采取了停电措施，构件场停止生产至今，遂向人民法院起诉要求赔偿经济损失167368元。被告电力公司的辩称是在政府要求协助的情况下，才采取停电的措施，不存在侵权行为。

法院裁决

法院经审理认为：被告电力公司作为供电社会公共服务部门，有协助国家有关职能部门采取停电措施的职责，也有审慎依法实施停电行为的义务。在本案中，电力公司按A镇人民政府的明确要求对原告采取停电措施，属于协助行政机关执行行为，是正当的，但在具体实施停电行为时，没有审查行政机关是否已尽停电通知义务，自身也没有主动事先通知，径直对原告采取停电措施，是违规的，具有过错。该违规行为与原告构件场遭受经济损失间存在一定的因果关系，应向构件场承担一定的赔偿责任。本案原告构件场在有关行政机关对其作出行政处罚决定、通知其停止生产经营并搬迁后，没有通过合法程序救济权利，仍擅自继续生产，其行为是违法的，对其自身的经济损失的发生和扩大存在较大过错。综合本案事实，被告电力公司对原告经济损失承担30%的责任份额，即赔偿原告经济损失的30%，原告构件场自负70%的经济损失。

律师评析

供用电合同是一种持续供给合同，供电人负有连续供电的义务。供电人在发电、供电系统正常的情况下，应当连续向用电人供电，不得中断，否则应当承担违约责任。但是在某些法定情形下，供电人可以中断供电，根据《民法典》第652条及《电力法》第29条的规定，供电人可以中断供电的情形包括供电设施检修、依法限电或者用电人违法用电等。供电人在上述情形下中断供电，不承担违约责任，但前提是应当按照国家有关规定事先通知用电人。供电人的提前通知义务是必须承担的法定义务，只有因为自然灾害等不可抗力原因导致中断供电的，才无须承担提前通知义务。

本案中，原告构件场系违法用电，根据《民法典》第652条“供电人因供电设施计划检修、临时检修、依法限电或者用电人违法用电等原因，需要中断供电时，应当按照国家有关规定事先通知用电人；未事先通知用电人中断供电，造成用电人损失的，应当承担赔偿责任”之规定，被告电力公司也可中断供电，但必须履行提前通知义务。从法院认定事实来看，电力公司实施停电行为时并未履行该通知义务，依法应向原告承担一定的赔偿责任。在责任的划分方面，由于原告构件场在有关行政机关对其作出行政处罚决定、通知其停止生产经营并搬迁后，没有通过合法程序救济权利，仍擅自继续生产，其行为是违法的，对其自身的经济损失的发生和扩大存在较大过错。因此，对其遭受的损失也应当承担相应的责任。

第三章　赠与合同纠纷[①]

第一节　理论概述与实务指引

依据《民法典》第 657 条之规定，赠与合同是赠与人将自己的财产无偿给予受赠人，受赠人表示接受赠与的合同。其中，转让财产的一方为赠与人，接受财产的一方为受赠人，当事人所转让的财产为赠与物。

一、赠与合同的特征

从上述概念可以看出，赠与合同具有如下特征：

1. 赠与合同为诺成合同。赠与合同中，只要双方当事人意思表示一致，合同即成立，不以赠与人交付赠与物为合同的成立要件。

2. 赠与人须将其财产无偿给予受赠人

（1）赠与人自己的财产

赠与人赠给他人的财产，必须是自己有权支配的财产。财产的范围包括动产或不动产的所有权及定限物权（含准物权）、无体财产权、债权、有价证券、股权等[②]。赠与人在表示赠与意思当时虽未现实取得，但就将来可取得之财产而为赠与时亦无不可。

（2）财产的给予

赠与合同中，财产的给予是指：一方面，赠与人的财产必将因此给予行为而有所减少，包括本应增加而没有增加；另一方面，相应地却使受赠人的

---

① 本章作者王萌、路佳伟。

② 崔建远：《合同法》（第 7 版），法律出版社 2021 年版，第 303 页。

财产因此行为而有所增加，包括本应减少却未减少[①]。赠与人财产的减少与受赠人财产的无偿增加有着直接的因果关系。因此，为他人的利益，而不愿为某项财产之取得，或抛弃自己应继份或遗赠物的，都不是赠与。

（3）给予的无偿性

无偿给予财产是赠与的要件。一般来说，这种无偿性是指受赠人对其所受赠与并不付出对价。《民法典》规定赠与可以附义务，即可以要求受赠人承担或履行一定的义务，但此处所附的义务并非指对价，该义务并非作为接受赠与的对价给付而存在。

3. 赠与合同为转移财产的合同。赠与以赠与人将其财产给予受赠人为其内容。仅赠与人负有将财产给予受赠人的义务。财产并不以物之所有权为限，也不以赠与人已实际取得、支配的财产为限。

4. 赠与合同为单务合同。在赠与合同中，受赠与人不负对待给付义务，仅赠与人负有赠与财产的义务，故赠与合同为单务合同。但是赠与并非不可附条件、附义务，只不过此种赠与的附义务并不成为一种对待给付的义务。因此，赠与合同中，赠与人不享有双务合同当事人可享有的同时履行抗辩权。同时，因为赠与合同是单务合同，并不要求受赠与人有民事行为能力，所以无民事行为能力人同样可以成为赠与合同的受赠人，赠与人不能以受赠人无民事行为能力为由而主张赠与无效。

5. 赠与合同为非要式合同。赠与合同不必采用书面或特殊形式。根据《民法典》的规定，赠与合同可以采用口头形式、书面形式等。但赠与的财产如需办理变更登记等手续的，则须按有关规定办理手续。

二、赠与合同的分类

依据不同的标准，可以将赠与合同分为不同的种类。常见的分类有以下几种：

1. 一般赠与与特种赠与

以赠与合同的成立、效力是否具有特殊情况为区分标准，赠与可分为一

---

① 崔建远：《合同法》（第7版），法律出版社2021年版，第303页。

般赠与和特种赠与[①]。

所谓一般赠与，是指单纯以一方当事人对他方当事人无偿给予财产为内容，在合同的成立或效力方面，未附条件、期限或负担等特殊情况的赠与。所谓特种赠与，是指在赠与合同的成立或效力方面附着条件、期限或负担等特殊情况的赠与。

特种赠与在实践中有以下几类：

（1）附义务赠与，或称附负担赠与，是指受赠人负有一定给付义务的赠与。鉴于受赠人所负的一定给付义务与赠与人所负的给付义务无对价关系，为了显示这两种给付义务的区别，传统民法及其学说将受赠人所负的给付义务叫负担。

（2）附条件赠与，是指赠与物财产权的移转或赠与合同的终止取决于当事人双方约定的条件成就的赠与。它与附义务赠与不同，主要表现如下：所附条件限制赠与合同的效力，附停止条件场合是限制了赠与物财产权移转的履行效力，附解除条件场合是限制了赠与合同的存续期间；而附义务并不限制赠与合同的效力，仅仅是使受赠人负有负担[②]。就此看来，两者不同。

（3）附期限赠与，是指赠与物财产权的移转或赠与合同的终止取决于当事人双方约定的期限届至或届满的赠与。它与附义务赠与不同，主要表现如下：所附期限限制赠与合同效力，附始期赠与场合是限制了赠与物所有权移转的履行效力，附终期赠与场合是限制了赠与合同的存续期间；而附义务并不限制赠与合同的效力，仅仅是使受赠人负有负担。就此看来，两者也不同。

（4）死因赠与，是指因赠与人死亡而产生效力的赠与。它实际上是以“赠与人死亡时，受赠人仍然生存”为停止条件的赠与，性质上为附停止条件赠与的一种[③]。

（5）现实赠与，是指赠与合同成立的同时即已履行的赠与，即赠与人以

---

① 崔建远：《合同法》（第7版），法律出版社2021年版，第304页。
② 崔建远：《合同法》（第7版），法律出版社2021年版，第305页。
③ 崔建远：《合同法》（第7版），法律出版社2021年版，第305页。

赠与物现实交付于受赠人而成立的赠与。

（6）混合赠与，是指约定使受赠人亦为一部分对待给付的赠与。半卖半赠，即是典型。

2. 履行道德义务的赠与和非履行道德义务的赠与

赠与人的目的如是履行道德义务，则为履行道德义务的赠与；反之则为非履行道德义务的赠与。如妻子为尽道德上的义务而对丈夫的父母赠与的，则属于为履行道德义务的赠与。区分这两种赠与的意义主要在于：履行道德义务的赠与对赠与人的约束力较强，不能任意撤销；而对于非为履行道德义务之赠与，在赠与财产的权利转移前，赠与人一般可以任意撤销。

三、民事案由解析

赠与合同是《民法典》规定的十九类典型合同之一，日常经济生活中也很多见，《民事案由规定》将之列为第三级案由。而公益事业捐赠合同和附义务赠与合同是赠与合同中较为特殊的两类，公益事业捐赠合同还有其他法律对之专门规范，《民事案由规定》将其单列为第四级案由。在确定案由时需要注意，遗赠和遗赠扶养协议也是特殊的赠与合同，遗赠是死因赠与，遗赠扶养协议是附义务的死因赠与，但因遗赠纠纷、遗赠扶养协议已作为独立的第三级案由规定在继承纠纷部分，就不能确定为赠与合同纠纷案由。

第二节　办案思路与实战技巧

赠与合同一经成立即应生效，不应允许赠与人随意撤销，以维护诚信原则。但因赠与合同系单务、无偿合同，合同中赠与人与受赠人的权利义务不对等，因此，为了保护赠与人的利益，《民法典》规定了赠与人的任意撤销权和法定撤销权。日常生活中赠与合同纠纷也主要因为赠与被撤销而发生，故笔者着重从赠与合同的任意撤销和法定撤销两个方面来进行分析：

一、任意撤销赠与合同的思路及要点

赠与的任意撤销权是指无须具备法定情形，得由赠与人依其意思表示任意撤销赠与合同①。《民法典》第658条规定："赠与人在赠与财产的权利转移之前可以撤销赠与。经过公证的赠与合同或者依法不得撤销的具有救灾、扶贫、助残等公益、道德义务性质的赠与合同，不适用前款规定。"据此，赠与人享有的任意撤销权必须符合三个条件：

1. 赠与人必须在赠与财产的权利转移之前行使撤销权

如果赠与财产的权利已经移转，赠与人不得撤销。若赠与财产的权利已转移一部分，则赠与人仅能就未转移部分行使撤销，对已经转移的部分不得行使撤销。赠与物为动产的，应当在动产交付之前行使撤销权；为不动产或价值较大的动产（如车辆、船舶、飞机等），则应当在办理过户登记之前行使撤销权。

律师在代理此类撤销赠与合同纠纷时，首先应当审查当事人提供的证据材料以及当事人对赠与事实的描述，据此判断当事人与对方当事人之间是赠与合同关系还是其他合同关系（如夫妻婚前财产协定书，家产分割协议书等）；其次判断赠与合同是否成立并生效；再次判断该赠与财产的权利是否已经发生转移，或者部分转移；最后据此向法院提交诉请或答辩。如在北京市第三中级人民法院（2022）京03民终835号②案中，张某1与张某2签订《房屋赠与协议》约定，张某1将上述房屋及土地使用权赠与张某2，并约定张某1对此房屋享有合法居住的权利。《房屋赠与协议》签订后，张某1向张某2交付了案涉房屋并在此继续居住，张某2及其家人搬至案涉房屋内居住至今。现张某1主张构成法定撤销条件，请求法院判决撤销《房屋赠与协议》。法院认为，双方当事人签订的《房屋赠与协议》真实有效，并且协议已经实际履行，现张某1以张某2未履行赠与协议中让其居住的义务，以及对其赡养的义务为由要求撤销案涉房屋赠与协议，但根据已经查明的事

---

① 崔建远：《合同法》（第7版），法律出版社2021年版，第308页。

② 张某1与张某2赠与合同案。

实，张某 2 已经在一、二审中均明确表示允许张某 1 居住，并提出具体的居住方案对家庭矛盾进行缓和与弥补，应当认定其并非不履行赠与协议中的义务。而张某 1 仍对此均不同意，坚持要求撤销赠与协议或确认房屋中北房三间归自己所有，但其作为原告并未提交充分证据证明已经达到撤销赠与的法定条件，同时，案涉房屋已经交付张某 2 并实际履行，应当视为张某 1 与张某 2 对案涉房屋已经完成了权利转移。综上所述，张某 1 要求撤销《房屋赠与协议》的诉讼请求依据不足，法院不予支持。

2. 赠与人撤销的赠与须不是具有救灾、扶贫、助残等社会公益、道德义务性质的赠与

捐赠是赠与人为了社会公益事业、公共目的或者特定目的，将自己的财产无偿给予特定社会组织或特定对象的行为。《民法典》总则中第 7 条规定了民事活动应当遵循的一条重要原则是诚信原则。如果事关社会公益、道德义务，仍允许赠与人享有任意撤销权，则有弱化诚信原则的趋势，有违法律追求社会公平正义的宗旨，纵容一些单位和个人沽名钓誉却不承担义务，背信弃义。这是对赠与人的约束，保护受赠人的利益。

律师在代理此类案件时，重点在于判断该赠与是否为救灾等社会公益、道德义务性质的赠与。有些捐赠协议虽然从内容和主体上很容易和普通赠与合同混淆，但实质上是为了救灾、扶贫等社会公益、道德义务，并非普通的赠与合同，因此应当根据此条进行规制。例如，在山东省枣庄市市中区人民法院（2021）鲁 0402 民初 772 号①案中，原告 H 小学与被告置业公司签订《捐赠协议书》约定：置业公司愿为 H 小学一期工程捐赠部分工程款物，H 小学在接受置业公司捐赠后，同意按照市、区一年级新生招生政策接收乙方所建江北绿城小区购房居民符合招生条件的适龄儿童进入 H 小学（陈庄校区）就读，乙方不得向适龄儿童的家长收取任何费用。法院认为，原、被告间的捐赠协议属于合法有效合同，合同双方当事人均应按照合同约定履行，具有救灾、扶贫等社会公益、道德义务性质的赠与合同或者经过公证的赠与合同，赠与人不交付赠与的财产的，受赠人可以要求交付，本案被告的捐赠

---

① H 小学与置业公司公益事业捐赠合同案。

是为了缓解教育资源紧张情况，是公益性捐赠，该协议属于公益性捐赠合同，且协议第五条约定本协议为不可撤销赠与协议。故对原告要求被告支付剩余捐赠款的请求本院予以支持。被告辩称原告以要求被告开发小区居住业主适龄儿童上学为由，要求被告捐赠款物，应该是受胁迫的行为，捐赠合同应予以撤销无法律依据，因此本院不予采信。本案所涉合同，虽然从主体以及内容上看与普通捐赠合同相似，但实际上是具有公益性质的赠与合同，且双方在合同中也约定了不可撤销，故被告的主张难以得到法院支持。

3. 赠与人撤销赠与，仅限于没有经过公证的赠与合同

经过公证的赠与合同，赠与人不得任意撤销，目的是使赠与合同这一法律关系更稳定，以此保护受赠人的利益。

二、法定撤销赠与合同的思路及要点

法定撤销，是指具备法定条件时，允许赠与人或其继承人、法定代理人行使撤销权，撤销赠与合同[①]。赠与合同中赠与人系无偿转让财产，因此在赠与财产的权利转让之后，如出现有悖于赠与初衷的情形，应当允许其在符合特定条件的情况下撤销赠与合同。《民法典》第 663 条规定："受赠人有下列情形之一的，赠与人可以撤销赠与：（一）严重侵害赠与人或者赠与人近亲属的合法权益；（二）对赠与人有扶养义务而不履行；（三）不履行赠与合同约定的义务。赠与人的撤销权，自知道或者应当知道撤销事由之日起一年内行使。"第 664 条规定："因受赠人的违法行为致使赠与人死亡或者丧失民事行为能力的，赠与人的继承人或者法定代理人可以撤销赠与。赠与人的继承人或者法定代理人的撤销权，自知道或者应当知道撤销事由之日起六个月内行使。"因此，依赠与撤销权人的不同，法定撤销可以分为赠与人的撤销和赠与人的继承人或法定代理人的撤销两种。

1. 赠与人的撤销

（1）受赠人严重侵害赠与人或者赠与人的近亲属

律师在代理此类案件时，需要从三个构成要件进行分析：一是须受赠人

---

① 崔建远：《合同法》（第 7 版），法律出版社 2021 年版，第 308 页。

有侵害行为。赠与人将自己的财产无偿赠与受赠人，并不要求受赠人有所回报，如受赠人以怨报德，仍要求赠与人恪守赠与义务，于理不合。二是受赠人的侵害行为达到严重的程度。所谓严重侵害，可以从侵害行为的情节和后果等方面分析，情节恶劣或者后果严重，都应属于严重侵害。至于受赠人的侵害行为是否已构成犯罪，则不影响赠与人行使撤销权，只要受赠人的侵权行为严重侵害了赠与人或者赠与人的近亲属的利益，即构成赠与撤销的法定事由。三是受侵害人为赠与人或赠与人的近亲属。

此类案件的重点和难点在于对于受赠人严重侵害赠与人或其近亲属的事实进行举证证明，根据“谁主张，谁举证”的举证原则，如果赠与人不能举出证据证明受赠人严重侵害赠与人或其近亲属的事实，则要承担不利后果。在笔者接触的此类型案件当中，侵害可能是精神上的、肉体上的抑或利益上的，但往往因为赠与人与受赠人之间关系比较密切，甚至共同生活，在发生此类事实之时，未能及时收集固定证据，导致在诉讼案件中举证不能而败诉。

对此，笔者在本章第三节典型案例精析之案例 1 中进行了详细分析，惠某按照约定将房屋过户至侯某名下，赠与合同履行完毕，侯某取得房屋所有权。惠某向法院出具了侯某与他人多次的开房记录，举证证明了侯某的婚外情行为。二审法院据此认为：因为婚姻以两性的忠贞为基础和核心，无论是从传统的家庭伦理还是道德、法律出发，忠实义务不仅是对双方的约束，更是对婚姻的保障，也是全社会对家庭道德的底线要求。侯某的行为无疑严重损害了夫妻之间的相互信任，必然对其造成精神上的痛苦，严重伤害惠某的感情，侵害惠某的利益。遂判决支持惠某要求撤销房屋赠与的诉请。

（2）受赠人对赠与人有扶养义务而不履行的

若依此条撤销赠与合同，需满足以下三个条件：一是须受赠人对赠与人负有扶养义务，包括法定扶养义务和约定扶养义务；二是须受赠人不履行扶养义务；三是须受赠人有扶养能力。如果受赠人无扶养能力，则构成扶养的客观不能，不产生撤销赠与的权利。对于此类案件的重点和难点亦在于举证证明，因扶养人与被扶养人系近亲属关系，往往在一起共同生活，生活中也因此会产生很多矛盾，如何举证证明扶养人的行为构成了不履行扶养义务的条件，在实际案例中困难重重。

在北京市第二中级人民法院（2022）京02民终1452号[①]案中，王某荣主张其与裴某艳、裴某玲、裴某会签订的补充协议中关于北京市房山区某村19号楼某室房屋的约定构成附义务的赠与，并以裴某艳不履行赡养义务为由申请撤销该赠与。该补充协议约定涉案房屋归裴某艳所有，裴某玲、裴某会在王某荣有重大疾病或重大意外情况时，所需费用由裴某艳负担。经法院询问，裴某玲表示王某荣的医疗费主要是裴某艳出，也主要由裴某艳照顾，认为裴某艳基本做到了协议约定的义务。裴某会在本案一审中虽表示裴某艳只做到一部分，但也认可除其垫付的3000元住院押金外其他的钱都是裴某艳出的。法院二审期间王某荣、裴某会虽上诉主张在王某荣重大疾病时裴某会支付住院押金3000元、裴某玲支付检查费600元、王某荣自己亦承担部分费用，并补充相关证据予以证明，但裴某玲、裴某会支付其中少部分款项的行为以及王某荣的银行流水内容不足以否定王某荣生病时的主要费用系由裴某艳支付。结合全案证据及当事人陈述，不足以认定裴某艳未履行合同约定的义务，王某荣以其不履行附义务赠与合同所附义务为由要求撤销赠与，依据不足，一审法院对其诉求未予支持并无不妥。王某荣、裴某会以此为由上诉坚持要求撤销赠与，亦不能成立，法院未予支持。

（3）不履行合同约定的义务

若依此条撤销赠与合同，需满足以下两个条件：一是须为附义务的赠与。《民法典》第661条规定："赠与可以附义务。赠与附义务的，受赠人应当按照约定履行义务。"二是受赠人不履行的义务须为赠与合同中约定的义务。如果受赠与人不履行其他的义务，则不构成赠与人撤销赠与的原因。律师在代理此类案件时审查的重点在于附义务赠与合同中具体约定的义务是什么，或者双方想要达成的目的是什么。例如，在严某祥与基金会公益事业捐赠合同案[②]中，经审理查明：基金会与管理公司签订《捐赠协议书》，约定双方联合设立基金会"古代艺术品专项基金"，以更好地组织和支持文化艺术活动，后严某祥与基金会签订《基金会捐赠协议书》（以下简称捐赠协

---

① 裴某会等与裴某艳附义务赠与合同案。

② 案号：北京市第二中级人民法院（2019）京02民终11228号，作者为说明相关法律问题，对本案例进行了适当改写。

议），约定严某祥向基金会捐资100万元作为“古代艺术品专项基金”的专用资金，以更好地支持古代艺术品的巡展、古代艺术品的大数据库、古代艺术馆的建设以及与古代文化艺术品相关的丛书编写、影视摄制等相关活动，在严某祥履行捐赠100万元款项的义务后，基金会在其官网发出《关于撤销“古代艺术品专项基金管理委员会”的通告》，决定撤销“古代艺术品专项基金管理委员会”，停止“古代艺术品专项基金”的活动，该决定从通告发布之日起执行。根据（2018）京0101民初14979号[①]民事判决书中已经认定的事实，案外人珠海管理公司以“古代艺术品专项基金”的名义对外开展活动未经基金会审批，且从文化部社会团体管理办公室向基金会发出《整改通知》可知，“古代艺术品专项基金”对外所开展的活动已经造成了不良社会影响，对基金会的声誉有所损害，基金会依照《捐赠协议书》的约定有权单方终止其活动和取消“古代艺术品专项基金”。且基金会向本院提交书面诉讼意见称，“专项基金停止后，所余款项由基金会适时用于协议中相近的社会文化项目中。综上所述，我们不建议恢复和重新设立与该基金名称相同的基金”，据此，严某祥与基金会签订的捐赠协议由于本案涉及的专项基金管理委员会已经通告撤销，相关活动亦已停止，捐赠财产在协议中约定的用途已经不能实现且实际亦并未履行。现协议中约定的专项基金亦已被停止运行。故已归于履行不能之状态。而严某祥捐赠款项之时所持的目的亦已不可能达到。需要指出的是，在双方的捐赠协议中已明确约定，专项基金如需变更、终止或解散，应按照《基金会管理条例》和《基金会章程》《基金会专项基金管理办法》及相关规定履行法律手续。而根据《基金会管理条例》第39条之规定，捐赠人有权向基金会查询捐赠财产的使用、管理情况，并提出意见和建议。对于捐赠人的查询，基金会应当及时如实答复。基金会违反捐赠协议使用捐赠财产的，捐赠人有权要求基金会遵守捐赠协议或者向人民法院申请撤销捐赠行为、解除捐赠协议。故本院认为，严某祥关于撤销捐赠行为的上诉请求于法有据，应予支持；同时，在双方之间捐赠协议中的主要权利义务被撤销的情形下，该合同亦应随之撤销。就本案而言，双方当事

---

① 严某祥与基金会公益事业捐赠合同案。

人对捐赠财产的用途已经有了明确约定，但是在款项的实际使用中，基金会明确表示款项将用于类似项目，这将违背合同中约定的义务，同时基金会中案涉项目已经停止运行，受赠人已经不能履行合同中约定的义务，故基金会应当返还相应款项。

2. 赠与人的继承人或法定代理人的撤销

一般而言，赠与行为是赠与人实施的，原则上赠与的撤销应由赠与人亲自为之，但当赠与人无法行使撤销权时，转由其法定代理人或继承人行使应是理所当然的。根据《民法典》第 664 条之规定，赠与人的继承人或者法定代理人行使撤销权必须具备以下几个要件：

（1）须是赠与人死亡或者丧失民事行为能力。赠与人死亡，由赠与人的继承人行使赠与撤销权；赠与人虽未死亡，但已丧失民事行为能力的，由赠与人的监护人行使赠与撤销权。

（2）赠与人的死亡或者丧失民事行为能力须是因受赠与人的违法行为所致。这一规定实质上是对赠与人的法定撤销权的完善。当受赠人的行为侵犯了赠与人致使赠与人不能行使撤销权的情况下，赠与人的继承人或者法定代理人可以以自己的名义行使撤销权。赠与的财产已经给付的，撤销权人可以要求受赠与人返还赠与的财产，按不当得利的原则处理。

（3）须是在除斥期间内行使。根据《民法典》第 664 条第 2 款的规定，继承人或者法定代理人的法定撤销权，自知道或者应当知道撤销事由之日起 6 个月内行使。

律师在代理此案件时的重点和难点在于须举证证明赠与人的死亡或者丧失民事行为能力须是因受赠与人的违法行为所致，这是请求以此条撤销赠与的核心。在实际办案当中，往往因赠与人与受赠人关系密切，系近亲属关系或夫妻关系，在一起共同生活，举证证明受赠人故意违法致赠与人死亡或者丧失民事行为能力非常困难，除非公安机关立案侦查，利用刑事证据或者判决进行认定。例如，在郑某一与宋某某赠与合同案［（2020）京 0115 民初 15584 号］中，北京市大兴区人民法院认为：赠与合同是赠与人将自己的财产无偿给予受赠人，受赠人表示接受赠与的合同。赠与的财产依法需要办理登记等手续的，应当办理有关手续。2019 年 8 月，郑某二与宋某某向房屋管理部门提交了《夫妻间不动产变更协议》，就涉案房屋申请办理共同共有登记，该行为实际系郑某二对宋某某的自愿赠与，因双方已在房屋管理部门办理完毕共同共有变更登记手续，故赠与已经完成。郑某一作为郑某二之女，以赠与合同纠纷提起诉讼，要求撤销郑某二对宋某某的房屋赠与，因此本案争议焦点为郑某一是否享有赠与撤销权。当事人对自己提出的诉讼请求所依据的事实或者反驳对方诉讼请求所依据的事实有责任提供证据加以证明，没有证据或者证据不足以证明当事人的事实主张的，由负有举证责任的当事人承担不利后果。根据《合同法》第193条①“因受赠人的违法行为致使赠与人死亡或者丧失民事行为能力的，赠与人的继承人或者法定代理人可以撤销赠与”的规定，郑某一作为继承人有权提起诉讼，但应举证宋某某存在违法行为且该行为致使郑某二死亡或丧失民事行为能力之情形，但根据本案审理查明的事实，宋某某并未实施过上述行为。此外，根据郑某一提交的证据，亦难以认定郑某二曾被胁迫以及存在违背公序良俗之情形，故郑某一要求撤销赠与的主张，无事实及法律依据，本院难以支持。

关联案例1

案件名称：张某1与张某2赠与合同案

案　　号：北京市第三中级人民法院（2022）京03民终835号

裁判观点：张某1的现有证据并不能证明张某2的行为已经达到能够撤销赠与的法定条件。同时，因案涉房屋系农村宅基地上建设的村民住宅，而现有法律、法规对农村宅基地上村民住宅的权利转移并无相应的规定，且案涉房屋已经交付张某2并实际履行，应当视为张某1与张某2对案涉房屋已经完成了权利转移。综上所述，张某1要求撤销《房屋赠与协议》的诉讼请求依据不足，法院不予支持。

---

① 《民法典》实施后，应为《民法典》第664条。

关联案例2

案件名称： H小学与置业公司公益事业捐赠合同案

案　　号： 山东省枣庄市市中区人民法院（2021）鲁0402民初772号

裁判观点： 原、被告双方的捐赠协议真实有效，且该赠与合同从内容上看具有救灾等社会公益、道德义务性质，被告辩称原告以被告开发小区居住业主适龄儿童上学为由，要求其捐赠款物，应是受胁迫的行为，捐赠合同应予以撤销无法律依据，因此本院不予采信。

关联案例3

案件名称： 裴某会等与裴某艳附义务赠与合同案

案　　号： 北京市第二中级人民法院（2022）京02民终1452号

裁判观点： 赠与人在赠与财产权利转移之前可以撤销赠与，且受赠人对赠与人有扶养义务而不履行的情形下，赠与人亦可撤销赠与。本案中，赠与标的物为不动产，尚未安置，故在安置房屋所有权转移前原告可行使任意撤销权。并且经生效判决认定，被告未提交充分证据证实其履行养老义务，故原告亦可行使法定撤销权。

关联案例4

案件名称： 严某祥与基金会公益事业捐赠合同案

裁判观点： 在双方的捐赠协议中已明确约定，专项基金如需变更、终止或解散，应按照《基金会管理条例》和《基金会章程》《基金会专项基金管理办法》及相关规定履行法律手续。而根据《基金会管理条例》第39条之规定，捐赠人有权向基金会查询捐赠财产的使用、管理情况，并提出意见和建议。对于捐赠人的查询，基金会应当及时如实答复。基金会违反捐赠协议使用捐赠财产的，捐赠人有权要求基金会遵守捐赠协议或者向人民法院申请撤销捐赠行为、解除捐赠协议。故本院认为，严某祥关于撤销捐赠行为的上诉请求于法有据，应予支持；同时，在双方之间捐赠协议中的主要权利义务被撤销的情形下，该合同亦应随之撤销。

关联案例5

案件名称： 郑某一与宋某某赠与合同案

案　　号： 北京市大兴区人民法院（2020）京0115民初15584号

裁判观点： 当事人对自己提出的诉讼请求所依据的事实或者反驳对方诉讼请求所依据的事实有责任提供证据加以证明，没有证据或者证据不足以证明当事人的事实主张的，由负有举证责任的当事人承担不利后果。郑某一作为继承人有权提起诉讼，但应举证宋某某存在违法行为且该行为致使郑某二死亡或丧失民事行为能力之情形，但根据本案审理查明的事实，宋某某并未实施过上述行为。故郑某一要求撤销赠与的主张，无事实及法律依据，不予支持。

第三节　典型案例精析

案例1：惠某与侯某夫妻财产约定案[①]

裁判要旨

就夫妻之间的赠与而言，一方赠与另一方动产已经交付的，不能随便撤销，但赠与人可以按照法律规定行使法定撤销权。

案情简介

惠某婚前由其父母出资全款为其购买房屋一套，登记在其个人名下。惠某与侯某于2012年5月9日登记结婚，婚后居住在该房屋内。

2013年1月14日，惠某与侯某达成协议，约定将该房屋登记为双方共

① 一审：北京市朝阳区人民法院（2013）朝民初字第39126号；二审：北京市第三中级人民法院（2014）三中民终字第10860号；另笔者为说明相关法律问题，对本案例进行了适当改写。

同共有。随后，双方办理房屋所有权变更手续，该房屋登记在惠某、侯某名下，为共同共有。2013 年 7 月 4 日，惠某与侯某再次协议，约定该房屋登记到侯某一人名下，产权归其单独所有。随后，双方办理房屋所有权变更手续，该房屋登记在侯某个人名下。2012 年 11 月至 2013 年 3 月，侯某多次外出，与异性开房。2013 年 10 月，惠某起诉至原审法院称要求撤销其将涉案房屋变更至侯某名下及双方共同名下的行为，将涉案房屋权属登记恢复至其个人名下。

法院裁决

一审法院经审理认为：涉案房屋原系惠某婚前个人财产，两次协议变更涉案房屋权属行为，从法律属性看应有所区别。第一次变更至夫妻共同名下，并未排除惠某本人对该房屋的所有权，故该行为应属夫妻约定财产属性，受婚姻法[1]规范。第二次变更至侯某个人名下，系惠某将个人享有份额赠与侯某，自己不再享有该房屋所有权，该行为应属赠与行为，受合同法[2]规范。

侯某存在婚外情，考虑涉案房屋系惠某父母为其出资购买，且惠某将个人享有的房屋份额赠与侯某系以双方维系健康婚姻关系为初衷，同时结合本案的具体情形，法院认为惠某行使法定撤销权于法有据，故法院对惠某要求撤销第二次权属变更登记行为的诉讼请求，予以支持。因第一次权属变更登记行为系夫妻财产约定，侯某要求撤销无法律依据，法院对此不予支持。

遂判决：一、撤销惠某与侯某于 2013 年 7 月 4 日达成房屋权属变更登记行为，将该房屋恢复至惠某与侯某共同共有状态；二、驳回惠某的其他诉讼请求。

判决后，惠某、侯某均不服，提起上诉。惠某上诉请求撤销原判第二项，改判将该房屋权属登记恢复到惠某名下。侯某上诉请求撤销原判，改判驳回惠某的全部诉讼请求。

---

① 《民法典》实施后，应为婚姻家庭编。

② 《民法典》实施后，应为合同编。

二审法院经审理认为：本案争议的焦点为两次房屋权属变更登记的性质以及惠某是否有权依据合同法的相关规定撤销两次变更登记行为。首先，两次变更登记行为均属于赠与行为。其次，两次赠与行为均可以依据合同法的相关规定予以调整。夫妻约定的财产关系受法律保护，夫妻双方应当按照诚实信用原则认真履行。但是，该夫妻财产约定并不能排斥《合同法》。[①] 就夫妻之间的赠与而言，一方赠与另一方动产已经交付的，依照《合同法》的相关规定，当然不能随便撤销。但赠与人可以按照《合同法》第 192 条[②]的规定行使法定撤销权。

因此，原判认定第一次变更登记行为受婚姻法的约束而不得适用合同法的规定予以撤销，属适用法律错误，法院予以纠正。侯某存在严重侵害惠某的行为，惠某根据合同法第 192 条[③]之规定主张法定撤销权，具有事实与法律依据，法院予以支持。

遂判决：一、撤销原审判决；二、撤销惠某与侯某于 2013 年 1 月 14 日及 2013 年 7 月 4 日达成房屋权属变更登记行为。侯某协助惠某将上述房屋变更登记为惠某个人所有。

律师评析

在日常生活中，赠与行为通常发生在长辈与晚辈或夫妻之间，赠与的原因大多是出于长辈对晚辈的疼爱或某种补偿，抑或是夫妻之间为了维护婚姻关系的稳定和谐。总而言之，赠与行为多发生在较为亲近的亲属之间。因此赠与合同纠纷的案件常涉及《民法典》婚姻家庭编的理解与适用问题。本案即是关于夫妻关系存续期间房屋赠与行为的认定及撤销问题，同时触及婚姻家庭编与赠与合同编中最敏感最容易发生纠纷的部分，具有较强的典型性。笔者将从以下三部分对本案例进行评析：

1. 对于两次约定性质的认定

一种观点认为，两次约定的性质有所区别，第一次约定属于婚姻家庭编

① 笔者注：《民法典》实施后，应为合同编的适用。

② 对应《民法典》第 664 条。

③ 对应《民法典》第 664 条。

中的夫妻财产约定，第二次约定属于合同编中的赠与合同。基于前者的产权变更应适用婚姻家庭编的规定，不得撤销；基于后者的产权变更应适用合同编的规定，赠与人可以行使法定撤销权予以撤销。另一种观点认为，两次约定的性质均为赠与合同，赠与人可以依据合同编的规定行使法定撤销权，撤销赠与。从本案的情况来看，并未体现出夫妻财产约定的特点，更多体现为惠某将婚前财产权利进行处置，认定为对侯某的赠与更为贴切。

2. 夫妻间赠与行为的认定

《民法典》婚姻家庭编及司法解释中规定了夫妻财产约定与夫妻间赠与，但对二者性质的具体厘定及法律适用并未明示，使得理论上争论不断，司法实践中也是疑惑重重。笔者在此对夫妻间赠与与夫妻财产约定进行区分：

夫妻间赠与，是指夫妻一方或即将登记结婚的一方将个人财产赠与对方的行为。而夫妻财产约定并非立法的明确定义，最高人民法院的《民事案件案由规定》采用了这一案由。这一概念源自《民法典》婚姻家庭编第 1065 条的规定："男女双方可以约定婚姻关系存续期间所得的财产以及婚前财产归各自所有、共同所有或者部分各自所有、部分共同所有。"夫妻财产约定是指夫妻以契约方式就婚前、婚内所得财产的归属、管理、使用、收益、处分及债务清偿、婚姻解除时的财产清算等事项达成的一致意见。夫妻间赠与与夫妻财产约定的区别主要体现在：

首先，目的不同。前者仅改变一项特定财产的权利归属，不涉及夫妻财产制的选择；后者在于夫妻通过选择双方约定的财产制，从而排除了法定夫妻财产制的适用。

其次，涵盖内容不同。前者通常只是通过合同约定改变某项特定财产的归属，并不涉及夫妻婚前及婚后取得的其他财产；后者对夫妻的财产均有约束力，在婚姻关系存续期间持续使用，并决定夫妻现有以及将来财产的归属和管理。

最后，效力不同。前者是单纯的赠与合同，只发生债权效力，物权变动仍需要遵循物权编的规定；而后者能够直接发生物权变动的效力，无须严格遵照物权编规定的物权变动要求，但夫妻财产约定在对外效力上，除非第三人知晓存在该约定，否则不得对抗善意第三人。

回归到本案中，惠某与侯某婚姻关系存续期间的两次“约定”，均只涉及惠某婚前房屋的权属处理，并不涉及双方的婚前、婚内其他财产，亦不涉及夫妻财产制之选择。故，两次“约定”非夫妻财产约定，实为惠某与侯某之间的赠与合同。惠某于约定后将房屋过户至侯某名下，赠与合同已履行完毕。

3. 夫妻间撤销房屋赠与行为的认定

（1）房屋赠与已经完成赠与人能否行使法定撤销权

根据《最高人民法院关于适用〈中华人民共和国民法典〉婚姻家庭编解释（一）》（以下简称《〈民法典〉婚姻家庭编解释（一）》）第32条的规定，婚前或者婚姻关系存续期间，当事人约定将一方所有的房产赠与另一方或者共有，赠与方在赠与房产变更登记之前撤销赠与，另一方请求判令继续履行的，人民法院可以按照民法典第658条的规定处理。《〈民法典〉婚姻家庭编解释（一）》第32条解决了夫妻间房产赠与的任意撤销权，但随之而来的疑问是夫妻间房产赠与能否适用法定撤销权。

笔者认为，婚姻家庭编虽然没有给出答案，但法律之间的适用是相通的。《民法典》婚姻家庭编规范的是亲属法律关系，但婚姻家庭编亦是民法规则的分支，当然体现民法的基本要求，按照民法的基本原则进行运作，在亲属法存在特定规范之外，其他民法规则同样可以适用于婚姻家庭领域，这合乎民法规则统一性的要求。

从法律体系上来看，既然《〈民法典〉婚姻家庭编解释（一）》赋予了赠与人的任意撤销权，举轻以明重，《民法典》规定的法定撤销权的情形较任意撤销权要严重得多，属严重侵害赠与人的行为。此外，婚姻家庭编亦未排除法定撤销权的适用。故，赠与人可以行使法定撤销权。

（2）惠某能否依据法定撤销权对侯某的赠与行为进行撤销

《民法典》第663条第1款规定：“受赠人有下列情形之一的，赠与人可以撤销赠与：（一）严重侵害赠与人或者赠与人近亲属的合法权益；（二）对赠与人有扶养义务而不履行；（三）不履行赠与合同约定的义务。”即受赠人严重侵害赠与人或者赠与人的近亲属、对赠与人有扶养义务而不履行、不履行赠与合同约定的义务，赠与人可行使法定撤销权。

需要说明的是，如作为受赠人的夫妻一方对另一方及其近亲属实施家庭暴力、虐待、遗弃，甚至存在重婚、与他人同居等行为，因这些情形大多构成《民法典》婚姻家庭编第1079条规定的离婚法定事由，与赠与人追求美好婚姻生活、巩固夫妻感情、稳定家庭的良好初衷是相违背的，虽然这样的良好初衷一般不会写进赠与协议中，但应属赠与协议的题中应有之义，赠与双方对此是心知肚明的。

出现上述情形，既可以说是受赠人严重侵害了赠与人，亦可以说是受赠人不履行赠与合同应有的义务，赠与人当然享有撤销权。另外，赠与合同在结婚之前订立而婚姻关系未能缔结的，一般认定该赠与合同为附条件赠与，即赠与双方只有顺利结为夫妇，受赠人才能获赠赠与物，如果婚姻关系未能缔结，赠与合同解除。赠与双方虽就赠与物办理了所有权移转登记，但根据《民法典》及相关法律规定，赠与人在上述情形下仍有权要求受赠人返还财产。

本案中，惠某按照约定将房屋过户至侯某名下，赠与合同履行完毕，侯某取得房屋所有权。但侯某在婚姻关系存续期间，与他人发生婚外情，这与婚姻的互负忠诚义务是相悖的。无论是从传统的家庭伦理还是道德、法律出发，忠实义务不仅是对双方的约束，更是对婚姻的保障，也是全社会对家庭道德的底线要求。侯某的行为无疑严重损害了夫妻之间的相互信任，必然对其造成精神上的痛苦，严重伤害惠某的感情，侵害惠某的利益。

综上，惠某有权依据法定撤销权请求撤销赠与，要求将房屋产权恢复到原有状态。

案例2：李某某诉王某某离婚后财产案[①]

裁判要旨

夫妻双方离婚时协议约定将夫妻共同共有的房产赠与未成年子女，离婚后一方在赠与房产产权变更登记之前反悔，主张撤销赠与的，法院不予支持。

---

① 一审：北京市东城区人民法院（2013）东民初字第02551号；二审：北京市第二中级人民法院（2013）二中民终字第09734号。

案情简介

原告李某某与被告王某某于2001年11月11日登记结婚，婚后于2003年9月生育一子王某。因感情不和，双方于2009年9月2日在法院调解离婚。双方离婚时对于共同共有的位于北京市崇文区××路××号院××小区××号楼××单元59号房屋（以下简称59号房屋）并未予以分割，而是通过协议约定该房屋所有权在王某某付清贷款后归双方之子王某所有。2013年1月，李某某起诉至北京市东城区人民法院称：59号房屋贷款尚未还清，房屋产权亦未变更至王某名下，即还未实际赠与王某，目前还处于李某某、王某某共有财产状态，故不计划再将该房屋属于自己的部分赠给王某，主张撤销之前的赠与行为，由法院依法分割59号房屋。被告王某某则认为：离婚时双方已经将房屋协议赠与王某，正是因为李某某同意将房屋赠与王某，我才同意离婚协议中其他加重我义务的条款，例如在离婚后单独偿还夫妻共同债务4.5万元。我认为离婚已经对孩子造成巨大伤害，出于对未成年人的考虑，不应该支持李某某的诉讼请求。

法院裁决

北京市东城区人民法院于2013年4月24日作出（2013）东民初字第02551号民事判决书：驳回原告李某某的诉讼请求。宣判后，李某某向北京市第二中级人民法院提起上诉，北京市第二中级人民法院认为：原、被告在婚姻关系存续期间均知悉59号房屋系夫妻共同财产，对于诉争房屋的处理，李某某与王某某早已达成约定，且该约定系双方在离婚时达成，即双方约定将59号房屋赠与其子是建立在双方夫妻身份关系解除的基础之上。在李某某与王某某离婚后，李某某不同意履行对诉争房屋的处理约定，并要求分割诉争房屋，其诉讼请求法律依据不足，亦有违诚信。故对李某某的诉讼请求，法院不予支持。于2013年7月11日作出（2013）二中民终字第09734号判决：驳回上诉，维持原判。

律师评析

本案中双方争议的焦点是在离婚协议中约定将夫妻共同共有的房产赠与未成年子女，离婚后一方在赠与房产变更登记之前是否有权予以撤销。目前，审判实践中对此主要有两种观点。第一种观点认为：离婚协议中夫妻将其共同财产赠与未成年子女的行为，系夫妻双方对共同财产的处分，应适用《民法典》合同编中赠与合同的规定。根据《民法典》第 658 条第 1 款“赠与人在赠与财产的权利转移之前可以撤销赠与”之规定，夫妻双方在财产权利转移之前均可以主张任意撤销权。第二种观点认为：离婚协议是夫妻双方对于婚姻关系的解除、子女的抚养、共同财产的分割以及离婚损害赔偿等问题达成的具有人身和财产双重性质的合意，不能简单适用《民法典》第 658 条第 1 款的规定行使任意撤销权。本案中，法院采纳了第二种观点。笔者认为，依照第二种观点进行处理更为合理，理由如下：

第一，在离婚协议中双方将共同财产赠与未成年子女的约定与解除婚姻关系、子女抚养、共同财产分割、共同债务清偿、离婚损害赔偿等内容构成了一个整体。通常情况下，当事人是在综合考虑上述因素基础上，对于人身问题和财产问题制定一个概括的“一揽子”的解决方案。在处理财产时，往往经过不断博弈和协商，通过某一个处分行为来解决多项财产分割问题。所以双方约定将共同财产赠与未成年子女是一个概括的合意，该合意中任何一项财产的处分都与其他财产的处分互为前提、互为结果。如果允许一方反悔，那么男女双方离婚协议的“整体性”将被破坏。同时，离婚协议各个条款的订立都是为了解除婚姻关系这一目的，具有目的上的统一性。在婚姻关系已经解除且不可逆的情况下如果允许当事人对于财产部分反悔将助长先离婚再恶意占有财产之有违诚实信用的行为，诱发道德风险。

第二，原、被告双方处分夫妻共同财产的行为可以适用物权编的规定。《民法典》第 301 条规定：“处分共有的不动产或者动产以及对共有的不动产或者动产作重大修缮、变更性质或者用途的，应当经占份额三分之二以上的按份共有人或者全体共同共有人同意，但是共有人之间另有约定的除外。”在本案中，诉争房屋是原、被告双方婚姻关系存续期间购买，系二人的夫妻共同财产，由二人共同共有，原、被告二人均不单独享有对诉争房屋处分的权利，处分该房屋需双方意思表示一致。原、被告双方在离婚时已经对共同财产的处分形成合意，共同表示将房屋赠与未成年子女，该意思表示真实有效，理应对双方产生拘束力。因赠与行为系原、被告双方共同作出，故在离婚后一方欲根据《民法典》第 658 条第 1 款之规定单方撤销赠与时亦应取得双方合意，在未征得作为共同共有人的另一方同意的情况下，无权单方撤销赠与。

第四章　借款合同纠纷[①]

第一节　理论概述与实务指引

借款合同作为我国《民法典》中规定的典型合同，是人们日常生活及经济活动中经常使用的一类合同。随着我国市场经济的深入发展，发生在自然人、法人和其他组织相互之间的资金融通行为非常普遍。《民法典》第 667 条规定："借款合同是借款人向贷款人借款，到期返还借款并支付利息的合同。"由此可见，《民法典》中规定的借款合同既包括出借人为经金融监管部门批准设立的从事贷款业务的金融机构及其分支机构的金融借款合同，也包括出借人为自然人、非金融机构法人和非法人组织的民间借贷合同。

与金融借款合同纠纷相比，民间借贷纠纷涉及的案件类型丰富，表现形式复杂多样，认定事实的难度大小不一，加之网络借贷的兴起，代理民间借贷纠纷案件的过程中也遇到诸多挑战。因此本章主要针对民间借贷纠纷案件进行讨论，从司法实践的角度出发，结合《民法典》、《最高人民法院关于审理民间借贷案件适用法律若干问题的规定》（法释〔2020〕17 号，以下简称《民间借贷司法解释》）及相关司法案例对民间借贷的概念、民间借贷纠纷的特征及办案思路、技巧等进行阐述。

民间借贷行为历史悠久，并广泛存在于人们的日常生活中。作为民间平等主体之间的一种资金融通活动，民间借贷对经济发展起到了一定的促进作用，其本质属性是私人资本进入社会各个领域内的融通行为。最高人民法院

① 本章作者张国猛、刘鑫岩。

于2000年10月30日颁布的《民事案件案由规定（试行）》中首次将“民间借贷纠纷”作为独立的案由，设定在借款合同纠纷项下。《民间借贷司法解释》第1条规定：“本规定所称的民间借贷，是指自然人、法人和非法人组织之间进行资金融通的行为。经金融监管部门批准设立的从事贷款业务的金融机构及其分支机构，因发放贷款等相关金融业务引发的纠纷，不适用本规定。”由此可见，《民间借贷司法解释》对民间借贷的定义是从其本质属性出发，从主体上将民间借贷和金融借款进行了区分。

随着社会经济的发展以及人民收入水平、消费水平的提升，加上民间借贷具有灵活多样、操作便捷、标准较低等优势，其规模不断发展壮大。民间借贷具有如下特征：

1. 合同主体多样。由民间借贷的概念可知，民间借贷行为可以在自然人、法人和非法人组织之间相互发生。这就意味着民间借贷的主体非常广泛，只要符合法律规定的主体，都可以进行民间借贷。

2. 合同形式多样。《民法典》第668条第1款规定：“借款合同应当采用书面形式，但是自然人之间借款另有约定的除外。”由此可见，除金融机构发放贷款需要签订书面合同外，民间借贷合同为非要式合同。一般情况下，借贷双方可自主决定借款合同的形式。由于借贷双方的亲疏远近关系不同以及信任程度不同，双方选择借贷合同的形式也各不相同，例如：口头约定、书面借条、欠条及书面合同等形式。由于互联网的兴起，电子合同也成为借贷主体经常选择的合同形式。然而，随着民间借贷纠纷不断增加以及人们法律意识的提高，现在借贷双方倾向于以书面合同确定双方的借贷关系。只要借款合同为各方真实意思表示，且合同内容不违反法律、行政法规的强制性规定，该民间借贷行为均受法律保护。

3. 操作的便捷性。相比金融机构贷款所需的资质审查、资金用途监管等繁杂的程序，民间借贷的程序更加灵活、方便。随着网络科技的不断发展，借贷双方达成合意后可通过现金、银行转账、微信、支付宝等多种方式履行出借义务，借款人也可更快速地收到借款。

4. 自然人借贷合同的实践性。《民法典》第679条规定：“自然人之间的借款合同，自贷款人提供借款时成立。”自然人之间的借款合同属于实践性合同，其特点是以双方合意和交付标的物为成立要件。因此，发生在自然人之间的民间借贷，贷款人给付借款义务为先合同义务，贷款人违反此义务并非构成违约。

除上述特征外，民间借贷还存在利息约定相对灵活、法律风险自控等其他特征。正因如此，民间借贷纠纷案件也十分复杂。《民法典》及《民间借贷司法解释》的出台，进一步规范了民间借贷行为。笔者将在下一节中就民间借贷纠纷案件中涉及的主体、证据、事实认定、管辖及该类案件中较为特殊的问题进行分析与阐述。

第二节　办案思路与实战技巧

律师代理民间借贷纠纷（借款合同纠纷）案件，应当特别注意对事实的全面了解，尤其是通过当事人的陈述了解借贷主体情况、借贷关系成立与否、借贷金额、支付方式、借款用途、利息约定、还款期限等内容。在全面听取当事人陈述后，要求当事人提供全部已掌握的证据，审查证据是否全面，从而分析案件风险。另外，借贷双方的约定有可能因违反法律、行政法规的强制性规定而无效，例如利息过高、借款用途不合法等，在代理案件时应当注意审查。

一、关于民间借贷纠纷常见问题的办案思路及要点

结合法律法规的规定及司法实践，笔者认为，对于借贷主体、法律关系、借款合同成立与生效的审查，是代理民间借贷纠纷案件时首先需要考虑的问题，也是审查其他案件事实及要点的前提。只有借贷双方（或多方）主体适格、法律关系正确、借贷真实存在且合同有效，民间借贷纠纷之诉才能成立。另外，关于管辖与诉讼时效，也必然是每一个民间借贷纠纷案件都会遇到的问题，需要作为常见问题进行考虑。

（一）审查借贷主体

1. 区分诉讼主体属于民间借贷主体还是金融借贷主体

《民间借贷司法解释》第1条规定："本规定所称的民间借贷，是指自然人、法人和非法人组织之间进行资金融通的行为。经金融监管部门批准设立的从事贷款业务的金融机构及其分支机构，因发放贷款等相关金融业务引发的纠纷，不适用本规定。"由此可见，在代理民间借贷纠纷时，首先要排除经金融监管部门批准设立的从事贷款业务的金融机构及其分支机构，因发放贷款等相关金融业务引发的纠纷。根据金融机构的类型划分可分为以下几个层面：一是银行业金融机构，专指商业银行、城市信用合作社、农村信用合作社等吸收公众存款的金融机构以及政策性银行；二是非银行业金融机构，是指由银监会批准设立并监管的金融资产管理公司、信托投资公司、财务公司、金融租赁公司等准金融机构；三是金融机构，不仅包括了上述两类金融机构，还包括了由银监会、证监会和保监会负责监管的银行业金融机构、证券公司、基金公司以及保险公司等准金融机构[①]。

另外，市场上还有一类较为常见的出借主体，即小额贷款公司。根据《最高人民法院关于新民间借贷司法解释适用范围问题的批复》（法释〔2020〕27号）第1条的规定，由地方金融监管部门监管的小额贷款公司、融资担保公司、区域性股权市场、典当行、融资租赁公司、商业保理公司、地方资产管理公司等七类地方金融组织，属于经金融监管部门批准设立的金融机构，其因从事相关金融业务引发的纠纷，不适用新民间借贷司法解释。因此，符合上述规定的小额贷款公司，也属于《民间借贷司法解释》第2条中规定的金融机构范畴，在法律适用上，不应适用民间借贷的相关法律规定。

2. 几种特殊情况诉讼主体的确定

（1）根据《民间借贷司法解释》第22条之规定，如法人的法定代表人

① 最高人民法院民事审判第一庭编著：《最高人民法院民间借贷司法解释理解与适用》，人民法院出版社2015年版，第46页。

或者非法人组织的负责人以单位名义与出借人签订民间借贷合同的，若有证据证明所借款项系法定代表人或者负责人个人使用，出借人可将法定代表人或者负责人列为共同被告或者第三人，进而主张权利。法人的法定代表人或者非法人组织的负责人以个人名义与出借人订立民间借贷合同，若有证据证明所借款项用于单位生产经营，出借人可将单位与个人列为共同被告，要求二者共同承担责任。

（2）第三方收取借贷款项诉讼主体的确定。在民间借贷案件中，有时会遇到这种情况，即出借人根据借款人指示，依约将款项直接支付给第三方收款人。此时，应当将借款人列为被告。为防止借款人以不是实际收款人为由抗辩，建议出借人将实际收款人列为第三人参加庭审，以便查清案件事实。

（3）第三方支付借贷款项诉讼主体的确定。在民间借贷纠纷案件中，如遇到出借人根据借贷合同约定，指示第三方将款项直接支付给借款人的，此时仍应将出借人列为原告。为便于查清事实，建议出借人向法庭申请，将实际付款人纳为证人参与诉讼。

（二）审查法律关系

想要以民间借贷纠纷起诉，必须证明原、被告之间具有民间借贷法律关系。看似一个十分浅显的道理，但在司法实践当中，却存在大量因法律关系不明确最终败诉的案例。因此，在确定案由之前，对于证明法律关系方面的证据准备或者证据补充是十分必要的。下文以两种最为常见的证据不充分的情况进行分析，以供参考。

1. 原告以欠条、收条等债权凭证为依据提起民间借贷诉讼，若相应债权凭证未载明“借款”“借贷”等能够证明借贷关系的内容的，对于原告来讲往往会比较被动，因为欠条、收条的出具有可能基于其他法律关系。比如，承租人基于租赁合同关系在拖欠租金时向出租人出具的欠条、出卖人基于买卖合同关系向买受人出具的收条等。若此时被告依据基础法律关系提出抗辩并提供基础证据的，那法院将依据查明的案件事实，按照基础法律关系审理。若届时法院向原告释明变更诉讼请求，原告拒绝变更的，将面临被裁定驳回起诉的风险。

2. 原告仅依据金融机构的转账凭证提起民间借贷诉讼，但被告明确提出双方不存在借贷关系的抗辩，并提供初步证据证明双方之间的款项往来系基于其他法律关系产生的，原告应就支付相关款项的发生背景、具体用途、双方协商过程以及未签订书面借贷合同（借条、收条、欠条等债权凭证）的原因等进一步提供证据，原告拒绝进一步提供证据或补充提供的证据不足以证明双方有借贷合意的，将面临败诉风险。

了解了上述两种情况可能面临的诉讼风险，在代理类似民间借贷纠纷案件时，代理人应当向当事人释明法律风险，关键是提示当事人是否还能提供其他证据证明双方之间真实的借贷关系，比如微信记录、电话录音、证人证言等。虽然被告提出否认借贷关系的抗辩时，需要提供基础证据予以支撑其抗辩，但作为原告，提交充分的证据不仅能够使诉讼程序更加顺畅，而且能够更好地维护和保障自身权益。

（三）审查借款合同是否成立

借款合同的成立，是债权人作为原告要求债务人承担责任的前提。《民法典》第 679 条规定："自然人之间的借款合同，自贷款人提供借款时成立。"由此可见，自然人之间借款合同的成立，不仅要满足借贷双方已达成合意，还要满足相应款项已实际支付给借款人。对于自然人之间的借款合同成立要件，《民间借贷司法解释》第 9 条进行了明确规定，满足下列条件其中之一，可以视为合同成立：（一）以现金支付的，自借款人收到借款时；（二）以银行转账、网上电子汇款等形式支付的，自资金到达借款人账户时；（三）以票据交付的，自借款人依法取得票据权利时；（四）出借人将特定资金账户支配权授权给借款人的，自借款人取得对该账户实际支配权时；（五）出借人以与借款人约定的其他方式提供借款并实际履行完成时。在代理民间借贷纠纷案件时，代理人应当结合当事人提供的相关证据，完成合同成立的举证责任。在前文审查法律关系一节，代理人通过审查书面合同、借条、欠条、微信记录等证据内容时，应当完成对双方借贷合意的证据审查与分析。下一步，应当着重审查借款的实际交付问题。

实践中比较常见的借款交付方式有：（1）通过出借人银行账户向借款人

银行账户直接转账的方式。用这种方式出借款项，在产生争议后出借人能够十分便利地取得借款已经实际交付的证据，只需要去相应银行打印一份银行流水或业务回单即可。该证据无论是在真实性、关联性还是在合法性上，借款人均难以推翻。(2) 通过出借人的第三方平台向借款人转账的方式。该种方式的取证类似于银行转账，因为相应的转款支付行为均在支付平台上保留有记录。但相比于银行转账，在举证时除提供转账记录外，还应提供证据证明相关支付媒介的账号的实名认证情况、绑定银行卡号及绑定时间等材料。届时会增加举证难度，有可能还需要向相关第三方平台调取实名认证信息等内容。(3) 第三方代替出借人向借款人支付借款的方式。该种情况往往需要第三方进行配合，提供支付款项的有关证据资料，且往往需要第三方出具证明或出庭，说明转款性质及实际借贷主体等情况，不仅提高了诉讼复杂程度，而且若第三方届时不予配合，将有可能导致部分关键事实审查不清而败诉。(4) 借贷双方之前存在其他债权债务关系，协商一致将该债权债务关系转为借贷关系且视为借款已交付。该种情形，需要出借人提供充分证据证明借贷关系的转化事实，必要时还需要提供初始债权债务关系存在的必要证据，证明债权真实性。(5) 出借人以现金的方式将借款交付借款人。该种情况在实践中还是比较多的，特别是一些亲戚、朋友、熟人之间，对于一些金额较小的借贷，多有现金支付的情况。还有些借款人会主动要求出借人向其交付现金。对于现金交付，在产生纠纷起诉后，如果借款人否认收到现金的事实，出借人则需要从债权凭证记载情况、实际支付能力、借贷金额的大小、资金来源、支付细节、交易习惯、双方之间的关系等多方面去论述和证明借贷事实的真实发生，举证要求会提高、举证难度会增大。

基于以上分析，在代理民间借贷纠纷案件时，作为代理人，就应当指导当事人去发掘、提供或者补充能够证明借贷事实真实发生、借贷合同成立的证据，以达到诉讼目的，维护当事人权益。

（四）审查诉讼时效

民间借贷纠纷适用普通诉讼时效的有关规定，诉讼时效期间为三年，但最长不超过二十年（有特殊情况的，人民法院可以根据权利人的申请决定延长）。通常情况下，对于诉讼时效期间的起算时间，大致分为三种情况：（1）借贷双方约定借款到期一次性还款的，诉讼时效期间起算时间为还款期限届满之日；（2）借贷双方约定分期还款的，诉讼时效期间起算时间为最后一期履行期限届满之日；（3）借贷双方没有约定还款期限又达不成一致意见的，诉讼时效期间起算时间为出借人要求借款人履行还款义务的宽限期届满之日，但借款人在出借人第一次向其主张权利时明确表示不履行义务的，诉讼时效期间起算时间为借款人明确表示不履行义务之日。另外，民间借贷纠纷诉讼时效适用中止、中断的有关规定，在审查时应特别注意。

（五）确定管辖地

民间借贷纠纷（借款合同纠纷）属于合同纠纷范畴，从地域管辖角度，根据《民事诉讼法》第 24 条规定，因合同纠纷提起的诉讼，由被告住所地或者合同履行地人民法院管辖。同时依据《民间借贷司法解释》第 3 条，借贷双方就合同履行地未约定或者约定不明确，事后未达成补充协议，按照合同相关条款或者交易习惯仍不能确定的，以接受货币一方所在地为合同履行地。因此，民间借贷纠纷既可以选择向被告住所地人民法院起诉，也可以选择向合同履行地人民法院起诉。对于合同履行地未约定或约定不明、事后无法协商一致等导致不能确定的，以接受货币一方所在地为合同履行地。出借人起诉借款人还款，则出借人（即原告）为接受货币一方，出借人所在地即为合同履行地。实践中，出借人在自己所在地人民法院起诉也较为普遍。但需要说明的是，借款合同属于双务合同，如借贷双方签订了借款合同后，作为出借人一方迟迟不向借款人支付借款，那么借款人也可以起诉到法院要求出借人向其支付借款并赔偿其合理损失。此时，借款人便成为接受货币一方，借款人所在地则属于合同履行地，其可向该地人民法院起诉。

二、关于民间借贷纠纷其他重要问题的办案思路及要点

在确定了诉讼主体、法律关系及合同已经成立等基础事实后，相应案件已经具备了起诉的条件。为了更好地维护当事人的合法权益，作为代理人应当进一步考虑能否主张借款利息以及是否属于借款人的夫妻共同债务等问

题。再者，民间借贷纠纷往往存在一些无效的借贷甚至虚假的诉讼等情况，需要代理人进行甄别并告知当事人法律后果。下文将对这些问题的代理思路及要点进行分析。

（一）审查借贷利率

民间借贷关于利息约定有三种情况。第一种是没有利息的约定，也即无偿的借贷关系，这类情况常见于亲朋好友之间的短期拆借，一般借款期限较短、金额不高；第二种是虽然双方约定了借款利息，但由于法律意识不高或者粗心大意等原因，对于利息的计算方式约定得不明确，发生争议后双方意见不统一；第三种是典型的有偿借贷，借贷双方对利息的约定清楚、明确，便于出借人主张权利。但是无论何种情况，出借人起诉所主张的利息以及借款人逾期还款产生的违约金等费用，均受到法律保护的最高利率上限的限制。

1. 民间借贷法律保护的利率上限问题

法律保护债权人的合法权益，支持出借人向借款人主张利息。但随着近些年来民间通过“高利贷”经营牟利的情况逐渐增多，甚至出现了套取信贷资金并高利转贷、集资转贷、职业贷、套路贷等违法甚至犯罪活动，对于民间借贷利息的约束就变得十分关键。而新《民间借贷司法解释》的出台就解决了这一问题，将民间借贷最高利率进行了调整，由之前“24%”“36%”的“两线三区”，调整为合同成立时一年期贷款市场报价利率（“一年期贷款市场报价利率”，是指中国人民银行授权全国银行间同业拆借中心自 2019 年 8 月 20 日起每月发布的一年期贷款市场报价利率）的四倍。结合一年期贷款市场报价利率自发布至今的历史数据来看，法律法规对于民间借贷利息保护的上限相比之前进行了较大幅度的下调。

需要注意的是，司法实践中存在个别借贷双方将前期借款及利息进行结算后全部计入本金，重新出具借据并以新的本金金额再次计算利息的情况（俗称“利滚利”）。对此，需要先核对前期利率有没有超过借款合同成立时一年期贷款市场报价利率的四倍。如果没有超限，则重新出具的债权凭证载明的金额可认定为后期借款本金。如果超出上限，超过部分的利息不应认定为后期的借款本金。另外，在满足上述条件后，还要核对借款人在借款期间届满后应当支付的本息之和，是否超过最初借款本金与以最初借款本金为基数、以借款合同成立时一年期贷款市场报价利率的四倍计算的整个借款期间的利息之和，超出部分不受法律保护。总之，遇到这种情况时，如果作为原告的代理人，应当依据法律规定就实际借款本金、借款期限、利息约定等情况进行拆分、核对，如果发现整体利息超出法律规定的上限，应当向原告提前说明情况，告知风险。如果作为被告的代理人，应当在了解全部事实的基础上，对原告超出法律保护上限部分的利息主张提出抗辩。

2. 借款期限内利息计算及支付周期问题

根据《民间借贷司法解释》的规定，若借贷双方没有约定借款期限内的利率，则出借人无权要求借款人支付借款期限内的利息。若借贷双方对借款期限内的利率进行了明确约定，只要该利率不超过《民间借贷司法解释》对于利率保护的最高上限，则出借人有权要求借款人按照约定支付利息。但是，若借贷双方对于借款期限内的利率约定属于约定不明的情况，则需要区分对待。如果是自然人之间的借贷，对利息约定不明的，则出借人无权要求借款人支付利息。如在刘某、商贸公司等民间借贷案［（2023）新民申1608号］中，新疆维吾尔自治区高级人民法院认为：刘某以《欠条》记载款项与实际出借款项不同，认为差额部分即是双方对利息的约定为月息2%。案涉《欠条》仅写明欠刘某现金51万元，并未明确约定借期内利息及逾期利息。虽然根据原审提交的录音证据能够反映出鲁某帼认可存在利息，但是其并未明确认可以月息2%计算利息，应视为双方就借款利息约定不明，且借款人赵某亦未认可该利息约定。因此，根据上述规定，刘某主张按月息2%支付利息缺乏证据证明，原审法院未予支持并无不当。除自然人之间借贷的外，借贷双方对借贷利息约定不明，出借人主张利息的，应当结合民间借贷合同的内容，并根据当地或者借贷双方的交易方式、交易习惯、市场报价利率等因素确定利息。

对于借款人逾期还款期间的利息及违约责任，结合《民间借贷司法解释》第28条、第29条的内容，分析如下：（1）如果借贷双方对逾期还款期间的利率有约定的，出借人可以按照约定向借款人主张利息，但是约定的利率以不超过借贷合同成立时一年期贷款市场报价利率的四倍为限。(2) 如果借贷双方对逾期还款期间的利率没有约定或者约定不明确的，则要进行相应区分。第一种情况是双方既未约定借期内利率，也未约定逾期利率，则出借人可以主张借款人自逾期还款之日起参照当时一年期贷款市场报价利率标准计算的利息承担逾期还款违约责任。第二种情况是双方约定了借期内利率但是未约定逾期利率，则出借人可以主张借款人自逾期还款之日起按照借期内利率支付资金占用期间的利息。当然，该借期内利率也应当以借贷合同成立时一年期贷款市场报价利率的四倍为限。(3) 如果出借人与借款人既约定了逾期利率，又约定了违约金或者其他费用，当借款人逾期还款时，出借人可以选择主张逾期利息、违约金或者其他费用，也可以一并主张，但是逾期利息、违约金或其他费用的总和应不超过借款合同成立时一年期贷款市场报价利率的四倍。

另外，代理民间借贷纠纷案件，除了利息的约定标准、计算方式，还需要考虑利息的支付期限问题。关于利息的支付期限，可以结合《民法典》第674条的规定进行掌握。借款人首先应当按照借贷双方约定的期限支付利息，若对支付利息的期限没有约定或者约定不明确，事后又达不成补充协议或一致意见，且按照借款合同条款或交易习惯也不能确定的，则借款期间不满一年的，应当在返还借款时一并支付；借款期间一年以上的，应当在每届满一年时支付，剩余期间不满一年的，应当在返还借款时一并支付。

(二) 审查是否属于夫妻共同债务

夫妻共同债务一直是离婚纠纷与民间借贷纠纷避不开的话题。从立法的角度，既要保护婚姻关系中的一方不能无故承担另一方因个人原因产生的债务，又要保护债权人利益不能因夫妻之间恶意转移财产导致债权人的债权无法实现。结合《民法典》的相关规定，目前认定夫妻共同债务需要满足以下三个条件之一：(1) 夫妻双方有共同举债的意思表示；(2) 属于家庭日常生活需要所负债务；(3) 债务用于夫妻共同生活、共同生产经营。

在代理案件时，代理人对于债务是否属于夫妻共同债务，结合三个条件，可分别从以下方面着手分析和举证。(1) 夫妻双方有共同举债的意思表示，重点分析夫妻双方是否在借贷合同中作为债务人共同签字；非借款方事后是否补签还款方案、保证书或在庭审过程中表明对该债务进行追认；是否存在其他共同举债意思表示的情形，包括但不限于：非借款方作出口头承诺或者通过电话、短信、微信、电子邮件等形式予以认可。(2) 属于家庭日常生活需要所负债务，重点考虑夫妻双方的职业、身份、资产、收入、兴趣、习惯、家庭人口等情况进行判断；借贷款项是否用于食品、衣着、家庭设备用品、维修服务、医疗保健、交通通信、文娱教育及服务、居住、其他商品和服务等九类家庭消费支出；家庭日常生活需要是否超过当地居民生活消费支出的合理范围；等等。(3) 债务用于夫妻共同生活、共同生产经营，重点分析夫妻一方负债是否用于个体工商户或农村承包经营户经营的；是否存在夫妻一方从事经营、投资，另一方虽未直接参与经营、投资但分享了经营、投资收益的；是否存在其他可被认定为夫妻共同生产经营的情形等①。

（三）借款合同效力审查及虚假诉讼防范

在代理民间借贷纠纷案件时，作为代理人，还应当审查借款合同的效力问题，防范当事人虚假诉讼。对于合同无效的情形，《民法典》中作出了具体规定，在此不再赘述，仅对《民间借贷司法解释》中关于民间借贷合同无效的重点情形进行列举分析。

1. 套取金融机构贷款转贷形成的借贷合同无效

根据《民间借贷司法解释》第 13 条第 1 项之规定，套取金融机构贷款转贷的，人民法院应当认定民间借贷合同无效。“套取”即表明获得金融机构贷款的方式是违法的、具有欺骗性的。行为人往往会虚构一些不存在的业务或者贷款条件来获得金融机构放贷，然后以更高的利息转贷给他人，从中获取利益。这种行为是对金融市场秩序的破坏，不仅此类借贷合同无效，情节严重的还可能构成高利转贷罪。

2. 企业集资转贷形成的借贷合同无效

《民间借贷司法解释》第 13 条第 2 项规定的民间借贷合同无效情形为：

① 天津市高级人民法院关于印发《天津法院民间借贷案件审理指南（试行）》的通知；津高法〔2020〕22 号。

以向其他营利法人借贷、向本单位职工集资，或者以向公众非法吸收存款等方式取得的资金转贷的。从条文来看，转贷的主体主要是非金融机构的法人或其他组织，往往以高于银行利息为诱饵，向其他营利法人借贷或向本单位职工集资或者以向公众非法吸收存款等方式取得资金，然后将资金用于转贷。从这种行为的本质来看，无疑是一种未经批准的金融活动，并非企业为了生产经营的目的而对外借款或对内集资。这种行为同样是对金融市场秩序的破坏，不属于民间借贷保护的范畴。

3. 因职业放贷形成的借贷合同无效

未依法取得放贷资格的出借人，以营利为目的向社会不特定对象提供借款的借贷合同无效。职业放贷具有很大的危害性，严格来讲，属于从事非法的金融业务活动，扰乱正常的金融市场秩序。另外，伴随职业放贷还多发生暴力催收、非法拘禁等违法犯罪行为，对社会危害极大。代理人在接受委托时，要注意了解相关事实背景，审查借据或借款合同的格式化程度并借助中国裁判文书网等网站进行必要检索，核实委托人是否存在其他民间借贷纠纷，综合判断是否属于职业放贷。

4. 出借人事先知道或者应当知道借款人借款用于违法犯罪活动仍然提供借款的借贷合同无效

如果借款人所借款项是用于违法犯罪活动的，此时借贷双方的借贷合同是否有效，取决于出借人事先是否知道或应当知道。第一个关键词是“事先”，即在实际出借款项前就知道借款人真实借款用途的情况，如果事后才了解到实际情况的，则不适用这一规定。第二个关键词是“知道或应当知道”，即出借人明知或结合实际情况被认定为应当明知的情形。常见的此类无效合同有赌博嫖娼、吸毒贩毒产生的借贷等。

5. 违背公序良俗的借贷合同无效

借贷双方发生借贷关系应当符合正常的社会秩序、维护家庭伦理道德、维护社会公序良俗和弘扬社会主义核心价值观，对于违背上述原则的借贷合同，将会面临被认定无效的法律风险。比如因非婚同居、不正当两性关系等原因形成的“精神损失费”“分手费”等债务；因赌博、吸毒等非法行为形成的债务；因“找关系”“托人情”等请托行为形成的债务；等等。[①] 涉及具体案件，是否会被认定为违背公序良俗，还需要结合具体案情进行综合判定。在蔡某、陈某等民间借贷案［（2021）闽06民终3716号］中，福建省漳州市中级人民法院认为：因当事人均主张双方存在不正当的男女关系，上述110万元借款行为违反公序良俗，该借贷关系无效，陈某应返还该110万元。

另外，司法实践中存在原被告双方为达到侵害他人利益等目的虚构债务、伪造证据并进行虚假诉讼的情况。代理律师在听取当事人陈述、审查证据材料时应当注意甄别。尤其是遇到《民间借贷司法解释》第18条所列举的情形时，更应提高警惕，严格审查借贷发生的原因、时间、款项来源、交付方式、款项流向以及借贷双方的关系等事实，综合判断是否属于虚假诉讼。如认为属于虚假诉讼的，应当拒绝代理并告知当事人法律后果。

（四）借贷行为涉嫌犯罪，出借人能否起诉担保人

近年来，以多种途径巧立名目并通过许诺高回报引诱吸收公众存款的行为不在少数，涉嫌犯罪的，相关主体可能会被以诈骗罪、合同诈骗罪或非法吸收公众存款罪论处。在犯罪主体受到刑事处罚后，与债权人之间的合同是否还有效力，特别是合同中存在第三方担保人时，债权人能否向担保人主张权利，这对于债权人维权至关重要。因为很多时候，合同中的担保人不会受到刑事处罚，甚至还具有很好的偿还能力。

针对这一情形，《民间借贷司法解释》第8条规定：“借款人涉嫌犯罪或者生效判决认定其有罪，出借人起诉请求担保人承担民事责任的，人民法院应予受理。”第12条规定：“借款人或者出借人的借贷行为涉嫌犯罪，或者已经生效的裁判认定构成犯罪，当事人提起民事诉讼的，民间借贷合同并不当然无效。人民法院应当依据民法典第一百四十四条、第一百四十六条、第一百五十三条、第一百五十四条以及本规定第十三条之规定，认定民间借贷合同的效力。担保人以借款人或者出借人的借贷行为涉嫌犯罪或者已经生效

① 天津市高级人民法院关于印发《天津法院民间借贷案件审理指南（试行）》的通知；津高法〔2020〕22号。

的裁判认定构成犯罪为由，主张不承担民事责任的，人民法院应当依据民间借贷合同与担保合同的效力、当事人的过错程度，依法确定担保人的民事责任。”由此可见，即便借款人涉嫌犯罪或已经被认定有罪的，民间借贷合同并不当然无效，且出借人仍有向担保人主张权利的可能。翟某某诉冯某某民间借贷纠纷案①就是依据上述规定，在查明案件事实的基础上，判决保证人冯某某承担保证责任，向出借人翟某某偿还借款。该案中，案外人李某某向翟某某借款，冯某某为保证人，之后李某某因涉嫌集资诈骗罪被逮捕。法院审理后认为，虽然李某某向翟某某借款的行为涉嫌集资诈骗罪，但双方之间借款法律关系并不当然无效。本案中，翟某某与李某某签订的借款协议系在双方平等、自愿的基础上订立，就其单个借贷行为来看，不违反法律及行政法规的强制性规定，也不存在使之无效的其他情形，因此借款协议有效。冯某某以保证人的身份在借款协议上签字，故冯某某应该承担担保责任。

关联案例1

案件名称：刘某与商贸公司等民间借贷案

案　　号：新疆维吾尔自治区高级人民法院（2023）新民申1608号

裁判观点：自然人之间借贷对利息约定不明，出借人主张支付利息的，人民法院不予支持。在双方仅约定存在利息，但未明确利率的情况下，应视为双方就借款利息约定不明。

关联案例2

案件名称：蔡某与陈某等民间借贷案

案　　号：福建省漳州市中级人民法院（2021）闽06民终3716号

裁判观点：当事人双方存在不正当的男女关系，借款行为违反公序良俗，该借贷关系无效。

---

① 一审：天津市宁河区人民法院（2020）津0117民初5085号；二审：天津市第三中级人民法院（2021）津03民终3610号。

关联案例3

案件名称： 翟某某与冯某某民间借贷案

裁判观点： 虽然借款人的借款行为涉嫌刑事犯罪，但借贷双方之间借款法律关系并不当然无效。若借款协议系在双方平等、自愿的基础上订立，就其单个借贷行为来看，不违反法律及行政法规的强制性规定，也不存在使之无效的其他情形，则借款协议有效。当事人以保证人的身份在借款协议上签字的，应当承担相应担保责任。

第三节　典型案例精析

案例1：商贸公司、陈某某民间借贷案[①]

裁判要旨

债权人仅依据金融机构的转账凭证提起民间借贷诉讼，债务人抗辩转账系偿还双方之前借款或其他债务，债务人应当对其主张提供证据证明。债务人提供相应证据证明其主张后，债权人仍应就借贷关系的成立承担举证证明责任。同时，对负有举证证明责任的债务人提供的证据，人民法院审查并结合相关事实，确信待证事实的存在具有高度可能性的，认定该事实存在。因而对于债务人抗辩的主张，应当适用高度可能性的证明标准。债务人所举示的证据无法证明自己的抗辩主张的，应承担举证不能的不利法律后果。

案情简介

2012年7月6日，H公司通过其银行账户向陈某某账户汇入2000万元。转账时摘要信息部位载明：网银转账；交易信息部位载明：汇兑；用途：借

① 一审：重庆市第一中级人民法院（2017）渝01民初909号；二审：重庆市高级人民法院（2018）渝民终151号；再审：最高人民法院（2019）最高法民再220号。

款；备注下方载明：补制打印回单，注意重复。2017 年 1 月 10 日，H 公司与商贸公司签订《债权转让协议》，H 公司将对陈某某的债权转让给商贸公司。商贸公司遂于 2017 年 9 月 6 日向一审法院提起诉讼，以已受让原债权人 H 公司的债权为由，要求陈某某偿还借款本息。陈某某抗辩称该 2000 万元是 2012 年 7 月案外人胡某甲向陈某某购买铬铁矿的矿石货款，非商贸公司诉称的借款。

法院裁决

一审法院经审理认为：商贸公司基于受让债权起诉陈某某，因此陈某某对 H 公司的一切抗辩，均可对抗商贸公司。本案的争议焦点在于陈某某与 H 公司之间是否存在涉及 2000 万元的民间借贷债权债务关系。一审法院分析认为，商贸公司所主张的民间借贷法律关系存在以下不合常理之处：第一，借贷并非发生在熟人、亲朋之间，涉及 2000 万元的巨额资金却不签订书面借据的做法不合常理。第二，借贷发生在 2012 年 7 月 6 日，与商贸公司于 2017 年 9 月 6 日起诉主张债权时隔五年多，长期搁置债权不主张权利的做法也不符合常理。第三，H 公司并非实力雄厚的公司，向个人一次性出借巨额资金 2000 万元而不设定担保等规避经营风险措施且不约定利息，不合常理。第四，H 公司持有其与陈某某之间 2000 万元资金往来的原始会计资料证据，原告及 H 公司不向法院提交原始的打款凭证和会计记账证据材料，应当承担相应的法律后果。综上，由于原告所主张的债权存在前述各种不合常理情况，加之被告围绕其抗辩主张也举示了一定的证据，现仅以一张打印于开庭当日的银行凭证作为主张涉及巨额资金的民间借贷法律关系成立的基础证据，证明力较弱，不足以支撑原告的诉讼请求。一审法院遂驳回了原告的诉讼请求。

二审法院经审理认为：根据《民间借贷司法解释》第 17 条“原告仅依据金融机构的转账凭证提起民间借贷诉讼，被告抗辩转账系偿还双方之前借款或者其他债务的，被告应当对其主张提供证据证明。被告提供相应证据证明其主张后，原告仍应就借贷关系的成立承担举证责任”之规定，原告完成初步举证责任后，在被告抗辩主张原告的转账系基于双方之间的其他债权债务关系的情况下，被告应当对其该主张提供证据予以证明。但此时被告提供证据的证明标准仅需达到对双方存在借贷关系的认定重新回到真伪不明的状态即可，而无须达到对被告抗辩主张的其他债权债务关系的存在具有高度可能性的标准。在对双方存在借贷关系的认定重新回到真伪不明的状态后，原告仍需就双方存在借贷关系的事实继续举证证明，否则将承担举证不能的不利后果。本案中，商贸公司举示了重庆农村商业银行客户付款回单，以证明H公司与陈某某之间存在借贷关系，H公司向陈某某实际出借了2000万元的事实。此时，商贸公司已就H公司与陈某某之间存在借贷关系的事实完成了初步举证责任。陈某某抗辩称该2000万元系胡某甲向其购买铬铁矿的货款而非借款，双方之间的法律关系应为买卖合同关系而非借贷关系。陈某某举示了证人骆某的证言、其与矿业公司签订的《矿区转让协议》以及其他证据材料，以证明其主张成立。虽然以上证据不能使二审法院认定陈某某与胡某甲之间系买卖合同关系，以及H公司系代胡某甲支付陈某某2000万元矿石货款的事实已达到高度可能性的标准，但综合评判陈某某举示的所有证据，二审法院对H公司与陈某某之间存在借贷关系的事实认定已重新回到了真伪不明的状态。商贸公司需要继续举证证明H公司与陈某某之间存在借贷关系的事实，否则应承担不利后果。基于此，二审法院驳回上诉，维持原判。

最高人民法院再审审理认为，H公司于2012年7月6日向陈某某打款2000万元，并备注为“借款”。陈某某否认借贷关系，根据司法解释的规定，陈某某应当对自己的抗辩主张提供相应证据予以证明，否则应当承担举证不能的不利后果。陈某某为证明自己的抗辩主张举示了证人骆某的证言、其与矿业公司签订的《矿区转让协议》，拟佐证陈某某经营铬铁矿、胡某甲向陈某某购买铬铁矿并指示H公司转账的事实。但案外人胡某甲于二审中出庭作证：其从未在陈某某处买过矿石，也从未委托H公司向陈某某支付货款。陈某某主张买卖矿石的合同关系存在，其应当对产生该法律关系的基本事实承担举证证明责任。同时根据《民事诉讼法司法解释》第108条第1款的规定，对负有举证证明责任的陈某某提供的证据，人民法院审查并结合相关事实，确信待证事实的存在具有高度可能性的，认定该事实存在。因而对于陈某某的主张，应当适用高度可能性的证明标准。本案中，陈某某举示的骆某的证言已经被其所指向的胡某甲本人作为证人出庭所否认。陈某某所举示的其与矿业公司签订的《矿区转让协议》，即便存在陈某某承包矿山并开采矿石的事实，该证据亦不能证明胡某甲或者H公司曾向其购买铬铁矿。因陈某某所举示的证据无法证明自己的抗辩主张，应承担举证不能的不利法律后果。二审法院认为“但此时被告提供证据的证明标准仅需达到对双方存在借贷关系的认定重新回到真伪不明的状态即可，而无须达到对被告抗辩主张的其他债权债务关系的存在具有高度可能性的标准”“综合评判陈某某举示的所有证据，二审法院对H公司与陈某某之间存在借贷关系的事实认定已重新回到了真伪不明的状态”，事实依据明显不足，属于适用法律错误，本院予以纠正。最终，再审改判支持了商贸公司的相应诉讼请求。

律师评析

对于借贷合意的审查，是确定民间借贷法律关系的前提和关键。而司法实践中，债权人仅依据金融机构的转账凭证或收条、欠条等证据起诉的情形普遍存在，在债务人作为被告对于基础法律关系提出抗辩时，举证责任的分配以及最终的事实认定就变得十分重要。本案中，在被告提出基础法律关系抗辩的情形下，一审、二审法院对于原、被告双方举证责任分配以及证明标准的要求，与最高人民法院再审的责任分配及认定标准并不一致，这也是导致本案在不同审理阶段出现不同结果的根本原因。

第一，债权人作为原告，有责任对双方之间存在民间借贷法律关系进行举证。本案中，商贸公司作为原告，基于其与H公司签订的《债权转让协议》受让取得了对陈某某的债权，其提交的H公司向被告转账的银行交易凭证中，载明了用途为借款，已经完成了对存在民间借贷法律关系的初步举证责任。

第二，债务人提出基础法律关系的抗辩，应当对其抗辩主张进行充分举证。且对于抗辩中主张的事实是否存在，人民法院应当审查并结合相关事实，只有达到确信待证事实的存在具有高度可能性的，再认定该事实存在。而并非债务人基于其抗辩事由仅提交一定证据的，就能够推翻债权人主张的事实，或者将举证责任重新归于债权人，要求债权人对自己的主张进一步强化证据。本案一审、二审法院显然就错误地分配和评判了举证责任和证明标准。债务人陈某某对其关于本案涉及的2000万元款项不属于借款的抗辩所提交的证据，仅为证人证言及其他不相关的协议等材料，其证明力并未达到“确信待证事实的存在具有高度可能性”这一标准，因此陈某某所举示的证据无法证明自己的抗辩主张，应承担举证不能的不利后果。最高人民法院也基于这一观点，不再要求商贸公司进一步举证，从而直接认定借贷事实存在。

通过以上案例，虽然最终最高人民法院维护了商贸公司的债权人利益，但该案最终的胜利经历了一审、二审的败诉和再审的审理，称得上是“一波三折”，不仅增加了诉讼成本、延长了维权期限，而且也承受了很大的败诉风险。因此，作为债权人，应当引以为戒，在出借款项时与债务人形成完善的书面文件，明确借贷关系及其他必要事项和内容，以保障自身权益。

案例2：李某娟与左某民间借贷案①

裁判要旨

民间借贷纠纷案件的双方当事人对是否存在民间借贷关系、一方认为存在民间借贷关系而另一方认为存在其他法律关系的，法院将根据双方提供的证据进行梳理、分析，并根据双方陈述事实的合理性、证据的证明力以及证据之间的相互印证程度认定事实，判定证据是否采信并据以裁判。

案情简介

李某娟、左某系朋友关系，并有生意往来。2015年起双方即经常互转款项，2015年12月22日至2018年3月29日，李某娟向左某转款三笔计179590元，2017年2月6日，李某娟向左某另一账户转款40万元，以上总

① 一审：安徽省长丰县人民法院（2018）皖0121民初1857号；二审：安徽省合肥市中级人民法院（2018）皖01民终9433号。

计转款 579590 元。左某向李某娟转款 27 笔大小不等的款项总计 578900 元（2015 年 12 月 22 日至 2017 年 2 月 6 日转款 160200 元，2017 年 2 月 7 日至 2018 年 3 月 29 日转款 418700 元）。2018 年 5 月 14 日，李某娟以左某向其出具的 20 万元借据为凭向一审法院提起借贷之诉。左某对于李某娟出具的 20 万元借条提出异议并申请笔迹鉴定。经鉴定，借条中的借款人“左某”不是左某书写。

法院裁决

一审法院经审理认为：经司法鉴定李某娟欲证明借贷事实成立的 20 万元借据中的借款人并不能认定为左某所书写，故此借据不能作为认定借款事实成立的有效证据。李某娟欲证明借款事实成立的证据之二为 2017 年 2 月 6 日的 40 万元转款凭证，但在李某娟此笔转款之前，左某即于 2015 年开始向李某娟转款 6 笔共计 160200 元，而在李某娟此笔转款之后，左某向李某娟陆续转款 21 笔共计 418700 元，因此，对于李某娟的 40 万元转款凭证作为认定借款事实成立的证据仍然存疑，且根据双方提供的互相转款账单的总数上分析，两人转款总额基本持平，不能排除疑点的唯一证据转账凭证不能作为认定案件事实的有效证据。另根据双方的当庭陈述，双方长期合作做生意，资金往来频繁合乎情理。一审法院判决驳回李某娟要求左某偿还借款 20 万元及利息的诉讼请求。李某娟不服一审判决，遂提起上诉。

二审法院经审理认为：主张法律关系存在的当事人，应当对产生该法律关系的基本事实承担举证证明责任。本案中，李某娟称其已经履行 40 万元款项出借义务，左某陆续还款后，双方结算尚欠 20 万元，并提供了 2018 年 1 月 20 日 20 万元借据、银行转账流水及微信聊天记录、转账记录等。左某不认可向李某娟借款 40 万元，称其收取的 40 万元系投资款，20 万元的借据不是其出具的。对比双方的证据及陈述，二审法院认定李某娟、左某之间存在案涉 20 万元借贷关系，并判决撤销一审判决，改判左某向李某娟偿还借款本金 20 万元及利息。

律师评析

民间借贷纠纷案件中，诉讼当事人对双方之间存在的法律关系说法不一的情况时有发生。法院在审理这类案件时，首先会根据双方当事人的陈述以及案件的证据查明案件事实，但该类案件难点即在于当事人提供的证据不一定能够达到“证据确实充分，案件事实清楚”的程度。本案中二审法院经过对比案件证据，最终认定李某娟、左某之间存在 20 万元借贷关系，具体分析理由如下：

1. 本案中李某娟提供的证明双方存在借贷关系的证据与李某娟的主张能够相互吻合，特别是李某娟提供的 40 万元转账记录、左某的还款记录，以及左某部分转账的备注信息；而左某对其提出的抗辩理由未提供任何证据加以证明，且其抗辩理由与案件证据证明的事实存在矛盾。因此法院认定李某娟与左某之间存在 40 万元的借贷关系。

2. 李某娟对左某主张的之前向李某娟转账的事实作出了合理解释并提供了相应证据加以证明。左某称其自 2015 年 12 月 22 日至 2017 年 2 月 6 日向李某娟转账 6 笔共计 160200 元，并以此为由否认其与李某娟之间 40 万元的借款性质，但左某于 2016 年 2 月 22 日向李某娟转款 10 万元、400 元并分别备注了“本金”“利息”，法院据此认定 2016 年 2 月 22 日左某仍在向李某娟还款。因此法院认定左某否认 40 万元的借款性质的理由不能成立。

3. 李某娟陈述的在 2017 年 7 月 22 日左某还款 10 万元后，按本金 30 万元、月息 2.5%计算利息的事实，与 2017 年 7 月 22 日左某向李某娟分别转账并备注为“本金”“利息”的事实相互吻合，且左某后续向李某娟转账的金额、时间间隔等与李某娟陈述的事实基本一致。左某虽称上述转账系李某娟预支的投资利润款，但没有提交任何证据证实，因此法院认定左某应当承担举证不能的不利后果。

4. 李某娟与左某对本案证据 2018 年 1 月 20 日形成的 20 万元借据说法不一。李某娟陈述该借据并非左某当面签字按手印，经鉴定该借据落款处并非左某签字，左某认为该借据为李某娟伪造。法院对该借据如何形成的事实存疑，没有采信该证据，但不采信该借据并不意味着对李某娟、左某之间的借贷关系不能认定。

5. 关于李某娟对 2018 年 1 月 20 日 20 万元借据撤换过程的陈述，法院认定李某娟的陈述细节前后一致，且与其提交的银行转账流水一一对应，具有较高的可信性。反观左某，其本人未按法院要求到庭接受询问，法院当庭电话联系核实相关问题，左某手机提示关机。另外，左某仅在一审中提供一份银行流水证明双方往来款系投资款，除此之外并未提供其他证据，法院最终没有采信左某的抗辩意见。

通过对案件事实、证据的梳理、分析，法院最终认定左某与李某娟之间存在借贷关系，左某尚欠李某娟借款本金 20 万元，并作出了撤销一审判决、支持李某娟诉讼请求的判决。

第五章　保证合同纠纷[①]

第一节　理论概述与实务指引

保证是保障债权实现的一种重要的担保方式。保证合同作为《民法典》规定的十九类典型合同之一，属日常经济活动中常用合同类型。《民事案件案由规定》第四部分合同纠纷中对“保证合同纠纷”作为单独案由进行规定。但实践当中，涉及保证的问题非常多，各种情形层出不穷，囿于篇幅的限制，本书仅就保证合同的一般性问题进行探讨，对于实践中的一些特殊问题（如法定代表人越权做出保证、连带保证与债务承担的关系等）则未予展开。

一、保证合同的概念

《民法典》第681条规定：“保证合同是为保障债权的实现，保证人和债权人约定，当债务人不履行到期债务或者发生当事人约定的情形时，保证人履行债务或者承担责任的合同。”根据《民法典》第685条之规定，成立保证合同主要包括以下三种方式：一是保证人与债权人单独订立保证合同；二是保证人与债权人、主债务人共同订立合同，合同中包括保证条款；三是保证人单独向债权人出具书面文件，做出承担保证责任意思表示，债权人接收且未提出异议。

---

① 本章作者王巍。

二、保证合同的特征

1. 保证合同是从合同

保证合同以主合同的存在为前提，具有从属性，从属于主合同而存在。

2. 保证合同是单务合同

保证合同中，保证人向债权人承担保证义务而不享有权利，债权人享有权利而无须承担义务，故为单务合同。

3. 保证合同是无偿合同

保证合同中，债权人享有保证请求权，但不必向保证人支付任何对价，故为无偿合同。在实务中，尤其是以担保公司作为保证人等情形，债务人往往会与保证人订立合同并支付给保证人相应的担保费用，但该合同存在于保证人与债务人之间，因此并不影响债权人与保证人之间保证合同的无偿性。

4. 保证合同是诺成合同

保证合同的成立无须担保人交付财产，只要双方当事人意思表示一致，合同即告成立，故为诺成合同。

第二节 办案思路与实战技巧

一、一般保证合同纠纷案件的办案思路与实战技巧

在司法实践中，保证合同纠纷的焦点主要包括：保证合同的效力、保证方式、保证期间、保证责任免除、保证人追偿权的行使等问题。笔者逐一分析如下：

1. 关于保证合同效力的办案思路及要点

保证担保虽然与抵押担保、质押担保一起构成日常经济活动中最常见的担保方式，但与另外两种担保方式不同的是，在达成书面保证合意后，保证人无须另行履行交付或办理抵押、质押登记手续，债权人即享有了担保权。因此，保证合同效力问题是保证担保的核心，具体包括是否成立、是否生

效、是否有效等三个问题。

（1）保证合同的成立与生效问题

在前述三种保证合同成立的方式中，对于前两种方式，只要符合一般合同成立和生效要件即可。对于第三种方式，成立要件包括两个：一是保证人以书面形式向债权人作出保证，二是债权人接收且未提出异议的，此时法律推定债权人默示同意。但第三种方式下保证合同的生效问题，还应结合书面担保文件的载明内容进行判断。如在建设公司与矿山公司、某银行广东省分行保函欺诈案［（2021）粤01民终14015号］中，广州市中级人民法院认为：某银行广东省分行向矿山公司开立《见索即付预付款担保》，载明："……某银行广东省分行愿意就矿山公司提供给承包人（指建设公司）的预付款为承包人提供担保，担保金额为38059884元；担保有效期自预付款支付给承包人起生效，至矿山公司签发的进度款支付证书说明预付款已完全扣清止，但最迟不超过2020年3月25日……本保函自某银行广东省分行法定代表人（或其授权代理人）签字并加盖公章之日起生效。"《最高人民法院关于审理独立保函纠纷案件若干问题的规定》第4条第2款规定："独立保函一经开立即生效，但独立保函载明生效日期或事件的除外。"涉案保函虽然载明自某银行广东省分行法定代表人（或其授权代理人）签字并加盖公章之日起生效，但又约定担保有效期自预付款支付给承包人起生效，应视为双方为保函生效设置了事件，即当建设公司收到预付款后，涉案保函才生效。

（2）保证合同是否有效的问题

根据《民法典》第682条、第683条及《最高人民法院关于适用〈中华人民共和国民法典〉有关担保制度的解释》（以下简称《担保制度司法解释》）的相关规定，可能引起保证合同无效的原因主要包括保证人的身份原因和做出保证的程序原因。保证人的身份原因，是指对于法律规定不得作为保证人的主体，其做出的担保无效。不得作为保证人的主体主要包括：机关法人，以公益为目的的非营利法人、非法人组织，但法律另有规定的除外。做出保证的程序原因，是指保证人未经必要的程序做出的保证无效。主要包括：未经股东会/董事会决议/授权的法定代表人越权保证、分支机构保证等。鉴于我国法律上对于保证人的身份和做出保证的程序有明确的要求，因此，在实务中应当高度重视，从保证人主体资格和保证程序方面进行全面分析，审慎判断保证合同的效力。

此外，还需要注意的是，保证合同作为一种民事行为，若符合《民法典》规定的民事行为无效情形，则保证合同无效。由于保证合同的从属性，主合同无效的，保证合同无效。

2. 关于保证方式问题的分析思路及要点

保证人承担保证责任的方式包括一般保证与连带责任保证两种，二者的根本区别在于保证人是否享有先诉抗辩权。实务中，保证方式往往成为保证合同纠纷中保证人与债权人争议的焦点。

（1）保证方式的界定问题

《民法典》第687条第1款规定："当事人在保证合同中约定，债务人不能履行债务时，由保证人承担保证责任的，为一般保证。"第688条规定："当事人在保证合同中约定保证人和债务人对债务承担连带责任的，为连带责任保证。连带责任保证的债务人不履行到期债务或者发生当事人约定的情形时，债权人可以请求债务人履行债务，也可以请求保证人在其保证范围内承担保证责任。"实务中，由于保证合同签署背景以及保证人表述严谨程度不同，往往没有明确约定保证方式究竟是"一般保证责任"或是"连带保证责任"，而是作出"如果债务人没有能力履行义务的，保证人愿意承担保证责任"或者"如果债务人不按时履行义务的，保证人愿意承担保证责任"或类似的表述。对此，《担保制度司法解释》第25条规定："当事人在保证合同中约定了保证人在债务人不能履行债务或者无力偿还债务时才承担保证责任等类似内容，具有债务人应当先承担责任的意思表示的，人民法院应当将其认定为一般保证。当事人在保证合同中约定了保证人在债务人不履行债务或者未偿还债务时即承担保证责任、无条件承担保证责任等类似内容，不具有债务人应当先承担责任的意思表示的，人民法院应当将其认定为连带责任保证。"该司法解释明确了以"是否有先承担责任的意思表示"作为区分一般保证和连带责任保证的标准。在科技公司与实业公司等买卖合同案［（2022）浙06民终549号］中，各方在《付款协议》中约定，"担保人王某为乙方（实业公司）股东，对本协议内容清楚知晓，若乙方未按本协议约定内容切实履行其付款义务的，其自愿为乙方履行上述货款义务提供担保，并同意以其名下房产给甲方（科技公司）提供抵押担保”。浙江省绍兴市中级人民法院认为：“乙方未按本协议约定内容切实履行其付款义务的，其自愿为乙方履行上述货款义务提供担保”，应当理解为债务人不履行债务或未偿还债务时，王某即承担保证责任，不具有债务人应当先承担责任的意思表示，最终判决保证人承担连带保证责任。在实务当中，律师应当根据相关协议、担保文件的表述，结合相关背景情况、上下文义等准确探究保证人是否有先承担责任的意思表示，进而准确认定保证方式。

（2）一般保证先诉抗辩权的行使问题

先诉抗辩权也称“先诉利益”或“顺序利益”，对于维护一般保证人的权益极为重要。《民法典》第687条第2款规定：“一般保证的保证人在主合同纠纷未经审判或者仲裁，并就债务人财产依法强制执行仍不能履行债务前，有权拒绝向债权人承担保证责任。”《担保制度司法解释》第26条规定：“一般保证中，债权人以债务人为被告提起诉讼的，人民法院应予受理。债权人未就主合同纠纷提起诉讼或者申请仲裁，仅起诉一般保证人的，人民法院应当驳回起诉。一般保证中，债权人一并起诉债务人和保证人的，人民法院可以受理，但是在作出判决时，除有民法典第六百八十七条第二款但书规定的情形外，应当在判决书主文中明确，保证人仅对债务人财产依法强制执行后仍不能履行的部分承担保证责任。债权人未对债务人的财产申请保全，或者保全的债务人的财产足以清偿债务，债权人申请对一般保证人的财产进行保全的，人民法院不予准许。”可见，对于一般保证人“顺序利益”的保护不仅体现在最终债务责任承担方面，也体现在起诉及保全程序方面。需要注意的是，根据《民法典》第687条第2款之规定，在下列情形下，一般保证人将丧失先诉抗辩权：①债务人下落不明，且无财产可供执行；②人民法院已经受理债务人破产案件；③债权人有证据证明债务人的财产不足以履行全部债务或者丧失履行债务能力；④保证人书面表示放弃本款规定的权利。此外，根据《担保制度司法解释》第27条之规定，若债权人取得对债务人赋予强制执行效力的公证债权文书后，在保证期间内向人民法院申请强制执行，保证人以债权人未在保证期间内对债务人提起诉讼或者申请仲裁为由主张不承担保证责任的，人民法院不予支持。

实务中，在认定属于一般保证的情况下，应进一步分析判断保证人的先诉抗辩权。若作为债权人代理人，仍然建议起诉时将债务人及一般保证人作为共同被告，在保证人先诉抗辩权成立的情况下，法院在判决中会明确“保证人仅对债务人财产依法强制执行后仍不能履行的部分承担保证责任”。在保证人先诉抗辩权不成立的情况下，则会判决保证人承担责任。不论哪种判决，均无须再对保证人另行起诉，有利于保护债权人合法权益、提高维权效率并节约诉讼成本。当然，债权人将债务人和一般保证人一并起诉，法院并非“应当”受理，而是“可以”受理，在法院不受理的情况下，只能是待强制执行债务人而未获清偿后，另行起诉保证人。

3. 关于保证期间及保证责任诉讼时效问题的分析思路及要点

保证期间问题，关乎保证人是否需要承担保证责任，对于债权人和保证人均极为重要。《民法典》第 692 条第 1 款规定：“保证期间是确定保证人承担保证责任的期间，不发生中止、中断和延长。”第 693 条规定：“一般保证的债权人未在保证期间对债务人提起诉讼或者申请仲裁的，保证人不再承担保证责任。连带责任保证的债权人未在保证期间请求保证人承担保证责任的，保证人不再承担保证责任。”在实务中，律师应当先行确定保证期间，进而根据债权人是否在保证期间内采取了法定的维权方式，判断保证期间以及保证责任的诉讼时效是否已过。

（1）保证期间的计算问题

《民法典》第 692 条第 2 款、第 3 款规定：“债权人与保证人可以约定保证期间，但是约定的保证期间早于主债务履行期限或者与主债务履行期限同时届满的，视为没有约定；没有约定或者约定不明确的，保证期间为主债务履行期限届满之日起六个月。债权人与债务人对主债务履行期限没有约定或者约定不明确的，保证期间自债权人请求债务人履行债务的宽限期届满之日起计算。”根据上述规定，保证期间原则上以当事人之间的约定为准，但不应早于或等于主债务的履行期限，否则，将视为没有约定，保证期间为主债务履行期限届满之日起六个月。主债务履行期限没有约定或约定不明的，债权人有权随时要求债务人履行，保证期间自债权人请求债务人履行债务的宽限期届满之日起计算。

（2）保证责任诉讼时效问题

与保证期间相关联的另一个期限就是保证债务的诉讼时效，保证责任诉讼时效执行《民法典》关于诉讼时效的规定，一般为 3 年。保证债务的诉讼时效起算点根据一般保证还是连带责任保证有所不同。《民法典》第 694 条规定："一般保证的债权人在保证期间届满前对债务人提起诉讼或者申请仲裁的，从保证人拒绝承担保证责任的权利消灭之日起，开始计算保证债务的诉讼时效。连带责任保证的债权人在保证期间届满前请求保证人承担保证责任的，从债权人请求保证人承担保证责任之日起，开始计算保证债务的诉讼时效。"

保证期间和保证债务诉讼时效的起算点见下表：

<table>
<tr><th rowspan="2">保证方式</th><th colspan="2">保证期间</th><th rowspan="2">诉讼时效起算</th></tr>
<tr><th>有约定</th><th>未约定或约定不明</th></tr>
<tr><td>一般保证</td><td rowspan="2">有约定从约定</td><td rowspan="2">主债务履行期限届满之日起六个月</td><td>自保证人拒绝承担保证责任的权利消灭之日起开始计算</td></tr>
<tr><td>连带责任保证</td><td>自债权人请求保证人承担保证责任之日起开始计算</td></tr>
</table>

（3）超过保证期间、诉讼时效的后果问题

超过保证期间的，保证人的保证责任消灭，原则上无须再承担保证责任。若主债权超过诉讼时效的，保证人也取得该项抗辩权，无须再承担保证责任。若保证责任超过诉讼时效的，保证人也无须承担保证责任。

在实务中，有时会出现保证责任消灭后，债权人要求保证人承担责任的问题。比如：债权人向债务人、保证人发送催款通知单，保证人在催款通知单上签字的情形。于此情形下，保证人仅在催款通知单上签字或者盖章的行为，并不足以成为承担保证责任的理由，除非具有符合《民法典》有关成立新的保证合同的情形。《担保制度司法解释》第 34 条规定："人民法院在审理保证合同纠纷案件时，应当将保证期间是否届满、债权人是否在保证期间内依法行使权利等事实作为案件基本事实予以查明。债权人在保证期间内未依法行使权利的，保证责任消灭。保证责任消灭后，债权人书面通知保证人要求承担保证责任，保证人在通知书上签字、盖章或者按指印，债权人请求保证人继续承担保证责任的，人民法院不予支持，但是债权人有证据证明成立了新的保证合同的除外。”律师在代理类似纠纷案件时，应对催款通知单等内容及保证人的回复内容进行严格审查，判断是否成立了新的保证合同，进而判断保证人是否需要承担保证责任。根据《担保制度司法解释》第 35 条规定，若保证人知道或者应当知道主债权诉讼时效期间届满仍然提供保证或者承担保证责任，又以诉讼时效期间届满为由拒绝承担保证责任或者请求返还财产的，人民法院不予支持。保证人承担保证责任后向债务人追偿的，人民法院不予支持，但是债务人放弃诉讼时效抗辩的除外。

4. 关于保证责任免除的分析思路及要点

根据《民法典》及相关法律的规定，保证人在特定情况下可以免除保证责任，主要包括以下情形：

（1）因主合同无效而免责

保证合同是主债权债务合同的从合同。主债权债务合同无效的，保证合同无效，但是法律另有规定的除外。而且，值得注意的是，保证合同效力的从属性不因当事人的约定而排除，《担保制度司法解释》第 2 条第 1 款规定：“当事人在担保合同中约定担保合同的效力独立于主合同，或者约定担保人对主合同无效的法律后果承担担保责任，该有关担保独立性的约定无效。主合同有效的，有关担保独立性的约定无效不影响担保合同的效力；主合同无效的，人民法院应当认定担保合同无效，但是法律另有规定的除外。”

（2）因保证合同无效而免责

前已述及，保证合同可能会因保证人的资格和做出保证的程序不合法而无效。在保证合同无效的情况下，保证人可以免除保证责任。但需要注意的是，保证人虽然可以免除保证责任，但若保证人对保证合同无效具有过错的，需承担损害赔偿责任。《民法典》第 682 条第 2 款规定：“保证合同被确认无效后，债务人、保证人、债权人有过错的，应当根据其过错各自承担相应的民事责任。”《担保制度司法解释》第 17 条规定：“主合同有效而第三人提供的担保合同无效，人民法院应当区分不同情形确定担保人的赔偿责任：（一）债权人与担保人均有过错的，担保人承担的赔偿责任不应超过债务人不能清偿部分的二分之一；（二）担保人有过错而债权人无过错的，担保人对债务人不能清偿的部分承担赔偿责任；（三）债权人有过错而担保人无过错的，担保人不承担赔偿责任。主合同无效导致第三人提供的担保合同无效，担保人无过错的，不承担赔偿责任；担保人有过错的，其承担的赔偿责任不应超过债务人不能清偿部分的三分之一。"

（3）因主合同内容变更而免责

《民法典》第 695 条第 1 款规定："债权人和债务人未经保证人书面同意，协商变更主债权债务合同内容，减轻债务的，保证人仍对变更后的债务承担保证责任；加重债务的，保证人对加重的部分不承担保证责任。"在实践中，保证人对于主合同的变更行为的认可应具备一定的要式条件，即：以书面形式进行认可或有明确的证据证明保证人认可主合同变更的意思表示。在某银行郴州香雪路支行诉黄某红等金融借款合同案［（2015）湘高法民一终字第 7 号］中，湖南省高级人民法院认为：在某银行郴州香雪路支行与水电公司于 2006 年 10 月 11 日签订《人民币资金借款合同》的同一天，盘某才等四人与某银行郴州香雪路支行签订了相应的《保证合同》。2008 年 12 月 31 日，主合同的双方对借款期限进行了延长，故盘某才等四人认为该债务履行期限的延长未取得四人的同意，应当免除其保证责任，而某银行郴州香雪路支行则认为四人仍应按原《保证合同》约定的保证期限承担保证责任。从本案证据来看，盘某才等四人并未书面同意该债务履行期限延长，某银行郴州香雪路支行也无提供充分证据证明盘某才等四人有此意思表示，故本案应认定盘某才等四人并未同意上述债务履行期限延长。

（4）因主债权债务转移而免责

《民法典》第 696 条规定："债权人转让全部或者部分债权，未通知保证人的，该转让对保证人不发生效力。保证人与债权人约定禁止债权转让，债权人未经保证人书面同意转让债权的，保证人对受让人不再承担保证责任。"根据该规定，债权人转让债权必须通知保证人，保证人接到转让通知后才能继续承担保证责任。若未通知，保证人则无须承担保证责任。同时，保证人也可以与债权人约定仅对特定的债权人承担保证责任或者禁止债权转让等条款。当有如此约定时，若债权人转让债权未能征得保证人的书面同意的，则保证人不再承担保证责任。对此，《民法典》第547条第1款也作出了类似规定："债权人转让债权的，受让人取得与债权有关的从权利，但是该从权利专属于债权人自身的除外。"

《民法典》第697条第1款规定："债权人未经保证人书面同意，允许债务人转移全部或者部分债务，保证人对未经其同意转移的债务不再承担保证责任，但是债权人和保证人另有约定的除外。"不同于债权转让，债务转让若要保证人继续承担保证责任，必须经过保证人的书面同意，因为债务转让必然会影响保证人的权益，债务转让导致相应部分的债务人更换，而债务人的偿债能力会直接影响保证人的权益。债务人的责任承担能力，对于保证人是否会承担保证责任以及承担保证责任后追偿权能否实现，都有较大影响，因此法律作出了更为严格的规定。

（5）因超过保证期间而免责

这种情况是基于保证期间已经经过，因此予以免责。

（6）一般保证因债权人放弃物的保证而免责

《民法典》第698条规定："一般保证的保证人在主债务履行期限届满后，向债权人提供债务人可供执行财产的真实情况，债权人放弃或者怠于行使权利致使该财产不能被执行的，保证人在其提供可供执行财产的价值范围内不再承担保证责任。"

（7）抵销权或撤销权范围内的免责

《民法典》第702条规定："债务人对债权人享有抵销权或者撤销权的，保证人可以在相应范围内拒绝承担保证责任。"

（8）债权人过错导致的免责

《担保制度司法解释》第24条规定："债权人知道或者应当知道债务人破产，既未申报债权也未通知担保人，致使担保人不能预先行使追偿权的，担保人就该债权在破产程序中可能受偿的范围内免除担保责任，但是担保人因自身过错未行使追偿权的除外。"

5. 关于保证人追偿权的行使办案思路及要点

保证人的追偿权指的是保证人在承担保证责任后，可以向主债务人请求偿还的权利。《民法典》第700条规定："保证人承担保证责任后，除当事人另有约定外，有权在其承担保证责任的范围内向债务人追偿，享有债权人对债务人的权利，但是不得损害债权人的利益。"由此可以看出，保证人的追偿权，是基于保证人承担保证责任的事实以及法律规定产生的，属于新成立的权利。实践中，保证人在承担保证责任后行使追偿权的过程中，对下述问题应以特别注意：

（1）保证人的预先追偿权问题

根据《担保制度司法解释》第24条之规定，当债务人破产时，债权人未申报债权的，担保人可以预先行使追偿权。在实践中，应符合四个要件：一是债务人已进入破产还债程序；二是债权人未申报债权；三是尚在债权申报期内；四是申报债权参加破产分配。

（2）保证人的代位权和撤销权

根据《民法典》合同编第五章"合同的保全"的相关规定，在符合法定条件下，保证人可以行使代位权和撤销权。对于具体的行使方式及判断标准，详见本书第六章、第七章内容，此不赘述。

（3）追偿权的行使范围

根据《民法典》第700条之规定，对于追偿权的行使范围为保证人"承担保证责任的范围内"，一般以保证人实际承担的保证责任为依据向债权人进行追偿。代理律师须对保证人履行保证责任的证据进行收集、固定，常见的包括债权人出具的"代偿确认书"、"代偿说明"、"还款凭证"、人民法院出具的费用支付凭证、银行流水账单等内容。应予注意的是，在实务中，债务人与保证人往往会签订《委托担保合同》或其他形式的书面文件以确定双方权利义务关系，其中一般会将保证人履行保证责任视为债务人的违约行为，债务人需要承担包括但不限于违约金、利息等给保证人造成的损害赔偿等，对于这一部分请求利益，笔者认为并不属于保证人追偿权范围，而应当属于违约责任的范畴。在投资公司诉工艺品公司等追偿权案［（2014）台椒椒北商初字第00221号］中，台州市椒江区人民法院认为：（保证人与债务人约定的）违约金系委托担保合同中约定的一方出现违约事实后，另一方享有主张违约责任权利的内容，故违约金并不属于保证人追偿权的行使范围。

对于违约金、损失赔偿等诉求，在债务人不主动履行的情况下，保证人需要另行起诉解决，而不能向法院直接申请强制执行，这与追偿权的行使方式有所不同。

（4）追偿权的行使方式

在实务中，常见的追偿方式为保证人承担了保证责任后再另行向法院提起诉讼进行追偿，《民事案件案由规定》中亦有“追偿权纠纷”的单独规定，这也是许多律师在代理类似案件中通常采取的方式。但是，在最高人民法院（2013）民二终字第107号民事判决书中，最高人民法院认为保证人在承担了保证责任后可不另行起诉而直接向人民法院申请强制执行[①]。《人民法院办理执行案件规范》（第二版）第19条规定：“生效法律文书已确认担保人承担担保责任后可以向主债务人行使追偿权，担保人承担责任后直接向人民法院申请执行主债务人的，人民法院应当受理。”笔者认为，直接向法院申请强制执行来实现追偿权的方式需满足如下条件：（1）有在先生效判决确认保证人承担保证责任后可依法享有追偿权；（2）保证人实际代偿并能够举证证明；（3）保证人代偿的金额在判决确认的保证范围内。对于第1点内容无需另行收集证据证明，对于第2、3点则需要收集相关证据，向拟申请强制执行的法院予以证明。但实践中，如果判决中未明确保证人的追偿权，则法院很有可能会以判决中没有相应判项而拒绝受理保证人的强制执行申请，保证人需要另行起诉解决。

二、最高额保证合同纠纷的办案思路与实战技巧

《民法典》第690条规定：“保证人与债权人可以协商订立最高额保证的合同，约定在最高债权额限度内就一定期间连续发生的债权提供保证。最高额保证除适用本章规定外，参照适用本法第二编最高额抵押权的有关规定。”最高额保证合同是指保证人与债权人协商订立最高额保证的合同，约定在最高债权额限度内就一定期间连续发生的债权提供保证。由于签订最高额保证合同的担保方式进行金融借贷具有信贷资金数额大、资金周转期长、不必为

① 该案为笔者所代理的案件，基本信息详见关联案例5。

每笔借款分别进行担保等优点，借款人在贷款时常与银行签订最高额保证合同。在实务中，代理最高额保证合同纠纷案件与代理一般合同纠纷案件并无明显区别，但是，对于下述区别应当给予一定的注意：

1. 最高额保证合同中的“最高债权额”

《民法典》第420条第1款规定，为担保债务的履行，债务人或者第三人对一定期间内将要连续发生的债权提供担保财产的，债务人不履行到期债务或者发生当事人约定的实现抵押权的情形，抵押权人有权在最高债权额限度内就该担保财产优先受偿。可见，只要不超过合同约定的最高债权额，保证人就应当承担保证责任。对于“最高债权额”范围，根据《担保制度司法解释》第15条规定，包括主债权及其利息、违约金、损害赔偿金、保管担保财产的费用、实现债权或者实现担保物权的费用等在内的全部债权，但当事人另有约定的除外。

2. 最高额保证债权的确定

根据《民法典》第423条的规定，当发生如下情形时，最高额保证的债权确定：（1）约定的债权确定期间届满；（2）没有约定债权确定期间或者约定不明确，债权人或保证人自最高额保证设立之日起满二年后请求确定债权；（3）新的债权不可能发生；（4）债权人知道或者应当知道保证财产被查封、扣押；（5）债务人、保证人被宣告破产或者解散；（6）法律规定债权确定的其他情形。最高额保证所担保债权额的确定后，意味着最高额保证转变为普通保证。在债务人到期不履行债务时，债权人可以依照保证合同等相关规定行使其权利。

3. 最高额保证合同中的保证期间

从司法实践的情况看，多数情况下，当事人对于最高额保证的保证期间都有约定，根据意思自治原则，当事人对计算方式与起算点等有约定的，从其约定。但问题是，在没有约定或者约定不明确时，究竟是根据被担保的债权逐笔单独计算保证期间，还是统一计算保证期间，实践中曾经存在不同的观点。《担保制度司法解释》第30条第1款、第2款规定：“最高额保证合同对保证期间的计算方式、起算时间等有约定的，按照其约定。最高额保证合同对保证期间的计算方式、起算时间等没有约定或者约定不明，被担保债权的履行期限均已届满的，保证期间自债权确定之日起开始计算；被担保债权的履行期限尚未届满的，保证期间自最后到期债权的履行期限届满之日起开始计算。”

4. 最高额保证的诉讼时效

最高额保证合同作为担保合同的特殊类型该如何确定其诉讼时效呢？一种观点认为最高额保证合同的诉讼时效要等到决算日后统一计算，逐笔计算诉讼时效不符合最高额保证合同的特征；另一种观点认为最高额保证下可能发生多笔债务，每一笔债务的履行期又各不相同，因此，最高额保证下的每一笔主债务的诉讼时效应逐笔计算。

笔者认为，前述第一种观点忽略了最高额保证合同相较于各主债务合同的从属性地位，也不符合关于保证合同诉讼时效的法律规定，且因最高额保证项下的各笔主债务合同的诉讼时效系分别依各自的还款期限确定，如依第一种观点，势必出现主债务合同已超过诉讼时效，但保证责任尚未超过保证期间或未超过诉讼时效的情形，明显不利于保证人的权益，违背担保制度的立法精神。而第二种观点则符合最高额保证合同相对主债务合同的从属性法律特征，具有理论上的合理性，并符合法律的有关规定。在实践中，笔者认为，律师在代理复杂的最高额保证合同时应注意以下几点：一是认真解读最高额保证合同，对于其中最高债权额、决算期、保证期间等核心条款进行详细的分析、解读；二是严格审查主合同、委托担保合同、反担保合同等关联合同的签订及履行情况，收集相关证据，对于存在争议的纠纷结合合同的实际履行情况综合研判；三是对于最高额保证合同内发生的多笔债务进行严格的区分，必要时可采取制作表格的方式进行详细列明，对于其中涉及的债权余额、诉讼时效等分别计算；四是对于一些要式行为（如保证人行使合同终止权须以书面形式，且以送达的时间为终止时间），应收集明确的证据进行证明，不能收集的，可通过其他方式，如电子邮件、实际履行行为、默认等能够具有明确意思表示的证据进行证明。

三、多种担保方式并存的办案思路与实战技巧

1. 混合担保

对于多种担保方式并存情况下的清偿顺序问题，《民法典》第 392 条规定："被担保的债权既有物的担保又有人的担保的，债务人不履行到期债务或者发生当事人约定的实现担保物权的情形，债权人应当按照约定实现债权；没有约定或者约定不明确，债务人自己提供物的担保的，债权人应当先就该物的担保实现债权；第三人提供物的担保的，债权人可以就物的担保实现债权，也可以请求保证人承担保证责任。提供担保的第三人承担担保责任后，有权向债务人追偿。"

根据该规定内容，在没有约定或约定不明的情况下，债权人放弃对债务人自己提供的物保的，保证人有权在债权人放弃的债务人提供的物的担保范围内免予承担保证责任。债权人的放弃包括主动放弃（如出具"书面说明"等，或在起诉中放弃此项诉请）和消极放弃（如执行阶段放任不予执行等）。作为债权人的代理律师，一方面应积极向当事人建议就物的担保行使债权，另一方面，作为保证人的代理律师，则需要根据保证合同的约定及债权人对于债务人提供的物的担保的意思表示，综合确定代理思路并积极收集相关证据。

2. 共同保证

共同保证是指同一债务有两个以上保证人。如出现该情况，根据《民法典》第 699 条的规定，保证人应当按照保证合同约定的保证份额，承担保证责任；没有约定保证份额的，债权人可以请求任何一个保证人在其保证范围内承担保证责任。

在保证人之间约定相互追偿及分担份额的情况下，承担了保证责任的保证人有权请求其他保证人按照约定分担份额；如果保证人之间约定承担连带共同担保，或者约定相互追偿但是未约定分担份额的，对于向债务人不能追偿的部分，各保证人应按照比例分担。

如果保证人之间未对相互追偿作出约定且未约定承担连带共同担保，但是各保证人在同一份合同书上签字、盖章或者按指印，承担了保证责任的保

证人有权请求其他保证人按照比例分担向债务人不能追偿部分。

除前两款规定的情形外，承担了保证责任的保证人请求其他保证人分担向债务人不能追偿部分的，依据《担保制度司法解释》第13条的规定人民法院不予支持。

关联案例1

案件名称：建设公司与矿山公司、某银行广东省分行保函欺诈案

案　　号：广东省广州市中级人民法院（2021）粤01民终14015号

裁判观点：保函虽然载明自开具人法定代表人（或其授权代理人）签字并加盖公章之日起生效，但又约定担保有效期自预付款支付给承包人起生效，应视为双方为保函生效设置了事件，保函应当自收到预付款后才生效。

关联案例2

案件名称：科技公司与实业公司等买卖合同案

案　　号：浙江省绍兴市中级人民法院（2022）浙06民终549号

裁判观点：保证条款约定，“未按本协议约定内容切实履行其付款义务的，其自愿为乙方履行上述货款义务提供担保”，该表述应理解为债务人不履行债务或未偿还债务的情形才承担担保责任，根据《担保制度司法解释》第25条第2款的规定，认定保证人提供的保证方式为连带责任保证。

关联案例3

案件名称：某银行郴州香雪路支行诉黄某红等金融借款合同案

案　　号：湖南省高级人民法院（2015）湘高法民一终字第7号

裁判观点：主合同的双方对借款期限进行了延长，在保证人并未书面同意该债务履行期限延长的情况下，应认定保证人并未同意债务履行期限延长。

关联案例4

案件名称：投资公司诉工艺品公司等追偿权案

案　　号：浙江省台州市椒江区人民法院（2014）台椒椒北商初字第00221号

裁判观点：违约金系委托担保合同中约定的一方出现违约事实后，另一方享有主张违约责任权利的内容，故违约金并不属于保证人追偿权的行使范围。

关联案例5

案件名称：供热公司与物产公司追偿权案

裁判观点：经法院生效判决确认存在借款关系及保证担保的事实，并确认保证人在承担保证责任后享有追偿权的。保证人有证据证明向债权人履行了代偿义务后，可直接向享有管辖权的人民法院申请执行，无须另行起诉向债务人行使追偿权。

第三节　典型案例精析

案例 1：谭某伟、黄某宁等民间借贷案[①]

裁判要旨

保证合同被确认无效后，债务人、保证人、债权人有过错的，应当根据其过错各自承担相应的民事责任，保证人有过错的，其承担的赔偿责任不应超过债务人不能清偿部分的三分之一。

案情简介

2021 年 1 月 7 日，被告黄某宁向原告谭某伟借款 200000 元，并向原告出具了借条，被告陈某为此提供担保，借条载明“今借到谭某伟现金 200000 元，期限为三个月，月利率为 10‰，即每月付利息 2000 元。请汇入历某军账号，后四位数为 9069，邮政银行”。黄某宁在借条借款人处签名，陈某在借条担保人处签名，借条上注明付款方式为现金付给黄某宁 32166 元，转账汇入历某军 167834 元。次日，原告谭某伟按约通过银行转账的方式转给历某军 167834 元，给付被告黄某宁现金 32166 元。原告谭某伟借款给被告黄某宁的本金 200000 元，来源于原告的银行贷款。二审期间法院查明，陈某明知谭某伟借给黄某宁的 200000 元是来源于银行贷款。

谭某伟向一审法院起诉请求：一、判令被告黄某宁归还原告借款本金 200000 元，从 2021 年 1 月 7 日起至 2021 年 9 月 7 日之间的借款利息 16000 元，并按月利率 1‰支付利息至清偿本金之日止；二、判令被告陈某对上述借款本息承担保证责任；三、本案诉讼费由被告承担。

---

① 一审：湖南省蓝山县人民法院（2021）湘 1127 民初 1796 号；二审：湖南省永州市中级人民法院（2022）湘 11 民终 906 号。

法院裁决

一审法院湖南省蓝山县人民法院经审理后认为：原告谭某伟借款给被告黄某宁的本金200000元，系原告从银行贷款后再转贷给被告黄某宁，属于套取金融机构贷款转贷的行为，故原告谭某伟与被告黄某宁签订的借款合同无效。合同无效，因该合同取得的财产，应当予以返还，现原告请求被告黄某宁归还本金200000元，本院予以支持。因转贷合同无效，合同中约定的利率条款当然无效，因此，原告请求被告黄某宁给付利息的请求，不予支持，另根据《民法典》第157条的规定，酌情支持由被告黄某宁赔偿原告经济损失7000元。关于被告陈某为被告黄某宁的涉案借款提供担保，系主合同（即借款合同）的从合同，主合同无效的，从合同无效，且被告陈某并无过错，原告也未提交证据证明被告陈某存在过错，因此，原告请求被告陈某承担责任，不予支持。据此判决：一、由被告黄某宁于本判决生效后十日内返还原告谭某伟本金200000元；二、由被告黄某宁于本判决生效后十日内赔偿原告谭某伟经济损失7000元；三、驳回原告谭某伟的其他诉讼请求。

一审判决后，谭某伟提起上诉。二审法院湖南省永州市中级人民法院经审理后，另行查明被上诉人陈某明知谭某伟借给黄某宁的200000元是来源于银行贷款。二审法院认为：本案借款来源于银行的贷款，故借款合同无效，保证合同也无效。根据上诉人谭某伟提交的现场录音可知，本案借款发生时，被上诉人陈某是在明知本案20万元的借款来源于烟草贷的情况下，在借条的担保人处签字提供保证的，因此可以认定被上诉人陈某有过错。据此改判：一、维持湖南省蓝山县人民法院（2021）湘1127民初1796号民事判决第（一）项和第（二）项；二、撤销湖南省蓝山县人民法院（2021）湘1127民初1796号民事判决第（三）项；三、被上诉人陈某承担被上诉人黄某宁200000元借款中不能清偿部分三分之一的赔偿责任；四、驳回上诉人谭某伟的其他诉讼请求。

律师评析

本案系一起因主合同无效导致保证合同无效的案件，核心问题为保证合同被确认无效后各方责任承担问题。结合案件情况，笔者认为本案应注意如下问题：

1. 保证合同的效力问题

办理保证合同纠纷，第一步就需要判断保证合同的效力。本案中，陈某在借条担保人处签名，因此，其与谭某伟之间成立保证合同关系。但是，根据查明的事实，原告谭某伟借款给被告黄某宁的本金200000元，系原告从银行贷款后再转贷给被告黄某宁，属于套取金融机构贷款转贷的行为。根据《最高人民法院关于审理民间借贷案件适用法律若干问题的规定》第13条第1项“套取金融机构贷款转贷的，应当认定民间借贷合同无效”之规定，可以认定本案的借款合同无效。在主合同无效的情况下，根据《民法典》第682条第1款“保证合同是主债权债务合同的从合同。主债权债务合同无效的，保证合同无效，但是法律另有规定的除外”之规定，作为从属于借款合同的保证合同亦无效。

2. 合同无效的后果问题

《民法典》第157条规定：“民事法律行为无效、被撤销或者确定不发生效力后，行为人因该行为取得的财产，应当予以返还；不能返还或者没有必要返还的，应当折价补偿。有过错的一方应当赔偿对方由此所受到的损失；各方都有过错的，应当各自承担相应的责任。法律另有规定的，依照其规定。”该条是关于合同无效后法律后果的规定，据此，本案借款合同无效后，产生自始无效的效果，原告要求支付利息没有法律依据，但黄某宁应当归还本金200000元，并酌情判决黄某宁赔偿损失7000元。

就保证合同无效的后果而言，《民法典》第682条第2款规定：“保证合同被确认无效后，债务人、保证人、债权人有过错的，应当根据其过错各自承担相应的民事责任。”因此，陈某作为保证人是否要承担责任，取决于其是否存在过错。本案中，债权人谭某伟向人民法院提交了相关证据，证明在借款发生时，保证人陈某是在明知本案20万元的借款来源于银行贷款的前提下提供担保，因此可以认定保证人陈某对于主合同及保证合同的无效主观上存在过错。根据《民法典》第682条第2款及《担保制度司法解释》第17条第2款的规定，保证人陈某应当承担赔偿责任，但承担的赔偿责任不应超过债务人黄某宁不能清偿部分的三分之一。

可以看出，本案的法律规定适用较为明确，能够比较清晰地认定保证人存在主观过错，一方面得益于债权人举证充分，另一方面也是因为保证人是自然人的情况下证明条件相对简单。如果本案的保证人换为公司或其他单位主体，则需要在签署保证合同时给予更多的注意，对签署人身份、职权、权力机构决议程序、文件等进行充分的审查，避免被认定为主观存在恶意导致保证合同无效或无法主张赔偿责任。

案例2：投资公司、陈某明等保证合同案[①]

裁判要旨

债权人请求新贷的担保人承担担保责任的，新贷与旧贷的担保人不同，或者旧贷无担保新贷有担保的，人民法院不予支持，但是债权人有证据证明新贷的担保人提供担保时对以新贷偿还旧贷的事实知道或者应当知道的除外。对于担保人的主观状态，债权人负有举证责任。

案情简介

2016年12月7日，投资公司与T公司签订了五份《资金拆借合同》，借款金额依次为：150万元、150万元、150万元、150万元、100万元，总计700万元，借款期限均为1年，自2016年12月7日起至2017年12月6日止，借款年利率3%。为担保上述债务履行，施某春、胡某民与投资公司签订了一份《保证协议》，陈某明、肖某连与投资公司签订了一份《保证协议》，担保公司与投资公司签订了一份《保证协议》，上述保证协议均约定：保证人同意为T公司上述借款提供连带保证责任，保证期间为主合同项下债务履行期限届满之日起二年。协议签订当天，投资公司通过银行分别向T公司转账了150万元、150万元、150万元、150万元及100万元，共计700万元。T公司于2016年12月7日收到投资公司的700万元转账后转给了该公司名下另一个账户全部用于偿还之前欠付投资公司的贷款。2017年12月6

① 一审：长沙市雨花区人民法院（2021）湘0111民初1385号；二审：湖南省长沙市中级人民法院（2021）湘01民终12500号。

日，约定的借款期限届满后，T公司未按约定归还借款。

投资公司成立于2011年9月15日，注册资本为5800万元。T公司系投资公司的股东，认缴出资700万元，已于2013年8月27日实缴到位。T公司成立于2004年3月1日，原股东系施某春、胡某民，2015年7月21日，T公司股东变更为陈某明、肖某连，同时法定代表人由施某春变更为陈某明。但施某春、胡某民均表示陈某明、肖某连仅是代持股权，T公司实际由施某春控制，陈某明、肖某连并未参与相关交易。投资公司与T公司自2013年起即存在借贷关系。

2019年11月19日，投资公司曾以相同事由起诉陈某明、肖某连、胡某民、施某春及担保公司，后，投资公司于2020年11月24日撤回起诉。2021年1月15日，投资公司再次起诉，要求承担保证责任。

法院裁决

一审法院长沙市雨花区人民法院经审理后认为：该案争议点为保证期间、各保证人的保证责任承担及相应保证责任中相应金额的计算问题。

1. 关于保证期限的问题

该案投资公司于2019年11月19日向一审法院提交民事起诉状时，未超出该案各被告签订的保证合同约定的保证期间，其撤诉后于2021年1月15日再次起诉，虽已超出保证期间，但因担保公司已于2019年11月19日向法院提交诉状主张权利，故保证期间当时不再计算，转而计算保证合同的诉讼时效，因担保公司第二次起诉时未超过诉讼时效期间，故该案担保公司可以向保证人主张保证权利。

2. 关于各保证人的保证责任承担问题

陈某明、肖某连虽在保证协议上进行了签字，但综合全案证据及查明的事实，其并不知晓相应借款系用于归还旧贷，在此情况下，要求陈某明、肖某连承担相应保证责任将显失公平。

3. 关于本金、利息及逾期还款违约金的计算问题

该案T公司欠担保公司借款合同约定为年利率3%，一审法院予以确认。据此判决如下：一、施某春、胡某民、担保公司于该判决生效之日起十日内向投资公司支付本金 700 万元、利息 21 万元、逾期还款违约金 360500 元，并支付逾期利息（以 700 万元本金为基数，自 2017 年 12 月 7 日起按年利率 3%计算至实际清偿之日止）；二、驳回投资公司的其他诉讼请求。

一审判决后，投资公司提起上诉。湖南省长沙市中级人民法院认为：本案借贷系以新贷偿还旧贷与事实相符；担保公司对陈某明、肖某连提供担保时对以新贷偿还旧贷的事实知道或者应当知道应承担举证责任。担保公司提交的证据不足以证明陈某明、肖某连知道或应当知道案涉借款系以新贷偿还旧贷。陈某明、肖某连知道或应当知道案涉借款系以新贷偿还旧贷的事实，处于真伪不明的状态，担保公司依法应承担结果意义上的举证不利责任。遂判决：驳回上诉，维持原判。

律师评析

本案系一起涉及在“以新贷还旧贷”的情况下，保证人是否应当承担保证责任的案件，有以下几个问题应着重注意：

1. 保证期限的问题

《民法典》第 694 条第 2 款规定：“连带责任保证的债权人在保证期间届满前请求保证人承担保证责任的，从债权人请求保证人承担保证责任之日起，开始计算保证债务的诉讼时效。”《担保制度司法解释》第 31 条第 2 款规定：“连带责任保证的债权人在保证期间内对保证人提起诉讼或者申请仲裁后，又撤回起诉或者仲裁申请，起诉状副本或者仲裁申请书副本已经送达保证人的，人民法院应当认定债权人已经在保证期间内向保证人行使了权利。”本案中，投资公司于 2019 年 11 月 19 日向一审法院提交民事起诉状时，未超出该案各被告签订的保证合同约定的保证期间，其撤诉后于 2021 年 1 月 15 日再次起诉，虽已超出保证期间，但因投资公司已于 2019 年 11 月 19 日向法院提交诉状主张权利，故保证期间当时不再计算，转而计算保证合同的诉讼时效，因投资公司第二次起诉时未超过诉讼时效期间，故该案投资公司可以向保证人主张保证权利。

2. “以新贷还旧贷”的情况下，保证人的责任问题

《担保制度司法解释》第 16 条第 1 款规定：“主合同当事人协议以新贷

偿还旧贷，债权人请求旧贷的担保人承担担保责任的，人民法院不予支持；债权人请求新贷的担保人承担担保责任的，按照下列情形处理：（一）新贷与旧贷的担保人相同的，人民法院应予支持；（二）新贷与旧贷的担保人不同，或者旧贷无担保新贷有担保的，人民法院不予支持，但是债权人有证据证明新贷的担保人提供担保时对以新贷偿还旧贷的事实知道或者应当知道的除外。”根据该规定，笔者认为可做以下几类划分：

（1）新贷与旧贷保证人为同一人。此种情况下，无论保证人是否知情，均需承担保证责任。其原因在于，在新、旧贷保证人为同一人的情况下，保证人需要对两笔债务承担保证责任，即便在保证人不知情的情况下，主合同双方以新贷偿还了旧贷，保证人承担保证责任的债务总额并未发生明显变化，保证责任和风险并未明显加重，在此情况下保证人继续承担保证责任并未违反公平原则。但是，如旧贷的保证期间已届满或存在其他明显加重保证人保证责任和风险情形的，则需根据具体情况另行确定是否承担保证责任。

（2）新贷与旧贷担保人不为同一人（或者旧贷无担保新贷有担保）。分为两种情形：一是有证据证明新贷保证人知道或应当知道以新贷还旧贷的事实而提供担保的，保证人应继续承担保证责任。此种情况下，由于保证人对于债务履行的情况明知，不存在违背保证人真实意思表示的情形，保证人应继续承担保证责任。二是新贷保证人不知道或不应知道以新贷还旧贷而提供担保的，保证人不应继续承担保证责任。通常在此情况下，一般存在主债权债务合同双方恶意串通的情况，主观上违背了保证人的真实意思表示，客观上加重了保证人保证责任和风险，因此保证人不应当继续承担保证责任。

另外，本案还值得注意的是关于举证责任分配问题。根据《担保制度司法解释》第16条第1款的规定，债权人负有证明保证人在提供担保时对以新贷偿还旧贷的事实知道或者应当知道的举证责任，如举证不能则应承担因此所造成的不利后果。在本案中，投资公司对陈某明、肖某连提供担保时对以新贷偿还旧贷的事实知道或者应当知道应承担举证责任。但投资公司提交的证据不足以证明陈某明、肖某连知道或应当知道案涉借款系以新贷偿还旧贷，导致该事实处于真伪不明的状态，投资公司应承担举证不能的责任。因此，对于投资公司有关陈某明、肖某连承担连带保证责任的诉讼请求，法院不予支持。

第六章　租赁合同纠纷[①]

第一节　理论概述与实务指引

租赁合同是日常生活中较为常见的一类合同，尤其是房屋租赁更是与日常生活密不可分，租赁合同纠纷也是律师办案实务中非常多的一类案件。租赁合同纠纷，是指出租人、承租人在订立、履行、变更、解除及终止租赁合同过程中，发生的权利义务争议。鉴于本书下篇第七章将专门探讨融资租赁合同纠纷，因此本章中对融资租赁合同纠纷不做专门探讨。

一、租赁合同的概念

根据《民法典》第 703 条之规定，租赁合同是出租人将租赁物交付承租人使用、收益，承租人支付租金的合同。出租并交付租赁物的一方为出租人，使用租赁物并支付租金的一方为承租人。租赁合同中，出租人交付符合约定的租赁物与承租人如约支付租金构成对价。

二、租赁合同的特征

1. 租赁合同的核心是转让财产使用权

租赁合同中，承租人使用、收益租赁物，承租人所取得的、出租人所转移的，是租赁物的使用权和部分收益权，而非所有权，这是租赁合同与买卖合同最本质的区别。买卖合同中，出卖人转移的是标的物的所有权。

---

① 本章作者周隆君。

2. 租赁合同为双务、有偿合同

在租赁合同中，出租人将租赁物交由承租人占有、使用、收益，承租人支付相应的租金，二者之间存在对价关系。租赁合同的有偿性是其区别于借用合同的重要特征，因为在借用合同关系中，借用人一般无须支付对价。

3. 租赁合同具有持续性和期限性

租赁合同的核心内容是承租人在一定的期限内（租期）持续性地占有、使用租赁物，合同双方当事人在租期内持续履行各自义务，而非一次性给付。此外，租赁合同还具有期限性，具体体现为租赁期限最长不超过 20 年（《民法典》第 705 条）。当然，在租赁期满后，若双方仍愿意继续租赁的，可以续租，只要续租的期限不超过 20 年即可。

三、租赁合同当事人的主要义务

租赁合同中出租人的主要权利为收取租金的权利，承租人的主要权利为占有、使用、收益租赁物的权利。而基于租赁合同的特点，出租人和承租人在承担的义务方面也有着与其他合同不同的地方。

1. 出租人的义务

（1）依约交付租赁物

出租人依约交付租赁物是出租人的主要义务，亦可称为根本性义务，包括两层含义：一是依约将租赁物交给承租人占有，二是要符合约定的用途。《民法典》第 708 条规定："出租人应当按照约定将租赁物交付承租人，并在租赁期限内保持租赁物符合约定的用途。"租赁合同成立之前，租赁物已由承租人直接占有的，合同成立之时即为交付之时。出租人未按照约定的条件、时间交付租赁物的，可能构成违约。根据承租人的主张，要么解除合同，要么继续履行合同，除具有免责事由外，还应当承担赔偿损失等违约责任。

（2）租赁物的维修义务

租赁物的维修义务，是指租赁物毁损，导致不适合于约定的使用、收益的状态时，出租人应予以修复的义务。出租人修复租赁物的目的主要有两点：一是出租人承担着交付适于使用、收益租赁物的义务；二是出租人作为租赁物的所有权人或者其他用益物权人，修复租赁物是为了更合适对物加以保存，同时使物的效用能最大限度地发挥。

租赁物的维修以可修复为前提。租赁物经过维修能达到合同约定的使用要求的，出租人在接到承租人需要维修的通知后积极地响应，并将维修后的租赁物及时交付承租人使用；如果租赁物已经不能修复，或者经过维修后租赁物不能达到约定的使用要求时，双方可以变更甚至解除租赁合同。租赁物修复的范围限于出租人交付的租赁物，不应包括承租人增设的他物。因维修租赁物影响承租人使用的，承租人可以要求相应地减少租金或延长租期。

租赁物需要维修的，承租人可以通知出租人并要求其进行维修，若在合理期限内出租人怠于履行维修义务的，承租人可以自行维修，维修费用由出租人承担，若由于出租人怠于维修导致租赁物灭失、损毁或者危及承租人安全或健康的，承租人还可以解除合同。

（3）租赁物的瑕疵担保义务

承租人充分使用、收益租赁物的前提之一，是出租人确保交付的租赁物无瑕疵。出租人的瑕疵担保义务包括两个方面，一是物的瑕疵担保，即租赁物本身作为物应符合合同约定的使用、收益目的；二是权利瑕疵担保，即第三人不能阻碍承租人使用、收益租赁物。但是，租赁合同签署前，承租人对租赁物的瑕疵已经知晓的除外。需要注意的是，根据《民法典》第 731 条规定，租赁物危及承租人的安全或者健康的，即使承租人订立合同时明知该租赁物质量不合格，承租人仍然可以随时解除合同。

（4）偿还费用的义务

此处费用，是指承租人为维持租赁物、增加租赁物的价值而支出的金钱、实物，主要包括必要费用、有益费用和奢侈费用①。我国法律未就费用作出明确而详细的规定，依据《民法典》第 713 条规定，出租人未履行维修义务的，承租人可以自行维修，维修费用由出租人负担。笔者认为，对此处的费用定义应作出限缩性解释，仅指必要费用和有益费用。也就是说，如果承租人为了实现租赁物的舒适、美观等目的而进行维修，出租人可以拒绝支

① 崔建远：《合同法》（第 2 版），北京大学出版社 2013 年版，第 497 页。

付，除非在维修之前承租人就维修的目的及程度获得出租人的许可。

2. 承租人的义务

（1）支付租金的义务

承租人支付租金的义务与出租人交付租赁物的义务，在合同履行过程中的重要地位可以画等号。根据《民法典》第721条之规定，承租人应当按照约定的期限支付租金。对支付租金的期限没有约定或者约定不明确，依据本法第510条的规定仍不能确定，租赁期限不满一年的，应当在租赁期限届满时支付；租赁期限一年以上的，应当在每届满一年时支付，剩余期限不满一年的，应当在租赁期限届满时支付。此处的承租人可以是一人，也可以是数人。承租人为数人的，其相互之间关于租金的承担约定仅具有内部效力，不影响出租人向所有承租人或者承租人之一主张权利。《民法典》第722条规定："承租人无正当理由未支付或者迟延支付租金的，出租人可以请求承租人在合理期限内支付；承租人逾期不支付的，出租人可以解除合同。"

实践中还需要特别注意的是，在租赁合同履行过程中，承租人往往会以出租人违约为由而拒付租金。对此，除非当事人在合同中有明确约定，否则，法院一般不予支持。在汪某泽、实业公司租赁合同案［（2021）辽民申9058号］中，辽宁省高级人民法院认为：如再承租人认为出租人有违约行为且对其造成损失，应及时提起诉讼主张自己的权利，而不应以拒交租金的方式消极对抗。在何某明与徐某生房屋租赁合同纠纷案［（2020）吉民申1631号］中，吉林省高级人民法院认为：根据租赁双方提供的证据以及庭审查明的事实可以认定，租赁房屋在使用中存在漏水的问题，影响了承租人何某明的正常使用和经营。对于出现漏水的情形，徐某生作为出租人负有法律规定的维修义务。在何某明发现房屋漏水并要求其进行维修时，未能进行维修，其行为已经违反法律规定。但同时，对于房屋漏水问题，何某明完全可以选择自行维修或通过其他方式解决，不按约支付租金的行为也违反了合同的约定。

（2）按照约定用途使用租赁物

根据《民法典》第709条、第711条之规定，承租人应当按照约定的方法使用租赁物，未按照约定的方法或者未根据租赁物的性质使用租赁物，致使租赁物受到损失的，出租人可以解除合同并请求赔偿损失。

（3）租赁物的保管义务及附随义务

《民法典》第714条规定："承租人应当妥善保管租赁物，因保管不善造成租赁物毁损、灭失的，应当承担赔偿责任。"承租人妥善地保管租赁物，不仅有利于其实现合同目的，获得利益，而且有利于充分发挥物的效用。此处妥善保管租赁物，可以理解为尽量保持租赁物的原状、发挥租赁物的原有用途。

保管租赁物的附随义务，是指承租人还应当担负通知义务和容忍义务。通知义务体现在《民法典》第713条、第723条的规定之中，当租赁物出现需要维修的情形时，承租人应当及时地通知出租人以避免损失的进一步扩大；第三人对租赁物主张权利的，承租人亦应当及时通知出租人。容忍义务，主要是指当租赁物需要维修时，承租人应当允许并积极配合。但承租人因此而遭受的损失，可以要求出租人减少租金或者延长租期。

（4）返还租赁物的义务

租赁合同的期间届满或者出现解除情形时，承租人应当返还租赁物。承租人返还的租赁物可以有以下两种状态：

①返还的租赁物为原物。这里的原物，不是指与租赁合同开始时的租赁物保持完全相同状态的原物，而只是正常使用、收益后的自然状态的原物（《民法典》第733条），如存在于正常使用、收益过程中造成正常的磨损等，仍属保持其原状①。在丘某瑛、方某华房屋租赁合同案［（2022）粤01民终674号］中，广州市中级人民法院认为：由于合理使用租赁物是承租人的应有权利，在使用租赁物期间必然导致租赁物的损耗，租赁物的合理损耗是租赁物被使用的正常结果，且租赁合同约定的租金中实际已包含了租赁物合理损耗的价值。本案中，涉案房屋门锁密码功能无法使用以及沙发、窗帘遗留宠物毛发、破损现象，在无充分证据证实系方某华人为因素故意损坏或存在不当使用行为的情况下，应当认定为合理损耗，由此产生的门锁维修费及清洁消毒费均不属于《房屋租赁合同》中约定的"违约造成的经济损

---

① 崔建远主编：《合同法》（第5版），法律出版社2010年版，第432页。

失”。此外，若承租人未经出租人同意对租赁物改善或者增设他物，出租人要求恢复原状的，承租人应当将租赁物恢复原状后进行返还。

②返还添加了增设物后的租赁物。《民法典》第 715 条第 1 款规定：“承租人经出租人同意，可以对租赁物进行改善或者增设他物。”根据《最高人民法院关于审理城镇房屋租赁合同纠纷案件具体应用法律若干问题的解释》（以下简称《租赁合同纠纷司法解释》）第 9 条、第 10 条之规定，出租人同意增设的他物，因合同期限届满终止的，除双方另有约定外，出租人无需支付相应费用。合同因解除而终止权利义务的，分情况进行处理：因出租人违约导致合同解除，承租人请求出租人赔偿剩余租赁期内装饰装修残值损失的，应予支持；因承租人违约导致合同解除，承租人请求出租人赔偿剩余租赁期内装饰装修残值损失的，不予支持。但出租人同意利用的，应在利用价值范围内予以适当补偿；因双方违约导致合同解除，剩余租赁期内的装饰装修残值损失，由双方根据各自的过错承担相应的责任；因不可归责于双方的事由导致合同解除的，剩余租赁期内的装饰装修残值损失，由双方按照公平原则分担。法律另有规定的，适用其规定。

此外，实践中还需注意的是：返还租赁物虽是承租人的义务，但出租人也应当及时向承租人主张返还，而不应置之不理。否则，法院会认为出租方对于扩大损失存在过错，对于逾期返还期间的占用费予以降低。在工程公司、翟某展等租赁合同案［（2020）豫民申 8222 号］中，河南省高级人民法院认为：在租赁合同期限届满后，承租人应当依法积极履行返还租赁物的义务，因承租人原因导致租赁物毁损灭失的，还应当依法赔偿出租人的损失；出租人也要依法及时合理地主张权利。在建材公司与建设公司租赁合同案［（2021）京民申 2811 号］中，北京市高级人民法院认为：结合租赁物超期租赁达到数百天之久，建材公司没有提供证据证明其曾经向建设公司及时清点租赁物、结算租金，或是主张退还租赁物等情形，认定建材公司客观上造成了损失的扩大并无不当。

第二节 办案思路与实战技巧

如上文所述，依据《民法典》第 703 条之规定，租赁合同的主要内容是出租人让渡租赁物的占有、使用、收益权，承租人支付租金的合同。因此，租赁合同涉及的纠纷多是因租赁物的交付、租金支付、租赁物的维修、改善或者增设他物、租赁物的转租、租赁期限、租赁物到期返还等问题而产生。

结合办案经验，笔者认为，律师在代理租赁合同纠纷案件时，首先应当判断租赁合同是否成立并生效。其次应当根据当事人的陈述和提供的资料确定双方的争议焦点。最后根据相关的法律规定和裁判规则来审查证据材料，并进一步论证己方主张的可支持程度和风险。因此，代理租赁合同纠纷的案件时，除应遵循合同纠纷的一般代理思路和要点以外，还应重点关注租赁物的适租性、租赁合同履行过程中的添附行为、租赁物毁损灭失等特殊性问题。下面，笔者将按照这一逻辑顺序分别予以论述。

一、以租赁物的适租性为核心全面考量租赁合同的有效性

1. 判断的法律依据

律师从实务角度考量租赁合同的有效性也即效力问题时，应该依据《民法典》中关于合同效力问题的规定进行判断。当然，其他法律法规如果存在关于合同效力问题的一般性规定，也同样适用于租赁合同，但是一般不应以地方法规或行政规章作为确认合同无效的法律依据。

2. 合同主体考察

在租赁合同的双方或几方当事人中，出租人一般应享有租赁物的所有权。除租赁物的所有权人作为出租人以外，其他主体如以出租人身份出现在租赁法律关系中时，则应判断其是否有权将租赁物的使用权、收益权进行转让给承租人。若具有出租权，则其可以成为租赁法律关系中适格的出租人，反之则不能作为出租人。

3. 租赁物的适租性问题

按照合同有效的一般要件要求来判断，租赁合同要成立生效，租赁物应该具备合法性、确定性、存在性、可转移占有性等基本特征，同时租赁物还不能属于国家法律法规规定的禁止或限制交易流通物。比如：依附于一定主体的资格证、工商、税务、卫生防疫等证照，均与其所依附的主体身份和资质密切相关，需依法律、行政法规的规定依法取得，该类物则不可成为租赁物。因此，出租营业执照、税务登记证、资格证等证照的租赁合同会因违反法律法规的强制性规定而被认定为无效合同。此外，租赁物的合法性如果存在瑕疵或不合法，也会影响到租赁合同的效力。例如在房屋租赁合同中，以违法建筑物或构筑物作为租赁物签订租赁合同的，该合同应该被认定为无效。

但我们也注意到，实践当中对于判定合同无效的标准和情形，人民法院掌握得越来越严格，主要是考虑鼓励交易和维持交易稳定性等因素。所以，我们以租赁物的适租性来判断租赁合同效力时也要注意这些趋势和一些特别规定。例如，《租赁合同纠纷司法解释》第 2 条规定："在一审法庭辩论终结前取得建设工程规划许可证或者经主管部门批准建设的，人民法院应当认定有效。"

综上，在考量租赁合同的效力问题时，应该依据一般法律规定从合同的主体、内容、客体等方面作出一般判断。除此以外，还应该以租赁物的适租性，从其合法性、确定性等因素，对租赁合同是否有效作出全面判断。

二、将租赁期限作为重点因素以厘清权利义务关系

租赁合同当事人约定的租赁期限一般也是租赁合同的有效存续期限，租赁期限届满后，租赁合同即因履行完毕而自然终止，当事人之间的权利义务关系也自然终止。因此，租赁期限决定着承租人有权使用租赁物的期限，决定着承租人向出租人返还租赁物的时间，决定着承租人的租金支付期间，也决定着租赁物维修义务等与租赁关系各方当事人权利义务密切相关的重要事项。正是基于此，因为租赁期限产生的纠纷，或者是与租赁期限有关的纠纷数量也相对较多，律师从实务角度处理租赁合同纠纷时也应该判断租赁期

限，并据此分析当事人的权利义务和责任。

租赁期限属于租赁合同的重要、核心条款，合同中一般会对此予以明确约定。但是，当租赁合同当事人对于租赁期限未约定，或约定不明，或经过补充协议、按合同其他条款和交易习惯仍不能确定时，则应认定为不定期租赁合同。与此类似的还有，租期六个月以上未订立书面租赁合同的；租赁期限届满后，承租人继续使用租赁物，出租人未提出异议等，这些情形均应认定为不定期租赁。在此情形下，当事人可随时解除租赁合同。此外，在审查租赁期限时还应注意法律对租赁期限的限制，《民法典》第 705 条第 1 款规定："租赁期限不得超过二十年。超过二十年的，超过部分无效。"由此可见，如果合同各方当事人订立了租赁期限超过 20 年的租赁合同，该合同仍然部分有效，只是超过 20 年的部分无效。

除上述一般情况的考量外，律师在办案过程中还应注意当事人对于租赁期限的一种特殊约定情形，即当事人一方面约定了固定的租赁期限，另一方面又约定租赁期限届满后双方自动续期若干时间。对于此种情形，代理律师不能当然认定为租赁期限的合并计算，也不能当然认定为应当续签租赁合同，应区分以下两种情况对待：1. 如果租赁合同当事人约定的自动续期未附加任何条件，则该自动续期时长应与租赁合同约定的租赁期限合并计算，20 年之内的有效，超出部分应该被认定为无效；2. 如果合同当事人对于自动续期的租赁期限附加了相关条件，如租赁期限届满后双方应另行签署租赁协议或其他相关条件，则不能当然认为租赁期限会自动被延长或续期，一方当事人仍有不予续签或在条件未成就时放弃续期的权利。

在冯某国与水电公司租赁合同纠纷案［（2014）民一终字第 33 号］中，当事人约定了租赁合同到期后，双方应清理合同履行情况，如符合条件则合同自动延期 5 年。对此，最高人民法院在二审判决中认为：在《租赁合同》到期自动延期 5 年的情况下，水电公司未与冯某国续签合同是否构成违约需要对《租赁合同》第 9 条"本合同规定的租赁期届满前 30 日内，双方清理合同履行情况。乙方（即冯某国）在承包期内认真履行本合同规定条款，本合同自动延期 5 年。双方届时续签合同"的约定进行解释，即考察在《租赁合同》到期后，水电公司是否在不需要经过缔约磋商的情况下负担同冯某国续签租赁合同的义务，并在此基础上考察水电公司是否构成违约。对此，首先，从《租赁合同》所使用的语句来看，如果冯某国与水电公司欲在合同到期后不需要磋商即将合同延期 5 年，且水电公司负担续签合同义务，则双方当事人无异于签订了一个十年期的租赁合同，对此应使用的语句为十年租赁期间，而非现在所使用的五年租赁期间。其次，《租赁合同》第 9 条明确约定，在合同延期、续签合同之前，冯某国与水电公司需要在租赁合同届满前 30 日内清理合同履行情况，这说明该条已经明确了冯某国与水电公司尚需要在续签合同之前进一步加以磋商，并在磋商的基础上决定是否续签合同。而冯某国关于合同到期后自动延期 5 年、水电公司负担续签合同义务的主张，不能成立。

三、从租金支付情况审查租赁合同履行情况

承租人对租赁物享有使用、受益权，应向出租人支付相应对价即租金，支付租金是承租人应该履行的一项主要合同义务。在租金数额、支付方式有明确约定时，承租人应按照合同约定及时、足额向出租人支付，如果未依约支付，则出租人可以要求承租人支付租金并承担违约责任。一般情况下，可通过一般合同违约的处理思路来办理该类案件，需要注意的是以下几种相对特殊的情形：

1. 维修租赁物导致影响租赁物使用

根据《民法典》第 712 条、第 713 条之规定，出租人应当履行租赁物的维修义务，但当事人另有约定的除外；因租赁物维修影响承租人使用的，应当相应减少租金或延长租期。对于租赁物的维修义务一般应由出租人承担，也可因约定而由承租人负担，但不论由谁负责维修，如果因租赁物维修影响了承租人对租赁物的使用、收益，则受影响部分对待给付的基础就不存在了，理应减少租金或延长相应的租期。

2. 因第三人主张权利，导致承租人不能使用租赁物

保证承租人可以正常使用租赁物，第三人不就租赁物主张任何权利是出租人应该承担的责任。《民法典》第 723 条第 1 款规定：“因第三人主张权利，致使承租人不能对租赁物使用、收益的，承租人可以请求减少租金或者不

支付租金。”由此可见，承租人减少或不支付租金应该满足的条件为：（1）第三人向承租人主张权利；（2）第三人主张权利使承租人无法对租赁物行使正常的使用和收益权；（3）承租人主观上应该出于善意，也即在签订租赁合同时承租人并不知晓该租赁物存在权利瑕疵。

3. 因不可归责于承租人的事由导致租赁物发生毁损灭失

不可归责于承租人的事由一般是指：（1）不可抗力；（2）意外事件；（3）可归责于出租人的事由。当这些情形出现，导致租赁物部分或全部毁损灭失，即可减少或不支付租金。减少租金一般适用于租赁物部分毁损的情况，不支付租金一般指承租人已经支付部分租金，租赁物全部毁损后，则自此不再支付租金。

四、从解除事由入手分析判断租赁合同解除后果

《民法典》等法律法规和司法解释确定了租赁合同的诸多法定解除事由，比如：不定期租赁合同的随时解除权、租赁物使用不符合规定、未经出租人同意转租、不支付租金经催告合理期限内仍不支付等。处理该类案件时，我们一般应考虑是否具备解除的法定或约定事由，解除权是否已经行使，以及解除权行使的方式是否合法等问题。

结合合同解除的一般后果考虑，租赁合同解除后也应重点关注租赁物的返还时间、方式以及承租人支出的相应费用的处理等问题。判断上述问题，要以解除事由为切入点，如协商一致或约定解除，则应按照一般合同解除的后果来处理，涉及一方有损失赔偿要求的，则应该结合解除事由、各方过错等综合予以判定。实践中较为特殊的两个问题是：

1. 房屋租赁中装饰装修的处理

对此问题，如果租赁合同有约定即应遵照当事人约定办理，如无约定，则需看装修装饰是否基于出租人同意，如是，则尚未形成附合物的承租人应予拆除，并恢复租赁物至原状。如果已经形成附合物，出租人违约而解除合同，承租人有权要求出租人赔偿残值，承租人违约解除则无权要求赔偿，但出租人同意利用的，可以支付适当补偿。对于未经出租人同意的装饰装修，费用一律应由承租人承担，出租人还可以请求承租人承担恢复原状或赔偿损

失的法律责任。

2. 支付租赁物使用费问题

当租赁合同解除后，承租人往往需要一定时间返还租赁物。此段期间内承租人仍然在占有或使用租赁物，但此时租赁合同已经被解除，出租人不能依据已经解除的合同要求承租人支付租金。若租赁合同中对于返还期间的费用承担问题有约定，则从约定。若租赁合同中对此没有约定，则涉及租赁物使用费的认定问题。于此情形下，承租人应当基于其占有、使用租赁物的事实向出租人支付使用费，该使用费的标准可以参考租金数额予以确定。需要区别对待的是，如果合同被解除或因履行完毕而自然终止，承租人继续以租金名义交纳费用，出租人也向承租人开出了收取租金的票据或手续，则该种情形应被认定为在出租人与承租人之间建立了新的租赁法律关系，所交纳的费用应认定为租金，而非租赁物使用费。

关联案例1

案件名称： 汪某泽与实业公司租赁合同案

案　　号： 辽宁省高级人民法院（2021）辽民申9058号

裁判观点： 如再承租人认为出租人有违约行为且对其造成损失，应及时提起诉讼主张自己的权利，而不应以拒交租金的方式消极对抗。

关联案例2

案件名称： 何某明与徐某生房屋租赁合同案

案　　号： 吉林省高级人民法院（2020）吉民申1631号

裁判观点： 对于房屋漏水问题，承租人完全可以选择自行维修或通过其他方式解决，不按约支付租金的行为也违反了合同的约定。

关联案例3

案件名称：丘某瑛与方某华房屋租赁合同案

案　　号：广东省广州市中级人民法院（2022）粤01民终674号

裁判观点：合理使用租赁物是承租人的应有权利，在使用租赁物期间必然导致租赁物的损耗，租赁物的合理损耗是租赁物被使用的正常结果，且租赁合同约定的租金中实际已包含了租赁物合理损耗的价值。

关联案例4

案件名称：工程公司与翟某展等租赁合同案

案　　号：河南省高级人民法院（2020）豫民申8222号

裁判观点：在租赁合同期限届满后，承租人应当依法积极履行返还租赁物的义务，因承租人原因导致租赁物毁损灭失的，还应当依法赔偿出租人的损失；出租人也要依法及时合理地主张权利。

关联案例5

案件名称：建材公司与建设公司租赁合同案

案　　号：北京市高级人民法院（2021）京民申2811号

裁判观点：结合租赁物超期租赁达到数百天之久，建材公司没有提供证据证明其曾经向建设公司及时清点租赁物、结算租金，或是主张退还租赁物等情形，认定建材公司客观上造成了损失的扩大并无不当。

关联案例6

案件名称：冯某国与水电公司租赁合同案

案　　号：最高人民法院（2014）民一终字第33号

裁判观点：明确约定租赁期限的租赁合同在租赁期届满后，合同双方当事人的权利义务关系终止。在约定自动续期的前提下，除该自动续期期限被自然计入原合同租赁期限外，仍需由双方洽商另行签订租赁合同，如一方不续签，不能当然认定为违约行为。

第三节　典型案例精析

案例1：商业公司与技术交流中心房屋租赁合同案①

裁判要旨

合法有效的租赁协议，当事人均应按约履行各自义务。政府出台相关文件导致合同不能履行，不属于法律规定的不可抗力。租赁合同未能履行是由一方当事人造成的，应当按照租赁合同约定，赔偿对方当事人的损失。

案情简介

2002年12月30日，技术交流中心与商业公司签订《房屋租赁合同》，约定技术交流中心将技术交流馆一层展厅、厅前两侧的房屋租给商业公司使用，租期10年。2003年7月3日，技术交流中心与商业公司H超市签订《租赁合同》，约定技术交流中心将会议室和库房租给H超市使用。2005年1月26日，技术交流中心与商业公司签订《房屋租赁合同》，约定技术交流中心将技术交流馆新建一层租给商业公司使用，租期10年。

2010年6月24日和7月12日，技术交流中心在北京市西城区人民法院起诉商业公司，请求判决解除上述三个租赁合同。经北京市第一中级人民法院主持，双方达成调解：若因不可抗力使"工人俱乐部"地下一层商业设施未能建成（四年内），则技术交流中心赔偿商业公司及H超市损失2000万元及同期银行活期利息；商业公司及商业公司H超市放弃在（2011）一中民终字第2388号、（2011）一中民终字第2386号案件中的赔偿请求。

2011年2月，技术交流中心（甲方）与商业公司（乙方）签订《租赁协议》约定：于2011年3月5日终止履行双方2002年12月30日、2003年

---

① 一审：北京市西城区人民法院（2018）京0102民初10311号；二审：北京市第二中级人民法院（2021）京02民终7888号；再审：北京市高级人民法院（2022）京民再32号。

7月3日、2005年1月26日签订的《房屋租赁合同》，甲方及上级主管单位同意将拟建设的“工人俱乐部”地下一层商业设施（约定在四年内建成）约6000平方米，在建设完成后，承租给乙方使用。若因不可抗力致使“工人俱乐部”地下一层商业设施未能建成，则甲方赔偿乙方本次解除《房屋租赁合同》的损失。甲方及上级主管单位同意，乙方承租新建“工人俱乐部”地下一层商业设施的租赁时间为15年。合同尾部注：技术交流中心上级主管部门为B市总工会。

2011年2月23日，技术交流中心和商业公司在B市总工会红楼二层会议室沟通解决房屋租赁合同事宜，B市总工会派人出席参加了此次会议，会议达成和解协议，并形成了《会议纪要》。

2018年，技术交流中心曾将商业公司起诉至一审法院，以技术交流中心对拟建的“工人俱乐部”无权处分为由，要求确认双方于2011年2月签订的《租赁协议》无效。经（2019）京02民终1531号民事判决，技术交流中心关于确认合同无效的诉请被驳回。因“工人俱乐部”地下一层商业设施未能建成，商业公司起诉，请求：1. 技术交流中心向商业公司支付损失4000万元，并自2011年3月5日起至实际给付之日止，按照同期银行活期存款利率支付利息；2. 本案诉讼费用由技术交流中心承担。

法院裁决

一审法院认为：在约定的期限内，技术交流中心未将涉案房屋出租给商业公司，技术交流中心抗辩称其非涉案房屋的产权人无权出租房屋，政府出台规定禁止建设属于不可抗力，但该抗辩理由不符合不可抗力的规定，故商业公司要求技术交流中心赔偿损失，符合双方合同约定，应予支持。关于赔偿数额问题，综合协议形成的背景、协议履行程度、技术交流中心的过错大小状况等因素，对于商业公司主张的违约金，酌定予以支持。遂作出（2020）京0102民初28787号判决：一、技术交流中心支付商业公司损失费2400万元；二、驳回商业公司的其他诉讼请求。技术交流中心不服该判决，提起上诉。

二审法院认为：虽商业公司以技术交流中心违反合同约定，未能按照

《租赁协议》约定交付“工人俱乐部”地下一层商业设施为由要求技术交流中心承担违约损害赔偿责任，但经查明，本案系因政府出台相关政策原因导致技术交流中心未能履行合同约定义务，即系因不可归责于双方原因导致合同无法履行，技术交流中心上述行为并不构成合同违约，故现商业公司以技术交流中心违约为由提出的相应诉讼请求，缺乏事实依据，二审法院不予支持。综上，二审法院作出（2021）京02民终7888号民事判决：一、撤销一审判决；二、驳回商业公司的全部诉讼请求。

商业公司不服，申请再审。北京市高级人民法院经再审后认为：相关政策文件的出台显然不属于合同法中规定的不可抗力。本案中，应当认定《租赁协议》未能履行，是由技术交流中心一方原因造成的，技术交流中心应当按照《租赁协议》第6条的明确约定，赔偿商业公司合同约定的损失数额4000万元。但一审法院判决技术交流中心赔偿商业公司损失2400万元并驳回商业公司的其他诉讼请求后，商业公司并未提起上诉，应当视为商业公司对自己权利的处分而放弃了其他诉讼请求。在本案再审期间，商业公司再审请求的范围也不应当超出本案一审判决确定的赔偿数额。遂判决：一、撤销北京市第二中级人民法院（2021）京02民终7888号民事判决；二、维持北京市西城区人民法院（2020）京0102民初28787号民事判决。

律师评析

本案历经多次审理，反映出双方争议较大，从北京市高级人民法院的再审判决来看，焦点问题主要包括：1. 案涉《租赁协议》的效力；2. 导致案涉《租赁协议》未能履行的原因及责任划分；3. 案涉《租赁协议》未能履行所产生的违约责任如何承担。

1. 案涉《租赁协议》的效力问题

合同纠纷案件，首先就需要认定案涉合同的效力。就本案而言，尽管职工服务中心并非案涉房屋的产权人，但并不必然导致其签订的《租赁协议》无效。从判决查明的事实来看，技术交流中心（职工服务中心）与商业公司于2011年2月签订的《租赁协议》，是在双方当事人以及职工服务中心的上级单位B市总工会相关人员商议后达成，且在之前的其他案件诉讼过程中向法院披露，经法院予以确认。此外，职工服务中心曾向法院起诉要求确认该《租赁协议》无效，但最终被法院驳回。因此，法院最终认定该《租赁协议》系双方真实意思表示，内容不违反法律、行政法规的强制性规定，应作为确定双方权利义务关系的依据，双方当事人均应按照该协议约定履行各自的合同义务。

2. 导致案涉《租赁协议》未能履行的原因及责任划分问题

从判决查明的事实来看，案涉《租赁协议》之所以未能按照约定履行，客观事实是由于“工人俱乐部”地下一层未能建成并交付商业公司使用，属于出租方职工服务中心未能履行合同义务。职工服务中心抗辩称之所以未能履行义务，是由于国家出台相关政策不允许新建楼堂馆所所致，并据此认为是因为不可抗力导致不能履行合同。因此，本案的焦点问题之一就是政府部门出台的政策是否属于不可抗力，一审及再审均认为不属于不可抗力，二审法院对此未作评价，而是将其归为“不可归责于双方的原因”。不可抗力是指不能预见、不能避免并不能克服的客观情况，本案中，相关政策文件的出台显然不属于不可抗力。一审及再审的认定是准确的。

3. 案涉《租赁协议》未能履行所产生的违约责任承担问题

此问题是前述第 2 个问题的延伸，既然已经认定并非由于不可抗力导致出租方职工服务中心未履行合同，那么，职工服务中心应当承担违约责任。至于违约责任的承担方式，《民法典》第 577 条规定：“当事人一方不履行合同义务或者履行合同义务不符合约定的，应当承担继续履行、采取补救措施或者赔偿损失等违约责任。”第 582 条规定：“履行不符合约定的，应当按照当事人的约定承担违约责任。”第 585 条第 1 款规定：“当事人可以约定一方违约时应当根据违约情况向对方支付一定数额的违约金，也可以约定因违约产生的损失赔偿额的计算方法。”因此，职工服务中心应当按照《租赁协议》第 6 条的约定，赔偿商业公司合同约定的损失 4000 万元。一审法院酌情支持了 2400 万元，实际上与上述规定不符，北京市高级人民法院的再审判决中也明确认为：应当认定《租赁协议》未能履行，是由职工服务中心一方原因造成的，职工服务中心应当按照《租赁协议》第 6 条的明确约定，赔偿商业公司合同约定的损失 4000 万元。不过由于商业公司在重审一审判决后未提起上诉，被认为是对该判决的认可，属于对自身权利的放弃，故而再审法院未予审理。

从实践经验来看，对于租赁合同纠纷案件，法院一般都是围绕着合同效力、违约行为、违约责任等三个方面来进行审理和认定，在本案的审理过程中，非常明显地体现出前述审判思路。律师在办理租赁合同纠纷案件时，可以借鉴该审判思路来确定相应的代理方案。

案例2：投资公司与教育公司房屋租赁合同案[①]

裁判要旨

依法成立的合同，对当事人具有法律约束力。当事人应当按照约定全面履行自己的义务。出租人应当按照约定将租赁物交付承租人，并在租赁期间保持租赁物符合约定的用途。因租赁物违反了国家的强制性规定，导致承租人无法实现租赁目的的，承租人有权解除合同。合同解除后，出租人应当赔偿承租人的损失，承租人应当支付合同解除前的租金及逾期腾房期间的占用费。

案情简介

2016年11月29日，出租方投资公司（甲方）与承租方王某曾（乙方）就407室房屋签订《房屋租赁合同》，约定：2.1位置：四层407室；2.2面积：建筑面积为293.41平方米。3.1租赁房屋用途为：培训。4.1租赁房屋的租赁期限自2017年6月1日起至2019年5月31日止，租赁期限为2+3年，甲方允许乙方在2年的经营期内，由于乙方经营不善提出退租，保证金不予扣除。13.10在租赁期届满或本合同终止时及时搬离所租房屋，并按本

---

① 本案双方当事人因同一份《房屋租赁合同》先后启动多个诉讼，教育公司作为原告起诉的案件为一审：北京市门头沟区人民法院（2019）京0109民初4869号，二审：北京市第一中级人民法院（2020）京01民终5834号；投资公司作为原告起诉的案件为一审：北京市门头沟区人民法院（2019）京0109民初6744号，二审：北京市第一中级人民法院（2020）京01民终3099号。为便于叙述，本书将相关案件事实及法院判决综合进行概括总结。

合同约定的日期和房屋状态及时将租赁房屋返还甲方。乙方保证承租期满或合同提前解除之日起不得继续使用该房产作为公司注册地，否则视为乙方违约，并由乙方承担违约责任，每延期使用一日应按照双倍日租金标准向甲方支付违约金。14.3 乙方未按本合同约定向甲方支付租金及其他应付款项的，每逾期一日应按未付部分款项万分之三向甲方支付违约金。17.4 出现下列情形乙方有权解除本合同：17.4.2 甲方交付的租赁房屋与本合同约定严重不符，导致乙方无法正常使用的。17.6 任何一方按本合同约定解除本合同的，本合同应自解约方发出的解约通知送达之日起解除。

合同签订后，投资公司将407室房屋交付给王某曾，王某曾使用该房屋用于经营婴幼儿水育馆。2017年12月11日，出租方投资公司（甲方）与承租方（乙方）签订《补充协议》，载明：因乙方业务发展需要，现将承租方名称"王某曾"变更为"教育公司"，其他信息维持不变，由此带来的一切后果由乙方承担。该《补充协议》首部所写承租方（乙方）为王某曾，落款承租方（乙方）处由教育公司盖章，法定代表人处由王某曾签字。

王某曾和教育公司已支付投资公司租赁保证金117803元和2017年6月1日至2018年8月31日的租金589014元，此后未再交纳租金。

双方均认可，消防、安监等部门在2018年底进行联合检查时即提出四层以上禁止经营儿童培训项目，教育公司在407室房屋实际经营至2019年4月7日，后停止经营。

2019年12月20日，投资公司（甲方）与教育公司（乙方）签订《腾退协议》，载明：双方确定第三方鉴定机构已于2019年12月20日在四层407室现场勘查，经友好协商一致，就407室事宜达成以下协议：一、房屋交割腾退之日为2019年12月20日。二、乙方应在本协议签订之日起7日内完成以下项目：1. 407室内游泳池的拆除以及地面的拆除；2. 407室内其他动产的搬除。三、乙方应在本协议签署之日起20日内迁移公司注册地址。四、以上费用及其他与腾退事项相关产生的费用乙方自费。

教育公司的主要诉求为：解除案涉租赁合同，赔偿损失；投资公司的主要诉求为：支付房屋租金和房屋占用费、支付逾期交租的违约金。

法院裁决

法院经审理认为：本案合同解除的原因为投资公司出租的407室房屋不能作为儿童活动场所使用，教育公司开展的儿童培训无法继续进行。按照消防的有关规定，四层以上不能设置儿童活动场所，投资公司作为进行儿童青少年培训的招商企业，教育公司作为从事儿童培训的专业机构，双方对相关的强制性规定均应知晓，故双方对于合同解除均具有过错。出租人负有交付符合合同约定用途的租赁物的义务。合同签订后，投资公司收到《建设工程消防验收意见书》，其上明确载明四层、五层不能作为儿童活动场所使用，投资公司明知交付的房屋不能实现承租人的合同目的，但是其并未将该情况告知教育公司，而是继续让教育公司开展儿童培训，其作为出租人具有明显过错，故投资公司对于合同解除应当负有主要责任。关于教育公司主张的装修损失，涉及对装饰装修残值评估时点和剩余租赁期限两个问题的认定。对于装饰装修残值评估时点，由于合同未能继续履行，承租人对于其按原约定履行期间投资的装饰装修物的价值不能完全享用，故出租人应当按其过错程度赔偿承租人未能享用剩余租期的装饰装修价值的损失。关于教育公司主张的经营损失，一审法院综合考虑教育公司实际退费情况、合理利润情况等因素，酌情确定的损失数额。同时，虽然双方合同解除，但教育公司实际使用407室房屋开展经营活动至2019年4月7日，应当按照合同约定的标准支付其占有使用期间的房屋租金及占有使用费。基于上述分析，北京市第一中级人民法院作出终审判决，教育公司及投资公司的前述主要诉求均获得了支持。

律师评析

综观双方当事人分别起诉的案件，焦点问题主要在于：1. 案涉租赁合同的解除问题；2. 合同解除后的法律效果问题。前述两个问题，均是建立在案涉租赁合同有效的情况下进行讨论，鉴于本案中双方对于合同效力问题并无争议，属于有效合同，因此，本书对此问题不再展开。

1. 关于案涉租赁合同的解除问题

根据《民法典》第724条第3项的规定，租赁物具有违反法律、行政法规关于使用条件的强制性规定情形，非因承租人原因致使租赁物无法使用的，承租人可以解除合同。本案中，根据双方认可的事实，双方对于案涉出租房屋的用途为儿童培训均明知，但根据相关消防规定，案涉出租房屋禁止经营儿童培训项目，即投资公司出租的407室房屋不能作为儿童活动场所使用，教育公司开展的儿童培训无法继续进行，案涉房屋因消防原因不能使用并非教育公司所致。因此，案涉合同应当予以解除，教育公司享有解除权。教育公司于2019年3月4日当庭向投资公司提出解除合同，故法院认定合同解除的时间为2019年3月4日。

就合同解除的责任划分而言，出租人应当按照约定将租赁物交付承租人，并在租赁期间保持租赁物符合约定的用途。投资公司作为招商企业，明知四层以上不能用于儿童培训且在2017年1月19日收到北京市门头沟区公安消防支队向投资公司送达的《建设工程消防验收意见书》后仍未重视，继续出租407室房屋，故投资公司应当对合同目的不能实现负主要责任。教育公司作为专门从事儿童教育培训的机构，对相关的法律规定及与其行业有关的强制性规定应当知晓，其承租投资公司四层开办婴幼儿水育馆，从事儿童培训项目，违反了国家强制性规定，亦存在过错，故教育公司应当对合同目的不能实现负次要责任。综合考虑双方的过错程度，法院酌情确定投资公司对教育公司的损失承担70%的责任，教育公司对其自身损失承担30%的责任。

2. 关于合同解除后的法律效果问题

《民法典》第566条第1款规定："合同解除后，尚未履行的，终止履行；已经履行的，根据履行情况和合同性质，当事人可以请求恢复原状或者采取其他补救措施，并有权请求赔偿损失。"

（1）恢复原状

本案中，租赁合同解除后，案涉房屋应当返还给投资公司，双方于2019年12月20日完成退房手续。同时，投资公司应将保证金退还给教育公司。

（2）赔偿损失

本案中，教育公司要求赔偿的损失范围包括装修损失、经营损失、行政罚款损失和公证费损失、可得利益损失。关于装修损失。承租人经出租人同意装饰装修，合同解除时，双方对已形成附合的装饰装修物的处理没有约定的，因出租人违约导致合同解除，承租人请求出租人赔偿剩余租赁期内装饰装修残值损失的，应予支持。法院根据鉴定意见，按照合同期限为五年、鉴定基准日为2019年4月7日计算，装修残值为353221.22元，投资公司按照70%的责任比例应赔偿教育公司装修损失247255元。关于经营损失。法院根据会员卡消费余额698433.3元、利润水平、经营成本及客户是否退费不确定性，结合相关诉讼案件的审理情况、同行业合理利润情况以及投资公司的责任比例，酌情确定投资公司赔偿教育公司经营损失100000元。关于行政罚款损失和公证费损失。教育公司所交罚款1万元，系相应政府部门对教育公司违法行为的处罚，故该项请求缺乏法律依据，法院不予支持。公证费系教育公司为诉讼需要保留证据而支出的成本，并非投资公司直接造成的损失，故法院不予支持。关于可得利益损失。因教育公司未举证证明其在剩余合同期内的纯利润额，且该部分利益能否获得属于教育公司自主商业经营行为，具有不确定性，故法院不予支持。

对于投资公司而言，即使是由于其原因导致合同解除，但只要教育公司实际占有使用了案涉出租房屋，则可要求支付租金，合同解除后未及时退还房屋的，还可以要求支付房屋占用费。也就是说，出租人对其违约行为应当承担违约责任，但承租人并不能因此免除其应负的合同义务，否则也应当承担违约责任。在本案中，教育公司在合同解除前一直占有使用407室房屋，故应当支付投资公司2018年9月1日至2019年3月4日的房屋租金238835.74元。合同于2019年3月4日解除后，教育公司继续占有使用房屋至2019年4月7日，故应按照每日1291.004元的标准支付自2019年3月5日至2019年4月7日的占有使用费43894.14元。2019年4月7日后，教育公司未再实际经营使用407室房屋，教育公司未及时与投资公司办理房屋腾退交接事宜，系因双方就赔偿事宜发生争议且另案鉴定需要保持现场原状，故投资公司要求2019年4月8日至12月20日的房屋租金和占有使用费的诉讼请求，缺乏事实和法律依据，法院不予支持。对于上述期间因房屋空置造成的损失，投资公司可根据双方的过错程度另行主张赔偿。此外，教育公司逾期交纳 2018 年 9 月至 2019 年 2 月的租金，构成违约，应当按照每期应付租金数额，以合同约定的日息万分之三的标准支付违约金。

第七章　融资租赁合同纠纷[①]

第一节　理论概述与实务指引

自我国于20世纪80年代引入融资租赁制度以来，融资租赁在支持工业企业设备更新、促进农业经济的规模化、推动航运业发展以及解决中小企业融资难等方面均发挥了不可替代的重要作用，融资租赁已逐渐成为与实体经济联系较为密切的金融交易形式。特别是近年来，融资租赁业在我国呈持续发展态势。据中国租赁联盟、联合租赁研发中心和天津滨海融资租赁研究院组织编写的《2020年中国租赁业发展报告》显示，截至2020年12月底，全国融资租赁企业（不含单一项目公司、分公司、SPV公司、港澳台当地租赁企业和收购海外的公司，包括一些地区监管部门列入失联或经营异常名单的企业）为12156家，较上年底的12130家增加了26家。据统计，2008年人民法院受理的一审融资租赁合同案件为860件，2009年为1677件，2012年为4591件，2013年已达到8530件[②]。可以看出，在新设的融资租赁公司数量增长的同时，融资租赁业务总量和纠纷数量总体也呈持续增长态势。而司法实务中普遍反映，在融资租赁法律关系的构成及效力、租赁物的范围、承租人欠租问题、租赁物价值确定问题、租赁物质量瑕疵问题等方面存在争议。本章节将通过真实案例，结合《民法典》及《最高人民法院关于审理

---

① 本章作者王超。

② 参见《统一裁判尺度规范和保障融资租赁业健康发展——最高人民法院民二庭负责人就〈最高人民法院关于审理融资租赁合同纠纷案件适用法律问题的解释〉答记者问》，载最高人民法院网站，https：//www. court. gov. cn/shenpan/xiangqing/6147. html，最后访问时间：2023年12月11日。

融资租赁合同纠纷案件适用法律问题的解释》（以下简称《融资租赁司法解释》）的内容进行阐述。

一、融资租赁合同的概念

融资租赁，是指出租人根据承租人选定的租赁物，进行以其融资为目的的购买，再以收取租金的方式，将租赁物长期租给承租人使用，并于租赁期间届满，承租人按照约定取得租赁物的所有权或退回租赁物的交易模式。根据《民法典》第735条之规定，融资租赁合同，是指出租人根据承租人对出卖人、租赁物的选择，向出卖人购买租赁物，提供给承租人使用，承租人支付租金的合同。

二、融资租赁合同的特征

融资租赁合同是《民法典》规定的十九类典型合同之一，是以融资为目的，以融物为手段的合同，是由两个合同、三方当事人有机结合在一起的新型独立合同。融资租赁交易的特殊性决定了融资租赁合同具有如下特征：

1. 包括三方合同主体并由两个合同构成

三方合同主体是指出租人、承租人和出卖人，两个合同是指租赁合同和买卖合同。出租人根据承租人的选择向特定出卖人购买特定租赁物。承租人以支付租金的方式，取得对租赁物的占有与使用。买卖合同与融资租赁合同联系紧密，相互影响，融资租赁是出租人（买受人）订立买卖合同的目的，无融资租赁合同则无买卖合同的缔结；买卖合同是出租人（买受人）获得租赁物的手段，无买卖合同则融资租赁合同履行不能①。这一特征在一定意义上打破了传统民商法律合同的相对性原理。

2. 租赁物承担担保物权功能

租赁期间，出租人对租赁物享有所有权，这是出租人通过融物方式提供资金融通的必然结果。但这种所有权受到限制，仅是收取租赁物的物权保

① 最高人民法院民事审判第二庭编：《合同案件审判指导》，法律出版社2014年版，第716页。

障，出租人仅享有法律名义上的所有权。同时，由于出租人负有保证承租人平静占有使用租赁物的义务，即使出租人对外转让租赁物，即便实际转让的只是其在融资租赁合同项下的权利，受让方仍不能据此取得实质意义上的完整所有权，亦不能据此请求解除或变更融资租赁合同。对此，《民法典》第748条、《融资租赁司法解释》第4条均有明确规定。这亦是“买卖不破租赁”规则在融资租赁合同中的具体运用。

3. 出租人对租赁物的质量瑕疵担保免责

通常情况下，在传统租赁合同法律关系中，出租人应当对标的物承担瑕疵担保责任。但在融资租赁交易中，由于出卖人和租赁物均由承租人选定，出租人仅提供融资服务，购买特定租赁物亦是满足承租人的使用需要。因此，出租人对租赁物的瑕疵不承担责任。这是由融资租赁的金融属性决定的，亦是融资租赁合同与传统的租赁合同的重要区别之一。当然，出租人对租赁物瑕疵担保免责也有例外。根据《民法典》第747条之规定，在承租人依赖出租人的技能确定租赁物或者出租人干预选择租赁物的情况下，出租人不免责。同时，《融资租赁司法解释》第8条第1款对于《民法典》第747条规定的出租人不免责情形作了进一步明晰，具体列举了三种法定情形作为判断标准：（一）出租人对租赁物的选择起决定作用的；（二）出租人干预或者要求承租人按照出租人的意愿选定出卖人或租赁物的；（三）出租人擅自变更承租人已经选定的出卖人或者租赁物的。

应当注意的是，出租人利用自身对特定行业的精通，单纯地提供多家出卖人名录、设备名录等选购信息，但并未对相关信息进行筛选，并不构成承租人依赖出租人的技能确定租赁物或者出租人干预选择租赁物。同时，如果租赁物存在权利瑕疵进而发生纠纷，并不适用上述规定处理，应当根据《民法典》第748条由出租人承担违约责任。实务中，出租人为避免纠纷，规避自身对租赁物的瑕疵担保责任，在签订融资租赁合同时一般都会注明：承租人完全根据自己的技能和判断选择出卖人和租赁物，出租人仅为此次融资租赁交易提供相关融资服务，所提供的材料、信息及相关建议仅供承租人参考，并不代表对承租人的选择起到了任何决定作用。

4. 中途不可解约

由于融资租赁交易具有融资性、周期长、利益重大、交易复杂等特点，若允许出租人或承租人中途解约，势必会造成合同相对方极大的损失。因此，融资租赁合同一般不允许中途解约。虽然我国《民法典》对中途不可解约并未进行明确规定，但在实务中，中途不可解约问题一般都以特殊条款方式规定在具体融资租赁合同中。需要说明的是，中途不可解约并非意味着融资租赁合同不适用解除制度。在出现约定或法定的特殊情况下，应允许当事人基于一方或者双方的意思表示使合同归于消灭①。

三、几种特殊的融资租赁合同形式

实务中，为了满足日益复杂的商业需要，交易双方往往会选择不同的交易形式。例如，根据 2013 年商务部发布的《融资租赁企业监督管理办法》第 8 条之规定，融资租赁企业可以在符合有关法律、法规及规章规定的条件下采取直接租赁、转租赁、售后回租、杠杆租赁、委托租赁、联合租赁等形式开展融资租赁业务。

1. 售后回租

根据《融资租赁司法解释》第 2 条之规定，承租人将其自有物出卖给出租人、再通过融资租赁合同将租赁物从出租人处取回的，人民法院不应仅以承租人和出卖人系同一人为由认定不构成融资租赁法律关系。根据国家税务总局 2010 年 9 月 8 日发布的《关于融资性售后回租业务中承租方出售资产行为有关税收问题的公告》② 之规定：融资性售后回租业务是指承租方以融资为目的将资产出售给经批准从事融资租赁业务的企业后，又将该项资产从该融资租赁企业租回的行为。根据中国银监会 2014 年 3 月 13 日发布的《金融租赁公司管理办法》第 5 条之规定，本办法所称售后回租业务，是指承租人将自有物件出卖给出租人，同时与出租人签订融资租赁合同，再将该物件从出租人处租回的融资租赁形式。售后回租业务是承租人和供货人为同一人

---

① 吴庆宝主编：《合同纠纷裁判标准规范》，人民法院出版社 2009 年版，第 326 页。

② 载国家税务总局网站，https：//www. chinatax. gov. cn/chinatax/n810341/n810765/n812161/201009/c1084916/content. html，最后访问时间：2023 年 10 月 24 日。

的融资租赁方式。

2. 厂商租赁

厂商租赁是厂商与厂商租赁公司、银行结成战略合作，以融资租赁的方式为购买其产品的客户进行融资，并进行后续设备资产管理的营销模式。①厂商租赁这种特殊模式意味着，承租人在选择厂商租赁公司后亦选择了特定的出卖人（厂商），但需要注意的是，即便如此，如果出租人未在承租人选择租赁物中起决定性作用，则出租人依旧对租赁物的瑕疵免责。这一点在《融资租赁司法解释》第 8 条第 1 款中亦有体现。

3. 委托租赁

委托租赁，是指委托人没有融资租赁经营权而委托有经营权的融资租赁公司进行租赁，委托人实际获得融资租赁本息及投资收益，受托人收取手续费的融资租赁。② 此种融资租赁交易形式优势在于可以利用政府对融资租赁公司的优惠政策获取更大利润。

4. 杠杆租赁

杠杆租赁，是指由出租人直接或联合若干其他投资者，只出资租赁物全部购置款项的 20%—40%，并以此出资为财务杠杆，来带动其他债权人对该租赁项目其余 60%—80%的款项提供无追索权的贷款或其他方式的融资的租赁交易安排。此种融资租赁交易形式适合需要大额资金、使用期限长的高度资本密集型的项目③。如飞机、海上石油钻井平台、输油管道、航天系统等的租赁。

5. 转租赁

转租赁，是指融租人从其他租赁公司租进融租物，再将该融租物转租给承租人的租赁方式。此种交易形式非常适合具有国际融资租赁交易性质的租赁④。

---

① 最高人民法院民事审判第二庭编：《合同案件审判指导》，法律出版社 2014 年版，第 737 页。

② 秦国勇：《融资租赁法律实务》（第 2 版），法律出版社 2014 年版，第 20 页。

③ 秦国勇：《融资租赁法律实务》（第 2 版），法律出版社 2014 年版，第 21 页。

④ 王宝发：《合同纠纷的预防与解决》，法律出版社 2002 年版，第 272 页。

第二节　办案思路与实战技巧

如前所述，融资租赁法律关系的核心本质在于出租人与承租人之间通过租赁方式，以租赁物为中介来实现资金的融通，即以融物实现融资。因此，融资租赁合同纠纷通常都是围绕着租金支付、租赁期限、租赁物规格、质量、运输、风险负担、交付及验收、使用、维修及费用、保证人的担保责任及追偿等而产生。作为律师，在办理融资租赁合同纠纷案件时，首先应当判断融资租赁合同是否成立并生效？其次应当根据当事人的陈述和提供的资料确定双方的争议焦点（如究竟是承租人欠租纠纷，还是质量索赔纠纷），然后再根据相关的法律规定和裁判规则来审查证据材料，并进一步论证己方诉请的可支持程度及诉讼风险。在实践当中，较为复杂且频发的争议焦点主要包括认定融资租赁法律关系及效力的问题、承租人欠租问题、租赁物价值确定问题、租赁物质量瑕疵问题等。

一、关于认定融资租赁法律关系及效力的办案思路及要点

在实务办案中，对于是否构成融资租赁法律关系，不能简单地根据合同名称来认定是否构成融资租赁关系，应当根据合同中的权利义务关系约定、租赁物的性质、价值、租金构成因素进行综合判断。

对于租赁物的形式，目前我国法律、行政法规并无明确规定，但融资租赁行业监管部门以部门规章形式对租赁物作了一定的限制，总体来说以工程机械、动产设备、交通运输工具以及某些固定资产为主。实务中，通说认为，对于一些特殊的标的物如企业厂房、商业地产、采取过户方式保障其担保功能的商品房等不动产亦可以作为融资租赁的租赁物。但是，对于以在建住宅商品房项目、未采取过户方式的商品房、土地使用权、收费权、商标权、专利权及单纯的无形资产（如软件、技术）等作为标的物的，审判实务中倾向于不认定构成融资租赁合同关系。

租赁物的价值也是融资租赁合同关系的考量因素。实务中，如将价值1

万元的设备估价为 100 万元的设备作为标的物，这种租赁物价值明显偏低无法起到对租赁债权的担保，没有融物属性，仅有资金空转，背离了融资租赁法律关系的一般法律规则。为防止交易中仅有融资之实，却无融物之实，出租人以融资租赁之名进行变相借贷，法院在审判实务中通常会结合租赁物的价值来判断是否构成融资租赁法律关系。

租金因素是融资租赁合同区别于传统租赁合同的重要特征，亦是租赁公司确定营利标准的重要考量因素。租金构成不仅包括租赁物的购买价格，还包括出租人的资金成本、必要费用和合理利润。实务中，融资租赁公司的利润来源主要包括利差、手续费、租前息、出卖人的回扣等。如若融资租赁合同约定的租金显著低于抑或显著高于前述租金构成的数倍甚至数十倍，其约定的租金不能真正体现租赁物的价值，实际上也是以融资租赁合同为掩盖的借贷合同，不应认定为融资租赁法律关系。

此外，对于融资租赁合同效力的认定，除根据《民法典》的规则进行常规分析判断外，实务中律师在办理此类案件时，还需要注意以下三个方面。

1. 对主体资质的审查

虽然我国《民法典》及《融资租赁司法解释》均未对出租人经营资格进行强制性规定，但通说认为，融资租赁具有出租人以融物方式进行融资的特点，其实质上涉及国家对金融秩序的监管。因此，出租人应当取得融资租赁业务的审批资格后方能从事融资租赁业务。例如，在四川省高级人民法院（2014）川民终字第 118 号①案中，法院审理认为：虽然陈某与陈某先之间发生的租赁 50 台华菱重卡的关系是融资租赁性的法律关系，《承包合作协议》实为融资租赁合同，但陈某先作为自然人，并无从事融资租赁业务经营资格，故涉案合同无效。目前我国从事融资租赁的机构分为两类：第一类是由银监会根据《金融租赁公司管理办法》批准的以经营融资租赁业务为主的非银行金融机构，亦即具有“金融租赁”经营资质的融资租赁企业。第二类是商务部审批的中外合资、合作租赁公司、外商独资融资租赁公司。一般实务中，判断一个企业是否具备合法经营资质，工商登记记载事项可以作为重

---

① 陈某先与陈某融资租赁合同案。

要依据。

2. 对意思表示的审查

意思表示真实是判断任何类型合同有效的标准之一。《民法典》第 146 条规定："行为人与相对人以虚假的意思表示实施的民事法律行为无效。以虚假的意思表示隐藏的民事法律行为的效力，依照有关法律规定处理。"第 737 条规定："当事人以虚构租赁物方式订立的融资租赁合同无效。"实务中，较为常见的是承租人与出卖人恶意串通，出卖人向出租人开具虚假发票或承租人以未收到租赁物为由向出租人开具虚假的租赁物受领证，进而骗取出租人资金等情形。对此，实务中律师在办理此类案件时，应当注意对此类票据、证件进行重点审查。

3. 对合同目的的审查

任何合同的签订都会有其特定目的，如若是为了规避国家有关法律政策的，以合法形式掩盖非法目的，如违反企业间不得为相互借贷的禁止性规定，订立名为融资租赁实为企业间借贷的合同，应当属于无效合同。例如，在江苏省高级人民法院（2013）苏商终字第 0191 号①案中，就并无真实的租赁物买卖。造船公司在接受金融租赁公司支付的 3080 万元设备款项的当日向金融租赁公司支付 1080 万元，而剩余 2000 万元并不足以购买合同约定的设备。造船公司法定代表人及副总均明确向金融租赁公司融资 2000 万元，造船公司账册将该 2000 万元记载为"长期借款"，在生产周转中使用。同时，在《融资租赁合同》附表"租赁保证金"注明"无"，故该 1080 万元亦不属于造船公司为履行融资租赁合同而提供的保证金。金融租赁公司对此明知并接受了造船公司的还款，应当认定双方的真实意思表示仅为资金的融通及分期偿还，而非融资租赁。签订委托购买租赁物的协议，系为金融租赁公司直接将融资款交付造船公司而考虑，且协议项下的发票、提单等整套交易单据及租赁物件验收证明亦均未实际产生和交付。《融资租赁合同》实为企业间的借贷合同，由于超越了金融租赁公司的经营许可范围，亦有违现行金融法规的强制性规定，最终二审法院认定其为无效合同。实务中律师在办

① 金融租赁公司与设备公司、造船公司等融资租赁合同案。

理此类案件时，应当审查租赁物是否实际存在，租赁物的买卖行为是否真实存在，租赁物的价值与租金构成是否存在对应关系等事实，以探究当事人有无通过融物而实现融资的真实目的。

应当注意的是，名为融资租赁合同，实为其他法律关系的合同被认定为无效后，不再适用融资租赁合同的相关处理规则，而应适用其实际构成的法律关系的相关法律规定进行认定。

二、关于售后回租问题的分析思路及要点

售后回租作为融资租赁业务中一种较为常见的特殊形式，大量存在于市场交易之中。但由于部分售后回租业务开展不够规范，如对租赁物低值高买，出租人没有实际取得租赁物所有权，甚至没有实际的租赁物等，以售后回租的形式规避相关法律及政策的情形时有出现。较为常见的，一是以售后回租为名，行借款合同之实的交易方式。二是以特殊的标的物（如城市公路、房产、在建房地产项目）作为租赁物的售后回租交易方式。律师在办理此类案件时，可以从出租人所享有的物权属性、是否存在真实买卖交易、租赁物的有无、租赁期间和期满后的租赁物归属等方面，并结合《融资租赁司法解释》第1条对此类合同的性质和效力进行判断。应当注意的是，在审判实践中，出租人对租赁物的所有权是法院判断此类合同性质的一个重要因素。如在最高人民法院（2014）民二终字第109号①案中，因置业公司在建137套商品房项目未取得商品房预售许可，涉案商品房（即租赁物）所有权无法从出卖人置业公司移转至出租人租赁公司，租赁公司作为名义上的商品房买受人和出租人，并不享有租赁物的所有权，作为专业的融资租赁公司，其对案涉租赁物所有权无法过户亦明知，故其真实意思表示并非融资租赁，而是出借款项。置业公司作为租赁物的所有权人，虽名为“承租人”，但实际上不可能与自己所有的房产发生租赁关系，其仅是以出卖人之名从租赁公司获得1亿元款项，并按合同约定支付利息，其真实意思表示也并非售后回租，而是借款，案涉融资租赁交易，只有融资，没有融物。法院最终认定租

① 租赁公司与置业公司、投资公司、担保公司等企业借贷案。

赁公司与置业公司之间实为借款法律关系。律师办理案件时，应当审查租赁物发票、采购合同、登记权证、付款凭证、产权转移凭证等证明材料，以确认标的物权属关系。

三、关于承租人逾期付租问题的分析思路及要点

司法实践中，承租人逾期给付租金是常见的违约形态，亦是法院受理的融资租赁合同案件中占比最高的纠纷类型。律师在办理此类案件时，应当根据具体案情和诉讼目的，确定合理的诉请。实践中，通常包括以下几类：

1. 出租人诉请支付全部未付租金、逾期利息及相应违约金

根据《民法典》第 752 条之规定，出租人可以要求承租人支付全部租金，既包括到期未付租金，也包括未到期租金。其实质是因承租人的违约行为，而导致出租人丧失未到期租金的期限利益，以此体现出对承租人违约行为的一定惩罚性。由于租赁物为出租人根据承租人的意愿所选购，租赁物本身对出租人并无实际的使用价值，加之我国二手设备市场发育程度较低，实务中，融资租赁公司往往更倾向于选择要求承租人支付全部租金，该诉请实际上属于加速合同约定的全部租金到期。

从律师办案角度，需要注意三点：第一，该诉请的适用条件是承租人经出租人催告后仍不支付，即承租人以行动表明其不再履行付租义务，出租人才可以主张要求支付全部租金。第二，出租人应当事先判断承租人或保证人是否具备履行能力或是否具备足够的资产可供执行。第三，选择要求支付全部未付租金，意味着合同仍属于继续履行状态，租赁物仍应当由承租人继续占有、使用。

2. 出租人诉请支付全部未付租金、逾期利息及相应违约金，同时要求根据合同的约定确认在承租人及保证人付清所有合同项下债务前，租赁物的所有权属于出租人

本诉请较上一诉请增加了对租赁物的确权请求。根据《民法典》第 745 条之规定，出租人对租赁物享有的所有权，未经登记，不得对抗善意第三人。本诉请的优势在于为将来可能发生的承租人破产重整或第三人对租赁物主张权利的情况做出准备，以便在出租人行使破产取回权或第三人对租赁物

权属产生争议时最大限度地保障出租人合法权益。但是，根据《民法典》第745条之规定，出租人要主张所有权的，应事先办理租赁物的权属登记手续，否则，将无法对抗善意第三人。

3. 出租人诉请解除合同、收回租赁物，并赔偿损失

本诉请适用于承租人自身经营状况和偿债能力已严重恶化，租金债权无法得到保障之情形。在此种情况下，收回租赁物是减少租金损失的最佳选择。首先应当确定承租人欠租行为的严重程度，是否达到足以解除合同的约定或法定条件。然后再进一步确定出租人解除合同的方式，进而明确出租人的具体诉请事项。从律师办案角度，还应当重点注意以下几点：

第一，由于融资租赁合同具有中途不可解约的特点，守约方在合同解除之前需为违约方提供一个补救的机会。因此，从严谨和审慎的角度，即便合同中没有明确规定需要催告，出租人也应经过催告程序后方可以主张解除合同，是否履行了催告程序往往亦是司法实践中法院处理此类案件时的重点之一。出租人具备单方解除权而解除合同的，可以通知承租人解除，也可以直接向法院起诉解除。如在天津市高级人民法院（2015）津高民四终字第13号①案中，关于合同解除的时点问题，法院认为：金融租赁公司系在未通知海运公司解除合同的情形下直接提起诉讼，请求判令解除合同，金融租赁公司的行为属于放弃行使解除权此种自力救济方式，而选择通过诉讼的公力救济方式，请求判令解除其与海运公司之间的融资租赁合同关系，在此种情形下，一审法院向海运公司送达载有金融租赁公司主张解除合同意思表示的起诉状，抑或金融租赁公司当庭作出解除合同的意思表示，均仅能视为金融租赁公司向法院表达解除合同的诉求，而不能视为其通知海运公司解除合同，法院作出的解除合同的判决，并非对金融租赁公司的行为能够发生合同解除的法律效力予以确认，而是通过判决消灭既存的融资租赁法律关系，所以涉案融资租赁合同应当自本判决生效时解除。

第二，有时出于诉讼策略的考虑，可以仅就合同解除问题单独提起诉讼，若法院支持其主张，再另行主张收回租赁物和赔偿损失等，若法院不支

---

① 金融租赁公司与海运公司、能源公司、杨某建船舶融资租赁合同案。

持解除合同的主张，则可以避免一并主张的败诉风险，降低诉讼成本。

第三，若出租人在一审诉讼中仅请求解除合同，未主张收回租赁物及赔偿损失，法院也可能向出租人进行释明，询问是否就合同解除的后果，如租金支付、租赁物归属、赔偿损失等问题一并提出诉请，由出租人自行选择。

第四，由于收回租赁物必须以合同解除或终止为前提，在出租人未诉请解除合同的情况下，承租人仍然享有对租赁物合法占有的权利，若诉请仅主张收回租赁物，抑或未经催告通知承租人即擅自解除合同并收回租赁物，法院不会支持出租人的该项诉请。如在湖南省常德市中级人民法院（2014）常民二终字第 101 号①案中，因承租人刘某瑶拒付租金，出租人融资租赁公司及其代理人机械设备公司在并未催告承租人刘某瑶并给予其支付租金的合理期限的情况下，径行解除合同并采取不适当的方式收回租赁物，法院认定出租人及其代理人解除合同并收回租赁物的行为均不合法。

第五，赔偿损失的范围为承租人全部未付租金及其他费用与取回租赁物价值的差额。在实务中，若合同约定租赁期满后租赁物所有权归属承租人，或者承租人支付象征性价款留购租赁物的，则租赁物的残值无须在赔偿范围中予以扣减。若能够确定期满后租赁物归属出租人，则赔偿损失范围中还应包括期满后租赁物的残值。

第六，若赔偿损失范围中包括期满后租赁物价值的，租赁物的具体价值往往是争议焦点问题。司法实践中，常见的租赁物价值确定方式（根据价值确定方式的先后顺序）主要包括：（1）双方约定（包括直接约定租赁物价格或约定租赁物价值确定方法）；（2）参照租赁物的折旧及残值的约定；（3）委托评估或拍卖。只有当前述两种方式均未能确定租赁物价值，或确定的价值严重偏离其实际价值时，才可以根据案件具体情况，启动委托评估或拍卖程序。司法实践中，在双方有约定的情况下，往往存在一方当事人以租赁物价值确定条款为格式条款，或以显失公平为由对租赁物价值确定方式提出异议，以期启动委托评估、拍卖程序。而法院往往对这种主张坚持从严审

---

① 融资租赁公司、机械设备公司与刘某瑶融资租赁合同案。

查原则，要求异议方提供必要的证据。故异议方在举证及论证方面，应当重点证明对方是否存在利用自身在签订合同时的优势地位、己方没有经验、双方信息严重不对称等，使得价值确定存在显失公平的情况，同时还应当结合租赁物实际价值即现时的市场价值、生活经验及逻辑来强调己方主张，以获取法官支持。

4. 出租人先诉请支付全部未付租金、逾期利息及相应违约金。判决后，承租人未予执行，出租人另行诉请解除合同、收回租赁物，并赔偿损失

本诉请方案涉及前后两次诉讼，优势在于当法院判决承租人支付全部未付租金后承租人不予履行时，出租人可以另行诉请解除合同、收回租赁物并赔偿损失，并不违反一事不再理原则，亦符合法理和民事诉讼制度安排。但应当注意的是，当选择这一诉请方案时，势必会增加出租人主张权利的诉讼成本和时间成本。如果承租人及保证人经营状况和偿债能力恶化，极有可能会丧失取回租赁物以减小租金损失的最佳时机。所以律师在办案过程中，应当事先对承租人及保证人是否具备足够的偿还能力以及是否有其他财产可供执行进行调查分析，以做出适用何种诉请方案的准确判断。

5. 出租人既诉请支付全部未付租金，又诉请解除合同、收回租赁物

考虑到第 4 种诉请方案会增加出租人主张权利的诉讼成本和时间成本，还极有可能丧失取回租赁物的最佳时机，那是否可以将两个诉讼过程合并同时主张，以减少诉讼成本、提高诉讼效率？《融资租赁司法解释》第 10 条对此予以否定，出租人不能同时要求支付全部租金和解除合同、收回租赁物，人民法院行使释明权告知出租人根据《民法典》第 752 条作出选择。原因在于，如前所述，要求给付全部未付租金实质上是要求继续履行合同，与要求解除合同相互冲突，属于无明确的诉讼请求，如果出租人坚持同时主张这两项诉请，法院会不予受理或从程序上裁定驳回起诉。应当注意的是，即使双方在融资租赁合同中自愿对出租人可以同时请求支付全部租金和取回租赁物作出了明确约定，但这种约定由于违反了法律强制性规定也是无效的，法院不会予以支持。

四、关于租赁物质量瑕疵问题的分析思路及要点

司法实践中，当出现出卖人对租赁物瑕疵履行时，由此会产生如拒绝受领租赁物、质量索赔、拒付租金、要求出租人承担瑕疵担保责任等问题。律师在办理此类案件时，应结合合同约定及案件事实，首先确定出现出卖人瑕疵履行的情形是什么？然后进一步分析该瑕疵履行情形的程度是否严重？是否足以影响合同目的的实现？谁有权行使索赔权？行使索赔权过程中是否存在承租人可以减轻或免除支付相应租金的情形？出租人是否存在妨碍索赔情形？出租人是否存在承担租赁物瑕疵担保责任的情形？

1. 对于承租人有权拒绝受领租赁物问题

《民法典》第739条规定了承租人享有直接从出卖人处受领租赁物的权利，该条既是突破买卖合同相对性原则的一个重要体现，也是融资租赁合同与一般租赁合同的重要区别之一。

司法实务中，承租人在何种条件下可以拒绝受领租赁物往往是诉讼争议焦点。可以拒绝受领租赁物的条件主要包括：一是租赁物本身存在质量问题；二是迟延履行。律师在办理案件时，对于第一点，可以从租赁物存在的质量问题是否严重，是否符合合同约定的技术标准、是否有重大缺陷或瑕疵以至于承租人能否正常使用的角度进行分析判断。对于第二点，可以从承租人或出租人对出卖人是否进行了催告，是否影响承租人正常使用的角度进行分析判断。应当注意的是，当承租人基于上述理由拒绝受领租赁物后，应及时通知出租人，但不能以此为由拒绝支付租金。

2. 对于行使索赔权与支付租金的问题

《民法典》第741条规定："出租人、出卖人、承租人可以约定，出卖人不履行买卖合同义务的，由承租人行使索赔的权利。承租人行使索赔权利的，出租人应当协助。"

律师在办理案件中，首先应明确出租人、出卖人、承租人三方之间是否共同约定了索赔权转让条款，以确定行使索赔权的主体，进而根据出租人与出卖人之间的买卖合同主张相应权利。同时，根据《民法典》第742条的相关规定，承租人索赔不影响其履行支付租金的义务，但也有例外，即承租人

依赖出租人的技能确定租赁物或者出租人干预选择租赁物的。律师在办理案件中，核心是判断出租人的行为是否对承租人的选择造成了实质性影响。可以从出租人是否指定出卖人或租赁物？出租人是否给出一定的选择范围，指定几家制造商或几种产品供承租人选择？出租人是否将承租人的选择与租金等合同条款挂钩，只有在出租人推荐范围内选择才会获得相应优惠条件等角度来综合判断，进而通过对上述事实的举证来证明出租人干预了承租人的选择，以获得法官支持。当然，对于承租人来讲，在出卖人严重违约致使合同目的不能实现的情况下，还可以通过主动代替出租人解除买卖合同法律关系，并据此解除融资租赁合同，以避免因出租人不解除买卖合同而导致承租人非因自身过错仍要持续负担支付租金义务的不利情形。

3. 对于出租人妨碍索赔问题

实务中律师在办理案件时，应当注意以下四种可能导致承租人索赔逾期或索赔失败，出租人应当承担相应责任的情形：第一，出租人在其获知租赁物存在质量瑕疵，可能对合同履行及承租人利益产生重大影响的情况下，应当及时通知承租人而没有通知的。第二，出租人没有及时采取合理措施、提供必要协助的。包括但不限于：帮助寻找出卖人、帮助寻找证据、在诉讼过程中提供协助义务①。比如为承租人提供相关的货运单据、保险单、发运凭证等。第三，融资租赁合同约定只能由出租人行使而出租人怠于行使权利的。第四，虽然融资租赁合同未对索赔权行使作出约定，但客观上只能由出租人行使而其怠于行使权利的。

此外，律师在办案中，还需要特别注意的是：第一，承租人享有直接受领租赁物的权利并不意味着承租人就享有直接索赔权，如前所述，应当根据合同的约定来确定索赔权行使的主体；第二，出租人保留索赔权并不意味着出租人就承担瑕疵担保责任，如前所述，出租人的瑕疵担保免责是原则，只有在其对承租人的选择造成实质性影响的情况下才承担瑕疵担保责任。受领权与索赔权、瑕疵担保责任三者之间并不存在必然联系。

① 胡康生主编：《中华人民共和国合同法释义》，法律出版社2009年版，第330页。

关联案例1

案件名称：陈某先与陈某融资租赁合同案

案　　号：四川省高级人民法院（2014）川民终字第118号

裁判观点：我国法律对融资租赁合同的出租人经营资格并未进行强制性规定，《融资租赁司法解释》亦未明确关于出租人取得融资租赁经营许可的合同的效力认定。但是考虑到融资租赁系出租人以融物方式进行融资的特点，其实质涉及国家对金融秩序的监管，所以融资租赁法律关系中的出租人应当取得融资租赁业务的审批资格后方能从事融资租赁业务。

关联案例2

案件名称：金融租赁公司与设备公司、造船公司等融资租赁合同案

案　　号：江苏省高级人民法院（2013）苏商终字第0191号

裁判观点：融资租赁涉及出租人、承租人、出卖人三方主体，包含买卖和租赁两个合同关系，在承租人通过融物而实现融资租赁的过程中，租赁物的买卖是不可缺少的环节。如果不存在真实的租赁物的买卖，买卖合同项下的发票等整套交易单据及租赁物验收证明亦未实际产生和交付，仅凭融资租赁合同不能认定双方存在融资租赁的真实合意。

关联案例3

案件名称：金融租赁公司与海运公司、能源公司、杨某建船舶融资租赁合同案

案　　号：天津市高级人民法院（2015）津高民四终字第13号

裁判观点：融资租赁纠纷中，出租人在未通知承租人解除合同情形下，直接向法院提起诉讼，请求判令解除合同，出租人的行为属于放弃行使解除权此种自力救济方式，而选择诉讼的公力救济方式，请求判令解除其与海运公司之间的融资租赁合同关系，一审法院向承租人送达载有出租人主张解除合同意思表示的起诉状，抑或出租人当庭作出解除合

同的意思表示，均仅能视为出租人向法院表达解除合同的诉求，而不能视为其通知承租人解除合同，法院作出的解除合同的判决，并非对出租人的行为能够发生合同解除的法律效力予以确认，而是通过判决消灭既存的融资租赁法律关系，融资租赁合同应当自判决生效时解除。

关联案例 4

案件名称： 融资租赁公司、机械设备公司与刘某瑶融资租赁合同案

案　　号： 湖南省常德市中级人民法院（2014）常民二终字第 101 号

裁判观点： 承租人拒付租金，出租人在并未催告承租人并给予其支付租金的合理期限的情况下，径行解除合同并采取不适当的方式收回租赁物，其行为均不合法。

第三节　典型案例精析

案例 1：置业公司与租赁公司、商品交易所等融资租赁合同案①

裁判要旨

融资租赁合同是出租人根据承租人对出卖人、租赁物的选择，向出卖人购买租赁物，提供给承租人使用，承租人支付租金的合同。承租人将其自有物出卖给出租人，再通过融资租赁合同将租赁物从出租人处租回的，人民法院不应仅以承租人和出卖人系同一人为由认定不构成融资租赁法律关系。融资租赁合同履行期间，出租人必须履行保障承租人有效占有、使用租赁物的义务，不能据此取得租赁物的完整所有权，无法实际占有、使用租赁物。出

① 一审：天津市高级人民法院（2018）津民初 48 号；二审：最高人民法院（2020）最高法民终 173 号。说明：为了便于集中讨论融资租赁合同的相关问题，在案情简介部分，与融资租赁无关的其他事实情况有所删减。

租人对租赁物享有的所有权，仅限于权利担保意义上的形式所有权。融资租赁合同本身具有担保功能，承租人主张构成附让与担保的借贷法律关系而非融资租赁法律关系，对其权益保护并无实质影响。

案情简介

2016年6月6日，租赁公司与置业公司签订《融资租赁合同》，约定由租赁公司向置业公司以售后回租的方式提供融资租赁，租赁物为坐落于成都市高新区某商业物业及其土地使用权。租赁物转让价款为11.2亿元，融资租赁期限5年，租赁年利率为6.65%。每三月支付一次租金，共计20期，期限届满，在置业公司付清租金及其他应付款项后，置业公司有权以1元的价格留购。该笔融资租赁业务在中国人民银行征信中心办理了登记。同日，租赁公司与置业公司分别签订2份补充协议，约定置业公司应于租赁物转让价款当日支付租赁公司保证金4000万元、过渡期保证金3360万元。

2017年6月6日、8月25日，租赁公司分别与商品交易所、Z公司签订《保证合同》，由商品交易所、Z公司分别为融资租赁合同项下置业公司对租赁公司的全部债务提供连带保证责任，并约定保证期间，租赁公司有权将合同权利义务全部或部分转让给第三方，商品交易所、Z公司仍有义务对受让人承担相同的连带保证责任。

合同签署后，租赁公司向置业公司支付了租赁物转让价款11.2亿元，置业公司向租赁公司履行支付保证金义务。2016年8月29日，置业公司向租赁公司支付企业收入增值税333.9万元。2016年9月1日，租赁公司办理过户手续并向税务系统交纳了过户的税费3360万元。租赁公司取得了相关房屋所有权证书。后置业公司未能按时支付租金。为此，租赁公司诉至法院并提出如下诉讼请求：1. 判令置业公司向租赁公司支付已到期未付租金、迟延利息、律师费；2. 判令于2018年11月20日解除租赁公司与置业公司签订《融资租赁合同》；3. 判令置业公司返还租赁公司租赁物房产及其全部构筑物、附着物、设备及上述房产内的设备设施及物品、房屋产权证；4. 商品交易所、Z公司对第1项请求承担连带清偿责任；5. 三被告共同承担本案全部诉讼费用。

法院裁决

一审法院经审理认为：第一，关于《融资租赁合同》的性质及效力。本案中，租赁公司与置业公司签订融资租赁合同，支付了合理对价，双方约定的租赁物所有权亦转移至租赁公司名下，具备融资租赁法律关系应具备的融资和融物双重属性，故本案构成融资租赁法律关系。租赁公司具有开展融资租赁业务的合法资质，租赁公司与置业公司签订的《融资租赁合同》及其补充协议均为真实意思表示，商业房产作为租赁物等合同内容不违反法律、行政法规的强制性规定，故双方签订的《融资租赁合同》合法有效。第二，是否支持解除合同，收回租赁物。《民法典》第752条规定："承租人应当按照约定支付租金。承租人经催告后在合理期限内仍不支付租金的，出租人可以请求支付全部租金；也可以解除合同，收回租赁物。"依照合同约定，置业公司未按期、足额向租赁公司支付租金，构成根本违约，租赁公司有权提前终止合同。租赁公司要求返还租赁物，其主张符合法律规定，应当予以支持。第三，关于保证人是否承担保证责任。本案中租赁公司与商品交易所签订了《保证合同》，租赁公司提交了商品交易所的股东会决议，担保合同是当事人真实意思表示，且不违反法律、行政法规的强制性规定，合法有效。商品交易所应继续对置业公司的清偿义务承担连带保证责任。关于Z公司的保证责任，租赁公司应当履行《公司法》第16条规定的审查义务，但其未提交证据证明已经Z公司股东决议，故租赁公司要求Z公司承担保证责任的主张，不予支持。一审宣判后，置业公司不服提起上诉。经最高人民法院终审，最终驳回了置业公司的上诉请求。

律师评析

《民法典》第735条规定："融资租赁合同是出租人根据承租人对出卖人、租赁物的选择，向出卖人购买租赁物，提供给承租人使用，承租人支付租金的合同。"根据《融资租赁司法解释》第1条之规定，人民法院应当根据《民法典》第735条的规定，结合标的物的性质、价值、租金的构成以及当事人的合同权利和义务，对是否构成融资租赁法律关系作出认定。对名为融资租赁合同，但实际不构成融资租赁法律关系的，人民法院应当按照其实际构成的法律关系处理。本案中，租赁公司具有开展融资租赁业务的合法资质，租赁公司与置业公司签订的《融资租赁合同》及其补充协议均为双方的真实意思表示，商业房产作为租赁物等合同内容不违反法律、行政法规的强制性规定，同时，租赁公司支付了合理对价，租赁物所有权亦转移至租赁公司名下，不存在虚构租赁物或租赁物低值高卖等现象，具备融资和融物双重属性，融资租赁法律关系合法有效。此外，笔者认为，还应当准确理解融资租赁合同的核心构成要件和特点，不应因出租人未取得租赁物的完整所有权，就直接否定融资租赁法律关系。融资租赁合同的特点在于融资与融物相结合，租赁物承担物权担保功能。融资租赁合同履行期间，由于出租人应当保障承租人对于租赁物的有效占有和使用，出租人无法取得租赁物的完整所有权，无法实际占有、使用租赁物。出租人对租赁物享有的所有权，应属一种仅限于权利担保意义上的形式所有权，出租人如对外转让租赁物所有权，转让的实质也是融资租赁公司在融资租赁合同项下的权利。本案两审法院均从融资租赁合同的自身特点出发，结合租金构成、租赁物价值、租赁物是否实际移转等因素，综合认定涉案合同是否真实地构成融资租赁合同关系。

案例 2：融资租赁公司、中医医院融资租赁合同案①

裁判要旨

融资租赁的核心要素即是承租人选择租赁物及出卖人，出租人是根据承租人对租赁物和出卖人的选择或认可，与出卖人签订租赁物买卖合同，从出卖人处购买租赁物并出租给承租人使用。出租人在融资租赁交易中承担最主要的义务，就是支付价款以购得租赁物，而与租赁物本身有关的一切风险与收益全部转归承租人承担和享有。融资租赁兼有融物和融资双重特征，融物

① 一审：陕西省西安市中级人民法院（2020）陕 01 民初 332 号；二审：陕西省高级人民法院（2021）陕民终 472 号。说明：为了便于集中讨论融资租赁合同的相关问题，在案情简介部分，与融资租赁无关的其他事实情况有所删减。

是手段，是表现形式，融资才是目的。出租人主要义务是融资，融物更多是一种非典型担保，因而，出租人不承担包括租赁物交付、瑕疵担保责任在内的与租赁物有关的责任，是融资租赁区别于普通租赁的典型特征。

案情简介

融资租赁公司与中医医院签订《融资租赁合同》，融资租赁公司为出租人，中医医院为承租人。合同对租赁物件的购买交付与验收、租赁期限及租金、逾期利息、违约和救济及争议解决方式等均作了约定。

其后，融资租赁公司、中医医院与Y公司签订了《委托购买协议（三方）》。其中融资租赁公司为出租人，中医医院为承租人，Y公司为供应方。合同约定在本案融资租赁合同中对于租赁物的选择、购买与款项支付。随后，Y公司向融资租赁公司出具《担保确认书》，担保内容为融资租赁公司的主债权金额以及相应罚息和有关费用，Y公司对该债务承担连带保证责任。保证期间为本案融资担保合同约定的起租日始至该合同租赁期限届满后两年止。

上述合同签订后，中医医院向融资租赁公司出具《收货确认书》与《验收报告》，确认其已收到本案约定租赁物且其符合上述合同所约定的品质规格和技术性能，可正式投入使用，且融资租赁公司收到Y公司开具的增值税发票及收据。后融资租赁公司于2017年9月29日通过转账形式向Y公司支付涉案设备款41582000元。从2017年10月起，中医医院向融资租赁公司支付租金1期1279801元，此后再未支付租金。

因中医医院未能如约支付租金，融资租赁公司提起诉讼，要求中医医院立即支付全部逾期租金、未到期租金、罚息以及赔偿相关损失。

中医医院以Y公司和融资租赁公司恶意串通，且二公司没有履行交付租赁物义务，其未收到Y公司的医疗设备为由提起反诉，要求解除其与融资租赁公司、Y公司签订的《委托购买协议（三方）》及与融资租赁公司签订的《融资租赁合同》，并由融资租赁公司立即返还其1279801元。

此外，在审理过程中，中医医院提交金寨县公安局于2018年7月20日出具的立案告知书。经查，Y公司法定代表人韩某善因Y公司和案外人公司合作期间相关事宜涉嫌合同诈骗和虚开增值税发票犯罪被广西贵港市公安局采取刑事强制措施。

法院裁决

法院经审理认为：融资租赁公司与中医医院签订的《融资租赁合同》以及与Y公司三方签订的《委托购买协议（三方）》，均系各方当事人真实意思表示，内容不违反法律、行政法规关于合同效力的强制性规定，应属合法有效，各方均应依约定履行各自义务。现中医医院逾期未缴纳租金构成违约，融资租赁公司诉请中医医院支付逾期租金及未到期租金有据，依法应予支持；但对于融资租赁公司主张的逾期利息，因其未能提交证据证明其实际损失，且约定的计算标准显系过高，一审法院兼顾合同履行情况、当事人过错程度以及预期利益等因素综合考量，将计算标准调整为按照年利率24%标准计算为宜。中医医院辩称融资租赁公司与Y公司恶意串通欺骗其签订涉案合同，并无充分证据印证，依法不予采信；其反诉请求解除合同，因不能证明存有法定情形或法定事由，依法不予采纳；因Y公司法定代表人韩某善被依法逮捕并非基于涉案纠纷，韩某善或Y公司涉嫌经济犯罪并不影响本案的审理。至于中医医院因Y公司未依约交付设备遭受之损失，依据《委托购买协议（三方）》约定，中医医院可直接向Y公司行使索赔权。一审宣判后，中医医院不服提起上诉，经陕西省高级人民法院终审，最终驳回了中医医院的上诉请求。

律师评析

本案的争议焦点有三：一、本案是否涉及刑事犯罪应当中止审理，将案件移送公安机关侦查或者裁定驳回融资租赁公司的起诉；二、融资租赁公司向中医医院主张的租金与违约金能否得到支持；三、中医医院主张解除合同的诉请能否得到支持。

第一，《最高人民法院关于在审理经济纠纷案件中涉及经济犯罪嫌疑若干问题的规定》第1条规定："同一自然人、法人或非法人组织因不同的法律事实，分别涉及经济纠纷和经济犯罪嫌疑的，经济纠纷案件和经济犯罪嫌疑案件应当分开审理。”第 10 条规定：“人民法院在审理经济纠纷案件中，发现与本案有牵连，但与本案不是同一法律关系的经济犯罪嫌疑线索、材料，应将犯罪嫌疑线索、材料移送有关公安机关或检察机关查处，经济纠纷案件继续审理。”对于本案来说，融资租赁公司作为合同相对方，其依据与中医医院、Y 公司签订的《融资租赁合同》《委托购买协议（三方）》等证据起诉中医医院支付租金、承担违约责任，属于民事案件受理范围，且尚无证据证明 Y 公司和融资租赁公司在本案所涉业务活动中存在违法犯罪情形，即便 Y 公司法定代表人韩某善因涉嫌经济犯罪被依法采取强制措施，但并非基于涉案纠纷，本案与刑事案件当事人并不相同，亦非属于同一事实和相同法律关系，故 Y 公司或韩某善涉嫌经济犯罪并不影响本案的审理。

第二，《民法典》第 741 条规定：“出租人、出卖人、承租人可以约定，出卖人不履行买卖合同义务的，由承租人行使索赔的权利。承租人行使索赔权利的，出租人应当协助。”第 742 条规定：“承租人对出卖人行使索赔权利，不影响其履行支付租金的义务。但是，承租人依赖出租人的技能确定租赁物或者出租人干预选择租赁物的，承租人可以请求减免相应租金。”根据前述规定可知，融资租赁兼有融物和融资双重特征。出租人主要义务在于融资，融物更多是一种非典型担保，因而，支付价款以购得租赁物供承租人使用是出租人在融资租赁交易中应承担的最主要义务，而与租赁物本身有关的一切风险与收益全部转归承租人承担和享有，出租人不承担包括租赁物交付、瑕疵担保责任在内的与租赁物有关的责任，只要出租人履行了支付价款购买租赁物的义务并且不存在其他严重违约行为，承租人就应当履行融资租赁合同项下包括支付租金在内的各项义务，对于非因出租人的因素（例如承租人依赖出租人的技能确定租赁物或者出租人干预选择租赁物）造成租赁物本身存在质量问题、未交付或者交付方式不符合合同约定等，承租人可以向出卖人直接行使索赔权，这也是融资租赁区别于普通租赁的典型特征。本案中，中医医院负有受领设备并验收确认的义务，当发生出卖人 Y 公司未按照约定交付设备情形时，中医医院就此应当直接向 Y 公司而非融资租赁公司主张相应权利，并负有及时通知融资租赁公司的义务，故融资租赁公司在中医医院向其出具《验收报告》及《收货确认书》后即具备支付合同所约定设备价款的条件；融资租赁公司依约向出卖人 Y 公司支付了设备全部款项，出卖人 Y 公司亦向融资租赁公司出具了收款收据，在融资租赁公司向中医医院发出《起租通知书》及《支付明细表》后，中医医院支付租金的条件已经成就，其应当履行支付租金的合同义务。

第三，《民法典》第 563 条第 1 款规定："有下列情形之一的，当事人可以解除合同：（一）因不可抗力致使不能实现合同目的；（二）在履行期限届满前，当事人一方明确表示或者以自己的行为表明不履行主要债务；（三）当事人一方迟延履行主要债务，经催告后在合理期限内仍未履行；（四）当事人一方迟延履行债务或者有其他违约行为致使不能实现合同目的；（五）法律规定的其他情形。"第 754 条规定："有下列情形之一的，出租人或者承租人可以解除融资租赁合同：（一）出租人与出卖人订立的买卖合同解除、被确认无效或者被撤销，且未能重新订立买卖合同；（二）租赁物因不可归责于当事人的原因毁损、灭失，且不能修复或者确定替代物；（三）因出卖人的原因致使融资租赁合同的目的不能实现。"《融资租赁司法解释》第 6 条规定："因出租人的原因致使承租人无法占有、使用租赁物，承租人请求解除融资租赁合同的，人民法院应予支持。"根据前述规定可知，现行法律法规和司法解释赋予了融资租赁承租人在特定情形下享有法定解除权。但在本案中，未有证据能够证明出租人融资租赁公司明知租赁设备将不予交付，且中医医院对于租赁物的选择并未依赖融资租赁公司的技能或者融资租赁公司干预选择了租赁物，融资租赁公司基于对中医医院提供的《收货确认书》《验收报告》的信任，向 Y 公司支付货款并接受中医医院支付的租金，在合同履行中不存在违约行为，故在本案中中医医院并不享有合同解除权。

第八章　保理合同纠纷[①]

第一节　理论概述与实务指引

保理，又称保付代理，是指债权人企业将应收账款转让给保理人，由保理人为企业提供资金融通、销售分户账管理、资信调查与评估、应收账款管理或催收、信用风险控制与应收账款债务人付款担保等综合性金融服务，具有较强的类金融属性。近年来，随着购货商赊销付款逐渐成为主要结算方式，供货商对应收账款的管理和融资需求推动了国内贸易中保理业务的产生和发展。保理已经成为破解中小企业融资难、融资贵问题和大企业去杠杆、降成本的重要手段。然而，随着我国保理行业的高速发展，各类保理纠纷不断涌现，各种新情况、新问题层出不穷，保理合同纠纷案件数量也呈不断上升趋势。

在《民法典》正式实施以前，关于保理合同纠纷我国并没有明确的立法规定，但是关于保理合同的性质、效力、履行、管辖、保证责任承担等相关问题，往往是当事人之间争议较大的焦点问题，同时也是法院审理此类案件重点审查的内容。在编制《民法典》过程中，对于是否有必要将保理合同作为有名合同并以立法的形式加以确定和规范，曾存在不同的意见。有的意见认为，当前我国保理业务发展迅猛、体量庞大，保理合同纠纷在司法实践中亦处于增长态势，但是，也存在一些问题，时常发生纠纷，亟须立法加以规范。有的意见则认为，保理业务虽然重要，但《民法典》应当从法理逻辑和法典体系出发，不应仅仅着眼于具体问题的解决，保理业务在

---

① 本章作者王超、任荟妤。

交易实践和司法实践中，最为急需的规则不是保理合同的特殊规则，而是债权转让的一般规则，而保理所涉及的资金融通、应收账款管理和催收、付款担保等服务均有对应的或者类似的合同类型，因此，无须增设保理合同作为典型合同，而应解决债权转让的一般规则。立法机关经研究认为，保理业务作为企业融资的一种手段，在权利义务设置、对外效力等方面具有典型性。对保理合同作出明确规定，提供清晰的交易规则和司法裁判规则，一方面针对保理合同的特殊问题予以规定，另一方面补充债权转让的一般性规则，有利于促进保理业务的发展，缓解中小企业融资难、融资贵的问题，也有利于规范保理业务，使保理业务健康、有序的发展，进而促进我国实体经济发展①。

一、保理合同的定义及性质

保理合同是《民法典》新增的一类典型合同，根据《民法典》第761条之规定，保理合同是应收账款债权人将现有的或者将有的应收账款转让给保理人，保理人提供资金融通、应收账款管理或者催收、应收账款债务人付款担保等服务的合同。值得注意的是，虽然《民法典》列举了保理业务的诸多服务种类，但在实践中保理人只要提供至少一项服务即可，不能因没有同时提供《民法典》所列举的服务而随意否定保理合同的性质甚至认为保理合同无效。原则上，在赊销贸易背景下，只要有债权转让和资金融通，就可以认定保理合同依法成立②。

理论界和实务界对保理合同的法律性质莫衷一是。关于有追索权保理合同的性质，《民法典》颁布施行前，代表性观点是最高人民法院在（2017）最高法民再164号③民事判决书中提出的具有担保债务履行功能的间接给付契约；然而，从《民法典》对保理合同的规定来看，越来越多的学者和法律

---

① 黄薇主编：《中华人民共和国民法典合同编释义》，法律出版社2020年版，第600页。

② 最高人民法院民法典贯彻实施工作领导小组主编：《民法典合同编理解与适用（三）》，人民法院出版社2020年版，第1768页。

③ 某银行与燃料公司、煤炭公司保理合同案。

工作者倾向性地认为有追索权的保理合同应是采让与担保的立法构造①。关于无追索权保理合同，根据《民法典》第767条之规定，当事人约定无追索权保理的，保理人应当向应收账款债务人主张应收账款债权，保理人取得超过保理融资款本息和相关费用的部分，无须向应收账款债权人返还。基于此，有观点提出无追索权保理是，保理人受让债权并享有债权的全部清偿利益、负担债权不能受偿的风险，作为债权让与之对价的融资款实为买取债权的价款②。

二、保理法律关系的构成要件

结合笔者代理保理合同纠纷案件的实务经验，法院在判断是否构成保理法律关系时，一般审查如下要件：(1) 保理人是否依法取得保理业务经营牌照；(2) 保理人与债权人是否签订书面保理合同；(3) 是否存在合法、真实、有效、可转让的应收账款，该应收账款是否转让；(4) 保理人是否存在明知应收账款虚构的情形；(5) 保理人有无提供资金融通、应收账款管理或者催收、应收账款债务人付款担保等服务中的一项或几项。

1. 保理人是否依法取得保理业务经营牌照

开展保理业务的主体是否适格为认定保理法律关系的一项因素③。需要关注的是，目前暂无商业保理企业市场准入相关的管理办法，因此，此处的业务牌照不应做狭义理解，而应关注其经营范围，如果经营范围中包括了开展保理业务，则一般可以认为其具备开展保理业务的资质，反之则不具备。有观点认为，保理业务以应收账款转让为核心，而我国法律并未排斥保理公司之外的自然人、法人受让债权，同时保理人提供的账户管理、催收及坏账担保等服务亦不需要行政审批，因此认定保理法律关系无须审查主体是否适格。笔者认为，上述观点欠妥，保理业务具有较强的类金融属性，如不加强行业治理和行政机关监管，而放宽登记注册、放任从事相关业务，则极易诱

① 李阿侠：《保理合同原理与裁判精要》(第2版)，人民法院出版社2021年版，第63页。

② 李宇：《保理合同立法论》，载《法学》2019年第12期。

③ 关丽、丁俊峰、包晓丽：《保理合同纠纷中基础交易合同债务人拒绝付款的司法认定》，载《法律适用》2019年第23期。

发金融集中性风险甚至刑事犯罪，影响经济稳定运行。

2. 保理人与债权人是否签订书面保理合同

保理合同应当采用书面形式。根据《民法典》第 762 条第 1 款之规定，保理合同的内容一般包括业务类型、服务范围、服务期限、基础交易合同情况、应收账款信息、保理融资款或者服务报酬及其支付方式等条款。实践中，较为常见的是两方保理合同，即保理人与债权人签署书面保理业务合同，由保理人向债务人发送应收账款转让确认书，以确保应收账款真实、有效及债务人按时支付应收账款，这也是《民法典》认可的保理合同模式。但近年来，三方保理合同即保理人、债权人、债务人共同签署保理业务合同的模式备受保理人认可和推崇，这样由三方共同确认应收账款和保理融资款，进一步强化保理人的权利、有效地避免债权人和债务人共谋虚假意思表示欺诈保理人。

3. 是否存在合法、真实、有效、可转让的应收账款

根据《商业银行保理业务管理暂行办法》第 13 条第 1 款之规定，商业银行不得基于不合法基础交易合同、寄售合同、未来应收账款、权属不清的应收账款、因票据或其他有价证券而产生的付款请求权等开展保理融资业务。根据中国银保监会办公厅《关于加强商业保理企业监督管理的通知》规定，商业保理企业不得基于不合法基础交易合同、寄售合同、权属不清的应收账款、因票据或其他有价证券而产生的付款请求权等开展保理融资业务。从上述规定来看，作为保理业务核心的应收账款应当具备合法性、真实性和有效性。此外，该应收账款应当具有可转让性。《民法典》第 545 条规定："债权人可以将债权的全部或者部分转让给第三人，但是有下列情形之一的除外：（一）根据债权性质不得转让；（二）按照当事人约定不得转让；（三）依照法律规定不得转让。当事人约定非金钱债权不得转让的，不得对抗善意第三人。当事人约定金钱债权不得转让的，不得对抗第三人。"

4. 保理人是否存在明知应收账款虚构的情形

根据《民法典》第 763 条之规定，应收账款债权人与债务人虚构应收账款作为转让标的，与保理人订立保理合同的，应收账款债务人不得以应收账款不存在为由对抗保理人，但是保理人明知虚构的除外。为了维护交易稳定，法院一般推定保理人为善意，由债权人或债务人承担证明保理人明知基础债权虚构的举证责任。因此，保理人在开展保理业务时对应收账款应当负有必要的审查义务，包括基础合同、供货单、提货单、验收单、发票等，还有的保理人要求债权人提供会计凭证。

5. 保理人有无提供资金融通、应收账款管理或者催收、应收账款债务人付款担保等服务中的一项或几项

需要明确的是，保理人提供的上述服务均应以应收账款转让为前提，若脱离应收账款转让或为此企业提供基于应收账款转让的保理融资服务而为彼企业提供账户管理、催收等服务，暂且不论是否超范围经营及具有违规之嫌，该种行为均不构成保理业务的法律关系，而应当按照借款债务担保等实质性法律关系认定。

三、保理的类型

根据天津市高级人民法院《关于审理保理合同纠纷案件若干问题的审判委员会纪要（一）》（以下简称《保理纠纷会议纪要（一）》）第 11 条相关概念的解释第 1 款之规定，保理又称保付代理，是以应收账款转让为前提的综合性金融服务。保理合同主要涉及下列当事人：（1）保理人：开展保理业务的金融机构及商业保理公司；（2）债权人：基础合同中的债权人，其在保理合同中将基础合同中的应收账款转让给保理人，因此又是保理合同中的应收账款出让人；（3）债务人：基础合同项下的付款义务人。该规定中同时区分了不同类型的保理业务及相关定义，亦为保理业务实务提供了有价值的参考。

1. 正向保理与反向保理

正向保理是由债权人作为核心企业和融资需求方，向保理人发起、申请保理融资业务，债务人配合债权人和保理人确认基础债权并按照《应收账款转让通知书》按期支付应收账款。正向保理是比较常见的一种保理业务方案，由债权人和债务人签署基础协议、保理人与债权人签署保理业务合同、保理人向债务人发出应收账款确认书。反向保理不是一种具体产品或者是合同名称，而是一种保理营销策略[①]。在实践中，经常有保理人与规模较大、资信较好的买方达成合作协议，为处于其供应链上游的中小企业（卖方）提供保理业务服务。需要注意的是，正向保理区分明保理和暗保理，但是反向保理均为明保理，这是由于反向保理是由买方作为发起人，卖方作为申请人向保理人申请办理保理业务，那么买方显然对于应收账款的转让行为是知情的，所以不存在当事人之间签署所谓《反向保理合同》，其签署的仍为正常的保理合同。同时，只要买方与保理人签订的合作合同以及卖方与保理人签订的保理合同，均为当事人真实意思表示，内容合法，不违反法律、行政法规禁止性规定，应认定有效。随着保理市场的扩大，越来越多的保理人倾向采取反向保理，以保障应收账款支付到位、减少坏账风险。

2. 有追索权保理与无追索权保理

《民法典》第 766 条、第 767 条分别对有追索权保理和无追索权保理进行了规定。同时，根据天津市高级人民法院《保理纠纷会议纪要（一）》第 11 条相关概念的解释第 10 款之规定，有追索权保理是指保理人不承担为债务人核定信用额度和提供坏账担保的义务，仅提供包括融资在内的其他金融服务。无论应收账款因何种原因不能收回，保理人都有权向债权人追索已付融资款项并拒付尚未收回的差额款项，或者要求债权人回购应收账款。所以有追索权保理，又称为回购型保理。根据天津市高级人民法院《保理纠纷会议纪要（一）》第 11 条相关概念的解释第 11 款之规定，无追索权保理是指保理人根据债权人提供的债务人核准信用额度，在信用额度内承购债权人对债务人的应收账款并提供坏账担保责任。债务人因发生信用风险未按基础合同约定按时足额支付应收账款时，保理人不能向债权人追索。发生下列情况之一的，无追索权保理的保理人有权追索已付融资款并不承担坏账担保义务：债权人有明显欺诈行为；不可抗力；债务人对基础合同项下的商品、服务等提出异议。根据前述规定，可以看出，无追索权保理并非意味着保理人在任何情况下都对债权人不具有追索权。实践中，保理人需要根据债务人违约的具体情况和原因来综合判断追索的对象主体。

---

① 李宇：《保理合同立法论》，载《法学》2019 年第 12 期。

3. 明保理与暗保理

根据天津市高级人民法院《保理纠纷会议纪要（一）》第 11 条相关概念的解释第 12 款之规定，公开型保理又称明保理，是指在签订保理合同或在保理合同项下每单发票项下的应收账款转让时立即将债权转让事实通知债务人，该事实即对债务人产生约束力。根据天津市高级人民法院《保理纠纷会议纪要（一）》第 11 条相关概念的解释第 13 款之规定，隐蔽型保理又称暗保理，是指保理合同签订后的一定时期内，保理人或债权人都未将应收账款转让事实通知债务人，仅在约定期限届满或约定事由出现后，保理人可将应收账款转让事实通知债务人。隐蔽型保理中，即使保理人已预付融资款，正常情况下债务人仍直接向债权人付款，再由债权人将相关付款转付保理人，融资款项仅在债权人与保理人之间清算。

实务操作中，除以上常见的保理业务类型外，按照基础交易性质和债权人、债务人所在地的不同，保理业务还可分为国内保理和国际保理；按保理人参与同一保理业务的个数，保理业务还可分为单保理和双保理；按保理人所提供服务内容的不同，保理业务还可以分为融资保理和非融资保理；同时有的保理人受让应收账款后不选择回购而是向其他保理人再次转让，故称之为再保理。

第二节　办案思路与实战技巧

随着保理业务的急速发展，保理行业的诸多问题也随之出现，诸如名为保理融资实为资金借贷、基础合同当事人共谋虚假意思表示套取保理融资款、保理人审查失职、应收账款多头融资等，甚至虚假盖章、盗用印章、冒用身份签字、涉嫌诈骗等现象时有发生，无时无刻不在考验着代理律师的责任心及业务水平。律师在代理保理合同纠纷案件时，无论是作为债权人、债务人、担保人还是保理人的代理人，都极有必要在理解保理业务常规操作的基础上，分析个案的特殊性问题并预判法院审理的核心焦点，这样才能更有利于维护己方当事人的合法权益。下文中，笔者将提炼本人代理保理合同纠纷案件的业务经验并精选最高人民法院、地方高院及商业保理试点省市的典型案例，归纳总结律师代理保理合同纠纷案件的办案思路和实战技巧，可供读者参考借鉴及交流。

一、关于认定保理合同效力的办案思路及要点

实务中，保理业务的主法律关系一般涉及三方主体、两个合同。三方主体即基础合同中的债权人、债务人和保理人；两个合同是指债权人和债务人签署的基础合同、债权人与保理人签署的保理合同。另外，保理人为核心企业融资的，一般还会要求债权人提供人保或物保，从而自主法律关系中衍生出担保合同等从法律关系。如前所述，保理合同是以应收账款的确权及转让为核心的综合性金融服务业务，因此应收账款是建立保理交易的基础要素，也是保理法律关系区分于借款等法律关系的核心要素。在保理合同的缔结和履行中，基础合同债权人与债务人之间是否形成了现有或未来的应收账款，以及保理人是否以受让应收账款作为搭建融资业务的主要媒介，直接影响着保理合同的法律性质判定及效力认定。

1. 庭审中，法院一般会审查应收账款的真实性、合法性和有效性。有的观点认为，相关规范性文件规定了保理融资业务应当以真实、合法、有效的应收账款债权为前提，其目的是规范商业银行按规定开展保理融资业务，因此开展商业保理业务的保理公司无须遵守相关规定。笔者认为，商业保理公司与商业银行同为金融体系的重要参与者，如果仅对商业银行的保理业务准入门槛强加要求，而对商业保理公司的应收账款则放松审查，极有可能造成部分不良信用在商业保理公司聚集，诱发系统性金融风险。应收账款的真实、合法是指债权人和债务人基于真实意思表示签订基础合同且基础合同的标的等不存在违法情形。在实务操作中，有的债权人与债务人在签订保理合同甚至保理人发放融资款后可能会终止履行基础合同，此情形是否可以应收账款无效为抗辩理由需要综合分析。根据《民法典》第765条之规定，应收账款债务人接到应收账款转让通知后，应收账款债权人与债务人无正当理由协商变更或者终止基础交易合同，对保理人产生不利影响的，对保理人不发生效力。据此，在债务人收到应收账款转让通知后，若基础合同双方当事人

无正当理由终止交易对保理人不利的，则不得以应收账款无效对抗保理人。

2. 因保理融资是以应收账款的确认和转让为前提，故产生应收账款的基础合同一般应早于保理合同而签订。但在实务操作中，因并无强制性法律要求基础合同一定早于保理合同成立或缔结，因此，在特殊情况下，特别是随着“池保理”“供应链保理”等业务类型的出现，不排除由保理人与核心企业先行搭建保理业务合作关系，再由核心企业以债权人的身份与债务人签署并履行基础合同。基于此，只要债权人尤其是债务人对已形成的保理合同予以追认，且不违反法律强制性规定、不违背公序良俗，不应仅因两个合同形成时间的先后顺序而否定保理合同的效力。法院一般不会以《国内保理业务合同》先于建立基础买卖关系而签订便判定保理合同无效。但需要提示的是，从保理人规范从业和防范风险的角度，应当以事先订立基础合同为原则，以事先订立保理合同为例外。

3. 未来应收账款应满足可期待性和可确定性的特点。未来应收账款债权系指尚未成立但将来很有可能成立的债权，商业银行不得用未来应收账款做保理业务，但关于未来应收账款可否办理商业保理业务，一直备受业界关注。对此，《民法典》作了明确的规定，即商业保理公司可以开展以未来应收账款为要素的保理融资业务。综观法院审判观点可知，用未来应收账款叙做商业保理业务并非毫无限制，而应满足合理期待和具体明确的特点。即民事主体对该种未来债权具有合理期待的，则此种期待即成为一种期待权益，受法律保护；同时，该可期待债权应当具有相对确定性。在实践操作中，法院一般会审查基础交易双方历年或历次合同履行情况，根据交易对手、交易标的、债权性质等债之要素以及债务人经营状况、还款意愿等综合判断该可期待的未来应收账款是否具有相对确定性。对此，在保理公司与餐饮公司、管理公司等其他合同案①中法院曾就前述问题进行了相关论述。法院认为，认定是否构成商业保理法律关系，首先应审查所涉债权是否具备相应可转让性，原告保理公司自被告餐饮公司处受让的是被告餐饮公司在营业过程中通

① 案号：(2015) 浦民六（商）初字第 19918 号，另作者为说明相关法律问题，对本案例进行了适当改写。

过消费者的 POS 机刷卡消费所产生的资金收款权利，并据此从原告保理公司处获取资金。鉴于被告餐饮公司转让的应收账款所基于的交易事实及其收款权利均发生于涉案《国内保理业务合同》缔约之后，故被告餐饮公司转让的前述应收账款及其权利应系一种将来发生的债权，但并非所有将来债权均具备可转让性，故被告餐饮公司所转让之将来债权是否可归入适格的将来应收账款之范畴，尚须结合商业保理法律关系中可转让之将来债权的性质及涉案《国内保理业务合同》之约定予以综合认定。本案所涉将来债权，系被告餐饮公司于未来商业活动中可能产生的约定金额之债，该种约定金额的将来债权是否具有合理可期待性质，应以此类将来债权是否具有相对确定性为主要判断依据，涉案《国内保理业务合同》及其附件仅就所涉将来债权作了期间上的界定，对于交易对手、交易标的及所生债权性质等债之要素均未提及，亦无其他可对该将来债权予以确定的约定，故在现有证据条件下，难以认定本案所涉将来债权已相对确定，据此亦无法认为，本案所涉将来债权具备合理期待利益，可对外转让。

需要注意的是，实务中律师在办理此类案件时，除了应重点关注应收账款外，还应当关注保理人资质、当事人的意思表示并确保保理人未从事违反国家限制经营、特许经营以及法律、行政法规禁止经营的行为。

1. 保理人资质。如前文所述，保理人主体是否适格是认定保理法律关系的审查要素之一。目前，我国可以从事保理业务的主体为商业银行和商业保理公司。商业银行由国务院银行业监督管理机构颁发经营许可证，具有极高的准入门槛。关于商业保理公司的资质问题，笔者所在的天津市作为商业保理公司最先设立及试点城市，根据《保理纠纷会议纪要（一）》规定，保理人必须是依照国家规定、经过有关主管部门批准可以开展保理业务的金融机构和商业保理公司。未获得保理从业资格而开展保理业务的，属于违反金融管理秩序的行为，会导致保理合同存在瑕疵[①]。

2. 当事人的意思表示。鉴于保理合同系以基础合同的应收账款债权为前提，因此，此处的当事人意思表示，不仅指保理合同当事人的意思表示，还

① 冯宁：《保理合同纠纷案件相关法律问题分析》，载《人民司法·应用》2015 年第 17 期。

包括基础合同当事人的意思表示。

3. 保理人未从事违反国家限制经营、特许经营以及法律、行政法规禁止经营的行为。作为商业银行及商业保理公司共同的主管机关，银保监会颁布相关规则明确了商业银行及商业保理公司禁止性行为，一旦保理人涉及禁止经营的业务，则保理合同应当作出无效认定。

二、关于《民法典》第763条的理解与应用建议

在保理业务实践中，较为常见的问题是基础合同双方当事人特别是债务人否认应收账款的真实存在和有效转让，继而质疑保理合同效力，拒绝向保理人承担应收账款支付义务。《民法典》颁布前，法院对此情形的裁判思路并不统一，如广东省深圳市中级人民法院（2015）深中法商终字第2992号①案认为，保理人与债权人签订的合同虽名为保理合同，但在应收账款未有效转让的情形下，保理法律关系因缺乏必要要件而不成立，应当按照实际法律关系认定合同性质，合同对债务人不发生效力；而湖北省高级人民法院（2015）鄂民二终字第00205号②案认为，根据我国民事活动中应遵循的"诚实信用原则"，某银行监利支行有理由相信本案应收账款的真实性。港口库现单方以其与科技公司之间无真实交易为由来否认其对银行作出的一系列承诺，有违诚信，对其抗辩理由不予支持。

《民法典》颁布后，对此种情形的法律适用规则予以规定，为律师代理案件提供了法律规范。《民法典》第763条规定："应收账款债权人与债务人虚构应收账款作为转让标的，与保理人订立保理合同的，应收账款债务人不得以应收账款不存在为由对抗保理人，但是保理人明知虚构的除外。"该条规定了虚构应收账款的法律后果，可以从两个方面进行理解：因应收账款债权人与债务人虚构应收账款，债务人不得以应收账款不存在而对抗保理人。但书规定，保理人明知为虚构应收账款的除外。该条一方面是对善意保理人的信赖利益保护，另一方面也对保理人的高度、全面审查义务提出了更高要

① 贸易公司、麦某青、麦某威、梁某彬与保理公司合同案。

② 某银行监利支行与港口库、科技公司合同案。

求。对此笔者有如下理解和应用建议：

1. 应收账款债权人与债务人虚构应收账款的，原则上不得对抗保理人

根据民法基本原理，双方当事人通谋所为的虚伪意思表示，在当事人之间发生绝对无效的法律后果。但当第三人不知道当事人之间的虚伪意思表示时，该虚伪意思表示的无效不得对抗善意第三人。如前文所述，保理业务以应收账款转让为核心。因此，应收账款是否存在、是否作为交易媒介，是判断保理法律关系与借贷等法律关系最核心的要素。通常情况下，保理法律关系中的基础合同由债权人与债务人签署，保理合同由债权人与保理人签署，再由保理人向债务人发送应收账款转让通知书，以确认应收账款债权额、支付时间、相关责任等。现实商业交易中，有的债权人为了获取保理融资款，与债务人通谋将不存在的应收账款作为转让标的，如虚构债务人、盗用债务人印章及签字、编造基础交易合同等。在此种情况下，《民法典》对善意保理人的权利予以保障，不因应收账款虚假而否定保理关系，符合商事外观主义原则。

2. 保理人应当进行合理、必要审查

本条运用了“但书”规定，即在保理人明知应收账款是虚构的情况下，债务人可以拒绝向保理人承担应收账款的支付义务。本条将债务人抗辩事由限定为保理人“明知”而非“应知”，在一定程度上说明立法机关并未苛责保理人过重的审查义务，但是，这并不意味着保理人可以不对应收账款进行审查。根据《商业银行保理业务管理暂行办法》第 14 条、第 15 条的规定，商业银行在受理保理融资业务时，应当严格审核卖方和/或买方的资信、经营及财务状况，分析拟做保理融资的应收账款情况，包括是否出质、转让以及账龄结构等，合理判断买方的付款意愿、付款能力以及卖方的回购能力，审查买卖合同等资料的真实性与合法性。对因提供服务、承接工程或其他非销售商品原因所产生的应收账款，或买卖双方为关联企业的应收账款，应当从严审查交易背景真实性和定价的合理性。应当对客户和交易等相关情况进行有效的尽职调查，重点对交易对手、交易商品及贸易习惯等内容进行审核，并通过审核单据原件或银行认可的电子贸易信息等方式，确认相关交易行为真实合理存在，避免客户通过虚开发票或伪造贸易合同、物流、回款等手段恶意骗取融资。在现实交易中，保理人作为专业从事保理业务的机构，应当承担合理、必要的审查义务，但关于保理人的审查义务是形式审查还是实质审查，不同法院存在不同的裁判观点。对此，笔者认为保理人应当进行必要的资料审查，如应收账款债权数额、还款期限、基础合同、财务数据、交付凭证、运输记录、验收凭证、发票等内容。同时，保理人应当基于交易惯例特别是风险控制的原则关注基础合同签订背景、交易的合理性、当事人资信和财务状况、债务人付款意愿等，除了留存基础资料、单据和应收账款转让确认书外，还可以制作商谈笔录、面签照片、尽调报告等，避免被认定为“明知”基础交易虚假仍发放保理融资款。

三、关于保理人向应收账款债务人发出应收账款转让通知问题的分析思路和要点

根据《民法典》第 546 条第 1 款的规定，债权人转让债权，未通知债务人的，该转让对债务人不发生效力。同理，在保理业务中，应收账款债权转让未通知债务人的，该转让行为对应收账款债务人不发生法律效力。因此，只有将该应收账款债权发生转让的情况合法有效地通知到应收账款债务人，才能使债务人负有向保理人履行的义务，也才能最大限度地保护保理人利益。

在《民法典》颁布以前，对于保理人是否有权单独向应收账款债务人发送应收账款转让通知问题并无法律层面的明确规定。但在实务中，从保护切身利益角度出发，保理人往往主动向债务人发出通知，以防止债务人在转让发生后仍向债权人履行债务，从而造成保理人利益损失。但是，从应收账款债务人角度，保理人直接向其发送应收账款转让通知，势必会增加债务人对应收账款转让行为真伪的审核负担和成本。对此，《民法典》第 764 条规定，保理人向应收账款债务人发出应收账款转让通知的，应当表明保理人身份并附有必要凭证。根据该规定，保理人需要表明其身份同时附有必要凭证。但是问题在于，即便如此，应收账款债务人对于保理人所附的必要凭证真伪性往往仍无法在短时间内完全核实确定，这也势必会影响保理业务开展的整体效率。而在司法实务当中，对于应收账款债权转让通知，一般采取较为严格

的认定方式。如果保理人提交了经过公证的债权转让合同、保理合同或者转让通知等，由于公证书的证明力相对较强，此时债务人无须审核，因此，保理人向债务人发出转让通知的，如果表明了保理人的身份并且附有经过公证的债权转让合同、保理合同或者转让通知等必要凭证，可以认为具有与债权人发出转让通知同等的效力①。

四、关于隐蔽型保理问题的分析思路和要点

隐蔽型保理，又称暗保理，是指保理合同签订后的一定时期内未将应收账款转让事实通知债务人，仅在约定事由出现或者约定期限届满后，保理人或债权人可将应收账款转让事实通知债务人。在隐蔽型保理的情形中，即使保理人已支付保理融资款，一般情况下仍由债权人或以债权人名义继续收取债权，保理融资款项的结算仅仅发生在债权人与保理人之间，由债权人将相关付款转付给保理人。保理人为防止自身利益受损，还往往会以控制收款账户等方式保障其对应收账款收益的控制，并采取在保理合同条款中设定违约责任等方式，防止债权人另行收取债权。由于隐蔽型保理的天然属性，决定了该等业务模式下不可避免地会存在债务人另行向债权人给付款项的风险。但由于隐蔽型保理具有便于应收账款管理与催收、有利于维系债权人与债务人的合作关系等优势，因此，在实践中常有应用。在暗保理业务中，需要说明和注意以下几个问题：

第一，暗保理在特定条件下可以转化为明保理。如果保理合同约定应收账款债权人发生无法按照保理合同约定向保理人履行回购应收账款义务的情况，保理人有权将应收账款的转让事实通知应收账款债务人。此时，在符合保理合同约定的情况下，保理人在向应收账款债务人有效通知该应收账款转让事实后，可以向其主张权利。

第二，在有追索权的暗保理业务中，保理人有权按照约定向应收账款债权人行使追索权。《民法典》第 546 条第 1 款并未规定债权转让必须通知债务人，而是仅仅规定了未通知债务人的，该转让不对债务人发生效力，故该

① 黄薇主编：《中华人民共和国民法典合同编释义》，法律出版社 2020 年版，第 610 页。

规定并不妨碍暗保理的开展，亦不影响暗保理合同的成立和生效。在有追索权的暗保理业务中，保理人依然可以依据保理合同的约定向应收账款债权人主张应收账款回购的权利。对此，在北京市第一中级人民法院（2018）京01民终1495号①民事判决书、青岛市中级人民法院（2019）鲁02民终4166号②民事判决书中均有同样的观点。

第三，暗保理中，未通知债务人，不影响保证、抵押等担保责任承担。在暗保理中，保证、抵押等担保措施可以增加应收账款债权人履行应收账款回购义务的资信，当事人未通知应收账款债务人的，并不影响保证人、抵押人与保理人之间的相关担保合同的效力，保理人依然有权向保证人、抵押人等主张担保责任。

关联案例1

案件名称： 某银行重庆分行与物流公司、商贸公司等保理合同案

案　　号： 最高人民法院（2018）最高法民终31号

裁判观点： 保理融资纠纷案件中，债务人在保理银行开展尽职调查时，向保理银行提出抗辩权或者抵销权存在的合理事由，保理银行仍然与债权人签订保理合同并通知债务人债权转让的事实，债务人确认该债权转让并同意按照债权转让通知履行的，如债务人无预先放弃抗辩权或者抵销权以及存在欺诈等严重过错的情形，债务人仍不失抗辩权或者抵销权。

关联案例2

案件名称： 建设公司、某银行武汉分行金融借款合同案

案　　号： 最高人民法院（2018）最高法民再96号

裁判观点： 债务人以应收账款并未实际发生为由抗辩保理人的，应审查保理人在提供保理融资服务时是否尽到了合理注意义务。

① 保理公司与物流公司、陈某光等保理合同案。

② 保理公司与科技公司等保理合同案。

关联案例3

案件名称： 保理公司诉科技公司保理合同案

案　　号： 北京市朝阳区人民法院（2020）京0105民初71385号

裁判观点： 在保理交易中至少存在三方主体及两种合同关系，一种是应收账款债务人与债权人建立的基础合同关系，另一种是应收账款债权人与保理人建立的保理合同关系。《民法典》首次对保理合同的定义、内容及形式、虚构应收账款的效力、应收账款转让通知主体及方式、有无追索权保理人的权利等进行集中规定。在适用《民法典》审理保理合同纠纷时，应根据上述规定，从保理合同构成要件、合同效力、基础交易合同是否真实存在、保理人的请求权基础及范围四方面进行重点审查。

关联案例4

案件名称： 某银行太原迎宾路支行与工程公司、销售公司等保理合同案

案　　号： 最高人民法院（2015）民申字第2394号

裁判观点： 保理合同是一种有着突出商业惯例特点的债权转让性质的合同，从保理业务的运作和合同约定的权利义务来看，供应商将债权转让给保理人，保理人支付融资款作为对价，并明确告知债务人将应收账款支付给保理人，保理人对债务承担信用风险责任，有债权转让的法律特征，又有商业运作惯例的特征，保理人在未受偿的情况下，以债务人和供应商为被告，行使追索权。保理合同所形成的法律关系，是基于两个或者两个以上的合同形成一个新的符合商业运作惯例的法律关系，不能将一般合同的相对性原则简单地理解和套用在保理合同的纠纷中。

第三节　典型案例精析

案例 1：某银行与燃料公司、煤炭公司保理合同案①

裁判要旨

对实践中经常出现的转让债权存在瑕疵的情况，若该瑕疵系债务人和次债务人共同的虚伪意思表示，根据当事人的虚伪意思表示在当事人之间绝对无效，但不得对抗善意第三人的基本原理，应审查保理人在受让债权时是否尽到审查义务，是否知道或应当知道该债权存在瑕疵。若保理人为善意，则次债务人不得以债权瑕疵为由对抗保理人。

案情简介

某银行与煤炭公司签订《综合授信协议》，约定某银行为煤炭公司提供2亿元最高额综合授信额度，由能源公司、李某、李某洁提供连带保证责任。在该《综合授信协议》项下，某银行与煤炭公司签订额度为2亿元的《国内保理业务合同》，类型为有追索权的明保理，在该合同项下发生承兑汇票垫款3680万元。为办理上述融资保理业务，煤炭公司将其与燃料公司签订的一份数量为5.5万吨、价款为2450万元的煤炭买卖合同变造为数量9.5万吨、价款为4611万元的合同，并将该合同项下煤炭公司对燃料公司享有的4611万元应收账款转让给某银行。某银行派员到燃料公司核实该4611万元应收账款的真实性时，燃料公司在《应收账款转让确认书》和《应收账款转让通知确认书》上盖章，并由其工作人员签名确认。后由于上述3680万元承兑汇票垫款未能得到清偿，某银行提起诉讼，要求煤炭公司、能源公司、李某、李某洁、燃料公司承担还款责任，广东省珠海市中级人民法院驳回某银行对燃料公司的起

---

① 最高人民法院（2017）最高法民再164号。说明：为了便于集中讨论保理合同的相关问题，在案情简介部分，与保理无关的其他事实情况有所删减，并进行了适当改写。

诉，判决煤炭公司、能源公司、李某、李某洁承担还款责任。某银行又对燃料公司单独提起本案诉讼，要求其支付应收账款4611万元及利息。

法院裁决

一审法院经审理认为：案涉应收账款债权并非真实合法有效的债权，燃料公司有权以此为由拒绝向某银行付款；某银行已选择将应收账款债权转让至煤炭公司，无权再向燃料公司主张该项权利。遂判决驳回某银行的诉讼请求。某银行上诉后，江西省高级人民法院二审判决驳回上诉，维持原判。

某银行不服二审判决，依法申请再审。最高人民法院经审理后认为：燃料公司在某银行（保理人）向其核实应收账款真实性时，没有如实陈述真实煤炭买卖合同的履行情况，而是直接盖章确认了4611万元应收账款的真实性，故该变造的9.5万吨基础合同应认定为煤炭公司与燃料公司通谋实施的虚伪意思表示，虽在双方当事人之间无效，但由于某银行已经尽到了审慎的注意义务，其有理由相信煤炭公司对燃料公司享有4611万元债权。故燃料公司不能以此为由对抗某银行。故撤销一、二审判决，改判燃料公司在4611万元及利息的范围内向某银行支付3680万元及利息。

律师评析

本案主要涉及的问题就是在应收账款并非真实合法有效的情况下，债务人是否可以对抗保理人的问题。

实践中，应收账款债权存在瑕疵是保理业务中较为突出的问题，当保理人向债务人主张权利时，债务人往往以基础合同不真实、应收账款虚假等为由进行抗辩。《民法典》第763条规定："应收账款债权人与债务人虚构应收账款作为转让标的，与保理人订立保理合同的，应收账款债务人不得以应收账款不存在为由对抗保理人，但是保理人明知虚构的除外。"据此规定，债务人一般不能以应收账款不存在为由对抗保理人。但是，出于审慎和避免争议的考虑，我们仍建议保理人在从事保理业务过程中，应当就交易背景、基础合同及其履行情况等与应收账款债权真实性相关的事项进行必要的核实。在债权瑕疵较为明显、保理人稍加核实即可发现其虚假的情况下，若不对债权的真实合法性进行必要的调查核实，则不排除被认定为“明知”的可能性。本案中，保理人某银行不仅审核了应收账款债权人提交的基础买卖合同和增值税发票原件，还指派工作人员到应收账款债务人处调查贸易背景的真实性，并对债务人签署《应收账款转让确认书》《应收账款转让通知确认书》等行为进行面签见证，向债务人送达了《应收账款转让通知书》，保理人已经就基础债权的真实性问题进行了必要的调查和核实，债权人和债务人共同向保理人确认了基础债权真实、合法、有效，保理人已经尽到了审慎的注意义务，其有理由相信4611万元的应收账款债权真实存在。据此，债务人关于案涉应收账款虚假的抗辩理由无法得到法院的支持，仍应向保理人承担支付责任。

与此相关的另一个问题是，在应收账款虚假的情况下，债务人和次债务人之间的法律关系问题。《民法典》第146条规定：“行为人与相对人以虚假的意思表示实施的民事法律行为无效。以虚假的意思表示隐藏的民事法律行为的效力，依照有关法律规定处理。”据此，债务人与次债务人之间所签订的合同在其双方当事人之间无效，不能产生该合同有效的法律后果，而应当按照双方之间隐藏的意思表示进行处理。

案例2：融资租赁公司、工程公司借款合同案[①]

裁判要旨

保理融资纠纷案件中，债权人依照固定的融资期限而非依照应收账款的履行期限偿还本息，融资期限与基础债权债务关系的履行期限不具有关联性，不符合保理法律关系的基本特征。

案情简介

融资租赁公司与债权人工程公司签订《保理协议》《保理融资协议》，

① 一审：河南省高级人民法院（2018）豫民初106号；二审：最高人民法院（2019）最高法民终1449号。说明：为了便于集中讨论保理合同的相关问题，在案情简介部分，与保理无关的其他事实情况有所删减。

约定工程公司以转让其对债务人G公司应收账款（16700万元）的方式向融资租赁公司申请保理融资借款，融资金额15000万元，额度有效期2年，保理业务类型为回购型保理业务，结息方式为按月结息，自放款计息日起12个月内归还本金5000万元，剩余本金在协议到期日一次性结清。融资利率为年息10%，逾期利息率为日息万分之八。工程公司在《融资租赁公司保理额度及交易条件通知书》《应收账款转让通知书》《应收账款债权转让申请书》上盖章确认；G公司在《应收账款债权转让申请书》《买方确认函》上盖章确认；融资租赁公司对工程公司转让发票相关的应收账款及其权利16700万元予以核准。2017年10月9日，上诉人融资租赁公司向被上诉人工程公司支付15000万元融资款。后工程公司分多次向融资租赁公司支付利息合计15666666.69元。按照《保理融资还款计划表》，被上诉人工程公司应当于2018年10月20日偿还上诉人融资租赁公司5000万元本金，应于2018年11月20日支付第13期利息，但工程公司未按约定偿还上述本金并支付利息。融资租赁公司于2018年12月13日依据《保理融资协议》一般条款第2条、第5条、第14条之约定，向工程公司及G公司发出《律师函》，宣布《保理融资协议》项下融资于2018年12月13日提前到期，并要求工程公司立即向融资租赁公司支付全部融资本息、逾期利息、罚息、违约金。

法院裁决

一审法院经审理认为：融资租赁公司与工程公司签订《保理协议》和《保理融资协议》是当事人真实意思表示，不违反法律、法规的规定，为有效合同。但双方之间名为保理、实为借贷法律关系。遂判决：工程公司于判决生效之日起十日内偿还融资租赁公司本金15000万元及利息、逾期利息（包括2018年11月20日之前的利息1291666.67元，逾期利息以本金15000万元为基数，以年利率24%为标准，从2018年11月21日起计算至实际清偿之日止）。融资租赁公司不服一审判决，依法提起上诉。最高人民法院二审后，于2019年9月26日作出终审判决：驳回上诉，维持原判。

律师评析

本案的焦点问题为涉案《保理融资协议》的法律性质问题。保理业务的主要特点是：保理人通过受让债权，取得对债务人的直接请求权，保理融资的第一还款来源为债务人对应收账款的支付。本案中，涉案合同约定的保理业务类型是回购型保理业务，即在应收账款到期无法从买方处收回时，保理人可以向客户反转让应收账款，或要求客户无条件回购应收账款或归还融资本息的保理服务。工程公司将其对 G 公司的应收账款债权转让给融资租赁公司，融资租赁公司取得对 G 公司的债权，该约定符合以债权人转让其应收账款债权为前提的保理业务形式特征。但工程公司转让给融资租赁公司的债权，未约定债权到期日，且《保理融资协议》未约定融资租赁公司向 G 公司主张债权的具体内容，而是约定由工程公司直接向融资租赁公司支付利息、偿还本金、支付逾期利息以及违约金等内容。上述约定不符合保理法律关系中债务人应首先向保理人支付应收账款的实质特征。且在合同履行过程中，债权人工程公司在签订《保理融资协议》后按月向融资租赁公司支付利息、偿还本金，保理融资的第一还款来源债务人 G 公司并未向融资租赁公司履行支付应收账款的义务，融资租赁公司也未向 G 公司主张权利。故融资租赁公司与工程公司之间名为保理、实为借贷法律关系。本案一审、二审法院对《保理融资协议》属于借贷法律性质的认定，无疑是准确的。

实践中，名为保理、实为借贷的现象并不鲜见。律师在代理此类案件时，首先应当判断双方所签合同的效力及法律性质，保理合同的主要特征之一就是第一还款来源应当是债务人支付的应收账款。天津市高级人民法院《保理纠纷会议纪要（一）》中规定："保理法律关系不同于一般借款关系。保理融资的第一还款来源是债务人支付应收账款，而非债权人直接归还保理融资款。"若双方所签的合同仅有保理之名，而不符合保理合同的法律特征，则不能产生保理合同的法律效果，而应按照借贷合同关系处理。从业务开展的角度，若保理人欲开展保理融资业务，则应当遵从保理法律关系的实质特征设定保理合同条款内容，而不应以保理之名、行借贷之实，以免产生不必要的法律风险。

第九章　承揽合同纠纷[①]

第一节　理论概述与实务指引

承揽合同是商事合同的传统类型，它的适用范围极为广泛，从生产建设到日常生活的各个领域，都离不开这种法律形式。因此，“目前在基层人民法院审理的合同纠纷案件中，承揽合同纠纷仍然是除借款合同与买卖合同之外的主要类型。承揽合同纠纷的焦点主要表现为对定作人、承揽人违约责任的承担以及定作人行使合同解除权而引起的争议等方面”。[②]《民法典》第770条至第787条共计18条对承揽合同的相关内容予以规定。相较于原《合同法》而言，《民法典》对承揽合同部分的重要修改集中在两个条款：一是《民法典》第783条新增了承揽人的拒绝交付权；二是《民法典》第787条限制了定作人的任意解除权，将其行使任意解除权的时间点限定在“承揽人完成工作前”。

一、承揽合同的概念

《民法典》第770条规定：“承揽合同是承揽人按照定作人的要求完成工作，交付工作成果，定作人支付报酬的合同。承揽包括加工、定作、修理、复制、测试、检验等工作。”在承揽合同的双方当事人中，完成工作或提供劳务并交付工作成果的一方叫承揽人或承揽方，接受工作成果并支付报酬的

---

① 本章作者徐顺。

② 吴庆宝、俞宏雷、冒金山主编：《基层法院裁判标准规范》（商事卷），人民法院出版社2011年版，第378页。

一方叫定作人或定作方。承揽人根据定作人的要求完成的工作成果叫定作物。从主体上看，无论是自然人、法人还是自然人之间、法人之间，自然人与法人之间，都可以订立承揽合同。从内容上看，承揽合同以承揽人完成指定的工作并提交工作成果为基本内容。鉴于建设工程合同另有书籍专门讨论，因此本书所述承揽合同不包括建设工程合同。但根据《民法典》第 808 条“本章没有规定的，适用承揽合同的有关规定”之规定，本章所述承揽合同的相关规定可适用于建设工程合同，包括建设工程勘察、设计、施工合同。

二、承揽合同的特征

1. 承揽合同为诺成、双务、有偿合同。承揽合同经双方当事人意思表示一致即可成立，不以定作物或加工物的交付为成立要件，故为诺成合同；承揽人需付出劳动并交付工作成果，定作人需支付报酬，故为双务、有偿合同。

2. 承揽合同的主要目的为完成一定的工作。在承揽合同中，承揽人要按照定作人的要求完成工作并交付工作成果，不仅要提供劳务，还要交付工作成果，是“劳务+工作成果”的集合体。这也是承揽合同和买卖合同、劳务合同的区别之一。买卖合同的核心目的为转移出卖物的所有权，对于生产出卖物的过程及付出的劳务在所不问。劳务合同的标的仅为劳务本身，受雇人只要依约提供劳务即可，而对于所提供劳务是否产生特定的工作成果，虽然也是雇用人的重要目的，但雇用人不能要求受雇人必须有特定的工作成果。如在设备技术公司与工贸公司买卖合同案［最高人民法院（2014）民申字第 38 号］中，最高人民法院指出：承揽合同的标的是根据定作人的指示，承揽人提供的服务或者劳动，买卖合同的标的是货物，两者存在区别。

3. 承揽合同具有较强的人格依赖性。之所以订立承揽合同，一般是因为定作人对承揽人的工作能力、条件、经验和水平抱有信任，这种信任具有较强的人格依赖性。也正是因为如此，《民法典》第 772 条规定：“承揽人应当以自己的设备、技术和劳力，完成主要工作，但是当事人另有约定的除外。承揽人将其承揽的主要工作交由第三人完成的，应当就该第三人完成的工作成果向定作人负责；未经定作人同意的，定作人也可以解除合同。”由此可见，《民法典》充分肯定了承揽合同中的信赖基础。但需要注意的是，法律并非规定承揽人必须独自完成所有工作，对于辅助工作承揽人可以交由第三人完成，仅需就第三人完成的工作成果对定作人负责即可。所谓的“辅助工作”，是相对于“主要工作”而言的。“主要工作”一般是指对工作成果的质量起决定性作用的工作，主要工作之外的工作即可以界定为辅助性工作。比如在定做服装的情形中，服装的款式设计、裁剪、缝制等属于主要工作，而钉纽扣、扦裤边等则应属于辅助工作。

4. 定作物及其风险承担具有特殊性。承揽合同的标的物系承揽人严格按照定作人的要求而制作完成的工作成果，具有特定性，符合定作人的特殊要求。此外，根据《民法典》第 784 条之规定，承揽人应当妥善保管定作人提供的材料以及完成的工作成果，因保管不善造成毁损、灭失的，应当承担赔偿责任。

三、承揽合同的主要类型

根据《民法典》第 770 条第 2 款之规定，承揽包括加工、定作、修理、复制、测试、检验等工作。这些工作均属于承揽的内容，但在具体的权利义务及承揽结果方面不尽相同。实践中承揽合同的类型非常丰富，较为多见的包括：

1. 加工。即定作人提供原材料由承揽人按照定作人的要求加工材料，并将加工成果交付给定作人。如定作人提供木材由承揽人加工成家具，定作人提供金条由承揽人加工成金戒指等，即是典型的加工合同。

2. 定作。即承揽人自备材料，按照定作人的要求对该材料进行加工制作成特定产品并交付给定作人。由承揽人自备材料，是定作和加工的根本区别。如定作人到裁缝店量体裁衣，承揽人提供布料并为定作人制作衣服，即是典型的定作合同。

3. 修理。即定作人将损坏的物品交给承揽人，由承揽人负责按照定作人的要求进行修理并交还定作人。如家电、汽车维修即是典型。需要注意的是，在修理对象为不动产的场合，一般使用修缮、维修的概念，但本质上仍属于承揽。

4. 复制、印刷。复制是指定作人将样品提供给承揽人，由承揽人依照样品制作复制品。印刷是指定作人将文稿提供给承揽人，由承揽人利用自己的印刷设备按照定作人的要求进行印刷。需要注意的是，根据2020年11月29日国务院新修订的《印刷业管理条例》和《出版管理条例》，对印刷合同存在特殊要求：

（1）主体方面。对委印方来说，如委印报纸的须出具报纸出版许可证；印刷期刊、报纸增刊的须出具出版行政主管部门的批准文件；印刷引进版权的图书、期刊的须出具省（自治区、直辖市）人民政府的批准文件以及相关著作权的合法证明。对承印方来说，我国实行印刷经营许可证制度，未取得印刷经营许可证的单位和个人不得从事印刷经营活动。承印特殊印刷品（如涉及国家秘密载体）的承印方还需要有特殊的资质和许可。

（2）内容方面。根据《印刷业管理条例》第3条之规定，印制含有反动、淫秽、迷信内容和国家明令禁止印刷的其他内容的出版物、包装装潢印刷品和其他印刷品的合同无效。这种情况下，不仅合同无效，还要视其情节由公安部门给予行政处罚或依法追究相关责任人的刑事责任。

5. 设计。即承揽人按照定作人的要求，为定作人进行项目设计，如图文设计、方案设计、服装设计等。其中以广告设计最为常见。需要注意的是，建筑设计不属于本章讨论范畴，应归入建筑工程合同。另，依据特别法优于普通法的原则，在广告设计合同中，还应充分注意《广告法》对于广告主、广告内容等的特殊规定。

6. 检验、鉴定。指承揽人按照定作人的要求，对定作人提出的检验、鉴定事项，依靠自己的设备、仪器及专业技术进行检查、鉴定并提供检验、鉴定报告。在律师实务中，经常接触到的司法鉴定即是此类。此外，产品质量检验在生活中也较为多见。

第二节　办案思路与实战技巧

从承揽合同的类型来看，承揽合同是经济活动中适用非常广泛的一类合同，在司法实践中，此类合同纠纷出现频率较高，是律师的主要业务领域之一。律师在办理此类案件时，应当结合承揽合同的特点，从合同效力、合同主体及其权利义务、合同责任等角度进行系统分析，并注意其与其他相关法律法规的区分及综合运用。

一、办理承揽合同纠纷案件的基本着手点

如前所述，承揽合同是承揽人按照定作人的要求完成工作，交付工作成果，定作人给付报酬的合同。律师在办理承揽合同纠纷案件时，首先可以从以下几个方面人手：

1. 判断承揽合同是否成立并生效。包括承揽合同的当事人（定作人与承揽人）是否具有缔约能力；合同的双方意思表示是否真实；合同的目的、内容、形式、订立程序是否违反法律、行政法规的强制性规定，是否损害了公共利益等。这也是办理所有合同纠纷的第一个步骤，即判断合同的效力。只有在合同依法成立并生效的情况下，才可能根据合同约定及法律规定进一步分析双方的权利义务及责任。

2. 分析定作人的权利义务。根据《民法典》第 774 条、第 775 条、第 777 条、第 778 条、第 779 条、第 782 条的规定，定作人的主要权利包括：（1）对承揽人的监督检验权；（2）单方变更权和单方解除权。主要义务包括：（1）协助义务，如提供定作物图纸、技术资料或合格的原材料；（2）领受工作成果；（3）支付报酬。

3. 分析承揽人的权利义务。根据《民法典》第 774 条、第 776 条、第 779 条、第 780 条的规定，承揽人的主要权利包括：（1）报酬请求权；（2）留置权或拒绝交付权。主要义务包括：（1）按照合同约定的质量和期限交付工作成果，并随工作成果交付（使用、修理、维修）技术资料和质量证明；（2）通知义务；（3）工作成果交付前的保管义务；（4）保密义务；（5）接受监督、检验的义务。

以上三个方面是承揽合同纠纷的基础性问题，也是承揽合同纠纷案件的争议焦点所在。律师应当根据前述三个着手点，对当事人提供的证据材料进行审查和分析，但需要注意的是，律师在分析过程中需要结合合同的内容进行判断，看当事人对于各自权利的具体规定，尤其是有没有除外规定，以便

确定己方的诉讼思路以及诉请的可支持程度和风险。

二、承揽合同纠纷案件的重点及难点问题

在实践中，关于定作物数量、包装、运输、交付期限等问题一般均取决于合同当事人的约定，对于律师来说相对易于分析和把握，可以根据当事人的合同约定来审查实际履行情况，进而确定各方责任。承揽合同纠纷中较为复杂和疑难的问题主要包括承揽人及定作人的特殊权利义务、定作物的标准及质量、报酬计算及支付、共同承揽人的连带责任等。

1. 关于定作人的单方变更权和单方解除权

《民法典》第 777 条规定："定作人中途变更承揽工作的要求，造成承揽人损失的，应当赔偿损失。"第 787 条规定："定作人在承揽人完成工作前可以随时解除合同，造成承揽人损失的，应当赔偿损失。"据此规定，可以看出法律赋予定作人单方变更或解除合同的权利，其原因在于承揽合同的根本目的就是满足定作人的实际需要，若定作人的需求发生变化，继续按照原合同履行已无必要且会造成资源浪费，因此理应赋予其单方变更或解除合同的权利。但基于公平和诚信原则，定作人的单方解除权限制在"承揽人完成工作前"，另定作人单方变更或解除合同造成承揽人损失的，应当赔偿承揽人因此受到的损失。法律如此规定，既可以避免给定作人造成更大的浪费，也不至于给承揽人造成难以承受的损失。如在生物科技公司与科技公司定作合同纠纷案［山东省高级人民法院（2014）鲁商终字第 284 号］中，山东省高级人民法院指出：定作人享有法定解约权，可以随时解除承揽合同；赔偿承揽人的损失是解除定作合同的法律后果，而不是定作人行使解除权的条件；无论承揽人有无过错，是否已经开始工作，定作人均可解除合同。也就是说，在承揽人完成工作成果之前，定作人行使解除权是无条件的，不以赔偿承揽人的损失为前提。

关于定作人的解除权问题，实践中应注意区分定作人是根据哪一条规定来行使解除权。若是根据《民法典》第 563 条之规定而行使解除权，或是根据《民法典》第 772 条（即承揽人未经同意将主要工作交由第三人完成的）行使解除权的，则属于合同的法定解除，定作人无须赔偿承揽人的损失。因

此，如果是承揽人构成根本违约的情况下，定作人解除合同的，则不属于行使任意解除权，无须赔偿承揽人的损失。比如在航务公司与船业公司及一审被告陈某平船舶建造合同纠纷案[①]中，最高人民法院认为：在承揽人将定作物已经转卖的情况下，承揽人的行为已经表明其不履行定作合同约定的主要义务——向定作人交付定作物。定作人根据《合同法》第 94 条第 2 项[②]关于在履行期限届满之前当事人一方以自己的行为表明不履行主要债务的，对方当事人可以解除合同之规定，请求解除合同，理据正当充分。原审判决将定作人解除合同的依据认定为《合同法》第 268 条[③]关于定作人可以随时解除承揽合同的规定错误，应予纠正。

2. 关于承揽人的单方解除权

《民法典》第 778 条规定："承揽工作需要定作人协助的，定作人有协助的义务。定作人不履行协助义务致使承揽工作不能完成的，承揽人可以催告定作人在合理期限内履行义务，并可以顺延履行期限；定作人逾期不履行的，承揽人可以解除合同。"这是《民法典》赋予承揽人的单方解除权，其原因在于在承揽合同需要定作人协助的情况下，若定作人不履行或怠于履行该义务造成承揽工作不能完成的，属于定作人的违约行为，若经催告后仍不履行的，在此情形下合同目的已难实现，为了维护交易秩序，应当允许承揽人解除合同。此种情形，即属于《民法典》第 563 条第 5 项规定的"法律规定的其他情形"。

3. 关于承揽人的留置权或拒绝交付权

《民法典》第 783 条规定："定作人未向承揽人支付报酬或者材料费等价款的，承揽人对完成的工作成果享有留置权或者有权拒绝交付，但是当事人另有约定的除外。"据此规定，承揽人行使留置权的条件包括：(1) 承揽人已完成承揽工作。(2) 定作人存在未支付报酬或材料费等价款的情形。(3) 留置的对象限于承揽人完成的工作成果，且应为动产，因为不动产在客观上不能

① 案号：最高人民法院 (2013) 民提字第 71 号，另作者为说明相关法律问题，对本案例进行了适当改写。

② 对应《民法典》第 563 条第 2 项。

③ 对应《民法典》第 787 条。

被留置。同时，该工作成果应当是定作人享有所有权的成果，若该工作成果是承揽人自己提供原材料制作的，在交付之前该成果实际上属于承揽人所有，则无留置权行使的余地。（4）当事人双方没有关于排除承揽人留置权的约定。在工作成果为不动产或不便于行使留置权时，承揽人可以行使拒绝交付权而合法占有工作成果，以保障承揽人自身的权益。

4. 关于定作人的报酬支付义务问题

《民法典》第 782 条规定："定作人应当按照约定的期限支付报酬。对支付报酬的期限没有约定或者约定不明确，依据本法第五百一十条的规定仍不能确定的，定作人应当在承揽人交付工作成果时支付；工作成果部分交付的，定作人应当相应支付。"据此规定，在实务中应当注意：

（1）当事人关于报酬支付有约定的，按照约定执行。如果没有约定的，可以双方协商补充约定。

（2）如果不能达成补充约定的，按照合同有关条款或交易习惯确定。

（3）若前两条均不能适用，则应当在承揽人交付工作成果时支付。如果承揽人部分交付工作成果的，定作人应支付相应部分的报酬。

5. 关于定作人的协助义务

合同的顺利履行离不开双方的配合与协助。《民法典》第 778 条前段规定："承揽工作需要定作人协助的，定作人有协助的义务。"这是定作人的法定义务，也是诚信原则的必然要求。如果定作人违反该义务，轻则承揽人可以对定作人提出相应的抗辩，重则定作人应赔偿承揽人的损失（《民法典》第 776 条后段）。定作人的常见协助义务包括：

（1）需要定作人提供材料、设计图纸、技术资料的，定作人应当及时提供。

（2）需要定作人提供必要的工作条件的，定作人应当及时提供。如室内维修暖气管的，定作人应当清除暖气管周围杂物，提供电源等。

（3）合同履行过程中，基于诚信原则需要定作人予以协助的其他情形，如承揽人发现定作人提供的图纸或技术要求不合理的，应当及时通知定作人，定作人应当及时答复，及时更换有瑕疵的设计图纸等。

6. 关于定作物的质量问题

律师应当注意的是，在承揽合同中适用的质量标准是约定标准，即合同当事人在承揽合同中约定的是质量标准，而非国家标准或行业标准。当然，当事人可以约定适用国家标准或行业标准。若承揽人交付的工作成果不符合约定标准的，承担的是违约责任而非质量保证责任。《民法典》第 781 条规定："承揽人交付的工作成果不符合质量要求的，定作人可以合理选择请求承揽人承担修理、重作、减少报酬、赔偿损失等违约责任。"

实践中需要注意的是，定作人在受领工作成果后应当及时检验，如有质量异议的，应当在约定的质量异议期或质保期内提出，否则将难以得到法院的支持。如在机械设备公司与机械制造公司加工合同纠纷案［陕西省高级人民法院（2014）陕民二申字第 00141 号］中，陕西省高级人民法院认为：在合同法对加工承揽合同标的物质量检验没有较为明确规定的情况下，有关标的物质量检验可以参照买卖合同的相关规定予以适用。《合同法》第 158 条第 1 款①对买受人的检验及通知义务作出如下规定，"当事人约定检验期间的，买受人应当在检验期间内将标的物的数量或者质量不符合约定的情形通知出卖人。买受人怠于通知的，视为标的物的数量或者质量符合约定"。因此，在加工承揽合同中，及时对涉案标的物进行检验并通知加工承揽方，是定作人的义务。若经过检验认为存在质量问题并及时通知的，定作人即履行通知义务；定作人一方怠于履行通知义务的，则视为其已对标的物进行了检验并默认标的物质量符合合同约定，定作人的期间利益因定作人怠于履行通知义务而消灭。上述期间的经过将会使定作人丧失相应的法律救济权利和期限利益，并不能被证据所推翻。《买卖合同司法解释》第 20 条第 1 款②规定："合同法第一百五十八条规定的检验期间、合理期间、两年期间经过后，买受人主张标的物的数量或者质量不符合约定的，人民法院不予支持。"在本案中，虽经有关鉴定机构对涉案产品进行了鉴定，并出具了"勘验现场存放的 17 件 Φ250 轧辊轴承座底部两个螺纹孔中心距尺寸均不符合由机械

① 对应《民法典》第 621 条第 1 款。

② 《最高人民法院关于审理买卖合同纠纷案件适用法律问题的解释》（2020 年修正）第 14 条第 1 款。

研究所设计的两种轴承座图纸的要求”的鉴定结论，但该结论系在双方当事人约定的质保期之后作出，且该质量问题应系在重业公司接收货物时即可发现的问题，依照《买卖合同司法解释》第 20 条第 1 款[①]的规定，其主张人民法院不予支持。此外，在房地产公司与消防器材厂、屈某付加工承揽合同案［广西壮族自治区高级人民法院（2013）桂民申字第 175 号］中，广西壮族自治区高级人民法院也明确指出：虽然鉴定结论为消防器材厂提供安装的甲、乙、丙三级防火门中，只有丙级防火门的耐火性符合国家标准，而甲级和乙级的防火门均不符合国家标准要求。但由于送检样品是使用了 4 年 7 个月后的防火门，仅凭该鉴定结论尚不能证实 4 年 7 个月前交付使用的木质防火门存在质量问题。桂建公司在消防器材厂制作、安装的木质防火门验收合格后，没有在合同约定的 2 年保修期和 3 年质保期内提出质量异议，而是在超过了约定的保修期和质保期后的 4 年 7 个月才提出质量异议。因此，桂建公司请求消防器材厂和屈某付赔偿防火门损失没有合同依据。

7. 关于共同承揽人的连带责任问题

《民法典》第 786 条规定：“共同承揽人对定作人承担连带责任，但是当事人另有约定的除外。”所谓共同承揽，是指由一个以上的承揽人共同负责完成承揽义务。在实务中应当注意区分共同承揽人与《民法典》第 773 条中规定的次承揽人。共同承揽人是承揽合同的当事人，而次承揽人并非承揽合同的当事人，不享有承揽人的权利。共同承揽人应当以自己的设备、技术和劳力完成主要工作，而次承揽人仅能从事辅助性工作。共同承揽人对定作人承担连带责任，而次承揽人无须向定作人承担责任，其仅需向承揽人承担责任，由于次承揽人完成工作不符合约定而导致的责任由承揽人向定作人承担。

8. 关于定作人（承揽人）的侵权责任问题

承揽合同的当事人通常只有定作人和承揽人，或者说还包括共同定作人

---

① 《最高人民法院关于审理买卖合同纠纷案件适用法律问题的解释》（2020 年修正）第 14 条第 1 款。

或共同承揽人。但在承揽合同的履行中，还可能因一方的违约行为对第三人造成侵权而产生赔偿责任。这里且不讨论责任竞合的问题，仅从实务的角度针对定作人（承揽人）因侵权导致的赔偿责任做一些提示：（1）承揽人在完成工作过程中造成第三人损害或者自己损害的，定作人原则上不承担侵权责任。但是定作人对定作、指示或选任有过错的，应当承担相应的责任。这是《民法典》第七编侵权责任部分关于责任主体的明确规定（详见《民法典》第1193条）。（2）当事人违约履行，造成对方人身、财产损害的，受害方可以选择追究其违约责任或者侵权责任。如定作人交付的原材料存在质量缺陷，造成承揽人人身损害、财产损失的；或承揽人违反保密义务，导致定作人的商业秘密泄露，经济利益遭受重大损失的，受害方可以选择追究承揽人的违约责任或者侵权责任。

关联案例1

案件名称： 设备技术公司与工贸公司买卖合同案

案　　号： 最高人民法院（2014）民申字第38号

裁判观点： 承揽合同，虽然有“定作”的内容，但承揽合同的标的是根据定作人的指示，承揽人提供的服务或者劳动，买卖合同的标的是货物，两者存在区别。

关联案例2

案件名称： 生物科技公司与科技公司定作合同案

案　　号： 山东省高级人民法院（2014）鲁商终字第284号

裁判观点： 根据法律规定，定作人享有法定解约权，可以随时解除承揽合同，即是说无论承揽人有无过错，是否已经开始工作，定作人均可解除合同。

关联案例3

案件名称：航务公司与船业公司及一审被告陈某平船舶建造合同案

案　　号：最高人民法院（2013）民提字第71号

裁判观点：在承揽人将定作物已经转卖的情况下，承揽人的行为已经表明其不履行定作合同约定的主要义务——向定作人交付定作物。定作人根据《合同法》第94条第2项①关于在履行期限届满之前当事人一方以自己的行为表明不履行主要债务的，对方当事人可以解除合同之规定，请求解除合同，理据正当充分。原审判决将定作人解除合同的依据认定为《合同法》第268条②关于定作人可以随时解除承揽合同的规定错误，应予纠正。

关联案例4

案件名称：机械设备公司与机械制造公司加工合同案

案　　号：陕西省高级人民法院（2014）陕民二申字第00141号

裁判观点：在承揽合同中，定作人主张承揽人交付的产品存在质量问题，虽有鉴定书证明，但不能提供证据证明其在质保期内向承揽人提出过质量异议，应视为其已对定作物进行了检验并默认定作物质量符合合同约定。定作人的期间利益因其怠于履行检验及通知义务而消灭，同时也使其丧失相应的法律救济权利，应承担举证不能的不利后果。

关联案例5

案件名称：房地产公司与消防器材厂、屈某付加工承揽合同案

案　　号：广西壮族自治区高级人民法院（2013）桂民申字第175号

裁判观点：定作人未在合同约定的保修期和质保期内提出质量异议，而是在超过了约定的保修期和质保期后提出质量异议并索赔的，不予支持。

---

① 对应《民法典》第563条第2项。

② 对应《民法典》第787条。

关联案例6

案件名称：H公司与贸易公司承揽合同案

案　　号：辽宁省高级人民法院（2015）辽民三终字第00253号

裁判观点：在承揽合同上加盖公章并由其董事签字确认，应视为对自身合同当事人身份的确认。合同中有使用某公司商标并将工作成果售予某公司的表述，说明某公司与合同签订人为关联公司，是共同定作人。共同的定作人必须履行相同的合同义务并承担连带责任。

第三节　典型案例精析

案例1：汽车修理厂诉董某峰损害赔偿纠纷案①

裁判要旨

承揽合同中定作人对第三人承担侵权责任的条件是定作人对定作、指示或者选任有过失。承揽人在进行汽车维修过程中发生伤亡事故，但定作人对事故的发生不存在错误指示操作等过失，因此不承担赔偿责任。

案情简介

2009年3月13日，董某峰的雇员魏某峰驾驶欧曼重型半挂牵引车行驶至杭宁高速公路湖州市吴兴区青山地带时，因严重超载导致该车轮胎发生故障，为此魏某峰向交警支队第二大队求助，于是该大队向附近的汽车修理厂发出指令，汽车修理厂派出雇员梅某武、沈某浩前往事故地抢修，在拆卸汽车外挡轮胎时，内挡轮胎内胎发生爆破，造成梅某武当场死亡的重大事故。后经有关部门鉴定，董某峰的汽车由于长时间超载，轮胎轮辋不合格，不能

① 浙江省湖州市人民法院（2010）浙湖民终字第71号民事判决书，《汽车修理厂诉董某峰损害赔偿纠纷案》，原载于《最高人民法院公报》2011年第6期（总第176期），第36~39页。

承受轮胎内的气压而爆炸，事故发生后，汽车修理厂对死者梅某武家属给予足额补偿。汽车修理厂将车主董某峰诉至法院并向法院提供证据，包括证明事故发生的经过及被告董某峰车辆超载的事实的调查结论，被告董某峰的车辆自身存在多项不符合国家强制标准的数据，被告车辆轮胎气压过高导致爆炸的鉴定结论。主张被告对梅某武的死亡承担主要责任，要求赔偿原告359567元并承担该案诉讼费用。

被告董某峰答辩称：1. 本案应为承揽合同纠纷，原告汽车修理厂提起诉讼的事实基础是承揽合同关系，原告雇员的死亡是承揽合同关系下一个不幸的结果。2. 原告存在过错。梅某武在没有经专业培训的情况下从事汽车维修业务，系无证上岗，原告亦没有提供与梅某武签订劳动合同并缴纳保险费用的证明，也未为其投保意外伤害保险，不能证明梅某武系原告雇员，因此原告无诉讼主体资格；被告的驾驶员曾告知梅某武轮胎卡槽处有裂痕，梅某武在没有放气减压的情况下对该车辆进行操作，严重违反操作规则，存在过错。3. 被告不应承担赔偿责任。请求法院驳回原告的诉讼请求。

法院裁决

湖州市吴兴区人民法院一审认为：原告汽车修理厂员工为被告董某峰车辆更换轮胎系修理合同法律关系，属于承揽合同法律关系。原告员工在修理过程中意外死亡，原告向其家属赔偿，属雇员受害赔偿性质，现向被告追偿，系雇员受损害赔偿纠纷，隶属人身损害赔偿纠纷，不能因为提起诉讼的前提是承揽合同，便认定该案为承揽合同纠纷。故本案案由为雇员受害赔偿追偿纠纷，被告认定本案案由应为承揽合同的意见不予采纳。

关于原被告在事故中过错责任的认定，法院认为，首先，本案中轮胎爆炸与车辆超载无因果关系，其次，原告汽车修理厂员工在明知轮胎损伤的情况下，未先行对受损轮胎放气减压即拆卸，是发生轮胎爆炸的原因，其行为显属违反操作程序，具有过错。

根据《最高人民法院关于审理人身损害赔偿案件适用法律若干问题的解释》第10条“承揽人在完成工作过程中对第三人造成损害或自身损害的，定作人不承担赔偿责任，但定作人对定作、指示或者选任有过失的，应当承担相应的赔偿责任”的规定①，本案中董某峰无定作、指示或选任的过失，车辆是否超载与本案的轮胎爆炸不具有关联性，汽车修理厂以车辆超载、董某峰所雇驾驶员有过错为由，要求董某峰赔偿的请求法院不予支持。

据此，湖州市吴兴区人民法院根据相关规定，判决驳回原告汽车修理厂的诉讼请求。原告汽车修理厂不服一审判决，向浙江省湖州市中级人民法院提起上诉。

二审中，上诉人汽车修理厂、被上诉人董某峰均未提交新的证据。湖州市中级人民法院经二审，确认了一审查明的事实。

湖州市中级人民法院二审认为：本案中涉案车辆发生故障后，董某峰雇用的驾驶员魏某峰停车寻求帮助，并采取适当措施予以预防，而汽车修理厂派员前往修理也是为了解决车辆故障，在其修理过程中，应查清原因，查勘故障状况，并采取有效措施避免修理过程中发生意外。现事故的发生与处置不当直接关联，与车辆受损原因无关。一审法院据此认定车辆是否超载与本案轮胎的爆炸不具有直接关联性，并无不当。对汽车修理厂的上诉主张，不予采信。据此，湖州市中级人民法院判决：驳回上诉，维持原判。

律师评析

这是一起承揽合同涉及定作（修理）人对第三人的赔偿责任的经典案例。法律规定，承揽人在完成工作过程中对第三人造成损害或造成自身损害的，定作人原则上不承担赔偿责任。但定作人对定作、指示或选任有过失的，应承担相应的赔偿责任。

从前面案情简介中我们可以看出，本案明显存在两种法律关系：一是由于修理汽车轮胎在车主董某峰和汽车修理厂之间形成承揽（修理）合同关系；二是由于修理汽车在拆卸汽车外挡轮胎时，内挡轮胎内胎发生爆破，造成汽车修理厂雇员梅某武死亡的事实而形成的损害赔偿法律关系。两种法律关系引发的纠纷性质不同，承揽合同纠纷作为合同纠纷的一种，主要追究当

---

① 对应《民法典》第1193条。

事人的违约责任，而雇员受害赔偿后追偿属人身损害赔偿纠纷。

本案争议的焦点：1. 原被告双方承揽合同关系是否成立？2. 作为定作人的董某峰是否应该对梅某武的死亡负责，双方是否形成侵权的法律关系；3. 如何认定原被告双方在本案事故中的过错责任。

首先，本案原被告承揽合同关系是否成立？由于原告承认因接到交警支队第二大队指令，派雇员梅某武、沈某浩前往事故地抢修，同时根据交通队对原告汽车修理厂另一名雇员沈某浩的询问笔录，证明实施救助是因接到求救电话，证实原被告双方是承揽合同中的修理合同关系。

其次，董某峰作为车主，其车辆在发生轮胎故障的情况下，由其雇员向交警支队第二大队求助，属于正常、合理且规范的处理措施。汽车修理厂系接到交警队的通知而到现场进行救援并提供维修服务。虽然判决中并未对汽车修理厂的资质进行详细描述，但该汽修厂显然是经过相关部门认可的从事高速救援的修理厂，具备相应的修理资质，董某峰及其雇员对于承揽人的选择没有任何过错，在修理过程中董某峰及其雇员也未发出不当指令。因此，董某峰作为定作人，依法无须承担责任。

最后，从因果关系的角度，根据交警队的询问笔录和原被告提供的证据，证实了梅某武在没有放气减压的情况下对该车辆进行操作，严重违反操作规则，是发生轮胎爆炸的原因；尽管调查结论和鉴定报告均指明被告董某峰车辆超载和车辆自身存在多项不符合国家强制标准的事实，但轮胎是在梅某武用千斤顶将轮胎顶起后发生爆炸的，已顶离地面的轮胎不再承受车载重量，因此，车辆超载与事故发生并无因果关系。

综上，依据《民法典》第 1193 条“承揽人在完成工作过程中造成第三人损害或者自己损害的，定作人不承担侵权责任。但是，定作人对定作、指示或者选任有过错的，应当承担相应的责任”之规定，董某峰及其雇员无定作、指示或选任的过失，且车辆是否超载与轮胎爆炸不存在因果关系，因此，原告的诉讼请求没有法律依据，二审法院最终驳回原告的诉讼请求无疑是正确的，本案作为公报案例，相关裁判要旨值得借鉴。

案例2：郭某、郭某霞等诉建筑装饰公司聊城分公司侵权责任案①

裁判要旨

第三人在承揽工作中发生伤亡事故，定作人对事故的发生不存在错误指示操作等过失，无须承担责任。但是，定作人对承揽人工作场所未尽安全保障义务的，须承担相应的侵权责任。

案情简介

2020年7月，建筑装饰公司聊城分公司员工徐某红与张某春联系，确定将建筑装饰公司聊城分公司装修完毕的观后街别墅的保洁工作交由张某春承揽，约定报酬1000元。2020年7月3日，张某春与杨某芝自带保洁工具及设备，来到现场。张某春随后又喊来了邹某军，由三人一起完成该项工作。三人从二楼开始干活，到15时许，三人已经把二楼的活干完。杨某芝不慎从一楼楼梯口悬空的安装电梯预留洞口掉到了负二楼，该处没有设置安全警示标志。事故发生后承揽人张某春立即拨打120急救电话，急救人员到达现场后，告知杨某芝已经死亡。邹某军在急救人员的协助下拨打了110报警。公安机关对现场进行了调查，出具《出警证明》一份。

死者杨某芝的丈夫郭某信、郭某信与杨某芝的婚生女儿郭某霞、儿子郭某作为原告，于2020年8月12日以“提供劳务者受害责任纠纷”为由起诉张某春、建筑装饰公司聊城分公司。三原告向法院提出诉讼请求：判令二被告赔偿因过错导致杨某芝死亡的死亡赔偿金、丧葬费、被扶养人生活费、精神损失费、交通费、误工费合计425913.84元。

被告建筑装饰公司聊城分公司辩称：1. 承揽人张某春为完成承揽工作找到杨某芝，与之产生直接法律关系，双方是合伙承揽还是雇用与被告无关；2. 被告作为委托人，张某春作为承揽人，双方共同查勘工作现场，议定承揽报酬，在此期间被告人没有法律规定的指示、选任的过错；3. 承揽人张某春

---

① 一审：山东省聊城市东昌府区人民法院，案号：(2021) 鲁1502民初1635号；二审：山东省聊城市中级人民法院，案号：(2021) 鲁15民终3175号。

在确定承揽保洁工作后，曾带杨某芝到场查勘，死者杨某芝对于工作场地是认可和熟悉的，亦不存在被告提供工作场所不符合约定的过错情形。综上，原告主张被告承担赔偿责任，无事实和法律依据，请求驳回原告的诉求。

被告张某春辩称：与杨某芝共同承揽案涉保洁工作，在保洁工作中与杨某芝分工工作，杨某芝的死亡与本人不存在关联，张某春也没有过错，不应承担赔偿责任。

山东省聊城市东昌府区人民法院确认了建筑装饰公司聊城分公司与张某春之间系承揽关系，由于原告按提供劳务者受害责任纠纷主张权利，没有事实和法律依据。聊城市东昌府区人民法院作出（2020）鲁1502民初9763号民事判决，驳回原告郭某、郭某信、郭某霞的诉讼请求。

法院裁决

聊城市东昌府区人民法院审理认为：被告建筑装饰公司聊城分公司将其装修完毕的观后街别墅的保洁工作交由被告张某春承揽，张某春与原告郭某信之妻杨某芝以及邹某军共同承揽了该项保洁工作，但被告建筑装饰公司聊城分公司并未给杨某芝等提供安全的工作场所，致使杨某芝不慎从一楼楼梯口悬空的安装电梯预留洞口掉到了负二楼，导致其死亡，存在一定的过错，应当对杨某芝所受伤害承担相应的赔偿责任。杨某芝在从事保洁工作时，亦应当注意观察工作场所的环境，注意自身安全，其未能尽到安全注意义务，亦应当对自身所受伤害承担相应的责任。结合本案案情，以被告建筑装饰公司聊城分公司承担30%的责任，以杨某芝承担70%的责任较为适宜。另因被告建筑装饰公司聊城分公司系被告建筑装饰公司的分支机构，根据《公司法》第14条规定，分公司不具有法人资格，其民事责任由公司承担。本案被告建筑装饰公司聊城分公司不具有独立的民事权利能力和民事行为能力，其因从事民事活动产生的民事责任应由被告建筑装饰公司承担，因此，原告主张的经济损失应由被告建筑装饰公司承担赔偿责任。

关于张某春是否承担责任的问题。法院认为本案第三人张某春承揽了观后街别墅的保洁工作，并与杨某芝和邹某军共同完成该项工作，杨某芝在工作中不慎从一楼楼梯口悬空的安装电梯预留洞口摔下导致其死亡，与张某春无关，因此，第三人张某春不应承担民事赔偿责任。2021 年 4 月 23 日，聊城市东昌府区人民法院做出一审判决如下：

一、被告建筑装饰公司聊城分公司于本判决生效后十日内赔偿原告郭某、郭某信、郭某霞误工费、死亡赔偿金、丧葬费、被扶养人生活费、精神损失费、交通费共计 306928.53 元；二、驳回原告郭某、郭某信、郭某霞对被告建筑装饰公司聊城分公司的诉讼请求；三、驳回原告郭某、郭某信、郭某霞对第三人张某春的诉讼请求；四、驳回原告郭某、郭某信、郭某霞其他的诉讼请求。

一审判决后，被告建筑装饰公司聊城分公司不服一审判决，遂向山东省聊城市中级人民法院提起上诉。认为：1. 本次起诉构成重复诉讼，本案应不予受理；2. 本案系承揽合同中定作人是否承担过失责任的问题，一审法院事实认定不清，适用法律错误。上诉人不存在过错，不应承担责任。

聊城市中级人民法院经二审，确认了一审法院查明的事实。二审法院认为，本案争议焦点为：1. 上诉人主张本案构成重复诉讼是否能予支持；2. 原审判决上诉人承担 30%的责任比例是否适当。

关于焦点 1，被上诉人起诉本案是否属于重复起诉。首先，一审法院已生效的（2020）鲁 1502 民初 9763 号民事判决，是被上诉人以杨某芝与上诉人存在雇佣关系提供劳务者受害而起诉，而本案一审判决是被上诉人与上诉人之间由于事故形成的以侵权责任纠纷为核心的诉讼标的，被上诉人诉讼请求为请求上诉人赔偿因其过错导致杨某芝坠亡所产生的经济损失，（2020）鲁 1502 民初 9763 号民事判决和本案一审判决的诉讼请求并不相同。因此并不符合《民事诉讼法解释》第 247 条关于重复起诉的规定，故本案并不构成重复起诉。

关于焦点 2，本案为侵权责任纠纷，适用过错责任原则。根据查明的事实，杨某芝是在上诉人建筑装饰公司聊城分公司指定场所从事保洁工作时不慎从涉案别墅一楼楼梯口悬空的安装电梯预留洞口掉落负二楼导致其死亡，而上诉人建筑装饰公司聊城分公司对现场预留洞口没有采取隔离或遮盖等安全防护措施，存在安全隐患，与杨某芝坠落死亡存在法律上的因果关系，对事故发生存在一定过错。杨某芝作为从事保洁的工作人员，未尽到谨慎的安全注意义务，对本次事故的发生也具有过错。一审法院综合考虑上诉人建筑装饰公司聊城分公司与杨某芝各自行为的过错程度和原因大小等因素，并结合建筑装饰公司聊城分公司系上诉人的分支机构的事实，确定由上诉人对被上诉人的经济损失承担30%的赔偿责任，杨某芝自行承担70%的责任并无不当。

综上所述，二审法院对上诉人的上诉主张不予采信；一审判决认定事实清楚，适用法律正确，应予维持。依照《民事诉讼法》第169条、第170条第1款第1项、第175条之规定，驳回上诉，维持原判。

律师评析

这是一起承揽合同涉及委托人（定作人）对第三人赔偿责任的典型案例。《民法典》第1193条规定："承揽人在完成工作过程中造成第三人损害或者自己损害的，定作人不承担侵权责任。但是，定作人对定作、指示或者选任有过错的，应当承担相应的责任。"就本案而言，有如下几个方面值得总结和借鉴：

1. 关于起诉案由问题

郭某信、郭某霞、郭某于2020年8月12日以"提供劳务者受害责任纠纷"为由起诉，其诉讼请求被法院判决驳回。2021年2月1日以侵权赔偿为由起诉，最终法院支持了30%的赔偿责任。两次诉讼的事实完全一致，但判决结果不同。其原因就在于第一次起诉案由有误。在以侵权为由提起第二次诉讼的情况下，则适用《民法典》关于侵权责任的相关规定进行认定，结果就发生了变化。因此，律师在代理此类案件时，应当根据案件事实情况准确分析当事人之间的法律关系，并确定相应的案由，否则，有可能导致败诉的风险。

2. 关于定作人的赔偿责任问题

根据本案查明的事实，被告建筑装饰公司聊城分公司及其分公司与张某春之间构成承揽合同关系，与死者杨某芝之间并不存在劳务合同关系，且并无证据可能证明被告建筑装饰公司聊城分公司对于张某春的选任、指示存在过错，其诉请必然被驳回。但需要注意的是，虽然作为定作人不承担"定作、指示或选任”过错的责任，但并不意味着定作人不需要承担任何责任。如果定作人存在其他过错，仍然有可能承担相应的责任。在本案中，杨某芝的死亡结果并非承揽人张某春所致，法院也没有支持原告对于张某春的诉讼请求，倘若适用《民法典》第1193条之规定，建筑装饰公司聊城分公司无须承担责任。但是，法院最终判决被告建筑装饰公司聊城分公司承担30%赔偿责任的依据是建筑装饰公司聊城分公司对现场预留洞口没有采取隔离或遮盖等安全防护措施，存在安全隐患，与杨某芝坠落死亡存在法律上的因果关系，对事故发生存在一定过错。因此，律师在办理此类案件时，应当全面分析案件各方当事人之间的法律关系，尤其是在涉及第三人的场合，不宜仅从承揽合同角度进行分析，而应全面分析后才能做出客观的判断。

第十章 运输合同纠纷[①]

第一节 理论概述与实务指引

《民法典》合同编第十九章规定的运输合同是指承运人将旅客或者货物从起运地点运输到约定地点，旅客、托运人或者收货人支付票款或者运输费用的合同。在现行的《民事案由规定》中，运输合同纠纷作为第三级案由，其下包括了 16 类四级案由，内容非常复杂。考虑到本书的体系和实用性，本章中，将结合《民法典》的相关规定和司法实践中的相关案例，讨论、研究货物运输合同纠纷中的相关问题。

随着全球经济一体化的发展趋势，商品经济迅速发展，市场经济中流通领域越发兴旺，日常生活及经济交往中进行的生产、交换、消费等活动大都无法脱离物流环节，物流业发展至今已发生了巨大的变化，作为国家的重要产业和现代经济增长点，在国民经济中的重要作用日益彰显。现代物流各环节中夹杂着多个领域，包括包装、运输、仓储，等等，而运输是现代物流的核心环节，是实现物的流动的关键。随着我国现代物流经济的发展，货物运输合同纠纷的数量呈现不断上升的趋势。根据我国现行法律的规定，货物运输合同纠纷主要可分为公路、铁路、水路、航空、多式联运运输合同纠纷。

一、货物运输合同纠纷的主要特点

1. 法律关系主体复杂。货物运输合同纠纷案件的主体往往既有已经办理了市场主体登记并取得了相关运输资质的物流运输公司，又有虽办理了市场

---

① 本章作者石俊峰、孙国宾。

主体登记，但实际经营中仅从事货物运输代理业务而不直接从事货物运输业务的货运代办站，还包括无任何审批手续的从事物流运输业务的个人，还有个人所有的车辆挂靠有资质的运输公司，等等。同时，与直接从事物流运输业务的运输公司发生运输合同关系的主体也显现出复杂多样性，既有为公司代办运输相关手续的公司员工，又有代为办理货物托运的货运代办站，还有办理多手转运中各转运环节的具体运输业务的人员。此外，现实运输中常出现未签订联运合同但实际运输中涉及同式联运、多式联运环节，此时托运人主体情况往往更为复杂，经常发生货物毁损、灭失情况下的责任主体和权利主体不明的争议。

2. 法律关系复合交织且具有多重性。货物运输合同纠纷案件，往往在一个案件的法律关系中出现多重性、复合性特点，主要体现为包装合同、运输合同、仓储合同、信息服务合同等若干不同性质的合同的综合，仅以运输合同这一单一关系难以准确界定各方当事人之间的权利义务。

3. 运输合同大多均为承运人提供的格式合同。在货物运输实践中，不论是水上、公路、航空运输，还是铁路运输，均具有明显的计划性和重复性，承运人需要与不特定的人订立运输合同，为了快捷方便，事先拟定相关常用条款，合同形式多采用票证式和表格式的运单，订立合同时填写相关空格即可。

4. 运输合同的缔约承运人往往并非实际承运人。现代物流运输活动中，货运代理和第三方物流经营者本身并不直接从事货物运输，货运代理和第三方物流已成为现代物流运输的普遍形态，其提供服务的实质亦超出了代理的范围，其往往作为货物运输合同纠纷的主体直接参加诉讼。

5. 实体认定和程序处理标准把握难度大。如货物在运输过程中完全灭失需以哪些证据证明、确定损失货物的实际价值的定价依据、运输合同中承运人免除或者限制赔偿责任的格式条款的效力认定等实体问题，是否应追加运输合同以外的当事人参加诉讼、如何合理分配举证责任、如何掌握证明标准等程序问题在司法实践中具体如何把握尚缺乏统一的标准。

二、货物运输合同纠纷的成因分析

1. 运输合同订立形式不规范。现代生活的快节奏必然要求及时、快捷、高效的运输业与之相适应，人们在追求高效的同时往往容易忽略规范运输服务中的有关环节。大部分运输合同主体未通过签订书面合同来明确约定双方有关权利义务，而代之以仅笼统列明货物统称、件数、体积的货物托运单或货物收据。在涉及小宗货物托运时则大多仅以运费收据作为运输合同成立的依据，甚至在由个人作为承运人时，运输合同多以口头形式订立，在此情况下一旦货物发生毁损、灭失等情形，便会产生运输合同是否存在以及货物价值难以或无从确定的争议。

2. 书面运输合同内容不够具体、明确。大部分货物运输合同未对托运货物的名称、数量、型号、规格、运输条件等据以确定货物价值和区分货物毁损责任的主要条款进行约定，同时运输合同中还普遍存在对有关货物毁损、灭失情况下的具体赔偿方法和免责情形以及货物签收异议期等格式条款内容约定不明的情形，导致货物价值和赔偿责任难以确定。

3. 货物签收手续不规范、不完整。货物交付运输、转运、送达中程序不规范，不加盖物流运输公司印章而仅由公司职员个人进行签收的情形大量存在。货物转运时，由身份情况不明的驾驶员个人签收，或者对被转运货物的独立价值不加以区分而与其他货物一并转运。货物送达时，运费即付即清但不出具任何签收手续，导致货物发生毁损、灭失时，责任主体不明，难以查清货物交付的事实，其中还可能涉及经济犯罪问题。

4. 运输货物交接检验即验货不及时。除了运输货物包装本身即标有诸如危险标志等特别提示外，大部分货物在交付运输时承运人出于效益考虑一般不对货物进行检验。无论是基于对行业信任还是因检验条件限制，在转运的情况下，不对货物进行检验的情形更是普遍存在。由于货物流转简便、快捷的市场要求和检验条件的限制，在货物送达的情况下，往往也不对运输的货物进行检验。此外，在货物检验方式和检验期限上，还存在仅局限于对货物包装的简单检验，对于货物本身的表面瑕疵未进一步检验，至于货物的隐藏瑕疵，更是很少在合理期限内进行检验，从而导致运输合同双方在货物签收后因质量问题产生争议。

5. 运输合同双方风险意识相对淡薄。因运输业务具有跨地域性和迅捷性等特点，运输合同的履行风险往往比较高，加之运费与货物价值上的不对称性以及运输合同双方降低经营成本的利益驱动，更是相对增加了履行风险。而能有效减少和避免风险的最直接手段就是对托运货物进行投保。但出于降低经营成本的考虑，除了涉及大宗货物运输的运输合同对运输货物进行投保外，大部分运输合同都未对运输货物进行投保。承运人自行办理投保手续的，由于托运人对于货物是否进行投保的事实往往无从知晓，一旦货物发生毁损，托运人的损失往往难以从保险金中获得相应的保障。而在约定由承运人负责办理投保手续时，托运人也无法基于保险合同关系从保险公司获得相应的赔偿。同时，还存在运输合同双方未依约或未足额进行投保的情形，从而使运输合同双方因货物毁损、灭失遭受损失的风险大大增加。

6. 发生运输事故时，事故处理的各职能部门有效衔接存在一定难度。在运输车辆发生事故时，交警部门往往仅对事故责任作出认定，而并不会对受损货物的价值进行认定，且不通知事故车辆以外运输合同中的相关当事人，致使相关合同的当事人不能及时获悉货物损失状况。而对货物运输负有直接监督管理职责的有关主管部门，往往在事故发生时因不能知悉有关事故发生情况，不能履行其相应的监督管理职责。并且货物赔偿涉及事故责任认定、保险公司勘察现场确定货物价值，托运人不能及时参与货物损失的确定，往往导致运输合同的当事人对货物损失金额的确定产生争议。

三、货物运输合同纠纷的主要类型

货物运输合同纠纷主要涉及以下三个问题：运费的欠付、货物的逾期交付以及货物毁损、灭失责任的承担。

1. 因欠付承运人运费引发的纠纷。由于第三方物流的发展，物流经营者常常与运输企业或者个人通过签订分包协议进行长期合作，将大宗的货物运输工作分包给运输企业或个人，而并不直接承担货物的物流运输。对于物流经营者来说，运费的支付则成为该企业的长期经营负债，很多物流经营者存在不按照分包协议履行支付运费义务的情形。

2. 因逾期交付货物引发的纠纷。高效率、准时性是现代物流的基本特征。现代物流对运输服务的准时性提出更高、更严格的要求。承运人必须按照约定期间准确地将货物运送到约定地点，否则，将可能对整体的物流服务活动造成巨大影响。如，某物流公司诉某货运公司逾期交付承运货物引发的运输损失赔偿案。虽然货运公司仅延迟一天将货物交付物流公司指定的客户，但是该逾期行为导致客户向物流公司退货，并要求物流公司承担巨额的违约赔偿责任，物流公司赔付后遂要求货运公司承担运输损失赔偿责任。

3. 因货物毁损、灭失引发的纠纷。货物运输合同纠纷案件中最为常见的类型便是货物的损害赔偿纠纷。由于在货物运输合同关系中，双方签订的合同多为由物流经营人或承运人事先拟定的格式合同，当货物发生毁损、灭失情形时，当事人往往就格式合同中的免除或限制承运人赔偿责任条款的效力产生争议，无法对因货物毁损、灭失所造成的损害赔偿数额达成一致，以致引发纠纷。

第二节　办案思路与实战技巧

律师在代理货物运输合同纠纷案件时，应全面分析，首先应确定合同性质，着眼于当事人诉讼主体资格和法律关系的确定、承运人免除或限制其赔偿责任条款的效力认定、货物毁损、灭失的价值认定、运输货物留置权的行使等多个方面。

现代物流企业提供的物流服务包括了货物从起运地到接受地之间流动的各个环节，主要涉及包装、运输、储存、配送，还包括一些集港、订舱、报关报检等办理其他相关单证的程序性内容。故物流合同是一种融多种合同为一体的综合性合同，交织着各种法律关系，不能简单定性为运输合同、委托代理合同、仓储合同等。必须综合考虑全部情况，确认实质，确认是代理性质还是直接当事人。律师应当全面分析运输合同的全部条款、往来信件等，综合把握运输过程中的全部环节，正确对合同性质作出认定，确定诉讼方案。

一、当事人诉讼主体资格和法律关系确定的办案思路及要点

货物运输合同是托运人将货物交由承运人进行运输，并按照托运人的指令交付给收货人的双务有偿合同。运输合同通常涉及三个主体，即托运人、

承运人和收货人，当然也有托运人和收货人合二为一的情形，但这是运输合同中的特例。合同主体的复杂性，必然导致法律关系的复杂性，法律身份的确定要看物流合同的规定以及业务中实际承担的是什么项目、操作的是什么业务、扮演的是什么角色。笔者拟在对货物运输合同三个主体进行阐述的基础上，对实践中遇到的一些诉讼主体认定问题进行讨论。

1. 托运人

托运人是指与承运人订立货物运输合同的一方当事人。托运人以自己的名义将货物交付给承运人进行运输。依照运输合同，托运人承担的主要义务即支付运费，享受其货物从一地运送到另一地的权利，从而实现运输目的。我国现行法律未对托运人的合同主体资格加以特别规定，且托运人亦不要求必须是货物的所有人，只要求其具备《民法典》规定的行为能力。但若被运输货物属于特殊种类货物，则托运人应当符合一定资质并办理相关手续，例如危险品托运，应当提供运输危险品的批准文件等。

在货物运输过程中，因托运人在签订运输合同时往往预付全部或部分运费，即使未付运费，承运人也可以通过行使留置权来保证自己的权利得到实现，因此，因托运人违反合同义务而引发诉讼的情况较少，此类情况笔者不再赘述。

2. 承运人

根据《民法典》的规定，承运人主要包括普通承运人和多式联运承运人。但在司法实践中，如何确定那些虽未与托运人直接签订运输合同，但实际实施运输的"实际承运人"的诉讼地位，往往产生困扰。实践中，经常出现一个承运人负责联系业务，然后将运输业务分包给其他实际运输人来完成的情况，承运人多以租赁经营、挂靠经营、拼车运输、分包运输等方式实现。

如某公司诉某运输公司一案。运输公司与其司机李某签订了《普通货车租赁经营合同》，约定运输公司将所属货车连同运营手续租赁给李某经营，李某向运输公司交纳租金和管理费，并自行负责租赁经营期限内发生的货损事故等。合同签订后，运输公司即将车辆交付李某经营。李某遂与某公司签订货物运输合同，约定由李某负责运送部分货物前往广东。该合同仅李某签字，未加盖运输公司公章。后该批托运货物被盗，造成经济损失 15 万余元。某公司即起诉运输公司要求赔偿。

在本案中，关于谁是真正的承运人，谁应当作为本案的被告参加诉讼，出现争论。有观点认为，该运输合同的承运人应当是李某个人。也有观点认为，国家对交通运输业实行的是经营许可管理制度，只有经过审核领取经营许可证，方可从事运输业务。李某本人并没有经营许可证，故不能作为诉讼主体。李某是基于运输公司出具的相关运营手续和营运汽车进行的运输，运输公司应是实际承运人。李某与运输公司之间的权利义务约定，只适用于当事人双方，不能对抗第三人，故该运输合同的承运人应为运输公司。

在通常情况下，由于实际承运人的偿债能力要强于缔约承运人，托运人往往会选择以实际承运人而非缔约承运人作为责任主体。在处理中，若代理托运人一方则应考虑托运人受到损害的事实，不能简单机械地以合同相对性来确认诉讼请求。

例如甲公司诉乙、丙公司运输合同纠纷案。甲、乙公司签订有运输合同，约定由乙公司负责将甲公司货物从北京运到广州，乙公司签约后又与丙公司签订运输合同，指令丙公司直接从甲公司处装运货物，负责实际运输。后货物在运输途中受损，甲公司起诉要求乙、丙公司承担连带赔偿责任，乙公司认为自己与甲公司的合同并未实际履行，甲公司应当向实际承运人主张权利，而丙公司则认为与甲公司之间并无运输合同关系，甲公司无权向其诉讼。

本案审理中出现了三种观点，第一种观点认为甲、丙公司之间并没有运输合同关系，因此甲公司无权向丙公司主张权利，而应当向乙公司提出诉讼；第二种观点认为乙、丙公司之间是联运合同中的单式联运，符合《民法典》第 834 条规定的同一方式联运，甲公司可以向两个公司同时主张赔偿责任；第三种观点则认为，甲、乙公司之间存在运输合同关系，乙公司应当对甲公司货物在运输途中的损失承担赔偿责任，丙公司虽然与甲公司之间没有合同关系，但作为实际运输人对货物损失有过错，亦应承担赔偿责任，而且乙公司向甲公司承担赔偿责任后，也可向丙公司主张权利。因此为方便诉讼，可直接判决乙、丙公司对甲公司承担连带责任。最终为了有效保护托运人的权利，也为了减少诉累，避免连环诉讼，案件处理采纳了第三种观点。

3. 收货人

《民法典》第 809 条规定："运输合同是承运人将旅客或者货物从起运地点运输到约定地点，旅客、托运人或者收货人支付票款或者运输费用的合同。"但《民法典》合同编第十九章"运输合同"的相关条文中，均未对运输合同所涉及的收货人的法律地位进行明确规定。

关于收货人是不是运输合同的当事人，司法实践中的认识并不一致。相对占据主流的看法是收货人和托运人不同一的时候，收货人不是运输合同的一方当事人。此种观点认为货物运输合同是一种"为第三人利益合同"，收货人即享受利益的第三人，其权利来源于法律规定，例如收货人求偿的权利直接来源于《铁路法》第 16 条。

从运输合同的订立过程看，收货人的确不是合同订立的当事人。但是托运人、承运人、收货人三者对于货物运输合同来说缺一不可。首先，没有托运人，货物运输合同不可能发生；没有承运人，货物运输合同不能履行；没有收货人，货物运输合同无法履行完成，也不能实现合同目的。收货人对于货物运输合同的重要性与托运人、承运人并无二致。其次，在实践中，收货人也可能要支付运输费用，如果简单地解释为合同之外的第三人，就无法理解为何收货人要履行运输合同的一项重要义务。最后，收货人可以要求承运人就运输货物的毁损、灭失、误交付、逾期交付等承担赔偿责任。而承运人在此所承担的损害赔偿责任是违约责任，也就是说，收货人可以请求承运人向其承担损害赔偿、支付逾期违约金等违约责任。而以通常的违约责任理论，违约责任具有相对性，违约责任只能在特定的当事人之间即合同关系的当事人之间发生，合同关系以外的人，不负违约责任。

将收货人解释成"为第三人利益合同"中的第三人，此种观点虽存在一定合理性，但也有无法自圆其说之处。以第三人利益合同理论来解释收货人不是合同当事人而是第三人的观点的不足之处在于无法解释货物运输合同如何对收货人设置义务。当托运人与承运人在运输合同中约定由收货人支付运费时，按照《民法典》第 813 条之规定，收货人有支付运费的义务。此外，我国《民法典》并未完全承认第三人利益合同，如《民法典》第 522 条第 1 款规定："当事人约定由债务人向第三人履行债务，债务人未向第三人履行债务或者履行债务不符合约定的，应当向债权人承担违约责任。”《铁路法》已明确了收货人在承运人违约时可请求承运人承担违约责任，如认为收货人作为第三人，按照《民法典》第 522 条第 1 款的规定，收货人又不能直接请求承运人赔偿，可能引起法律冲突。因此，第三人利益合同理论难以充分解释收货人在运输合同中的权利义务和地位。

笔者认为，收货人法律地位应当是合同当事人，但具有一定的特殊性。运输合同由托运人与承运人订立，但合同内容中有收货人及其权利义务的约定。货物运输合同实际包括保管和劳务两个部分，而托运人与承运人签订的运输合同涉及收货人最实质的部分就是约定由收货人在货物到达地领取由承运人保管的货物。这是一项权利，同时也是一项义务。当然，托运人与承运人还可约定如由收货人支付运费、支付逾期领取货物的保管费用等收货人的义务。此时，收货人还不是运输合同的当事人，因为收货人并没有参与合同的订立，甚至对此一无所知。而在承运人接受托运人交付的货物后的运输过程，也与收货人无关。因为此时是承运人按托运人的指示提供劳务，按照《民法典》第 829 条的规定，托运人对货物的去向有决定权，收货人对此无法干预。而在货物运抵目的地后，按《民法典》《铁路法》和部门规章的规定，承运人均应当通知收货人，这一通知可以视为以托运人和承运人订立的运输合同内容向收货人发出的要约。收货人以提交领货凭证、支付运费、到铁路货运窗口处要求领货等实际行为完成承诺过程，并成为运输合同的当事人，享有领取货物、要求货损等合同权利，同时要承担支付运费、及时提取货物等合同义务。

二、承运人免除或者限制其赔偿责任条款的效力认定的代理思路及要点

承运人的赔偿责任限制制度是运输法律制度特有的一项制度，关于该项制度的适用在司法实践中存在不同的观点，既有直接依据当事人协商一致原则而认定有效的，也有纯粹以格式条款违反公平原则而一概认定无效的，还有采取折中态度，以格式条款有无进行提示和说明为标准而相应对条款效力作出认定的。

1. 保价条款的效力认定

保价条款常见的表述内容为："托运货物发生全损、灭失、遗失或被盗，有保价的，货物实际损失高于声明价值的，按声明价值赔偿，货物实际损失低于声明价值的，按货物实际价值赔偿；未保价的按每件货物不高于 300 元给予赔偿。"在货物运输合同或托运单中往往载明声明货物价值的保价条款和不保价条款两种方式供托运人选择，同时还载明选择保价运输的，按声明价值的比例缴纳保价费。

对于保价条款的效力认定，笔者认为，应依照《民法典》及相关司法解释的规定予以正确界定。根据《民法典》第 496 条第 2 款、第 497 条的规定，除非存在《民法典》第一编第六章第三节和第 497 条规定的合同无效的情形以及第 506 条规定的无效免责条款，否则，承运人可以对其在运输过程中发生的货物毁损事先限制其赔偿责任数额。这与运输业风险较大、发生事故后果严重、承运人从事运输的利润与其承担的责任不成比例的实际相符，但承运人应当尽到提示和说明义务。而对《民法典》第 496 条表述的"采取合理的方式"在司法实践中一般认为，在订立合同时采用足以引起对方注意的文字、符号、字体等特别标示，并按照对方的要求对该格式条款予以说明。因此，在认定具体案件中保价条款的效力时，应侧重于承运人是否已在货物运输合同或运输单据上对保价条款的内容向托运人作出特别提示，以及是否有证据证明承运人已向托运人尽到对保价条款的说明义务，同时应结合案件的具体情况判断承运人在运输过程中是否对货物的毁损、灭失存在故意或重大过失。如不存在故意或重大过失，且已对保价条款向托运人作出提示和说明，货物损失应依照《民法典》第 833 条的规定确定货物毁损、灭失的赔偿额，当事人有约定的，从其约定。如，原告甲委托被告乙运输一批货物，被告也向原告出具了货物运单，货物运单载明了货物的名称、件数，运费数额，同时载明保价和不保价的两种托运方式，但原告未对保价条款作出选择，该货运单由原告的工作人员签字确认。后因被告车辆在运输途中发生火灾导致所载货物全部烧毁，双方发生诉讼。在此案中，原告称对货物运单中载明的保价和不保价栏目并未进行选择，属于双方当时对于是否保价约定不明，而且其托运的货物价值很高，不可能按发生毁损时每件 300 元的赔偿标准来托运货物。被告辩称，有关的保价条款已在货运单中明确作了约定，且原告的工作人员业已对“本人已阅读同意保险声明和协定事项”条款签署同意的意见，其中相关保价声明为：未保价的按每件货物不高于300元给予赔偿；相关协定事项为：本公司提供保价运输服务，托运人只能选择保价或不保价运输，选择保价运输的，按声明价值的3%缴纳保价费，因此该条款经过要约与承诺的合同订立过程，合法有效，赔偿数额应按未保价的每件300元计算。在该案中，原告对于具体选择保价或不保价的托运方式以及声明价值为多少，并未作出具体的选择和声明，而被告对于该格式条款的内容又未进一步指导原告进行选择及征求原告的意见，被告对于该格式条款未履行合理的提示和说明义务，因此该格式条款应认定为无效。这个案例事实上还涉及除了被告要进行说明外，还必须全面完成说明义务，也就是被告的说明义务应达到何种程度才算完成的问题，需要根据具体案情来把握。

2. 货物运输合同中对收货人或托运人提出数量和质量异议的期限加以限制的条款的效力认定

司法实践中遇到的该类条款大多表现为托运人或收货人应于收到货物后的较短时间内提出质量异议。对于该类条款效力的判断，笔者认为应结合《民法典》第831条的规定来认定。根据该条规定，在合同有明确约定检验期限的情况下，收货人应当按照约定的检验期限进行检验。同时这种检验不管是通常的理货清点、验收交接的普通检验还是聘请专业人员或专门机构对货物状况进行的专门检验，均应在约定期限内进行，理由在于托运人或收货人对于货物本身所具有的性质和特征相对承运人更为清楚，如托运人认为对其托运的货物进行检验需要较长的检验期限，完全可在办理托运时提出，否则视为不要求特殊的检验期，而适用合同约定的一般检验期限。因此，对于该类格式条款的效力认定因其并不明显免除承运人的责任，加重托运人的责任，也未排除托运人或收货人检验货物的权利，应依照意思自治原则依法认定为有效。

在合同未约定检验期限的情况下，合理检验期限如何认定。对于如何确定合理检验期限，有关法律并未规定一个具体的判断标准，需要结合案件的实际情况和货物的特质灵活掌握。笔者认为，可以综合托运货物数量和质量瑕疵是否属显而易见和货物特性，以及货物是否需要进行专门检验三个因素进行判断，如鲜活商品的检验，对于腐烂或变质的数量，用肉眼即可看出，应立即提出异议，如过后才提出，则可能产生与货物本身所具有的保质期相矛盾的问题。而如果发生该状况的原因是货物本身的自然性质或是因运输过程中的储存条件存在争议，即对损坏原因有争议的，则可能涉及专门检验的问题，从而需要较长的检验时间，相应地，允许提出质量异议的期间也应较长。对于隐蔽瑕疵，也就是货物收取后经过一段时间才显现出来的质量不符的状况，如果未约定检验期限，则应结合货物本身的特性确定异议的合理期限。

三、货物毁损、灭失的价值认定的代理思路和要点

《民法典》第 833 条规定："货物的毁损、灭失的赔偿额，当事人有约定的，按照其约定；没有约定或者约定不明确，依照本法第五百一十条的规定仍不能确定的，按照交付或者应当交付时货物到达地的市场价格计算。法律、行政法规对赔偿额的计算方法和赔偿限额另有规定的，依照其规定。"根据该规定，在当事人未明确约定赔偿数额的确定方法，亦未约定保价条款，或者保价条款被排除适用的情况下，应按照交付或者应当交付时货物到达地的实际市场价值确定承运人的赔偿数额。但在司法实践中，由于合同双方当事人在办理托运手续时对于货物的名称、数量、规格、型号等往往未作具体、明确的约定，导致当货物在运输过程中发生毁损、灭失后难以确定货物的实际价值，因此有必要对毁损、灭失的货物的价值认定确定相对可行的认定方法。

1. 货物发生毁损但未完全灭失情况下的损失价值确定

根据《民法典》第 833 条的规定，货物毁损、灭失的一般以货物的实际价值作为赔偿原则，即仅计算货物的直接损失，而不计算货物的间接损失。那么，对于货物未完全灭失情况下毁损货物的实际价值如何确定？可否直接依据尚存的货物的价值进行推定？或是应以其他方式加以确定？笔者认为，因系合同纠纷，首先应结合有关货物运输合同或运输单据载明的内容进行判断。因为货物运输合同或运输单据最能体现合同双方当事人的真实意愿，它

既是托运人履行其申报义务的直接体现，又能真实反映承运人实际接收货物的状况。如果对照尚存的货物，可以从货物运输合同或货物运输单据上具体确定受毁损货物的名称、数量、规格、型号、体积等据以确定价值的必要因素，则可直接依据货物运输合同或货物运输单据载明的有关内容直接加以确定。但如果货物运输合同或货物运输单据上仅载明货物的名称，而该货物又有不同型号、规格、等次而具有不同价值的，如直接参照剩余货物的价值标准作出判断，可能发生偏差。在此情况下，可委托鉴定机构进行司法评估，由鉴定机构作出能否确定其价值的鉴定意见。如鉴定机构认为不具备鉴定条件，则应综合案件的具体情况运用证据规则对双方的主张加以审核，而不能一概而论。

2. 货物发生完全灭失情况下的损失价值确定问题

司法实践中有观点认为，当货损发生时，托运人对其请求承运人赔偿的实际损失的范围负有完全的举证责任。主要理由如下：首先，尽管《民法典》对运输合同中的货损赔偿责任负担问题采取了承运人过错推定原则，托运人一般无须举证证明承运人对货损发生存在过错，但根据“谁主张，谁举证”的原则，对交运的货物内容、货物实际遭受的损害及其价值减损数额，举证责任仍然应由托运人一方承担。其次，《民法典》第825条对托运人规定了如实申报的合同义务，即要求托运人在办理货物运输时应当向承运人准确表明货物的名称、数量等必要情况，而当事人在货损发生后，尤其是货物灭失后对货物的实际内容发生争议的原因往往在于托运人在托运时没有如实、准确申报托运货物的名称及数量，由此产生的举证责任不能由承运人自己承担不利后果。笔者认为，该观点值得商榷。虽然依照《民法典》第825条的规定，托运人办理货物运输时，应当向承运人准确表明收货人的姓名、名称或者凭指示的收货人，货物的名称、性质、重量、数量，收货地点等有关货物运输的必要情况。因托运人申报不实或者遗漏重要情况造成承运人损失的，托运人应当承担损害赔偿责任。托运人负有申报托运货物内容必要情况的义务，其未完全履行申报义务，对于灭失货物实际价值无法查明具有一定的过错，但是依照《民法典》第832条的规定，承运人对于货物运输过程中发生的货物毁损、灭失承担的是无过错责任，即除非存在该条所列的免责情形，否则承运人应对货物的毁损、灭失承担赔偿责任。换句话说，依据该条规定，承运人应对免责事由承担举证责任。而且货物交付后处于承运人控制之下，承运人未完全履行其妥善保管义务，对造成货物实际损失价值无法确定的情形也明显具有过错，加上承运人已根据货物运输的赔偿限额制度减少了风险，如以托运人未完全履行申报义务，而将不能查明价值导致无法获得赔偿的风险全部归由托运人承担，明显使双方的权利义务失衡，也会纵容承运人利用其控制货物的有利条件随意处置货物，损害托运人的权利。因此，基于托运人和承运人双方对于灭失货物价值无法查明均具有一定的过错和货物已实际交付的客观情况，笔者认为，双方对此均负有举证责任，但在举证责任分配上应以货物交付后双方是否具有相应的举证能力来加以区分。在货物发生灭失事故的情况下，双方均有条件和能力共同确认灭失货物的价值而未进行确认的，应综合案件现有证据，结合未履行确认义务的实际情况加以确定。而在货物发生灭失事故时无法现场确定货物的实际价值的，可基于托运人未完全履行申报义务的情况，要求托运人继续履行其对货物必要情况的申报义务，由其对灭失货物的价值进一步举证证明。在托运人已完成举证责任，承运人未能举证包括无法通过司法评估鉴定手段证明其所主张的灭失货物价值的情况下，可只依托运人提供的现有证据对灭失货物的价值作出认定。

3. 在货物发生毁损或灭失，且货物毁损价值已经通过基础合同关系一方当事人的赔付行为或诉讼行为事先加以确定的情况下，能否直接以该确定的赔偿数额或定案货物价值作为此后发生的货物运输合同纠纷案件确定货物毁损价值的依据

对此笔者认为，应区别不同情况加以对待。对于基础合同关系中一方当事人的赔付行为所产生的赔付数额，在货物运输合同纠纷案件中不宜作为计算货物灭失损失的定案依据。因为承运人并非基础合同关系的当事人，其完全无能力介入基础合同双方的赔付行为中，抗辩权利的行使无从保障。根据权利义务相一致原则，当然不应将托运人赔偿给合同相对人的数额直接作为定案依据，而应考察货物运输合同纠纷案件中托运人提供的用以证明货物损失价值的涉及基础合同关系的有关证据，能否与直接涉及货物运输有关内容的证据形成证据链，并结合承运人的举证情况加以综合分析。而对于因基础合同关系产生的诉讼行为所确定的货物价值，也需要区分不同情况进行处理。如在基于基础合同关系产生的案件中，承运人已作为该案件的第三人参加诉讼而享有当事人的有关诉讼权利的情况下，其已对货物损失价值认定的事实享有举证、质证、抗辩等诉讼权利，而对该案已认定的货物损失价值未提起上诉或就该事实提起上诉而被驳回的，基于其有关抗辩权利已得到保障的实际情况，应将该案件中确定的货物损失价值直接作为货物运输合同纠纷案件中货物损失价值的依据，这也符合权利义务相一致原则。而如果承运人在基于基础合同关系争议产生的案件中未作为第三人参加案件的诉讼，同样根据权利义务相一致原则，在其就货物价值损失所享有的包括抗辩等在内有关诉讼权利未得到保障的情况下，不应让其承担相应的义务，即不应将该案确定的货物价值损失作为货物运输合同纠纷案件认定货物价值损失的依据。

四、行使留置权的代理思路和要点

《民法典》第 836 条规定："托运人或者收货人不支付运费、保管费或者其他费用的，承运人对相应的运输货物享有留置权，但是当事人另有约定的除外。"该条文是对货物运输合同留置权的直接规定。根据上述规定，在托运人或者收货人不支付运费、保管费以及其他费用的情形下，承运人有权留置相应的运输货物。

在运输合同中，收取运输费用是承运人的主要权利。合同约定的支付期限届满，托运人或收货人未支付运输费用的，即构成违约，承运人在此情况下可以留置运输货物。一般情况下，在运输费用的支付期限届满后，承运人才可以行使留置权。

在运输合同中，法律对可以成立承运人留置权的债权进行了直接规定。在国内水路货物运输中，在无特殊约定的情况下，运费、保管费、滞期费、共同海损的分摊和承运人为货物垫付的必要费用以及应当向承运人支付的其他运输费用没有付清，承运人可以行使留置权。而针对水路运输之外的其他国内货物运输方式，哪些费用可以成立承运人留置权，法律并无特别规定，应当依照《民法典》的一般规定，即仅限运费、保管费或者其他费用。

我国现行法律对留置权的规定大多并非强制性规定，留置权作为承运人在特殊情形下享有的一种权利当然可以放弃，因此，留置权人都可以通过约定或声明的方式对其权利予以放弃或限制。在民法典涉及留置权的规定中，也都可以见到“当事人另有约定的除外”等类似条文。

留置权的实现是留置权人对留置财产进行处分，以优先受偿其债权的行为。实现留置权要经过以下程序：

1. 催告与宽限期

法律设定留置权的目的，是希望通过债权人的留置行为，督促债务人履行合同。因此，承运人在留置货物后，应当及时通知债务人，催告其在一定期限内履行债务，除非运输合同已经对留置权的行使方式和宽限期另有约定。上述催告中的履行期限即为宽限期，宽限期可以由承运人与债务人协商确定，也可以由承运人指定，但指定的宽限期一般不得少于 2 个月，除非留置的货物为鲜活易腐等不易保管的动产，如海鲜、水果、蔬菜等。如承运人未经催告和确定宽限期，直接变价处分留置物的，应当对此造成的损失承担赔偿责任。

2. 折价、拍卖和变卖

依据我国法律的规定，留置权实现的方式主要是三种：折价、拍卖和变卖，承运人可以与债务人协商采取哪种方式。折价必须经过双方当事人协商一致，因此在现实中可操作性不强。拍卖的法律风险较少，但是涉及拍卖费用的支出，该支出虽然可从拍卖款中获偿，但当拍卖物价值低于债权价值时就无法实现。变卖是一般的买卖形式，尽管处理成本较低，但是必须参照市场价格，并保留交易凭证及发票。

3. 合理行使

根据我国法律和司法实践，留置权应当合理恰当行使，如何界定是否合理，笔者认为可以从以下几个方面综合考虑：

一是留置地点是否合理。正常情况下，承运人应在货物所在地进行留置以避免产生额外的运输费用，擅自转运产生的运输费用，很可能要由承运人自行承担。

二是留置期限是否合理。留置时间应当从货物是否适于长期存放，以及货物的保管费是否会超过其价值等进行判断，留置不处理的时间远远超出合理期限，对于超出合理期限后的货物损失，相应免除债务人的债务，对超过债权的部分，要承担赔偿责任。

三是留置价值是否合理。留置财产为可分物的，留置财产的价值应当相当于债务的金额。留置货物明显超出合理数量，构成留置权滥用，对超额留置造成损失的，承担赔偿责任。

四是是否尽到妥善保管义务。由于留置货物在变现之前仍然属于债务人所有，承运人负有妥善保管留置物的义务，因保管不善致使留置物灭失或者毁损的，应当承担民事责任。原则上未经债务人同意，承运人不得使用、出租留置货物或者擅自将留置货物作为其他债权的担保。

第三节　典型案例精析

案例 1：H 物流公司与 J 物流公司货物运输合同案①

裁判要旨

保价条款是承运人与托运人合意的结果，内容并不违反法律强制性规定，一般情况下应当认定保价条款有效。但如果承运人系故意或重大过失导致货物损失，应排除适用保价条款中有关限制赔偿的约定，以防范承运人出现道德风险。

案情简介

上诉人（原审被告）：J 物流公司。

被上诉人（原审原告）：H 物流公司。

2013 年 5 月 31 日，原告委托被告公司运送一批线材至制衣公司，并交

① 一审：浙江省宁波市江北区人民法院（2013）甬北商初字第 728 号；二审：浙江省宁波市中级人民法院（2014）浙甬商终字第 309 号。

纳运费390元。被告向原告出具一份《货物运单》，记载其承运货物名称为“线”，数量为30件，重量为540公斤，“备注”一栏记载为“直送”，并指定“××小姐”为收货人。该运单背面记载有“特别约定：托运货物时应申明货物价格并参加保险，按千分之四缴纳保险费，如未参加保险，出现货损、货差，最高赔偿不超过平均每件货物运费的三倍至五倍。如已参加保险，出现货损、货差，按实际损失赔偿”。

2013年7月14日至16日，原告负责人以电话方式向被告公司郑州专线原负责人询问涉案货物的下落，该负责人表示其需要核实是否承运了这批货物，其间也曾表示“我问以前的办事处，这批货是百分之一百转运出去的”。

2013年8月26日，H公司向宁波市镇海区人民法院起诉本案被告，称H公司曾于2013年5月31日委托被告运送一批涤纶包芯线至制衣公司，货物共30件，约540公斤，货款44417.13元，但被告并未按约送达，故要求被告赔偿H公司货款损失44417.13元以及H公司为再次运输支出的运费3422元。宁波市镇海区人民法院于2013年9月25日出具（2013）甬镇商初字第1023号民事判决书，对H公司诉称事实予以认定，对其诉讼请求予以支持，并判令被告承担诉讼费498元。

原告的诉讼请求：被告赔偿原告货物、运费及诉讼费损失共计48337.13元。

被告辩称，1. 原、被告之间不存在运输合同关系，被告未承运涉案货物；2. 即便被告曾承运涉案货物，涉案的《货物运单》的“备注”一栏中记载了“直送”字样，按照运输行业的惯例，被告仅需将货物运送至指定地点，而无须让收货人在回单上签字，原告应自行承担货物是否送达的风险；3. 即便被告需承担货物丢失赔偿责任，因原告未申明货物价值，且根据双方在《货物运单》中的约定，被告仅需赔偿运费三倍至五倍的金额。

法院裁决

宁波市江北区人民法院认为：被告向原告出具的《货物运单》系双方真实意思表示，内容不违反法律、行政法规的强制性规定，应为合法有效，可证明双方之间存在运输合同关系。在运输合同履行过程中，原告将货物交付给被告，但被告并未能提供证据证明已将货物送交指定收货人，当前也无法说明货物的去向，应承担相应民事法律责任。虽被告抗辩称根据物流行业惯例，如双方约定提货方式为“直送”，原告应自行承担运输风险，但被告提供的证据并不足以证明其抗辩的商业惯例的存在。被告抗辩称即便需赔偿也仅应负担三倍至五倍运费赔偿金额，本院认为，即便涉案《货物运单》背面记载有三倍至五倍运费赔偿金额的内容，但该约定仅针对货损、货差等情形，而本案货物涉及未送达或丢失问题，不适用该条约定。根据宁波市镇海区人民法院出具的民事判决书，H公司委托被告运输的一批次货物与涉案货物名称、重量、数量及运送地址均一致，两案中的货物应为同一批，可证明涉案货物实际价值为44417.13元，而原告所主张的运费损失及诉讼费均为其实际损失，被告理应全额赔偿，故本院对原告相应诉请均予以支持。

一审判决后，被告向浙江省宁波市中级人民法院提起上诉。二审审理过程中，上诉人J物流公司申请撤回了上诉。

律师评析

本案涉及的问题是货物运输合同纠纷中关于货物丢失时如何适用保价条款确定赔偿责任。鉴于国内货物运输合同中普遍存在保价条款，而保价条款的效力及保价条款排除适用的条件素有争议，因此有必要对运输合同中的保价条款作进一步的分析：

1. 保价条款的性质

运输合同中的保价条款是指托运人对价值较高的货物，声明其价值，并按其声明价值的一定比例（通常为千分之三），在运费外再支付保价费。发生货损时，如已保价，承运人按照声明的价值进行赔偿；如未保价，则按照运费的数倍进行赔偿。

保价条款直接关系到托运人能否获得与货损价值接近的理赔。由于运输行业风险较高，快递公司均要求客户对高价值物品做出声明，并按声明价值进行保价。如发生货损，则可由保险公司理赔，从而降低风险。但多数托运人为了降低运输成本，不进行保价，产生纠纷的货损赔偿案件几乎均未保价。而由于快递市场的激烈竞争，经营国内市场的快递公司通过降价经营的方式来争取客户，市内快递价格仅为 5 元至 10 元，临近省市的快递件每公斤也只有 6 元至 10 元。如果货物未保价，按责任限制条件以运费 3 至 5 倍的数额予以赔偿远不足以弥补损失。

保价旨在赋予托运人一种选择权，即在承运人赔偿责任限额与保价之间进行选择的权利。具体来说，如果托运人要求承运人承担超过限额的责任赔偿，托运人除按规定交纳运费外，还应按照其声明价值的一定比例交纳保价费。因此，保价费构成了实际运费的一部分，它是交纳基础运费以后额外支付的附加费，其目的是排除适用承运人的赔偿责任限额制度。由是观之，保价就是承运人与托运人之间基于私权自治原则就承运人赔偿责任限额作出的一种商业安排。

2. 保价条款的效力

保价条款为格式条款。在货物运输中，物流公司出具的运单往往载明声明货物价值的保价条款和不保价条款两种方式供托运人选择，同时还载明选择保价运输的，按声明价值的比例交纳保价费。对于保价条款的效力认定，如承运人对保价条款尽到提示、说明义务的，该条款应认定为有效。

首先，从保价条款的渊源而言。保价条款源于海上运输这一高风险行业，出于保护船舶所有人的利益，规定了承运人赔偿责任的限额制度。保价条款被运输行业普遍采用，主要是基于运输业风险较大，一旦发生事故，后果均比较严重，承运人往往需要支付超出运费几十倍乃至上百倍的巨额赔偿。

其次，从运输行业的交易习惯而言。在运输实践中，运输企业的运费计收标准一般与货物的体积和重量有关，而与货物的价值并无直接关系。因此，承运人对其在运输过程中发生的货物毁损事先限制其赔偿责任数额，是基于其从事运输的利润与其承担的责任不成比例的理性考量。

再次，从托运人的利益而言。如果收取低廉运费的运输公司，在货物损坏后，即将面临较高赔偿责任的风险，则运输公司作为理性的经济人，出于对高风险的畏惧，有可能拒绝为托运人运送贵重物品，或者要求托运人必须支付高昂的运输费用，最终间接损害了托运人的权益。同时，也不利于运输行业的持续发展。

最后，从法律规定而言。根据《民法典》第 496 条的规定，采用格式条款订立合同的，提供格式条款的一方应采取合理的方式提示对方注意免除或者减轻其责任等与对方有重大利害关系的条款，按照对方的要求，对该条款予以说明。也就是说，运单中的保价条款虽然部分免除了承运人的责任，但只要该条款不具有《民法典》规定的无效情形，同时承运人采用了合理的方式进行明确的说明，使得托运人在订立合同时对此予以充分注意并能够自由选择，则该条款为双方的真实意思表示，应为有效条款。

承运人作为保价条款的提供一方，其在合同订立时应采用合理的方式向合同相对方作出明确说明，主要包括以下两方面：一是提示义务，即承运人应在运单、运输合同或其他运输凭证上对保价条款采取加黑、放大字体等方式，足以引起托运人注意到保价条款的内容；二是说明义务，对保价条款的内容以书面或者口头形式向托运人作出明确说明，使托运人对保价条款的具体内容及相应的法律后果有充分的了解和认识，确保托运人选择保价条款系其真实意思表示。承运人只有同时履行了提示义务和说明义务，方是全面履行了明确说明义务，保价条款才能发生法律效力。

在保价条款被排除适用的情况下，若当事人对赔偿金额另有约定的，从其约定。若当事人未以其他方式约定赔偿数额的确定方法，则根据《民法典》第 832 条的规定，应按照货物的实际市场价值决定承运人的赔偿数额。

3. 承运人故意或重大过失对保价条款的排除适用

虽然一般情况下，保价条款对承运人与托运人有合同约束力，但保价条款本质为限责条款，在承运人故意或者重大过失导致货损的情形下，应排除该条款的适用。

（1）保价条款排除适用的法律规定

根据《民法典》第 506 条的规定，因故意或者重大过失造成对方财产损失的免责条款无效。关于免责条款，从广义理解应当包括免除责任条款和责任限制条款。因此，如果保价条款约定在故意和重大过失的情形下，承运人也按保价条款约定承担责任，该条款因违反法律强制性规定而无效。

与《民法典》规定相对应，《民用航空法》第 132 条规定："经证明，航空运输中的损失是由于承运人或者其受雇人、代理人的故意或者明知可能造成损失而轻率地作为或者不作为造成的，承运人无权援用本法条第一百二十八条、第一百二十九条有关赔偿责任限制的规定”；《海商法》第59条第2款亦规定：“经证明，货物的灭失、损坏或者迟延交付是由于承运人的受雇人、代理人的故意或者明知可能造成损失而轻率地作为或者不作为造成的，承运人的受雇人或者代理人不得援用本法第五十六条或者第五十七条限制赔偿责任的规定。”因此，即便保价条款没有进行相关约定，如承运人存在故意或重大过失导致货损的情形，也应当排除适用保价条款中限责赔偿的约定。

（2）排除适用以防范道德风险

如果承运人出于一般的过失导致发生货损，托运人与承运人可以依照保价条款约定确定赔偿标准。但承运人对发生货损存在故意或重大过失，仍按照限责标准赔偿，则有可能导致承运人发生道德风险。比如承运人在运费低廉的场合，可能会怠于管理，放任货损事故的发生；又如在运输成本较高的情况下，承运人可能会故意造成货损，甚至侵吞、盗窃货物。而此时托运人仅能获得三倍至五倍的运费赔偿，显然是不公平的。这等于变相鼓励承运人积极犯错，长期将会导致物流行为的失序。因此如果有证据证明承运人对发生货损存在故意或者重大过失，法官应限制适用保价条款，防范道德风险的出现。

（3）存在故意或重大过失的举证责任

根据“谁主张，谁举证”的基本原则，托运人应当负担证明承运人存在主观的故意或重大过失的举证责任。但在实际运输过程中，托运人将货物交付给承运人后，货物在被送达之前一直处于承运人的实际控制状态中，承运人应当对货物的运输情况及货损情况知悉，而托运人难以监控运输过程，往往难以举证证明究竟是何种原因造成货损。尤其是在货物未送达的情况下，托运人难以判断是否是承运人故意丢失、侵吞货物。根据《民法典》第811条之规定，承运人应当在约定期限或合理期限内将旅客、货物安全运输到约定地点。因此，笔者认为，因承运人负责安排运输、管理货物，应当对货物运输的全过程及货损发生的原因承担举证、说明的责任。这种举证责任在其他相关运输法律中亦有所体现。《海商法》第54条规定：“货物的灭失、损坏或者迟延交付是由于承运人或者承运人的受雇人、代理人的不能免除赔偿责任的原因和其他原因共同造成的，承运人仅在其不能免除赔偿责任的范围内负赔偿责任；但是，承运人对其他原因造成的灭失、损坏或者迟延交付应当负举证责任。”

该类案件处理也要考虑整个社会的价值平衡。商人追求最大利益，在托运人一方，永远希望用最低的成本获取最高质量的运输服务。而目前物流业压价竞争现象普遍，国内快递、货运市场尤为严重，运输企业利润微薄。当价值很高的承运货物毁损时，承运方若按实际价值赔偿，则会出现其仅收取很少的运费却要支付巨额赔偿款的情况，对整个物流业也会造成很大损害。当然，承运货物毁损，并不能排除承运方为了自身利益而故意造成货物毁损，或因运费不高而管理懈怠的情况，此时，仅仅按照双方约定，按照不超过货物运费的 5 倍进行赔偿，则显然对托运人也不公平。此类案件实际上也存在社会价值的博弈，在承运人存在故意或重大过失的情形下，要求其对因此造成的货损承担赔偿责任，既有利于维护立法的基本精神，也有利于物流公司进一步完善服务，促进物流业的健康发展。

案例 2：运输公司、颜某华公路货物运输合同案①

裁判要旨

运输合同纠纷中，车辆实际所有人将承运车辆登记在被挂靠公司名下并与托运人签订运输合同，虽仅由车辆实际所有人个人签字并未加盖被挂靠公司公章，但被挂靠公司向车辆实际所有人收取挂靠费用，其对车辆实际所有人参与货物运输活动享有经济利益，在此情况下，因承运车辆发生货损时，被挂靠公司应与车辆实际所有人承担连带责任。

---

① 一审：宁夏回族自治区银川市中级人民法院（2013）银民商初字第 85 号；二审：宁夏回族自治区高级人民法院（2017）宁民终 115 号；再审：最高人民法院（2018）最高法民申 163 号。

案情简介

再审申请人（一审被告、二审上诉人）：运输公司

被申请人（一审原告、二审被上诉人）：颜某华

一审被告、二审上诉人：樊某宁

颜某华系货运部业主，从事货物运输代理与信息中介。2013年1月4日，利达货运部与樊某宁签订《承运合同》一份，约定颜某华将所揽代办托运的货物委托樊某宁驾驶甘L×××号重型半挂牵引车（挂车号：甘L0××号）自银川市运至固原市，运输日期为2013年1月4日至5日。合同载明："本批次货物总价值约为100万元，由承运方安全、准时运抵目的地，经协商，采用包干形式，全程运杂费为4200元；货物经承运方清点数目，无误无损，装车后，在运输途中，如有被遗失、损坏淋湿等意外事故，均由承运方负责一切经济损失。"合同签订后，利达货运部将货物和随车货物托运凭据交付樊某宁，双方共同在《货运清单》上签字捺印。该《货运清单》记载了货物编号、品名、货主姓名、收货方联系电话、代收货款和运费金额等信息。2013年1月5日凌晨2时许，樊某宁驾车载货由银川市行至吴忠市利通区福银高速公路关马湖服务区时发生火灾，造成挂车及车上货物不同程度烧毁。

2013年1月29日，吴忠市利通区公安消防大队作出《火灾事故认定书》，认定起火原因系甘L×××号重型半挂牵引车"行驶过程中挂车左侧由前至后第三组轮胎刹车片与刹车毂摩擦产生高温引燃轮胎等周围可燃物引发火灾"，造成直接经济损失1310628元。

另，2011年7月20日，樊某宁与运输公司签订《机动车辆挂靠协议》，将该车挂靠在运输公司名下运营，每年交纳挂靠费1000元。2011年7月15日，该车在车辆登记管理机关进行登记，所有权人为运输公司。

原告的诉讼请求：请求判令被告赔偿原告损失100万元。

法院裁决

一审法院判决：一、被告樊某宁赔偿原告颜某华货物损失968584元，限于本判决生效后二十日内付清；二、被告运输公司对上述第一项确定的给

付义务承担连带清偿责任。

一审判决后，运输公司不服，以“本案是运输合同纠纷，运输公司不是案涉《承运合同》的当事人，根据合同相对性原则，运输公司作为登记车主，不应当承担赔偿责任”为由提起上诉，请求改判运输公司不承担连带清偿责任。

对于运输公司对托运货物损失应否承担赔偿责任问题。二审法院认为，运输公司与樊某宁签订《机动车辆挂靠协议》，将涉案车辆登记在公司名下，许可樊某宁使用公司的经营权，同时，向樊某宁收取费用，樊某宁与运输公司系挂靠经营关系，且樊某宁在发生事故时从事的是职务行为，作为被挂靠单位，运输公司应当承担连带赔偿责任，故上诉人该项上诉理由不能成立。

二审判决后，运输公司向最高人民法院申请再审。对此，最高人民法院认为，《民事诉讼法解释》第54条规定：“以挂靠形式从事民事活动，当事人请求由挂靠人和被挂靠人依法承担民事责任的，该挂靠人和被挂靠人为共同诉讼人。”根据本案查明事实，案涉货物承运合同的签订主体虽然是利达货运部及樊某宁，但樊某宁与运输公司已事先签订了《机动车辆挂靠协议》，樊某宁与运输公司的挂靠关系在本案货物承运合同法律关系建立前已经存在；此外，案涉车辆登记在运输公司名下，对外具有物权公示的法律效力。故颜某华以樊某宁、运输公司作为共同被告，符合法律规定。《最高人民法院关于审理道路交通事故损害赔偿案件适用法律若干问题的解释》第3条规定：“以挂靠形式从事道路运输经营活动的机动车发生交通事故造成损害，属于该机动车一方责任，当事人请求由挂靠人和被挂靠人承担连带责任的，人民法院应予支持。”本案中，运输公司作为被挂靠单位，向樊某宁收取挂靠费用，其对樊某宁参与货物运输活动享有经济利益，在此情况下，运输公司对樊某宁因驾驶车辆出现事故对他人造成损害理应承担赔偿责任，二审法院判决其承担连带清偿责任并无不当。

律师评析

本案中涉及挂靠车辆发生货损时，被挂靠单位是否承担法律责任的问题。在法学理论界和司法实践中对此均存在巨大的争议，且双方均有理论和相关法律条文的支持，造成在审判实践中，相同或类似情况，不同地区的法院作出的判决也不尽相同。

第一种观点认为，被挂靠单位并非实际车辆所有权人，也未取得运营利益，不应承担赔偿责任。其依据是公安部关于机动车辆登记的复函，尽管该车辆登记在公司，但挂靠人是实际出资人，应认定挂靠人为实际所有权人。同时根据最高人民法院关于挂靠车辆在交通运输中造成人身和财产损害如何赔偿的批复，被挂靠公司在运营中未取得运营利益，对车辆收取的管理费大部分代车辆上缴了各种费用，公司也不应当承担赔偿责任。此外，被挂靠单位未签订运输合同，也未实际履行合同，也不应承担违约赔偿责任。他们认为运输合同上无被挂靠单位工作人员的签字，也无公司的盖章，实际履行中无公司人员签收货物，因此，运输合同对公司无任何约束力。从合同的签订到合同的履行，完全是实际控制车辆人员的个人行为，应由实际控制车辆的人向托运人承担违约赔偿责任。

第二种观点以本案为例，认为车辆的实际所有人和被挂靠单位应承担连带赔偿责任。该类纠纷属于运输合同纠纷，应适用《民法典》的有关规定，如果以《道路交通安全法》及最高人民法院相关的司法解释进行抗辩，实际上是把合同违约与道路侵权混为一谈，属适用法律错误。运输公司与实际车主签订挂靠协议和准许车辆登记在公司名下，是对实际车主以公司名义进行运输经营的授权行为，而挂靠行为又是一种向社会公开承诺公司是该车辆的运输主体的公示行为。在运营过程中，实际车主以公司的名义与承运人签订并履行运输合同的行为，是对公司运输经营的代理行为。《民法典》第162条规定：“代理人在代理权限内，以被代理人名义实施的民事法律行为，对被代理人发生效力。”

具体到本案，运输公司允许樊某宁将车辆挂靠在其公司名下，樊某宁实际持有该车辆的行车证，托运人完全有理由相信，樊某宁对运输公司是有运输经营代理权的，构成表见代理。据此，实际承运人樊某宁在运输合同项下构成违约，就是运输公司的违约，应当由运输公司与樊某宁向托运人承担连带清偿责任。至于实际承运人樊某宁与运输公司之间属另一法律关系，责任划分可依据双方签订的挂靠协议另行解决。

第十一章 保管合同纠纷[①]

第一节 理论概述与实务指引

保管合同是《民法典》规定的十九类典型合同之一。《民法典》合同编第二十一章第888—903条对保管合同进行了专门规定。相较于原《合同法》，《民法典》除第888条增加法定保管制度的规定外，基本沿用了原《合同法》的规定，只做了个别文字和语序调整。从广义上来说，仓储合同属于一类特殊的保管合同，但鉴于《民法典》合同编第二十二章单独规定了仓储合同，因此本章所论述的保管合同纠纷是指除仓储合同之外的一般保管合同纠纷，常见的如因购物、住宿存包和停车场停车等而引起的纠纷。从民事法律行为的角度分析，所谓的保管合同纠纷是指保管合同当事人围绕保管合同是否成立，是否生效，产生何种效力，保管合同是否完整和适当地履行以及因当事人违反保管合同约定而产生的法律后果和责任分担等而引起的争议。

一、保管合同的概念

保管合同又称寄托合同、寄存合同，是指保管人保管寄存人交付的保管物，并返还该物的合同。保管合同是保管人有偿或无偿地为寄存人保管物品，并在约定期限内或应寄存人的请求，返还保管物品的合同。[②] 在保管合

---

① 本章作者任荟好。

② 最高人民法院民法典贯彻实施工作领导小组编著：《中华人民共和国民法典合同编理解与适用（四）》，人民法院出版社2020年版，第2344页。

同的法律关系中，接收并保管物品的一方称为保管人或受托人，交付并寄存物品的一方称为寄存人或寄托人，被保管的物品为保管物。在我国的司法实践中并不将保管物限定为动产，如保管房屋、果园等不动产的情形也构成保管合同；同时，保管物也并不以寄存人享有保管物的所有权为限。因此，保管合同中，保管人自寄存人处仅转移对保管物的占有，而并不转移相应的使用、收益和处分权能。

二、保管合同的特征

从法律规定及上述概念可以看出，保管合同具有如下特征：

1. 保管合同的标的为保管行为，以物的保管为目的，以转移占有为标志。寄存人将保管物交给保管人，保管人应按合同约定履行妥善管理的义务并为保管物品提供相应的劳务或服务，保管人在履行保管义务期间承担一定的保管物毁损、灭失的责任。关于此处的“物”是否应为有体物，笔者认为随着网络技术的应用与发展，诸多虚拟财产走入人们的生活，此类虚拟财产虽然没有具象的外观但也具有一定的价值，符合物的属性，因此可以作为保管合同的“物”。

2. 保管合同是实践合同。《民法典》第 890 条规定：“保管合同自保管物交付时成立，但是当事人另有约定的除外。”一般情况下，仅有保管合同双方当事人就保管意思表示达成一致，合同还未成立，还应当有寄存人将保管物交付给保管人的行为，合同自保管物交付时成立。

3. 保管合同既可以是无偿的，也可以是有偿的。《民法典》第 889 条规定：“寄存人应当按照约定向保管人支付保管费。当事人对保管费没有约定或者约定不明确，依据本法第五百一十条的规定仍不能确定的，视为无偿保管。”由此可知，寄存人是否向保管人支付保管费并不影响保管合同的成立和效力。

4. 保管合同既可以是单务的，也可以是双务的。在保管人不收取保管费的情形下，保管合同为单务合同；若保管人收取保管费，则保管合同为双务合同。

5. 保管合同既可以是不要式的，也可以是要式的。《民法典》并未规定保管合同应当为要式合同，因此，保管合同当事人双方以口头方式也可以达成保管合意。寄存人到保管人处从事购物、就餐、住宿等活动，将物品存放在指定场所的，视为保管。

三、保管人与寄存人的权利和义务

1. 保管人的权利和义务

（1）保管人的权利

根据《民法典》第 893 条、第 902 条及第 903 条之规定，保管人享有如下权利：一是因寄存人未告知保管物瑕疵或需采取特殊保管措施，造成保管人受损失的，保管人有权要求寄存人赔偿损失的权利；二是有偿保管合同中要求寄存人支付保管费的权利；三是在寄存人未按照约定支付保管费或者其他费用的情况下，保管人对保管物享有留置权。

（2）保管人的义务

根据《民法典》第 891 条、第 892 条、第 894 条、第 895 条及第 900 条之规定，保管人承担下列义务：一是出具保管凭证的义务；二是妥善、亲自保管保管物的义务；三是不得使用或许可第三人使用保管物的义务；四是返还保管物及孳息的义务；五是通知义务，即当第三人对保管人提起诉讼或者对保管物申请扣押时，保管人应当及时通知寄存人。

2. 寄存人的权利和义务

（1）寄存人的权利

根据《民法典》第 891 条、第 899 条及第 900 条之规定，寄存人享有如下权利：一是要求保管人出具保管凭证的权利；二是享有随时领取保管物的权利；三是享有要求保管人返还保管物孳息的权利。

（2）寄存人的义务

根据《民法典》第 889 条、第 890 条、第 893 条、第 898 条及第 902 条之规定，寄存人承担如下义务：一是向保管人交付保管物的义务；二是支付保管费和相关必要费用的义务；三是保管物情况的告知义务，即寄存人交付的保管物有瑕疵或者按照保管物的性质需要采取特殊保管措施的，寄存人应当将有关情况告知保管人。寄存人未告知致使保管物受损失的，保管人不承担损害赔偿责任；由于寄存人未告知保管物本身的性质或者瑕疵使保管人受到损害的，寄存人应当承担赔偿责任；四是贵重物品的声明义务，即当寄存人寄存的物品为货币、有价证券或者其他贵重物品时，应向保管人履行声明义务，并经由保管人验收或封存。寄存人未尽声明义务的，保管人仅须按照一般物品的价值予以赔偿。

第二节　办案思路与实战技巧

律师办理保管合同纠纷案件的关键是认定是否构成保管合同法律关系、保管合同当事人各自的权利和义务以及当事人违反合同约定而应当承担的法律责任，并由此延伸出举证责任分配等诉讼焦点。

一、关于保管合同是否成立的代理思路及要点

就保管合同是否成立，法院的认定规则除了判定是否有适格当事人、当事人之间是否达成保管的一致意思表示、是否有缔约和承诺外，关键是需要认定是否有保管物交付这一行为。司法实践中，此类纠纷一般集中在消费场所告示、自助寄存、免费停车和宾馆住宿等情形。

1. 消费场所告示对保管合同成立的影响

消费场所告示，是指经营者单方制作、张贴的为免除自己在提供服务过程中赔偿责任或提示消费者的书面通知，如温馨提示、酒店告示、殿堂通知等。在保管合同纠纷中，一些经营者在张贴“无偿保管、概不负责”的标语后，往往以这些店堂告示、声明、通知的规定为理由推脱责任，故而引发争议和纠纷。对此，《消费者权益保护法》第 26 条第 2 款和第 3 款规定：“经营者不得以格式条款、通知、声明、店堂告示等方式，作出排除或者限制消费者权利、减轻或者免除经营者责任、加重消费者责任等对消费者不公平、不合理的规定，不得利用格式条款并借助技术手段强制交易。格式条款、通知、声明、店堂告示等含有前款所列内容的，其内容无效。”也就是说，消费场所告示属于格式条款，若存在免除经营者责任、加重消费者责任、排除

消费者主要权利的，该告示无效。那么，在格式条款无效情形下，没有保管凭证，保管合同是否还成立？司法审判实践中，通常认为保管合同是实践性合同，除当事人依据《民法典》第 890 条规定另有约定外，一般情况下，寄存人向保管人交付保管物后，保管合同即告成立。这意味着，是否给付保管凭证并不影响合同成立，只要寄存人向经营者交付了保管物，即使没有保管凭证，或者根据交易习惯无须出具保管凭证的，也会认定保管合同成立。但若消费者并未将保管物交付给经营者，而是随身携带或明知有寄存场所而随意在别处堆放的，则因保管物的占有并没有自消费者转移至经营者而导致保管合同未成立。

2. 自助寄存中保管合同成立与否的认定

自助寄存，是指由寄存人根据自助机的提示指令如打开保管箱、存入保管物、关闭保管箱并留存保管凭证和保管密匙等自主完成的一系列存取操作。随着科技的发展，火车站、机场、超市、商场等场所都在逐步以智能电子寄存柜取代人工寄存。在《民法典》颁布前，因自助寄存产生的纠纷主要集中在认定自助寄存是保管合同法律关系还是借用合同法律关系。一种观点认为，自助寄存是保管合同，理由是自助寄存柜属于电子代理人的法律地位；还有一种观点认为自助寄存是借用合同，认为自助寄存柜服务是现代经营理念和新技术的产物，已突破了传统的保管寄存范畴，在商家与消费者之间不存在保管物转移占有的事实，双方也未达成保管的一致意思表示，在商家与消费者之间形成了新型的借用关系。

值得关注的是，《民法典》第 888 条在沿用原《合同法》第 365 条规定的基础上，增加了法定保管制度。《民法典》第 888 条第 2 款规定："寄存人到保管人处从事购物、就餐、住宿等活动，将物品存放在指定场所的，视为保管，但是当事人另有约定或者另有交易习惯的除外。"关于该条的适用，应注意以下两点：其一，寄存人需在保管人处从事购物、就餐、住宿等活动。关于是否要进行实际消费，法律并没有明确规定，对此笔者认为，律师可以从举证责任分配角度着手进行代理，如：寄存人进行了实际消费则当然满足购物、就餐等活动；若寄存人并未实际消费，则需要寄存人证实自己具有购物、就餐活动的意思表示，如根据合同约定或交易习惯等；若寄存人未实际消费也不能证实自己具有购物、就餐活动的意思表示，则一般情况下也可以考虑适用法定保管的规定，但保管人有证据证实寄存人不存在购物、就餐活动的意思表示的除外。其二，寄存人应将保管物存在指定场所。基于此规定，保管人应以“清楚、明确”的标语指示框定出指定场所；寄存人应按照保管人的指示存入保管物且应与其他保管物相区分，而不得随意放置。当然，本款但书规定“当事人另有约定或者另有交易习惯的除外”，也就是法律允许当事人之间对该种保管模式按照合同约定处理。

法定保管为《民法典》的新增条款，是指直接依据法律的规定，而非基于当事人之间的约定而成立的保管。在律师工作实务中，应关注如下几个方面：第一，法定保管和《消费者权益保护法》第 11 条、《民法典》第 1198 条的关系。法定保管侧重于财产权保护，而另外两个条款侧重于人身权利保护；法定保管的保护对象限定为到保管人处从事购物等活动的寄存人，而《消费者权益保护法》第 11 条保护对象为消费者、《民法典》第 1198 条保护对象为进入场所的人。第二，区分法定保管和一般保管。法定保管：经营者并不占有存放物，经营者义务是保证存放设备具有通常的保险功能，发生纠纷由寄存人负担存放何物的举证责任；一般保管：保管物自寄存人转移至保管人占有，保管人应妥善和亲自保管，保管人应明确知道保管物为何物和价值等。

3. 停车场所中保管合同成立与否的认定

在日常经济生活中，较为常见的停车场所分为：专营停车场、经营场所停车位、路边停车泊位、住宅小区车位。机动车辆在停车场停放产生的法律关系可归为机动车辆保管合同关系或停车场地临时租用合同关系两种，实践中的情况比较复杂，笔者将结合法院裁判观点及业务经验逐一分析。

（1）专营停车场停车是否成立保管合同的认定思路

在司法实践中，关于专营停车场停车双方当事人之间是否形成保管合同法律关系的判断与认定并不统一。有的观点认为车辆管理员收取的费用为车辆保管费、驾驶员与管理员之间形成汽车占有改变的行为和代为管理的意思表示，因此应被认定为车辆保管合同法律关系；也有的观点认为因车主未将钥匙交给停车管理员，且车主所支付的停车费用较低无法体现出委托保管的意思，因此应当被认定为车位租赁关系。对此，笔者认为，相较于其他几类停车场所，专营停车场以收取停车费用为盈利途径，以存放车辆为经营范畴并一般配备专门的收费员或管理员，且车主将车辆停放在专营停车场的行为既具有占用停车位存放车辆的意思表示，也具有委托管理员代为看护车辆，防止车辆被盗、被损害的意思表示。若管理员收取了停车费用且未明确拒绝看护和管理车辆的，则一般应当认定双方构成了车辆保管的合意，成立保管合同关系。

（2）经营场所停车位停车是否成立保管合同的认定思路

《民法典》颁布前，就经营场所停车比如宾馆、酒店等是否成立保管合同法律关系，司法实践中认定不一。如在管理公司、姚某和与蓝某林保管合同纠纷案［案号：（2012）柳市民二终字第182号］中，柳州市中级人民法院认为：客人入住酒店后，在宾馆的工作人员的指引下停放车辆并领取了车辆出入牌，应视为已将保管物交付宾馆，双方之间的保管合同已经成立。宾馆停车场只有一个出口，属于封闭型的停车场，设置了门卫，进入停车场需领取车辆出入牌，离开停车场时也需将车辆出入牌交还门卫，可以认定停车场可供宾馆使用且由宾馆进行日常管理。宾馆对于车辆被盗存在过错，应当承担赔偿责任。车辆出入牌载明“不作为失车索赔凭证”，但这一免责条款明显与民事活动的公平原则相悖，应当不予支持。在X镇人民政府与R宾馆保管合同纠纷案［甘肃省高级人民法院（2012）甘民申字第473号］中，甘肃省高级人民法院认为：旅客将车辆停放于宾馆门前露天停车场，未向宾馆进行声明登记，也未交付车辆的实际控制权；宾馆没有向旅客停放车辆单独收费，也没有向旅客发放停车凭证或作出保管承诺；宾馆的保安指示将车辆停放在泊车位的行为，并不就是宾馆接收保管物的法律行为。因此，客观上旅客与宾馆没有就涉案车辆的保管、领取、风险承担等权利义务关系订立过具有保管法律特征的书面合同或口头约定，双方并未形成保管合同关系，宾馆对涉案车辆不负有保管义务，对涉案车辆的失窃可不负赔偿责任。

《民法典》颁布后，根据《民法典》第888条第2款之规定，若消费者系前往经营者处从事购物、就餐、住宿等活动，且已按照经营者指示将车辆放置在指定场所的，则成立保管合同法律关系。但当事人另有约定或另有交易习惯的除外，比如：寄存人虽未从事相关消费活动或有消费的意思表示，但已明确委托经营者管理车辆，且经营者同意的，也可成立保管合同法律关系。

（3）路边停车泊位停车是否成立保管合同的认定思路

路边停车泊位，是经国家有关部门批准设立的利用街道和公共场地对外从事收费停车业务的临时占道停车场，若当事人之间没有特别约定的，存车人与停车场之间一般成立停车场租用合同关系。

（4）住宅小区车位停车是否成立保管合同的认定思路

《民法典》第 275 条规定："建筑区划内，规划用于停放汽车的车位、车库的归属，由当事人通过出售、附赠或者出租等方式约定。占用业主共有的道路或者其他场地用于停放汽车的车位，属于业主共有。"据此规定，对于已经签署《出售合同》或《租赁合同》的业主与物业公司之间的合同性质和权利义务关系，应当以双方当事人合同约定为准，若在相应合同中双方对保管车辆进行约定且对交付保管车辆的行为予以明确，则可以认定构成保管合同。但在司法实践中，往往因双方当事人未签订书面合同而频发争议。对此，笔者认为，一般情况下，车主系小区业主或来访亲朋，将车辆停放在住宅小区停车位的行为仅为占用车位停放车辆，具有短暂性、无偿性的特点，车辆并未脱离车主的实际控制，因此车主并无将车辆交给他人保管的意思表示，无法认定双方存在保管的意思表示。

总体来看，认定机动车辆在停车场停放产生的法律关系，当事人之间有约定的，从约定。没有约定的，则需要结合是否收取保管费用以及停车场对车辆的管控程度来进一步分析。若收取的费用为保管费或包含保管费，或者停车场对车辆的管控程度较高，则可认定构成保管合同关系。反之，则应认定为车位租赁合同关系。

二、保管合同当事人的合同义务及责任

1. 保管人承担的妥善保管的义务和责任

根据《民法典》第 897 条的规定，保管期内，因保管人保管不善造成保管物毁损、灭失的，保管人应当承担赔偿责任。但是，无偿保管人证明自己

没有故意或者重大过失的，不承担赔偿责任。

本条将有偿保管和无偿保管中保管人的妥善保管义务与举证责任予以明确的区分和分配。从保管人造成保管物毁损、灭失的主观意思角度，可能系因保管人故意、重大过失和过失行为导致的。故意系保管人积极追求或放任保管物毁损、灭失，如故意摔砸或将保管物放在不适宜储存的场所任其自然毁损；重大过失系保管人未能尽到一般人注意和谨慎的保管义务，如将保管物放在随身携带的包内，因包被水浸泡导致保管物受损的；过失系保管人未尽到高于一般人注意和谨慎的保管义务。对于有偿保管，因保管人收取了保管费用，因此只要因保管人的保管不善导致保管物毁损、灭失的，保管人就应承担赔偿责任，是否故意或存在重大过失，在所不问。对于无偿保管，若保管人系过失而非故意或重大过失造成保管物毁损、灭失的，则无须承担赔偿责任。

2. 保管人承担的不得擅自改变保管场所或者方法的义务和责任

根据《民法典》第 892 条的规定，保管人应当妥善保管保管物。当事人可以约定保管场所或者方法。除紧急情况或者为维护寄存人利益外，不得擅自改变保管场所或者方法。

若当事人未约定保管场所或方法的，则保管人也应当依据保管物的性质、合同目的和诚实信用原则，尽到妥善、亲自保管的义务；若当事人之间约定了保管场所或方法的，则保管人以遵守约定为原则，以“紧急情况或者为维护寄存人利益”而改变约定为例外。否则，保管人就要承担恣意改变保管场所和方法的违约责任及损害赔偿责任。至于此种情形下，是否需要及时通知寄存人呢？笔者认为，从诚信及善意角度，在情况允许时，保管人应及时通知寄存人为宜。若保管人有证据证实其改变保管场所或方法确系情况紧急或为寄存人利益，则即便未及时通知寄存人或事后寄存人不追认的，也不必然构成保管不善，一般情况下保管人无须因此承担赔偿责任。

3. 保管人承担的不得转交第三人保管的义务和责任

根据《民法典》第 894 条的规定，保管人不得将保管物转交第三人保管，但当事人另有约定的除外。保管人违反前款规定，将保管物转交第三人保管，造成保管物损失的，应当承担赔偿责任。

律师代理案件需要注意的是，若保管物损失并非保管人直接造成，而是次保管人或第三人造成的，那保管人是否还需承担责任？对于有偿保管，无论保管人有无过错均应承担赔偿责任；对于无偿保管，若保管人能证实自己对第三人的选认和指示不存在故意或重大过失的，则一般无须承担赔偿责任。当然在紧急情况或为寄存人利益的需结合《民法典》第 897 条进一步分析。

4. 保管人承担的不得使用或许可第三人使用保管物的义务和责任

根据《民法典》第 895 条的规定，保管人不得使用或者许可第三人使用保管物，但是当事人另有约定的除外。

如前所述，在保管合同法律关系中，寄存人仅将保管物的占有转移至保管人，而保管物的使用、收益、处分权能仍由寄存人所有。因此在保管期间，保管人无权自行使用或者许可他人使用保管物。若保管人使用保管物但未造成毁损、灭失的，则双方或形成借用关系，寄存人可主张收取一定的费用；若造成保管物毁损、灭失的，则保管人需承担赔偿责任。但值得关注的是，对于货币等种类物、可替代物，因占有改变伴随着使用权能的转移，因此保管人可以依法或依约使用该种类型的保管物并按相同种类返还。基于此，《民法典》第 901 条规定，保管人保管货币的，可以返还相同种类、数量的货币；保管其他可替代物的，可以按照约定返还相同种类、品质、数量的物品。

5. 保管人承担的通知义务和责任

根据《民法典》第 896 条第 2 款的规定，第三人对保管人提起诉讼或者对保管物申请扣押的，保管人应当及时通知寄存人。

保管人虽仅占有保管物，但从外观角度或善意第三人角度，会认为保管人享有所有权因而申请查封保管物，因此第三人对保管物主张权利的，既包括向保管人主张权利，也包括向寄存人主张权利。一旦第三人申请对保管物查封、扣押、冻结的，保管人应当及时通知寄存人。笔者认为，关于责任承担问题，若保管人未及时通知，造成保管物被执行的，固然寄存人可以通过执行异议之诉等程序恢复对保管物的所有权，但鉴于在实践中，存在大量因无法提供寄存证据导致法院无法认定保管物的实际归属的情形，因此寄存人一旦无法实现对保管物的所有权或者虽然实现所有权但是付出了成本等，均可以向保管人主张损害赔偿责任。

6. 寄存人承担的声明义务和责任

在保管合同章节中，关于寄存人应承担必要声明义务和责任的条款有二：

其一，根据《民法典》第893条的规定，寄存人交付的保管物有瑕疵或者根据保管物的性质需要采取特殊保管措施的，寄存人应当将有关情况告知保管人。寄存人未告知，致使保管物受损失的，保管人不承担赔偿责任；保管人因此受损失的，除保管人知道或者应当知道并且未采取补救措施外，寄存人应当承担赔偿责任。笔者认为，关于责任承担，这里并不限定于对保管人造成损失的，还包括对第三人造成损失的，均应由寄存人负侵权赔偿责任。

其二，根据《民法典》第898条的规定，寄存人寄存货币、有价证券或者其他贵重物品的，应当向保管人声明，由保管人验收或者封存；寄存人未声明的，该物品毁损、灭失后，保管人可以按照一般物品予以赔偿。关于责任承担，需要明确保管人一旦验收或封存的，则不可以替换成其他同等价值物，而应当返还原物；若寄存人未明确告知且保管人未验收或封存的，则寄存人自担实际价值与一般物品价值之间的差额损失不得向保管人主张。

三、保管合同纠纷案代理提交证据思路

律师在拟定保管合同纠纷的诉讼方案时，除结合保管合同纠纷的构成要件进行全面分析外，还应注意收集提供以下方面的证据：1. 双方主体资格的证据。2. 保管合同关系成立的证据，如：保管合同、保管凭证。若没有书面凭证的，可提供证人证言、实际履行凭证予以佐证。3. 保管合同履行情况的证据，如付款凭证、收据、发票以及其他有关的证明材料。需要注意的是，律师在办理案件过程中，应当要求委托人尽可能全面地提供证据材料，以便全面分析双方的合同关系性质及履行情况。尤其是日常生活中的小件保管，往往缺少保管合同等直接证据，在履行过程中双方也很少会严格按照法律规定的模式来履行各自义务，履行义务往往是分散的、短暂的、证据不全的，而当事人往往也不会预想到会产生纠纷而预先留存证据，因此，律师应当引导和帮助当事人进行回忆、广泛搜集证据，然后加以甄别、筛选，择利而用①。

① 张盈、张海燕主编：《合同案件办案策略与技巧》，中国法制出版社2016年版，第375页。

关联案例1

案件名称：胡某与 Y 公司保管合同案

案　　号：上海市第二中级人民法院（2014）沪二中民一（民）终字第 1738 号

裁判观点：租赁合同是出租人将租赁物交付承租人使用、收益，承租人支付租金的合同。保管合同是保管人保管寄存人交付的保管物，并返还该物的合同。从原、被告之间停车过程分析，应认定为双方形成车位租赁关系，原告实际也没有将车辆钥匙交给被告保管，因此原告主张的双方之间的车辆保管关系不能成立。据此，原告要求被告承担相应的保管义务，于法无据，本院不予支持。据此判决原告胡某的诉讼请求不予支持。

关联案例2

案件名称：何某蔚与保管公司保管合同案

案　　号：广东省高级人民法院（2021）粤 01 民终 18273 号

裁判观点：何某蔚主张涉案车辆停放期间前风挡玻璃被掉落的芒果砸烂，并提供管理员冯某成出具的《证明》。保管公司对车辆受损的成因不予认可，但车辆在保管公司保管期间受损是客观事实。何某蔚向保管公司交纳了停车服务费，根据《合同法》第 374 条①“保管期间，因保管人保管不善造成保管物毁损、灭失的，保管人应当承担损害赔偿责任，但保管是无偿的，保管人证明自己没有重大过失的，不承担损害赔偿责任”的规定，一审认定保管公司应承担违约责任，于法有据。按照《广州市停车场条例》的规定，禁止为任何单位或者个人设立城市道路临时泊位月保车位，或者将城市道路临时泊位向固定对象出租。保管公司向何某蔚收取停车月保费 500 元，又抗辩无须承担赔偿责任，法院不予采纳。

---

① 对应《民法典》第 897 条。

关联案例 3

案件名称： 管理公司、姚某和与蓝某林保管合同案

裁判观点： 客人入住酒店后，在宾馆的工作人员的指引下停放车辆并领取了车辆出入牌，应视为已将保管物交付宾馆，双方之间的保管合同已经成立。宾馆停车场只有一个出口，属于封闭型的停车场，设置了门卫，进入停车场需领取车辆出入牌，离开停车场时也需将车辆出入牌交还门卫，可以认定停车场可供宾馆使用且由宾馆进行日常管理。宾馆对于车辆被盗存在过错，应当承担赔偿责任。车辆出入牌载明“不作为失车索赔凭证”，但这一免责条款明显与民事活动的公平原则相悖，应当不予支持。

第三节　典型案例精析

案例 1：运输公司、物流公司等保管合同案①

裁判要旨

从保管方式、保管规则等方面，停车保管合同与一般保管合同存在差异，属于特殊保管合同，保管人的责任义务与一般保管合同存在明显区别。保管人仅对停车场符合停放车辆的安全要求承担相应的义务，主要包括防止车辆被外来侵害如被抢、被盗及由于外来因素损坏、灭失等，而不能要求其对车辆因自身特性等内在因素造成的损害如老化、锈蚀、自燃等造成的损失承担保管不善的责任。

---

① 一审：江西省赣州市章贡区人民法院（2020）赣 0702 民初 6547 号；二审：江西省赣州市中级人民法院（2021）赣 07 民终 6148 号。

案情简介

2019 年 3 月 18 日，原告运输公司将其所有的半挂牵引车、平板自卸半挂车停放在被告物流公司所有的位于赣州市章贡区物流园停车场中，并缴纳了 360 元停车费，被告物流公司出具了一份收款收据，载明单价为 360 元，有效期为 2019 年 3 月 19 日至 2019 年 4 月 18 日。2019 年 3 月 24 日 1 时许，因赣 C×赣 C××平板自卸半挂车起火导致发生火灾，造成车辆毁损。火灾发生后，被告物流公司的工作人员及时拨打了火警报警电话并赶到现场进行灭火自救。2019 年 3 月 28 日，被告物流公司委托司法鉴定中心对物流公司物流园“3·24”发生火灾的事故现场进行痕迹检验勘查并对火灾现场起火初始位置进行分析。2019 年 4 月 17 日，司法鉴定中心作出《痕迹检验司法鉴定意见书》，鉴定意见为：物流公司物流园“3·24”火灾事故现场起火初始位置为物流园西北角二号停车场北侧的重型平板自卸半挂车车前部位。原告运输公司主张被告物流公司因保管不善，导致车辆毁损，应由被告物流公司承担赔偿责任，被告某财产保险公司江西分公司应在保险责任范围内承担保险责任。

法院裁决

一审法院依照《民事诉讼法》第 64 条第 1 款，《民事诉讼法解释》第 90 条之规定，判决：驳回原告运输公司的诉讼请求。原告不服提出上诉，二审法院认为，一、关于本案案由。上诉人运输公司在一审中明确主张双方之间存在保管合同且以保管不善为由要求赔偿损失，系基于保管合同要求承担违约责任，而被上诉人物流公司对双方之间成立保管合同关系并无异议，故本案应当确定为保管合同纠纷。二、本案保管合同属特殊保管合同。运输公司将车辆停放在物流公司场地内，但从保管方式、保管规则等方面，停车保管合同与一般保管合同存在差异，属于特殊保管合同，保管人的责任义务与一般保管合同存在明显区别。具体到本案，案涉停车场系露天停车场，运输公司并未提供证据证明其向物流公司交付了车辆的实际控制权，基于一般停车场的管理规则，车辆所有人对其停放的车辆仍享有管理控制权。因此，物流公司仅对停车场符合停放车辆的安全要求承担相应的义务，主要包括防止车辆被外来侵害如被抢、被盗及由于外来因素损坏、灭失等，而不能要求其对车辆因自身特性等内在因素造成的损害如老化、锈蚀、自燃等造成的损失承担保管不善的责任。三、上诉人运输公司应当对被上诉人物流公司存在违约并造成其财产损失承担举证责任。根据现有证据查明的事实，并无证据证明系外来火种或物流公司的行为导致该车起火，且物流公司在发现起火后及时采取了拨打火警电话、积极进行灭火等措施，因此，应当认定物流公司对上诉人的车辆已经尽到了保管责任，上诉人主张被上诉人保管不善导致其车辆遭受火灾产生财产损失的理由不能成立。四、案涉保险合同系责任险合同，根据合同约定，只有在被保险人对保险事故依法应当承担经济赔偿责任时，保险人才需根据合同约定负责赔偿。因现有证据不能认定物流公司应对本案中上诉人的损失承担赔偿责任，故上诉人要求某财产保险公司江西分公司在保险责任范围内承担赔偿责任，理由不能成立，应不予支持。五、关于一审程序问题。申请鉴定属当事人的诉讼权利，上诉人主张一审法院未主动释明属程序违法，理由不能成立。

综上，江西省赣州市中级人民法院于 2022 年 1 月 17 日判决：运输公司的上诉请求不能成立，驳回上诉，维持原判。

律师评析

在保管合同中，最常见的焦点问题就是因保管人保管不善导致保管物毁损、灭失及相应的损害赔偿问题。本案较为新颖地提出“车辆保管合同为特殊保管合同”的观点，并由此认定对于车辆保管合同而言，保管人的保管义务为防止“外来因素”而不包括“汽车自身问题”导致的损害，具有典型意义。

首先，关于案由问题。原告运输公司明确主张双方之间存在保管合同且以保管不善为由要求赔偿损失，在庭审中，被告认可管理汽车的行为，对双方之间成立保管合同关系并无异议，因此本案应为保管合同纠纷。需要说明的是，根据《民法典》第 186 条“因当事人一方的违约行为，损害对方人身权益、财产权益的，受损害方有权选择请求其承担违约责任或者侵权责任”之规定，在双方之间成立保管合同关系、保管物受损的情况下，寄存人既可以提起违约之诉，也可以提起侵权之诉。本案中，原告作为寄存人，选择了违约之诉，法院应当按照合同纠纷处理，一审确定为财产损害赔偿纠纷不当。若提起违约之诉，原告应当举证证明被告存在违约行为，即保管不善。若提起侵权之诉，原告应当证明侵权行为、损害后果及因果关系。选择不同的案由，需承担不同的举证责任，在诉讼实务中应予注意。

其次，关于车辆保管合同中保管人的保管义务问题。本案中，二审法院提出停车保管合同属于特殊保管合同，从保管方式、保管规则等方面，与一般保管合同存在差异，保管人的责任义务与一般保管合同存在明显区别。保管人仅对停车场符合停放车辆的安全要求承担相应的义务，主要包括防止车辆被外来侵害如被抢、被盗及由于外来因素损坏、灭失等，而不能要求其对车辆因自身特性等内在因素造成的损害如老化、锈蚀、自燃等造成的损失承担保管不善的责任。二审法院的认定与《民法典》第 893 条“寄存人交付的保管物有瑕疵或者根据保管物的性质需要采取特殊保管措施的，寄存人应当将有关情况告知保管人。寄存人未告知，致使保管物受损失的，保管人不承担赔偿责任；保管人因此受损失的，除保管人知道或者应当知道且未采取补救措施外，寄存人应当承担赔偿责任”的规定相符，也符合常理。通常来讲，寄存人对于保管物本身的内在瑕疵或特性应当是最为了解的，而保管人往往难以知悉。因此，若需要采取特殊保管措施的，寄存人应当告知保管人，否则，保管人不承担赔偿责任。就本案而言，案涉火灾事故是因原告所有的重型平板自卸半挂车车前部位起火导致的，应属于车辆自身的问题所致。因此，被告不应承担赔偿责任。但是，在火灾发生后，采取拨打火警电话、积极进行灭火等措施仍然是必要的，属于保管人妥善保管义务的内容，也是诚信原则的要求，二审法院对此也明确予以认定，认为物流公司对原告的车辆已经尽到了保管责任。应当说，本案二审法院的裁判观点对于处理实务中的类似案件具有较高的参考价值。

案例 2：百货公司等与小贷公司保管合同案[①]

裁判要旨

《代保管协议》并不能等同于仓单，仓单可背书转让，具有一定独立性。保管合同的寄存人应当积极履行交接保管物的义务，交接保管物不仅是寄存人的权利，也是其义务。

案情简介

2009 年 12 月 3 日、2010 年 12 月 2 日、2011 年 11 月 28 日百货公司（甲方）与小贷公司（乙方）签署三份《代保管协议》，协议有效期均为 1 年，期限依次为自 2009 年 12 月 4 日起至 2010 年 12 月 3 日止；自 2010 年 12 月 3 日起至 2011 年 12 月 2 日止；自 2011 年 12 月 3 日起至 2012 年 12 月 2 日止。三份《代保管协议》均约定：乙方为租用甲方仓库 100 平方米用于存放葡萄酒并签订以下保管协议。甲方负责保管乙方存储的商品，做到库存商品账目清楚、数量准确；出库凭乙方开据的加盖公章的出库单办理出库，若无出库单则甲方有权拒绝办理出库；乙方存放在甲方的物品因甲方保管造成的短少或丢失由甲方负责赔偿。租金为 1500 元/月，乙方应在协议生效后付当月租金，以后每月 5 日前付清当月租金。若本协议期限已满，乙方仍需租用甲方仓库，经甲乙双方协商，双方续签仓储保管协议。乙方商品入库后，经甲乙双方确认无误后，加盖本协议前述仓库百货大楼集团储运公司仓库的货已收讫章。2011 年 11 月 28 日签订的《代保管协议》另约定，代保管的商品为：华夏葡园 A 区，16518 瓶、2753 箱、每瓶价格 259.2 元，总计 4281465.6 元；92 木盒干红，5400 瓶、900 箱、每瓶价格 187.2 元，总计 1010880 元；九五优质干红，13200 瓶、1100 箱、每瓶价格 91.7 元，总计 1210440 元；合计 6502785.6 元。各方当事人均认可百货公司通过划定特定

① 一审：北京市东城区人民法院（2016）京 0101 民初 22367 号；二审：北京市第二中级人民法院（2019）京 02 民终 3727 号；再审：北京市高级人民法院（2020）京民再 105 号。为便于重点讨论保管合同的主要法律问题，因此，在案情简介部分有所删减，仅摘录与保管合同相关的主要事实。

区域存放特定酒并指派专人看管的方式履行保管义务，且《代保管协议》均系通过Z公司居中协调所签订，并由Z公司按期交纳租金即保管费至合同期满。《代保管协议》到期后，百货公司通知Z公司不再续签合同但未通知小贷公司，小贷公司也未领取案涉货物，且案涉货物均已经于2014年上半年由Z公司自行取走，Z公司取走货物时未通知小贷公司。故小贷公司提起诉讼请求判令百货公司承担其保管不善的赔偿责任。

法院裁决

一审法院认为：原、被告双方构成保管合同关系，保管合同期限届满后，原告既未续签合同、续交租金，又未积极主动与百货公司直接联系续约事宜，未确定自己希望续约的意思表示是否通知到对方，亦未确认对方是否愿意续约；百货公司既未将自己不同意续约、不再保管货物的意思表示通知到原告，又未通知原告取回保管物或将保管物归还原告，亦未继续保管货物，故双方的行为均有违诚信履约原则，未最大限度尽到通知、协助等后合同义务。认定原告及百货公司对原告未能就原由百货公司保管的质物行使权利以受偿债权均负有责任，结合合同性质及具体案情酌定原告与百货公司应承担责任的比例为7∶3。2018年8月27日，北京市东城区人民法院做出一审判决：一、被告百货公司百货大楼于本判决生效之日起十日内赔偿原告小贷公司损失438696元并支付利息（自2016年11月25日起至实际清偿之日止，以438696元为基数，按照年利率24%的标准计算，本息合计不超过6501320元）；二、被告百货公司百货大楼管理的财产不足以承担上述债务时，由被告百货公司承担；三、驳回原告小贷公司的其他诉讼请求。

一审判决后，双方上诉。二审法院认为：即使小贷公司存在上述行为，并不必然产生百货公司可以向Z公司返还涉案货物的法律后果，亦不能免除百货公司应当向小贷公司返还涉案货物的法定义务，故而改判。2019年5月28日，北京市第二中级人民法院做出二审判决：一、撤销北京市东城区人民法院（2016）京0101民初22367号民事判决；二、百货公司百货大楼于本判决生效之日起十日内向小贷公司赔偿借款本金损失1462320元及利息损失（以1462320元未偿付部分为基数，自2016年10月18日起至上述款项付清之日止，按年利率 24%的标准计算），上述本息合计不超过 6502785.6 元；三、对上述主文第二项所确定的百货公司百货大楼的债务，如百货公司百货大楼的财产不足以清偿，则百货公司就不足部分向小贷公司承担赔偿责任。

二审判决后，百货公司申请再审、北京市高级人民法院再审后认为：由于涉案的 3 份保管合同上没有小贷公司的联系方式、通信地址，并且之前均由 Z 公司负责居中协调签约、交纳保管费，故百货公司在保管合同到期后通知 Z 公司不再续签合同，属于履行了合同期满后的通知、协助义务。小贷公司作为保管合同的寄存人，明知合同到期且未续签，应当积极履行交接保管物的义务。交接保管物不仅是小贷公司的权利，也是其义务。小贷公司在保管合同已过期后，只清点货物，不对货物进行实际控制的做法，显然属于不积极作为，应当承担相应的法律后果。百货公司在合同有效期内无违约行为，在合同期外无故意或者过失，故不应承担小贷公司所诉赔偿责任。2020 年 6 月 29 日，北京市高级人民法院再审判决：一、撤销北京市第二中级人民法院（2019）京 02 民终 3727 号民事判决及北京市东城区人民法院（2016）京 0101 民初 22367 号民事判决；二、驳回小贷公司的诉讼请求。

律师评析

本案中除了保管合同法律关系外，在小贷公司与 Z 公司之间还形成了质押合同法律关系以及该质押对应的"借款"主债权法律关系，但鉴于本章为保管合同专属章节，因此律师仅就本案涉及的保管合同相关内容进行评析。

1. 区分保管合同与仓储合同

仓储合同是一种特殊的商事保管合同。本案中焦点合同名称为《代保管协议》，庭审中，原告小贷公司主张《代保管协议》为仓储合同，被告百货公司等辩称为保管合同。法院根据法律规定、结合百货公司与小贷公司之间并无约定或实际交付仓单等相关事实等，认定小贷公司与百货公司所签涉案《代保管协议》的性质为保管合同，小贷公司与百货公司之间就本案存在保管合同法律关系。

律师在代理工作中，要重点关注保管合同和仓储合同的如下区别：1. 保管合同为实践合同，自保管物交付时成立，而仓储合同为诺成合同，自双方意思表示达成一致时成立；2. 在保管合同中，寄存人交付保管物并非合同义务而是合同的成立要件，而仓储合同中存货人应当依照合同约定履行按时、完整交付仓储物的义务；3. 保管合同可以是有偿也可以是无偿，而仓储合同为有偿合同；4. 保管合同中保管人可以出具保管凭证也可以根据交易习惯不出具，而仓储合同中仓储人必须出具仓单，且仓单具有一定的独立性，可以进行背书转让；5. 保管合同中对保管人的经营资质无法定要求，而仓储合同中的仓储人必须取得从事仓储保管业务的经营资格。

2. 保管合同到期后，寄存人领取保管物不仅是权利也是义务

法院认为，合同双方当事人均认可涉案货物在保管合同有效期内没有发生缺失，即百货公司尽到了合同期内妥善保管货物的合同义务。2012 年 12 月 2 日，保管合同到期后，双方未签订新的保管合同，则小贷公司应当取走保管物，同时百货公司应当通知小贷公司取走保管物，但百货公司并未直接通知小贷公司，而是与 Z 公司沟通。对此，一审认为双方均有过错，但原告小贷公司为主要过错。二审认为被告百货公司为主要过错，小贷公司即使有过错，也不必然免除百货公司的义务，因此判决百货公司承担全部责任。北京市高级人民法院再审后认为，百货公司在保管合同到期后通知 Z 公司不再续签合同，属于履行了合同期满后的通知、协助义务，小贷公司不作为，应承担全部责任。

从本案中可以看到，人民法院认为保管合同到期后，寄存人领取保管物不仅是权利也是义务。因此，在实务工作中，若作为寄存人的律师，在保管合同即将到期时，应当告知寄存人及时接收保管物或者续签保管合同，而不得单方默认形成了事实保管；同样，若作为保管人的律师，在保管合同即将到期时，应当提示保管人通知寄存人，避免因未履行通知义务承担不必要的责任。

第十二章　委托合同纠纷[①]

第一节　理论概述与实务指引

根据《民法典》第919条之规定，委托合同是委托人和受托人约定，由受托人处理委托人事务的合同。委托他人处理事务的为委托人，允诺为他人处理事务的为受托人[②]。在委托合同关系中，委托人享有对被处理事务作出指示、提出要求的权利，同时依约定承担支付处理委托事务费用的义务。受托人则相应承担服从委托人指示、按照委托人要求报告委托事务处理情况、未经同意须亲自处理委托事务等义务，并享有要求委托人按照约定支付报酬的权利。

一、委托合同的特征

从上述概念可以看出，委托合同具有如下特征：

1. 委托合同的核心内容是处理约定事务

从法律规定层面讲，委托人将自己的事务委托受托人处理是不问原因的，双方对此形成合意即可。合同订立后，受托人在委托的权限内所实施的行为，等同于委托人自己的行为，受托人办理事务的费用由委托人承担并预付。不论法律行为或事实行为，只要该事务不违反法律、行政法规的禁止性规定、不违背公序良俗，不是与委托人密不可分的、具有人身性的事务（如结婚等），委托人都可以委托他人处理。而受托人一旦接受委托，也可以按照委托人指示处理约定事务为核心合同义务。可见，合同中约定事务被处

---

① 本章作者周隆君。

② 崔建远：《合同法》（第5版），法律出版社2010年版，第507页。

理，是委托合同双方追求的合同目的及效果，是委托合同的核心内容。若委托事务违反法律法规或公序良俗的，则会被认定为无效。如在新疆维吾尔自治区巴音郭楞蒙古自治州中级人民法院（2022）新28民终540号①案中，法院认为：本案中，原、被告双方对进行虚拟币挖矿活动均不持异议，原告委托被告购买机器，并由被告负责管理维护原告托管的矿机进行挖矿活动，挖矿所得虚拟币出售后扣除被告电费和代管费用后所得款项交付原告。基于此，从形式上看，原、被告双方之间形成了具有委托、服务特点的综合性合同关系，但从本质上看，该挖矿活动系原告追求虚拟币收获的风险投资活动，投资者须自行承担相关投资风险。因其具体委托事项与《民法总则》第9条规定的精神相悖，亦不符合产业结构调整相关行政法规的强制性规定和监管要求，违反公序良俗。故法院认为原告与被告涉及的原告委托被告购买矿机，管理挖矿的投资行为无效。

2. 委托合同是诺成合同及不要式合同

委托合同在当事人意思表示一致，也即就处理约定事务形成合意时即告成立，无须以物之交付或当事人履行一定义务作为合同成立的要件，故为诺成合同，而非实践合同。《民法典》对委托合同的形式未加要求，当事人有权根据实际情况选择适当的形式，为不要式合同。

3. 委托合同可以有偿或无偿

《民法典》第929条第1款在规定因受托人过错致委托人损失的赔偿责任时，区分了有偿委托合同和无偿委托合同中受托人不同的过错程度下，委托人请求赔偿的权利。由此便明确地承认了有偿的委托合同和无偿的委托合同，并赋予当事人双方按照约定或习惯或委托事务的性质对此进行选择的权利②。

4. 委托合同为双务合同

委托合同若为有偿，不仅受托人负有处理委托事务的义务，委托人也负有给付报酬的义务，且两种债务具有对价关系，表现出双务合同的属性。委托合同若为无偿，受托人负有处理委托事务的义务，委托人虽然不负有对价

---

① 周某娲、徐某委托合同纠纷案。

② 崔建远：《合同法》（第5版），法律出版社2010年版，第508页。

义务，但仍负有预付处理委托事务费用的义务，也具有双务合同的特征。

5. 委托合同当事人享有任意解除权

根据《民法典》第 933 条的规定，委托人或者受托人可以随时解除委托合同。此条规定了委托合同的当事人均享有任意解除权。关于任意解除权的行使及后果，将在本章后文中详述。

二、委托与代理制度

委托与代理关系联系密切，但两者又有明显不同，主要区别在于：第一，代理关系包括委托代理、法定代理、指定代理等类型，而委托合同仅仅是产生委托代理关系的基础，与法定代理、指定代理无关；第二，代理关系是存在于代理人、被代理人、第三人之间的权利义务关系，对内调整代理人与第三人之间的关系，而委托合同的法律约束仅及于委托人和受托人，即对内关系；第三，代理关系中代理人代理的是法律行为，而委托合同中受托人既可根据委托实施法律行为，也可实施事实行为。

三、委托代理中关于间接代理的规定

大陆法系国家，严格意义上的代理均为直接代理，进而认为间接代理实质上并非代理，而是行纪关系或债务关系的移转。直接与间接代理最为明显的区分，在于受托人（代理人）是否以自己的名义处理事务，与第三人处理事务所产生的法律效果是直接归属委托人（被代理人）还是通过代理人间接由委托人（被代理人）承受。《民法典》总则编第七章中规定的代理应为直接代理，可以基于委托或法定原因产生。《民法典》第 925 条规定："受托人以自己的名义，在委托人的授权范围内与第三人订立的合同，第三人在订立合同时知道受托人与委托人之间的代理关系的，该合同直接约束委托人和第三人；但是，有确切证据证明该合同只约束受托人和第三人的除外。"由此正式承认了间接代理制度。具体内涵如下：

1. 委托人的自动介入

根据《民法典》第 925 条之规定，受托人以自己的名义，在委托人的授权范围内与第三人订立的合同，第三人在订立合同时知道受托人与委托人之间的代理关系的，该合同直接约束委托人和第三人。此时，委托人即自动介入受托人与第三人所订立的合同中，取代了受托人的合同地位。委托人自动介入后，受托人在一般情况下即无须再承担任何合同义务。但合同另有约定或有特殊交易习惯时除外①。

2. 委托人的介入权

当受托人因第三人的原因对委托人不履行义务时，受托人应当向委托人披露第三人，委托人因此可以行使受托人对第三人的权利。这就是委托人的介入权。此权利在性质上为形成权。如果第三人知道该委托人就不会与受托人订立合同的，不产生委托人的介入权②。

3. 第三人的选择权

代理制度的核心是委托人与第三人的关系。《民法典》为平衡委托人与第三人之间的利益，在承认了委托人的介入权的同时，也承认了第三人的选择权。当受托人因委托人的原因对第三人不履行义务时，受托人应当向第三人披露委托人，第三人因此选择受托人或者委托人作为相对人主张权利。此即为第三人的选择权。

由此，现行立法体例在总则编规定代理制度，对更为典型的直接代理作出了规定，在委托合同章节中通过上述特殊规定，承认了间接代理的存在。

第二节　办案思路与实战技巧

在司法实践中，委托合同类的纠纷通常集中在四个方面：第一，原被告之间的法律关系的性质及法律适用问题；第二，受托人的义务责任认定问题；第三，委托人的义务及责任认定问题；第四，任意解除权的行使及责任认定问题。笔者就以上四个方面的问题，逐一讨论律师的办案思路及要点：

① 崔建远：《合同法》（第5版），法律出版社2010年版，第515页。
② 崔建远：《合同法》（第5版），法律出版社2010年版，第516页。

一、委托合同关系认定的思路及要点

在处理委托合同纠纷案件中，判断原被告之间的法律关系是否属于委托合同关系至关重要。在司法实践中，有的合同虽然合同名称为委托合同，但实际内容并非委托关系，法院可能会依据合同实际内容并根据实际履行情况而认定为其他合同法律关系；有的合同虽然合同名称为其他合同，但实际内容是委托他人处理事务的事项，在合同当事人之间形成委托关系。因此，在双方对是否属于委托合同关系有争议的情况下，应根据该合同的内容是否将一方主体的事务交由他人处理这一核心要素来判断。如在高某斌、石某田民间借贷案［案号：（2018）鲁05民终977号］中，山东省东营市中级人民法院认为：本案中，确定高某斌与石某田之间法律关系的性质应当根据双方对本案转款事实所达成的一致意思及根据双方一致意思而为的实际行为予以确定。在其他已决案件中，高某斌均称其系委托石某田对外（实际用款人系徐某锋）提供借款，石某田在接受人民法院调查或以证人身份出庭作证时均称，系帮徐某锋从高某斌处借款，在高某斌与徐某锋之间起介绍作用。根据双方的上述陈述，可以认定高某斌与石某田之间就委托借款事宜达成了一致意思。根据高某斌将款打入石某田账户、后石某田将款转入徐某锋本人的账户及徐某锋指定的账户并将徐某锋出具的借条交付给高某斌的事实，可以认定石某田实际接受了高某斌的委托并办理了高某斌委托的对外出借借款事务。故，高某斌与石某田之间的法律关系性质应为委托合同关系。

二、受托人义务及责任认定的思路及要点

根据《民法典》的相关规定，受托人的义务主要包括：1. 按照委托人指示处理事务；2. 亲自处理事务；3. 如实报告；4. 转交财产。实践中也通常围绕前述义务而产生纠纷。

1. 违反依委托人的指示处理委托事务的义务

根据《民法典》第922条规定，在委托合同中，受托人的基本义务是按照委托人的指示处理委托事务，该规定具体应有以下含义：首先，委托人有指示时，必须遵守委托人的指示处理委托事务；其次，受托人需要变更指示

的，应当经委托人同意；再次，受托人在情势紧急难以和委托人取得联系时，可以变更委托人的指示，但应以委托事务被妥善处理为标准；最后，受托人在变更指示后，负有报告义务，即在紧急情况消失后或能够与委托人取得联系时，应当及时将事务处理情况报告委托人。判断受托人是否违反依委托人的指示处理委托事务的义务，首先应当查看委托合同中对受托人义务的约定，如果没有书面委托，应根据委托人委托受托人的根本目的进行判断。如在山西省吕梁市中级人民法院（2021）晋11民终2578号[①]案中，人民法院认为：本案中上诉人通过口头形式和马某保订立委托合同，合同内容为上诉人委托马某保去找车和司机，将货物从被上诉人住所地运到浙江三门。虽然该车（孙某军驾驶）是马某保联系被上诉人工作人员刘会计找的车，但因为存在委托合同关系，该车仍可视为委托人即上诉人找的车。被上诉人在该车上装载货物可视为转移占有给上诉人，履行交货义务。马某保因个人恩怨未按照委托人指示处理委托事务，擅自更改收货地址，应承担违约责任。按照《民法典》第929条的规定，无偿的委托合同，因受托人故意或重大过失造成委托人损失的，可以请求赔偿损失。上诉人可以向马某保请求承担违约责任。

2. 违反亲自处理委托事项的义务

根据《民法典》第923条之规定，受托人应当亲自处理委托事务。经委托人同意，受托人可以转委托。转委托是指受托人经委托人同意或者追认，将委托人委托的部分或全部事务转由第三人处理，受托人仅就第三人的选任及其对第三人的指示承担责任。判断受托人是否违反了亲自处理委托事项的义务，最主要的是看受托人转委托是否在事先经委托人同意或在事后经委托人追认，如果未经过委托人的同意或追认，则受托人应当对转委托的第三人的行为承担责任，除非受托人能够证明是在紧急情况下为了委托人的利益而转委托。如在房产公司、建设公司合同纠纷案［（2022）最高法民再84号］中，最高人民法院认为：房产公司主张，建设公司违反受托人亲自处理委托事务构成违约。根据一审查明的事实，房产公司对运营团队人员身份系B公司员工知情并进行过奖励，应视为房产公司认可B公司员工代建设公司履行

---

① 贸易公司、铝业公司分期付款买卖合同纠纷案。

协议相应的义务，故房产公司有关建设公司违反受托人亲自处理委托事务义务的理由不能成立。

3. 违反如实报告的义务

《民法典》第 924 条规定："受托人应当按照委托人的要求，报告委托事务的处理情况。委托合同终止时，受托人应当报告委托事务的结果。"受托人的报告义务包括过程中的报告义务和终了报告义务，且应当符合委托人的要求。如果怠于报告或者虚假报告，给委托人造成损失的，应当承担赔偿责任。

4. 违反财产转交义务

根据《民法典》第 927 条之规定，受托人因处理委托事务所取得的财产，不论是以委托人名义取得的，还是以受托人名义取得的，也不管是由次受托人取得的，还是由受托人自己在处理事务中直接取得的，受托人均应将其交还给委托人，这也是作为受托人在处理委托事务时应当履行的忠实义务。如在最高人民法院（2018）最高法民再 143 号民事判决书中，最高人民法院认为：旅游公司在处理受托事务时应忠实履行受托职责，并在委托关系终止后将买卖股票过程中使用张某辉投入资金而取得的财产予以返还。由于孙某林经旅游公司授权经办借壳上市相关事宜，其代表旅游公司为张某辉出具《代买股票说明》，记载张某辉提供资金及购买股票的数额在旅游公司授权范围内，张某辉对《代买股票说明》记载的上述内容亦未提出异议。旅游公司应按照《代买股票说明》记载的资金数额与股票数额向张某辉返还其投入 100 万元人民币和 10 万美元而形成的 4344 万股大凌集团股票。

5. 赔偿责任问题

若受托人违反合同约定或法定的义务，则应当向委托人承担责任。至于承担何种责任，原则上应当依据委托合同的约定进行确定。若合同未约定或约定不明的，则按照过错承担责任。需要注意的是，对于委托合同是有偿还是无偿，法律上对于受托人的过错程度的规定有所区别。《民法典》第 929 条规定："有偿的委托合同，因受托人的过错造成委托人损失的，委托人可以请求赔偿损失。无偿的委托合同，因受托人的故意或者重大过失造成委托人损失的，委托人可以请求赔偿损失。受托人超越权限造成委托人损失的，应当赔偿损失。"

三、委托人义务及责任认定的思路及要点

根据《民法典》的相关规定，委托人的义务主要包括：1. 支付费用；2. 支付报酬。实践中也通常围绕前述义务而产生纠纷。

1. 支付费用

对于受托人在办理委托事务的过程中产生的必要费用，如果委托合同中有约定，则按照约定的内容执行。如果没有约定或者约定不明，则按《民法典》第921条之规定，委托人应当预付处理委托事务的费用。受托人为处理委托事务垫付的必要费用，委托人应当偿还该费用并支付利息。

2. 支付报酬

在司法实践中委托人违反约定义务的行为，大多数表现为委托人未按照约定给受托人支付报酬。根据《民法典》第928条第1款的规定，受托人完成委托事务的，委托人应当按照约定向其支付报酬。同时根据合同编总则部分的一般规定，委托合同的当事人之间虽无约定但依习惯或委托的性质委托人应当支付报酬的，于受托人完成委托事务时，委托人也应当支付报酬，受托人享有给付报酬的请求权。在双方不存在其他约定的情况下，即使因不可归责于受托人的事由，导致委托合同解除或委托事务不能完成的，委托人也应当向受托人支付相应的报酬。因此，除非委托人能够举证证明因受托人自身原因导致委托合同解除或是受托人未实际履行委托事项的，应当在完成委托事务时向受托人给付报酬。如在北京市第二中级人民法院（2022）京02民终8402号①案中，法院认为：律师事务所指派律师为信息技术公司提供了案件诉讼代理服务，律师事务所已完成了委托事务，信息技术公司应当向律师事务所支付律师代理费用。信息技术公司上诉主张律师事务所系无偿代理案件，缺乏当事人双方的合意，且信息技术公司亦未能提供证据加以证明，故对此不予采信。关于信息技术公司应支付代理费用的具体金额问题，因双方无书面明确约定，一审法院结合律师事务所代理案件的标的金额、难易程度、结案情况，酌定代理费金额为8000元，处理并无不当。且本案一审法院酌定的金

---

① 信息技术公司与律师事务所委托合同案。

额并没有畸高的情况。故本院对信息技术公司此项上诉理由亦不予采信。

3. 赔偿责任问题

若委托人违反合同约定或法定的义务，则应当向受托人承担责任。至于承担何种责任，原则上应当依据委托合同的约定进行确定。实践中需要注意以下几种特殊情况。

（1）无过错赔偿责任。即受托人处理委托事务时，因不可归责于自己的事由受到损失的，可以向委托人请求赔偿损失。

（2）第三人选任赔偿责任。即委托人经受托人同意，可以在受托人之外委托第三人处理委托事务。因此造成受托人损失的，受托人可以向委托人请求赔偿损失。

四、任意解除权的行使及责任认定思路及要点

当事人之间的充分信任，是委托合同得以建立的前提。若相互之间的信任发生动摇，甚至丧失，则委托关系也无继续存在的必要。但是否信任，属于主观意志范畴，带有较强的任意性。因此，法律上允许双方可以随时解除委托合同，对于当事人为何不再信任，则在所不问。《民法典》第 933 条明确规定委托人或者受托人可以随时解除委托合同。在最高人民法院（2020）最高法民再 356 号[①]案中，最高人民法院再审后认为：委托合同具有人身信赖性，即对于委托人而言，其基于对受托人办事能力和声誉德行的了解与信赖，委托受托人处理委托事务，并承受该处理结果。在商事领域中，委托人的信赖具体表现为委托人对受托人专业能力、职业素养和个人品行的信任。这种信赖性是委托法律关系的基础，也是委托合同解除后判定责任的重要标准。一方面，当信赖的基础丧失之后，若继续将委托人与受托人约束在委托合同关系之中，既不利于委托事务的履行，也不利于合同目的实现，故法律规定任意解除权以使得当事人从委托合同关系中解脱。另一方面，委托合同解除后的归责应充分考虑信赖基础丧失的原因，即在委托合同履行过程中，何者行为导致双方信赖基础丧失，致使委托合同关系无法维系。

---

① 发电公司、律师事务所委托合同纠纷案件。

《民法典》第566条第1款规定："合同解除后，尚未履行的，终止履行；已经履行的，根据履行情况和合同性质，当事人可以请求恢复原状或者采取其他补救措施，并有权请求赔偿损失。"第933条规定："委托人或者受托人可以随时解除委托合同。因解除合同造成对方损失的，除不可归责于该当事人的事由外，无偿委托合同的解除方应当赔偿因解除时间不当造成的直接损失，有偿委托合同的解除方应当赔偿对方的直接损失和合同履行后可以获得的利益。"根据上述规定，在委托合同因一方当事人行使任意解除权而解除的情况下，会产生相互返还、赔偿损失等法律效果。需要注意的是，如果是因为某一方违约而导致对方损失的，则不应适用《民法典》第933条的规定，而应当适用《民法典》关于违约责任的规定及合同关于违约责任的约定。

关联案例1

案件名称：周某娲与徐某委托合同案

案　　号：新疆维吾尔自治区巴音郭楞蒙古自治州中级人民法院（2022）新28民终540号

裁判观点：虽未签订委托合同，但根据当事人的陈述以及查明的事实，若符合委托合同的基本特征的，应当认定为委托合同关系。委托人委托受托人进行比特币"挖矿"，该行为存在虚假资产、投资炒作等诸多风险和危害，可能对金融体系造成威胁，损害国家、集体和社会公共利益，属于投资虚拟货币及相关衍生品，违背公序良俗的情形，双方之间的法律行为应当认定为无效。

关联案例2

案件名称：C公司与G公司与杜某安委托合同案

案　　号：最高人民法院（2009）民二终字第78号

裁判观点：在合同当事人对合同的理解发生争议的情况下，应当按照法律规定结合合同所使用的词句进行解释，认定委托合同关系的核心在于委托人将事务交由受托人处理。

关联案例3

案件名称：贸易公司与铝业公司分期付款买卖合同案

案　　号：山西省吕梁市中级人民法院（2021）晋11民终2578号

裁判观点：无偿的委托合同，因受托人故意或重大过失造成委托人损失的，可以请求赔偿损失。

关联案例4

案件名称：物流公司与运输公司货运代理合同案

案　　号：最高人民法院（2012）民申字第769号

裁判观点：判断受托人是否违反了亲自处理委托事项的义务，应当由受托人举证证明其转委托事先经过委托人同意或事后经过追认，如果未经过委托人的同意或追认，受托人应当对转委托的第三人的行为承担责任。

关联案例5

案件名称：孙某林与张某辉证券返还案

案　　号：最高人民法院（2018）最高法民再143号

裁判观点：受托人在处理委托事务时应当履行忠实义务，并在委托关系终止后将取得的财产予以返还。

关联案例6

案件名称：信息技术公司与律师事务所委托合同案

案　　号：北京市第二中级人民法院（2022）京02民终8402号

裁判观点：即使没有明确约定，受托人完成受托事务的，委托人仍应当向受托人支付必要的报酬。

关联案例7

案件名称：发电公司与律师事务所委托合同案

裁判观点：人身信赖性是委托法律关系的基础，也是委托合同解除后判定责任的重要标准。委托合同解除后的归责应充分考虑信赖基础丧失的原因，即在委托合同履行过程中，何者行为导致双方信赖基础丧失，致使委托合同关系无法维系。

第三节　典型案例精析

案例1：旅游公司、唐某日等合同案①

裁判要旨

委托人或者受托人均可以随时解除委托合同，委托合同自一方解除通知书送达另一方之日起即解除。

案情简介

经被告旅游公司授权，被告某商务代表旅游公司于2010年12月16日与原告签订《度假俱乐部度假权益承购合同书》，主要内容：原告成为度假俱乐部度假权益人，拥有俱乐部旗下酒店住宿权益；原告购买度假权益的总价格为72960元，自2011年起至2040年止每年拥有一周住宿权益；合同履行期间原告每权益年向被告支付管理费1380元，首年免缴；合同未经双方同意，不可撤销或解除，任何一方擅自变更、撤销合同或未能及时履行其相应义务，均属于违约行为，违约方须赔偿另一方的全部损失。同日，原告支付价款72960元。合同签订后至今，原告未使用过合同约定的权益。二被告庭

① 一审：大连市西岗区人民法院（2022）辽0203民初1830号；二审：辽宁省大连市中级人民法院（2022）辽02民终4872号。

审时表示，原告仍可享受合同约定的 30 周度假权益。原告已支付 3 年管理费。

法院裁决

一审法院经审理认为：案涉《度假俱乐部度假权益承购合同书》是各方当事人的真实意思表示，且不违反法律和行政法规的强制性规定，合法有效。根据合同内容，旅游公司自身并不提供合同约定的住宿服务，而是由与原告有合作关系的酒店提供，旅游公司代原告预订酒店住宿服务，故原告与被告之间为委托合同关系。《民法典》第 933 条规定：“委托人或者受托人可以随时解除委托合同。因解除合同造成对方损失的，除不可归责于该当事人的事由外，无偿委托合同的解除方应当赔偿因解除时间不当造成的直接损失，有偿委托合同的解除方应当赔偿对方的直接损失和合同履行后可以获得的利益。”原告要求解除合同，一审法院予以准许。原告庭审时主张被告违约导致其未能享受权益，但根据调查，没有证据证明被告违约，原告至今未使用约定的权益，系其自身的不作为导致，无据要求被告承担违约责任。原告行使解除权的同时，应依法赔偿旅游公司直接损失和合同履行后可以获得的利益。根据合同约定，原告应当按 1380 元/年标准向被告支付 2012 年至 2040 年共 29 期管理费，此即为合同完全履行后被告可得利益，原告已支付 3 期，剩余 26 期计 35880 元，故旅游公司应返还原告 72960 元-35880 元=37080 元。商务公司系旅游公司的代理人，并非合同当事人，不应承担合同责任。一审判决：一、解除原告唐某日、李某方与被告旅游公司签订的《度假俱乐部度假权益承购合同书》；二、被告旅游公司于判决生效之日起十日内返还原告唐某日、李某方 37080 元；三、驳回原告唐某日、李某方的其他诉讼请求。如未按判决指定的期间履行给付金钱义务，应当按照《民事诉讼法》第 260 条之规定，加倍支付迟延履行期间的债务利息。

一审判决作出后，旅游公司提起上诉，辽宁省大连市中级人民法院于 2022 年 6 月 24 日作出终审判决：驳回上诉，维持原判。

律师评析

1. **关于委托合同关系的认定标准**

如上文所述，委托合同以委托人将自身一定事务交由受托人处理为核心内容，本案中，旅游公司自身并不提供合同约定的住宿服务，而是由与原告有合作关系的酒店提供，旅游公司代原告预订酒店住宿服务，故原告与被告之间为委托合同关系。可见，人民法院在认定当事人委托合同关系时，是以委托合同以约定事务被交由受托人处理这一核心特征来判断的，虽然案件所涉合同的名称为度假权益承购合同，并无委托字样，但在实际审理过程中人民法院仍然会依据委托合同的该特征，从合同内容入手认定双方的法律关系。

2. **委托合同解除权的享有及行使**

根据《民法典》第 933 条之规定，委托人或者受托人可以随时解除委托合同。由此可见，因委托合同以双方当事人之间的信赖基础而成就，一旦信赖基础丧失，则可以不问原因随时解除，法律赋予了委托合同当事人对合同的任意解除权。本案中，人民法院正是基于该规定，未采旅游公司提出的合同双方约定未经对方同意，另一方不得解除该合同的抗辩意见，认定原告一方享有合同解除权，有权解除案涉委托合同，且只需原告作出解除意思表示并通知到相对方即可实现合同解除的法律效果。

3. **委托合同解除的后果**

除赋予当事人任意合同解除权外，为了防止该权利被滥用，导致合同相对方遭受损失，《民法典》第 933 条还规定："因解除合同造成对方损失的，除不可归责于该当事人的事由外，无偿委托合同的解除方应当赔偿因解除时间不当造成的直接损失，有偿委托合同的解除方应当赔偿对方的直接损失和合同履行后可以获得的利益。"本案中，虽然原告以被告违约为由提出解除合同，但人民法院认定原告享有合同解除权并判令解除合同并不以被告违约为事由，而是基于原告所享有的法定任意解除权。同时，因原告未能举证证明被告存在违约行为，虽然其实现了解除合同的诉讼目的，但因原被告双方系有偿委托合同关系，原告解除合同会给被告造成损失，该损失以合同履行完毕被告方可以获得的可得利益为标准。故人民法院在支持原告解除合同诉请的同时，一审判决原告按照合同约定标准向旅游公司支付整个合同有效期内的29期管理费。

案例2：城乡建设公司、城乡建设公司山东分公司等委托合同案①

裁判要旨

委托人处理委托事务时，因不可归责于自己的事由受到损失的，可以向委托人请求赔偿损失。无偿的委托合同，受托人仅在故意或重大过失给委托人造成损失时，才向委托人承担责任。

案情简介

案外人赵某原系H公司及城乡建设公司山东分公司负责人，韩某庭原系H公司及城乡建设公司山东分公司工作人员。赵某任城乡建设公司山东分公司经理期间，负责自找业务、自我管理、自负盈亏。

2013年4月1日，城乡建设公司山东分公司与韩某庭签订《股权代持协议》，协议约定城乡建设公司山东分公司自愿委托韩某庭作为自己对惠州B公司300万元出资（占20%出资额）的名义持有人，城乡建设公司山东分公司作为实际出资人，享有股东权利并获得投资收益，韩某庭不享有任何收益权或处分权。城乡建设公司山东分公司承诺韩某庭代持股份期间所发生的一切纠纷和诉讼均由其承担，与韩某庭无关。

2013年4月7日，韩某庭与案外人林某强签订《股权转让合同》，约定林某强将其持有的惠州B公司20%的股份以300万元转让给韩某庭。同日，案外人林某强以其持有的惠州B公司20%的股权为广州C公司与钢构公司的所有贸易往来款提供担保。韩某庭、林某强、钢构公司、广州C公司签订《协议》一份，协议约定韩某庭同意按照《股权转让合同》约定的转让金额

① 一审：山东省济南市历城区人民法院（2021）鲁0112民初10767号；二审：山东省济南市中级人民法院（2022）鲁01民终3577号。

及支付时间，将转让金直接支付给广州C公司，用于抵偿钢构公司对广州C公司所欠的债务。2013年4月16日，时任城乡建设公司山东分公司负责人的赵某向韩某庭转账131万元，该款项已经支付给广州C公司，剩余款项169万元未支付。

2013年11月，城乡建设公司免去了赵某城乡建设公司山东分公司总经理的职务。韩某庭也在2013年底从城乡建设公司山东分公司离职。

2020年5月28日，经广东省惠州市中级人民法院作出（2019）粤13民终6592号民事判决，判决如下：……二、韩某庭在本判决发生法律效力之日起十日内向广州C公司支付169万元及违约金（违约金从2013年4月12日计至2014年11月1日止，按全国银行间同业拆借中心公布的贷款市场报价利率计算）……

2020年8月26日，韩某庭以城乡建设公司、城乡建设公司山东分公司为被告向一审法院提起诉讼，案号（2020）鲁0112民初6397号，要求：1. 判令城乡建设公司山东分公司向韩某庭赔偿出资款169万元及违约金（违约金从2013年4月12日计至2014年11月1日止，按全国银行间同业拆借中心公布的贷款市场报价利率计算）；2. 判令城乡建设公司承担连带清偿责任；3. 本案的受理费、申请费全部由城乡建设公司、城乡建设公司山东分公司承担。一审法院经审理认为，城乡建设公司山东分公司在签订合同前未得到城乡建设公司的授权，签订合同后也未得到城乡建设公司的追认，该《股权代持协议》对城乡建设公司不发生效力，故城乡建设公司不应承担责任；《股权代持协议》委托方加盖的是城乡建设公司山东分公司的合同专用章，没有具体承办人的签字，也不能证实是城乡建设公司山东分公司真实意思表示。韩某庭依据《股权代持协议》的约定，向城乡建设公司、城乡建设公司山东分公司主张股权转让款及违约金，不予支持。

2021年1月18日，韩某庭不服一审法院（2020）鲁0112民初6397号民事判决，向济南市中级人民法院提起上诉。济南市中级人民法院经审理认为，城乡建设公司山东分公司与韩某庭签订的《股权代持协议》内容为城乡建设公司山东分公司自愿委托韩某庭作为自己对惠州B公司300万元出资的名义持有人，代持相应的股权，双方系委托法律关系，并非投资行为，不应适用《公司法》第16条的规定。该《股权代持协议》系双方当事人真实意思表示，合同内容不违反法律和行政法规的强制性规定，不违背公序良俗，合法有效。协议中委托方虽没有经办人签字，但加盖城乡建设公司山东分公司的印章，应系城乡建设公司山东分公司的真实意思表示。一审认定《股权代持协议》无效不当，应当予以纠正。虽然（2019）粤13民终6592号民事判决，判决韩某庭在169万元及违约金的范围内对钢构公司的债务承担连带清偿责任，但韩某庭未举证证明其已实际履行该判决，故其损失尚未发生，韩某庭要求城乡建设公司山东分公司赔偿上述款项，无事实依据，不予支持。韩某庭要求城乡建设公司对案涉款项承担连带清偿责任，亦无法律依据，不予支持。

2021年1月15日，韩某庭因未履行（2019）粤13民终6592号民事判决确定的给付义务，被广东省惠州市惠城区人民法院采取限制消费措施。2021年4月29日，韩某庭向广州C公司支付款项30万元；2021年7月16日，韩某庭向广州C公司支付款项30万元；2021年11月2日，韩某庭向广州C公司支付款项30万元，合计90万元。

另查明，韩某庭因（2019）粤13民终6592号一案支出律师代理费50000元、案件受理费9210元、执行费22400元，计81610元；因（2020）鲁0112民初6397号一案支出律师代理费20000元、案件受理费10005元、保全费5000元，计35005元；因（2021）鲁01民终749号一案支出律师代理费50000元、案件受理费20010元，计70010元；因本案支出律师代理费88000元、保全保险费1950元，计89950元；以上款项合计276575元。

法院裁决

一审法院经审理认为：本案的争议焦点为韩某庭与城乡建设公司山东分公司签订的《股权代持协议》的效力及责任承担问题。该协议系赵某作为城乡建设公司山东分公司负责人期间与韩某庭签订的，内容为城乡建设公司山东分公司自愿委托韩某庭作为其对惠州B公司300万元出资对应股权的名义持有人，城乡建设公司山东分公司为相应股权实际持有人，代持期间发生的纠纷由城乡建设公司山东分公司承担责任。协议中委托方虽然没有经办人签字，但加盖城乡建设公司山东分公司印章，应认定为城乡建设公司山东分公司的真实意思表示。城乡建设公司山东分公司认为该代持行为系赵某为其个人及其实际控制的其他企业的利益而为的行为，并非城乡建设公司山东分公司的真实意思表示，与城乡建设公司山东分公司无关，无有效证据证实，一审法院不予采信。关于该协议的效力问题，合同内容并不违反法律、行政法规强制性规定，现有证据也不能证实韩某庭系与案外人赵某恶意串通损害第三人利益或以合法形式掩盖非法目的，故城乡建设公司、城乡建设公司山东分公司要求确认该协议无效，不符合法律规定，一审法院不予支持。根据该协议的约定，代持期间发生的一切纠纷和诉讼均由城乡建设公司山东分公司承担，与韩某庭无关，故韩某庭因代持产生的损失，有权要求城乡建设公司山东分公司承担。根据本案中韩某庭提交的证据，韩某庭因履行（2019）粤13民终6592号民事判决确定的给付义务，已支付款项90万元，并因诉讼支出案件受理费、执行费、律师代理费、保全费等。上述款项，系韩某庭因代城乡建设公司山东分公司持有股份产生的损失，按照约定应由城乡建设公司山东分公司承担，一审法院予以支持。城乡建设公司山东分公司系城乡建设公司的分支机构，其民事责任应当由城乡建设公司承担，也可以先以城乡建设公司山东分公司管理的财产承担，不足以承担的部分，由城乡建设公司承担。韩某庭主张城乡建设公司承担连带清偿责任，缺乏法律依据，一审法院认为城乡建设公司承担补充清偿责任为宜。韩某庭未实际履行生效判决的部分，损失尚未发生，其主张城乡建设公司山东分公司赔偿于法无据，一审法院不予支持。综上，一审判决：一、城乡建设公司山东分公司于判决生效之日起十日内赔偿韩某庭支付的股权转让款90万元；二、城乡建设公司山东分公司于判决生效之日起十日内赔偿韩某庭因代持股权产生的案件受理费、执行费、律师代理费、保全费等损失276575元；三、城乡建设公司对上述第一、二项义务在城乡建设公司山东分公司不足以承担的范围内承担补充清偿责任；四、驳回韩某庭的其他诉讼请求。如果未按判决指定的期间履行给付金钱义务，应当依照《民事诉讼法》第253条之规定，加倍支付迟延履行期间的债务利息。

城乡建设公司、城乡建设公司山东分公司不服一审判决提起上诉，山东省济南市中级人民法院于2022年7月8日作出终审判决：驳回上诉，维持原判。

律师评析

1. 关于受托人遭受损失的求偿权

依据《民法典》第930条的规定：受托人因处理受托事务遭受损失，且该损失不可归责于受托人时，有权向委托人求偿。该规定给受托人求偿权的行使设定了三个基本条件：其一，受托人实际遭受了损失。其二，受托人遭受该损失与完成受托事项之间具有因果关系。其三，损失的发生不可归责于受托人。本案中，韩某庭接受公司委托代持股份，后因另案判决，基于所代持股份发生的股权转让纠纷被判决并最终支付转让价款90万元及其他相关费用。结合人民法院查明的事实，韩某庭基于代持股份与公司之间形成委托关系，系受托处理本应由公司自行持有并完成的股权及其转让事宜。因公司负责人离职，未能及时支付股权转让款，并非因代持人韩某庭的原因所致。因在对外法律关系中，韩某庭作为受托人，向第三人承担了责任即实际支付了股权转让款，从而取得了对委托人的求偿权，为此人民法院判决城乡建设公司山东分公司作为委托人向受托人韩某庭赔偿在完成受托事务时遭受的损失。

2. 关于韩某庭完成受托事务的过错及其责任

《民法典》第929条第1款规定："有偿的委托合同，因受托人的过错造成委托人损失的，委托人可以请求赔偿损失。无偿的委托合同，因受托人的故意或重大过失造成委托人损失的，委托人可以请求赔偿损失。"据此，在无偿委托关系中，受托人向委托人承担责任，应以受托人故意或重大过失给委托人造成损失为前提，具体而言：其一，委托人遭受损失；其二，该损失系受托人完成受托事项时导致；其三，受托人对损失的发生具有故意或重大过失。从本案城乡建设公司及城乡建设公司山东分公司的抗辩意见中可以看出，其主张受托人韩某庭从公司离职时，未向公司交接、披露该股权代持的相关情况，导致公司作为委托人、另案股权转让方，丧失了参与诉讼行使相关权利的机会，从而导致损失发生，并主张韩某庭对此应当承担责任。但是，该主张虽然看似满足上述三项条件的两项，韩某庭离职未做交接，二审法院认为确实存在瑕疵，但尚未达到法律规定的故意或重大过失程度，亦无其他证据证明韩某庭系有偿接受委托，故对二公司的抗辩意见未予采纳。

第十三章　物业服务合同纠纷[①]

第一节　理论概述与实务指引

物业服务合同属于较为普遍的一类合同，也是《民法典》合同编中新增的一类典型合同。随着我国房地产行业的迅猛发展，物业服务与我们的生活密不可分，由此产生的纠纷也与日俱增。在《民法典》施行前，物业服务合同作为无名合同，在发生纠纷时裁判者可适用的法律主要为原《合同法》、《最高人民法院关于审理物业服务纠纷案件具体应用法律若干问题的解释》（以下简称《物业服务纠纷司法解释》）以及参照适用国务院《物业管理条例》的规定。

《民法典》针对多年来物业服务合同领域频发的纠纷，在《物业服务纠纷司法解释》及《物业管理条例》等相关法律法规的基础上，总结实践中已有的裁判规则，在合同编中（第二十四章）增加物业服务合同，用 14 个条文（第 937 条至第 950 条）就物业服务合同的有关问题进行规定，明确了物业服务者与业主的权利义务关系，为物业服务合同纠纷提供了明确的法律规则。

一、物业服务合同的概念

根据《民法典》第 937 条之规定，物业服务合同是物业服务人在物业服务区域内，为业主提供建筑物及其附属设施的维修养护、环境卫生和相关秩序的管理维护等物业服务，业主支付物业费的合同。物业服务人包括物业服

---

① 本章作者席亚、姚凯。

务企业和其他管理人。物业服务合同包括建设单位依法与物业服务人订立的前期物业合同，以及业主委员会与业主大会依法选聘的物业服务人订立的物业服务合同，对全体业主具有法律约束力。

二、物业服务合同的特征

物业服务合同是建立业主和物业服务人关系的法律文件，明确了合同双方活动的范围和准则，保障业主权利、规范物业服务，在整个物业服务活动中处于核心地位。

物业服务合同的法律特征包括：第一，物业服务合同的主体是享有建筑物区分所有权的业主和物业服务人，互为权利义务主体；第二，合同的内容是物业服务，即在物业服务区域内，为业主持续提供建筑物及其附属设施的维修养护、环境卫生和相关秩序的管理维护等方面的物业服务；第三，物业服务合同是双务、有偿合同，业主负有支付物业费等报酬的义务。①

三、物业服务合同当事人的主要义务

根据《民法典》关于物业服务合同的规定，物业服务人和业主的主要义务如下：

1. 物业服务人的义务

（1）一般义务

物业服务人的一般义务主要是依约提供劳务服务，比如对业主共有部分的经营管理、物业服务区域绿化的维修、养护，维护基本秩序等。《民法典》第 942 条第 1 款规定："物业服务人应当按照约定和物业的使用性质，妥善维修、养护、清洁、绿化和经营管理物业服务区域内的业主共有部分，维护物业服务区域内的基本秩序，采取合理措施保护业主的人身、财产安全。"

同时，物业服务人对于物业服务区域内有违反特定范围法律法规行为的，有义务采取合理措施制止、向有关部门报告等。《民法典》第 942 条第 2 款规定："对物业服务区域内违反有关治安、环保、消防等法律法规的行

① 杨立新、李怡雯：《中国民法典新规则要点》，法律出版社 2020 年版，第 423 页。

为，物业服务人应当及时采取合理措施制止、向有关行政主管部门报告并协助处理。”

（2）信息公开的义务

物业服务人应当将与业主合法利益相关的重要服务事项定期向业主公开，以保障业主的知情权。《民法典》第943条规定：“物业服务人应当定期将服务的事项、负责人员、质量要求、收费项目、收费标准、履行情况，以及维修资金使用情况、业主共有部分的经营与收益情况等以合理方式向业主公开并向业主大会、业主委员会报告。”

（3）合同终止时的移交义务

原物业服务人在物业服务合同终止时，应当按照约定期限或在合理期限内退出物业服务区域，并有义务与新物业服务人做好交接工作。《民法典》第949条第1款规定：“物业服务合同终止的，原物业服务人应当在约定期限或者合理期限内退出物业服务区域，将物业服务用房、相关设施、物业服务所必需的相关资料等交还给业主委员会、决定自行管理的业主或者其指定的人，配合新物业服务人做好交接工作，并如实告知物业的使用和管理状况。”

（4）后合同义务

《民法典》第950条规定：“物业服务合同终止后，在业主或者业主大会选聘的新物业服务人或者决定自行管理的业主接管之前，原物业服务人应当继续处理物业服务事项，并可以请求业主支付该期间的物业费。”本条规定是物业服务人的法定义务，这也是物业服务的连续性所决定的。

2. 业主的义务

（1）支付物业费的义务

物业服务合同是双务有偿合同，支付物业费是业主的核心义务，是物业服务人的核心权利。业主支付的物业费与物业服务人提供物业服务构成对价。《民法典》第944条规定：“业主应当按照约定向物业服务人支付物业费。物业服务人已经按照约定和有关规定提供服务的，业主不得以未接受或者无需接受相关物业服务为由拒绝支付物业费。业主违反约定逾期不支付物业费的，物业服务人可以催告其在合理期限内支付；合理期限届满仍不支付的，物业服务人可以提起诉讼或者申请仲裁。”

（2）重要事项的告知义务

在物业服务人按照合同约定和有关规定提供服务的过程中，业主负有接受、配合物业服务人的义务，其中就包括了当业主遇到有关重要事项时，应当及时告知物业服务人。所谓的“重要事项”包括装饰装修房屋，转让、出租物业专有部分，设立居住权或者依法改变共有部分用途等。[①]《民法典》第 945 条规定：“业主装饰装修房屋的，应当事先告知物业服务人，遵守物业服务人提示的合理注意事项，并配合其进行必要的现场检查。业主转让、出租物业专有部分、设立居住权或者依法改变共有部分用途的，应当及时将相关情况告知物业服务人。”物业服务人在提供物业服务的过程中，应当以保护全体业主的利益为目的，维护小区整体公共安全、公共秩序等，小区业主为了自身的利益也应积极配合物业服务人。虽然业主对其专有部分享有所有权，可以对专有部分行使占有、使用、收益、处分等合法权利，但每位业主的专有部分并不能完全独立，其相互之间以及与小区共有部分之间，各部分紧密结合。个别业主对于其房屋采取不当行为的，可能会影响其他业主的合法权益，甚至威胁其他业主人身及财产安全。因此，当业主遇到法定的重要事项时，应当及时告知物业服务人。

第二节　办案思路及实战技巧

物业服务合同纠纷，是指业主与物业服务人之间在物业服务区域内基于履行物业服务合同的相关约定所产生的纠纷。物业服务合同纠纷的案件与普通合同纠纷案件在适用合同编通则部分并无本质区别，均涉及订立、效力、履行、权利义务终止、违约责任等问题，本章不再赘述，仅就物业服务合同纠纷中的典型问题进行探讨和分析。

---

① 黄薇主编：《中华人民共和国民法典合同编解读》，中国法制出版社 2020 年版，第 1421 页。

司法实践中，物业服务合同纠纷案由涵盖多类型争议，笔者将实践中较为常见且争议较大的几类案件分述如下：

一、追缴物业费案件的办案思路及实战技巧

物业服务人追缴物业费案件，是物业服务合同纠纷中最为常见的案件类型。律师在代理追缴物业费案件中，主要应判断物业服务合同对业主是否具有约束力、物业服务人提供的物业服务是否符合合同约定的服务标准、物业服务人是否履行了物业费催告程序、业主是否享有免交或减交物业费的抗辩理由，等等。

1. 确定物业服务合同对业主是否具有约束力

合同纠纷案件一般均受合同相对性原则所制约，但是物业服务合同为例外。物业服务合同分为前期物业合同以及前期物业服务合同终止后业主委员会与物业服务人签订的普通物业服务合同。无论哪种物业服务合同，业主可能均不是合同签订方之一，那么建设开发单位与物业服务人订立的前期物业合同，以及业主委员会与物业服务人订立的物业服务合同对广大业主是否具有约束力呢？

《民法典》第939条规定："建设单位依法与物业服务人订立的前期物业服务合同，以及业主委员会与业主大会依法选聘的物业服务人订立的物业服务合同，对业主具有法律约束力。"据此规定，虽然业主并非合同签订方之一，但是受法律规定拟制，业主必须遵守物业服务合同的相关约定，即物业服务合同对业主具有法律约束力。因此，业主以其并非合同签订主体、被告主体不适格等理由提出的抗辩意见，不会被法院采纳。在商业银行公司与物业管理公司物业服务合同案①中，北京市第一中级人民法院认为：案涉物业服务合同的签订主体分别是业主委员会和物业公司。业主委员会和物业公司签订的物业服务合同，对业主某银行具有约束力，物业公司和某银行均应当按照物业服务合同的内容及时履行合同义务。银行上诉主张其未与物业公司签订物业服务合同、业委会和物业公司签订的物业服务合同对银行不产生约

① 北京市第一中级人民法院（2021）京01民终8442号。

束力、各方未进行物业交割等，该主张均不影响案涉物业服务合同对银行产生约束力，银行的该项上诉主张缺乏法律依据，本院不予支持。

2. 物业服务是否符合约定的服务标准问题

物业公司收取物业服务费是对其履行物业服务义务的对价报酬。在此类案件中，业主通常都会以物业服务不符合标准为由进行抗辩。于此情况下，首先需要判断抗辩事项是否属于物业服务范畴。如前所述，物业服务主要体现在对建筑物及其附属设施的维修养护、环境卫生和相关秩序的管理维护等。若业主将房屋质量问题、户口落户问题、因外网导致停水、停电等问题都归责于物业服务不符合约定的，难以得到法院支持。在确定属于物业服务范围的前提下，如果物业服务确实不达标，则法院通常会酌情减少部分物业服务费。如在孙某河、物业公司天津分公司物业服务合同纠纷案①中，经法院对物业公司天津分公司提供物业服务的小区进行实地考察，并结合物业公司天津分公司物业服务标准及等级、整体交费比例等因素并结合孙某河的抗辩理由，法院认定物业公司天津分公司在提供物业服务过程中存在瑕疵，应适当酌减物业费，一审法院认为以减少10%为宜。二审法院予以维持。

需要注意的是，物业服务具有服务内容多、服务范围广、服务时间长、服务对象多的特点，因此，物业服务人很难做到让所有业主都满意。司法实践中，对于物业服务人的服务存在重大瑕疵的，会酌情减少部分服务费，若仅存在轻微瑕疵的，一般不会支持减少物业服务费。如在物业服务公司与陈某洋物业服务合同案②中，法院认为，原告与被告签订的《前期物业管理服务协议》是双方的真实意思表示，为有效合同，双方应当履行各自的义务。尽管原告在物业管理服务过程中存在服务质量轻微瑕疵，但原告在物业管理服务过程中已按协议履行了自己的基本义务，其收取的物业等费用与其提供的物业服务质量仍然对等，故对原告主张的物业等费用予以支持；原告在物业管理服务过程中的确存在服务质量轻微瑕疵，故对原告要求被告承担违约金不予支持。在金某与物业服务公司物业服务合同案③中，一审法院认为：

---

① 天津市第二中级人民法院（2021）津02民终7345号。

② 河南省固始县人民法院（2019）豫1525民初6941号。

③ 辽宁省鞍山市中级人民法院（2022）辽03民终3187号。

业主拒绝交纳物业费需要基于正当理由，一般限于物业服务企业不履行物业服务合同，或者履行合同存在重大瑕疵等情形。物业服务内容包括公共设施维修、安保、绿化、保洁等方面，对于物业服务的好坏应是一个长期总体的综合评价，个别项目服务的瑕疵或某一个阶段服务的瑕疵，不能认定为物业服务的根本性违约。本案中，原告的服务虽然在某些方面存在一定的瑕疵，不能达到令金某完全满意的程度，但未构成重大瑕疵，金某以此拒绝交纳物业费理由不当，故对金某该项辩称不予支持。二审法院认为：物业公司收取物业费用既是对其履行义务的对价报酬，也是保障其正常运转的重要收入来源。在物业服务企业履行了提供物业服务义务的前提下，业主应当向物业服务企业履行交纳物业费的义务。本案物业服务公司已对案涉小区实施了物业管理服务，并履行了相应的义务。若以物业公司服务存在一般性瑕疵就完全不交纳物业费，对已交纳物业费的业主显系不公，也不利于物业公司平稳运行、保障物业服务的质量，一审法院判令金某交纳物业费并无不当。

3. 物业服务人追缴物业费的前置催告程序问题

《民法典》第 944 条第 2 款规定："业主违反约定逾期不支付物业费的，物业服务人可以催告其在合理期限内支付；合理期限届满仍不支付的，物业服务人可以提起诉讼或者申请仲裁。"尽管该条规定使用的是"可以"催告，而非"应当"催告，但实践中不少法院都认为物业服务人应当先行催告，然后方可起诉，对此，律师在办案实践中应予注意。如在物业服务公司、余某芬物业服务合同纠纷案①中，法院认为：业主不按约定时间支付物业服务费的，物业公司必须催告业主在合理期限内支付，业主在合理期限届满仍不支付的，物业公司才可以提起诉讼，现物业服务公司提供的证据反映其只向余某芬催告 2018 年 9 月至 2021 年 8 月的物业服务费，并没有催告 2021 年 8 月以后的物业服务费，故本院对物业服务公司要求余某芬 2021 年 8 月以后的物业服务费不予支持。在物业管理公司、房地产公司等物业服务合同案②中，法院认为：物业服务关系作为日常生活的一种基本法律关系，业

① 广东省中山市第一人民法院（2022）粤 2071 民初 23830 号。

② 湖南省长沙市中级人民法院（2021）湘 01 民终 10642 号。

主和物业服务人应当相互理解，为建立美好的小区环境而共同努力，以促进社会的和谐发展。业主欠交物业费的情况时有发生，但究其原因可能有多种，既可能因对物业服务质量不满、服务收费标准有异议等情况而故意不交，也可能存在因工作繁忙或者出差外地而忘记交费，故将催告程序作为物业服务人起诉的前置条件，一方面给予了物业服务人和业主直接沟通、协商的空间，使得物业服务人能充分了解业主诉求，以提高其服务质量，缓解双方关系，共促小区和谐；另一方面也督促一部分因为各种原因忘记或暂时无法支付物业费的业主尽快履行义务，有利于双方直接解决纠纷，同时还减少了当事人的诉讼成本，节约了司法资源。这也与民法典所倡导的维护社会和经济秩序，弘扬社会主义核心价值观的理念相一致。综上，一审法院对《民法典》第 944 条规定的理解与适用，并无不当。物业管理公司作为物业服务人起诉主张物业费，应当先行催告，经催告后业主在合理期限届满仍不支付的，方可提起诉讼。

笔者认为，从立法者意愿以及权利保护的角度，诉前催告应为物业服务人着重开展的工作。物业服务人应当以何种形式进行催告？实践中，多数物业服务人采用的是书面形式进行催告，书面催告通知不仅有利于业主的签收，更有利于物业服务人留存证据，易于举证。但是需要注意的是，如何做好催告通知的送达工作，也应为物业服务人需要重点关注的问题。《民事诉讼法》规定了多种送达方式，如直接送达、留置送达、邮寄送达、公告送达等。结合实际，建议物业服务人采取邮寄送达为主、直接送达为辅的送达方式。若仍无法送达，也可采取在欠交物业费业主门口显著位置张贴通知的方式进行送达，同时也应做好拍照留存等取证工作。

二、下水管道堵塞导致财产损失案件的办案思路及实战技巧

作为业主，日常生活中可能会遇到因下水管道堵塞导致排水不畅、污水倒灌等情况发生，倘若未及时发现，可能导致室内装修、家具、电器被浸泡，产生严重的经济损失。发生上述情况时，业主均较为关心如何维权？物业服务人关心的是自身是否应承担责任、在什么情况下承担责任，以及损失的范围、损失金额如何确定等问题。笔者从业主如何维权、物业服务人如何

收集证据以及举证责任角度梳理办案思路。

在办理下水管道堵塞引发的诉讼案件时，应选定提起诉讼的请求权基础，是以物业服务合同纠纷为由主张物业服务人承担违约责任，还是以侵害财产权益为由，主张物业服务人以及下水管道共用人承担侵权责任。上述两种路径的最大区别在于被告主体的选定，若以合同纠纷为由提起诉讼，则物业服务人作为案件被告；若以侵权纠纷为由提起诉讼，则可以将物业服务人及下水管道共用人列为共同被告。

律师办案时，就此类纠纷还应查明下水管道堵塞的原因。实践中，下水管道堵塞并不都是由于物业服务人疏通不及时、清掏不到位所造成的，同时也应考量建设工程施工单位的施工是否存在瑕疵，以及其他业主是否因装修对共用管道进行了改造等情形。故，查明下水管道堵塞原因有助于确定赔偿责任人，也有利于为办案人选定具体的诉讼思路，更有利于正确适用法律规定。

关于损失范围如何确定的问题，通常来讲，因下水管道堵塞导致装修、家具、家电受损，除应确定上述物品重置或维修金额，还应考虑因重新装修行为导致涉案房屋无法居住所产生的租金损失、室内污水倒灌的清理损失等。

此外，对于如何确认损失金额的问题，目前司法实践中有两种确认损失的方式，即通过司法鉴定程序评估鉴定损失金额及法官依据自主裁量权酌定损失金额。结合笔者检索、梳理相关案例发现，对于法官自由裁量酌定损失金额的案件，因法官考虑委托司法鉴定机构对低值的受损物品进行鉴定将会产生新的诉累，不利于案件的实质性化解，极可能引发新的诉讼，无法达到定分止争的法律效果，且又存在事实清楚、损坏的物品较为常见、维修金额较小等情形，基于此，人民法院采取酌定损失金额的方式确定业主的损失金额。除上述情形外，对于案件事实不清、物品损失种类较多、范围较广、高价值的物品，人民法院均采取司法鉴定程序以确定损失金额。需要注意的是，基于公平原则，对于无法维修、修复的物品，一般情况下会按照重置价格计算损失金额，但应扣除物品使用期间的折旧费用。

最后，作为物业服务人其着重关心自身是否承担责任？在什么情况下承担责任？经笔者检索同类型案件，除有明确反证证明物业服务企业完全履行了疏通、清掏共用管道的维护义务外，物业服务人均承担部分责任。

例如，在某某鹏、某某物业服务有限公司物业服务合同案①中，人民法院认为，物业服务企业对其服务区域内房屋共用下水管道有维修、养护、运行和管理的义务，应定期检查，及时排除安全隐患和险情，达到污水排放畅通，沟通无积水的服务标准，如未完成规定管理服务标准，应承担相应的法律责任。原告所购楼房厨房 25 层共用一根下水管道，该管道属于物业服务合同明确载明的房屋共用下水管道。根据物业服务协议约定，被告对整根管道负有定期检查，进行管理和养护，保证正常运行的义务，而不应区分室内还是室外部分。厨房作为家庭日常炒菜做饭场所，长时间使用下水管道必然产生油污，影响排水，故对厨房下水管道定期进行检查、管理和养护尤为必要，这是原被告双方签订的物业服务协议约定的被告的义务。同时，这是单个业主无能为力之事，故被告的此义务尤为重要。根据法律规定，被告对该义务的履行情况负积极的举证责任。其提交的与诚意公司签订的化粪池疏通清理合同，签订时间为 2020 年 7 月 9 日，照片显示其对化粪池、公共污水管道的清理时间是 2020 年 7 月，均在原告厨房返水之后，且化粪池疏通清理合同内容并不包括对房屋共用下水管道的检查、养护和管理，故依据现有证据无法认定从 2017 年 5 月到 2020 年 4 月长达 3 年的时间里被告对整个下水管道进行过检查、养护和管理，进而就无法及时排除安全隐患和险情，无法达到污水排放畅通，沟通无积水的服务标准，故本案被告存在违约行为。

因此，从检索到的案例来看，结合律师办理此类案件的经验，在发生水毁事故时，物业服务人一般承担部分赔偿责任，承担责任的关键在于物业服务人是否举证证明其履行了共用下水管道的维护义务，若不能举证，物业服务人承担的赔偿比例在 40%—80%范围内由法院根据案件情况予以酌定。

据此，经笔者总结办理的过往案例，物业服务人往往因为无法提供足以证明履行了物业服务合同约定或者文件规定的维保义务而最终承担赔偿责任。因此，笔者建议物业服务人在按照物业服务合同的约定或者文件规定保质保量

① 山东省泰安市岱岳区人民法院（2021）鲁 0911 民初 8475 号。

地完成维保义务外，还应留存全部维保记录。具体可以采取下列措施：

1. 物业服务人将维保事务交由第三方承担的，应与第三方共同做好维保记录，包括但不限于维保预案、维保照片、验收记录等。

2. 物业服务人自行维保的，可以在每次维保后由涉及的业主或者楼长（业委会）在维保记录上签字确认。

三、涉及建设充电桩与物业服务范围案件的办案思路及实战技巧

在“低碳出行、绿色生活”的理念下，新能源汽车逐渐走进大众视野，越来越多的人选择购买新能源汽车。然而让车主焦虑的是物业服务人拒绝在同意安装充电桩的证明材料上盖章，拒绝配合安装充电桩。司法实践中，如何确定物业服务范围，以及物业服务人配合协助业主出具充电桩安装的证明文件是否属于物业服务的范围呢？笔者按照上述顺序与读者探讨此类案件的办案要点。

1. 确定物业服务范围

随着社会的迅猛发展，国家政策的导向，对于律师代理案件来讲也是至关重要的，尤其在新能源领域。国家发展和改革委员会等四部委于2016年发布《关于加快居民区电动汽车充电基础设施建设的通知》，对居民区新能源汽车充电设施的建设提供了指导，其中明确了“对于占用固定车位产权人或长期承租方（租期一年及以上）建设充电基础设施的行为或要求，业主委员会（或业主大会授权的管理单位）原则上应同意并提供必要的协助”。同时也公布了充电基础设施建设的示范文本。从前述文件来看，行政主管部门鼓励物业服务人参与充电桩的建设及运营，并要求业主委员会提供必要的帮助。因此，出具安装充电桩的证明文件，符合当下的环保理念，应列入物业服务人的服务范围内，并及时对业主的相关需要予以配合及提供必要帮助。律师在代理此类案件时，对于确定物业服务范围梳理政策性规定是非常重要的。

2. 判断充电桩是否建设在业主的专有部分

律师在分析确定物业服务范围时，还应判断业主所使用的部分属于专有部分还是共有部分。业主安装充电桩系属于共有部分的合理使用还是占用，

直接影响裁判结果。以某某辰、天津市某某物业管理有限公司合同纠纷一案①为例，某某辰所租赁的车位属于占用业主共有道路或者其他场地增设的车位，应属于业主共有，并非某一业主的专有部分，应当与规划用于停放汽车的车位加以区分。某某辰欲在全体业主共有部分的车位上安装充电桩属于改变共有部分的用途，改变共有部分的用途需要由小区全体业主或业主大会委托的业主委员会或其他可以代表全体业主利益的单位及组织同意方可安装充电桩。现某某辰未提交任何证据证明上述单位或组织同意其在共有部分的车位上安装充电桩，应承担不利后果。本案某某辰的诉讼请求最终没有得到人民法院的支持。

又如，业主要求在其专有部分安装充电桩，依据《民法典》第 9 条规定，民事主体从事民事活动，应当有利于节约资源、保护生态环境。发展新能源汽车，对保障能源安全、促进节能减排、防治大气污染等方面具有重要意义。充电设施建设，是新能源汽车应用推广的重要举措。国家及本市有关部委发布的相关通知也要求物业服务企业对于固定车位产权人或长期承租方建设充电基础设施的行为或要求，原则上应同意并提供必要协助。业主申请在其使用的停车位上建设充电桩，需要物业服务人出具允许施工的相关证明，物业服务人应予以配合。这里首先要确定业主是使用其专有部分安装充电桩，结合政策规定，物业服务人应当予以配合。

因此，笔者注意到，物业服务人是否同意建设充电桩主要取决于业主是否在专有部分上进行建设。根据《民法典》第 272 条之规定，业主对其建筑物专有部分享有占有、使用、收益和处分的权利。业主作为固定车位产权人或长期承租方在专有部分建设充电桩，物业服务人原则上应予以同意。同时，国家有关部委、省市政府发布的相关部门规章、行政规章等均要求物业服务人在充电设施建设时发挥积极作用，予以配合、提供便利。而业主根据实际需要要求物业服务人出具同意安装证明，也符合国家政策规定的物业服务人的法定义务及社会责任。

笔者认为，对于业主在自身专有部分上建设充电桩的需求，物业服务人

---

① 天津市红桥区人民法院（2022）津 0106 民初 2619 号。

应积极倡导低碳出行、绿色生活的理念，谨慎避免在无相关事实支撑的情况下拒绝出具同意安装充电桩的证明文件。否则，极有可能为物业服务人后期物业服务埋下隐患，也与国家鼓励的政策相违背。

关联案例 1

案件名称：商业银行公司与物业管理公司物业服务合同案

案　　号：北京市第一中级人民法院（2021）京 01 民终 8442 号

裁判观点：业主委员会和物业公司签订的物业服务合同，对业主具有约束力，物业公司和业主均应当按照物业服务合同的内容及时履行合同义务。

关联案例 2

案件名称：孙某河与物业公司天津分公司物业服务合同案

案　　号：天津市第二中级人民法院（2021）津 02 民终 7345 号

裁判观点：物业公司在提供物业服务过程中存在瑕疵，应适当酌减物业费。

关联案例 3

案件名称：金某与物业服务公司物业服务合同案

案　　号：辽宁省鞍山市中级人民法院（2022）辽 03 民终 3187 号

裁判观点：业主拒绝交纳物业费需要基于正当理由，一般限于物业服务企业不履行物业服务合同，或者履行合同存在重大瑕疵等情形。在物业服务企业履行了提供物业服务义务的前提下，业主应当向物业服务企业履行交纳物业费的义务。若以物业公司服务存在一般性瑕疵就完全不交纳物业费，对已交纳物业费的业主显系不公，也不利于物业公司平稳运行、保障物业服务的质量。

关联案例 4

案件名称： 物业管理公司与房地产公司等物业服务合同案

案　　号： 湖南省长沙市中级人民法院（2021）湘 01 民终 10642 号

裁判观点： 物业服务人起诉主张物业费，应当先行催告，经催告后业主在合理期限届满仍不支付的，方可提起诉讼。

关联案例 5

案件名称： 物业服务公司与陈某洋物业服务合同案

案　　号： 河南省固始县人民法院（2019）豫 1525 民初 6941 号

裁判观点： 物业管理服务过程中存在服务质量轻微瑕疵，但其收取的物业等费用与其提供的物业服务质量仍然对等，物业费减免依据不足，不予支持。物业管理服务过程中的确存在服务质量轻微瑕疵，原告要求被告承担违约金不予支持。

关联案例 6

案件名称： 蒋某鹏与物业服务公司泰安分公司物业服务合同案

案　　号： 山东省泰安市岱岳区人民法院（2021）鲁 0911 民初 8475 号

裁判观点： 物业管理服务具有较强的专业性，正是因为业主不能或难以胜任相关的物业服务工作，才支付物业服务费用，委托物业服务企业这一专业机构来完成。专业化即要求物业服务企业应具有专业化水平，运用其专业能力解决问题，维护业主利益，避免不必要的损失，否则，构成违约，应承担相应的违约责任。

关联案例 7

案件名称：刘某辰与物业管理公司合同案

案　　号：天津市红桥区人民法院（2022）津 0106 民初 2619 号

裁判观点：原告租赁的车位属于占用业主共有道路或者其他场地增设的车位，应属于业主共有，并非某一业主的专有部分。改变共有部分的用途需要由小区全体业主或业主大会委托的业主委员会或其他可以代表全体业主利益的单位及组织同意方可安装充电桩。原告未提交任何证据证明上述单位或组织同意其在共有部分的车位上安装充电桩，应承担不利后果。

第三节　典型案例精析

案例 1：物业管理公司与邓某兴物业服务合同案①

裁判要旨

前期物业服务合同对业主具有约束力。物业服务人为涉案房屋提供物业服务，业主应当按照前期物业服务合同支付物业费。关于业主主张的物业服务人服务不到位的意见，业主提供的证据并不足以证明物业服务人在履行合同中存在重大违约行为导致业主丧失根本上的合同利益，业主主张的物业服务不达标亦不宜根据某一段时间的服务质量问题或单个、局部问题予以认定，而应考虑小区的整体服务情况、持续状态和小区全体业主的利益予以确认。

① 一审：北京市怀柔区人民法院（2020）京 0116 民初 1352 号；二审：北京市第三中级人民法院（2020）京 03 民终 13417 号；再审：北京市高级人民法院（2021）京民再 146 号。

案情简介

2007年，邓某兴购买了北京市怀柔区红螺路×号院××号房屋。2010年1月1日，房地产公司（甲方）与物业管理公司（乙方）签订《红螺湖别墅物业管理服务合同》，约定房地产公司委托物业管理公司为红螺湖别墅项目提供物业管理服务；服务期限自2010年1月1日起至物业的业主大会与选聘的物业公司签订物业服务合同之日止。对于物业服务费，双方约定为每月每建筑平方米4.5元（按照实测建筑面积计算），由乙方按半年预先向业主收取。业主应按照预付的方式，每半年支付一次物业服务费。在合同附件中，双方对收费标准做了具体约定：管理人员费为每年每平方米12元，办公费为每年每平方米0.3元，税金为每年每平方米3元；共用部分日常运行、维护费用为每年每平方米6.3元，绿化维护费为每年每平方米0.1元；物业管理区域清洁卫生费用为每年每平方米7.3元，物业管理区域秩序维护费用为每年每平方米25元。邓某兴对物业管理公司提交的《物业服务合同》、房屋建筑面积登记表及维修监控申请记录等证据材料复印件的真实性均不予认可，对照片的真实性认可，对其证明目的不认可，可以证明物业管理公司未尽到安保责任。

法院裁决

一审法院经审理认为：本案中，物业管理公司与涉案小区开发商房地产公司签订《红螺湖别墅物业管理服务合同》，受托作为该小区的物业服务单位，故前期物业服务合同对邓某兴具有约束力。在物业管理公司为涉案房屋提供物业服务后，邓某兴应当按照前期物业服务合同支付物业费。邓某兴辩称物业管理公司未对损坏的涉案小区监控设施进行及时维修，以证明其物业服务不到位。因物业服务合同没有约定物业管理公司对业主个人财物负有保管义务，在发现因监控系统老化导致大部分设备无法正常使用后，能够征求小区业主意见，对此进行升级改造，可以认定物业管理公司在其职责范围内已初步尽到了安全防范义务，故本院对邓某兴上述抗辩意见难以采纳。

判决：一、邓某兴于判决生效后7日内给付物业管理公司2017年1月1

日至2019年12月31日期间的物业服务费共计40778.64元；二、驳回物业管理公司的其他诉讼请求。

一审判决后，物业管理公司和邓某兴均提起上诉。

二审法院判决：驳回上诉，维持原判。

再审期间，物业管理公司提交了两份新证据：1. 2021年6月8日获得的大地房产公司的证明，用于证明实际建筑面积为379.36平方米，出售房屋时没有赠送过额外的面积。251.72平方米是开发商登记错误，且申请人2015年改制后发现该错误后积极要求被申请人按实际建筑面积支付物业服务费，遭到拒绝。2. 北京市怀柔区红螺湖别墅21号业主姜某于2019年10月17日提供的判决书两份，证明与邓某兴同一小区的业主姜某提出的只收取地上面积不收取地下面积物业费的主张没有获得法院支持，法院判决姜某按照不动产登记实际面积（含地上和地下面积）交纳物业费。

北京市高级人民法院认为，大地房产公司与物业管理公司签订的《红螺湖别墅物业管理服务合同》对邓某兴具有法律约束力，邓某兴应当按照前期物业服务合同支付物业费。该合同第六条明确约定收费标准为每月每建筑平方米4.5元，按照实测建筑面积计算。现双方均认可××号房屋实际建筑面积是379.36平方米，物业管理公司请求以此计算物业费数额具有合同依据。再审中，邓某兴称多出的面积是开发商赠送的，不应收取物业费。一方面，房产公司出具证明对此予以否认，邓某兴未提供证据证明赠送的面积不应收费，也未提交证据证明其他小区业主存在不按照实测面积收费的情况。另一方面，物业管理公司提供姜某的生效判决等证据，可以证明北京市怀柔区人民法院此前曾经判决同一小区其他业主按照实测面积收费，故本院对邓某兴的该项辩称不予采信。邓某兴辩称此前物业公司长期按照251.72平方米收费，说明双方已经认可该收费面积，原审也以物业管理公司在2016年前未提出异议为由，推定双方认可收费面积为251.72平方米。本院认为，并无证据证明物业管理公司在诉前已经明知××号房屋的实测面积为379.36平方米而仍同意按照251.72平方米收费，故邓某兴的该项辩称事实依据不足。原审认定应收费面积为251.72平方米属于事实认定错误，本院予以纠正。

综上，北京市高级人民法院再审判决如下：撤销北京市第三中级人民法院（2020）京 03 民终 13417 号民事判决及北京市怀柔区人民法院（2020）京 0116 民初 1352 号民事判决；自本判决生效之日起 10 日内，邓某兴向物业管理公司支付 2017 年 1 月 1 日至 2019 年 12 月 31 日物业费 61456.32 元。

律师评析

本案即属于典型的物业服务合同纠纷，本案的争议焦点主要是：1. 邓某兴是否应当向物业管理公司给付诉争期间物业服务费；2. 物业服务费核算面积应当如何认定。

关于前期物业服务合同的效力。根据《民法典》第 939 条之规定，建设单位依法与物业服务人订立的前期物业服务合同，以及业主委员会与业主大会依法选聘的物业服务人订立的物业服务合同，对业主具有法律约束力。本案中，诉争小区开发商与物业管理公司签订了前期物业服务合同。根据上述法律规定，前期物业服务合同对业主邓某兴具有法律约束力，邓某兴以其并非合同当事人为由提出的抗辩，不应得到支持。因此，邓某兴应当按照前期物业服务合同的约定支付物业费。该合同第六条明确约定收费标准为每月每建筑平方米 4.5 元，按照实测建筑面积计算。现双方均认可××号房屋实际建筑面积是 379.36 平方米，物业管理公司请求以此计算物业费数额具有合同依据。

关于物业服务费核算面积。本案一审、二审法院认为，物业管理公司确认的收费面积为 251.72 平方米，且物业管理公司认可邓某兴 2016 年之前所交纳的物业服务费均系按照 251.72 平方米标准核算。因物业管理公司未提交充分有效证据证明其对于该标准提出过异议，结合物业服务行业对于小区内建筑设施应当清楚了解的事实，两审法院据此并结合双方诉辩主张认定诉争物业服务费核算面积标准应为 251.72 平方米。本案再审程序中，北京市高级人民法院认为，物业服务合同第六条明确约定收费标准为每月每建筑平方米 4.5 元，按照实测建筑面积计算。双方在庭审中均认可诉争房屋实际建筑面积是 379.36 平方米，物业管理公司请求以此计算物业费数额具有合同依据。律师在代理此类追缴物业费案件的过程中，物业服务合同是认定物业费计算标准的首要依据。

另外，针对物业服务人是否存在重大违约行为的判定问题。业主所主张的违约事由是否构成违约，应以物业服务合同约定范围为前提。另外，不宜根据某一段时间的服务质量问题或单个、局部问题予以认定，而应综合考虑物业服务人在物业服务区域内整体服务情况、持续状态和全体业主的利益予以确认。本案中，业主邓某兴认为物业服务人未对损坏的涉案小区监控设施进行及时维修，以此为由主张其物业服务不到位。因物业服务合同中并未约定物业管理公司对业主个人财物负有保管义务，在发现因监控系统老化导致大部分设备无法正常使用后，物业管理公司能够征求小区业主意见，对此进行升级改造，可以认定物业管理公司在其职责范围内已初步尽到了安全防范义务。

案例 2：范某浮与物业管理公司物业服务合同案①

裁判要旨

当事人行使权利、履行义务应当遵循诚实信用原则。范某浮与物业管理公司签订有《停车位物业管理服务协议》，双方系物业服务合同关系，在服务内容的确定上，应当以协议为基础，结合诚实信用原则确定。范某浮申请在其停车位安装充电桩，按供电企业要求，需小区物业服务企业出具证明，该“出具证明”为前述协议第四条规定所涵盖，属于物业管理公司的合同义务，其应当履行。

案情简介

范某浮系坐落于重庆市江津区×街道×路×号的不动产的所有权人；专有建筑面积（套内面积）12.72 平方米；用途：停车用房。该停车位属于×小区，位于负一层。×小区的前期物业服务企业是物业管理公司。2019 年 3 月 16 日，范某浮与物业管理公司签订《停车位物业管理服务协议》，约定了双方的权利和义务、物业服务内容等。该协议第四条约定：本协议中未规定的

① 2020 年度重庆法院民事审判十大典型案例之四，重庆市江津区人民法院（2019）渝 0116 民初 12700 号。

事宜，遵照国家有关法律、法规和规章执行。范某浮购买新能源汽车后，向供电企业申请在案涉停车位安装充电桩时，被告知申请材料中应当包含小区物业服务企业出具的同意该业主在其停车位安装充电桩的证明；范某浮遂要求物业管理公司出具，被拒绝。

国家发展和改革委员会、国家能源局、工业和信息化部、住房和城乡建设部于2016年7月25日发布《关于加快居民区电动汽车充电基础设施建设的通知》（发改能源〔2016〕1611号），其中第六条规定：发挥物业服务企业积极作用。在居民区充电基础设施安装过程中，物业服务企业应配合业主或其委托的建设单位，及时提供相关图纸资料，积极配合并协助现场勘查、施工。

重庆市人民政府规定社会企业、居民区业主委员会应积极参与充电设施建设或提供便利。

重庆市能源局、重庆市住房和城乡建设委员会于2019年5月23日发布的《重庆市自用充电桩建设使用政策问答》问题5解答：物业服务企业应支持和配合业主或使用人建设自用充电桩。

法院裁决

一审法院经审理认为：当事人行使权利、履行义务应当遵循诚实信用原则。范某浮与物业管理公司签订有《停车位物业管理服务协议》，双方系物业服务合同关系，在服务内容的确定上，应当以协议为基础，结合诚实信用原则确定。

按照原、被告双方签订的《停车位物业管理服务协议》第四条约定，本协议中未规定的事宜，遵照国家有关法律、法规和规章执行。范某浮申请在其停车位安装充电桩，按供电企业要求，需小区物业服务企业出具证明，该“出具证明”为前述协议第四条规定所涵盖，属于物业管理公司的合同义务，其应当履行。一审判决如下：一、被告物业管理公司于本判决生效后立即向原告范某浮出具同意在其停车位安装新能源汽车充电桩的证明。二、驳回原告范某浮的其他诉讼请求。

律师评析

本案的争议焦点在于范某浮申请在其停车位安装充电桩，需要小区物业服务企业出具证明，物业服务企业是否应当履行；物业服务企业以存在安全隐患，需使用共有部分为由拒绝配合是否成立。结合本章第二部分所述内容，可以从本案判决中进一步明确物业服务合同纠纷案件代理的一般步骤和重点问题：

首先，考虑物业服务范围的确定。本案涉及物业公司是否应当配合业主出具同意安装充电桩的证明。范某浮与物业管理公司签订的《停车位物业管理服务协议》中明确约定，未规定的事宜，遵守国家有关法律、法规和规章执行。基于此，范某浮申请在其停车位安装充电桩，按供电企业要求，需小区物业服务企业出具证明，该“出具证明”为前述协议第四条规定所涵盖，属于物业管理公司的合同义务，其应当履行。

其次，考虑区分充电桩建设所在位置系业主专有部分，还是业主共有部分。业主安装充电桩是否需经全体业主同意，物业公司是否可以此拒绝安装。本案就案涉停车位，双方已签订服务协议，停车位属于业主专有部分，因此业主在专有部分安装充电桩无须经全体业主同意。另外，充电桩安装时，因布设电线，需使用共有部分，也属于建筑物区分所有权人为提升专有部分使用价值，对共有部分的合理使用。同时，同意业主安装充电桩，并不意味着物业服务企业可以放松、放弃管理，物业管理公司仍可在发现侵权等不当行为时，及时行使物业管理权利，予以纠正、制止。物业服务企业不能据此拒绝业主安装充电桩。

最后，司法实践中的政策参考。发展新能源汽车，对保障能源安全、促进节能减排、防治大气污染等方面具有重要意义。新能源汽车作为新生事物，其诞生发展之初并不完美，但是社会不应因噎废食，且充电设施建设，是国家重要政策方向。物业公司提出安装充电桩存在安全隐患，如未能提供有效证据予以证明，人民法院将不予采信。律师在代理此类案件时应特别注意搜集和掌握该类证据，或从此角度提出相应抗辩。

第十四章　中介合同纠纷[①]

第一节　理论概述与实务指引

中介合同，是《民法典》规定的十九类典型合同之一，与原《合同法》中居间合同的内涵相同。《民法典》合同编第二十六章对中介合同进行了集中规定，较原《合同法》第二十三章内容，新增了委托人“跳单”应支付中介报酬及参照适用委托合同的规定。同时规定中介人未促成合同时的必要费用请求权仅能依约定行使。中介合同在日常生活中较为常见，不论是个人之间、单位之间，还是个人与单位之间，均可能发生中介合同关系。

一、中介及中介合同的概念

所谓中介，是指在不同事物或同一事物内部对立两极之间起居间联系作用的环节。在现实生活中，中介活动日益频繁，中介行为形式多样、称谓不一。除了常见的不动产中介，随网络兴起而出现的“自动撮合”等新生形式，也可能构成“中介”。但不管是什么行为形式，关键取决于所提供的服务是否为“中介”服务。在置业公司与姜某婷、王某峰居间合同案［（2019）青01民终1611号］中，青海省西宁市中级人民法院认为：中介行为所呈现的多样性，是以商业经营运作的不同形式表现，因此如何判定提成方案的法律实质内容和确定上述称谓身份的法律定义，是审查双方是否成立中介合同法律关系的核心所在。中介人的实质是为委托人提供订立合同的机会，是提供订立合同服务的媒介人，只要其符合法律规定的“中介人”身

① 本章作者陈向娟、佟彤。

份，对其中介行为应当予以认定。

《民法典》第961条规定："中介合同是中介人向委托人报告订立合同的机会或者提供订立合同的媒介服务，委托人支付报酬的合同。"该条基本沿用了原《合同法》第424条的规定，但将"居间合同"名称修改为"中介合同"，将"居间人"改为"中介人"，其内涵不变。中介合同中，报告订约机会或提供订约媒介的一方为中介人，给付报酬的一方为委托人。报告订约机会的中介，称为"报告中介"或"指示中介"；提供订约媒介服务的中介，称为"媒介中介"。无论何种中介，中介人都不是委托人的代理人，而只是居于交易双方当事人之间起介绍、协助作用的中间人，其服务范围有限制，不参与委托人与第三人之间的关系。这是中介合同与委托合同、行纪合同的最主要区别。由于技术中介合同纠纷属于技术合同纠纷项下的案由，因此，本章所指的"中介"不包括技术中介。

二、中介合同的特征

中介合同具有如下特征：

1. 中介合同是由中介人向委托人提供中介服务的合同。中介人的服务包括报告订约机会和提供订约媒介服务。报告订约机会，是指受委托人的委托，寻觅及提供可与委托人订立合同的相对人，从而为委托人订约提供机会。所谓为订约媒介，是指介绍双方当事人订立合同，中介人斡旋于双方当事人之间，促使双方达成交易。① 需要注意的是，中介人只负责向委托人报告订立合同的机会或者为委托人与第三人订约居中斡旋，起到牵线搭桥、协助沟通、咨询的作用，但对合同内容（即合同当事人之间的权利义务）没有实质的介入权。

2. 中介合同是双务、有偿合同。中介人为委托人报告订立合同的机会或者提供媒介服务，委托人则应向中介人支付报酬，作为对中介人活动的报偿。

3. 中介合同是不要式、诺成合同。中介合同只要委托人和中介人的意思

---

① 崔健远：《合同法》（第3版），北京大学出版社2016年版，第675页。

表示一致即可成立。中介合同的成立既可以是书面形式，也可以是口头形式，更不以任何标的物的交付为成立前提。因此，中介合同是不要式合同和诺成合同。

4. 委托人是否支付报酬具有不确定性。根据《民法典》第 963 条、第 964 条之规定，中介人促成合同成立的，有权要求委托人按照约定支付报酬，反之，则不得请求支付报酬；但是，可以按照约定请求委托人支付从事中介活动支出的必要费用。由于委托人与第三人之间能成立合同具有不确定性，故中介合同委托人是否支付报酬具有不确定性。

第二节　办案思路与实战技巧

中介合同纠纷案件通常为两方当事人，即为他方报告订约机会或提供订约媒介的中介人，以及给付报酬一方的委托人，在少数情况下会有订立合同的第三人作为共同诉讼当事人参加诉讼。在审判实践中，中介合同纠纷可归为两大类：一类是中介报酬的给付纠纷，另一类是赔偿性纠纷。中介合同纠纷多表现在中介人是否履行中介义务的认定、中介人已促成合同成立的认定、中介合同中的“跳单行为”、中介报酬的给付及中介人是否应当承担赔偿责任等方面。

一、认定中介人是否履行了中介义务的代理思路及要点

关于中介人是否履行了中介义务的认定问题，首先应根据中介合同的约定及《民法典》的规定，锁定中介人的义务范围，再围绕中介人是否履行了中介义务举证或质证。在中介活动中，中介人的主要义务一般包括：（1）报告订约机会或提供订约媒介；（2）如实报告有关订立合同的事项；（3）中介人促成合同成立的，自担中介活动费用。

第（1）项义务是中介人的主要义务，该项义务的认定往往也是最容易发生争议的部分。如前所述，中介人并不直接参与交易双方的谈判，在决定交易双方的权利义务方面并不体现中介人的意志，中介人的服务主要集中在

合同订立之前。笔者认为，中介人是否履行了中介义务，是一个事实问题，除将委托人与第三人签订的中介合同作为基础证据外，还应结合包括但不限于委托人与第三人成立合同的证明资料、中介活动的视听资料、往来函件、沟通记录、中介费用凭证、证人证言等证明中介服务痕迹的相关资料进行综合举证。在实践中，中介人应当尽量以方便留痕的方式与委托人及第三人进行沟通，如微信、邮件等，以免产生不必要的争议。

第（2）项如实报告义务，是指中介人应当就有关订立合同的事项向委托人如实报告。报告的内容应当是所有与订立合同相关的事项，重点在于“如实”，不得谎报、瞒报、少报。

第（3）项自担费用的义务，是指中介人促成合同成立的，应当自担中介活动费用。原因在于，在促成合同成立的情况下，委托人需支付报酬，该报酬中已包括活动费用在内。

二、认定中介人已促成合同成立的代理思路及要点

认定“中介人是否促成合同成立”，必须着重考虑以下要点：一、中介人是否履行了中介合同约定的中介义务；二、委托人与第三人的合同是否成立；三、合同的成立是否因中介人的中介服务而促成，即合同的成立是否与中介人的中介服务有因果关系。

中介人是否促成了委托人与第三人间成立合同，需要重点分析委托人与第三人间的合同是否因中介人的中介行为而促成。举例说明：李某（委托人）经张某（中介人）介绍，与赵某（案外人）签订了《房屋买卖协议》，购买赵某具有所有权的房屋一套。签订《房屋买卖协议》时，赵某告知李某，其与另一受让方郭某就同一房屋签订了《房屋买卖协议》，但双方已口头约定解除。后郭某向法院提起诉讼，诉请赵某履行双方签订的《房屋买卖协议》，李某作为第三人参加了诉讼。法院判决李某与赵某签订的《房屋买卖协议》无效，诉讼中，李某与郭某达成给予郭某一定的经济补偿从而取得该房屋的协议。在这种情况下，李某是否应当向张某支付中介报酬呢？笔者认为，即认定“中介人已促成合同成立”，必须同时满足两个条件，一是中介人履行了中介合同约定的中介义务，二是合同的成立与中介人的活动有因

果关系。由于李某是因其与案外人达成的协议而取得了系争房屋，故不能由此认定“中介人已促成合同成立”。

三、中介中的“跳单行为”引发案件的代理思路与要点

在中介合同纠纷案件中，因“跳单行为”引发的纠纷很多见，原《合同法》中没有关于“跳单”的规定，这也是中介人遭遇的甚为恼火的尴尬。如果任由委托人“跳”过中介人，逃避支付中介报酬的约定义务，则对中介人显属不公平。《民法典》第965条规定：“委托人在接受中介人的服务后，利用中介人提供的交易机会或者媒介服务，绕开中介人直接订立合同的，应当向中介人支付报酬。”此条显示出民法典对有违诚实信用原则的“跳单”行为的否定。此外，根据《民法典》第159条“当事人为自己的利益不正当地阻止条件成就的，视为条件已经成就”之规定，如果委托人为了不交或少交中介报酬而不正当地阻止支付条件成就，应视为条件已成就，委托人亦应向中介人支付中介报酬。

所谓“跳单”，是在中介人向委托人提供中介服务后，委托利用中介人提供的服务，而甩开中介人私下与相对人订立合同，或者另行委托其他中介人与相对人订立合同的行为。在能源公司等与房地产经纪公司中介合同案［（2022）京01民终4071号］中，北京市第一中级人民法院认为：在中介合同关系中，委托人的行为构成“跳单”应当具备以下要件：第一，委托人接受了中介服务；第二，委托人绕开中介人直接与第三人订立合同；第三，委托人与第三人合同的订立，主要是由于委托人利用了中介人提供的交易机会或者媒介服务。或者说，合同订立与中介人的中介服务具有因果关系。而此要件是判断委托人行为构成“跳单”并应当向中介人支付报酬的关键。不论委托人是私下与第三人直接订立合同，还是通过其他中介人与第三人订立合同，只要委托人利用了中介人提供的交易机会或者媒介服务，就构成“跳单”，是否存在其他中介人并不是关键因素。一般而言，只要委托人实际接受了中介人的中介服务，又与第三人订立了合同，就可以推定该合同成立与中介人提供的服务有因果关系。如果委托人认为其没有利用中介人的交易机会或者媒介服务，应当承担举证责任。如果委托人委托多个中介人从事中介

活动，多个中介人为其提供交易信息或者媒介服务，委托人最后选择其中一个中介人，通过其与第三人订立合同。此时对其他中介人来说，并不构成“跳单”，因为委托人具有选择最满意、最合适的中介人为其提供优质服务并通过其与第三人订立合同的权利。这也需要委托人证明，其与第三人订立合同，并非利用中介人提供的交易机会或者媒介服务，而是通过其他中介人提供的服务使得合同得以成立。在严某等与房产经纪公司等中介合同案［（2021）苏07民终3112号］中，江苏省连云港市中级人民法院认为：“跳单”违约的构成要件有三：一是委托人接受了中介人的服务，二是委托人利用了中介人提供的信息机会和媒介服务，三是委托人绕开中介人直接订立合同。在信息咨询服务部、王某成行纪合同案［（2021）鲁0614民初1084号］中，山东省烟台市蓬莱区人民法院对于“跳单”的构成要件亦是作如此认定。

实践中，为了防止委托人“跳单”的不诚信行为，中介合同中普遍存在“跳单”委托人要承担违约责任的合同条款，旨在保护中介人依法应享有的权益。笔者认为在此类案件中，应重点考虑中介合同中规避“跳单”条款的效力和如何认定“跳单”行为。只要相关条款不存在《民法典》所规定的无效情形，应为合法有效。判断委托人是否存在“跳单”行为，应根据中介合同的约定及“跳单”的三个构成要件来进行认定，其核心是委托人是否利用了中介人提供的信息机会和媒介服务。若委托人与第三人订立合同并未利用中介人提供的信息机会或媒介服务，则不构成“跳单”。在最高人民法院发布的第一批指导案例1号“上海中原物业顾问有限公司诉陶德华居间合同纠纷案”中，法院的裁判要点为：“房屋买卖居间合同中关于禁止买方利用中介公司提供的房源信息却绕开该中介公司与卖方签订房屋买卖合同的约定合法有效。但是，当卖方将同一房屋通过多个中介公司挂牌出售时，买方通过其他公众可以获知的正当途径获得相同房源信息的，买方有权选择报价低、服务好的中介公司促成房屋买卖合同成立，其行为并没有利用先前与之签约中介公司的房源信息，故不构成违约。”基于同样的裁判观点，如果买方并未利用中介机构提供的信息、机会等条件，而是通过其他公众可以获知的正当途径获得同一房源信息，则买方有权选择报价低、服务好的中介公司促成房屋买卖合同成立，而不构成“跳单”违约。具体可参见山东省东营市中级人民法院（2021）鲁05民终2173号民事判决书（信息咨询中心与鞠某花中介合同案）。

四、中介报酬的给付问题引发诉讼的代理思路与要点

判定委托人是否应向中介人支付中介报酬的要点包括三个：一是中介人是否履行了中介义务；二是中介人是否促成了委托人与第三方的合同成立；三是中介合同约定的给付中介报酬的条件是否成就。《民法典》第963条规定：“中介人促成合同成立的，委托人应当按照约定支付报酬。对中介人的报酬没有约定或者约定不明确，依据本法第五百一十条的规定仍不能确定的，根据中介人的劳务合理确定。因中介人提供订立合同的媒介服务而促成合同成立的，由该合同的当事人平均负担中介人的报酬。中介人促成合同成立的，中介活动的费用，由中介人负担。”第964条规定：“中介人未促成合同成立的，不得请求支付报酬；但是，可以按照约定请求委托人支付从事中介活动支出的必要费用。”在诉讼实践中，需围绕支付中介报酬的条件、中介报酬的计算、中介报酬的给付义务人、中介费用是否有约定以及如何负担等方面进行细化，做好相应的诉讼准备工作。中介人未促成合同成立的，仅能要求委托人支付从事中介活动支出的必要费用，并且以中介合同中存在约定为前提。

实践中，较为复杂的问题是：中介人的报酬请求权是否受委托人与第三人合同效力的影响？即：当委托人与第三人签订的合同因某些原因出现被认定无效、被撤销、被解除时，中介人是否有权要求支付报酬？或者委托人是否有权要求退还已支付的报酬？对此问题，法律上并无明确规定，实践中也没有统一的裁判尺度。笔者认为：

首先，《民法典》第963条规定的中介人享有报酬请求权的法定条件是“促成合同成立”，并未规定以合同生效、有效或顺利履行完毕作为条件。

其次，《民法典》第483条规定：“承诺生效时合同成立，但是法律另有规定或者当事人另有约定的除外。”第490条规定：“当事人采用合同书形式订立合同的，自当事人均签名、盖章或者按指印时合同成立。在签名、盖章

或者按指印之前，当事人一方已经履行主要义务，对方接受时，该合同成立。法律、行政法规规定或者当事人约定合同应当采用书面形式订立，当事人未采用书面形式但是一方已经履行主要义务，对方接受时，该合同成立。”第 491 条规定：“当事人采用信件、数据电文等形式订立合同要求签订确认书的，签订确认书时合同成立。当事人一方通过互联网等信息网络发布的商品或者服务信息符合要约条件的，对方选择该商品或者服务并提交订单成功时合同成立，但是当事人另有约定的除外。”也就是说，只要委托人和第三人之间的合同符合《民法典》规定的“成立”要件，中介人的报酬请求权即告成立。至于合同成立后出现的问题，原则上不影响中介人的报酬请求权。在房地产经纪公司、汪某芬中介合同案［（2022）浙 07 民终 2155 号］中，浙江省金华市中级人民法院认为：居间合同是居间人向委托人报告订立合同的机会或者提供订立合同的媒介服务，委托人支付报酬的合同。只要居间人有提供居间服务的行为，实际又促成合同成立，委托人即应支付报酬，即使合同之后解除，亦不影响居间人要求支付报酬的权利。在房产信息服务部、洪某等中介合同案［（2022）浙 0781 民初 2281 号］中，浙江省兰溪市人民法院也持同一观点。

最后，需要说明的是，“合同成立”作为中介人报酬请求权的要件，并不意味着中介人可以对委托人与第三人之间订立的合同绝对免责。如果委托人与第三人之间订立的合同出现未生效、无效、撤销、解除等情形是因委托人或第三人的原因所致，则不影响中介人的报酬请求权；若中介人对于前述情形存在过错，则中介人的报酬请求权将会受到影响，甚至可能需要向委托人或第三人承担赔偿责任。

五、中介人是否应当承担赔偿责任问题的代理思路与要点

如前所述，中介人应当承担“如实报告”的法定义务，若中介人违反该条规定的，不但会丧失中介报酬请求权，还应承担损害赔偿责任。《民法典》第 962 条规定：“中介人应当就有关订立合同的事项向委托人如实报告。中介人故意隐瞒与订立合同有关的重要事实或者提供虚假情况，损害委托人利益的，不得请求支付报酬并应当承担赔偿责任。”判定中介人是否应当承担

赔偿责任，应重点考虑以下要点：（1）中介人是否尽了如实报告的义务，有无故意隐瞒与订立合同有关的重要事实或者提供虚假情况；（2）中介人的行为是否损害委托人利益并造成经济损失。律师在办理案件过程中，可重点考察在中介合同的履行过程中，中介人是否将自己所实际掌握的信息，如实地向委托人提供，有无隐瞒欺骗或掺杂自己的主观判断。尤其是对于有影响的事项及商业信息，如第三人的资信状况、支付能力、标的物是否有瑕疵等，中介人是否据实报告，有无弄虚作假，中介人有无与第三人恶意串通损害委托人的利益等行为。

依中介人在交易活动中的中介地位和诚实信用原则，中介人虽不负有积极的调查义务，但应审核与订约有直接影响的重大事项，并如实报告委托人。因过失或故意导致错误报告，损害委托人利益的，不得要求支付报酬并应当承担损害赔偿责任。在张某英等与房地产经纪公司等合同案［（2019）京 01 民终 10810 号］中，北京市第一中级人民法院认为：房地产经纪公司未审查涉案房屋产权证原件，并在明知涉案房屋存在抵押登记情况下，仍促成双方在合同中将涉案房屋的抵押情况写为未设立抵押，没有尽到中介人的如实报告义务，参照《最高人民法院公报》2015 年第 2 期发布的案例，中介人应在其过错程度范围内承担一定的补充赔偿责任。

关联案例 1

案件名称： 置业公司与姜某婷、王某峰居间合同案

案　　号： 青海省西宁市中级人民法院（2019）青 01 民终 1611 号

裁判观点： 中介行为所呈现的多样性，是以商业经营运作的不同形式表现，特别是房产销售公司为了扩大销售范围，在提成方案中以“推荐人”“全民营销人”“全民经纪人”各种形式的称谓进行营销，因此如何判定提成方案的法律实质内容和确定上述称谓身份的法律定义，是审查双方是否成立中介合同法律关系的核心所在。中介人的实质是为委托人提供订立合同的机会，是提供订立合同服务的媒介人，只要其符合法律规定的“中介人”身份，对其中介行为应当予以认定。

关联案例2

案件名称：能源公司等与房地产经纪公司中介合同案

案　　号：北京市第一中级人民法院（2022）京01民终4071号

裁判观点：委托人的行为构成“跳单”应当具备以下要件：第一，委托人接受了中介服务；第二，委托人绕开中介人直接与第三人订立合同；第三，委托人与第三人合同的订立，主要是由于委托人利用了中介人提供的交易机会或者媒介服务。或者说，合同订立与中介人的中介服务具有因果关系。而此要件是判断委托人行为构成“跳单”并应当向中介人支付报酬的关键。

关联案例3

案件名称：严某等与房产经纪公司等中介合同案

案　　号：江苏省连云港市中级人民法院（2021）苏07民终3112号

裁判观点：“跳单”违约的构成要件有三：一是委托人接受了中介人的服务，二是委托人利用了中介人提供的信息机会和媒介服务，三是委托人绕开中介人直接订立合同。

关联案例4

案件名称：房地产经纪公司与汪某芬中介合同案

案　　号：浙江省金华市中级人民法院（2022）浙07民终2155号

裁判观点：居间合同是居间人向委托人报告订立合同的机会或者提供订立合同的媒介服务，委托人支付报酬的合同。只要居间人有提供居间服务的行为，实际又促成合同成立，委托人即应支付报酬，即使合同之后解除，亦不影响居间人要求支付报酬的权利。

关联案例5

案件名称： 张某英等与房地产经纪公司等合同案

案　　号： 北京市第一中级人民法院（2019）京01民终10810号

裁判观点： 在房地产经纪公司未审查涉案房屋产权证原件，并在明知涉案房屋存在抵押登记情况下，仍促成双方在合同中将涉案房屋的抵押情况写为未设立抵押，没有尽到居间人的忠实义务，参照《最高人民法院公报》2015年第2期发布的案例，居间人应在其过错程度范围内承担一定的补充赔偿责任，法院根据房地产经纪公司的过错程度，另参考合同约定的居间报酬情况等酌情确定房地产经纪公司在7万元的范围内就任某无法返还的部分款项对白某生、张某英承担补充赔偿责任。房地产经纪公司在向白某生、张某英承担赔偿后，可向任某另行追偿。

关联案例6

案件名称： 韩某与房地产经纪公司中介合同案

案　　号： 北京市第一中级人民法院（2022）京01民终4400号

裁判观点： 在房屋买卖中介活动中，中介公司（中介人）对于受托事项及中介服务应承担符合专业主体要求的注意义务及监管义务，注重审查核实与交易相关的主体身份、房产权属、委托代理、信用资信等证明材料的真实性，监管中介公司员工的履职行为。中介公司未尽必要的注意义务及监管义务，由此使另一方遭受损失的，应根据其过错程度在相应的范围内承担赔偿责任。同时，委托人在购房过程中，也有必要的审慎义务。因此，确定中介公司向委托人的赔偿金额，应结合合同履行情况、双方过错程度予以综合考量。

第三节　典型案例精析

案例 1：物业公司与王某冬、胡某英中介合同案[①]

裁判要旨

中介人未促成委托人与第三方成立合同的，无权主张中介报酬，但可以主张必要的活动费用。卖方将同一房屋通过多个中介公司挂牌出售，买方通过其他正当途径可以获得该房出售的信息，也可以通过其他途径与卖方进行接触洽商，其选择其他中介公司促成房屋买卖合同的订立，不构成“跳单”违约。

案情简介

井某蔼是涉案房产原产权人，张某是物业公司一方具体沟通井某蔼与胡某英、王某冬的中介服务经办人。胡某英、王某冬系夫妻关系。2020 年 9 月 21 日，物业公司与胡某英签订《看房协议书》，物业公司工作人员与胡某英到案涉房产，向胡某英报价 602 万元。后物业公司与房屋业主井某蔼及王某冬、胡某英沟通，协商房屋成交价格事宜。2020 年 10 月 2 日，经物业公司中介协商，胡某英提出成交价 530 万元，各付各税，业主回复称 528 万元，税费由买方承担。2020 年 10 月 4 日，物业公司再次带领胡某英到现场看房。当日下午，双方第三次到房屋现场查看，后胡某英、王某冬夫妇与物业公司签订《购房诚意书》，该诚意书约定经中介方介绍与看房，买方决定购买珠海市房屋，房价 539.3 万元，买卖税费按国家规定各付各的，付款方式是一次性付款。在签订合同时，买方向中介方交付 5000 元诚意金。同日，王某冬向物业公司支付诚意金 5000 元。

---

① 一审：广东省珠海市香洲区人民法院（2021）粤 0402 民初 10105 号；二审：广东省珠海市中级人民法院（2021）粤 04 民终 3971 号。

2020年10月7日，涉案房屋业主井某蔼与王某冬、代理方珠海市万辉物业代理有限公司签订《二手房买卖合同（三方合同）》，就涉案房屋转让达成一致协议，约定房产转让总价为528万元，买方包税费。2020年10月22日，王某冬向卖方支付购房款528万元。同日，王某冬向物业代理公司支付中介费15000元。井某蔼协助王某冬办理了房屋过户登记手续，王某冬取得该房不动产权证书。

物业公司向一审法院起诉请求：1. 判令王某冬、胡某英向物业公司支付中介代理费5万元。2. 判令王某冬、胡某英向物业公司支付违约金10万元。3. 判令王某冬、胡某英承担本案诉讼费用。

王某冬、胡某英向一审法院提出反诉请求：1. 判令物业公司退还诚意金5000元，并赔偿资金占用期间的利息损失（以5000元为基数，按全国银行间同业拆借中心公布的贷款市场报价利率计算，自2020年10月4日起算至还清之日止，暂计至2021年5月31日为128.33元）。2. 本案反诉诉讼费用由物业公司承担。

法院裁决

一审法院审理认为：物业公司与王某冬、胡某英签订的《购房诚意书》，仅是中介方与买方之间对目标房屋初步拟定的成交价格的意向，事后未经卖方的确认与追认，买卖双方并没有达成房屋买卖的合意，没有签订房屋买卖的认购或买卖合同，因此物业公司的居间活动，并没有促成买卖双方的房屋买卖合同的成立。王某冬、胡某英其后通过其他中介公司完成涉案房屋的交易，因物业公司代理销售涉案房屋，没有证据证明其为独家代理，王某冬、胡某英通过其他正当途径也可以获得该房出售的信息，也可以通过其他途径与卖方进行接触洽商，其选择其他中介公司促成房屋买卖合同的订立，不构成“跳单”违约。故物业公司要求王某冬、胡某英支付全部代理费并承担违约金，没有事实与法律依据，一审法院不予支持。因物业公司的居间活动，王某冬、胡某英对成交的房屋的房源信息、房屋现状、交易价格有了充分的了解，物业公司的中介行为虽没有直接促成房屋的转让，但对涉案房屋的最后成交付出了必要的劳动与费用，王某冬、胡某英应给予适当的补偿。故判决如下：一、王某冬、胡某英于本判决发生法律效力之日起十日内向物业公司支付中介报酬 5000 元；二、驳回物业公司其他诉讼请求。三、驳回胡某英、王某冬的全部反诉请求。

一审判决后，物业公司上诉。广东省珠海市中级人民法院经审理认为：考虑到王某冬、胡某英为夫妻关系，故该协议买方可认定为王某冬、胡某英二人。从《购房诚意书》第 1 条第 1 项、第 2 项，第 2 条，第 3 条内容看，王某冬、胡某英合同目的是请物业公司以各付各税 539.3 万元的价格谈下涉案房产，未能实现此目的时，合同解除。对于涉案房产原产权人井某蔼是否同意以各付各税 539.3 万元的价格出售，物业公司于本案中未提交任何证据证明井某蔼同意；相反，从本案二审查明事实看，井某蔼指证，当初对此价格明确表示了不同意。在此情况下，《购房诚意书》应予解除。物业公司应向王某冬、胡某英退还 5000 元诚意金。一审法院考虑物业公司在此过程中确曾付出过劳动，酌定王某冬、胡某英向物业公司支付 10000 元，对物业公司并无不妥。判决：驳回上诉，维持原判。

律师评析

本案的重点问题：一、原被告签订的《购房诚意书》是否属于中介合同；二、王某冬、胡某英是否构成“跳单”；三、物业公司是否有权索要中介报酬或费用。

1. 原被、告签订的《购房诚意书》是否属于中介合同

评价《购房诚意书》是否属于中介合同，需考虑其是否符合《民法典》规定的中介合同的法律特征，是否具备中介合同的主要条款。中介合同是中介人向委托人报告订立合同的机会或者提供订立合同的媒介服务，委托人支付报酬的合同。中介人的义务是向委托人报告订立合同的机会或提供订立合同的媒介服务，委托人的义务是在中介人促成合同订立后向其支付中介报酬或佣金。本案中《购房诚意书》明确约定：“经中介方介绍与看房，买方决定购买珠海市房屋。在签订合同时，买方向中介方交付 5000 元诚意金。买方以自己名义或以亲属、好友、授权人、委托人或代理人的名义购买了此房，须在办理更名过户手续前按成交价的 2%支付中介服务费。”可见，该诚意书明确了王某冬、胡某英的委托人身份，物业公司作为中介人提供媒介服务的合同义务。该合同系双方真实的意思表示，符合中介合同的法律性质，应认定为中介合同，合法有效，对原被告均有约束力。

2. 王某冬、胡某英是否构成“跳单”

衡量委托人是否“跳单”违约的关键，需重点考虑委托人是否利用了中介人提供的信息、机会等条件。如果买方并未利用中介公司提供的房源信息、机会等条件，而是通过其他公众可以获知的正当途径获得同一房源的信息，则买方有权选择报价低的中介公司购买该房屋，而不构成“跳单”违约。本案中，物业公司并非独家代理，王某冬、胡某英分别通过不同的中介公司了解到同一房源信息，并通过其他中介公司促成了房屋买卖合同成立。因此，王某冬、胡某英作为委托人并没有利用物业公司的信息、机会，不构成“跳单”，故法院对物业公司的诉讼请求未予支持。

3. 物业公司是否有权索要中介报酬或费用

根据《民法典》第963条、第964条之规定，中介人促成合同成立的，有权要求委托人按照约定支付报酬，反之，则不得请求支付报酬；但是，可以按照约定请求委托人支付从事中介活动支出的必要费用。本案中物业公司以《购房诚意书》为依据要求支付中介费及违约金，但由于该《购房诚意书》并非委托人王某冬、胡某英与第三人房主签订，房主也未授权或追认物业公司签订该诚意书，因此，物业公司并未促成委托人与第三人之间成立合同关系，因此，其无权要求支付中介费。但是，物业公司可以主张必要的活动费用，法院也基于物业公司的实际付出情况酌情判决王某冬、胡某英支付10000元费用补偿。

案例2：胡某乔、黄某秀等居间合同案①

裁判要旨

诚实信用原则应是中介人履行合同指导思想之一。中介合同的履行过程

① 一审：湖北省武汉市硚口区人民法院（2021）鄂0104民初2235号；二审：湖北省武汉市中级人民法院（2021）鄂01民终16517号。

中，中介人负有如实报告义务，其至少包含两个方面：一是对目的合同相对方提供的资料应如实报告，不得隐瞒或提供虚假资料；二是对目的合同相对方提供的各种资料作必要的专业审查，以确保提供信息的真实性。同时，委托人作为目的合同交易方亦有义务对目的合同标的情况做基本的审慎、全面的调查，若因其自身在未经全面核实的情况下轻易支付对价，对其所涉损失亦应承担相应责任。

案情简介

2016年8月1日，胡某乔与J公司签订一份《购房意向书》，胡某乔为承购方，J公司为中介方，约定：胡某乔拟购买J公司古田店所介绍的坐落于武汉市硚口区××房屋，承购方接受按照7500元单价一次性付款的购房条件，并向中介方支付意向金，委托中介方于签订购房意向书七日内争取出让方的确定意向。如果期限内出让方未能够接受承购方购房条件的，则意向金将于五个工作日内无息返还给承购方，如因承购方反悔不购买或变更购买条件等其他行为致使交易不成功的，本意向金作为中介方劳务费，承购方与出让方签订房屋买卖合同时，承购方应向中介方支付两个点的中介服务费。J公司遂带领胡某乔到房屋征收服务公司员工潘某伟、闵某萍的办公室商谈购房事宜，胡某乔在闵某萍的介绍下选定了一套100平方米的房子，并同意支付购房款370000元，后该房屋没有实际交付，潘某伟和闵某萍也因诈骗罪被武汉市中级人民法院（2018）鄂01刑初121号生效刑事判决书判处刑罚，并责令二人向胡某乔退赔人民币370000元。

2016年8月1日，胡某乔向J公司交付了意向金1000元，J公司出具了收据。2016年8月2日，胡某乔向闵某萍账户转账100000元。2016年8月6日，胡某乔向J公司员工杨某账户转款270000元，再由杨某转至闵某萍账户，潘某伟于2016年8月6日向黄某秀出具收据，显示收到建荣嘉园房屋购房定金370000元。

2017年，胡某乔、黄某秀以房屋买卖合同纠纷为由起诉J公司和房屋征收服务公司、闵某萍，经法院审理后认为胡某乔、黄某秀追索的购房款属于刑事案件中的追赃问题，可通过刑事判决执行程序得到退赔，故驳回胡某乔、黄某秀的起诉。现因潘某伟暂无可供执行的财产，武汉市中级人民法院终结了（2018）鄂01刑初121号判决书所涉财产部分的执行。

胡某乔、黄某秀向一审法院起诉请求：1. 确认解除胡某乔、黄某秀和J公司签订的《购房意向书》；2. 判令J公司返还胡某乔、黄某秀居间服务费17500元，并支付利息损失（按照2021年2月20日公布的一年期LPR标准从2016年8月2日计算至实际返还之日止，暂计算至2021年3月8日为3099.25元）；3. 判令J公司赔偿胡某乔、黄某秀损失370000元，并支付利息损失（按照2021年2月20日公布的一年期LPR标准从2016年8月2日计算至实际返还之日止）；4. 判令本案诉讼费用由J公司承担。

法院裁决

湖北省武汉市硚口区人民法院经审理认为：胡某乔、黄某秀无法取得《购房意向书》中确定的房产，不能达到合同目的，胡某乔、黄某秀有权要求解除双方居间合同关系。J公司应当按照意向书的约定条款退还胡某乔、黄某秀已交纳的意向金部分即1000元。J公司未履行如实报告义务，对房源的真实性未尽到充分、必要的审查核实义务，应当承担赔偿责任。胡某乔、黄某秀自身作为买受人，在未经全面核实的情况下轻易支付了房款，对其本案所涉损失亦应承担相应责任。故判决：一、解除胡某乔和J公司签订的《购房意向书》。二、由J公司于一审判决生效之日起十日内退还胡某乔意向金1000元。三、由J公司于一审判决生效之日起十日内赔偿胡某乔、黄某秀经济损失148000元。四、驳回胡某乔、黄某秀的其他诉讼请求。

一审判决后，胡某乔、黄某秀、J公司均提起上诉。湖北省武汉市中级人民法院经审理认为：胡某乔、黄某秀与J公司之间已经形成了居间合同关系，现因无法取得房屋，合同目的无法实现，胡某乔、黄某秀有权要求解除居间合同关系，J公司应退还意向金1000元并赔偿相应的损失。J公司作为居间人应当就有关订立合同的事项向委托人如实报告，而本案中，J公司对潘某伟、闵某萍所称的房源的真实性未尽到充分的、必要的审查核实义务，其对胡某乔、黄某秀的损失负有不可推卸的责任，而胡某乔、黄某秀作为买受人，在未对所购房屋的情况作全面核实的情况下轻易支付房款，对其损失亦应承担相应的责任，一审法院酌定J公司对胡某乔、黄某秀的购房款损失承担40%的赔偿责任并无不当。故判决：驳回上诉，维持原判。

律师评析

司法实践中，房屋中介人违反如实报告义务，给房屋买卖双方造成巨额财产损害的案例屡见不鲜，如本案中J公司对潘某伟、闵某萍所称房源的真实性未尽到充分的、必要的审查核实义务，给胡某乔、黄某秀造成严重的经济损失。由此可见，房屋买卖中介人如实报告义务具有必要性，其一方面可以解决房屋买卖交易市场中信息不对称问题，另一方面有利于降低交易风险，保障交易安全，这同时也是民法公平正义和诚实信用原则的必然要求。

关于房屋买卖中介人如实报告义务的认定标准，实践中并不统一。笔者认为，至少应具备以下三方面：

第一，中介人所报告的内容应全面、真实且经过专业的调查核实。

司法实践中，以中介人为被告的中介服务合同纠纷中，多数与委托人获取的信息不实有关。因此，如实报告义务的认定标准，首先应该是中介人为委托人获取的信息必须全面和真实。全面是指与缔约相关的所有能够影响到委托人作出缔约意思表示的信息；真实是指中介人向委托人报告的信息必须经过自己专业的调查审核后确定为真。如在房屋买卖中介合同中，中介人通常获取信息的主要来源是为委托人主动登记的信息、中介人主动向委托人进行询问、中介人中介服务中积累的经验信息。房屋买卖中介服务实践中，基于利益的驱动，中介人具有隐瞒不利于促成交易信息即瑕疵信息的动机。因此，如实报告义务必须是与订约相关的全面的信息。此外，鉴于房产交易的高风险性和昂贵性，以及委托人选择中介人进行中介服务并支付高额酬金的目的，中介人应当凭借自己专业优势，对委托人提供的信息进行调查核实，对委托人未提供但与订约相关的信息进行主动调查核实。否则，给委托人造成损害的，应当承担赔偿责任。

第二，报告的方式应适当、适时且应对必要事项进行说明。

诚实信用原则是民法的基本原则，贯穿民事行为的始终。适当履行，即当事人按照合同规定的标的及质量、数量，由适当的主体在适当的履行期限、履行地点，以适当的方式，全面完成合同义务的履行原则。诚实信用原则贯穿到如实报告的报告方式中，主要体现为报告的形式书面化、报告的主动和及时、必要事项的说明义务。报告的形式有书面的，也有口头的，但鉴于房产的昂贵性，笔者认为应当采用书面形式，一方面有利于委托人对信息和可能发生的风险能够进行综合的判断，另一方面有利于解决产生的纠纷。报告的方式应为中介人主动、及时向委托人报告。主动报告源于委托人一般并非房地产行业专业人士，对于订约相关信息的把握和认识不够准确，需要依靠中介人的专业知识进行判断，故中介人对订约相关的重要事项应当对委托人进行主动报告；及时报告则是源于房屋买卖交易中时间点较多和房屋买卖市场中的不确定因素较多，如政府基于楼市调控不断出具的调控政策，对正在买卖交易的双方均有重大影响。因此，要求中介人的报告要及时，避免委托人因信息滞后产生不必要的损失；必要事项说明义务则源于房屋买卖市场专业化的日益增强，专业术语不断出现，这些专业性的词汇或程序性事项对于普通人可能存在理解障碍，需要中介人在对委托人进行报告时详细解释说明。

第三，中介行为符合理性人标准。

理性人，其实是经济学里的概念，全称应为“合乎理性的人”，是对在经济社会中从事经济活动的所有人的基本特征的一个一般性抽象。这个抽象出来的基本特征就是：每一个从事经济活动的人都是利己的，即每一个从事经济活动的人所采取的经济行为都是力图以自己最小的经济代价去获得自己的最大经济利益。具体到房屋买卖中介法律关系中，判断中介人是否为委托人利益考量，为委托人利益考量的标准即符合理性人的标准，每一个中介行为都是有利于委托人，都是为了委托人以最小的代价获取最大的利益，将交易风险降到最低，并不得有侵害委托人利益的行为。

第十五章　合伙合同纠纷[①]

第一节　理论概述与实务指引

在现代社会，合伙已经成为重要的社会经济生活主体，成为人们投资兴业、参与交易的重要方式[②]。基于有无组织体，合伙通常分为民事合伙和商事合伙。民事合伙基于合伙协议而成立，其在性质上属于纯粹的合同关系，当事人之间的法律关系相对简单。商事合伙的成立基础也是合伙协议，但是其更多地表现为组织性，并能够以自己的名义从事民商事活动。

在我国民商合一的立法模式下，民事合伙和商事合伙并非完全独立的，合伙制度由《民法典》总则编、合同编及《合伙企业法》共同调整。《民法典》总则编将合伙企业归为非法人组织，为其开展民事活动提供了基础和保障。《合伙企业法》则专门调整合伙企业的内、外部关系。《民法典》合同编主要调整民事合伙，该民事合伙即本文所述合伙合同。

一、合伙合同的概念

我国有关合伙的立法早在1986年《民法通则》中就有了规定。《民法通则》第二章第五节规定了个人合伙，从个人合伙定义、个人合伙协议内容、财产、合伙字号、经营范围、合伙债务承担等六个方面共计六个法律条文对个人合伙进行阐述。1988年最高人民法院发布了《民通意见》，通过十二个

---

① 本章作者程亮、孙培培。

② 王利明：《论民法典对合伙协议与合伙组织体的规范》，载《甘肃社会科学》2019年第3期。

法律条文对《民法通则》个人合伙中六个条文进行细化解释，对合伙纠纷的诉讼当事人、合伙人的连带责任、合伙关系的认定、入伙、退伙、合伙债务承担、合伙财产处理等方面进行了详细的规定。2017 年《民法总则》及《民法典》总则编在非法人组织中规定了合伙企业，此处的合伙企业为商事合伙。

《民法典》合同编第二十七章新增合伙合同为典型合同，该章共计十二条，规定了合伙合同的定义、合伙人的出资义务、合伙财产的定义、合伙事务的执行、合伙的利润分配和亏损分担、合伙人对合伙债务的连带责任及追偿权、合伙人个人债务的负担、合伙合同终止后剩余财产的分配规则等内容。第 967 条将合伙合同定义为：合伙合同是两个以上合伙人为了共同的事业目的，订立的共享利益、共担风险的协议。

二、合伙合同的特征

合伙合同的主要特征包括以下几点：

1. 合伙合同为共向性合同

因合伙人之间具有共同的事业目的，共享利益、共担风险，因而合伙合同不同于双务合同。双务合同主体双方权利义务是对抗和对等的，而合伙合同中双方目的相同，对外承担责任相同，其权利义务具有共同性。

2. 合伙合同具有鲜明的人合性

合伙人之间共同的事业目的、对外承担连带责任的特性决定合伙合同具有高度人合性和团体性。没有相互信赖的主体难有合伙合同的缔结，缺乏同舟共济的理念和运作难有合同关系的存续，所以，人合性为合伙合同等“共同行为”的显著特征①。除合伙合同另有约定外，合伙人向合伙人以外的人转让其全部或者部分财产份额的，须经其他合伙人一致同意。因此，从合伙人转让份额的角度也可以看出合伙合同的人合性。

3. 合伙合同是继续性合同

一般双务合同为一时性合同，对于合同约定的事项仅限一次性完成，当

---

① 崔建远：《合同法》（第 7 版），法律出版社 2022 年版，第 481 页。

事人的权利义务原则上不因时间的长短而变化。但合伙合同则不然，合伙事业持续才是合伙人追求的目标，特别是每个合伙人对盈亏的承受可能因时间推移而变化，只要共同目的未实现，合伙人也未一致同意解散合伙，所有合伙人都应当持续履行其义务①。

4. 合伙人对合伙债务承担连带责任

合伙人对合伙债务承担连带责任是合伙合同的典型特征。《民法典》第973条规定："合伙人对合伙债务承担连带责任。清偿合伙债务超过自己应当承担份额的合伙人，有权向其他合伙人追偿。"

三、民事案由解析

在《民法典》颁布之前，涉及民事合伙的案由为合伙协议纠纷，《民法典》颁布之后，在二级案由"合同纠纷"项下将合伙协议纠纷变更为合伙合同纠纷。

适用该案由时，应注意区分民事合伙与商事合伙分别适用不同的案由。当事人之间只订立合伙协议，但不登记为合伙企业的，相关的纠纷应适用合伙合同纠纷案由。当事人之间设立合伙企业发生的纠纷，适用合伙企业纠纷项下的"入伙纠纷""退伙纠纷""合伙企业财产份额转让纠纷"案由②。

第二节　办案思路与实战技巧

一、一般合伙合同纠纷案件的办案思路与实战技巧

如前所述，根据《民法典》第967条之规定，合伙合同的核心是两个以上合伙人为了共同事业目的，共享利益、共担风险。因此，一般合伙合同纠

① 杨万明：《最高人民法院新民事案件案由规定理解与适用》，人民法院出版社2021年版，第370页。

② 杨万明：《最高人民法院新民事案件案由规定理解与适用》，人民法院出版社2021年版，第371~372页。

纷也是围绕着合伙人在合伙事务中的出资情况、利润分红和亏损分担情况、合伙份额和转让等情况而产生。作为律师，在办理合伙合同纠纷案件时，首先应当判断当事人之间是否存在合伙合同法律关系，其次应当根据当事人的陈述和提供的资料确定双方或多方的争议焦点（如究竟是出资纠纷、利润分红还是亏损分担纠纷等），最后再根据相关的法律规定和裁判规则来审查证据材料，并进一步论证己方诉请的可支持程度和风险。

在实践当中，关于合伙事务的内容一般均取决于各个合伙人的约定，律师可根据当事人的合同约定来审查实际履行情况，进而确定各方责任。主要包括合伙合同法律关系认定的问题、合伙人出资问题、合伙份额确认和转让问题、合伙利润分配和亏损分担问题、合伙人对合伙债务的连带责任及追偿权问题。下面结合律师实务操作逐一进行分析：

1. 关于合伙合同法律关系认定的分析思路及要点

律师在办理合伙合同纠纷案件当中，第一步就是要判断是否存在合伙合同法律关系。实践中，有书面合伙合同的，律师直接向法院提交有各方当事人签章的书面合同原件，则认定合伙合同法律关系并非难事；但在合伙人各方口头约定的情况下，由于各合伙人之间没有签订书面合伙合同，合伙人实际存在的事实合伙关系如何认定，《民法典》并没有作出明确的规定。实践中，各合伙人的共同出资行为和共同经营行为是认定合伙关系是否形成的重要考量因素，缺一不可。主要包括：出资款转款记录、两个以上无利害关系人证明合伙人之间存在口头合伙协议或者合伙人参与合伙事务经营管理的情况、对外以合伙名义开展业务并签订的各种合同、合伙人之间通过短信或者微信等电子通信内容及其他与经营合伙事务相关的材料。因此，合伙人在未签订合伙合同的情形下，应提供上述材料予以证实合伙人之间的事实合伙关系。如在（2019）最高法民申427号①案中，法院认为，第一，《整合协议》明确约定三矿井整合后的原上冯家庄煤矿为股份制企业，对入股方法、债权债务及经营管理等均有较为明确的约定。且经鉴定，《整合协议》中冯某华签字是其本人所签，表明其对协议内容予以确认。第二，刘某连等七人提供

① 冯某华、刘某连合伙协议案。

的煤矿出具的收款收据、煤矿记账凭证、股权转让凭据、证人证言等证据，证明刘某连等七人缴纳入股资金、入股煤矿、转让股权等基本事实成立，且与审计部门出具的审计鉴证意见报告书、股份转让协议等证据相互印证。综上，虽然双方未订立书面合伙协议，亦未在工商行政管理部门履行煤矿变更登记手续，但原判决认定冯某华与刘某连等七人合伙关系成立，并依据《整合协议》的约定分配转让收益，具有事实依据。

2. 关于合伙合同出资问题的分析思路及要点

根据《民法典》第968条规定，合伙人应当按照约定的出资方式、数额和缴付期限，履行出资义务。因此，合伙人按照合伙合同约定进行的出资行为是建立合伙事务集合体的首要义务，也是合伙事务得以成立的基础。

合伙人是否履行出资义务，不仅关系着合伙人是否违约并由此承担违约责任，而且对于合伙的利润分配也会产生重大的影响。因此，判断出合伙人是否按照合伙合同约定出资，往往是律师在办理合伙合同纠纷案件中所需要解决的重要争议焦点之一。下面结合律师实务操作逐一进行分析：

（1）货币出资应注明钱款性质

合伙人以货币出资的，应直接转入合伙事务账户并注明出资款的性质，或者要求其他合伙人出具书面证明以证实该笔款项为出资款。但实践中，有的合伙人出资并不规范，比如合伙人基于各种原因，将出资款一次或数次打入合伙账户，但未标注该笔款项性质，亦没有要求其他合伙人共同签字确认该笔款项即为出资款。或者合伙人以第三人名义转账或现金缴付至合伙账户或合伙事务公用账户，合伙人仅仅收到一个收据，收据内容没有体现出是合伙人的出资款。在此情况下，合伙人因无法证实该笔款项即为合伙出资款，存在被法院认定该合伙人与其他合伙人之间签订的合伙合同没有实际履行，导致承担违约责任，赔偿其他合伙人损失的法律风险。如在江苏省高级人民法院（2019）苏民申6649号①案中，法院认为，首先，五张收据均加盖了公司的财务专用章，收款事由是投资款、经营投资款、股份、公司投资款（股份），吴某国在工商部门系将其作为股东出资的证据，本案中又将其作

---

① 吴某国与耿某、置业公司合伙协议案。

为合伙出资，前后矛盾，对此吴某国未做出合理解释。其次，7 万元欠条是耿某以个人名义出具，139 万元借款虽是通过吴某国介绍，但借款人均是吉某公司且已偿还，吴某国主张将上述款项认定为自己的合伙出资，没有事实依据。

（2）实物出资应确保实物对价

合伙人以实物出资时，最常见的实物为房屋、设备、场地等。需要注意的是，在实物出资时，合伙人应当确保实物必须是在合伙存续期间完全由自己支配的合法财产，并能够保证合伙事务顺利开展。对实物出资应协商一致作价，或者委托法定评估机构进行评估作价。否则，如造成其他合伙人对该实物出资产生重大分歧，实物出资人将面临其他全体合伙人要求解除合伙合同，并要求该合伙人承担违约责任及赔偿责任的法律风险。

（3）知识产权出资应当明确约定权属

知识产权出资，是指知识产权所有人将能够依法转让的知识产权专有权或者使用权作价，投入合伙事务以获得合伙人资格的一种出资方式。主要包括：著作权、专利权、商标权等。需要注意的是，在合伙合同中，应当对知识产权所有人投入所有权还是使用权出资进行明确约定，如投入的是所有权，则在合伙事务中产生的收益归全体合伙人共有；如投入的是使用权，则其他合伙人有可能面临利润无法分配的问题。因此，若在合伙合同中不加以明确规定，一旦发生纠纷，合伙事务可能会遭受不必要的经济损失。

在实务中，经常发生货币出资、实物出资、知识产权出资等出资方式同时存在的情况，律师可根据当事人的合同约定来审查出资方式的实际履行情况，进而确定各方法律责任。

（4）合伙人未按照合伙合同约定足额出资能否进行利润分配

在合伙事务中，利润分配纠纷最为常见。如某合伙人未按照合伙合同约定的数额缴付出资时，而合伙事务又产生了利润，未出资的合伙人要求分配利润，该如何分配？《民法典》第 972 条规定：“合伙的利润分配和亏损分担，按照合伙合同的约定办理；合伙合同没有约定或者约定不明确的，由合伙人协商决定；协商不成的，由合伙人按照实缴出资比例分配、分担；无法确定出资比例的，由合伙人平均分配、分担。”笔者认为，虽然该条款就合伙的利润分配和亏损分担赋予了合伙人较大的意思自治，即先按照合同约定处理，没有约定或者约定不明确的，由合伙人协商，协商不成的，最后按照实缴出资比例分配、分担，但也不绝对的只要有约定，合伙人就可以在不按照约定出资的前提下要求分配利润。否则，对于按时出资的合伙人有失公平。如在（2021）最高法民申6321号[①]案件中，法院认为，1272号案件是在认定原告已经履行了投资义务的情况下，支持了原告关于分配利润的诉请，旅游公司主张该案确立了未履行出资义务的一方有权按照约定比例分配利润的裁判规则，是旅游公司的单方理解，该案并未有此观点。而本案中，旅游公司从原审至再审审查，未有证据证明其履行了投资义务，故原判决未支持其诉讼请求不属于适用法律确有错误。

3. 关于合伙份额确认、转让的分析思路及要点

（1）合伙份额确认纠纷

合伙份额作为合伙期间的利润分配及合伙终止时财产分配的依据，在合伙过程中具有重要作用，故通常情况下，当事人会在书面合伙协议中对份额进行明确约定[②]，律师处理该类纠纷并不复杂。如果合伙人之间对合伙份额没有明确约定，如何处理？笔者认为，合伙事务是基于合伙人共同事业目的建立的，各个合伙人对合伙事务的贡献并不局限在合伙人的出资情况，也体现在各个合伙人在合伙事务经营管理过程中的参与情况，此时，确定合伙份额须结合以上因素予以综合考虑。如（2017）湘民再135号[③]案中，法院认为，本案处理时不能仅仅依据提供的现金和实物数量确定和划分合伙份额和利润，应当综合考虑出资和参与共同经营、共同劳动的整体情况。原审仅按照现金出资简单划分合伙份额，应予适当调整。

（2）合伙份额转让纠纷

《民法典》第974条规定："除合伙合同另有约定外，合伙人向合伙人以外的人转让其全部或者部分财产份额的，须经其他合伙人一致同意。"

实践中，合伙份额转让极有可能没有在合伙合同中进行明确约定，此

① 旅游公司、工程公司等合伙协议案。
② 李舒、唐青林、袁惠：《合伙纠纷裁判规则》，中国法制出版社2022年版，第131页。
③ 刘某文等诉彭某生等合伙协议案。

时，若合伙人未经其他合伙人一致同意将自身合伙份额转让给合伙人以外的人，应当如何处理？笔者认为，合伙人是基于共同的事业目的，共享利益、共担风险而开展的合伙事务。合伙关系具有较强的人合性，如合伙人向合伙人以外的人转让合伙份额时，未经其他合伙人一致同意，其他合伙人将面临合伙事务的不确定性，影响合伙事务的开展。如新入伙的合伙人不具有充分的责任承担能力，或者不认同其他合伙人的共同理念，将会加重其他合伙人的负担，合伙事务难以为继。只有经其他合伙人一致同意，才表明其他合伙人同意与受让人共同维持原合伙合同，合伙关系才能继续存续下去。因此，在合伙合同没有约定的情形下，合伙人向合伙人以外的人转让其全部或者部分财产份额的，应经其他合伙人一致同意①。

4. 关于合伙利润分配、亏损分担的分析思路及要点

根据《民法典》第 972 条的规定，如合伙合同中对于合伙的利润分配和亏损分担有明确的约定，合伙人也按照约定实缴出资，则律师在处理该类纠纷时只需要向法院提供书面合伙合同、出资证明即可。但实务中，经常会出现合伙人签订合伙合同时未明确约定具体出资，一般仅约定“根据合伙事务的进行需要资金时，合伙人另行协商出资数额”等原则性的表述。而通常情况下，各个合伙人均有自己的记账凭证，从而导致在利润分配时，合伙人对其他合伙人出资投入产生重大分歧。虽然正常情况下，合伙人无法确定具体出资，可以另行协商或平均分配，但大量的纠纷都是在此等情况下，合伙人很难协商一致，最终都是通过诉讼解决争议。笔者认为，上述情况发生，应结合合伙人对合伙事务的贡献、入伙时间等因素，综合确定合伙人的出资比例并按照此比例对利润和亏损进行分配、分担。如最高人民法院（2020）最高法民申 6045 号②案中，法院认为，关于刘某义与洪某忠的投资份额和利润分配问题。刘某义与洪某忠签订《合伙协议》是真实意思表示，对双方具有约束力，双方之间形成合伙关系。在刘某义、洪某忠合伙期间，双方负有共同投资共同经营的义务。基于双方在合伙协议中“双方投资以最后

---

① 最高人民法院民法典贯彻实施工作领导小组主编：《中华人民共和国民法典合同编理解与适用》，人民法院出版社 2020 年版，第 2760~2761 页。

② 洪某忠、杨某辉合伙协议纠纷再审审查与审判监督民事裁定书。

核算的投入金额为准，双方以各自投资额承担相应盈亏”之约定，刘某义和洪某忠应当对投入进行核算。且根据合伙人对合伙事务负有共同投资共同经营管理之义务，二人亦应管理账目清晰。现因合伙期间账目管理不规范，双方之间对部分账目互不认可，不能理性对账，无法对双方投入进行核算。投资份额即出资比例无法确定，可由合伙人平均分担分配。但因本案存在刘某义与杨某辉、姜某前期合伙承接工程交纳保证金等投入，二审法院根据实际情况，结合洪某忠参与合伙事务的时间，以及合伙人对合伙事务所做的贡献，综合确定双方的出资比例，并依据该比例确认利润分配并无不当。

5. 关于合伙人对合伙债务的连带责任及追偿权问题的分析思路及要点

《民法典》第973条规定："合伙人对合伙债务承担连带责任。清偿合伙债务超过自己应当承担份额的合伙人，有权向其他合伙人追偿。"律师办理该类案件时，首先需要注意的问题是该笔债务是否为合伙债务，其次认定合伙人是否代其他合伙人先履行义务，最后分析其是否具有追偿权。

一般情况下，如合伙合同约定了合伙事务执行人，由合伙执行人对合伙事务进行管理、运营，其代表合伙团体进行的合伙事务活动均应由全体合伙人共担风险；反之，如合伙合同没有约定合伙事务执行人，而约定一切合伙事务均由全体合伙人一致同意或者通过其他表决方式方能执行合伙事务，那么任何一个合伙人或者几个合伙人对外签订的各类合同导致负债，能否认定为合伙债务？能否以先履行义务向其他合伙人追偿？

笔者认为，律师办理该类案件时首先要求证其他合伙人是否对此事知情，若其他合伙人并不知情，该笔债务被认定为合伙债务，对其他合伙人明显不公平。如（2018）黔03民终4324号①案中，法院认为，上诉人周某庆、蔡某书与案外人蔡某、李某及被上诉人赵某全在加工编制厂成立之始虽为合伙共同经营，但在两次决定贷款时，被上诉人赵某全均未参与。涉案的80万元贷款的一系列手续资料中亦未体现被上诉人赵某全共同参与贷款的事实。因无相应证据体现周某庆是合伙事务执行人或蔡某、李某、周某庆三人

---

① 周某庆、蔡某书追偿权案。

是合伙事务执行人，故在向信用社贷款过程中，应取得赵某全的同意。故涉案债务不应由被上诉人赵某全与其他合伙人共同承担。

二、其他合伙合同纠纷案件的办案思路与实战技巧

1. 关于合伙合同关系与借贷关系认定的分析思路及要点

实践中，合伙合同关系与借贷关系经常发生混淆情况，如何区分合同当事人之间是合伙关系还是借贷关系？律师在办理此类案件时，应当通过书面材料及当事人陈述的事实情况综合判定当事人之间的法律关系。

一般情况下，以下合伙投资协议可能被认定为借贷协议：

（1）投资协议约定投资人不承担合伙经营风险，享有固定投资回报；

（2）投资协议约定合伙清算前全数返还投资人投资本金；

（3）投资协议约定投资人的投资不受合伙经营盈亏的影响；

（4）投资协议仅约定利润分配方案，未约定损失分担规则，投资人不参与合伙经营；

（5）合伙、其他合伙人为投资人的回款提供担保①。

相较于利润分配，损失分担规则是确定投资性质更为关键的条件。合伙人承担合伙经营的风险，换言之，不承担合伙经营风险的投资人不是合伙人，以是否承担经营风险来区分投资性质是目前司法裁判的主要逻辑，而是否参与经营管理、利润分配等是辅助判断条件②。如（2016）最高法民申3189号③案件中，法院认为，李某、赵某林与皮某兰三人签订的《协议书》第三条约定，皮某兰出资900万元。而第六条约定，共同开发项目除资金由皮某兰管理以外，其他事项全由李某、赵某林管理，并由二人承担一切民事责任、经济责任和法律责任。第七条明确约定，本合作项目的投资风险由李某、赵某林承担；李某、赵某林按月支付给皮某兰利息，收取利息发生的税费由李某、赵某林承担。根据上述约定，皮某兰在合作中只负责出资，不承担合作项目的其他事务，也不承担合作项目的投资风险，不论盈亏均收回本

---

① 李舒、唐青林、袁惠：《合伙纠纷裁判规则》，中国法制出版社2022年版，第25页。

② 李舒、唐青林、袁惠：《合伙纠纷裁判规则》，中国法制出版社2022年版，第25页。

③ 置业公司等与皮某兰民间借贷案。

息，而依据《最高人民法院关于审理涉及国有土地使用权合同纠纷案件适用法律问题的解释》第 26 条之规定，合作开发房地产合同约定提供资金的当事人不承担经营风险，只收取固定数额货币的，应当认定为借款合同。原审据此认定双方关系名为合作实为借贷不缺乏事实和法律依据。

2. 关于合伙合同纠纷涉及采矿权的分析思路及要点

合伙人之间合伙经营矿产资源，主要涉及两方面的问题，一是在合伙人均未取得采矿权证的情形下，合伙协议效力问题；二是合伙人整体转让合伙份额时，采矿权主体是否发生变更的问题。

（1）在合伙人均未取得采矿权证时，合伙协议是否有效

根据《矿产资源法》第 3 条的规定，勘查、开采矿产资源，必须依法分别申请、经批准取得探矿权、采矿权，并办理登记。在合伙人均未取得采矿权证的情况下，签订的合伙协议是否有效，笔者认为，合伙协议包括投资总额、投资比例、投资款项用途，以及各方权利义务等，该合伙协议不违反法律和行政法规的禁止性规定，故协议有效。至于能否实际取得采矿权证，是协议履行中的问题，虽应承担相应法律后果，但不影响协议的效力。如（2017）最高法民再 228 号①案中，关于《股东协议》的效力问题，《股东协议》主要内容涉及陈某河、林甲、林某曾三方合作开发东泥沟煤矿，具体包括三方合伙投资总额、各自投资比例、投资款项用途，以及三方合作开发中各方权利义务等，上述内容不违反法律和行政法规的禁止性规定，故《股东协议》应当确认为有效合同。至于能否实际取得东泥沟煤矿的采矿权证，是《股东协议》履行中的问题。合伙各方在尚未取得采矿权证的情形下即进行无证开采，则属于《股东协议》履行中的行为，虽应承担相应法律后果，但不影响《股东协议》的效力。二审判决认定《股东协议》系采矿权转让，进而依照矿产资源法第 6 条规定认定该协议无效，适用法律不当。

（2）合伙人整体转让合伙份额时，采矿权是否同时转让

律师在办理该类案件当中，经常发生合伙人转让合伙份额的书面转让协

---

① 林某曾与陈某河等合伙协议案。

议内容与实际履行情况不一致的情况，此时，律师应如何处理？笔者认为，处理该类纠纷需要判断合伙人转让合伙份额时双方的真实意思表示、履行情况及双方签订的合伙份额转让协议内容是否违反法律、行政法规的强制性规定。如（2017）最高法民申1525号①案件中，再审申请人主张案涉“股权转让”实为转让采矿权的行为，《股权转让协议书》《各股东股份比例及出资状况协议书》均应确认无效。法院认为，从上述协议的内容及履行情况看，双方所谓“股权转让”实际是砂场投资经营份额的转让，该协议的签订和履行并不导致D砂场的采矿权主体发生变更或变相变更，亦不产生变相转让采矿权的后果。故二审法院认定案涉《股权转让协议书》《各股东股份比例及出资状况协议书》实为双方合作投资或投资权益转让协议，有事实和法律依据。上述协议系各方当事人真实意思表示，且不违反法律、行政法规的强制性规定，应为有效。因此，二审据此认定D砂场名为肖某旺个人经营的个体工商户，实为肖某旺、吴某阳、康某、周某依据《股权转让协议书》《各股东股份比例及出资状况协议书》共同出资经营的个人合伙或合伙企业，并无不当。

关联案例1

案件名称：投资管理公司与邢某荣合伙协议纠纷、合伙企业财产份额转让案

案　　号：最高人民法院（2020）最高法民终904号

裁判观点：由于合伙事业高度强调人合性，故应尊重合伙人之间的意思自治，如果合伙合同中有特别约定，在该约定不违反法律、行政法规的强制性规定，也不违背公序良俗的情况下，则应认定其合法有效，合伙人应严格遵守。

① 吴某阳、康某确认合同无效案。

关联案例2

案件名称：顾某锋与沈某坤等合伙协议案

案　　号：最高人民法院（2021）最高法民再95号

裁判观点：合伙财产归全体合伙人共有。合伙人处分合伙财产的收入应当收归合伙。合伙合同终止前，合伙人不得请求分割合伙财产。合伙人享有其合伙财产份额转让收入须经全体合伙人一致同意。

关联案例3

案件名称：陈某与游某华合伙协议案

案　　号：最高人民法院（2020）最高法民申656号

裁判观点：合伙人之间形成共同出资、共享收益、共担风险的合伙利益共同体。合伙的总投资额以及合伙人各自的出资额作为合伙投资协议的主要内容，对合伙人的投资决策产生重要影响，合伙人在订立合同过程中负有如实告知的义务。一方以欺诈、胁迫的手段或者乘人之危，使对方在违背真实意思的情况下订立的合同，受损害方有权请求人民法院或者仲裁机构变更或者撤销。

关联案例4

案件名称：周某与投资管理公司合伙协议案

案　　号：最高人民法院（2019）最高法民终1583号

裁判观点：合伙合同中约定仲裁解决争议的，依据仲裁条款独立性原则的法律规定，《合伙合同》成立与否，均不影响已经全体合伙人签字盖章的该合同中有关仲裁条款的效力。

关联案例 5

案件名称：桂某合伙协议案

案　　号：最高人民法院（2017）最高法民申 1573 号

裁判观点：合伙人未按照约定出资，亦未按约定对企业的经营状况进行核算、分配利润，并且独自经营不让其他合伙人参与，构成根本违约，应当承担违约责任。

第三节　典型案例精析

王某琴、樊某荣等合伙合同案[①]

裁判要旨

合伙人在合伙合同签订后，合同履行期间死亡，其合法继承人与其他合伙人实际参与了合伙事务，表明各方以事实行为达成继续合伙的约定，合同虽未明确约定合伙期限，但合伙合同是全体合伙人就专门事项达成的合伙合意。因此，在没有其他特别约定的情况下，应认定合伙存在期限，即在约定事项完成后期限届满。

案情简介

2009 年 5 月 12 日，尚某军、雷某、樊某树共同签订《股份合作开发协议》，协议约定：三人共同出资取得建设用地使用权编号为 2009YHP-3（以下简称 3 号地）、2009YHP-5（以下简称 5 号地）两宗土地，每人出资 1200 万元，各自占股份比例为三分之一；在此期间的费用 60 万元，由三人共担；

① 一审：榆林市中级人民法院（2021）陕 08 民初 84 号；二审：陕西省高级人民法院（2022）陕民终 125 号。

任何一方转让或变更土地使用权时需征得另外两人同意。2009 年 5 月 28 日，被告尚某军、第三人雷某出具《现金收入凭证》，载明：樊某树交来西南新区 3 号地、5 号地入股款 1315 万元。同时载明：共 3 大股，每股 1315 万元，共 80.0225 亩。上述 5 号地于 2009 年 7 月 28 日办理国有土地使用权证，土地使用权人为尚某军，前述 3 号地以刘某岐名义竞买，后登记在雷某持股的房地产公司名下。

2010 年 4 月 3 日，樊某树因病去世，其有 3 位法定继承人，王某琴为其妻子，樊某荣系其长子、樊某系其次子。

2012 年，尚某军、雷某、刘某岐、王某琴（代表樊某树）四人就 3 号地转让他人后的利润进行了分配。2013 年 5 月 14 日，尚某军与案外人张某就前述 5 号地签订《国有土地使用权转让合同》，约定转让价为 9545 万元。因案外人张某陆续支付尚某军 3900 万元后，剩余款项一直没有支付，2020 年尚某军提起诉讼，诉讼中双方达成调解，法院出具了（2021）陕 08 民终 2010 号民事调解书，调解书规定了剩余款项如何支付，但至今没有收到。现尚某军未对已得款项进行分配，故王某琴、樊某荣、樊某三人诉至法院，要求尚某军分配 5 号地已得款项 3900 万元及剩余款项的共有份额。

法院裁决

一审法院经审理认为：樊某树生前与被告尚某军、第三人雷某合伙竞买案涉 3 号地及 5 号地，根据三人签订的《股份合作开发协议》可知，三人之间的份额均等。现樊某树已故，其合伙份额所对应的权益由三原告继承，三原告与被告及第三人雷某均等享有两宗土地的权益。合伙人死亡后，其继承人并不当然成为合伙人。因三方之间在《股份合作开发协议》中对此并未进行约定，因此，三原告能否成为合伙人，需要被告尚某军与第三人雷某同意，同时三原告愿意加入方可。现三原告不愿意入伙，而请求分割其共有的合伙财产，对于该请求应当予以支持。三方应当对合伙事务进行结算后退还三原告享有的份额利益。现 3 号地利润三方已经进行分配，对于 5 号地尚某军已经收回的土地转让款 3900 万元应当分给三原告 1300 万元。因此，对于三原告请求确认调解书中尚某军名下的可得债权，其享有三分之一份额亦应予支持。综上，原告主张分配 5 号地已得款项 3900 万元及确认调解书中可得债权共有份额的请求成立，一审法院予以支持。

尚某军不服一审判决，提起上诉。

二审法院经审理认为：王某琴等向一审法院提出的诉讼请求，实质是请求分割合伙财产，而合伙财产属全体合伙人共有，在合伙终止前不得请求分割，故本案需首先认定合伙是否终止。合伙具有极强的人合性，若作为合伙人之一的自然人死亡，则合伙基础已不存在，合伙即应终止，除非当事人就此另有约定。案涉合伙合同并未预先约定合伙人死亡情形如何处理，2010 年 4 月 3 日合伙人之一樊某树死亡后，在 2012 年王某琴作为樊某树法定继承人与其余二合伙人尚某军、雷某共同签署了股份分配记录及分配表，对合伙的 3 号地事宜进行了账目核算，实际参与了合伙事务，表明各方以事实行为达成继续合伙的约定，合伙并未在樊某树死亡后终止。关于合伙期限，如当事人约定了合伙期限，则合伙在期限届满后终止。依据 2009 年《股份合作开发协议》、2011 年股份分配记录及分配表、当事人在案陈述内容可知，三方合伙是为案涉 3 号地、5 号地开发事宜，合同虽未明确约定合伙期限，但合同是三合伙人就专门事项达成的合伙合意，因此，在没有其他特别约定的情况下，应认定合伙存在期限，即在约定事项完成后期限届满。雷某为 3 号地、尚某军为 5 号地的合伙执行人，二人陈述两地块截至 2012 年已完成对外转让，合伙事务已终止，王某琴陈述其对此明知且同意，故案涉合伙事务已于 2012 年执行完毕，应认定合伙已终止，王某琴等现有权要求分割合伙财产。合伙终止后，应当进行清算，如有盈余应按约定比例进行分配。尚某军辩称存在合伙成本应予扣除，但并未提交证据证明，二审中其当庭陈述了 5 号地账目收支情况，但其提交的支付费用证据仅证明有 289516 元诉讼相关费用的支出，对于其他费用其仍未举证证明。综上，二审法院判决如下：一、维持榆林市中级人民法院（2021）陕 08 民初 84 号民事判决第二项；二、撤销榆林市中级人民法院（2021）陕 08 民初 84 号民事判决第三项；三、变更榆林市中级人民法院（2021）陕 08 民初 84 号民事判决第一项为，本判决生效后十日内，尚某军向王某琴、樊某荣、樊某支付 12903494. 67 元；四、驳回王某琴、樊某荣、樊某的其他诉讼请求。

律师评析

本案系关于合伙合同纠纷较为综合性的案件，对于签订合伙合同后，合伙合同履行过程中合伙人死亡、合伙期限的推定、合伙合同终止后剩余财产的分配规则均有系统论述，对于深入理解合伙合同纠纷具有较高的参考价值。

1. 关于合伙人死亡问题

根据《民法典》第977条的规定，合伙人死亡、丧失民事行为能力或者终止的，合伙合同终止；但是，合伙合同另有约定或者根据合伙事务的性质不宜终止的除外。因合伙需要较强的人合性，合伙人死亡的，最直接的影响就是导致合伙合同终止，除非合伙人之间另有约定或者合伙事务的性质不宜终止。本案中，合伙人之一樊某树于2010年4月3日死亡后，王某琴作为樊某树法定继承人于2012年与其余二合伙人尚某军、雷某共同签署了股份分配记录及分配表，对合伙的3号地事宜进行了账目核算，其余二合伙人同意王某琴参与合伙事务的行为，表明各方以事实行为达成继续合伙的约定，此时，合伙事务并未在樊某树死亡后终止。

2. 关于合伙期限的推定问题

所谓合伙期限的推定，即合伙人在合伙合同中没有约定合伙期限或者对于合伙期限约定不明确的情况下，如何确定合伙期限。《民法典》第976条规定："合伙人对合伙期限没有约定或者约定不明确，依据本法第五百一十条的规定仍不能确定的，视为不定期合伙。合伙期限届满，合伙人继续执行合伙事务，其他合伙人没有提出异议的，原合伙合同继续有效，但是合伙期限为不定期。合伙人可以随时解除不定期合伙合同，但是应当在合理期限之前通知其他合伙人。"第510条规定："合同生效后，当事人就质量、价款或者报酬、履行地点等内容没有约定或者约定不明确的，可以协议补充；不能达成补充协议的，按照合同相关条款或者交易习惯确定。"

从以上规定可以看出，合伙合同对合伙期限没有约定或者约定不明确的情况下，如果当事人之间能够就此达成补充协议的，按照补充协议确定；不能达成补充协议的，按照合同相关条款或者交易习惯确定；如仍不能确定的，则视为不定期合伙。对于不定期合伙合同，合伙人可以随时解除，但是应当在合理期限之前通知其他合伙人。

本案中，当事人之间并没有约定合伙期限，亦没有就合伙期限达成补充协议，但根据合伙人之间签订的 2009 年《股份合作开发协议》、2011 年股份分配记录及分配表、当事人在案陈述情况，三方合伙是为案涉 3 号地、5 号地开发事宜，合同虽未明确约定合伙期限，但合同是三合伙人就专门事项达成的合伙合意。而且，雷某、尚某军在庭审中明确表示作为 3 号地、5 号地的合伙执行人，两块地截至 2012 年已完成对外转让，合伙事务已终止，王某琴也明确表示同意二合伙人的意见。显然，按照三合伙人真实意思表示，合伙期限在约定事项完成后终止。同时，上述情况亦符合《民法典》第 510 条规定的按照合同相关条款来确定合伙期限，故案涉合伙事务终止时间为 2012 年 3 号地、5 号地转让完毕时。

3. 关于合伙合同终止后剩余财产的分配规则

对于合伙合同终止后剩余财产的分配规则，根据《民法典》第 972 条、第 978 条的规定，合伙合同终止后，合伙财产在支付因终止而产生的费用以及清偿合伙债务后有剩余的，按照合伙合同的约定进行分配；合伙合同没有约定或者约定不明确的，由合伙人协商决定；协商不成的，由合伙人按照实缴出资比例分配；无法确定出资比例的，由合伙人平均分配。

本案中，尚某军、雷某、樊某树三位合伙人签订的合伙协议及其他证据均可证明，三位合伙人均实缴出资，出资比例各占三分之一。合伙事务于 2012 年终止后应当进行清算。本案共涉及 3 号地、5 号地两处合伙事务财产，其中 3 号地的利润已经由尚某军、雷某、王某琴（代表樊某树）三方合伙人于 2012 年分配完毕。关于案涉 5 号地的利润，虽然尚某军在庭审中坚称 5 号地存在合伙成本，但其仅仅提供 289516 元诉讼相关费用的支出，并未提交其他证据加以证明，因此，根据上述法律规定，在分配 5 号地所得款项时应先扣除 289516 元的合伙成本，三方再按照上述比例分配合伙利润。

第十六章 股权转让合同纠纷[①]

第一节 理论概述与实务指引

公司是现代商事活动的重要基础，而股权制度是保障公司能够平稳运行的关键。随着我国社会主义市场经济和公司法律制度的不断发展完善，股权交易越来越多，其作为一种重要的资本手段，对实现市场资源有效配置、资金募集及资本自由流通的作用越发明显和普遍。而在股权交易过程中往往涉及包括转让股东、受让股东、公司其他股东、目标公司甚至公司债权人等多方的权益，会导致公司原有的资本结构和利益格局发生变更，加之在法律层面，我国公司法对股权转让过程中涉及的一些法律问题未能作出较为详尽的规定，因此股权交易中产生的纠纷也就不断涌现，股权转让纠纷在公司案件中占据了很大比例。

股权是有限责任公司或股份有限公司的股东对公司享有的集人身和财产权于一体的综合性权利。股权转让是指股东将其对公司所有之股权转移给受让人，由受让人继受取得股权成为公司新股东的法律行为[②]。股权转让既包括有限责任公司的股权转让，也包括股份有限公司（含上市公司）的股权转让。由于我国市场主体中有限责任公司占据绝大部分，且有限责任公司的人合性及封闭性较强，股权转让对有限责任公司的人合性影响较大，加之与上市的股份有限公司相比，有限责任公司的股权转让无须在专属的交易场所进行，没有严格的交易规则、信息披露规则等，故因股权转让发生纠纷而诉诸

① 本章作者熊伟娜、李惠。

② 施天涛：《公司法论》（第2版），法律出版社2006年版，第254页。

法院或提交仲裁机构的绝大多数案件发生在有限责任公司领域。因此，本章如无特别说明，对于股权转让合同纠纷的探讨，限于有限责任公司。

一、股权转让合同的概念

股权转让合同，是指出让股东与受让人签订的旨在转让其持有的公司股权，使受让人继受取得股权而签订的合同。股权转让合同作为一种特殊的买卖合同，其转让标的为股权。股权不同于一般的产品或服务，其是股东基于投资而取得的资产收益、参与重大决策和选择管理者等集人身权及财产权于一体的综合性权利。股权所体现的权利范围的综合性决定了股权转让合同目的多元性。

二、股权转让合同的特征

虽然股权转让合同因其具有买卖合同的一般内容而呈现出买卖合同所共有的特征，但由于其转让标的即股权更多地体现公司法领域的特性，又因为公司法的私法性与国家强制性（国家干预原则）的共存，使得公司和股东的行为在相当程度上具有一些公法的性质。因此，股权转让合同具有与其他买卖合同相区别的以下法律特征：

1. 合同主体身份复杂

在股权转让合同中，出让股权的股东既可能是在公司设立之初的发起人股东，也可能是从原始股东处通过股权转让、继承、强制执行等方式继受取得股权的股东，还可能是通过增资入股方式取得股权的股东。而受让股权的一方既可能是公司已有的其他股东，也可能是股东以外的第三人。根据公司法的相关规定，不同主体的转让程序存在较大的差别。另外，如果是国有股权转让，原则上应通过产权市场公开进行，且会受到国有资产监督管理部门的监管；如果是外商投资公司股权转让，其需接受商务主管部门的监管，办理审批或备案手续。因此，由于合同主体的身份情况与合同效力的认定及其后民事责任的承担存在一定关联，故合同主体是股权转让纠纷案件审理中的审查重点。

2. 合同标的性质复杂

股权转让合同的转让标的为股权，是股东基于股东资格而享有的从公司获取收益和参与公司经营、管理的权利。股权一般可分为财产性权能和非财产性权能，一方面，持有公司股权的股东可以享有从公司获取收益的财产权利，因此在达成股权转让合同前，交易双方需要综合考虑公司实际资产情况以及未来的盈利能力等，以更准确地确定股权交易价格。另一方面，由于股权也是一种资格权利，反映了股东与股东之间以及与公司之间的权利义务关系，特别是股东之间的关系情况，对公司是否能够正常运营以及实际运营状况都有重大影响，因此在签订股权转让合同前，除了关注公司自身财产情况以及未来盈利状况外，还要考虑各股东之间是否能够协调配合、通力合作，公司经营是否存在僵局等情形。股权的前述特点，使得股权转让合同比一般的商品买卖合同在订立、效力、履行等方面表现得更为复杂。

3. 合同涉及利益复杂

股权转让虽然表象上体现为股权归属的变化，但股权背后代表着公司的全部财产、债务以及公司的管理控制关系，转让股权的实质后果还体现在改变公司的管理控制关系上，故公司股权的流转不仅影响股权转让合同双方的利益，对内还涉及公司、其他股东、公司董事、监事及高级管理人员的利益，对外涉及股东债权人的利益。如，有限责任公司股东未经其他股东过半数同意擅自对外转让股权，侵害了公司其他股东的优先购买权，且会对公司的人合性及治理结构造成较大冲击；控股股东在转让股权时要求公司承担连带责任的，侵害了公司独立财产权；瑕疵出资的股东将公司股权转让给不知情的受让人，导致该受让人被公司、其他股东或者公司债权人要求与转让股东就出资差额部分承担民事责任，损害了受让股东的合法权益。

4. 法律对合同的主体、内容和形式的规制更为严格

鉴于股权转让涉及标的的复杂性，法律对股权转让合同的主体、内容和形式作出较多的限制，以保障资本市场的有序运作。例如，对不同投资主体持有的股权如国有股、法人股、个人股、外资股等，法律对其可转让性、受让人和转让方式等分别作了不同的规定；而对某些特定主体如公司高管、公司发起人持有的股权，法律禁止或限制其在一定期间内转让；对国有公司、外商投资公司等不同形式的公司，其股权转让的程序，法律也作了不同的规定。此外，从法律适用方面而言，股权转让合同除了受到民法典规制外，还受到公司法、企业国有资产法、外商投资法等有关股权交易法规的规制。

三、民事案件案由解析

股权是一种综合性的独立性权利，能够依法转让是股权的重要内容之一。而能够转让，在现实转让过程中就会产生纠纷。股权转让纠纷，就是指股权在转让的过程中所发生的纠纷的总称，包括股东之间转让股权的纠纷，以及股东与非股东之间转让股权的纠纷。

在《民事案件案由规定》的试行阶段，股权转让纠纷曾被纳入“合同纠纷”类型中的“出资转让纠纷”和“侵权纠纷”类型中的“股权转让侵权纠纷”。现行《民事案件案由规定》一级案由中的第八部分为“与公司、证券、保险、票据等有关的民事纠纷”，该案由下存在 11 个二级案由，其中第二类案由为“与公司有关的纠纷”。这个二级案由又下设三级案由，其中之一便是股权转让纠纷。股权转让纠纷从合同纠纷和侵权纠纷类型中分离出来，作为独立的一种案由，表明最高人民法院对股权转让纠纷案件的重视程度，此类案件不能简单地用合同纠纷或侵权纠纷来概括其中的实质性法律关系。

四、股权转让纠纷的类型

股权转让纠纷大致包括以下几大类型：股权转让合同效力纠纷、股权转让合同履行纠纷、瑕疵出资股东股权转让纠纷、股权转让中的瑕疵责任等。因股权转让合同的目的不同，加之股权作为一种综合性权利，不同的权利范围体现在不同层面的股权内容上，进而可以细分为如下几种常见的股权转让纠纷：

1. 股权作为一种单纯的转让标的的普通股权转让纠纷。如基于投资，股权单纯作为一种资产在转让方与受让方间进行流转，又如股东内部转让股权，不涉及公司控制权转移的情形等，此类纠纷往往涉及合同效力、转让程序、转让价款支付、转让股权瑕疵、合同解除条件等问题。

2. 设定条件的股权转让纠纷。该类纠纷涉及法律规定及公司章程规定的限制条件以及监管部门的监管限制，常见的限制方面包括转让程序的限制、受让主体的限制、转让期限的限制等。

3. 特殊目的的股权转让纠纷。该类纠纷又分为以取得实际控制权为目的的转让纠纷、以取得特定资产为目的的转让纠纷、以取得特定资质为目的的转让纠纷、以融资为目的的股权转让纠纷等。这类纠纷往往涉及合同性质、合同效力、股东会及董事会成员安排与权利范围、营业执照及财务资料的移交、公司特定资产及资质的权利状态以及合同目的能否实现、明股实债、对赌协议、股权回购、根本违约的认定、合同解除条件、合同解除后果等。

4. 因股权激励产生的股权转让纠纷。该类纠纷中往往涉及合同性质、合同效力、股东资格的确认、股权代持、表决权、股权回购等问题。

五、股权转让纠纷中常见的诉讼请求

通过检索相关案例，股权转让纠纷主要涉及如下几类诉讼请求：（1）确认股权转让合同不成立；（2）确认股权转让合同无效；（3）解除股权转让合同；（4）撤销股权转让合同；（5）支付或返还股权转让款；（6）返还股权；（7）支付违约金或赔偿金；（8）办理股权变更登记手续；（9）办理股权转让的审批手续；（10）回购股权；（11）行使优先购买权；（12）移交财务证照资料等；（13）要求履行股权转让合同中约定的其他义务。

第二节　办案思路与实战技巧

一、股权转让纠纷案件的办案思路与实战技巧

基于《立法法》确定的特别规定优先适用、一般规定补充适用的原则，在《公司法》和《民法典》均有规定时，优先适用《公司法》；但在《公司法》无规定时，补充适用《民法典》的一般规则。关于如何补充适用《民法典》一般规则，鉴于股权转让合同不是《民法典》规定的典型合同，对

于非典型合同纠纷的处理，《民法典》第 467 条第 1 款规定："本法或者其他法律没有明文规定的合同，适用本编通则的规定，并可以参照适用本编或者其他法律最相类似合同的规定。"对于非典型合同纠纷，应当适用《民法典》合同编通则的规定，并可以参照适用与民法典合同编或者其他法律最相类似合同的规定。另据《民法典》第 646 条之规定，法律对其他有偿合同有规定的，依照其规定；没有规定的，参照适用买卖合同的有关规定。因此，股权转让作为以股权为买卖标的物，一方让渡股权，另一方支付对价的有偿合同，当公司法没有特别规定时，适用《民法典》合同编通则的相关规定，并可以参照适用买卖合同的有关规定。代理公司法领域的合同纠纷案件时，既要援引公司法，也离不开《民法典》合同编①。在股权转让合同纠纷中，除标的物的交付、价款的支付等常见的买卖合同纠纷外，围绕着交易主体资格、合同效力、股权价格、合同瑕疵履行、其他股东优先购买权等问题的纠纷更为常见。此外，"名股实债"以及"股权让与担保"② 也是目前常见的股权转让合同的纠纷类型。作为律师，在办理股权转让合同纠纷案件时，首先应当判断股权转让合同是否成立并生效；其次，如作为原告的代理人，需要结合委托人的目的及证据情况设计具体的诉讼方案及诉讼请求，如作为被告的代理人，需根据当事人的陈述和提供的资料确定双方的争议焦点、组织收集证据；最后，根据相关的法律规定和裁判规则来审查证据材料，并进一步论证己方诉请或抗辩的可支持程度和风险。

通常情况下，律师接受股权转让合同纠纷委托后，应着重审查如下内容：(1) 股权转让合同的主体、标的、价款等内容；(2) 股权转让合同是否成立、生效；(3) 股权转让合同是否需要相关监管部门审批；(4) 股权转让合同是否存在无效事由；(5) 股权转让合同是否存在可撤销事由；(6) 股权转让合同是否存在符合法定解除或约定解除的事由；(7) 法律法规及公司章程、股东协议等对股权转让是否存在限制性规定。

---

① 刘俊海：《论公司法与民法典的良性互动关系》，载《法学论坛》2021 年第 2 期。
② 《最高人民法院公报》2020 年第 1 期（总第 279 期）。

二、股权转让纠纷案件中常见纠纷类型及其办案思路与实战技巧

1. 关于股权转让合同性质纠纷的分析思路及要点

明确合同的法律性质是正确适用法律的前提，合同双方当事人对股权转让合同的真实转让标的发生争议时，应结合合同订立主体、合同目的、合同权利义务的具体内容、合同履行的特征等来确认合同系股权转让还是特定资产转让、特殊资质转让、融资、担保等其他交易安排。股权转让与土地使用权、矿业权、项目开发经营权等资产转让、融资、担保是完全不同的法律性质。股权转让所转让的是股权及附随在股权上的管理权等权益，发生在股东与股东之间或股东与非股东之间，权利义务所指向的对象主要是股权；资产转让所让渡的是资产，目的是取得资产所有权，让渡的是公司的资产；融资合同目的是获取资金，担保合同的目的系保证主债务的履行。实践中，虽然一些合同形式上的意思表示是股权转让，但目标公司的财产仅为土地使用权，股权转让协议中亦明确表示受让方对土地进行调查，并约定未按时办妥与土地开发相关批文等情形下受让方有权解除合同，此种合同可以认定双方真实的目的是转让土地使用权。如，在股权转让协议中明确约定合作开发房地产，约定了房地产项目股权转让的比例以及转让金额，并约定了风险负担及利润分配原则，该合同的内容反映出双方订立合同的真实意思表示是合作开发房地产，而并非转让股权，因此根据相关司法解释的规定，该协议应属于合作开发房地产合同。再如，如债务人或第三人与债权人订立合同，约定将股权形式上转让至债权人名下，债务人到期清偿债务的，债权人将该股权返还给债务人或第三人，债务人到期没有清偿债务的，债权人可以对股权拍卖、变卖、折价偿还债权或股权归债权人所有，应认定为名为股权转让合同、实为股权让与担保，《全国法院民商事审判工作会议纪要》（法〔2019〕254 号）第 71 条对此有明确规定。《民法典》物权编第四分编“担保物权”第 388 条关于担保合同类型的规定中增加了“其他具有担保功能的合同”，该类担保合同即包含了股权让与担保合同，《担保制度司法解释》中对此予以细化。司法实践中，股权让与担保合同只要符合法律行为的生效要件，即可产生债的担保的法律效果。在熊某、商贸公司与余某平、徐某、李某友股

东资格确认案［（2020）最高法民申3880号］中，最高人民法院认为：余某平、徐某、李某友与熊某、商贸公司之间虽然没有签订书面的股权让与担保合同，但结合双方的沟通情况及《股权转让协议》的实际履行情况，二审法院认定双方之间签订的书面《股权转让协议》不具有股权转让的真实意思表示，而是以债务担保为目的，应认定为股权让与担保，有事实及法律依据。余某平、徐某、李某友以双方未签订书面形式的股权让与担保合同为由，主张案涉担保不具有法律效力，不能成立。

2. 关于股权转让纠纷管辖问题的分析思路及要点

股权转让合同纠纷属于合同纠纷，确定管辖应注意以下几点：

（1）如果双方依据《民事诉讼法》第35条的规定，在股权转让合同中对管辖法院有明确约定，且该约定不违反级别管辖和专属管辖规定的，则由双方约定的法院管辖。

（2）如果在合同中没有约定管辖法院的，则依据《民事诉讼法》第24条的规定，按照合同纠纷确定管辖，即由被告住所地或者合同履行地法院管辖。其中，被告住所地和公司住所地比较容易确定。对于合同履行地的理解，需要注意：股权转让合同已实际履行且合同约定了履行地点的，以约定的履行地点为合同履行地；股权转让合同未实际履行，且双方住所地都不在合同约定的履行地的，由被告住所地法院管辖；合同对履行地点没有约定或约定不明确的，依据《民事诉讼法解释》第18条之规定，需要根据不同的履行标的确定合同的履行地：①争议标的为给付货币的，接收货币一方所在地为合同履行地。股权转让纠纷中，如原告作为股权转让的出让方，履行了股权转让义务后未取得股权转让价款，因此诉请判令对方当事人支付股权转让款时，此时可以接收货币一方所在地为合同履行地，具体可参考资产管理公司上海市分公司、王某平股权转让纠纷案[①]。②争议标的为其他标的的，履行义务一方所在地为合同履行地。股权转让合同作为双务合同，通常一方负有金钱给付义务，而另一方则负有交付股权的义务。原告起诉时的诉讼请求如涉及股权交付、股权登记的，此时履行义务一方所在地为

---

① 最高人民法院（2019）最高法民辖终18号。

合同履行地，实务中通常为公司所在地，具体可参见李某华、杨某山股权转让纠纷案[①]。③如履行标的为多个，既涉及给付货币又涉及股权交付、股权登记的，那么接收货币的一方所在地法院及履行义务的一方所在地法院均具有管辖权。

（3）如果因股东名册记载、确认股东资格、请求变更公司登记、股东知情权、公司决议、公司合并、公司分立、公司减资、公司增资、公司证照返还等纠纷提起诉讼的，依据《民事诉讼法》第26条、《民事诉讼法解释》第22条的规定，由公司住所地人民法院管辖。公司住所地通常指其主要办事机构所在地，公司登记的住所地与经常居住地不一致的，以经常居住地为住所地。

3. 关于股权转让合同效力纠纷的分析思路及要点

股权转让作为一种民事法律行为，对于其效力的审查和确认，属法律赋予人民法院的依职权主动审查的范围，不受当事人诉讼请求和上诉范围的限制。《民法典》总则编中对民事法律行为的效力进行了规定，合同编中对合同效力亦进行了规定，综合来看，合同状态可分为如下几种情形：不成立的合同、成立未生效的合同、可撤销的合同、无效的合同、生效的合同。下面重点对成立未生效的合同、可撤销的合同以及无效的合同进行分析。

（1）因未履行批准或登记义务导致成立而未生效的股权转让合同

《民法典》第502条规定："依法成立的合同，自成立时生效，但是法律另有规定或者当事人另有约定的除外。依照法律、行政法规的规定，合同应当办理批准等手续的，依照其规定。未办理批准等手续影响合同生效的，不影响合同中履行报批等义务条款以及相关条款的效力。应当办理申请批准等手续的当事人未履行义务的，对方可以请求其承担违反该义务的责任。依照法律、行政法规的规定，合同的变更、转让、解除等情形应当办理批准等手续的，适用前款规定。"故依照法律、行政法规的规定经批准或者登记才能生效的合同，未经批准或登记的，属于成立但未生效合同，如商业银行法、证券法、保险法等法律规定购买商业银行、证券公司、保险公司5%以上股

---

① 最高人民法院（2019）最高法民辖终54号。

权须经相关主管部门批准。当事人约定了生效条件的合同，在生效条件未达成前，亦属于成立但未生效的合同。实践中的一个突出问题是，把未生效合同认定为无效合同，或者虽认定为未生效，却按无效合同处理。无效合同从本质上来说欠缺了合同的有效要件，或者具有合同无效的法定事由，自始不发生法律效力。而未生效合同已具备合同的有效要件，对双方具有一定的拘束力，任何一方不得擅自撤回、解除、变更，但因欠缺法律、行政法规规定或当事人约定的特别生效条件，在该生效条件成就前，不能产生请求对方履行合同主要权利义务的法律效力。但依据《全国法院民商事审判工作会议纪要》第 38 条的规定，须经行政机关批准生效的合同，对报批义务及未履行报批义务的违约责任等相关内容作出专门约定的，该约定独立生效。针对上述类型的股权转让合同，一方因另一方不履行报批义务，可以请求解除合同并请求其承担合同约定的相应违约责任，亦可以请求另一方履行报批义务，人民法院判决一方履行报批义务后，如该当事人拒绝履行，且经人民法院强制执行后仍未履行的，对方有权请求拒绝履行义务的一方承担合同违约责任。如一方依据判决履行了报批义务，行政机关予以批准的，合同发生完全的法律效力，可以请求对方履行主要合同义务；行政机关没有批准，合同不具有法律上的可履行性，可以请求解除合同，并可根据过错原则追究过错方的相应法律责任。

（2）可撤销的股权转让合同

《民法典》第 147 条至第 151 条对可撤销合同的情形进行了规定，分别为：①基于重大误解实施的民事法律行为；②一方以欺诈手段，使对方在违背真实意思的情况下实施的民事法律行为；③第三人实施欺诈行为，使一方在违背真实意思的情况下实施的民事法律行为，对方知道或者应当知道该欺诈行为的；④一方或者第三人以胁迫手段，使对方在违背真实意思的情况下实施的民事法律行为；⑤一方利用对方处于危困状态、缺乏判断能力等情形，致使民事法律行为成立时显失公平的。针对上述各情形，需要注意的是：重大误解必须是对合同的内容发生了重大误解，该种误解足以影响产生重大误解的一方是否订立合同。而针对欺诈的认定，欺诈可以由合同的一方当事人实施，也可以由第三人实施。欺诈需为一方故意虚构事实或者隐瞒真相，诱使对方基于错误判断作出意思表示。故意，是指行为人实施欺诈行为的主观目的就在于使对方产生或加重错误认识。所谓故意隐瞒真相，应以行为人存在说明义务为前提，即存在说明义务而未说明才构成欺诈。针对胁迫，胁迫者可以是合同一方当事人，也可以是第三人，胁迫者应有胁迫的主观故意，即胁迫的目的就是让另一方作出违背真实意思的意思表示，具有非法的胁迫行为，包括身体胁迫、心理胁迫，使另一方产生了内心恐惧，另一方基于该种胁迫作出了违背真实意思的意思表示。针对显失公平，显失公平是一方当事人趁对方危难之时或利用对方缺乏经验而作出意思表示，致使双方的权利与义务明显违反公平、等价有偿的原则，且显失公平的发生时间应在合同成立时，在此情形下享有撤销权的主体为受损害方。

签订股权转让合同的一方当事人如果认为合同签订时存在重大误解，或签订的合同内容显失公平，或对方当事人在签订合同时存在欺诈、胁迫等情形，可以行使撤销权，但享有撤销权的一方应在法律规定的期限内提出主张，否则期限届满撤销权即消灭。关于撤销权的行使期限，遵照《民法典》第 152 条之规定执行，即当事人自知道或者应当知道撤销事由之日起一年内、重大误解的当事人自知道或者应当知道撤销事由之日起九十日内没有行使撤销权的，撤销权消灭；当事人受胁迫，自胁迫行为终止之日起一年内没有行使撤销权的，撤销权消灭；当事人知道撤销事由后明确表示或者以自己的行为表明放弃撤销权的，撤销权消灭；当事人自民事法律行为发生之日起五年内没有行使撤销权的，撤销权消灭。

（3）无效的股权转让合同

《民法典》第 144 条至第 146 条、第 153 条、第 171 条对合同无效的情形进行了规定，分别为：①无民事行为能力人订立的股权转让合同；②限制民事行为能力人订立的股权转让合同未经法定代理人同意或追认的；③合同双方以虚假的意思表示订立的股权转让合同；④违反法律、行政法规的强制性规定的股权转让合同（但该强制性规定不导致民事法律行为无效的除外）；⑤违背公序良俗的股权转让合同；⑥合同双方恶意串通，损害他人合法权益的股权转让合同；⑦无权代理的股权转让行为未经追认且不属于表见代理的股权转让合同。针对上述各种情形，需要注意的是：无民事行为能力人订立的股权转让合同无论是否经过法定代理人追认，均为无效合同；限制民事行为能力人订立的股权转让合同经法定代理人同意或追认后有效，经相对人催告，法定代理人在30日内未作表示的，视为拒绝追认，该合同无效，但是在合同被追认前，善意的相对人具有撤销权，行使撤销权应以通知的方式作出；针对虚假的意思表示，即意思表示不真实，隐藏了真实目的而订立的合同无效，但基于该虚假的意思表示隐藏的民事法律行为并不必然无效，需依照法律规定处理，如修水县投资公司与稀土公司、实业公司合同案①即属于上述情形；针对违反法律法规强制性规定的合同，此处的“强制性规定”应为强制性效力性规定，如违反金融安全、市场秩序、国家宏观政策等公序良俗，违反特许经营规定，违反法定强制性程序，但违反强制性管理性规定的合同不在此列。违反规章一般情况下不影响合同效力，但该规章的内容涉及金融安全、市场秩序、国家宏观政策及公序良俗的，应当认定合同无效；针对恶意串通，应存在故意损害他人利益的主观故意，且客观上损害了第三方的合法权益；针对一方没有代理权、超越代理权、代理权终止后，仍代表被代理人订立的股权转让合同，如被代理人未追认的，对被代理人不发生效力(但如相对人有理由相信行为人有代理权的，行为人的行为构成表见代理，其代理订立的合同有效)，经催告后，被代理人自收到通知后30日内追认的，合同生效，拒绝追认或未作表示的，合同无效，在拒绝追认前，善意的相对人享有撤销权，撤销应当以通知的方式作出。

与无权处分人处分股权类似的有显名股东未经实际出资人同意转让股权的情形。发生此类纠纷时，保护交易的安全应该是放在首要位置的，在确定隐名投资人与第三人之间的法律关系时，应当以保护善意第三人为价值取向，此类纠纷通常的处理规则为：如果显名股东未经实际出资人允许擅自将股权转让给他人，则其行为属于无权处分，其转让行为在效力上即存在瑕疵，若经实际出资人追认则为有效，但是，若第三人善意受让，实际出资人不得主张股权转让无效，但可向名义投资人主张侵权，请求损害赔偿②。判

---

① 最高人民法院（2018）最高法民终119号。

② 参见《股权转让纠纷》（第2版）中对这个问题的论述。

断第三人是否构成善意取得，可从股权交易双方的关系、约定的股权转让价款、实际支付的股权转让价款、交易过程的安排等方面判定，若受让人不具有善意，该转让行为系无效行为，即便股权变更登记已经完成，实际出资人仍有权追回，最高人民法院审理的霍某锋等与张某元股权转让案①中，最终审判结果即认定上诉人（一审被告）殷某不构成善意第三人，故应将取得的股权返还被上诉人（一审原告）张某元。

（4）无效、可撤销股权转让合同的法律后果

《民法典》第157条规定："民事法律行为无效、被撤销或者确定不发生效力后，行为人因该行为取得的财产，应当予以返还；不能返还或者没有必要返还的，应当折价补偿。有过错的一方应当赔偿对方由此所受到的损失；各方都有过错的，应当各自承担相应的责任。法律另有规定的，依照其规定。"依据上述规定，如转让股权的一方要求确认股权转让合同无效或撤销合同的，通常应同时主张返还股权、赔偿损失。在办理此类案件时，律师应根据合同无效、撤销的原因，分析双方的过错程度，并注意是否超过了诉讼时效，同时结合相关证照的返还、董监高人员的变更等情况综合予以考虑。此外，要求返还股权的，应考虑股权是否存在返还的可能性及股权届时的价值，如不能返还或返还对己方风险较大的，可要求折价补偿，折价时应以股权转让价款为基础，参考股权届时的价值及转让获益等。要求赔偿损失的，需要确认损失是否实际发生，损失的范围及计算依据，双方对损失的过错程度等。

4. 关于股权转让合同解除纠纷的分析思路及要点

《民法典》第562条、第563条对合同解除的情形进行了规定，分为约定解除和法定解除。约定解除包括：①双方协商一致解除合同；②在合同中约定解除事由，当解除合同的事由发生时，享有解除权的一方有权解除合同。法定解除包括：①因不可抗力致使不能实现合同目的；②在履行期限届满前，当事人一方明确表示或者以自己的行为表明不履行主要债务；③当事人一方迟延履行主要债务，经催告后在合理的期限内未履行；④当事人一方

---

① 最高人民法院（2019）最高法民终992号。

迟延履行债务或者有其他违约行为致使不能实现合同目的；⑤法律规定的其他情形。在涉及股权转让合同解除的纠纷中，因股权转让是一种商事交易行为，应遵循商法维护交易安全的原则，人民法院对认定是否达到股权转让合同解除事由时往往非常谨慎。股权转让合同解除纠纷中，发生合同解除事由后，应在法律规定或合同约定的解除权行使期限内行使解除权，前述期限届满的，该权利消灭。具体解除权的行使程序、行使期限及解除事由是否成就的认定规则参见本书合同解除纠纷章节，本章不再赘述。《民法典》第566条规定："合同解除后，尚未履行的，终止履行；已经履行的，根据履行情况和合同性质，当事人可以请求恢复原状或者采取其他补救措施，并有权请求赔偿损失。合同因违约解除的，解除权人可以请求违约方承担违约责任，但是当事人另有约定的除外……"依据上述规定，一方要求解除合同的同时，应同时主张恢复原状或赔偿损失。律师在办理该类纠纷的过程中，首先要分析合同是否成立；其次要分析是否有合法的解除权，解除权行使的程序是否合法，造成解除合同的过错主体是哪一方，返还股权是否具有可能及必要，证照资料是否需要一并返还，要求赔偿的具体损失是否已实际发生，损失范围及损失的计算方式；最后根据上述情况确定具体的诉讼请求或抗辩意见，以及是否有事实及法律依据。

5. 关于瑕疵股权转让合同纠纷的分析思路及要点

瑕疵股权转让是指因出资人在履行出资义务、股权记载、登记程序等环节存在违法、违规或者违约等瑕疵因素导致权利本身存在缺陷的股权，也即瑕疵股权未具备或者未完全具备我国公司法有关股权取得的形式要件和实质要件。由此可知，从广义角度理解，瑕疵股权既包括因出资者在出资或增资环节存在瑕疵因素而产生的股权，又包括因权利记载、登记环节存在瑕疵因素而产生的股权；从狭义角度理解，瑕疵股权应仅限于前者，本文讨论的主要是狭义角度的瑕疵股权转让合同纠纷。从立法来看，我国公司法并未以出资瑕疵为由来否定瑕疵股东的股东资格，也即瑕疵出资股东仍是股东，除非公司章程或者合法的公司股东决议对此作出相反规定。根据当前民商事审判实践来看，有关瑕疵股权引发的民商事纠纷主要有三类，第一类是所涉公司、所涉公司其他股东或者所涉公司债权人基于原始股东出资瑕疵的事实而要求该原始股东承担民事责任所引发的纠纷；第二类则是因所涉公司原始股东转让其瑕疵股权而与受让人发生的股权转让合同纠纷；第三类则是所涉公司、所涉公司其他股东或者所涉公司债权人要求该瑕疵股权的出让股东或受让股东承担民事责任所引发的相关纠纷。瑕疵股权性质如何、瑕疵股权转让合同效力如何乃至其后责任承担等问题，现行公司法和司法解释对此均无明确规定。基于此，根据司法实践，我们认为，在办理瑕疵股权转让合同纠纷案件过程中，应妥善把握商法规则和民法规则的衔接适用，从以下几个方面处理案件：

（1）对已依法被载入公司章程、股东名册或者经过工商注册登记的瑕疵出资股东所签订的股权转让合同，鉴于公司章程、股东名册或者工商登记材料往往被认为是取得股东资格的形式要件，对外具有公示效力，是公司外部的民商事主体判断公司股东构成情况的重要依据。因此，一般应认定该瑕疵出资股东作为转让人与受让人签订的瑕疵股权转让合同有效，但瑕疵出资股东因出资瑕疵所应承担的法律责任，相关权利主体仍有权向其主张，两者并不冲突。

（2）在转让股东明知其拟转让的股权存在出资瑕疵但故意隐瞒、受让人对瑕疵出资不知晓而与转让股东缔结合同的情况下，转让股东的行为如构成《民法典》第 148 条、第 152 条规定的欺诈，则瑕疵股权转让合同的效力应认定为可撤销，受损害的受让人可请求撤销合同。当然，如前述欺诈行为损害了国家利益，根据《民法典》第 154 条之规定，此类瑕疵股权转让合同应认定为无效。如受让人对瑕疵出资明知但仍与转让股东缔结合同，由于其作出受让瑕疵股权的意思表示并非基于转让人的欺诈，而是基于其自身原因，故应认定为不构成欺诈，在此情况下，如若不存在其他合同无效的事由，该瑕疵股权转让合同应认定为有效。

（3）在转让股东不知道拟转让的股权存在出资瑕疵，且受让人不知道该瑕疵因素并与转让股东缔结了股权转让合同的情形下，如受让人依据《民法典》第 147 条、第 151 条之规定，能够举证证明该合同系重大误解订立或者在订立该合同时显失公平的，则该瑕疵股权转让合同可撤销。

6. 关于股权转让中股东行使优先购买权纠纷的分析思路及要点

股东优先购买权，是指当股东对外转让其股权时，其他股东享有的以同等条件优先于第三人购买该股权的权利。在我国，股东优先购买权是由《公司法》直接规定确立的，建立股东优先购买权制度的目的在于通过保障有限责任公司其他股东优先获得转让股东拟转让的股权而维护公司内部信赖关系。在股权转让纠纷中，常见的纠纷之一就是公司其他股东主张转让股东的股权转让行为损害了其优先购买权。对于侵害优先购买权的股权转让合同效力认定问题，最高人民法院认为，“对此类合同的效力，公司法并无特别规定，不应仅仅因为损害股东优先购买权就认定合同无效、撤销合同，而应当严格依照《合同法》中关于合同效力的规定进行认定”①。最高人民法院在《全国法院民商事审判工作会议纪要》第 9 条进一步阐明了以上观点和理由，即一方面，其他股东依法享有优先购买权，在其主张按照股权转让合同约定的同等条件购买股权的情况下，应当支持其诉讼请求。另一方面，为保护股东以外的股权受让人的合法权益，股权转让合同如无其他影响合同效力的事由，应当认定为有效。其他股东行使优先购买权的，虽然股东以外的股权受让人关于继续履行股权转让合同的请求不能得到支持，但不影响其依约请求转让股东承担相应的违约责任。也就是说，该股权转让合同是否生效应当按照该合同自身的内容根据《民法典》总则编以及合同编关于合同效力的规定加以认定，即便优先权股东行使了股东优先购买权，只要该合同本身符合民法典规定的合同生效要件，合同仍为有效，最高人民法院审理的北京某科技集团等诉资产管理公司股权转让合同案②中即明确了以上观点。综上，在股权转让合同纠纷中，如其他股东提出优先购买权时，应着重从以下几个方面加以分析：

（1）主张优先购买权的股东仅限于有限责任公司的股东，股份有限公司的股东转让股权，其他股东不得以优先购买权加以限制。因此，遇其他股东提出优先购买权主张时，应审核该目标公司是否为有限责任公司。

---

① 杜万华主编、最高人民法院民事审判第二庭编著：《最高人民法院公司法司法解释（四）理解与适用》，人民法院出版社 2017 年版，第 16 页。

② 最高人民法院（2003）民二终字第 143 号，载《最高人民法院公报》2005 年第 2 期。

（2）股东优先购买权不适用于有限责任公司股东内部间的股权转让行为，该权利的适用范围仅限于股权向公司股东以外的第三人转让的情况。如股东将其持有的股份转让给公司其他股东，不受股东优先购买权的限制。即，有限责任公司的股东之间相互转让股权的，其他股东不能主张优先购买权。

（3）《公司法》规定了公司章程对股权转让另有规定的，从其规定。因此，如遇其他股东提出优先购买权主张时，应审查公司章程有无其他规定。公司章程有规定的，从其规定，没有规定的，依照法律规定处理。

（4）当转让股东向第三人转让股权时，享有优先购买权的股东在法律规定时间内提出以同等条件购买股权的，其单方的购买意思表示即可形成以转让人与第三人同等条件为内容的股权转让合同，该合同的达成无须转让人再承诺。

（5）股东优先购买权的行使需注意转让通知、同等条件、合理期间等几个关键问题。转让通知在内容上需具体、明确、全面，一般需包含股权转让款的支付形式、支付期限、违约责任、股权过户期限、税费承担等内容，如第三人同意在股权转让款之外另行向公司提供借款或债务担保等条件的，也可被视为应满足的“同等条件”之一，欲主张优先购买权的公司股东应提供同等对价才能视为“以同等条件购买出让股权”。转让通知在程序上需送达公司原股东，股权对外转让经过半数股东同意即可，不必通过股东会决议的形式。合理期间是指股东的优先购买权需要在合理期限内行使，如其他股东自知道或者应当知道行使优先购买权的同等条件之日起三十日内没有主张，或者自股权变更登记之日起超过一年的，即为超越相应的合理期限，当事人的优先购买权也即告丧失。

（6）在转让股东与公司以外的第三人达成股权转让合同后，其他股东仅提出确认股权转让合同及股权变动效力等请求，但未同时主张按照同等条件购买转让股权的，人民法院不予支持，但其他股东非因自身原因导致无法行使优先购买权，请求损害赔偿的除外。

7. 夫妻一方未经配偶同意单方处分股权纠纷的分析思路及要点

如前所述，股权是一种复合型权利，享有股权的股东，不仅可以基于其股东资格而享有从公司获取经济利益的权利，还享有参与公司经营管理的身份权利。因此，夫妻关系存续期间夫妻一方所取得、登记于一方名下的股权，是否为夫妻双方的共同财产？夫妻一方未经配偶同意单方处分股权的行为，是否有效？对此，最高人民法院第二巡回法庭 2020 年第 3 次法官会议纪要明确指出①，“股权是股东基于其股东身份和地位而在公司中享有的权利，包含资产收益权、参与重大决策和选择管理者等，兼具财产权与人身权属性。根据《公司法》的规定，取得完整无瑕疵的股东资格和股东权利，应同时符合向公司出资或认缴出资这一实质要件和被记载于公司股东名册这一形式要件。换言之，出资并非取得有限责任公司股权的充分条件，不能仅因出资来源于夫妻共同财产而认定该股权为夫妻共同共有。当股权登记于夫妻一方名下时该股权的各项具体权能应由股东本人独立行使，股东有权单独处分该股权。如无恶意串通损害另一方利益等导致合同无效的情形，登记为股东的一方应按合同约定履行股权转让义务，但根据原《婚姻法》及其司法解释的相关规定，因转让该股权而取得的收益属于夫妻共同财产”。根据前述法官会议意见，可以看出，持有有限责任公司股份的夫妻一方未经配偶同意将股权转让的，转让股东与受让人签订的股权转让合同有效，不因另一方配偶不知情或不同意而影响转让合同的效力。如登记为股东的一方转让股权无恶意串通损害另一方利益等导致合同无效的情形，登记为股东的一方应按合同约定履行股权转让义务。但是，根据《民法典》第 1062 条的规定，因转让该股权而取得的收益属于夫妻共同财产。例如，在再审申请人郑某爱与被申请人投资管理企业（有限合伙）、一审被告许某旗、一审第三人科技公司股权转让案②中，最高人民法院即是按照前述思路进行的判决。因此，夫妻一方未经配偶同意将股权转让的，一般情况下并不影响该合同的效力，其配偶不得以该股权转让行为未经其同意为由主张合同无效或撤销合同。但为了合同能够顺利履行，受让方可以要求出让方在协议签订前出具其配偶同意股权转让的书面文件或者授权委托书，而且双方对股权转让价格的约定应合理，以免被法院认为是恶意串通转移夫妻共同财产，进而认定股权转让协议无效。

---

① 贺小荣主编：《最高人民法院第二巡回法庭法官会议纪要》（第二辑），人民法院出版社 2021 年版，第 217 页。

② 最高人民法院（2021）最高法民申 4323 号。

关联案例1

案件名称：投资公司与钢铁公司民间借贷案

案　　号：(2019) 最高法民终133号

裁判观点：当事人以签订股权转让协议方式为民间借贷债权进行担保，应认定为让与担保。在不违反法律、行政法规效力性强制性规定的情况下，股权转让协议有效。在已将作为担保财产的股权变更登记到担保权人名下的情况下，担保权人形式上已成为标的股权的持有者，享有优先受偿权利，原则上享有对抗第三人的物权效力。

关联案例2

案件名称：李某华与杨某山股权转让案

案　　号：(2019) 最高法民辖终54号

裁判观点：股权转让合同是一方转让股权、另一方给付价款的双务合同，双方均有履行合同的义务。在存在多方或双方均负有合同义务的情况下，应以反映合同本质特征的合同义务为特征义务，以特征义务履行地为确定合同履行地的依据。股权转让合同的特征义务是转让股权，应以转让股权的行为地作为合同履行地。

关联案例3

案件名称：投资控股公司与稀土公司等合同案

案　　号：(2018) 最高法民终119号

裁判观点：让与担保是否因当事人具有通谋的虚伪意思表示而无效，应在现行法律规定以及当事人意思表示这两个层面来检视。让与担保是否无效的关键在于，当事人是否具有通谋的虚假意思表示。对此，实践中多有误解，认为让与担保中，债务人将标的物权利转移给债权人，仅仅属于外观形式，其真实意思在于设定担保，故为双方通谋而为虚假的转移权利的意思表示，应为无效。但事实上，在让与担保中，债务人为担保其债务将担保物的权利转移给债权人，使债权人在不超过担保目的的范围内取得担保物的权利，是出于真正的效果意思而作出的意思表示。尽管其中存在法律手段超越经济目的的问题，但与前述禁止性规定中以虚假的意思表示隐藏其他法律行为的做法明显不同，不应因此而无效。

关联案例4

案件名称：霍某锋等与张某元股权转让案

案　　号：（2019）最高法民终992号

裁判观点：转让人在明知其为代持股权的名义股东的情况下，擅自将股权转让，属于无权处分行为。若受让人在签订股权转让协议并办理股权变更登记过程中不属于物权法上的善意第三人，受让股权不构成善意取得，实际投资人有权追回股权。

关联案例5

案件名称：郑某爱与投资管理企业股权转让案

案　　号：（2021）最高法民终4323号

裁判观点：夫妻一方取得股权时处于与双方婚姻关系存续期间，该股权应认定为夫妻共同财产。在夫妻双方均先后担任过案涉公司股东、董事、监事、高级管理人员的情况下，该公司亦系夫妻共同经营，无论商业经营行为的最终结果系盈利或亏损，后果均应及于夫妻双方。

第三节　典型案例精析

案例1：熊某民、商贸公司与余某平、徐某、李某友股东资格确认案①

裁判要旨

名为股权转让，但转让各方资金往来表现为借贷关系，存在以债务清偿为股权返还条件、转让后受让方未接手公司管理、表达了担保意思等不享有股东权利特征的，应当认定为股权让与担保，股权让与担保权人仅为名义股东，不实际享有股东权利。股权让与担保人请求确认自己享有的股权的，应予支持。在清偿完被担保的债务前，股权让与担保人请求变更股权登记至其名下的，不予支持。

案情简介

H公司由商贸公司和熊某民共同出资设立，注册资本1000万元。商贸公司出资认缴额为510万元，占股比51%，熊某民出资认缴额为490万元，占股比49%。2014年12月2日，熊某民与余某平签订了一份《股权转让协议》，约定熊某民将其持有的H公司49%的股权转让给余某平，转让价为490万元。同日，商贸公司与徐某签订了一份《股权转让协议》，约定商贸公司将其持有的H公司51%的股权转让给徐某，转让价为510万元。2014年12月23日，合同各方共同办理了H公司股东变更登记，法定代表人变更为徐某，同时H公司将公章移交给了徐某、余某平。2011年11月3日至2015年8月14日，李某友、徐某、余某平、冯某萍、李某珍、闵某香、张

① 一审：江西省景德镇市中级人民法院（2019）赣02民初85号；二审：江西省高级人民法院（2020）赣民终294号；再审：最高人民法院（2020）最高法民申3880号，《最高人民法院公报》2022年第6期。

某等向农贸批发市场、刘某梅、尧某华、H 公司、工程公司等汇款，金额合计 7329.4 万元。就前述款项 7329.4 万元，案涉当事人均制作了借条，借条注明款项分别用作工程款、还货款、交付保证金、H 公司日常开支、测绘费、规费、广告费、装修费等。在 H 公司股权变更后，熊某民负责该公司日常经营管理工作直至 2015 年 8 月。围绕前述资金 7329.4 万元的款项往来、股权过户、H 公司经营以及纠纷解决等，合同各方进行过多次沟通，各方各执一词，不能达成一致意见。2019 年 9 月 18 日，熊某民、商贸公司向一审法院提起本案诉讼，请求确认其股权并办理工商变更登记至原告名下。

法院裁决

一审法院总结本案纠纷的争议焦点是：（一）案涉《股权转让协议》的性质应如何认定？（二）熊某民、商贸公司关于确认其股权并办理工商变更登记的请求是否成立？一审法院认为，《股权转让协议》是当事人的真实意思表达，不违反法律、行政法规的强制性规定，属有效合同，双方办理了股权变更登记，股权转让行为发生法律效力。若认定股权让与，需担保主体及内容必须有明确具体的约定，否则不构成担保的意思表示。本案中，双方签订《股权转让协议》并办理了股权变更登记，被告也支付了合同对价，现原告请求确认双方为让与担保法律关系，要求返还股权，证据不足，不予支持，判决如下：驳回原告熊某民、商贸公司的诉讼请求。本案受理费 81800 元，由原告熊某民、商贸公司负担。

熊某民、商贸公司不服一审法院上述民事判决遂向二审法院提起上诉。二审法院经审理后认为，股权让与担保是债务人或第三人（即让与担保人）为担保债务人的债务，将公司股权让与债权人或第三人（即让与担保权人），债务清偿后，股权应转回让与担保人，债务未适当履行时，让与担保权人可以就该股权优先受偿的一种担保形式。从形式上说，股权让与担保和股权转让都具有股权变更的外观，一定的相似性。但股权让与担保目的是为债务提供担保，并非转让股权，让与担保权人受让的股权并不是完整的权利，实际权利内容不得超出担保之目的，其只是名义上的股东。本案虽办理股权工商变更登记，具有享有股权的外观，但结合当事人之间债权债务关系和真实意思表示，《股权转让协议》性质应认定为股权让与担保。工商登记变更问题，股权让与担保是基于当事人合意而设立，其权利义务内容依据当事人意思而确定，双方约定上诉人（原告）并未清偿完毕案涉债务，将股权变更回上诉人名下的条件尚未成就，如此时将股权变更回上诉人（原告）名下，则会导致被上诉人的债权失去基于股权让与担保而受到的保障。因此，对上诉人办理工商变更登记的请求不予支持。一审法院认定事实不清，适用法律错误，应予纠正。判决如下：一、撤销江西省景德镇市中级人民法院（2019）赣02民初85号民事判决；二、确认熊某民享有H公司49%的股权，商贸公司享有H公司51%的股权；三、驳回熊某民、商贸公司其他诉讼请求。

余某平、徐某、李某友不服二审人民法院上述判决，向最高人民法院申请再审。最高人民法院经审理认为，结合双方的沟通情况及《股权转让协议》的实际履行情况，二审法院认定双方之间签订的书面《股权转让协议》不具有股权转让的真实意思表示，而是以债务担保为目的，应认定为股权让与担保，有事实及法律依据。余某平、徐某、李某友以双方未签订书面形式的股权让与担保合同为由，主张案涉担保不具有法律效力，不能成立。裁定驳回余某平、徐某、李某友的再审申请。

律师评析

本案主要涉及股权让与担保的认定及法律效果问题，有以下两个方面的法律问题应当重点关注：

1. 股权转让合同与股权让与担保合同的认定及区别

2019年出台的《全国法院民商事审判工作会议纪要》第71条规定，债务人或者第三人与债权人订立合同，约定将财产形式上转让至债权人名下，债务人到期清偿债务，债权人将该财产返还给债务人或第三人，债务人到期没有清偿债务，债权人可以对财产拍卖、变卖、折价偿还债权的，人民法院应当认定合同有效，已经完成财产权利变动的公示方式转让至债权人名下，债务人到期没有清偿债务，债权人请求参照法律关于担保物权的规定对财产拍卖、变卖、折价优先偿还其债权的，人民法院依法予以支持。此规定系在此类司法解释的层面明确了财产让与担保合同的效力。2021年《民法典》实施后，以法律的形式正式对其他具有担保功能的合同的法律效力予以认可，从法律层面为股权让与担保奠定了基础。《民法典》第388条第1款明确规定："设立担保物权，应当依照本法和其他法律的规定订立担保合同。担保合同包括抵押合同、质押合同和其他具有担保功能的合同。"与《民法典》同步施行的《担保制度司法解释》第68条对让与担保的概念、合同效力、物权效力进行了明确规定。综上，股权让与担保合同是债务人或第三人（即让与担保人）为担保债务人的债务，与债权人协商一致，将公司股权让与债权人或第三人（即让与担保权人），在债务清偿后，担保权人将股权转还担保人，如债务未适当履行，让与担保权人可以就该股权优先受偿。

从形式上说，股权让与担保合同和股权转让合同都具有股权变更的外观，具有一定的相似性。但股权让与担保目的是为债务提供担保，并非转让股权，故两者存在明显区别：（1）合同双方之间的债权债务关系不同。如前所述，股权让与担保是担保合同中的一种，股权让与担保的设立以存在主债权债务关系为前提，而股权转让系以股权为标的的买卖交易，一方取得股权需向另一方支付股权转让款，该债权债务的履行与担保无涉。（2）合同当事人的真实意思表示不同。在股权转让合同中，当事人的真实意思系获得股东身份或股权转让的对价，而在股权让与担保合同中，当事人的真实目的是以股权转让的方式担保债权的实现。（3）股权受让方参与公司经营的情况不同。在股权让与担保合同项下的股权受让人，因其目的并非为取得股东权利，而是为主债权提供担保，故股权受让人通常不参与公司具体事务；而对于股权转让合同项下的股权受让人而言，因公司经营情况与其利益紧密相关，故在取得公司股权成为公司股东后，往往会实际参与公司的管理。在熊某民、商贸公司与余某平、徐某、李某友股东资格确认案中，根据二审法院查明的情况，本案中虽然被上诉人余某平、徐某与熊某民、商贸公司于2014年12月2日签订了《股权转让协议》并实际办理了工商变更登记手续，具有享有股权的外观，但结合当事人之间的债权债务关系和真实意思表示，案涉《股权转让协议》在性质上应认定为股权让与担保。

2. 股权让与担保合同生效后合同受让方的权利和义务

如前所述，股权让与担保系我国《民法典》以立法形式予以认可的担保合同形式之一，因此，股权让与担保合同只要符合法律行为的生效要件，通常可产生如下法律效果：（1）如债务人依约清偿主债务，股权受让人应依约将持有的股权返还债务人；如债务人到期没有清偿债务，债权人有权请求人民法院参照法律关于担保物权的规定对股权拍卖、变卖或折价优先偿还其债权，但对于受让人请求人民法院确认其对受让股权依法享有所有权的主张，法院不予支持。（2）在股权让与担保合同项下，并不发生真实的股权权利的变动，受让人仅是名义股东，不具有真实的股东身份，不享有与股东身份有关的表决、知情、管理、分红等权利。（3）鉴于受让人仅作为名义股东，并非真实取得股权，其行使股东权利仅限于以实现担保之目的或局限在合同约定范围内，故其也无须承担股东的责任与义务。该种情形下，公司、公司股东或者公司的债权人主张受让人承担未履行或未全面履行出资义务、抽逃出资等责任的，法院一般不予支持。

在司法实践中，值得深究的是，在股权让与担保的情况下，如有限责任公司的股东在未通知公司其他股东的情形下，即将标的股权变更登记至受让人名下，该转让行为对让与担保的效力是否会产生影响？对此，参考陈某、实业集团股权转让纠纷再审案［最高人民法院（2017）最高法民再 171 号］，可以为我们提供一些解决路径。在本案中，最高人民法院经审理认为，名为股权转让实为借款的《股权转让协议》不产生股权转让的效力。股东转让其持有的标的公司股权对借款予以担保，但真实意图非转让股权，即股权实际变更登记至股东以外的当事人名下，以变更股权持有人方式进行质押担保的，股权转让协议因非各方当事人真实意思表示而不发生股权转让效力。因此，公司其他股东关于侵犯其股权优先购买权的主张亦不能成立。鉴于前述问题目前在司法实践中仍存在争议，为防止后续产生不必要的纠纷，我们建议转让人与受让人签订股权担保让与合同的同时，应当符合股权转让的正当程序，尽到对公司其他股东的告知义务，不应当妨碍其他股东的优先购买权。

案例2：基金公司诉管理公司、H区政府股权转让案[①]

裁判要旨

对公司融资合同性质的认定应结合交易背景、目的、模式以及合同条款、履行情况等综合进行判断。基金通过增资入股、逐年退出及回购机制等方式对目标公司进行投资，是其作为财务投资者的普遍交易模式，符合商业惯例。此种情况下订立的对赌协议相关条款是股东之间就投资风险和收益所作的内部约定。在对合同效力的认定上，应尊重当事人意思自治，正确识别行业监管规定，对合同无效事由应从严把握，不轻易否定合同的效力。

案情简介

管理公司系机床公司大股东。2015年9月11日，基金公司与管理公司、机床公司、H区政府共同签订《投资协议》，主要约定：1. 基金公司以现金1.87亿元对机床公司进行增资，投资期限10年，投资年收益率为1.2%，由机床公司向基金公司支付。2. 投资期限内，如机床公司遇有关闭、解散、清算或破产等情形，基金公司有权要求管理公司或H区政府以不低于基金公司实际出资额的价格收购股权。3. 如基金公司选择管理公司承担回购义务，则H区政府应就管理公司收购价款的支付承担差额补足义务。4. 基金公司在机床公司享有包括对公司章程的修改进行表决等股东权利。2015年9月14日，基金公司按照《投资协议》之约定将1.87亿元增资款付至机床公司在农发行汉中分行开立的账户。2017年10月26日，基金公司收到机床公司发出的《告全体股东书》和所附的汉中市中级人民法院于2017年10月25日作出的(2017)陕07民破2号民事裁定，该裁定受理了案外人某财务公司对机床公司的破产重整申请。2017年12月，基金公司向管理公司、H区政府发函要求一次性回购基金公司所持机床公司全部股权，但管理公司及H区政府未履行回购义务。基金公司遂提起本案诉讼，请求判令管理公司按照约定一次性

① 一审：陕西省高级人民法院（2018）陕民初15号；二审：最高人民法院（2019）最高法民终355号。

回购基金公司所持有的机床公司全部股权，同时支付回购款 1.87 亿元，并请求判令管理公司以 1.87 亿元为基数支付投资收益款、以 1.87 亿元为基数支付违约金以及请求判令 H 区政府对于管理公司应支付的回购款、收益款及违约金不足部分承担差额补足责任。

法院裁决

一审法院认为：首先，本案的纠纷属于股权转让纠纷，而非借款合同法律关系；其次，基金公司要求管理公司股权回购的条件已成就，管理公司应向基金公司支付股权回购款 1.87 亿元；再次，依据《投资协议》第 5.8 条约定，H 区政府应承担差额补足义务。据此判决如下：一、管理公司于该判决生效后三十日内向基金公司支付股权回购款 1.87 亿元，回购基金公司持有的机床公司 31.86%股权；二、管理公司向基金公司支付自 2018 年 6 月 20 日至 1.87 亿元实际支付完毕之日的投资收益款；三、管理公司向基金公司支付自 2017 年 12 月 22 日至 1.87 亿元实际支付之日的违约金；四、H 区政府对上述债务在管理公司未能足额支付的情况下承担差额补足责任；五、驳回基金公司的其他诉讼请求。

管理公司不服一审判决，向二审法院提起上诉。二审法院认为，结合协议签订背景、目的、条款内容及交易模式、履行情况综合判断，基金公司与机床公司之间并非借款关系，而是股权投资关系。案涉《投资协议》实质上是投资人为保护资金安全和降低风险、目标公司和其他股东为引入资金和促成交易，约定对投资人的投资收益和投资款安全提供保障，以回购方式自愿承担未来可能发生的潜在亏损。该协议合法有效，对各方当事人均有约束力，管理公司应当按照合同约定履行合同义务。一审认定事实清楚，适用法律正确，因管理公司二审中提供的新证据证明了新的事实，故对相关判项作相应调整，判决如下：一、维持陕西省高级人民法院（2018）陕民初 15 号民事判决第一项、第三项、第四项；二、变更陕西省高级人民法院（2018）陕民初 15 号民事判决第二项为：管理公司向基金公司支付自 2018 年 12 月 20 日至 1.87 亿元实际支付完毕之日的投资收益款；三、驳回基金公司的其他诉讼请求。

二审判决后，管理公司提起再审。最高人民法院再审后认为管理公司的再审申请不符合法定的再审情形，裁定驳回管理公司的再审申请。

律师评析

本案主要涉及案涉《投资协议》的性质和效力以及管理公司应否向基金公司支付股权回购款、投资收益款及违约金两个问题。具体分析如下：

1. 案涉《投资协议》的性质是借款协议还是股权投资协议

“名股实债”中股债关系边界较为模糊，由此引起的纠纷在司法裁判结果上也莫衷一是。对于“名股实债”型股权转让合同的性质与效力，最高人民法院民二庭第5次法官会议纪要①认为：“名股实债并无统一的交易模式，实践中，应根据当事人的投资目的、实际权利义务等因素综合认定其性质。投资人目的在于取得目标公司股权，且享有参与公司的经营管理权利的，应认定为股权投资，投资人是目标公司的股东，在一定条件下可能构成抽逃出资。反之，投资人目的并非取得目标公司股权，而仅是为了获取固定收益，且不享有参与公司经营管理权利的，应认定为债权投资，投资人是目标公司或有回购义务的股东的债权人。不论在哪种情形中，投资人取得的固定回报都来自其先前的投入，故其退出公司亦非无偿退出，一般不存在抽逃出资问题。”因此，“谁来承担风险”“是否参与企业管理”“股转转让价格是否公允”“是否办理了股权变更登记”“是否存在担保”等要点，是判断“股权投资”还是“债权投资”的主要依据。

本案中，一审及二审法院均认为，结合《投资协议》的签订背景、目的、条款内容及交易模式、履行情况等综合判断，基金公司与机床公司之间并非借款关系，而是股权投资关系。理由如下：1. 本案系基金公司按照国家发改委等四部委联合印发的《专项建设基金监督管理办法》（发改投资〔2016〕1199号）的规定通过增资方式向机床公司提供资金，该投资方式符合国家政策，不违反《公司法》及行业监管规定。事实上，基金通过增资入

---

① 贺小荣主编：《最高人民法院民事审判第二庭法官会议纪要》，人民法院出版社2018年版，第64页。

股、逐年退出及回购机制对目标公司进行投资，是符合商业惯例和普遍交易模式的，不属于为规避监管所采取的“名股实债”的借贷情形。2. 基金公司增资入股后，机床公司修改了公司章程，基金公司取得了股东资格并享有表决权，虽然不直接参与机床公司日常经营，但仍通过审查、审批、通知等方式在一定程度上参与管理，这也是基金投资模式中作为投资者的正常操作。3. 虽然案涉协议有固定收益、逐年退出及股权回购等条款，但这仅是股东之间及股东与目标公司之间就投资收益和风险分担所作的内部约定，并不影响交易目的和投资模式。并且在投资期限内，基金公司作为实际股东之一，其对外仍是承担相应责任和风险的。4. 基金公司根据协议约定获得了固定收益，但该固定收益仅为年 1.2%，远低于一般借款利息，明显不属于通过借贷获取利息收益的情形。其本质仍是基金公司以股权投资方式注入资金帮助企业脱困的投资行为，只有这样机床公司及其股东管理公司才能以极低的成本获取巨额资金。综合前述各方面因素，一审及二审法院均认为案涉《投资协议》的性质并非借款协议而是股权投资协议。

为了更好地把握股权投资协议与债权投资协议的区别，还可参考信托公司诉房地产开发公司借款合同案①。该案中，信托公司与房地产公司签订的《合作协议》和《收益权转让合同》的实质均为借款合同，理由在于：1. 双方在签订《合作协议》之前，房地产公司向信托公司发出了借款申请、还款计划，并通过了股东会决议，表达了以××购物广场的在建商铺作为抵押向信托公司借款 1 亿元，用于支付××购物广场项目工程垫资款的意愿。2. 《合作协议》约定信托公司“以 1 元资金受让房地产公司原股东持有的 90% 股权”，显然与该股权的实际市场价值不符，也不符合常理。3. 因《合作协议》中房地产公司对信托公司不负有支付义务，该合同项下办理的在建商铺抵押和股权质押没有设定担保的主债权存在。房地产公司庭审中主张《合作协议》的性质应为股权转让合同，这与当事人签订《合作协议》并办理相关担保财产的抵押、质押手续的意思表示不符。4. 债权人信托公司在庭审中作出了《合作协议》名为股权转让合同、实为借款合同和双方合意以《收益权转让

---

① 重庆市高级人民法院（2014）渝高法民初字第 00010 号。

合同》项下的借款偿还《合作协议》项下的未按期偿还的借款的陈述。5. 只有在上述合同解释成立的情况下，才能合理地解释房地产公司向信托公司出具《划款委托书》，要求信托公司将××购物广场项目收益权转让款 1.09 亿元直接划入信托公司自己开设的账户的事实。因此，信托公司与房地产公司签订的《合作协议》和《收益权转让合同》的实质均为借款合同。

2. 管理公司是否应向基金公司支付股权回购款、投资收益款及违约金

如前所述，案涉《投资协议》实质上是投资人为保护资金安全和降低风险、目标公司和其他股东为引入资金和促成交易，约定对投资人的投资收益和投资款安全提供保障，以回购方式自愿承担未来可能发生的潜在亏损。该协议合法有效，对各方当事人均有约束力，管理公司应当按照合同约定履行合同义务。管理公司在案件审理过程中主张，机床公司未按约定用途使用资金、基金公司未履行资金使用监管义务，故管理公司享有先履行抗辩权，无须履行回购义务。但法院经审理后认为其抗辩主张不能成立，理由如下：1.《投资协议》约定，增资的资金用途是用于大型数控机床制造基地项目的建设，并不仅仅局限于购买机械设备。而汉中市发改委向机床公司下发的文件也并未严格限制资金只能购买机械设备，且该文件系政府机关就项目建设对机床公司的指导意见，对投资人基金公司不具有约束力，不能以此改变《投资协议》约定和给予基金公司更严格的审核义务。而从资金申请、审批及支付情况来看，资金用途均符合约定用途，基金公司并无违约之处。2. 管理公司提供大量财务凭证等证据以证明增资款在实际使用时用于归还欠款、支付贷款利息、电费、税金等零星开支，但如前所述，基金公司已按申请和约定用途支付了投资款，而资金到位后再向下一环节的流向和实际使用，基金公司无法监管和控制，即便资金最终被挪用，也并非基金公司的责任。3. 基金公司作为投资人已按协议约定支付了 1.87 亿元增资款，已经履行了合同义务。同时，如前所述，基金公司在资金监管方面亦无违约之处，故管理公司所谓的先履行抗辩权并不成立。4.《投资协议》中没有关于免除管理公司回购义务的约定，本案也没有发生足以免除其回购义务的事由。本案中，在投资期限内，管理公司、基金公司均是机床公司的股东，在《投资协议》约定的回购条款因机床公司破产而被触发后，管理公司是具有回购义务的股东，基金公司则是管理公司的债权人，管理公司应当按照合同约定承担支付股权回购款的义务。至于投资收益款及违约金，《投资协议》对此已有明确约定，当事人亦应依约履行，承担各自应当承担的义务。因此，一审及二审法院判决管理公司向基金公司支付股权回购款、投资收益款及违约金。此外，关于管理公司主张机床公司向基金公司转回 31980114.27 元系基金公司抽逃出资以及剩余增资款 10645650.05 元属于出资不足的问题，基金公司已于 2015 年 9 月 14 日将 1.87 亿元增资款缴付至机床公司账户，履行了全部出资义务，不存在出资不足的情形；而机床公司将 31980114.27 元转回基金公司账户是机床公司为其账户内自有资金安全所作的处置措施，基金公司亦不否认该资金仍属于机床公司所有，并当庭明确表示随时可应机床公司的要求返还该款，故基金公司并无抽回资金归自己所有的目的，不构成抽逃出资，即使基金公司存在抽逃出资、出资不足的行为，也应由其向机床公司承担相应责任，不能免除或抵销管理公司应向基金公司履行的回购义务，故管理公司上述抗辩主张均不能成立。

第十七章　抵押合同纠纷[①]

第一节　理论概述与实务指引

随着我国的社会进步和经济发展，抵押权制度已经成为现代市场经济生活中最为重要的物权制度之一，抵押合同也越来越多地被应用到经济活动的各个领域，因此，极有必要进行研究梳理。《民法典》并未在合同编中对抵押合同进行专门规定，而是在物权编第四分编的第十六章、第十七章、第十八章、第十九章四个章节对担保物权制度进行了规定，其中有关抵押权的规定集中在第十七章。因此，研究讨论抵押合同，需要结合《民法典》物权编第四分编的第十六章、第十七章来进行。

一、抵押合同的概念

根据《民法典》第 394 条的规定，抵押是指债务人或者第三人不转移财产的占有，将该财产作为债权的担保抵押给债权人，债务人不履行到期债务或者发生当事人约定的实现抵押权的情形，债权人有权就该财产优先受偿。而抵押合同就是抵押权人（通常是债权人）与抵押人（既可以是债务人，也可以是第三人）签订的关于设定抵押权的合同。

二、抵押合同的特征

从上述概念可以看出，抵押合同具有如下特征：

1. 抵押合同是从合同。抵押合同必须以设立主债的合同的存在为前提才

① 本章作者徐岚。

能成立，它是主债的债权人与主债的债务人或第三人之间自愿订立的以提供抵押物作为担保主债履行的从合同。抵押合同随主债的消灭而终止。

2. 抵押合同是诺成性合同。根据合同的成立是否以交付标的物为要件，可将合同分为实践性合同和诺成性合同。实践性合同是除当事人意思表示一致外，还必须交付标的物才能成立的合同，而诺成性合同是当事人意思表示一致即可成立的合同。抵押合同不以转移标的物的占有为特征，其成立并不以转移标的物为前提，属于诺成性合同。

3. 抵押合同是要式合同。根据《民法典》第400条第1款的规定，设立抵押权，当事人应当采用书面形式订立抵押合同。因此，抵押合同为要式合同。

三、抵押合同的分类

抵押合同分为动产抵押合同、不动产抵押合同和最高额抵押合同。

1. 动产抵押合同

动产抵押合同是指债权人对于债务人或第三人不转移占有而供作债务履行担保的动产，在债务人不履行债务时，可以变价出售该动产并就其价款确认优先受偿权而签订的合同。动产抵押合同抵押的标的物范围很广，有如下几类：

一是一般动产抵押。比如交通工具。飞机、船舶、汽车等动产以及正在建造的船舶、航空器。这类动产的特殊性在于其权属状态以登记而确定，其交易也须进行过户登记，故而有人称其为类不动产，亦可称注册不动产。对这类动产强制登记是国家对那些流动性强、价值较大的动产进行行政管理的需要。

二是动产浮动抵押。《民法典》第396条规定，企业、个体工商户、农业生产经营者可以将现有的以及将有的生产设备、原材料、半成品、产品抵押，债务人不履行到期债务或者发生当事人约定的实现抵押权的情形，债权人有权就抵押财产确定时的动产优先受偿。

2. 不动产抵押合同

不动产抵押合同，是指以不动产为抵押标的物而设定的抵押合同。不动产抵押是最普遍的抵押形式，现实中，以建筑物、在建工程及其他土地附着物作为不动产抵押财产，由于不动产的特殊性，抵押人不转移对其的占有即可达到担保之目的，因此在实践中广受欢迎。

3. 最高额抵押合同

最高额抵押合同是对于将来发生的债权，预先确定一个最高的限度，设定的抵押权而签订的合同。一般抵押权是先有债权，然后再设定抵押权；而最高额抵押是为将来的债权而设定的抵押。根据《民法典》第 423 条的规定，最高额抵押有下列情形之一的，抵押权人的债权确定：约定的债权确定期间届满；没有约定债权确定期间或者约定不明确，抵押权人或者抵押人自最高额抵押权设立之日起满二年后请求确定债权；新的债权不可能发生；抵押权人知道或者应当知道抵押财产被查封、扣押；债务人、抵押人被宣告破产或者被撤销；法律规定债权确定的其他情形。

最高额抵押合同的特征：最高额抵押是为将来发生的债权作担保，因此最高额抵押在发生上突破了从属性；最高额抵押担保的是一定期限内连续发生的债权；担保债权的数额是不特定的；担保的债权具有最高限额。

最高额抵押合同的特别效力：最高额抵押担保的债权确定前，部分债权转让的，最高额抵押权不得转让，但当事人另有约定的除外。最高额抵押担保的债权确定前，抵押权人与抵押人可以通过协议变更债权确定的期间、债权范围以及最高债权额，但是，变更的内容不得对其他抵押权人产生不利影响。抵押权人实现最高额抵押权时，如果实际发生的债权余额高于最高限额的，以最高限额为限，超过部分不具有优先受偿的效力；如果实际发生的债权余额低于最高限额的，以实际发生的债权余额为限对抵押物优先受偿。最高额抵押所担保的债权是不确定的将来债权，但是抵押权实现时必须将债权予以确定，最高额抵押的债权确定后，该抵押权就与普通抵押权没有什么本质区别了。

四、抵押合同纠纷案由的确定

与保证合同、质押合同一样，抵押合同也是主合同的从合同，以主合同的存在为前提，随主合同的消灭而消灭。但抵押合同也具有一定独立性，当事人可以单就抵押合同形成诉讼，故《民事案件案由规定》也将之作为独立的案由予以规定。抵押合同纠纷是指当事人之间因订立、履行、变更、终止抵押合同发生的权利义务纠纷。在确定案由时需要注意，只有当事人单独就抵押合同提起诉讼的，如抵押合同不成立、抵押合同无效等，才将案由确定为抵押合同纠纷。应当特别注意的是，抵押合同生效要件与抵押权不同，抵押合同的生效要件与一般合同的生效要件相同，而抵押权设立及生效则根据抵押物而有不同规定，在以下部分将有所阐述。因此，确定案由时还需注意抵押合同纠纷与抵押权纠纷的区别，抵押权纠纷是物权纠纷，抵押合同纠纷是债权纠纷，两者不能混同。

第二节　办案思路与实战技巧

办理抵押合同纠纷案件，首先应当明确抵押合同是主合同（如借款合同）的从合同，主合同无效时，抵押合同也无效，故要特别注意主合同的有效性。由于抵押合同纠纷内容庞杂，笔者从以下几个方面，将常见的抵押合同纠纷予以列明并对办理该类案件的思路及要点进行阐述。

一、关于抵押合同成立和生效的分析思路及要点

1. 审查抵押合同成立时是否具备适格主体及合法的标的物

（1）关于抵押合同适格主体问题。根据《最高人民法院关于适用〈民法典〉有关担保制度的解释》第5条的规定，机关法人提供担保的，人民法院应当认定担保合同无效，但是经国务院批准为使用外国政府或者国际经济组织贷款进行转贷的除外。居民委员会、村民委员会提供担保的，人民法院应当认定担保合同无效，但是依法代行村集体经济组织职能的村民委员会，依照村民委员会组织法规定的讨论决定程序对外提供担保的除外。

（2）关于抵押合同合法标的物问题。抵押合同的标的物，又称抵押物。根据《民法典》第395条第1款的规定，债务人或者第三人有权处分的下列财产可以抵押：建筑物和其他土地附着物；建设用地使用权；海域使用权；

生产设备、原材料、半成品、产品；正在建造的建筑物、船舶、航空器；交通运输工具；法律、行政法规未禁止抵押的其他财产。根据《民法典》第399条之规定，下列财产不得抵押：土地所有权；宅基地、自留地、自留山等集体所有土地的使用权，但是法律规定可以抵押的除外；学校、幼儿园、医疗机构等为公益目的成立的非营利法人的教育设施、医疗卫生设施和其他公益设施；所有权、使用权不明或者有争议的财产；依法被查封、扣押、监管的财产；法律、行政法规规定不得抵押的其他财产。

2. 审查抵押合同生效时要以是否登记区分不同的生效情形

不动产抵押合同生效后未办理抵押登记手续，债权人请求抵押人办理抵押登记手续的，人民法院应予支持。

抵押财产因不可归责于抵押人自身的原因灭失或者被征收等导致不能办理抵押登记，债权人请求抵押人在约定的担保范围内承担责任的，人民法院不予支持；但是抵押人已经获得保险金、赔偿金或者补偿金等，债权人请求抵押人在其所获金额范围内承担赔偿责任的，人民法院依法予以支持。

因抵押人转让抵押财产或者其他可归责于抵押人自身的原因导致不能办理抵押登记，债权人请求抵押人在约定的担保范围内承担责任的，人民法院依法予以支持，但是不得超过抵押权能够设立时抵押人应当承担的责任范围。

二、关于房地分别抵押并登记案件代理思路及要点

实践中由于建设用地使用权与建筑物两者的登记机关和审查权限规定不同，导致经常发生房地分别抵押并经合法登记的现象。《民法典》第397条规定：“以建筑物抵押的，该建筑物占用范围内的建设用地使用权一并抵押。以建设用地使用权抵押的，该土地上的建筑物一并抵押。抵押人未依据前款规定一并抵押的，未抵押的财产视为一并抵押。”这就是典型的“房随地走、地随房走”的统一原则。基于这个原则，考虑到交易安全，不宜认定这样的抵押无效。法律关于建设用地使用权和建筑物所有权结合的规定并不是一种强制性规定，之所以规定“房随地走、地随房走”的双向统一原则，目的主

要是避免因为分别抵押所导致权利冲突和摩擦。但这种权利冲突在实践中是无法避免的，因此在理解该双向统一原则时，应当关注该原则在贯彻时转让的一体和最终权利归属上的一体。即便出现房地分别抵押的情形，只要在实现权利和处置抵押物时能够保持权利归属上的一体，则可以妥当地解决上述权利冲突。特别应当看到，在实践中当事人设定两项抵押完全是自愿的，当事人已经订立了抵押合同，且已经办理了登记手续，不宜认定抵押无效。① 律师在办理此类型案件时，应当首先清楚抵押人将房屋和土地使用权分别抵押给不同的债权人，并经过抵押物登记公示，具有对抗第三人的效力。只有认定两个抵押合同均为有效，才符合物权公示原则，才不会动摇抵押登记的公信力。

三、关于动产抵押合同中善意取得的代理思路及要点

善意取得制度旨在保护无权处分情况下善意第三人的权利，其立法目的在于保护公示公信力，保护交易安全，鼓励交易，维护商品交易的正常秩序，促进市场经济的有序发展。保护当事人的信赖利益，实际上就是保护交易安全，一旦交易安全缺乏保障，则任何一个进入市场进行交易的权利主体，在购买物品或者在财产上设定权利时，都需对财产的权属进行详尽确实的调查，以排除从无权处分人处取得财产及相应权利的可能性。

《民法典》第 403 条规定："以动产抵押的，抵押权自抵押合同生效时设立；未经登记，不得对抗善意第三人。"本条是关于动产抵押采登记对抗主义的规定。一般认为，此处的"第三人"主要是指抵押物的买受人。《民法典》第 404 条就是对正常经营活动中的买受人进行特别保护的规定。在正常经营活动中已经支付合理价款并取得抵押财产的买受人要优先予以保护，其可以无负担的取得抵押物的所有权。

《民法典》第 414 条规定了关于以登记作为公示方法的担保物权之间清偿的顺序，基本规则是看是否进行登记以及登记先后：已登记的优先于未登

---

① 王利明主编：《中国民法案例与学理研究（物权篇）》，法律出版社 2003 年版，第 295~296 页。

记的；登记在先的优先于登记在后的；未登记的不分先后，按债权比例清偿。从该条规定看，确定抵押权顺位的主要依据是看有无登记以及登记先后。

四、关于抵押不破租赁纠纷案件的代理思路及要点

所谓“抵押不破租赁”指的是出租人将财产出租并转移占有后，又用该财产设定抵押权时，原租赁关系不受抵押权的影响。《民法典》第725条规定：“租赁物在承租人按照租赁合同占有期限内发生所有权变动的，不影响租赁合同的效力。”众所周知，买卖都不能破除租赁，抵押自然也不能破除租赁。《民法典》第405条规定：“抵押权设立前，抵押财产已经出租并转移占有的，原租赁关系不受该抵押权的影响。”为准确理解该规则，需注意以下几点：第一，承租人须已经占有租赁物。如签订租赁合同尚未占有租赁物的承租人，仅为一般债权人，不能对抗后设立的抵押权。第二，在后的抵押权须已设立。在后的抵押权必须是已经设立的抵押权，而非仅仅签订抵押合同，避免当事人之间恶意串通倒签抵押合同，租赁权的保护将面临极大挑战。第三，原租赁关系不受影响，是指抵押权的设立不影响原租赁关系的存续。另外，在实现抵押权时，只要租赁合同还在合同有效期内，租赁合同对抵押物受让人继续有效，受让人取得的是有租赁权负担的抵押物。第四，抵押不破租赁仅适用于不动产租赁。

从司法实践来看，关于先租赁后抵押的情形，只要承租人未实际占有租赁物的，其享有的仅为一般债权。如果承租人已经实际占有租赁物，则要看其是否为恶意当事人来确定能否对抗；其为恶意承租人的，不能对抗抵押权；反之，其为善意承租人的，可以对抗抵押权。从举证责任的角度看，应当推定承租人为善意当事人，由抵押权人举反证推翻有关善意的推定。

第三节 典型案例精析

案例1：置业公司、某银行长沙北站路支行金融借款合同案①

裁判要旨

抵押权登记早于《最高额抵押合同》签订的事实并不影响已依法登记的抵押权的效力，《长沙市房屋登记办法》系长沙市人民政府发布的地方政府规章，不影响合同的效力。

案情简介

2012年7月23日，房地产公司与某银行长沙北站路支行签订《小企业借款合同》，约定房地产公司向某银行长沙北站路支行借款950万元，借款期限为1年，自实际提款日起算，借款利率以基准利率加浮动幅度确定，其中基准利率为提款日与借款期限相对应档次的中国人民银行基准贷款利率，浮动幅度为上浮10%，借款人提款后，借款利率以一个月为一期，一期一调整，分段计息，第二期利率确定日为提款日满一期之后的对应日，如果调整当月不存在与提款日对应的日期，则以该月最后一日为对应日，其他各期以此类推。合同约定借款人需在借款到期后一次性偿还，担保方式为抵押担保，合同项下借款担保为最高额担保，担保人为置业公司。《小企业借款合同》签订后，房地产公司于2012年7月24日向某银行长沙北站路支行签署《工商企业借款借据》，于2012年7月25日向某银行长沙北站路支行发出《提款通知书》，告知拟于2012年7月25日向某银行长沙北站路支行提取金额为950万元的借款，借款期限为1年，到期日为2013年7月17日，在该提款通知书中明确了借款的支付方式及收款账户，并授权给某银行长沙北站

① 一审：湖南省长沙市中级人民法院（2015）长中民二初字第00861号；二审：湖南省高级人民法院（2017）湘民终118号；再审：最高人民法院（2017）最高法民申4252号。

路支行，请求其在将借款划入房地产公司账户后，支付给符合借款合同约定用途的账户。支付对象和账户清单中列明的支付对象为：户名：食品贸易公司，账号：19×××60，开户行为某银行长沙北站路支行，付款金额950万元。

2010年8月30日，某银行长沙北站路支行（抵押权人，甲方）与置业公司（抵押人，乙方）签订《最高额抵押合同》，约定：乙方所担保的主债权为自2010年8月20日至2012年8月17日期间（包括该期间的起始日和届满日），在950万元的最高余额内，甲方依据与房地产公司签订的本外币借款合同、外汇转贷款合同、银行承兑协议、信用证开证协议/合同、开立担保协议、国际国内贸易融资协议、远期结售汇协议等金融衍生类产品协议以及其他文件而享有对债务人的债权，不论该债权在上述期间届满时是否已经到期，也不论该债权是否在最高额抵押权设立前已经产生。抵押担保的范围包括主债权本金、利息、复利、罚息、违约金、损害赔偿金、汇率损失以及实现抵押权的费用，但实现抵押权的费用应首先从抵押物变现所得中扣除，而不包括在最高余额内。合同约定的抵押物为置业公司所有的商业用房。对该抵押物双方于2010年8月27日办理了抵押登记，登记的债务人为房地产公司。

2012年7月23日，刘某、黄某与某银行长沙北站路支行签订《保证合同》，约定刘某、黄某所担保的主债权为某银行长沙北站路支行依据与房地产公司于2012年7月23日签订的《小企业借款合同》而享有的对债务人的债权，保证方式为连带责任保证，保证担保的范围包括主债权本金、利息、复利、罚息、违约金、损害赔偿金、汇率损失以及实现债权的费用。保证期间为自主合同借款期限届满之次日起两年内。同日，王某辉与某银行长沙北站路支行签订2012年（北支保）泽农-2号《保证合同》，合同关于保证的主债权、担保方式、担保范围、保证期间的约定同《保证合同》。

截至2015年2月20日，房地产公司尚欠借款本金950万元及利息1741219.69元。因借款人房地产公司在借款到期后未依约履行还款责任，遂酿成纠纷。

法院裁决

一审湖南省长沙市中级人民法院支持了某银行长沙北站路支行的诉讼请求。置业公司上诉后，二审法院湖南省高级人民法院判决驳回上诉，维持原判。置业公司不服湖南省高级人民法院作出的二审判决，遂向最高人民法院申请再审。

最高人民法院认为，对于置业公司所称抵押登记办理在前，《最高额抵押合同》签订在后违反《长沙市房屋登记办法》相关规定的问题，案涉抵押权登记早于《最高额抵押合同》签订的事实并不影响已依法登记的抵押权的效力，《长沙市房屋登记办法》系长沙市人民政府发布的地方政府规章，置业公司依据该规章主张案涉抵押无效，本院不予支持。综上，置业公司有关其不应当承担抵押担保责任的再审理由于法无据，本院不予支持。

律师评析

最高额抵押权的登记和一般抵押权的登记一样，如果最高额抵押权设立在不动产上，则必须在不动产上办理最高额抵押权的登记，否则最高额抵押权不成立。如果最高额抵押权设立在动产之上，不登记不影响最高额抵押权的设立，但未登记不能对抗善意第三人。同时，在设立最高额抵押时应当注意最高额抵押合同的内容必须包括两项重要内容，一是最高额债权额限度。最高额债权额限度是最高额抵押权所能担保的债权的最高额度，因为最高额抵押权担保的债权是不特定的，因此，最高额抵押合同中应当约定最高额债权额限度，这是最高额抵押权设立的必要条件。如果当事人在合同中未对此进行约定，则最高额抵押合同无效。二是债权确定期间。债权确定期间是最高额抵押权所担保的债权确定的日期，债权确定期间由当事人自行约定，但是债权确定期间并非最高额抵押合同的必备条款，如果当事人没有约定或约定不明，不影响最高额抵押权的设立，当事人可在事后补充约定债权确定期间，如果事后亦无相关约定，债权可根据法律的相关规定情形予以确定。

案例2：资产管理公司贵州省分公司与贵州某房地产公司等抵押权案①

裁判要旨

从工程优先权优先于抵押权、工程优先权不得对抗购房消费者的权利，不能得出购房消费者权利优先于抵押权的结论。房产商以被抵押房屋已出售且已收取大部分房款为由主张抵押权无法实现的，不予支持。

案情简介

2013年9月2日，资产管理公司贵州省分公司、贵州某房地产公司与某银行贵阳分行三方签订债权转让协议，约定资产管理公司贵州省分公司受让某银行贵阳分行享有的对贵州某房地产公司的9000万元债权及其项下的相关权益。同日，资产管理公司贵州省分公司与贵州某房地产公司签订财务顾问协议、债务重组协议、抵押协议。财务顾问协议约定由资产管理公司贵州省分公司为贵州某房地产公司与某银行贵阳分行之间的9000万元债务提供债务重组财务顾问服务，财务顾问费为800万元。债务重组协议约定重组债务本金金额为9000万元，协议另对债务重组期限、收益、违约责任等内容作出了约定。抵押协议约定贵州某房地产公司将本协议附件抵押物清单所列明的财产作为其提供给资产管理公司贵州省分公司的抵押物，抵押担保范围包括主协议项下重组债务本金、重组收益、违约金等费用。后资产管理公司贵州省分公司与铜仁某房地产公司、陈某分别签订保证协议，约定铜仁某房地产公司、陈某对贵州某房地产公司债务重组协议及财务顾问协议的履行，以其自己的财产为主协议债务人依主协议所形成的债权提供保证担保，资产管理公司贵州省分公司同意接受铜仁某房地产公司与陈某所提供的保证担保，被保证的主债权本金及数额为9800万元，保证期限为主协议项下债务履行期限届满之日起2年，保证方式为连带保证责任。2013年9月3日，贵

---

① 一审：贵州省高级人民法院（2016）黔民初144号；二审：最高人民法院（2017）最高法民终959号。

州某房地产公司出具了债务重组顾问服务结束确认函，确认资产管理公司贵州省分公司的债务重组服务已全部履行完毕。2013 年 9 月 11 日，贵州某房地产公司向资产管理公司贵州省分公司支付了 800 万元财务顾问费。贵州某房地产公司未按期足额偿还相应债务，申请还款宽限期。资产管理公司贵州省分公司分别于 2015 年 6 月 13 日、2015 年 9 月 18 日与贵州某房地产公司、铜仁某房地产公司、陈某签订补充协议及补充协议二，就债务展期及债务重组收益率进行了调整。2013 年 9 月 10 日，依据抵押协议，资产管理公司贵州省分公司与贵州某房地产公司对抵押物在建工程办理了他项权证。抵押物建成后包含 166 套住宅与 14 套商铺，贵州某房地产公司未经资产管理公司贵州省分公司同意，将住宅及商铺转卖给他人，大部分购房户已入住。部分购房户于一审判决后的 2017 年 8 月 23 日，向资产管理公司贵州省分公司一次性支付 2300 万元购房款，用于代偿贵州某房地产公司债务。资产管理公司贵州省分公司解除了对应 152 套住宅与 3 套商铺的抵押登记。剩余未解除抵押登记的 25 套房产中，住宅 14 套，商铺 11 套，均未办理预告登记。贵州某房地产公司称，该 25 套房屋房款已收齐，并举示收据、发票等证据证明。

资产管理公司贵州省分公司起诉至贵州省高级人民法院，请求：(1) 铜仁某房地产公司支付欠付的重组债务本金 5507 万元、重组收益及违约金；(2) 贵州房地产公司承担抵押担保责任，并以其抵押财产变现所得优先清偿上述债务；(3) 铜仁某房地产公司、陈某对前述债务承担连带保证责任；(4) 诉讼费、保全费由三被告承担。

法院裁决

贵州省高级人民法院经审理认为：贵州某房地产公司欠付的重组债务本金应当支付。800 万元财务顾问费应视为债务重组收益，在应付债务重组收益中扣除。协议约定的违约金过高，应予调减。虽然资产管理公司贵州省分公司与贵州某房地产公司签订了抵押协议，且已对在建工程办理抵押登记，但在建工程建成后，抵押物已出售，大部分购房户已入住，资产管理公司贵州省分公司对抵押物享有的优先权不得对抗已交付全部或大部分房款的买受人，其抵押权已不能实现，其要求对抵押物优先受偿的请求不应支持。保证人铜仁某房地产公司、陈某应对贵州某房地产公司所负债务承担连带清偿责任。遂判决：1. 贵州某房地产公司支付欠付的重组本金 5507 万元及以 5507 万元为基数按年利率 20%计算至判决确定的履行期限届满之日止的债务重组收益（其中 800 万元财务顾问费应从收益中扣除）。2. 铜仁某房地产公司、陈某对前述债务承担连带清偿责任。3. 驳回资产管理公司贵州省分公司的其余诉讼请求。

资产管理公司贵州省分公司不服一审判决，向最高人民法院提起上诉。

最高人民法院经审理认为：资产管理公司贵州省分公司为贵州某房地产公司提供了财务顾问服务，该服务使得贵州某房地产公司获得债务展期，且得到贵州某房地产公司认可，不应在重组收益中扣除。一审法院酌情对违约金调减，并无不当。部分购房户于 2017 年 8 月 23 日代为偿还的 2300 万元债务，应按先息后本的原则在应付款中予以抵扣。对于已办理抵押登记的剩余 25 套房屋，未有购房者就本案所涉抵押权提出异议，因在建工程已办理抵押登记，相关商品房买卖合同无法办理预告登记。贵州某房地产公司主张资产管理公司贵州省分公司的抵押权因案涉房屋已出售而无法实现，无事实及法律依据。遂判决：1. 维持一审判决第二项。2. 撤销一审判决第三项。3. 变更一审判决第一项为：贵州某房地产公司支付重组本金 5507 万元及截至 2017 年 8 月 23 日重组收益 503.290816 万元，自 2017 年 8 月 24 日重组收益以 5507 万元为本金，按 20%的年利率计算至法院确定履行期限届满之日止。4. 资产管理公司贵州省分公司在本判决第三项确定的债权范围内对 25 套房屋有权优先受偿。5. 驳回资产管理公司贵州省分公司的其余诉讼请求。

律师评析

本案在办理过程中要特别注意抵押权的特征问题，抵押权是以确保债务清偿为目的设立的物权，是依附于主债权而存在的从权利，抵押权是从权利，主债权消灭，抵押权亦消灭。但抵押权设定后，抵押人仍对抵押物享有所有权，而所有权中就包括了对物的处分权。抵押人在转让抵押物时，应当在转让时履行通知抵押权人和告知受让人的义务。除非抵押人在转让前向抵押权人清偿债务，或者受让人在得知受让物上有抵押权后代抵押人清偿债务，使物上设定的抵押权消灭，转让方可以认定为有效。本案中，双方公司签订的《资产折换协议书》以及补充协议，未损害他人利益，在履行过程中，相关公司已经向抵押权人代偿了其他公司的全部债务，从而使抵押权因债权实现而消灭，向相关公司转让抵押物的行为有效。律师在办理此类案件时，一定要准确掌握抵押物转让对合同效力的影响，转让抵押物时虽未履行通知、告知义务，但在转让抵押财产后履行清偿债权义务，抵押转让行为可以被认定为有效。但法律并未规定，转让抵押财产后多长时间内履行清偿债权义务，笔者认为，清偿债务的合理期限应当在抵押权人向抵押人主张抵押权前进行。

第十八章　质押合同纠纷[①]

第一节　理论概述与实务指引

随着我国的社会进步和经济发展，质押权制度与抵押制度一样，也已经成为现代市场经济生活中最为重要的物权制度之一，质押合同也越来越多地被应用到经济活动的各个领域，因此，同样有必要进行研究梳理。《民法典》并未在合同编中对抵押合同进行专门规定，而是在物权编第四分编的第十六章、第十七章、第十八章、第十九章四个章节对担保物权制度进行了规定。其中有关质押权的规定集中在第十八章。因此，研究讨论抵押合同，需要结合《民法典》物权编第四分编的第十六章、第十八章来进行。

一、质押合同的概念

质押合同是出质人与质权人双方基于主债务合同就质物担保事项达成的书面担保合同。质押合同与抵押合同有相似之处，关键是担保期限内担保物谁占有。质押合同是质权人（通常是债权人）与出质人（既可以是债务人，也可以是第三人）签订的担保性质的合同。出质人将一定的财物（通常是动产、有价证券等）交质权人占有，向质权人设定质押担保，当债务人不能履行债务时，质权人可以依法以处分质物所得价款优先受偿。《民法典》第427条规定："设立质权，当事人应当采用书面形式订立质押合同。质押合同一般包括下列条款：(一) 被担保债权的种类和数额；(二) 债务人履行债务的期限；(三) 质押财产的名称、数量等情况；(四) 担保的范围；(五) 质押

① 本章作者徐岚。

财产交付的时间、方式。”

二、质押合同的特征

从上述概念可以看出，质押合同具有如下特征：

1. 从属性。质押合同中的质权是以担保债权实现为目的的权利，与其所担保的债权形成主从关系。质押合同的从属性，又被称为附属性和伴随性，质押合同以主债权的有效为存在前提，在主债权无效或其他原因不存在时，质押合同的效力也就不能存在。主债权转让时，质押合同的权利也应随之而转移，质权不能脱离债权而单独让与。主债权消灭，质权也当然随之消灭。

2. 不可分性。质押合同中的质权与抵押权一样地具有不可分性，即质物的全部价值担保债权的全部。质权的效力及于质权标的全部，即使债权部分受清偿也不受影响。

3. 物上代位性。质押合同中的质权的物上代位性表现在质物发生毁损、灭失或者在其价值形态发生改变时，质权的效力及于质物的代位物上。

4. 优先受偿性。质押合同中的质权虽由质权人占有质物，于债务履行前有留置的效力。但质权的根本效力不在于留置，而在于以质物的价值优先受偿。

三、质押合同的分类

根据质物的类别，可将质押合同分为动产质押合同和权利质押合同。

1. 动产质押合同，是指以动产为标的物的质押合同。因为动产是以占有为公示方法的，多数动产并无登记或注册制度，因而以动产作担保的，应采用设定质权的方式。在各国的立法上动产质押均是质权的一般类型，我国《民法典》中也将动产质权规定为质押的主要形态，并设有专节进行规定。

2. 权利质押合同，是指以债权或其他财产权利为标的物的质押合同。权利质押在目前的各国法律中都得到了普遍认可，我国《民法典》中也设有专节加以规定。《民法典》第 440 条规定：“债务人或者第三人有权处分的下列权利可以出质：（一）汇票、支票、本票；（二）债券、存款单；（三）仓单、提单；（四）可以转让的基金份额、股权；（五）可以转让的注册商标专用权、专利权、著作权等知识产权中的财产权；（六）现有的以及将有的应收账款；（七）法律、行政法规依法规定可以出质的其他财产权利。”

四、质押合同纠纷案由的确定

与保证合同、抵押合同一样，质押合同也是主合同的从合同，以主合同的存在为前提，随主合同的消灭而消灭。但质押合同也具有一定的独立性，当事人可以单就质押合同形成诉讼，故《民事案件案由规定》也将之作为独立的案由予以规定。在确定案由时需要注意，只有当事人单独就质押合同提起诉讼的，才能将纠纷确定为本案由。应当特别注意的是，质押合同生效要件与质权不同，质押合同的生效要件与一般合同的生效要件相同，而动产质权自出质人交付质押财产时设立，权利质权则自权利凭证交付质权人时设立，没有权利凭证的，质权自有关部门办理出质登记时设立。因此，确定案由时还需注意质押合同纠纷与质权纠纷的区别，质权纠纷是物权纠纷，质押合同纠纷是债权纠纷。两者不能混同。

第二节　办案思路与实战技巧

律师在办理质押合同纠纷案件时，应当从质押合同的特征及分类方面进行分析，确定其不同于一般合同纠纷案件处理及办案方式，并结合其特殊性，本章将重点阐述动产质押合同及权利质押合同的质权行使。

一、关于质押合同成立对质权效力判断的代理思路及要点

1. 审核质押合同中被担保的主债权种类与数额

通常情况下，质押合同中被担保的是金钱债权、特定物给付债权或者种类物给付债权等。被担保主债权的数额，是指主债权以金钱来衡量的数量，不属于金钱债权的，应当明确债权标的额的数量、价款，以明确实现质权时，就质物优先受偿主债权的数额。被担保的主债权种类和数额的规定，主要是为了明确质权发生的依据，同时也确定了质权人实现质权时，就质物优

先受偿的主债权范围。主债权合同中主债权的具体内容直接关系到质押合同所担保的范围，乃至质押权实现的可操作性。从主体方面来看，主债权中的债权人及债务人通常是质押合同中的质权人和出质人，质物所担保的债权及数额就是主债权约定的相关内容。同时，质押担保的范围还可以包括主债权及利息、违约金、损害赔偿金、质物保管费用和实现质权的费用。因此，出质人欲适当降低自己的担保风险，可以与质权人约定仅就主债权或仅就主债权的一部分提供质押担保，此时必须约定明确。

2. 审核质押合同中担保质物的合法性

质押包括动产质押和权利质押。从权利质押方面来看，权利质押的标的是出质人提供的作为债权担保的权利，但是并不是所有的权利都可以作为权利质权的标的。按照《民法典》的相关规定，可以成为权利质权标的必须符合以下条件：（1）须为可让与的债权或其财产权利。生命权、健康权、名誉权、荣誉权、亲属权、继承权、署名权等具有人格性及身份性的权利不得作为质权的标的。物权、债权、知识产权中的财产权等权利属于财产权，但所有权不宜作为权利来出质，因为如果以动产的所有权来出质，实际上与动产质权在本质上是相同的。（2）须为可转让的权利。依法不得转让的权利，不能作为质权的标的。如人身损害赔偿请求权、抚恤金请求权、退休金请求权等权利，虽然具有财产性内容，但与人身不可分离。依当事人约定不得转让的权利，不得作为质权的标的。依其性质不得让与的权利，不得作为质权的标的。这些权利包括基于债权人与债务人之间的特殊信任关系而产生的债权，如演出组织者对演员的表演请求权，基于特定身份而产生的债权，如受抚养人对于抚养人的抚养请求权。另外法律明确禁止转让的财产性权利。（3）须为适合出质的财产权。《民法典》第440条以列举方式规定了可以出质的权利，主要包括汇票、支票、本票；债券、存款单；仓单、提单；可以转让的基金份额、股权；可以转让的注册商标专用权、专利权、著作权等知识产权中的财产权；现有的以及将有的应收账款；法律、行政法规规定可以出质的其他财产权利。

通过对质物合法性的研究，实践中还要注意，以汇票、本票、支票、债券、存款单、仓单、提单出质的，质权自权利凭证交付质权人时设立；没有权利凭证的，质权自办理出质登记时设立。法律另有规定的，依照其规定。以汇票出质，当事人以背书记载“质押”字样并在汇票上签章，汇票已经交付质权人的，人民法院应当认定质权自汇票交付质权人时设立。存货人或者仓单持有人在仓单上以背书记载“质押”字样，并经保管人签章，仓单已经交付质权人的，人民法院应当认定质权自仓单交付质权人时设立。没有权利凭证的仓单，依法可以办理出质登记的，仓单质权自办理出质登记时设立。出质人既以仓单出质，又以仓储物设立担保，按照公示的先后确定清偿顺序；难以确定先后的，按照债权比例清偿。保管人为同一货物签发多份仓单，出质人在多份仓单上设立多个质权，按照公示的先后确定清偿顺序；难以确定先后的，按照债权比例受偿。

权利出质时，质押合同当事人必须清楚了解该权利权属，是否为出质人单独所有或是与他人共有。如以股权出质时，出质人是否有权以该股权出质，是否征得公司股东会议同意，此时，在合同中最好约定让出质人出具权属声明保证。

3. 区别质押合同生效与质权设立对处理案件的影响

质押合同生效与质权设立在法律规定中是两个概念，设立质权，当事人应当采取书面形式订立质押合同，当事人一经签订质押合同，合同即生效。

质押合同具有债权的预约效力，当事人订立质押合同后，负有交付质押财产义务的当事人违背诚实信用拒绝交付质押财产的，质权不能设定。要发生质权设定的效果，必须进行质权的公示即交付。如果质押合同生效而当事人未交付质押财产，则权利人就只享有债权请求权，而不享有特权请求权。这时当事人可以请求法院判决出质人交付质押财产，或者判决出质人承担违约责任或者损害赔偿责任。① 质押合同已经成立，但在质押合同对质物约定不明确，或者约定的出质财产与实际转移的交付财产不一致，质权应当以实际交付的财产为准。可见，质权的设立必须以交付质物为前提，法律禁止出质人不转移质物，或转移质物后，质权人又将质押财产返还出质人。占有质

① 最高人民法院民法典贯彻实施工作领导小组主编：《民法典物权编理解与适用》（下），人民法院出版社2020年版，第1185页。

物，起到质权设定的对外公示作用。同时，还要注意，和抵押合同一样，质权人在债务履行期届满前，不得与出质人约定债务人不履行到期债务时质押财产归债权人所有。如果违反该规定，则约定的“流质条款”无效，只能依法就质押财产优先受偿。

二、关于动产质押合同纠纷案件代理思路及要点

动产质押是指债务人或者第三人将其动产移交债权人占有，将该动产作为债权的担保。债务人不履行债务时，债权人有权依照《民法典》的规定以该动产折价或者以拍卖、变卖该动产的价款优先受偿。前款规定的债务人或者第三人为出质人，债权人为质权人，移交的动产为质物。

设定动产质押，出质人和质权人应当以书面形式订立质押合同。根据《民法典》的规定，质押合同是诺成合同，并不以质物占有的移转作为合同的生效要件。同时因动产质押是不需要登记的，质权自出质人将质物移交与质权人占有时设立。这是动产质押的基本特征之一，即质物必须由出质人移交给质权人占有，质权的存在以质权人占有质物为前提。质权人在债权受清偿前占有质物，有利于保障质权人债权的实现。下面分析几种常见动产质押纠纷案件的代理思路：

1. 如何解决质权人因保管质物不善引发的民事赔偿责任

《民法典》第 432 条第 1 款规定：“质权人负有妥善保管质押财产的义务；因保管不善致使质押财产毁损、灭失的，应当承担赔偿责任。”所谓妥善保管，是以善良管理人的注意义务加以保管。善良管理人的注意，是指依照一般交易上的观念，认为有相当的知识经验及诚意的人所具有的注意，即以一种善良的心和应当具备的知识来保管质押财产。如果达不到应当注意的保管标准的，就不是妥善保管。①

质权从其性质上讲仍然是担保物权而不是用益物权，因此，质权人非经出质人同意不得擅自使用、处分质押财产，否则一旦造成质押财产毁损、灭失给出质人造成损失的，质权人应根据法律规定承担民事赔偿责任。实践

① 胡康生主编：《中华人民共和国物权法释义》，中国法制出版社 2007 年版，第 464 页。

中，出质人可以定期查看质物的状态，同时，在质押合同中可将质物的名称、状态等进行描述，也可以将其拍照作为合同附件，在债权债务消失后，出质人从质权人处取回质物，如质物有毁损，可依相关证据主张民事损害赔偿。

2. 如何解决转质引发的民事纠纷问题

转质，是指质权人在质权存续期间，经出质人同意，为担保自己的或者他人的债务，将出质人提供的质押财产交付给自己的债权人占有，而设定一个新的质权行为。转质的实质是质押财产的转占有，在质押财产上再次设定质权。《民法典》第434条已经明确承认转质的效力，即“质权人在质权存续期间，未经出质人同意转质，造成质押财产毁损、灭失的，应当承担赔偿责任”。转质权人对于转质人的债权如果已届清偿期，无论转质人的债权是否已届清偿期，均可以直接实现其质权。出质人向转质人清偿债务后，原质权消灭，但转质权不因此而消灭。转质人不能清偿转质权人的到期债务时，质押财产所有人可以第三人的身份向转质权人清偿转质人的债务，取回质押财产，从而抵消债务人对质权人的债务。如果转质所担保的债权期限届满而转质人没有履行偿还义务的，转质权人就质押财产卖得价金在原质权所担保的债权范围内有优先于原质权人受清偿的权利。转质权所担保的债权与原质权担保的债权额相同时，转质权人就质押财产所卖得的价金受到全部清偿后，转质权与原质权以及各自担保的债权都归于消灭。价金有剩余的，如果转质权所担保的债权额少于原质权所担保的债权额时，原质权人就剩余的价金可以基于自己的质权优先受偿，优先受偿后仍有剩余的应当返还给出质人，如果剩余价金不足以受偿原质权所担保的全部债权的，未受清偿部分的债权转为普通债权。①

可见，在经出质人同意的情况下，质权人可以将作为质物的权利向其债权人再设定新质权。质权人就出质的债权或权利在主债务人不履行其债务时，有优先受偿的权利。在作为质物的权利的价值有明显减少可能，并足以危害质权人的权利时，质权人可以要求出质人提供相应的担保。出质人不提

① 吴庆宝主编：《基层法院裁判标准规范》，人民法院出版社2013年版，第495页。

供相应担保的，质权人可以变卖该权利。

3. 如何解决质权人怠于行使权利时引发的民事责任问题

随着经济社会的发展，质物的市场价格会发生变化，也会发生因意外毁损、灭失的情形。因此，在债务履行期届满后，债务人未清偿债务的，质权人应当及时行使质权，以免给出质人造成损失，出质人也有权请求质权人行使权利。质权人怠于行使权利后，质物价格下跌，或者发生其他毁损、灭失等情形，在此情形下，质权人对出质人损失要承担赔偿责任。实践中，出质人主张损害赔偿责任，首先要在债务清偿期已届满的情况下，明确请求质权人及时行使质权。其次必须证明有损害，这时的损害原则上是指质物价值超过其担保债权价值的部分，在计算上应包括此时质物价格下跌而发生的贬值。但同时也要考虑债务人清偿债务的情形，如果债务人全部清偿债务，这时质权就全部消灭，质权人应就质物毁损灭失的全部损失承担赔偿责任。若部分清偿，则也要将剩余债权价值与质物原本价值予以比较，再结合质物价值毁损情况确定相应的赔偿数额。在质物价值与担保债权价值相当时，结合担保物权的物上代位性和债权抵销的法律规则，有关损害赔偿金在担保物权价值对等的范围内，应予以抵销，这样既可以降低交易成本，也可以减少纠纷。最后要证明损害后果的发生与质权人怠于行使质权具有相当因果关系。①

三、关于权利质押合同纠纷案件代理思路及要点

权利质押，是指以所有权之外的财产权为标的物而设定的质押。权利质押主要以债权、股权和知识产权中的财产权利作为标的物。《民法典》第440条规定："债务人或者第三人有权处分的下列权利可以出质：（一）汇票、本票、支票；（二）债券、存款单；（三）仓单、提单；（四）可以转让的基金份额、股权；（五）可以转让的注册商标专用权、专利权、著作权等知识产权中的财产权；（六）现有的以及将有的应收账款；（七）法律、行政法规规定可以出质的其他财产权利。"下面，笔者将分析几种常见的权利

---

① 最高人民法院民法典贯彻实施工作领导小组主编：《民法典物权编理解与适用》（下），人民法院出版社2020年版，第1221页。

质押纠纷案件如何解决。

1. 如何解决存单质押中产生的质押纠纷问题

根据《最高人民法院关于审理存单纠纷案件若干问题的规定》第 8 条规定，存单持有人以伪造、变造的虚假存单质押的，质押合同无效。接受虚假存单质押的当事人如以该存单质押为由起诉金融机构，要求兑付存款优先受偿的，人民法院应当判决驳回其诉讼请求，并告知其可以另案起诉出质人。另外，以金融机构核押的存单出质的，即便存单系伪造、变造、虚开，质押合同均为有效，金融机构应当依法向质权人兑付存单所记载的款项。同时，当事人双方以存单出质的，出质人与质权人达成书面合同则质押合同生效，质权自权利凭证交付质权人时设立，存单出质不以通知存款银行为要件。但是，如果出质后没有通知银行的，存单质押不得对抗存单的签发银行。

同时，出质的存单可能是活期储蓄存单，也可能是定期储蓄存单，所以在实现质权时也应当有所区别。出质存单为活期储蓄存单时，质权人于债权履行期届满而债务人不履行债务时即可以持存单行使请求付款的权利而实现质权。而当出质人出质的存单为定期存单时，如果存款期限短于债务履行期限的，则于存单到期后，出质人可以与质权人协商以存单兑付款项提前清偿或者提存；也可以由出质人与质权人协商待债务履行期限届满时再实现存单权利，则存单到期日后的利息一般是按银行规定的活期存款利息计算。①

2. 如何解决股权质押中产生的质押纠纷问题

当事人以股权设定质权的，应当订立书面合同，质权自办理出质登记时设立。

股权质押不以其他股东的过半数同意为生效条件。从股权出质的角度来看，股权出质并不必然导致股权的转让，质权人只有在实现质权时才需要将出质的股权转让以变现。

以股份或股票出质的，在实行质权时可采取拍卖、变卖股份、股票的方式，质权人以价款优先受偿。以依法可以转让的商标专用权、专利权、著作权中的财产权出质时，质权人也可采用拍卖、变卖的方式，就拍卖、变卖的

---

① 吴庆宝主编：《基层法院裁判标准规范》，人民法院出版社 2013 年版，第 500 页。

价款优先受偿。

由于我国的股权类型众多，既有上市公司的股权，又有非上市的股份有限公司的股权、有限责任公司的股权，结果出现有些股权如非上市的股份公司的股权设定质权时应当到哪个登记机关登记，不够明晰，有待在法律上澄清。所以将股权出质登记机关确定为市场监督管理部门，可以很好地落实物权的公示公信原则，能够让第三人迅速、便捷、清楚地了解到股权上存在的负担。

对于出质人方面：在权利质押合同中，出质人对质物的处分权利受到限制。股票出质后，不得转让，但经出质人与质权人协商同意的可以转让。出质人转让股票所得的价款应当向质权人提前清偿所担保的债权或者向与质权人约定的第三人提存；商标专用权、专利权、著作权中的财产权出质后，出质人不得转让或者许可他人使用，但经出质人与质权人协商同意的除外。出质人转让上述权利所得价款，应当向债权人提前清偿所担保的债权或者向与质权人约定的第三人提存。

3. 如何解决应收账款质押中产生的质押纠纷问题

应收账款，是权利人因提供一定的货物、服务或者设施而获得的要求义务人付款的权利，包括现有的和未来的金钱债权及其产生的收益，但不包括因票据或者其他有价证券而产生的付款请求权，应收账款属于债权性质。[①]

以应收账款出质的，质权自信贷征信机构办理出质登记时设立。应收账款出质后，不得转让，但是经出质人与质权人协商同意的除外。出质人转让应收账款所得的价款，应当向质权人提前清偿债务或者提存。因转让行为发生于质权存续期间，故该转让所得的价款在性质上仍然归出质人所有，不得当然由质权人用于清偿其债权。但是由于出质人已将应收账款作为债务履行的担保，根据质权的物上代位性规则，质权人的质权应当及于出质人转让应收账款所得的价款。

---

① 曹士兵：《中国担保制度与担保方法》，中国法制出版社2008年版，第335页。

第三节　典型案例精析

案例1：某银行厦门分行诉F公司担保合同案[①]

裁判要旨

判断其他财产权利是否属于可以质押的权利，应当考察其是否具有可质押的权利特点。在实现担保物权特别程序中，可举行听证，着重审查担保是否成立及实现担保物权的条件是否成就。对利害关系人不服裁决结果，赋予复议的救济权利。

案情简介

2018年11月20日，某银行厦门分行与F公司、X公司签订最高额质押融资协议。协议约定：X公司为F公司在2018年11月20日至2021年11月20日期间向某银行厦门分行申请的融资提供最高额质押担保；X公司以其持有的南靖县农村信用合作联社3635.596万股股权为上述债务设定最高额质押；质押担保的主债权余额最高额为5949.5140万元。同日，某银行厦门分行（质权人）与X公司（出质人）签订权利最高额质押合同，主要内容为："1.3担保范围：除了本合同所述之主债权，还及于由此产生的利息（包括利息、罚息、复利）、违约金、损害赔偿金、手续费及其他为签订或履行本合同发生的费用及质权人实现担保权利和债权所产生的费用（包括但不限于诉讼费、律师费、差旅费等）。8.1本合同所担保主合同：债务人与债权人按本合同第8.3条的约定办理各类融资业务而签订的一系列合同，以及债务人与债权人签署的最高额质押融资协议。8.2主合同项下债务人：漳州F公司。被担保主债权：本合同项下的被担保主债权为，债权人在2018年11月

---

① 福建省南靖县人民法院（2020）闽0627民特45号之二。

20日至2021年11月20日止的期间内与债务人办理各类融资业务所发生的债权，以及双方约定的在先债权；前述主债权余额在债权确定期间内以最高不超过等值5949.5140万元为限。”X公司于2018年11月20日将质押股金证原件交付某银行厦门分行。

2018年11月28日，某银行厦门分行、F公司、X公司、庄某生、孙某娜等向漳州市公证处申请对最高额质押融资协议、权利最高额质押合同等协议进行公证。

2019年12月18日，某银行厦门分行与F公司签订一份融资额度协议，协议约定：某银行厦门分行向漳州F公司提供4500万元的融资额度；额度使用期限自2019年12月18日至2020年8月12日；额度为可循环使用的流动资金贷款，单笔业务最长期限为一年；本协议从属于最高额质押融资协议债权和债权担保范围；第21条约定："客户任何违反本协议任何声明、保证或该等声明或保证被证明为不正确的、不真实的或有遗漏或具有误导性的或已被违背，及/或客户违反或不履行本协议任何承诺事项及/或客户任何违反本协议或本协议项下任一附属融资文件的规定，及/或客户发生任何可能影响融资行贷款安全的情况，及/或担保人违反任何担保文件的规定等，均构成了客户对本协议及附属融资文件的违约事件，融资行除可以要求客户赔偿包括律师费在内的所有损失外，还有权（但无义务）分别或同时采取如下措施：（1）调整或取消本协议项下的融资额度；（2）宣布本协议任何附属融资文件项下的债务全部或部分提前到期，及/或终止本协议及全部或部分附属融资文件，并要求客户立即归还全部或部分融资本息……"

2019年12月27日，F公司、X公司等向某银行厦门分行出具一份同意函，确认已知悉并同意融资额度协议项下提款将用于上一年度融资额度协议未结清的流动资金贷款4500万元。

某银行厦门分行为实现质权，向法院申请适用特别程序，准许拍卖、变卖担保财产。

法院裁决

法院经审理认为：某银行厦门分行与F公司签订的融资额度协议是双方

真实意思表示，不违反法律的强制性规定，且合同约定的贷款均已实际发放，故依法成立生效。某银行厦门分行与 F 公司、X 公司签订的最高额质押融资协议、最高额质押合同是双方真实意思表示，不违反法律的强制性规定，且 X 公司已将其持有的南靖县农村信用合作联社股金证原件交付某银行厦门分行，某银行厦门分行对 X 公司提供的股权质押依法设立。X 公司因涉及诉讼影响其担保能力，可以认定为违约，某银行厦门分行有权宣布融资额度协议项下的全部债务提前到期，F 公司应立即偿还本金 4500 万元及按合同约定的利息，某银行厦门分行有权行使质押权。某银行厦门分行要求拍卖、变卖 X 公司提供质押的南靖县农村信用合作联社股金 3635. 596 万股股权有合同依据，X 公司也无异议，故法院予以支持。利害关系人称，某银行厦门分行与 X 公司所设立的关于股权的担保物权并未有效设立，实现担保物权的条件并不具备，且涉案担保物权违反了商业银行股权管理办法的有关规定，严重侵害了农村信用社以及农村信用社其他股东的合法权益的意见，不具有事实和法律依据，法院不予采纳。依据《民事诉讼法》第 196 条、第 197 条，《民事诉讼法解释》第 372 条第 2 项的规定，裁定：一、准许拍卖、变卖 X 公司提供质押的南靖县农村信用合作联社股金 3635. 596 万股股权。二、某银行厦门分行对上述第一项拍卖、变卖所得价款在总额 5949. 5140 万元范围内优先受偿。

宣判后，利害关系人不服一审裁定，依法向法院提出异议。

经南靖县法院另行组成合议庭，复审审查认为：某银行厦门分行与 F 公司、X 公司签订的最高额质押融资协议、最高额质押合同是双方真实意思表示，合同合法有效，且 X 公司已将其持有的南靖县农村信用合作联社股金证原件交付某银行厦门分行，某银行厦门分行对 X 公司提供的权利质押依法设立。因 X 公司涉及诉讼影响其担保能力，可以认定其违约，某银行厦门分行有权宣布融资额度协议项下的全部债务提前到期，F 公司应立即偿还本金 4500 万元及按合同约定的利息，某银行厦门分行有权行使质押权。因此，某银行厦门分行于 2020 年 7 月 27 日提出的准许拍卖、变卖担保财产的申请，符合法律规定的请求，予以支持。利害关系人请求撤销（2020）闽 0627 民特 45 号之二民事裁定书，依据不足，理由不充分，不予支持。依照《民事诉讼法》第 154 条第 1 款第 11 项、《民事诉讼法解释》第 374 条规定，裁定驳回南靖县农村信用合作联社的申请。

律师评析

实践中，最高额质权所担保债权确定后，在当事人对最高额质权担保债权内容有约定时要以约定为准，在没有约定时，则该债权应该包括债权之本金、利息、违约金、损害赔偿金、保管担保财产和实现质权费用的总和。有关最高额质权的规定，既要符合质权一般规则，也要适用《民法典》的相关规定。通常而言，最高额质押的设立，必须采取书面方式，由双方当事人通过协商订立书面合同，合同内容主要包括：设立最高额质押的目的（所要担保的基础关系）；被担保主债权的种类和最高额；债务人履行债务的期限；质押物的名称、数量、质量、状况、所在地、所有权权属或使用权权属；质押担保的范围，如事先未约定，则包括原债权、利息、违约金和实现质权的费用；应确定实际担保债权数额的时间，逾期所生债权，则不受最高额质押担保。本案中，法院认定双方签订的最高额质押融资协议、权利最高额质押合同系双方真实意思表示，合同真实有效，对合同双方均具有约束力，合同的质押标的物可以为合同提供担保，因此支持了银行的诉讼请求。

案例 2：资产管理公司与某银行深圳分行等质押合同案①

裁判要旨

电子仓单质押是一种具有非传统纸质化、电子化等特点的新型质押形式。交易登记平台在其交易系统中公示电子仓单信息，将电子仓单注明“质押”字样，并以电子邮件形式通知质权人，即视为电子仓单交付。仓单所有人以电子仓单不符合法定形式、仓单未进行纸质实物的交付为由否定电子仓

---

① 一审：上海市浦东新区人民法院（2016）沪 0115 民初 9984 号；二审：上海市第一中级人民法院（2017）沪 01 民终 6125 号。参见顾权、董晓筠、王朝辉：《电子仓单质押合同纠纷的司法审查路径》，载《人民司法·案例》2019 年第 2 期。

单质押法律效力的事实，应不予支持。

案情简介

原告：资产管理公司。

被告：某银行深圳分行。

第三人：冶炼公司、物资公司。

案外人管理公司与被告某银行深圳分行、第三人冶炼公司共同签订了委托贷款合同，约定管理公司委托某银行深圳分行向冶炼公司发放2000万元的委托贷款。为担保上述债权，冶炼公司与管理公司签订了三份注册仓单质押合同（以下简称质押合同），并向管理公司提供了该合同中约定的钼精矿电子仓单作为担保。管理公司委托案外人商品交易所进行质物监管，以第三人物资公司的仓库作为商品交易所钼精矿的指定交割仓库。2015年2月10日，物资公司根据冶炼公司的存货情况，出具了三张存货凭证，后又根据冶炼公司及商品交易所的要求，将上述存货的相关信息录入商品交易所系统，制成了37张电子仓单，收回并销毁前述存货凭证。2015年2月13日，商品交易所将质押合同项下约定出质给管理公司的17张电子仓单备注为“质押”，并截屏发送至管理公司指定邮箱。2015年4月29日，管理公司按照委托贷款合同约定，委托某银行深圳分行向冶炼公司发放了贷款。借款到期后，冶炼公司未依约归还借款本金及利息。2015年12月14日，原告与管理公司签署确认书，共同确认管理公司向原告转让涉案委托贷款合同及其从合同或其他关联法律文件项下对冶炼公司所享有之一切权利。同日，管理公司向冶炼公司邮寄了债权转让通知书。

原告认为，管理公司与冶炼公司之间的质押合同依法成立生效，质押合同约定冶炼公司以其于商品交易所注册的电子仓单设立质权，且商品交易所已就涉案电子仓单备注“质押”，具有公示效力，因此，涉案质权依法设立，管理公司对冶炼公司名下的电子仓单及该仓单项下的相关权利享有质权。现原告基于债权转让受让取得上述债权及质权，故原告诉请冶炼公司向原告返还借款本金、利息以及实现债权的费用；并对冶炼公司名下注册于商品交易所的电子仓单项下货物具有优先受偿权。

被告某银行深圳分行辩称，同意原告的诉讼请求。

冶炼公司述称，涉案仓单质押因不符合法律要件而未成立；仓单质押作为物权行为，应以交付为法定生效要件，本案不具有仓单的法定形式和记载事项，未经保管人签字或盖章，也未进行交付，所以原告资产管理公司主张质权，应为无效。

物资公司述称，其并未出具过任何形式的仓单或与此类似的物权凭证，原告并未证明其针对涉案货物享有质权或其他任何物权权利，亦未证明第三人存在任何的违约或过错，并不具有向第三人直接主张责任的法律基础。

法院裁决

上海市浦东新区人民法院经审理认为：本案的争议焦点在于原告对涉案电子仓单是否享有质权。对此争议焦点，法院认为，涉案仓单系以电子形式制成，合法有效；管理公司与冶炼公司订立书面质押合同，电子仓单权利凭证业已交付质权人，故涉案电子仓单质权依法设立。本案原告基于债权转让受让取得对冶炼公司的主债权及涉案电子仓单质权，因此，原告对涉案电子仓单依法享有质权。故法院依法判决冶炼公司履行还款义务，并就涉案电子仓单承担质押责任。

一审宣判后，冶炼公司不服，提起上诉。

上海市第一中级人民法院经审理后，判决驳回上诉，维持原判。

律师评析

本案关注的焦点是以仓单设定的质权效力问题。仓单是保管人向存货人签发的提取仓储物的凭证，存货人或者仓单持有人在仓单上背书并经保管人签字或者盖章的，可以转让提取仓储物的权利。据此可知，存货人或者仓单持有人在仓单上背书并经保管人签字或者盖章的，可以转让提取仓储物的权利。也就是说，仓单的转让即为提取仓储物权利的转让，并且这种权利的让与依法律的规定应当经过保管人的签字或盖章，否则就不能发生转让的效力，而权利质权的设定应当遵循有关权利让与的规则，所以以仓单、提单出质的，出质人与质权人应当签订书面的质押合同，出质人应当在合同约定或法律规定的期限内将仓单或提单交付给质权人，质权自仓单或提单交付之日起设立。仓单或提单出质后，质权人不得再将仓单或提单转让或者质押，否则其再转让或质押的行为无效。

第十九章　商业特许经营合同纠纷[①]

第一节　理论概述与实务指引

特许经营是一种以知识产权为核心，以契约规定为依据的现代商业经营模式，它全面整合了现代市场经济所涉及的商业知识领域，凭借其扩张快、低成本、低风险、高效率的优点，成为企业发展壮大的一条便捷之路，被誉为21世纪的黄金产业，是成功率最高的创业方式。自20世纪80年代引入我国后，经过40多年的发展，已经成为普遍适用的合同形式，特许经营涉及服装、化妆品、汽车等各种产品销售，以及餐饮、科技、家居、美容、超市、教育服务、快递、电商平台等70多个行业。

特许经营合同纠纷作为一种新的案件类型在商事案件中所占的比例逐年上升，特许经营合同纠纷案件也呈现出许多新的特点，给知识产权审判工作带来了诸多新的挑战，成为律师新型业务领域。在当前国家加大保护知识产权力度与营造良好营商环境的大背景下，各地法院重视程度逐渐提高，北京西城法院、海淀法院召开涉特许经营合同纠纷案件审理情况通报会，北京市第二中级人民法院、东城法院、朝阳法院等还出具了专题调研报告，2022年4月，天津市第二中级人民法院也发布了特许经营合同纠纷案件审理情况。北京及上海两地高级人民法院专门出台指导意见，如北京市高级人民法院关于审理商业特许经营合同纠纷案件适用法律若干问题的指导意见，上海市高级人民法院关于审理特许经营合同纠纷案件若干问题的解答，对此类案件的司法裁判进行规范。最高人民法院在《民事案件案由规定》（法〔2020〕346

---

① 本章作者李晓东。

号）中，将涉及特许经营这一新型的商事行为的案件以特许经营合同纠纷确定案由，并作为“知识产权与竞争纠纷”案由下的三级案由，从而把“特许经营”行为与其他传统经营行为区分开来。商业特许经营合同纠纷案件的特点，原告多为被特许人，其中大多数为个体工商户；被告多为特许人，大多数为中、小企业。诉讼请求主要是请求解除合同、请求撤销合同、确认无效、返还加盟费、保证金、赔偿损失。此类案件争议较大，调解率相对较低。

需要说明的是，特许经营不仅包括商业特许经营，还包括政府特许经营、非营利性组织特许经营等，本书仅讨论商业特许经营。

一、商业特许经营的概念与特征

《商业特许经营管理条例》第 3 条第 1 款规定：“本条例所称商业特许经营（以下简称特许经营），是指拥有注册商标、企业标志、专利、专有技术等经营资源的企业（以下称特许人），以合同形式将其拥有的经营资源许可其他经营者（以下称被特许人）使用，被特许人按照合同约定在统一的经营模式下开展经营，并向特许人支付特许经营费用的经营活动。”从该规定可以进一步看出，商业特许经营合同的主体包括特许人与被特许人，在实践中往往被称为“总部”与“加盟商”。

商业特许经营作为一种商业经营模式，在其经营过程和方法中有以下六个特征：(1) 被特许人根据特许人的授权在特定经营模式下使用特许人的经营资源。(2) 被特许人按照约定向特许人支付特许经营费用和其他费用。(3) 特许人和被特许人之间是契约关系。特许人和被特许人是相互独立的法律主体，各自独立对外承担法律责任。(4) 附条件的权利让渡。特许经营作为一种经营模式，其核心内容是“特许人将属于自己的知识产权及专有权利授权给经营人使用，并收取报酬”。特许人对商标、服务标志、独特概念、专利、商业秘密、经营诀窍等拥有所有权。(5) 经营网络的同一性。特许人对体系内部的所有被特许人进行标准化控制和管理。(6) 相对垂直的合作体系。通常特许人与被特许人分属不同的市场层级，具有上下级的垂直阶层关系①。在特许经营合同中包含一些调整和控制条款，以指导和控制被特许人的经营活动。

二、特许人与被特许人的权利和义务

根据《商业特许经营管理条例》的相关规定，可将特许人与被特许人的权利和义务梳理概括如下：

1. 特许人的权利与义务

特许人具有监督权、合同的解除权、收取特许经营费用等权利。

特许人的义务包括：按照《商业特许经营管理条例》第22条规定及时披露信息；授予被特许人特许经营权或特许经营资源的使用；向被特许人提供特许经营操作手册；按照约定的内容和方式为被特许人持续提供经营指导、技术支持、业务培训等服务；提供质量合格的产品，完成合同约定的供应义务；提供合同约定的促销、广告宣传等其他义务。

2. 被特许人的权利与义务

被特许人的权利包括：获得特许人授权使用特许经营资源；获得特许人持续提供经营指导、技术支持、业务培训和指导等服务；获得特许人提供的产品和货物的供应；获得促销支持；在特许经营合同订立后一定期限内，在特许人隐瞒有关信息或者提供虚假信息时，可以单方解除合同的权利。

被特许人的义务包括：按照合同约定支付特许经营使用费、保证金；未经特许人同意，被特许人不得向他人转让特许经营权；不得泄露或者允许他人使用其所掌握的特许人的商业秘密；向特许人及时提供真实的经营情况、财务状况等信息；按照合同约定开展经营活动，接受特许人的指导和监督，维护特许体系的声誉等。

第二节　办案思路与实战技巧

在办理特许经营合同纠纷案件时，应当着重注意特许经营合同性质、特

---

① 张垠、潘忠志：《特许经营法律与实务》，重庆大学出版社2013年版，第11页。

许经营合同效力、特许经营费用、被特许人单方解除权、知识产权侵权、特许经营损失认定、特许经营欺诈行为及对外民事责任认定、法律适用九个方面的实务问题：

一、关于特许经营合同性质认定的思路及要点

特许人与被特许人签订的商业特许经营合同一般都是特许人提供的格式合同，部分合同标明了特许经营合同的字样，但部分合同会以“区域经销合同”“代销合同”“加盟合同”等形式体现，特许人和被特许人往往会对合同性质产生分歧。解决此类纠纷，必须对合同内容加以分析，以确定合同的性质。法官和律师往往依据合同的条款和内容，对照《商业特许经营管理条例》的规定，来确定案件的性质以及案由。

司法实践中，纠纷的法律性质是由法院来认定的，不完全按照当事人的约定来处理。若当事人起诉的法律关系与实际诉争的法律关系不一致的，法院有权根据法庭查明的当事人之间实际存在的法律关系的性质，相应变更案件的案由。立案时，法院一般按照立案案由认定合同性质属于特许经营合同纠纷，或者不明确合同性质，仅以一般合同纠纷予以处理。原因是，有的案件由于当事人签署的合同名称类似于特许经营，合同内容也涉及特许经营字样，但实际上就是一般的供货或买卖关系，此时就需要就纠纷性质予以判断。如果由于当事人约定有偏差，而将此类纠纷排除在类型化纠纷之外，并不利于案件最终实体处理，在法律适用方面也会存在障碍。就商业特许经营合同而言，应符合《商业特许经营管理条例》规定的法律特征，不仅要有经营资源（包括注册商标、企业标志、专利、专有技术等）的授予，而且要有统一的经营模式，并结合相关特许费用的支付、相同的外部经营特征、合作关系的持续性等综合进行判断。如北京市第二中级人民法院于 2014 年审理的钟某鹏与婴幼用品公司特许经营合同纠纷一案①中，原被告双方订立了一份《婴幼用品连锁店合作协议书》，对于该合同的性质，法院在对合同的具体条款加以分析的基础上认为，该合同既包括商标等经营资源的使用，又包

① 北京市第二中级人民法院（2014）二中民（知）终字第 07087 号。

括经营模式的统一，符合商业特许经营合同的特征，其性质应为特许经营合同。在阿某、餐饮公司特许经营合同纠纷案件［（2020）最高法民申4452号］中，最高人民法院认为：本案双方订立的合同约定，餐饮公司除给予阿某特许经营权外，还承担经营管理责任。原审法院经审理，并结合双方各自提出的诉讼请求，认定本案性质为特许经营合同纠纷，相应变更案由并无不当。

二、关于特许经营合同效力认定的思路及要点

在合同纠纷案件中，关于合同的效力，既是当事人争议的焦点，也是法官判定案件实体的难点，律师辩论的重点。特许经营合同仍属于合同纠纷，当合同性质确定后，首要的任务是认定合同效力。具体到特许经营合同纠纷，合同效力的主要问题集中在以下几个方面。

1. “特许人的身份”对合同效力的影响

《商业特许经营管理条例》第3条第2款规定：“企业以外的其他单位和个人不得作为特许人从事特许经营活动。”据此规定，特许人必须是企业，企业以外的其他单位和个人不能从事特许经营活动。司法实践中，企业以外的其他单位和个人作为特许人与他人签订的特许经营合同，法院在判决时一般会依据上述规定而认定合同无效。在史某芬、黎某珍特许经营合同纠纷案件［（2021）最高法民申4413号］、2012重庆市第五中级人民法院发布知识产权保护典型案例之四、原告冉某琴诉被告王某勤特许经营合同纠纷案①、宁波市中级人民法院关于薛某佩与王某合同纠纷案等案件中，均采用上述观点作出判决。

在办理该类案件时，对企业以外的其他单位和个人的范围应有明确的认识，根据《民法典》第2条之规定，民事主体分为自然人、法人和非法人组织。企业以外的其他单位和个人一般是指机关法人、事业单位法人、非法人组织和个体工商户等。法律意义上的企业，有以下几类：（1）有限公司，包

---

① 最高人民法院中国应用法学研究所编：《人民法院案例选》（2012年第3辑总第81辑），人民法院出版社2012年版，第295页。

括有限责任公司和股份有限公司两种；（2）个人独资企业；（3）合伙企业；（4）全民所有制企业，包括“国有”和“全民”两类；（5）集体所有制企业，包括“企业法人”和“营业单位”两种；（6）农民专业合作社[①]。

但需要注意的是，最高人民法院的批复文件中用的是“可以”而不是“应当”，所以有些比较特殊的案例中，仍存在即使合同签约主体双方为自然人，但最终仍被人民法院认定特许经营合同有效。如天津市第二中级人民法院在（2020）津02民初1302号民事判决书中认为：“本案中，原、被告签订的《项目合同书》载明‘烤鱼饭’是李某的标志与服务标识、样式、店铺、管理方式、商品陈列方式、专业教育研修程序及运营有密不可分的系统，合同约定李某许可刘某使用‘烤鱼饭’进行经营，并对店铺装修、技术工艺、原材料使用、价格及营销等须执行李某的要求和标准。从合同内容看，‘烤鱼饭’属于李某的经营资源，刘某须在合同约定的统一的经营模式下开展经营。因此，双方所签《项目合同书》符合商业特许经营合同的特征，属于商业特许经营合同。”该案件中，天津市第二中级人民法院采取了穿透式审查的方式，最终以特许人拥有经营资源为由认定特许经营合同合法有效，驳回了被特许人确认合同无效的诉请。在实践中，非企业主体如果取得具有特许经营资格企业的授权文件，也可以成为分特许人，可以以非企业主体的名义对外签订特许经营合同。在刘某霞、餐饮加盟店特许经营合同纠纷案件［（2020）最高法民申4200号］中，最高人民法院支持了二审法院关于分特许人的裁判观点。

在商业特许经营活动中，不仅活跃着内资企业，还存在外商投资企业，国家对外商投资企业从事特许经营活动有着特定的管理规范。《外商投资法》第28条规定：“外商投资准入负面清单规定禁止投资的领域，外国投资者不得投资。外商投资准入负面清单规定限制投资的领域，外国投资者进行投资应当符合负面清单规定的条件……”关于外商投资领域，该法第4条规定：“国家对外商投资实行准入前国民待遇加负面清单管理制度……负面清单由国务院发布或者批准发布……”对外商投资产业国家明确公布了“鼓励类、

① 张垠、潘忠志：《特许经营法律与实务》，重庆大学出版社2013年版，第11页。

限制类和禁止类的外商投资项目”，其中，在《外商投资准入特别管理措施（负面清单）（2021年版）》第3条中明确要求外商投资企业在中国境内投资，应符合《外商投资准入负面清单》的有关规定。第4条规定：“有关主管部门在依法履行职责过程中，对境外投资者拟投资《外商投资准入负面清单》内领域，但不符合《外商投资准入负面清单》规定的，不予办理许可、企业登记注册等相关事项；涉及固定资产投资项目核准的，不予办理相关核准事项。投资有股权要求的领域，不得设立外商投资合伙企业。”《最高人民法院关于适用〈中华人民共和国外商投资法〉若干问题的解释》第3条规定：“外国投资者投资外商投资准入负面清单规定禁止投资的领域，当事人主张投资合同无效的，人民法院应予支持。”第5条规定：“在生效裁判作出前，因外商投资准入负面清单调整，外国投资者投资不再属于禁止或者限制投资的领域，当事人主张投资合同有效的，人民法院应予支持。”因此，外商投资企业从事特许经营活动还应符合上述法律规定。

2. “两店一年”对于合同效力的影响

“两店一年”是《商业特许经营管理条例》第7条第2款的规定，即“特许人从事特许经营活动应当拥有至少2个直营店，并且经营时间超过1年”。根据《民法典》第153条第1款之规定，违反法律、行政法规的强制性规定的民事法律行为无效。但是，该强制性规定不导致该民事法律行为无效的除外。而强制性规定区分为管理性规范和效力性规范。管理性规范系法律及行政法规未明确规定违反此类规范将导致合同无效的规范，此类规范旨在管理和处罚违反规定的行为，但并不否认该行为在民商法上的效力。效力性规范系法律及行政法规明确规定违反此类规范将导致合同无效的规范，或者虽未明确规定违反之后将导致合同无效，但若使合同继续有效将损害国家利益和社会公共利益的规范，此类规范不仅旨在处罚违反之行为，而且意在否定其在民商法上的效力。因此，只有违反了效力性的强制规范，才可认定合同无效。从上述分析来看，《商业特许经营管理条例》第7条第2款应属于管理性的强制性规范，违反该款规定从事特许经营活动的，可由商务主管部门依据《商业特许经营管理条例》第24条第1款的规定给予行政处罚，但不当然产生合同无效的法律后果。在张某、科技公司特许经营合同纠纷民事申请再审审查民事裁定书［（2021）最高法民申7216号］中，最高人民法院认为“《商业特许经营管理条例》第七条规定的‘两店一年’条款属于行政法规的管理性强制性规定。特许人不具备上述条件，并不当然导致其与他人签订的特许经营合同无效”。广西壮族自治区高级人民法院关于伍某贤、管理公司特许经营合同纠纷一案[①]作出的民事判决，便是此类纠纷较为典型的案例。因此，特许人欠缺“两店一年”的条件并不必然导致特许经营合同无效。

3. 特许经营资源对于合同效力的影响

特许经营资源多为无形资源，是指《商业特许经营管理条例》第3条规定的注册商标、企业标志、专利、专有技术等。经营资源是特许人从事特许经营活动必须具备的基础，为特许人所控制，可以通过合同的形式许可给被特许人使用。

《商业特许经营管理条例》第7条规定，特许人从事特许经营活动应当拥有成熟的经营模式，并具备为被特许人持续提供经营指导、技术支持和业务培训等服务的能力。单一的经营资源并不构成特许经营模式。

在特许经营资源纠纷中，分歧较多的是未注册商标是否导致合同无效的问题。特许经营合同订立后，有些特许人没有申请商标注册，有些特许人的商标正在申请注册，但在签订或履行特许经营合同时，尚未拥有注册商标。作为特许经营合同，其关键在于经营资源的输出，而经营资源不仅包括注册商标，还包括非注册商标、商业秘密等。在赵某国、餐饮连锁公司特许经营合同案［（2021）最高法民申5613号］中，最高人民法院认为：特许人许可他人使用的是一定的经营资源，这些经营资源包括但不限于注册商标、企业标志、专利、专有技术等，未注册商标也可以作为经营资源许可他人使用。某些非注册商标或商业秘密甚至比注册商标和专利更为宝贵，比如可口可乐的技术秘密。在这种情况下，如果仅以特许人授权使用之商标未获得注册就主张合同无效，显然不符合立法的本意，也不利于维护交易秩序的稳定。实践中，法院一般认为商标是否注册不影响合同效力，其仅影响被特许方对特

---

① 广西壮族自治区高级人民法院（2012）桂民三终字第10号。

许人资源价值的判断；而商标权的权利状态也不要求特许人必须是商标注册人，其可以是被授权使用人等。

4. 备案制度对于合同效力的影响

《商业特许经营管理条例》第 8 条第 1 款规定："特许人应当自首次订立特许经营合同之日起 15 日内，依照本条例的规定向商务主管部门备案。在省、自治区、直辖市范围内从事特许经营活动的，应当向所在地省、自治区、直辖市人民政府商务主管部门备案；跨省、自治区、直辖市范围从事特许经营活动的，应当向国务院商务主管部门备案。"实践中，不少特许人并未按照上述期限及时进行备案，当特许经营合同产生纠纷，没有备案的合同是否有效，成为当事人辩论焦点之一。

《民法典》第 153 条第 1 款规定："违反法律、行政法规的强制性规定的民事法律行为无效。但是，该强制性规定不导致该民事法律行为无效的除外。"最高人民法院于 2009 年 7 月 7 日出台的《关于当前形势下审理民商事合同纠纷案件若干问题的指导意见》，对于强制性规定分为管理性和效力性作了明确的定义，同时就界定也提出了严格的标准。特许经营的备案制度是一种事后监管行为，并不属于行政许可，根据《商业特许经营管理条例》第 25 条"特许人未依照本条例第八条的规定向商务主管部门备案的，由商务主管部门责令限期备案，处 1 万元以上 5 万元以下的罚款；逾期仍不备案的，处 5 万元以上 10 万元以下的罚款，并予以公告"之规定，特许人未向商务主管部门备案，主要承担的是行政责任，并不影响民事合同关系的成立与生效。

5. 信息披露制度对于合同效力的影响

我国特许经营信息披露制度主要由《商业特许经营管理条例》和《商业特许经营信息披露管理办法》规定。《商业特许经营管理条例》第 21 条、第 22 条规定了特许人的信息披露义务，以及应当在签订合同之日前至少 30 日以书面形式向被特许人披露的 12 项信息。该条例第 23 条规定："特许人向被特许人提供的信息应当真实、准确、完整，不得隐瞒有关信息，或者提供虚假信息。特许人向被特许人提供的信息发生重大变更的，应当及时通知被特许人。特许人隐瞒有关信息或者提供虚假信息的，被特许人可以解除特许经营合同。”根据该条例第 28 条规定，违反信息披露义务经查实的，由商务主管部门责令改正，处 1 万元以上 5 万元以下的罚款；情节严重的，处 5 万元以上 10 万元以下的罚款，并予以公告。《商业特许经营信息披露管理办法》第 9 条规定，特许人隐瞒影响特许经营合同履行致使不能实现合同目的的信息或者披露虚假信息的，被特许人可以解除特许经营合同。依据上述法律规定，信息披露不影响合同效力，但特许人将面临行政处罚风险，同时被特许人可以行使合同解除权。

从司法实践来看，很多特许经营权纠纷的案件都涉及信息披露问题。在被特许人作为原告的案件中，绝大多数被特许人主张特许人未履行信息披露义务或披露虚假信息，并据此要求解除合同或撤销合同。信息披露不实的认定及处理，已经成为特许经营合同案件中最为突出的问题。

律师在代理此类案件时需要注意的是，在特许人披露信息不实构成欺诈的情况下，被特许人也可以根据《民法典》第 148 条的规定，请求人民法院或仲裁机构撤销合同。于此情形下，被特许人的合同解除权与撤销权竞合，法院一般会依据不告不理的原则，根据当事人的诉讼请求，结合具体案情和法律规定作出裁判。若当事人请求撤销合同的，应在知道或者应当知道撤销事由之日起 1 年内行使撤销权。

6. 特定条款的效力问题

有的特许人为了避免被认定为特许经营合同，会在合同中明确注明“本合同不是特许经营合同”或类似的合同性质条款，当产生纠纷时，对合同的性质双方往往争论不休。从司法实践经验来看，合同约定的权利义务内容与名称不一致的，应当以该合同约定的权利义务内容确定合同的性质，而不是仅仅以合同“名称”为准。

此外，在特许经营合同纠纷案件中，法院首先会审查合同的效力，格式条款的有效性也是审查的重点之一。《民法典》第 496 条规定：“格式条款是当事人为了重复使用而预先拟定，并在订立合同时未与对方协商的条款。采用格式条款订立合同的，提供格式条款的一方应当遵循公平原则确定当事人之间的权利和义务，并采取合理的方式提示对方注意免除或者减轻其责任等与对方有重大利害关系的条款，按照对方的要求，对该条款予以说明。提供格式条款的一方未履行提示或者说明义务，致使对方没有注意或者理解与其有重大利害关系的条款的，对方可以主张该条款不成为合同的内容。”通常由于某一行业垄断的存在、交易内容的重复性、交易双方所要求的简便、省时的情形，导致了格式合同的存在并大量运用于商事生活领域，而特许经营合同正是这样一个典型的格式合同。

律师在代理此类案件时需要注意的是，对格式合同或格式条款，只有合同相对方提出与其有利害关系的条款不成为合同内容时，法院才需审查和认定。并不是所有处于行业垄断地位的一方出具的合同就被认定为格式合同或格式条款，法院会审查争议条款能否同时满足“为了重复使用”“预先拟定”“未与对方协商”的要件，以及该条款是否为与相对方有重大利害关系的条款。同时还会进一步审查，格式条款是否被提示和说明。在魏某、火锅店等与餐饮管理公司特许经营合同纠纷再审案件［（2018）最高法民申 4790 号］中，最高人民法院认为：格式合同的认定，不应简单以合同条款是否由一方提前拟写为标准，而应以合同条款的最终拟定或者合同的最终签署是否体现了合同双方的真实意思为标准。即便合同条款由一方提前拟定，只要另一方充分知情并同意，亦不应认定其构成格式合同。本案中，根据一、二审法院查明的事实，火锅店对加盟 B 火锅及双方权利义务、加盟政策、加盟前景等有充分了解，该《协议书》系餐饮管理公司与火锅店协商一致的情况下签订的，系双方真实意思表示，且不违反法律、行政法规的强制性规定，应属有效。魏某关于《协议书》属于格式合同、相关条款应属无效的主张，缺乏依据，不能成立。

从事特许经营活动，应当遵循自愿、公平、诚实信用的原则，该原则是签订合同的基本原则。对于特许经营协议中“概不退还加盟费”的约定，免除了特许人的责任，加重了被特许人的责任，排除了被特许人合法权益，有悖公平原则。被特许人可根据《民法典》第 497 条“有下列情形之一的，该格式条款无效：（一）具有本法第一编第六章第三节和本法第五百零六条规定的无效情形；（二）提供格式条款一方不合理地免除或者减轻其责任、加重对方责任、限制对方主要权利；（三）提供格式条款一方排除对方主要权利”之规定，主张该约定无效。在“概不退还加盟费”条款被认定无效的情况下，被特许人可依法主张返还加盟费，但加盟费的具体返还请求，仍应结合特许经营合同的订立和履行情况、实际经营期限以及合同相对方是否存在违约行为、过错程度等因素合理确定，并非简单化全额返还。

三、关于特许经营相关费用纠纷的处理思路及要点

1. 关于特许加盟费的处理思路及要点

加盟费是指特许人将特许经营权授予被特许人时所收取的一次性费用。加盟费是被特许人成为特许人所构建的特许经营体系成员而必须缴纳的一次性入门费用，依照国际及行业惯例，无论合同规定的经营时间是否届满，被特许人一般均无权要求特许人退还全部或部分加盟费，但因特许人有违约情形的除外。特许双方对加盟费是否返还产生争议，主要原因是对加盟费的性质有争议。司法实践中，加盟费应否退还是根据双方的约定来判断，如果约定不明，特许方切实履行了收取加盟费所应承担的义务，将特许权授予了加盟者，那么即使中途解约，加盟费也不存在退还问题①。上海市第二中级人民法院关于 B 茶楼特许经营合同纠纷案件便是基于上述观点作出的判决。

2. 关于特许经营费用的处理思路及要点

根据《商业特许经营管理条例》第 3 条的规定，特许经营合同的本质是经营资源使用权和特许经营费用的对价交易。特许人将自己的经营资源许可被特许人使用，被特许人按照合同约定在统一的经营模式下开展经营，并向特许人支付特许经营费用。实践中主要涉及特许经营费用应否退还的问题，分为两种情形，一是在合同无效和被撤销的情况下，特许人许可的特许经营权自动全部回归特许人，特许人应当返还全部特许权使用费。当特许人为个人或没有特许经营资源，合同一般会被法院认定无效，此时特许权使用费应当全部返还。二是在合同解除的情况下，解除前双方对特许经营合同的履行都是有效的，该费用的返还一般会按照实际经营期限与约定经营期限进行折算，当没有约定经营期限时，法院会综合考虑合同的订立和履行情况、实际经营期限、双方当事人的过错程度等因素，酌情确定特许权使用费的返还比例。

---

① 卫永鹏：《商业特许经营法律实务》，法律出版社 2014 年版，第 176 页。

3. 关于管理费的处理思路和要点

管理费是指被特许人为特许人提供的日常支持和服务而支付的持续性费用。因特许人提供的日常支持和服务具有不可返还性，在合同被认定无效、撤销或者解除后，法院一般会考虑合同的具体履行情况、双方的过错程度等因素确定已支付的管理费是否返还以及未支付的管理费是否应当支付。

4. 关于特许经营保证金（押金）的处理思路及要点

保证金（押金）是被特许人为担保合同的履行向特许人给付一定的金钱，是合同履行的一种担保方式。对保证金（押金）的性质，我国法律没有明确规定，主要看当事人的约定。若约定保证金（押金）为定金或具有定金的作用，则可以适用《民法典》规定的定金罚则；若约定为履约保证金，当被特许人违约时，特许人有权按照违约处理。但很多特许经营合同对保证金（押金）的作用约定不明，因此，双方容易在保证金的性质上产生纠纷，在约定不明的情形下，不能适用定金罚则，在合同终止或履行到一定程度且被特许人无违约的情形下，法院会裁判特许人退还相应的保证金（押金）。

5. 关于推广、宣传费用的处理思路及要点

推广、宣传费用是被特许人为推广宣传某一产品或服务的市场知名度而向特许人支付的费用。《商业特许经营管理条例》第 17 条第 1 款规定："特许人向被特许人收取的推广、宣传费用，应当按照合同约定的用途使用。推广、宣传费用的使用情况应当及时向被特许人披露。"这一规定是特许经营合同纠纷案件中推广、宣传费用纠纷法院裁判的主要依据。

四、关于被特许人单方解除权认定的思路及要点

1. 特许经营特殊法定解除权

在特许经营中被特许人往往处于被动地位，在经营方式或自主拓展经营方面须遵从特许人的统一管理，不能擅自改变。从防范经营风险和平衡各方利益的角度考量，《商业特许经营管理条例》赋予了被特许人在特定情形下单方解除合同以及终止合同的权利。主要包括冷静期期间解除、违反信息披露义务解除。

（1）冷静期期间解除。《商业特许经营管理条例》第 12 条规定："特许

人和被特许人应当在特许经营合同中约定，被特许人在特许经营合同订立后一定期限内，可以单方解除合同。”该条实际上是赋予了被特许人的“毁约权”，对被特许人的利益具有较强的保障作用。对于该规定中的“一定期限”（俗称“冷静期”），法律没有明确，当事人应当在合同中进行约定，但约定的期限应当具有合理性。律师在代理案件中需要注意的是，如果当事人在合同中约定了“冷静期”，原则上应当尊重当事人的约定。但若约定的“冷静期”过短，法院可能会认定该约定无效。如在 2021 年 4 月 23 日北京市海淀人民法院发布知识产权合同十大典型案例之七中，法院认为：被告在合同中将冷静期限定为五天，而根据生活经验和商业惯例，被特许人在签订特许经营合同后，要进行项目选址等前期筹备工作，五天时间不太可能完成，将该期限定为五天显然加重了被特许人的责任，该条款依法应为无效。在合同没有约定“冷静期”的情况下，法院通常会结合实际履行情况来确定一个“合理”的期限。通常情况下，该期限至迟应当在被特许人享受特许经营合同的主要权利之前（如使用特许经营资源、销售特许人提供的商品或提供服务、特许经营店开业前等），若双方已经依据合同进行了相应投入，且实际履行了合同有关权利义务，法院可能会认定被特许人“冷静期”单方解约权超过了合理期限，从而不支持被特许人单方解除的主张。在聂某美、科技公司特许经营合同案［（2021）最高法民申 2622 号］中，最高人民法院认为：聂某美主张其并未实际使用科技公司的特许经营资源，但根据一审庭审中科技公司的当庭演示，聂某美已经使用了科技公司提供的软件并产生了后台数据，因原审判决已经确认涉案合同解除，聂某美是否持续使用特许经营资源，均不足以推翻原审判决关于因聂某美实际使用特许经营资源不再享有单方解除权以及科技公司存在虚假宣传未实质影响聂某美订立涉案合同的意思表示的认定。

（2）违反信息披露义务解除。《商业特许经营管理条例》第 23 条规定：“特许人向被特许人提供的信息应当真实、准确、完整，不得隐瞒有关信息，或者提供虚假信息。特许人向被特许人提供的信息发生重大变更的，应当及时通知被特许人。特许人隐瞒有关信息或者提供虚假信息的，被特许人可以解除特许经营合同。”《商业特许经营信息披露管理办法》第 9 条规定：“特许人隐瞒影响特许经营合同履行致使不能实现合同目的的信息或者披露虚假信息的，被特许人可以解除特许经营合同。”被特许人在签订合同时一般无法了解到经营资源的真实情况，若提供经营资源的主体与经营资源的来源均是虚假的，造成被特许人对涉案品牌价值产生错误认知，势必会影响后续的经营活动，亦背离了被特许人进行特许经营商业活动的初衷。在此种情况下，被特许人应当有权解除合同。但实践中需要注意的是，虚假信息应当是涉及经营资源的重要信息或涉及被特许人合同目的的信息，被特许人除应证明特许人违反如实披露信息的法定义务外，还需要举证证明合同目的已无法实现的事实，以及隐瞒信息或提供虚假信息与合同目的不能实现间具有因果关系且造成重大影响。如果特许人没有尽到披露义务并不影响被特许人合同目的的实现，则被特许人仅以特许人违反合同披露义务而解除合同的主张不应支持。在赵某国、餐饮连锁公司特许经营合同案［（2021）最高法民申5613号］中，最高人民法院认为：如果特许人违反信息披露义务，被特许人可以主张解除合同，但合同是否解除，仍应审查特许人违反信息披露义务是否影响被特许人合同目的的实现，如果特许人没有尽到披露义务并不影响被特许人合同目的实现，则被特许人仅以特许人违反合同披露义务而解除合同的主张不应支持。

2. 特许经营一般法定解除权

《民法典》第528条、第533条及第563条对合同解除的条件进行了规定，相关规定同样适用于特许经营合同。因此，若出现《民法典》规定的法定解除情形的，被特许人作为特许经营合同的当事人之一，可以依法解除合同。

3. 特许经营约定解除权

《民法典》第562条规定：“当事人协商一致，可以解除合同。当事人可以约定一方解除合同的事由。解除合同的事由发生时，解除权人可以解除合同。”若特许经营合同中对于合同的解除情形进行了明确约定，只要相关约定合法有效，当出现约定的解除情形时，被特许人作为特许经营合同的当事人之一，也可解除合同。

五、关于特许经营中知识产权侵权纠纷的处理思路及要点

作为一种以注册商标、企业标志、专利、专有技术等知识产权为核心内容的经营资源的许可使用，知识产权保护对于特许经营的发展起着至关重要的作用。在商业特许经营合同纠纷中，作为特许人的一方除了希望按时足额得到特许费用之外，越来越重视对知识产权及商业秘密的保护。

司法实践中，特许经营合同既要受《民法典》的调整，也要受相关特别法规范的调整。当涉及知识产权的纠纷问题时，还需适用《商标法》和《专利法》等法律规范。知识产权侵权之诉与特许经营合同纠纷之诉产生竞合，当事人有选择权，但不同的案由对举证责任有不同的要求，律师在操作中需认真分析，选择有利于己方当事人的案由，从而最大限度地得到司法救济。遇到此类纠纷，法院往往以利益平衡为指引，通过判决进一步划清双方权利义务关系的边界，确保特许人对特许经营资源特别是商标等知识产权的绝对控制，同时也限制被特许人攫取特许人的知识产权利益。在特许经营合同中，只要被特许人开始从事特许经营业务，即实际掌握特许人的商业秘密，该过程具有不可逆性，就需要竞业禁止条款来保护特许人，这样才能实现特许人与被特许人之间权利义务上的平衡。如 2015 年最高人民法院公布 2014 年中国法院 10 大知识产权案件之三，江苏省高级人民法院（2012）苏知民终字第 0154 号案例，即银楼公司、工贸公司与银楼首饰公司、首饰总公司特许经营合同案，河南高院 2017 年公布 2016 年知识产权司法保护十大典型案例之八，河南省高级人民法院（2016）豫民终 234 号案例，即营销公司与张某特许经营合同案，均体现出上述裁判思路。

六、关于特许经营损失认定的思路及要点

特许经营合同未成立、未生效、无效、撤销或解除后，过错方给无过错的一方造成损失的，无过错的一方享有损害赔偿请求权。无过错的一方当事人可以请求过错方当事人赔偿其因订立及履行合同而产生的实际损失，如：为履行合同而支出的广告宣传费用、租房装修费用、员工工资等。合同解除前特许经营合同已经履行一段时间的，上述费用应视情况按照实际经营期限

与约定经营期限进行折算。对于无过错方遭受的丧失缔约机会或其他可得利益的损失，法院会综合考虑合同的订立和履行情况、实际经营期限、双方当事人的过错程度等因素合理确定返还的数额、比例或方式，酌情确定过错方赔偿数额。律师代理被特许人向特许人主张赔偿间接损失的，应持谨慎态度。除非根据公平原则，在过错方赔偿对方所受直接损失远远不能弥补实际损失时，且过错方存在明知该损失会发生的情形，无过错方也确实因特许经营合同被解除、撤销或者被确认无效，导致丧失订约机会或者可得利益遭受较大损失的情况下，法院才会酌情予以考虑。

七、关于特许经营欺诈行为认定的思路及要点

特许经营欺诈主要表现为特许人采取种种手段夸大特许经营体系的经营资源，夸大特许经营加盟者的收益，隐瞒对自己不利的情况，以激发被特许人的投资欲望，诱使被特许人作出签订特许经营合同的意思表示。《民法典总则编司法解释》第21条规定："故意告知虚假情况，或者负有告知义务的人故意隐瞒真实情况，致使当事人基于错误认识作出意思表示的，人民法院可以认定为民法典第一百四十八条、第一百四十九条规定的欺诈。"在特许经营合同欺诈中，欺诈的构成通常包括三个要件：（1）特许人有欺诈的故意。（2）欺诈行为的实际发生。（3）欺诈行为使被特许人陷于错误签订特许经营合同，作出违背真实意愿的意思表示。一般情况下，律师代理受欺诈的被特许人维权，可以考虑要求解除合同或撤销合同来保护委托人的利益。

在司法实践中，对欺诈的认定采取了比较慎重的态度，尤其是注意区分恶意欺诈和商业夸大宣传之间的差别。法官会综合考虑所隐瞒信息或者所提供虚假信息的重要性、与真实信息相背离的程度以及对于特许经营合同订立和履行的影响程度等因素予以判断，尽可能维护特许经营合同的稳定性，防止被特许人一旦经营失败就把全部责任转嫁到特许人身上。

律师在处理此类案件时，若涉及诈骗的，还需要注意"先刑后民"处理原则。根据《最高人民法院关于审理经济合同纠纷案件中涉及经济犯罪嫌疑若干问题的规定》的相关规定，法院发现案件的全部或部分事实涉嫌刑事犯

罪的，应将犯罪嫌疑线索、材料移送有关公安机关或检察机关查处。但根据民事法律规范判断，当事人之间构成民事法律关系，且不影响民事案件审理的，民事案件可继续审理。审理中发现涉嫌犯罪，且该刑事犯罪嫌疑案件确认的事实将直接影响民事纠纷案件的性质、效力、责任承担的，依照《民事诉讼法》的规定，法院应裁定中止审理，将犯罪线索移送有关公安机关或检察机关，等待刑事程序终结后再恢复审理。审理中发现涉嫌犯罪，且不构成民事责任承担的，例如发现案外人涉嫌盗用、私刻单位公章从事诈骗的行为，作为民事被告的单位没有过错，不应当承担民事责任的，即合同当事人之间不存在民事法律关系的，法院应全案移送。因此，如果是刑事自诉案件，当事人没有控诉被告，法院一般按照民事案件来审理民事请求；如果原告想追究被告人刑事责任，并提出诉讼请求，法院会将案件移送刑事庭审理；如果是公诉案件，法院在审理民事案件中，发现案件实体内容有涉嫌刑事犯罪的情况时，一般会裁定中止审理，同时将发现的情况或线索移送具有侦查权的侦查机关。

八、关于特许经营中对外民事责任认定的思路及要点

实践中，当被特许人使用特许人的商标、名称、商号等，一般人无法识别和分清特许人和被特许人之间的关系，往往会以表见代理为由主张特许人承担责任，但我国目前的法律和法规还没有关于特许经营法律关系中的民事责任如何确定的规定。原则上讲，特许经营是以特许人和被特许人之间的特许经营合同为基础，特许人与被特许人的财产是相互独立的，被特许人应当对自己的经营活动承担责任。但根据案件具体情况，特许人在特定情形下也可能对被特许人的债务承担责任。因为经营模式不同，特许人对外民事责任的承担主要有以下几种情形：（1）名为特许经营实为挂靠。被挂靠者应对挂靠人的行为承担责任。（2）名为特许经营实为连锁经营。根据合同相对性及合同责任的原则，谁为合同当事人，谁就承担合同引起的法律后果。虽然二者有区别，但特许人向被特许人进行连锁包装，允许连锁店使用特许人的商标、商号、服务标记、专利及经营诀窍等，甚至于广告、信笺及收据的抬头也印有特许人的商号、商标，这种经营外观非常容易使消费者认为连锁店、

特许企业就是同一企业，依据表见代理制度，特许人可能会被认定承担连带责任，跨国特许连锁经营一般会参照有关解决此类问题的国际惯例进行处理。(3) 名为特许经营实为联营。多数情况下，联营双方投资成立新的联营体，共同经营、共担风险。若成立的是有限公司，且无虚假出资和抽逃出资的情形，应由联营公司独自对外承担责任，但作为投资的商标、字号会成为被执行财产。律师代理上述类型的案件首要任务是厘清法律关系。从司法实践经验来看，上海市浦东新区人民法院在张某东、孙某与快递公司、货运代理公司等机动车交通事故责任纠纷案［（2013）浦民一（民）初字第39334号］中的裁判观点值得借鉴，该院认为：从更有利保护善意第三人利益，又能平衡特许人与被特许人之间的利益出发，应以“控制程度和过错程度”原则作为特许人是否承担第三人责任的判断标准。“控制程度和过错程度”原则，即特许人对被特许人的经营行为控制的程度越强、范围越广，特许人的控制行为在被特许人的侵权行为中的过错程度越大，则其越应当承担第三人责任，且其应当承担的第三人责任的份额也就越大。此外，江苏省泰州市海陵区人民法院在袁某生与王某强、陈某量等机动车交通事故责任案［(2018)苏1202民初1451号］中也持同样观点。

九、关于《民法典》施行后特许经营合同纠纷法律适用问题

《最高人民法院关于适用〈中华人民共和国民法典〉时间效力的若干规定》第1条第2款之规定，若特许经营合同纠纷所涉法律事实发生在《民法典》施行前，案件的裁判仍应适用《合同法》及《商业特许经营管理条例》的相关规定。在国际商贸公司等与白某鹏特许经营合同案［(2021)京73民终4373号］、信息科技公司与王某平等特许经营合同案［(2022)沪73民终451号］中，北京知识产权法院和上海知识产权法院均已明确了上述裁判观点。

关联案例1

案件名称：餐饮公司与梁某丹、杨某翠特许经营合同案

案　　号：广州知识产权法院（2020）粤73民终905号

裁判观点：《商业特许经营管理条例》第12条规定，特许人和被特许人应当在特许经营合同中约定，被特许人在特许经营合同订立后一定期限内，可以单方解除合同。加盟合同没有对被特许人的单方解除权以及行使时间进行明确约定，可视为被特许人依法在合同期限内享有法定解除权。加盟合同中约定的合同终止或变更等任何原因被特许人均无权要求退还加盟费，以及因被特许人原因出现任何本合同无法继续履行的情况时特许人有权不退还履约保证金条款，属于排除被特许人主要权利的格式条款，特许人据此辩解被特许人无权要求退回加盟费和履约保证金的，依法不予采纳。

关联案例2

案件名称：肖某章与果业公司特许经营合同案

案　　号：湖南省高级人民法院（2021）湘知民终523号

裁判观点：《商业特许经营管理条例》第7条规定主要要求特许人应具备成熟的经营模式和指导被特许人开展经营活动的能力，目的是保障特许经营行业的稳定健康发展。该规定属于行政法规的管理性强制性规定，不影响合同的效力。特许经营人是否满足“两店一年”及经营备案条件，不必然导致解除合同的后果。

关联案例3

案件名称：林某懂、李某雷与餐饮公司特许经营合同案

案　　号：最高人民法院（2021）最高法民申7843号

裁判观点：特许人在签订涉案《商业特许经营合同》前，已经获得涉案商标使用权，具有一定的经营资源，可以开展特许经营活动。虽然被特许人未拓展加盟店，也未开设直营店，但合同已经实际履行一段期间且在被特许人已经通过特许人许可的经营资源获得相应的收益的情况

下。被特许人以特许人未披露相关信息、不具有相关资质等理由主张合同目的无法实现的，依法不予支持。

关联案例4

案件名称：刘某佳、雷某与咨询公司特许经营合同案

案　　号：重庆市第一中级人民法院（2020）渝01民终3236号

裁判观点：《商业特许经营管理条例》第12条明确规定了特许经营合同中应当约定受特许人在合同订立后一定期限内享有单方解除权，该权利并不因双方当事人未按法律规定在合同中进行约定而丧失。

关联案例5

案件名称：魏某、火锅店等与餐饮管理公司特许经营合同案

案　　号：最高人民法院（2018）最高法民申4790号

裁判观点：格式合同的认定，不应简单以合同条款是否由一方提前拟写为标准，而应以合同条款的最终拟定或者合同的最终签署是否体现了合同双方的真实意思为标准。即便合同条款由一方提前拟定，只要另一方充分知情并同意，亦不应认定其构成格式合同。

第三节　典型案例精析

案例1：茶楼公司诉唐某平等解除特许经营合同案①

裁判要旨

根据合同条款及行业惯例等，当特许方对特许经营合同解除无任何过错

① 一审：上海市静安区人民法院（2004）静民二（商）初字第150号；二审：上海市第二中级人民法院（2004）沪二中民三（商）终字第394号。

时，特许方在解除合同时有权不予返还加盟费；特许保证金在没有特定的定金约定情况下，不具备定金的惩罚功能；合同解除后违约方仍应赔偿守约方的损失。

案情简介

2003 年 9 月 2 日，唐某平与茶楼公司订立《特许加盟合同》，约定：茶楼公司向唐某平授予“B 茶楼”商标、商号的特许经营权，并授予使用“B 茶楼”经营技术资产等，特许经营权的期限为 5 年。合同订立时，唐某平应支付加盟费 15 万元，无论是合同中止、终止还是其他理由，均不归还特许加盟费，唐某平还应向茶楼公司支付特许保证金 10 万元，茶楼公司可以将保证金的全部或部分，抵充唐某平拖欠的债务，唐某平违约时，茶楼公司没收保证金，并特别约定保证金不具有定金的性质。合同还约定特许使用费、特许广告费等按月支付。如一方违约另一方可解除合同，违约金为 30 万元。唐某平以该特许加盟合同参与设立的公司对唐某平的上述义务承担连带责任。合同签订后，唐某平缴纳了加盟费 15 万元及保证金 3 万元。唐某平与他人共同出资设立了餐饮公司，由餐饮公司作为经营“B 茶楼”加盟店的载体。之后，因唐某平长期拖欠特许使用费和特许广告费等，茶楼公司经催讨未果于 2004 年提起诉讼，要求判令：解除特许加盟合同；唐某平支付特许广告费、特许使用费 4171.28 元，违约金 30 万元，特许保证金 3 万元；唐某平设立的餐饮公司承担连带责任。唐某平反诉称因茶楼公司未履行员工培训、广告制作等合同义务，要求继续履行合同，并由茶楼公司承担违约责任。同时，唐某平认为特许加盟合同中违约金过高，请求法院予以调整。餐饮公司同意唐某平的意见，并对承担连带责任没有异议。

法院裁决

一审法院经审理认为：茶楼公司已依约履行了相关义务，唐某平拖欠相关费用的违约行为已构成合同解除条件，茶楼公司有权解除合同，解除合同后应对该合同的后果一并进行处理。遂判决：一、解除茶楼公司与唐某平之间订立的《特许加盟合同》；二、唐某平支付茶楼公司特许广告费、特许使用费 4171.28 元；三、唐某平支付茶楼公司违约金 15 万元；四、海通餐饮三林公司应对唐某平上述应付款项承担连带清偿责任；五、茶楼公司其余诉讼请求不予支持；六、茶楼公司返还唐某平特许加盟费 12 万元、特许保证金 3 万元；七、唐某平反诉诉讼请求不予支持。

一审宣判后，茶楼公司不服提出上诉，请求撤销原审判决第三项、第六项，改判茶楼公司收取的特许加盟费及特许保证金不予退还，唐某平及餐饮公司应全额支付合同约定的违约金 30 万元等。被上诉人唐某平、餐饮公司共同辩称：唐某平经营餐饮公司仅几个月，并未造成茶楼公司的重大损失，故请求驳回上诉，维持原判。二审法院经审理后进行改判，判决：一、维持原审判决第一项、第二项、第四项、第五项、第七项；二、撤销原审判决第三项，改判为“唐某平支付茶楼公司违约金 3 万元”；三、撤销原审判决第六项，改判为“茶楼公司返还唐某平特许保证金 3 万元”。

律师评析

本案是典型的特许经营合同纠纷，经过一审和二审，二审改判了一审的部分判项。案件争议焦点是特许加盟费是否应退还，特许保证金是否应退还，违约金如何确定等三个问题。

一、关于特许加盟费问题

首先，在双方的特许加盟合同中存在关于特许加盟费不予退还的条款约定，符合特许经营加盟费的性质及行业惯例。因此，只要该加盟合同合法有效，法院应予尊重。

其次，特许加盟费是指被特许人为获得特许经营权而向特许人支付的一次性费用，实质是被特许人获取特许经营资格的对价。在本案中，茶楼公司履行了合同约定的授权唐某平使用“B 茶楼”商标、商号、经营技术资产及提供相关文件等义务后，加盟费的价值已经实现。

最后，本案系争特许加盟合同系因唐某平的违约行为而致解除，茶楼公司并无违约行为，因此，唐某平应承担相应的法律后果。

综上，在合同开始履行后，特许方切实履行了收取加盟费所应承担的义务，不存在违约行为，中途解约后，加盟费不应退还，二审改判支持 B 茶楼公司关于不退还加盟费的上诉请求无疑是正确的。

二、关于特许经营的保证金问题

特许人收取保证金的目的是担保合同的履行，虽然双方约定被告违约时，茶楼公司可以没收保证金，但同时明确该保证金不具有定金性质，且茶楼公司可将保证金用于抵充唐某平拖欠的债务，因此，该合同中特许保证金的实质是一种以金钱作为质押标的的担保形式，据此二审法院认定双方保证金不具有定金性质，当合同提前解除时，保证金应予退还。

三、关于违约金的确定问题

一审判决中，将茶楼公司的损失确定为其在唐某平未来经营期间可向唐某平收取的特许广告费、特许使用费以及特许加盟费。按合同约定，前两项费用的损失，根据营业额计算，因唐某平违约而不能确定，只能酌情判断。综合考量茶楼公司的损失，一审判决唐某平偿付违约金 15 万元，但需退还加盟费 12 万元；二审法院则认为合同解除后赔偿的范围不应包括可得利益的损失。因合同解除的效力是使合同恢复到订立之前的状态，而可得利益只有在合同完全履行时才可能产生，茶楼公司选择了解除合同，故不应得到在合同完全履行情况下所应得的利益，最终判决唐某平支付茶楼公司违约金 3 万元，但 12 万元加盟费无须退还。两级法院的裁判观点有所不同，但从数额角度来看，并无不同。《民法典》第 584 条规定："当事人一方不履行合同义务或者履行合同义务不符合约定，造成对方损失的，损失赔偿额应当相当于因违约所造成的损失，包括合同履行后可以获得的利益；但是，不得超过违约一方订立合同时预见到或者应当预见到的因违约可能造成的损失。"第 585 条第 1 款、第 2 款规定："当事人可以约定一方违约时应当根据违约情况向对方支付一定数额的违约金，也可以约定因违约产生的损失赔偿额的计算方法。约定的违约金低于造成的损失的，人民法院或者仲裁机构可以根据当事人的请求予以增加；约定的违约金过分高于造成的损失的，人民法院或者仲裁机构可以根据当事人的请求予以适当减少。"笔者认为，在合同解除的情况下，根据守约方所遭受的实际损失，并结合可预见原则、减损原则、损益相抵原则、扣除成本原则等来客观认定损失赔偿数额，进而对违约金进行相应调整更为妥当。

案例2：赵某国与餐饮连锁公司特许经营合同案①

裁判要旨

特许人许可他人使用的是一定的经营资源，这些经营资源包括但不限于注册商标、企业标志、专利、专有技术等，未注册商标也可以作为经营资源许可他人使用；“两店一年”属于行政法规的管理性强制性规定，不是合同无效的判断标准；如果特许人违反信息披露义务，被特许人可以主张解除合同，但合同是否解除，仍应审查特许人违反信息披露义务是否影响被特许人合同目的的实现，如果特许人没有尽到披露义务并不影响被特许人合同目的的实现，则被特许人仅以特许人违反合同披露义务而解除合同的主张不应支持。

案情简介

2017年9月27日，餐饮连锁公司与赵某国签订《商业加盟经营合同》及《补充协议》，合同期限3年，自2017年9月27日起至2020年9月26日止。餐饮连锁公司将A品牌系列产品加盟经营权和品牌拓展业务授权给赵某国，加盟经营区域为山西省临汾地区，加盟经营费32万元。双方约定，因赵某国原因导致的加盟合同终止、提前解除或无法履行，则赵某国自愿放弃所支付的加盟经营费，餐饮连锁公司无须返还。关于门店装修，双方约定，餐饮连锁公司对店面整体装修进行设计，餐饮连锁公司须按照甲方的设计进行施工并承担装修费用，同时向餐饮连锁公司支付设计费。非在青岛市区开设门店，如需餐饮连锁公司设计人员至现场丈量尺寸的，所有差旅费由赵某国承担。双方还对开业培训及指导、合同解除等进行了约定。赵某国向餐饮连锁公司支付了约定的加盟经营费30万元，未支付保证金，没有选址开自营店，餐饮连锁公司亦没有提供后续的装修设计等相关的服务和协助。

第13272655号商标及图的注册人为管理公司，注册日期为2015年12月28日，有效期至2025年12月27日。该商标于2018年4月13日经核准变更

① 一审：山东省青岛市中级人民法院（2019）鲁02民初2253号；二审：山东省高级人民法院（2021）鲁民终493号；再审：最高人民法院（2021）最高法民申5613号。

注册人为餐饮连锁公司。

第35870495号商标注册人为餐饮实业公司，核定使用于第43类商品：出租椅子、桌子、桌布和玻璃器皿。注册日期2020年2月7日，有效期至2030年2月6日。

赵某国诉称，2017年9月27日双方签订《商业加盟经营合同》时，被申请人并未取得注册商标等经营资源，且成立时间较短，并不符合法定特许人的主体资格条件；然而，餐饮连锁公司却在网络中大肆宣传自己拥有涉案注册商标等经营资源、成熟经营模式，夸大经营收益，向其提供了不准确、不真实的信息。且餐饮连锁公司并未将双方签订的《商业加盟经营合同》依法进行备案登记。因此，餐饮连锁公司并不符合法定特许人的主体资格条件，未依法履行信息披露义务。赵某国起诉要求：(1) 判令解除双方于2017年9月27日签署的《商业加盟经营合同》。(2) 判令餐饮连锁公司返还赵某国加盟费32万元。(3) 判令餐饮连锁公司赔偿赵某国各项损失52000元。(4) 本案诉讼费用、保全费用由餐饮连锁公司承担。

法院裁决

一审法院经审理后认为：当事人签订上述合同的主要目的在于餐饮连锁公司将其经营资源许可赵某国使用，赵某国在约定的区域开设直营店、发展加盟店，获取收益；餐饮连锁公司获取加盟费等。双方当事人签订涉案《商业加盟经营合同》及《补充协议》后，均未积极履行开设加盟店、发展加盟商等合同义务，导致合同目的不能实现，赵某国主张解除合同，符合法律规定，予以支持。赵某国请求判令被告赔偿其各项损失52000元，因未提交证据证明其主张，一审法院不予支持。据此判决：一、自判决生效之日起，解除赵某国与餐饮连锁公司于2017年9月27日签订的《商业加盟经营合同》；二、餐饮连锁公司于判决生效之日起十日内返还赵某国加盟费32万元；三、驳回赵某国的其他诉讼请求。

餐饮连锁公司不服，提起上诉。二审法院经审理后认为：首先，餐饮连锁公司享有相关商标权利，故赵某国以餐饮连锁公司未取得商标权为由解除合同，依据不足，不应支持。其次，本案赵某国没有证据证明其未开店系餐饮连锁公司未提供装修设计造成的，其以此要求解除合同的主张不能成立，不应支持。一审法院对此认定不当，应予纠正。虽然赵某国没有进行经营选址，但不影响餐饮连锁公司履行提供培训服务的合同义务，但餐饮连锁公司并未提供证据证明履行了培训、提供了相关技术指导的义务，存在一定过错。故本案在赵某国以实际行动表明不再履行合同的情形下，一审法院判令解除合同并无不当。最后，加盟费用包含自行开店加盟费用和招商加盟费用。赵某国虽未自行开店，亦未招商加盟，但实际占用了经营资源长达两年多的时间，赵某国又未提供证据证明未开店系由餐饮连锁公司造成，而在合同约定期间，餐饮连锁公司又不能在授权区域另行授权第三方，再考虑餐饮连锁公司未提供培训等合同义务也有一定过错，故本院确定餐饮连锁公司返还赵某国加盟费用 8 万元。遂判决：一、维持山东省青岛市中级人民法院（2019）鲁 02 民初 2253 号民事判决第一项，即自本判决生效之日起，解除赵某国与餐饮连锁公司于 2017 年 9 月 27 日签订的《商业加盟经营合同》；二、撤销山东省青岛市中级人民法院（2019）鲁 02 民初 2253 号民事判决第三项，即驳回赵某国的其他诉讼请求；三、变更山东省青岛市中级人民法院（2019）鲁 02 民初 2253 号民事判决第二项为：餐饮连锁公司于本判决生效之日起十日内返还赵某国加盟费 8 万元；四、驳回赵某国的其他诉讼请求。

二审判决后，赵某国申请再审。最高人民法院经再审后，于 2021 年 9 月 24 日裁定：驳回赵某国的再审申请。

律师评析

本案是典型的特许经营合同纠纷案件，争议焦点是涉案特许经营合同应否解除；如果解除，双方应如何承担法律责任。通过一审、二审和再审的裁判，可以看出，各级法官对合同解除的原因的认定不完全一致，同时对合同履行中的过错责任划分的认识也不同。具体分析如下：

1. 关于解除条件问题

《民法典》第 563 条第 1 款规定："有下列情形之一的，当事人可以解除合同：（一）因不可抗力致使不能实现合同目的；（二）在履行期限届满前，当事人一方明确表示或者以自己的行为表明不履行主要债务；（三）当事人一方迟延履行主要债务，经催告后在合理期限内仍未履行；（四）当事人一方迟延履行债务或者有其他违约行为致使不能实现合同目的；（五）法律规定的其他情形。”本案中，双方当事人签订涉案《商业加盟经营合同》及《补充协议》后，均未积极履行开设加盟店、发展加盟商等合同义务，赵某国已经起诉解除合同，因此该合同目的已不能实现，符合法定的解除条件。

2. 关于解除原因问题

合同目的不能实现，是合同解除的法定条件之一。但是，导致合同目的不能实现的原因，是认定合同解除责任的关键。本案中，赵某国主张，特许人不具备特许经营主体资格，且特许人未披露其相关信息，亦影响了合同的履行，其有权解除合同。但是，法院最终并未支持其主张。

首先，关于特许人是否拥有注册商标的问题。经法院查明，餐饮连锁公司在涉案合同签订前，经管理公司授权，取得了第13272655号商标包含许可他人使用的使用权，第35870495号商标于2020年2月7日获得核准注册，餐饮连锁公司系该商标的专用权人。最高人民法院认为：特许人许可他人使用的是一定的经营资源，这些经营资源包括但不限于注册商标、企业标志、专利、专有技术等，未注册商标也可以作为经营资源许可他人使用。

其次，关于“两年一店”的问题。最高人民法院认为：《商业特许经营管理条例》关于特许人从事特许经营活动应当拥有至少2个直营店，并且经营时间超过1年以及是否备案等规定，属于行政法规的管理性强制性规定，特许人不具备上述条件，不会导致特许经营合同无效。

最后，关于信息披露的问题。《商业特许经营管理条例》第23条规定，特许人有信息披露的义务。特许人隐瞒有关信息或者提供虚假信息的，被特许人可以解除特许经营合同。对此，最高人民法院认为，如果特许人违反信息披露义务，被特许人可以主张解除合同，但合同是否解除，仍应审查特许人违反信息披露义务是否影响被特许人合同目的的实现，如果特许人没有尽到披露义务并不影响被特许人合同目的的实现，则被特许人仅以特许人违反合同披露义务而解除合同的主张不应支持。

3. 关于合同解除后的损失承担

《民法典》第566条规定：“合同解除后，尚未履行的，终止履行；已经履行的，根据履行情况和合同性质，当事人可以请求恢复原状或者采取其他补救措施，并有权请求赔偿损失。”第 592 条规定：“当事人都违反合同的，应当各自承担相应的责任。当事人一方违约造成对方损失，对方对损失的发生有过错的，可以减少相应的损失赔偿额。”本案中，合同解除后，产生加盟费返还的问题。法院认定双方对于合同的履行均存在一定过错，赵某国与餐饮连锁公司于 2017 年 9 月 27 日签订涉案合同后，赵某国没有进行经营选址，餐饮连锁公司亦未提供证据证明履行了培训、提供了相关技术指导的义务。据此法院考虑双方的过错情况以及赵某国实际占用了经营资源 2 年多的客观情况，酌定返还加盟费 8 万元。

本案中，涉及特许经营合同的特许人资质、“两年一店”、信息披露等特许经营纠纷中常见的争议焦点，最高人民法院的裁判观点对于律师代理类似案件具有较强的指导和参考价值。

第二十章　悬赏广告纠纷[①]

第一节　理论概述与实务指引

所谓悬赏，顾名思义，就是指用出钱或者奖赏的办法公开征求别人的帮助并对完成指定行为的人给予一定报酬。悬赏广告在我国自古以来就有着广泛的应用，而如今悬赏广告使用的范围也在不断地扩大。除常见的寻物启事、寻人启事、有奖征集作品，悬赏广告还出现了包括但不限于证据悬赏、行政悬赏、刑事悬赏、执行悬赏等。在实践中悬赏广告纠纷经常发生，案件呈上升趋势。悬赏广告因其于一定范围内对不特定人公开发布，与一般合同行为仅限于当事人双方相比，具有更大的社会影响力，往往更受新闻媒体和社会大众的关注。

一、悬赏广告的概念

悬赏广告，即以广告声明对完成一定行为之人给予报酬，因而广告人对完成该行为之人，负给付报酬的义务[②]。《民法典》第 499 条规定："悬赏人以公开方式声明对完成特定行为的人支付报酬的，完成该行为的人可以请求其支付。"悬赏广告的核心在于方式的公开性和对象的不特定性，至于悬赏广告的具体形式及载体，法律上并无限制性规定。在实践中，通过张贴广告、报纸广告、微信公众号广告、微信群、微博等发布悬赏广告，甚为常见。在置业公司与陈某行悬赏广告案［（2020）吉 01 民终 503 号］中，吉林省长春市中级人民法院认为：从法律规定看，我国法律对于悬赏广告的发布

① 本章作者陈向娟、施怡。
② 史尚宽：《债法总论》，中国政法大学出版社 2000 年版，第 32 页。

形式，并无限制性规定。本案中，置业公司自述在销售中存在老带新奖励政策的销售技巧的事实。从法律性质上，置业公司销售中使用的向其客户介绍老带新奖励政策的销售技巧的行为类似以广告声明对完成一定行为的人给予报酬的悬赏广告。置业公司向客户群体以介绍老带新奖励政策形式发出要约，已购买客户因介绍新客户完成购买置业公司房屋对前述要约作出承诺，一旦行为人完成老带新奖励政策内容，依约即获得了报酬请求权，置业公司应向其支付约定的款项。

二、悬赏广告的构成要件

1. 广告人须具有民事行为能力。广告人是作出悬赏广告意思表示的行为人，须具备相应的民事行为能力。

2. 以广告的方式向不特定人发出悬赏要约的意思表示。即以悬赏广告的方式在一定范围内对不特定人发出要约的意思表示，在公开场合以广告形式面向不特定的社会公众发出。在刘某秋、杨某合同案［（2021）川15民终2612号］中，四川省宜宾市中级人民法院认为：悬赏应当以公开形式予以声明，即以“广告形式”作出悬赏的意思表示，以“广告形式”其意在要求悬赏应当以针对不特定人而声明。就本案而言，刘某秋、杨某均认可系双方之间达成合意后，形成的案涉悬赏协议，并未以“广告形式”针对不特定人作出声明，因此，不应认定刘某秋与杨某之间存在悬赏的契约关系。本案中，杨某与刘某秋约定，由刘某秋代杨某申领工伤保险待遇而达成名为悬赏协议的合同，符合委托合同的法律特征，应认定双方之间系委托合同关系。

3. 广告中必须指出要求相对人按照广告特定要求完成指定的行为。一定行为的完成，是广告人负有债务，行为人行使报酬请求权的条件。

4. 广告中须有对完成其指定行为的人给付一定报酬的意思表示。悬赏人以公开方式声明对完成一定行为的人支付报酬。完成特定行为的人有权请求悬赏人支付报酬。实践中需要注意的是，国家机关为了进行行政管理公布举报电话，一般不应认定为悬赏，但明确有悬赏意思表示的除外（如公安机关悬赏破案）。在姜某安与A区人力资源和社会保障局悬赏广告案［（2021）京民申4318号］中，北京市高级人民法院认为：本案中，A区人社局通过网络媒体向社会公布医疗骗保举报电话，系为维护社会医疗保险秩序、严厉打击医疗骗保行为所作出的公务行为，并不具有以该局名义发布悬赏广告的私法性质。姜某安的举报行为与A区人社局的查证履职行为之间并未成立平等民事主体之间的合同关系，姜某安起诉要求A区人社局兑现奖励承诺金额3952.9元，不属于人民法院民事诉讼受案范围。一、二审法院裁定驳回姜某安的起诉，并无不当。

5. 悬赏广告不得有违反法律、行政法规的强制性规定、违背公序良俗等导致合同无效的情形。基于悬赏广告的特点，在违法性判断上须权衡悬赏目的与诸如隐私权、名誉权、个人信息安全等权益之间的关系。

三、悬赏广告的特征

1. 悬赏广告是实践性的有偿行为。悬赏人用出钱或者奖赏的办法公开征寻他人完成指定的行为，接受悬赏广告的人只要按照悬赏人的要求完成指定行为，悬赏人就必须支付约定的报酬，呈现出实践性和有偿性的特征。

2. 行为人的不特定性。悬赏广告是公开向不特定的人做出的，只要行为人完成了其所规定的行为，广告发布人的目的即得以实现，行为人即有报酬请求权。

3. 注重结果性。广告发布人发出悬赏广告，是为了追求一定结果的实现，广告人不关心行为人如何完成该行为，行为人只要没有完成指定行为，不管付出了多大的代价，都得不到报酬请求权，广告发布人也没有支付报酬的义务。

第二节　办案思路与实战技巧

悬赏广告是一个日常生活中常见而在法理上较为复杂的问题，在实践中悬赏广告产生的纠纷很多，但有关悬赏广告的法律法规并不多。我国司法实践中承认悬赏广告的效力，但由于缺乏具体的法律规则，导致司法实践中认知差异较大，案件处理标准不一。虽然《民法典》第499条对悬赏广告作了规定，但毕竟仅以一条规定还不能解决悬赏广告纠纷处理实践中的所有问题。因此最高人民法院专家法官的相关论述也就成为处理此类纠纷的重要参考。①

综合悬赏广告纠纷案件的诉讼情况来分析，悬赏广告往往在行为人的报酬请求权、悬赏广告的撤回等方面最易产生纠纷。在办理悬赏广告纠纷案件中，应该主要注意以下几个方面：

一、确定悬赏广告纠纷中原、被告诉讼主体资格的代理思路与要点

确定悬赏广告纠纷的主体，应该注意原告必须是完成了悬赏广告要求的行为并交付了行为结果的行为人，或者是悬赏广告人进行恶意撤销的受害人即被侵权人。如果原告并没有完成悬赏广告所要求的行为，或者没有交付行为结果，或者只是完成了一部分准备工作，那就不具备原告主体资格。如果悬赏广告所要求的行为是由多人完成时，各行为人均可以作为原告。被告应该是发布悬赏广告的人，即以广告的方式向不特定人作出悬赏要约的意思表示的人。此处的“人”，不限于自然人，也包括其他单位、法人、非法人组织等。

二、确定行为人是否有报酬请求权的代理思路与要点

根据《民法典》第 499 条之规定，只要相对人完成了悬赏广告中指定行为的，悬赏人就应当按照悬赏广告内容支付报酬。否则，悬赏人即构成违约，应当承担违约责任。违约责任通常为继续履行（即支付报酬），若相对人有损失的，还应当赔偿损失。如在牛某春、控股公司悬赏广告案［(2019) 粤 03 民终 20114 号］中，广东省深圳市中级人民法院认为：本案为悬赏广告纠纷。控股公司以公开方式声明对完成一定行为的人予以奖励，牛某春完成了该特定行为，双方依法成立悬赏广告契约关系。控股公司依约应向牛某春交付一等奖奖品（“价值万元邮轮豪华游”，8 月 27 日 X 号华南地区首个 5 晚 6 天菲律宾航线），牛某春中奖后按控股公司要求发送了联系方式，但控股公司未直接交付奖品相关凭据或通知办理相关手续，航行日期推迟亦未另

---

① 刘德权主编：《最高人民法院司法观点集成》（第一卷），人民法院出版社 2009 年版，第 450 页。

行通知，导致牛某春获得特定悬赏的合同目的落空。控股公司作为悬赏人违反了其应负的通知及交付义务，构成违约，应赔偿牛某春因其违约所造成的损失。因控股公司已明示一等奖奖品“价值万元”，该悬赏属于牛某春依约应得的对价，一审法院按货币价值1万元予以支持并无不当。但控股公司的违约行为同时给牛某春造成了其他如交通费、误工费等损失，本院酌情确定控股公司再赔偿1万元以补偿牛某春该部分的损失。

需要注意的是，若相对人负有合同义务或者法定义务的，则一般不能要求支付报酬。根据悬赏广告人与相对人的合同约定，若该合同相对人对完成悬赏广告中的行为负有合同义务的，则该相对人完成悬赏广告的行为，同时也是其履行与悬赏广告人合同义务的行为，这就产生同一行为满足两个法律关系的情形。此种情形，应当采用特别约定优先的原则，该合同相对人只能按照其与悬赏广告人之间单独的合同约定承担相应的权利义务，而不适用悬赏广告取得报酬请求权。比如，游泳场馆按照其与顾客签订的合同，负有在顾客游泳过程中出现紧急情况的救助义务，不能因为其进行的救助行为与悬赏广告约定的行为一致，而要求取得报酬。

行为人负有完成该行为的法定义务的，行为人完成悬赏广告的行为，同样不能依据悬赏广告取得报酬请求权。此种情形主要包括：

1. 国家公职人员依据法律规定，履行其职务的行为。即使与悬赏广告所制定的行为一致，也不能依据悬赏广告取得报酬请求权。因为国家机关工作人员，依法承担着履行其职责的法定义务，即使没有悬赏广告也应当完成其职责。当然在一般情况下，国家公职人员非执行公务，而是按照悬赏广告要求完成一般的民事行为的，与其他民事主体一样，也有权享有民事权利，在完成悬赏广告的指定行为后可享有报酬请求权。《最高人民法院关于张树东与平阴县平阴镇人民政府追索奖励费纠纷一案的复函》：平阴镇政府于1996年6月6日下发的平镇政发〔1996〕7号《关于在工业园内引办项目、引进资金、技术和人才的优惠政策》中第七条关于引资奖励的内容属于悬赏广告。镇政府承诺“对引进独资（外资、合资、内资）项目的任何单位和个人给予奖励”，该悬赏广告未对引资人的主体资格作出限制。张树东作为引资人，完成了引资项目，享有奖励请求权。镇政府未履行承诺引发的纠纷，系平等主体之间的民事纠纷，属于人民法院民事案件的受理范围。张树东完成招商引资的行为不是经营活动，不适用《国家公务员暂行条例》所禁止的“其他营利性经营活动”的规定。故原则上同意你院审判委员会的倾向性意见，即张树东要求镇政府履行承诺的主张应予支持。原一、二审判决适用法律不当，应依法再审改判。该复函表明公职人员是否享有奖励请求权，不在于其公职人员的身份，重要的是要区分其完成悬赏广告的指定行为是否为公务行为。如招商引资非张树东的职务范畴，则其完成悬赏广告的行为，即具有报酬请求权。

2. 依据法律规定负有一定完成某行为的义务的人，完成该行为时也不能取得报酬请求权。如犯罪受害人对提供破案线索的悬赏广告，如果犯罪人提供了犯罪线索的，不能按照悬赏广告取得报酬请求权。又如，窃贼偷了他人的财产，失主寻物悬赏广告，窃贼归还了该物的，也不能按照悬赏广告取得报酬请求权。此外，因其在先行为而产生了完成某一行为的义务的，即使完成了该行为，也不能按照悬赏广告请求支付报酬。如带未成年人游泳，未成年人出现溺水，该人就负有救助的义务，不能因为其救助行为而向未成年人的家属要求支付悬赏广告约定的报酬。

悬赏广告适用的上述例外情形，为一般通例。现实中也经常见到如犯罪受害人家属奖赏破案的警察的情况，奖赏负有法定或合同义务的人的情形。此种奖赏原则上属于道德层面，由当事人自愿履行。如果人民法院受理此类案件，除非当事人在悬赏广告中明确确定不适用上述例外，一般不宜支持支付报酬的请求。①

酬金不明，不影响悬赏广告的法律效力，如“必有重谢”“当面酬谢”等。根据诚实信用、公平原则，行为人因自己付出劳动有权获得报酬。同时，应斟酌指定行为的内容、性质、完成该指定行为所需劳力及费用、交易惯例及当事人之间的关系，双方在广告完成之后，合意决定报酬。若酬金大于费用的，酬金可以包含费用。

---

① 最高人民法院研究室编著：《最高人民法院关于合同法司法解释（二）理解与适用》，人民法院出版社2009年版，第44~46页。

三、数人完成悬赏广告行为的报酬请求权的代理思路与要点

实践中数人完成悬赏广告行为的，如何确定报酬请求权问题，是实务中经常遇到的问题。一般可分以下情形分别处理：

1. 如果有数人先后完成悬赏广告所指定的行为，除非悬赏广告中有特别约定，一般应由最先完成该行为的人享有报酬请求权，后完成行为人不能取得报酬请求权。如：悬赏人征集交通肇事者的证据线索，悬赏声明对提供准确消息的给予 1 万元奖励。先后有多人来向其提供了相同的信息。公安机关根据第一个人提供的信息即将交通肇事者抓到，那么最先提供信息的人享有报酬请求权。

2. 数人共同完成悬赏所要求的行为的，应该共同享有报酬请求权，每人有权获得报酬的相等部分。在上例中，如果几个人是一起努力而获得的信息，则都享有报酬请求权，应该分享报酬，分享的份额可以由其内部协商确定，也可以由法院根据实际情况酌定。

四、因悬赏广告的撤回而引发纠纷的代理思路与要点

悬赏广告意思表示一经作出，悬赏人之单方法律行为即成立。当相对人完成广告指定行为时，即产生悬赏广告之债，在当事人之间发生相应权利义务关系。悬赏广告的权利义务关系，即悬赏广告的法律效果。就悬赏人而言，其权利为：接受行为人完成悬赏行为的成果的权利，以及悬赏意思表示作出后的撤回权；其义务为：按照悬赏广告承诺的内容向行为人支付报酬的义务，以及撤销悬赏意思表示的赔偿义务。

关于悬赏人的撤回权问题，允许悬赏人于一定条件下撤回悬赏广告，是各国和各地区通行的做法。撤回悬赏广告应当采用与悬赏广告相同或者优于悬赏广告的形式，才能产生撤回的效力。如果不能符合此项要件，则悬赏广告的撤回不产生法律效力，悬赏广告仍然有效。但对于明知已经撤回的行为人，该撤回有效。要正确处理撤销广告的赔偿。注意只有在广告人恶意规避给付报酬的义务时才应该判令其承担赔偿责任，如果广告的撤销及时到达并没有给行为人造成重大损害的不予赔偿。

关联案例1

案件名称：置业公司与陈某行悬赏广告案

案　　号：吉林省长春市中级人民法院（2020）吉01民终503号

裁判观点：我国法律对于悬赏广告的发布形式，并无限制性规定。销售中使用的向其客户介绍老带新奖励政策的销售技巧的行为类似以广告声明对完成一定行为的人给予报酬的悬赏广告。

关联案例2

案件名称：刘某秋与杨某合同案

案　　号：四川省宜宾市中级人民法院（2021）川15民终2612号

裁判观点：悬赏应当以公开形式予以声明，即以“广告形式”作出悬赏的意思表示，以“广告形式”其意在要求悬赏应当以针对不特定人而声明。

关联案例3

案件名称：姜某安与A区人力资源和社会保障局悬赏广告案

案　　号：北京市高级人民法院（2021）京民申4318号

裁判观点：人社局通过网络媒体向社会公布医疗骗保举报电话，系为维护社会医疗保险秩序、严厉打击医疗骗保行为所作出的公务行为，并不具有以该局名义发布悬赏广告的私法性质。

关联案例4

案件名称：牛某春与控股公司悬赏广告案

案　　号：广东省深圳市中级人民法院（2019）粤03民终20114号

裁判观点：悬赏人以公开方式声明对完成一定行为的人予以奖励，相对人完成了该特定行为，双方依法成立悬赏广告契约关系。悬赏人依约应向相对人兑现承诺，否则构成违约，应当承担继续履行、赔偿损失的违约责任。

第三节 典型案例精析

案例1：白某诉张某悬赏广告酬金案[①]

裁判要旨

悬赏广告系向不特定人发出的要约，只要行为人履行了悬赏广告中指定的行为，即构成对广告人的有效承诺，悬赏广告人应当向完成广告中指定的行为的人支付报酬。在没有明确具体失效时间时，视为合同一直存续，悬赏人不得任意撤回。在确定悬赏广告的悬赏范围时，应将悬赏人发起悬赏的最初目的作为考虑因素。

案情简介

张某，笔名张某一（以下统称张某）。2012年3月，张某通过某出版社出版发行其新书《A》。2012年3月25日，张某通过其社交账号发布如下内容："为推广和普及中国地域文化知识，让14亿中国人更了解中国各省人不同性格特点，兹郑重承诺凡挑出拙作《A》中1个错者即奖赏1001元，请各位老师为我做证！"诉讼中，案涉悬赏广告微博仍然可以通过互联网在张某的社交账号中查看。

2012年3月27日11：54：32，某报刊发《作家张某一"一错千金"悬赏》一文，该报道中有如下内容："《A》一书作者张某一于微博公开悬赏，'凡挑出一个错者，即奖赏1001元'。张某一表示，他的悬赏之举是为了'推广和普及中国地域文化知识，让14亿中国人更为了解我们自己'。某律师表示，张某一的悬赏则是以本人的公开声明方式发出，'张某一的悬赏更具诚意和法律意义'。"

---

① 一审：北京市朝阳区人民法院（2017）京0105民初2995号；二审：北京市第三中级人民法院（2018）京03民终11637号。

后白某购买《A》一书，并从中挑出认为存在错误的内容 172 处，包括一般政治性差错 1 处，叙述不符合事实 27 处，表述逻辑差错 1 处，用词不当 57 处，词语搭配不当 1 处，错别字 19 处，病句 17 处，表述不当 24 处，标点失误 19 处，排版失误 1 处，多出文字 2 处，漏字 1 处，汉语拼音书写失误 2 处。据此，白某向一审法院起诉请求：判令张某向白某支付悬赏奖金 172172 元。

法院裁决

一审法院经审理认为：张某通过其个人微博发布悬赏广告，广告中并没有明确特定期限，且发布该广告的微博至诉讼时仍可查看，说明悬赏广告仍然有效，结合广告原文文义、整体内容，广告中所称错误的范围，应仅指知识性错误。经庭审认定确系存在知识性错误的共计 18 处，按照张某发布的广告中的承诺，一错 1001 元，张某应当向白某支付报酬 18018 元。故判决：一、张某于本判决生效之日起十日内向白某支付 18018 元；二、驳回白某的其他诉讼请求。

一审判决后，白某、张某均提起上诉。北京市第三中级人民法院于 2018 年 10 月 9 日作出终审判决：驳回上诉，维持原判。

律师评析

律师就本案中涉及的与悬赏广告纠纷相关法律问题评析如下。

1. 关于白某、张某之间的法律关系问题

《民法典》第 499 条规定："悬赏人以公开方式声明对完成特定行为的人支付报酬的，完成该行为的人可以请求其支付。"悬赏广告系悬赏人以公开方式向不特定人发出的对完成一定行为的人支付报酬的意思表示。本案中，张某为了"推广和普及中国地域文化知识，让 14 亿中国人更了解中国各省人不同性格特点"，在其微博上发布信息，对于挑出其新书《A》中一个错者给予 1001 元的奖励。首先，该信息以微博形式发布，符合"公开"的方式要求；其次，微博面向不特定的网友公开，符合"不特定"的对象要求；再次，该信息指定了特定的行为，即对于其新书《A》进行"挑错"；最后，该信息明确对于完成“挑错”行为的人，每个字给予1001元的奖励。综合前述分析，基本可以判定张某发布该信息构成悬赏广告，属于悬赏人。白某根据该信息，对《A》进行了“挑错”，完成了该特定行为，享有报酬请求权。据此，白某和张某之间构成悬赏广告关系。

2. 关于白某是否完成了“挑错”行为问题

从法律角度而言，“挑错”一词的准确内涵仍需进一步界定。本案中，白某挑出的172处错误中，白某认可其主张的错误类型中，归为一般政治性差错、叙述不符合事实的28处错误属于知识性错误，其余表述逻辑差错、用词不当等144处错误不属于知识性错误，但严重影响文化传播，白某认为张某在广告中没有限定挑错类型，因此所有错误均应当支付奖励。张某主张其真实意思为知识性错误。为此，法院采用目的解释的方法，结合张某微博中发布的“为推广和普及中国地域文化知识，让14亿中国人更了解中国各省人不同性格特点”之目的，将“挑错”界定为挑出“知识性错误”，该认定是准确的，符合法律逻辑。

在明确界定“挑错”范围的基础上，法院根据《图书编校质量差错率计算方法》中关于知识性错误的认定标准，以及《A》一书的特点，对于符合上述知识性错误中关于知识性的判断，在白某的意见、《专家鉴定意见书》中能够直接指出认定错误依据的典籍、史实、地理知识等，且经与相应的典籍、材料等核对，并结合常识、经验等综合判断，一审法院认为确实存在知识性错误的为18处，并据此判决张某向白某支付报酬18018元。

此外，本案被告张某提出白某的挑错超过悬赏广告规定的时间、超过诉讼时效的抗辩，涉及悬赏广告的撤回问题。因悬赏广告均是以公开形式发出，为了确保相关第三人收到撤回之意思，故其撤回应采取和发布具有类似效果的方式。本案中，张某通过其社交账号发布，因此也应该以相同账号发布悬赏广告撤回，然而其悬赏广告在庭审时仍然存续，也不存在撤回的微博动态，故相关第三人基于合理信赖完成悬赏任务应获得约定报酬。再者，从文字内容来看，张某发布的悬赏广告中并无关于“挑错时间”表述。因此，法院并未支持其抗辩。

在悬赏人与特定行为人基于悬赏范围的理解产生争议时，本案法官着重考虑了悬赏人发布悬赏广告时的主观目的。被告张某并未明确说明挑错的具体范围，双方就是否应包含非知识性错误产生争议。因被告张某在微博原文中明确表示其悬赏目的是“推广和普及中国地域文化知识，让 14 亿中国人更了解中国各省人不同性格特点”且其书《A》为通俗的知识性读物，故将错误限定为知识性错误，部分支持了原告的诉请。

从法院最终的判决来看，既尊重了作者的写作自由和创新基本，又符合社会一般人的认识水平，也符合法律的规定和逻辑，相关裁判观点和逻辑论证值得借鉴。

案例 2：钱某与网络科技公司网络悬赏广告案[①]

裁判要旨

互联网企业针对其用户开展的邀请好友注册奖励现金红包的告示，属于悬赏广告。互联网企业开展此类活动的目的是挖掘用户的社交资源，吸引更多的用户使用其产品或服务，以提供更多的消费，进而增加营收。通过“刷量”邀请的“好友”，属于专门以赚取商家营销活动奖励为目的的群体，不符合上述悬赏人的真实意思表示。“人工刷量”的行为，属于用欺骗方法制造完成特定行为的假象，进而利用悬赏活动牟利，违反了诚实信用原则，不应得到支持。

案情简介

某直播平台是由网络科技公司运营的一款手机应用软件（下称 APP），主要内容是网络直播、网络视频等。2018 年 4 月起，网络科技公司在该软件客户端的界面公示“邀请好友立赚”活动，即用户邀请一位好友下载该 APP 并进行符合一定规则的使用后，邀请者和被邀请者均可获得一定金额（该金额不定期变动，如 7 元、5.5 元等）的现金。具体的邀请方式包括，用户将包含其自己“邀请码”的链接或二维码通过微信、朋友圈、QQ、短信、面

① 广州互联网法院（2019）粤 0192 民初 789 号。

对面扫码等方式发送给他人，他人点击该链接、二维码下载该 APP 并注册为用户后，邀请者和被邀请者即可获得一定红包奖励（如 1 元、1.5 元、3 元等），此后被邀请者通过该 APP 观看直播 1 天、2 天、3 天（每天至少观看 5 分钟）后，邀请者可获得相应的更多红包奖励（如每天 1 元、2 元等）。该奖励会存入邀请和被邀请用户在该 APP 中的“我的零钱”中，“我的零钱”可以“提现”即兑换为现金支付到用户的支付平台账户，但“提现”前须经网络科技公司审核。网络科技公司在“提现”页面公示了一份“说明”，内容包括：“若平台检测到账号进行刷量等违规、违法操作，会进行冻结处理。被冻结账号无法进行提现操作。”

钱某使用其名下的手机号码注册并绑定了直播平台账号，使用该账号邀请了 9404 个新账号注册，其账号中的“我的零钱”余额达到了 30678.57 元。钱某在诉讼中陈述，其长期服务于网络推广行业，有上百个覆盖全国社群、高校的群资源和任务制下载平台资源，这些群、平台内的成员均是专门为了通过下载 APP 获得邀请者的奖励而进群或参与平台任务。钱某邀请新用户的主要方式为，将邀请链接、二维码和下载注册的教学视频、文档等发到客户资源群和上述平台内，或者将邀请二维码打印出来贴在朋友的实体店铺内，该链接、二维码可以被多次转发，如果完成下载、注册、使用任务，钱某会给对方一定金额的红包（如每次 1 元等），即将自己因邀请新用户获得的红包分一部分给被邀请者，或者委托店铺经营者给被邀请者一些小礼物。

2018 年 12 月，钱某在进行提现操作时，该软件显示其提现申请未能通过。经钱某向网络科技公司的客服人员咨询，客服人员回复称其因进行了违规操作，故收益无效，且被冻结兑换/提现操作。钱某认为其并未违规、主张网络科技公司侵犯其财产权而诉至法院。诉讼请求：判令网络科技公司向钱某支付 APP 账号内应予提现的金额 30678.57 元。

法院裁决

广州互联网法院经审理认为：钱某的“刷量”行为看似完成了网络科技公司悬赏广告活动中的特定行为，但实际上是采用欺骗方法制造完成特定行为的假象，进而利用悬赏活动牟利，违反了诚实信用原则。“刷量”行为扰乱了电子商务活动的正常秩序、损害了互联网企业的合法权益，不应得到支持和鼓励。钱某的诉讼请求，于法无据，法院予以驳回。遂判决：驳回原告钱某的全部诉讼请求。

律师评析

在互联网经济中，用户和流量是各家互联网企业竞相争取的对象。在扩大用户量的过程中，一些互联网企业采用发放现金红包的方式对邀请好友注册的用户进行奖励，此类悬赏活动在一定程度上达到了提高用户量的目的，但同时也让“羊毛党”嗅到了“商机”。

在互联网语境下，“羊毛党”是指关注与热衷于“薅羊毛”的群体，即专门选择互联网公司的营销活动，以低成本甚至零成本换取高额奖励的人。他们最初从对互联网优惠活动的关注和操作中零星获利，其后逐渐向组织化、集群化发展，参与人员日益庞大，操作方法日渐多样，发展出了完整、成熟的产业利益链，其中不少与网络黑、灰产业存在关联，对互联网企业的影响明显，成为互联网经济中不可忽视的一类群体。对于这类群体的行为，社会上有不少人认为属于合理利用规则、并无不当；互联网企业则对其态度复杂。此类行为合法、合规与否，很有讨论和澄清的必要。

“技术刷量”和“人工刷量”是“羊毛党”提高用户量、流量等通常采用的两种手段。对于“技术刷量”即利用计算机软、硬件，如“猫池”设备等伪造用户信息的方法，因所得数据明显虚假，且可能涉嫌刑事犯罪，此类行为不符合互联网企业的悬赏目的和活动规则，通常没有争议。但是，对于“人工刷量”即用户采用额外的金钱、物质等利诱手段聚集大量专待领取奖励和额外奖励的人群，以他们完成特定任务为条件支付奖励的操作手段是否符合活动规则的问题，其答案并非一目了然。有的“羊毛党”成员被互联网企业拒绝支付悬赏费用后坚持要求企业兑现承诺，甚至诉至法院。

本案中，钱某组建或参与了数百个专为获得邀请者的奖励而组建的微信群，其采用在这些微信群中发放任务、向完成任务者支付额外奖励的方法邀请了数千倍于普通用户邀请量的“新用户”。本案判决首先明确利用技术手段邀请的虚假“新用户”应予排除，然后从此种操作方法带来的其他“新用户”的行为目的、特征和钱某的主观意图方面，得出此种操作方式属于“刷量”操作的结论，进而从网络科技公司此次活动的名称“邀请好友立赚”和“刷量冻结提现”的规则出发，分析网络科技公司发布悬赏广告的目的和“好友”的含义，论述钱某的“刷量”操作不符合活动规则，认为钱某没有完成悬赏广告要求的特定行为，故判定其无权要求网络科技公司支付奖励金额。

本案判决对“人工刷量”表明了态度，即该类操作不符合悬赏目的，实际上是采用欺骗方法制造完成特定行为的假象，进而利用悬赏活动牟利，违反了诚实信用原则。此种行为扰乱了电子商务活动的正常秩序、损害了互联网企业和其他用户的合法权益，且容易滋生和助长犯罪行为，不应得到支持和鼓励。

第二十一章　旅游合同纠纷[①]

第一节　理论概述与实务指引

旅游合同关系的建立，通常是由旅游者与特定旅游经营者直接签订旅游合同，而后该旅游经营者自行或委托他人向旅游者提供有关旅游服务。一场“说走就走”的旅行看似简单，从法律上分析却较为复杂，从内容上包括景点景区、餐饮、出行、住宿等多个事项，从主体上包括旅游经营者、组团社、地接社、景区经营者、履行辅助人、旅游者等多个主体。不同事项、不同主体在各个环节中扮演着不同的角色，而旅游活动的流动属性和异地属性也决定了一旦因旅游活动产生纠纷，所涉主体、地域、解决方式也与其他合同纠纷类型相比更为特殊复杂。本章将通过梳理旅游纠纷的典型特征，结合司法实务中的典型案例，对代理旅游纠纷案件的重点问题进行阐述探讨。

一、旅游合同的概念

旅游合同的概念，是以合同视角办理旅游纠纷案件的逻辑起点。旅游合同是指由双方自愿约定，一方提供旅游服务，另一方支付旅游费用的合同[②]。其中旅行社、景区以及为旅游者提供交通、住宿、餐饮、购物、娱乐等服务的经营者称作旅游经营者，支付旅游费用的一方被称为旅游者。《旅游法》中仅对包价旅游合同定义做了具体阐述，即旅行社作为经营者与游客订立书面合同，由旅行社预先制定旅游方案，包含住宿、出行、餐饮等集合性内

① 本章作者师志强、郭清华。

② 韩阳、孟凡哲等编著：《旅游合同研究》，知识产权出版社 2004 年版，第 4 页。

容，游客支付固定费用作为旅游合同的价款。本章采用《旅游法》中的概念定义，并以《旅游法》中关于旅游者、旅游经营者、组团社、地接社、履行辅助人等用语的含义作为本章行文的解释基础。

二、旅游合同的特征

1. 旅游合同为无名合同、混合合同

虽然旅游活动被视为幸福生活的必需品，但无论是《合同法》抑或《民法典》合同编，均未对旅游合同作出明确规定，旅游合同在我国现行民法体系中尚属非典型合同。根据《民法典》第 467 条第 1 款之规定，对于旅游合同等无名合同，适用《民法典》合同编中通则的规定，并可以参照适用最相类似合同的规定。作为非典型合同，旅游合同具有较强的综合性，是混合合同。旅游合同的内容中除包含一般合同条款外，又兼具委托合同、承揽合同、保管合同、运输合同、中介合同等多重特征属性。在旅游行程中，既可能出现违约行为，也可能出现侵权行为；旅游合同中的法律责任也具有复合性，旅游合同主体既可能因合同违约承担违约责任，也可能承担侵权责任①，此种侵权是双向的，实践中较多的侵权类型为旅游经营者、履行辅助人或其他第三方对旅游者人身、财产安全的侵害。

2. 旅游合同履行过程中具有多主体、多环节特征

现代旅行社的经营模式越来越重视专业分工、集合资源，业务涵盖专门向游客销售旅游项目的营销运营，代订机票酒店的票务代理，以及负责在景区或目的地接待游客的观光导游，也因为这种经营模式，旅游者将在整个旅游行程中与诸多主体交易并构建出一张复杂的旅游关系网。面对旅游纠纷所涉及的复杂关系，厘清定责思路，确定责任主体，显得更为关键。

3. 旅游合同具有格式化特征

旅行社在进行旅行项目销售时，面对的是大量不特定的群体，因此旅行社往往采用预先制定的制式合同模板，仅对部分条款据实修改或填写，大部

---

① 杨万明主编：《最高人民法院新民事案件案由规定理解与适用》，人民法院出版社 2021 年版，第 390 页。

分条款仍为格式条款，因此旅游合同具有格式化的特征。虽然制式合同极大地保障了旅行社的权益，提高了签订合同的效率，但在产生旅游纠纷时，如果对格式条款的解释产生争议，根据《民法典》相关规定应当作出不利于提供格式条款一方的解释，或者可能因为旅行社未尽说明义务而使得条款不能成为合同内容，甚至因旅行社不合理地免除或者减轻自己责任、加重游客责任、限制游客主要权利而导致部分或全部格式条款无效。

第二节　办案思路与实战技巧

一、旅游纠纷以合同违约或侵权责任为由起诉的分析思路与要点

旅游活动中的法律关系，一般包含四个方面：一是旅游者与旅游从业人员之间的关系；二是旅游经营者之间合作、联营的关系；三是旅游活动主管机关与旅游经营者、从业人员之间管理与被管理的关系；四是旅行社与导游之间内部管理的关系。不难发现，旅游法律关系涉及的主体繁多，联系交错复杂，其中最重要的就是旅游者与不同旅游从业人员之间服务与被服务的关系。旅游纠纷发生后，旅游者即可依据双方之间的合同关系追究合同相对方的违约责任，此中又极易构成侵权责任与违约责任的竞合，《最高人民法院关于审理旅游纠纷案件适用法律若干问题的规定》（以下简称《旅游纠纷司法解释》）第1条也规定，旅游纠纷，是指旅游者与旅游经营者、旅游辅助服务者（与《旅游法》中履行辅助人概念一致）之间因旅游发生的合同纠纷或者侵权纠纷。旅游者在旅游活动中遭受的损害，也可依据侵权责任寻求救济，这两种请求主张是择一选择的，不同的主张意味着不同的法律关系界定与法律适用，故在启动旅游纠纷诉讼前，应当明确两种责任的区别与预期效果差异，综合对比后选择最有利于己方的诉讼方案。

旅游者在旅游纠纷中主张合同违约责任与侵权责任的区别

<table>
<tr><th colspan="2"></th><th>合同违约之诉</th><th>侵权责任之诉</th></tr>
<tr><td colspan="2">责任基础</td><td>违反合同约定义务或法定义务；须发生在存在旅游合同关系当事人之间</td><td>违反法定义务，侵害旅游者权益；无合同相对性的限制</td></tr>
<tr><td colspan="2">适格被告</td><td>旅游合同相对方（旅游经营者）</td><td>致害人</td></tr>
<tr><td colspan="2">管辖选择</td><td>当事人约定管辖的，以约定为准；没有约定的，由被告住所地或者合同履行地人民法院管辖</td><td>侵权行为地（侵权行为实施地、侵权结果发生地）或者被告住所地人民法院</td></tr>
<tr><td colspan="2">归责原则</td><td>无过错原则，不论旅游经营者的违约行为是否存在过错，其均应承担违约责任，即使该违约事由为第三人原因导致，旅游经营者也应向旅游者承担违约责任</td><td>侵权损害赔偿责任中适用过错责任原则，实践中较多以安全保障义务人责任归责</td></tr>
<tr><td rowspan="3">责任形态</td><td>赔偿损失</td><td>赔偿损失责任不以约定为前提，系法定责任；损失范围界定规则包括直接利益损失与可得利益损失</td><td>不包括可得利益损失赔偿</td></tr>
<tr><td>违约金</td><td>可主张违约金</td><td>不得主张违约金</td></tr>
<tr><td>退还旅游费用</td><td>可主张退还旅游费用</td><td>请求不涉及退还费用</td></tr>
<tr><td colspan="2">精神损害赔偿</td><td>《民法典》施行前原则上不得主张，仅在部分案例中由法官通过自由裁量权扩大精神损害赔偿范围，《民法典》实施后可以主张①</td><td>侵害财产权原则上不得主张，侵害人身权可以主张</td></tr>
<tr><td colspan="2">举证责任</td><td>旅游者需对合同关系、违约人的违约行为以及因违约行为造成的损失等提供证据予以证明</td><td>原告需根据侵权责任的侵权行为、侵权后果、侵权行为与侵权后果之间的因果关系、致害人过错程度四个要件分别举证</td></tr>
</table>

① 最高人民法院民法典贯彻实施领导小组主编：《中华人民共和国民法典人格权编理解与适用》，人民法院出版社 2020 年版，第 87 页。

续表

	合同违约之诉	侵权责任之诉
惩罚性赔偿	存在欺诈行为的，依据《消费者权益保护法》第 55 条第 1 款①进行赔偿	/

律师在代理此类违约责任与侵权责任竞合的旅游纠纷时，应考量不同的诉讼思路对诉讼成本、诉讼便利、诉讼预期结果的影响。如旅游合同约定了异地管辖或申请仲裁费用较高，可以选择侵权责任之诉；如两个法院均可管辖，可以选择人身赔偿标准较高的地区法院；如举证存在困难，尤其较难判断旅游经营者的行为过错，可选择违约责任之诉；等等。

二、旅游合同纠纷确定诉讼主体的分析思路与要点

1. 集体旅游合同纠纷中旅游者的个人诉权

合同的相对性原则要求合同仅可在特定的当事人之间发生法律约束力，只有合同当事人一方能基于合同向对方提出请求或提起诉讼，而不能向无合同关系的第三人提出合同上的请求，也不能擅自为第三人设定合同上的义务。集体旅游合同，一般以集体名义或经办人名义与旅游经营者签订正式的旅游合同。发生旅游纠纷时，集体或经办人作为合同主体享有当然的诉权，诉讼结果应当保障每个组成人员的利益。集体或经办人怠于行使权利或行使权利较为困难的，旅游者个人也可以作为合同权利义务的实际承受主体以个人名义提起诉讼。《旅游纠纷司法解释》第 2 条明确了集体旅游合同中旅游者的个人诉权，即以单位、家庭等集体形式与旅游经营者订立旅游合同，在履行过程中发生纠纷，除集体以合同一方当事人名义起诉外，旅游者个人提起旅游合同纠纷诉讼的，人民法院应予受理。上述规定表明：（1）单位、家庭等集体旅游合同中的任何一位游客，均可以自己的名义起诉。（2）以家庭

① 《消费者权益保护法》第 55 条第 1 款规定："经营者提供商品或者服务有欺诈行为的，应当按照消费者的要求增加赔偿其受到的损失，增加赔偿的金额为消费者购买商品的价款或者接受服务的费用的三倍；增加赔偿的金额不足五百元的，为五百元。法律另有规定的，依照其规定。"

等集体形式签订的旅游合同，虽然合同仅有一名代表人签字，但该集体名单中的任何一人均视为旅游合同的当事人，合同对其均具有普遍法律约束力。(3) 人民法院在受诉时，如旅游集体提起以旅游经营者为被告的民事诉讼，人民法院做出的实体判决足以保护旅游集体每个组成人员的合法权益。该集体中的个体旅游者再提起诉讼的，人民法院应判决驳回诉讼请求。

2. 旅游经营者、履行辅助人在违约诉讼中的地位与责任

旅游纠纷违约之诉中，旅游者可基于合同相对性请求旅游经营者承担违约责任，无论该签约旅游经营者以联营、合作、委托等特殊模式作何种抗辩，司法实践中均较难以该抗辩排除其违约责任。如因旅游辅助服务者的原因导致旅游经营者违约的，旅游者仅起诉旅游经营者的，履行辅助人可作为第三人参与诉讼，此时的诉讼主体选择权最能体现纠纷事由选择的不同后果，对比在侵权诉讼中，旅游者可跳过旅游经营者，直接要求具体的侵权人(第三人或履行辅助人) 承担损害赔偿责任。

三、常见旅游合同纠纷类型的分析思路与要点

1. 游客单方解除合同违约责任的承担

旅游活动被视为幸福生活的必需品，旅游已经成为人们放松身心的一种方式，因此相关法律规定赋予了旅游者对旅游合同的任意解除权。根据《旅游纠纷司法解释》第 12 条、《旅游法》第 65 条和《民法典》第 584 条之规定，旅游行程开始前或者进行中，旅游者可以单方解除合同，旅行社在扣除必要费用后，将尚未实际发生的费用退还旅游者。

旅游者行使解除权的责任承担，有约定从约定，无约定则根据相关法律规定，由旅行社举证其产生的合理必要损失，扣除后退还剩余款项。若合同无约定，旅游者不需要承担违约金等形式的违约责任。但是法院会根据公平原则，综合解除合同的过错原因、解除合同的时间节点及合同的约定等因素系考虑扣除费用的比例，以此平衡旅行社和旅游者。如在某国际旅行社、张某某旅游合同纠纷案①中，法院认为：旅游者因自身原因未携带护照，导致

① 天津市第二中级人民法院（2021）津 02 民终 2542 号。

无法参加原定旅游行程提出退团，致使双方签订的旅游合同无法继续履行，旅行社对已经支付不可退还的必要费用负有证明责任。本案行程开始当日游客解除合同，旅行社可以根据合同约定扣除70%费用，但是考虑游客是在临近起飞时提出退团，过错缘于游客，酌情再扣除5%，由旅行社按照旅游费用总额的25%退还。

2. 旅游经营者单方变更合同内容的责任承担

旅游经营者未按照合同约定安排行程或单方调整行程、私自转团或将合同交给第三人履行的，应当根据合同约定及法律规定承担违约责任。旅游者有权要求旅游经营者按照约定提供产品和服务，若旅行社无法证明其已按照合同约定安排行程则应当承担违约责任，且旅游经营者具有信息优势和资源优势，有义务且有必要及时反馈行程信息，保障旅游者的知情权。但是旅游经营者和旅游者经协商一致调整行程的，则不需要承担违约责任。因此实务中建议旅行经营者调整旅游行程应当征得旅游者的书面同意，并保留好证据。如此可降低诉讼风险，避免违约责任的承担。如在孟某、杨某等与旅游公司旅游合同纠纷案①中，法院认为：旅游经营者存在未按合同约定拼团至某出境社，并单方更改双方约定的旅游行程，特别是对重要景点的行程更改，被告上述行为已构成了违约，应承担相应的违约责任。在涉案合同的履行过程中，在未经旅游者同意的情况下，被告不仅单方调整了旅游行程，还将部分接待业务委托给了国外某假期旅行团（涉案合同并未载明该地接社的基本信息），被告旅游公司的上述行为构成违约，应当承担违约责任。

3. 未达到约定人数解除合同是否构成违约

旅行社招徕旅游者组团旅游，因未达到约定人数不能出团的，组团社可以解除合同，并且无须因此承担违约责任，但是就此条款需要特别告知旅游者，并按照《旅游法》第63条的规定提前通知旅游者。境内旅游应当至少提前七日通知旅游者，出境旅游应当至少提前三十日通知旅游者。若未达到约定人数，无合同约定组团社不能单方转团，应征得旅游者书面同意，才可以委托其他旅行社履行合同。组团社对旅游者承担责任，受委托的旅行社对

---

① 广东省深圳市中级人民法院（2015）深中法商终字第1913号。

组团社承担责任。旅游者不同意的，可以解除合同。因未达到约定的成团人数解除合同的，组团社应当向旅游者退还已收取的全部费用。如在张某与N国际旅行社常州分公司、X国际旅行社旅游合同纠纷案[①]中，法院认为：《团队出境旅游合同》第12条第1款约定，出境社解除合同，未达到约定的成团人数不能成团时，出境社解除合同的，应当采取书面等有效形式，出境社在行程开始前30日（按照出发日减去解除合同通知到达日的自然日之差计算）以上（含第30日）提出解除合同的，不承担违约责任，出境社向旅游者退还已收取的全部旅游费用。N国际旅行社常州分公司于2014年11月19日向张某转发了X国际旅行社不成团说明，合同约定的出发时间实际为2014年12月31日，距离行程确定的开始日超过30日以上，N国际旅行社常州分公司不承担违约责任。张某支付的8000元为预付款，合同明确有约定，N国际旅行社常州分公司已将8000元退还张某，张某要求N国际旅行社常州分公司赔偿损失8000元于法无据，不予支持。

四、旅游纠纷中涉及安全保障义务的分析思路与要点

旅游活动的特性决定了其过程必然伴随着风险，最早的英文“旅游”(travel)，是由travail（有“痛苦、艰苦、困难、危险”之意）转化而来，只有避免风险引发的人身、财产损害事故，旅游者才能在旅游活动中获得所需的精神利益。旅游经营者作为专业的旅游从业人员，相较于旅游者更能提前识别并防范旅游活动中的安全风险，对于安全保障应负有更多的法律责任。旅游合同中一般均约定了旅游经营者的安全保障义务，即使合同中未作约定，该项义务也为法定义务、附随义务。旅游经营者违反安全保障义务所引发的人身损害赔偿标准，参照《最高人民法院关于审理人身损害赔偿案件适用法律若干问题的解释》规定的项目及标准计算。

具体而言，安全保障义务的内容应包括四个方面，即保护义务、警示义务、防护义务、看管义务[②]。在旅游法律关系中，前述义务是旅游经营者的

---

① 江苏省常州市中级人民法院（2015）常商终字第133号。

② 王利明：《侵权责任法研究》（下卷），中国人民大学出版社2011年版，第164页。

法定义务，且该义务应贯穿旅游活动的全过程。但安全保障义务并不是对旅游经营者的严格责任与无限责任，其归责逻辑也不应偏离侵权责任的基本构成要件。在一个陌生的生活环境中，旅游者也应保持必要的防范注意，故安全保障义务应有合理限度，防止义务范围过分扩张，变相加重旅游经营者的责任承担。《最高人民法院关于审理人身损害赔偿案件适用法律若干问题的解释》（法释〔2003〕20号）第6条直接点明了安全保障义务的“合理限度”，《民法典》中虽未具体指明“合理限度”一词，但深究文意也包含了“合理限度”的内容，因为无限度不成法律上的义务，负有安全保障义务的行为主体，其义务的“合理限度”直接关系到负有义务的行为主体是否承担民事责任①。

1. 警示说明义务

《旅游纠纷司法解释》第8条规定：“旅游经营者、旅游辅助服务者对可能危及旅游者人身、财产安全的旅游项目未履行告知、警示义务，造成旅游者人身损害、财产损失，旅游者请求旅游经营者、旅游辅助服务者承担责任的，人民法院应予支持。旅游者未按旅游经营者、旅游辅助服务者的要求提供与旅游活动相关的个人健康信息并履行如实告知义务，或者不听从旅游经营者、旅游辅助服务者的告知、警示，参加不适合自身条件的旅游活动，导致旅游过程中出现人身损害、财产损失，旅游者请求旅游经营者、旅游辅助服务者承担责任的，人民法院不予支持。”

最高人民法院观点认为，此种安全警示说明义务，应属于诚实信用原则的演化，属于法定义务②。旅游活动本身存在信息不对称的结构矛盾，相较于旅游者身处异地，旅游经营者更为熟悉旅游行程，且在旅游地具有资源优势，因此加剧了旅游活动中旅游者的不安全感。旅游经营者积极告知、警示旅行风险，看似是无力的安全措施，实际上对风险防范与旅游者内心安全感提升有着极为重要的意义。对旅游者而言，旅游活动需要体力的参与，特殊的旅游项目还需要特殊的健康状况或禁忌，只有如实提供个人的健康信息，

---

① 贾邦俊：《〈侵权责任法〉中安全保障义务“合理限度”的思考——从比较法角度审视》，载《绍兴文理学报》2010年第6期。

② 最高人民法院民事审判第一庭编著：《最高人民法院审理旅游纠纷案件司法解释理解与适用》，人民法院出版社2010年版，第93页。

才能合理要求旅游经营者基于该信息对旅游行程作出准确安排。

代理此类案件时，如判断旅游经营者是否违反此义务，应从旅游经营者角度出发，辨别其作为专业服务机构，是否应当了解并告知相关信息，侵害结果的发生是否由于此不作为义务（特定情形下，也包含义务履行不彻底），如判断旅游者是否违反此义务，应将个人健康信息限定在与旅游活动相关的范围，不得随意扩大，信息范围是否完备也应结合旅游经营者的提示来判断，若旅游者本身并不知晓其已患某种疾病，即使该患病事实与受损结果之间存在因果关系，也不应视为旅游者存在过错。

2. 预防救助义务

预防救助义务侧重事故发生后的应急处置，《旅游法》第 81 条规定："突发事件或者旅游安全事故发生后，旅游经营者应当立即采取必要的救助和处置措施，依法履行报告义务，并对旅游者作出妥善安排。"旅游行程中，如发生意外尤其是危及旅游者人身安全的事故，旅游经营者应当基于自身的专业判断与标准，以施救为第一要务，做出合理必要的应急处置措施，一般的处置措施包括及时发现安全异常、拨打 120 急救电话、陪同至医疗机构救治、垫付救治费用、积极协助向保险公司索赔等。

3. 特殊人群的安全保障义务

随着定位于服务老年群体的特色旅游活动迅猛发展，老年人这一特殊群体在旅游消费结构中占据着越来越重要的地位。老年人、未成年人、孕妇、残疾人等特殊人群本身对于旅游活动的风险认知和防范较为弱势，《旅游法》第 11 条、第 79 条对特殊人群的特殊地位作出了规定，也意味着旅游经营者应当承担不同于一般标准的安全保障义务。如在许某某、王某某与 H 国际旅游集团开封市营业部、H 财产保险公司、A 财产保险公司郑州市分公司旅游合同纠纷案①中，法院认为：旅游组织和服务者，应对旅游者的人身安全尽到保障义务。旅游者本人在参加高风险旅游项目时，其自身也应负有较高要求的注意义务和安全防范义务，保障自身安全。旅游者参与的本次旅游为西藏地区旅游，对于到该地旅游的身体条件要求以及应特别注意的高原反应等

---

① 河南省开封市中级人民法院（2021）豫 02 民终 3018 号。

问题，H 国际旅游集团开封市营业部仅是在旅游者咨询中简单描述和询问，在未得到明确回答情况下未作出特别提醒和进一步确认，也未根据老年人的特点合理安排乘车时间、充分的休息时间及安排人员特别是医务人员随行，未尽到明确的告知、警示义务以及合理必要的安全保障义务，故存在过错，对旅游者死亡造成的损失应承担一定的赔偿责任。而旅游者作为完全民事行为能力人，应当在旅行前对旅游行程作充分的了解，并根据自身体力、精神状况选择旅游活动，其在明知自己刚进行过住院手术及自身存在高血压、动脉硬化等疾病情况下，在旅游经营工作人员问及是否有高血压等疾病时，未明确作出答复，亦未履行如实告知义务，故其本人对在旅行途中乘火车时突发死亡的后果存在主要过错。

律师代理此类特殊旅游者的旅游纠纷时，应注意判别旅游经营者是否针对特殊人群有特殊的照看、安全提示，旅行行程设计是否符合特殊人群的健康状态、精神需求，是否有特殊的事故预防方案以及救助措施。代理旅游经营者时，应核实旅游者是否事先如实告知身体状况，是否在已知晓风险的前提下，仍从事与其身体状况不相符的旅游活动。

五、旅游纠纷中涉及不可抗力事由的分析思路与要点

不可抗力是不能预见、不能避免且不能克服的客观情况，即不可抗力事由是主观因素与客观因素的综合判断，主观上，需当事人已尽到应有的注意义务，客观上该因素应不属于当事人自身的行为。不可抗力事由发生后，一般可能导致三种不同的法律效果：一是因不可抗力致使合同目的不能实现，属于解除权中的法定解除权；二是因不可抗力致使合同当事人违约的，此时不可抗力属于法定免责事由；三是在合同当事人欲继续履行合同而继续履行对合同一方明显不公时，可构成情势变更。常见的不可抗力事件①有：汛期水位上涨②、旅游地局势动荡③、旅游者遭遇交通事故④、旅游行程因交通事

① 北京市第二中级人民法院（2021）京 02 民终 15686 号。
② 广东省高级人民法院（2021）粤民申 9761 号。
③ 广东省深圳市中级人民法院（2019）粤 03 民终 12927 号。
④ 辽宁省沈阳市中级人民法院（2019）辽 01 民终 11413 号。

故堵车而延误[1]等，根据《旅游法》第 67 条之规定，发生不可抗力事件后，应结合各方当事人意愿对旅游合同分别处理，旅游合同如可部分履行，旅行社应向旅游者说明提示，旅游者同意变更的，因此导致的费用变化多退少补，旅游合同全部不能履行的，旅行社和旅游者均可以解除合同，组团社应当在扣除已向地接社或者履行辅助人支付且不可退还的费用后，将余款退还旅游者。

司法实践中，不可退还费用一般包括：机票、车票等已经实际发生的交通费用、酒店住宿费用、签证费用、景区景点费用、导游费用以及其他旅游支出，其中，关于机票费用、火车票费用等交通费用，因飞机、火车等交通工具执行较为严格的时间制度，退改机票、火车票均应符合航空公司、铁路部门以及票务代理公司的规定，如旅游经营者与相关主体签有框架合作协议的，退费政策也应遵守协议内容，故对旅游经营者而言，应提供订票凭证、相关协议、沟通记录等证据予以佐证不能退还的事实。

关于酒店费用、景区景点费用、导游费、地接社费用等服务支出，大多基于旅游经营者与各主体的合作框架协议而形成，相较于机票、火车票等费用而言，此类支出的退费政策可协调空间大，法院对证据审查更为严格。尤其在涉及境外游的旅游纠纷中，相关公文书证应履行必要的证明手续并按民事诉讼证据规定形式提供中文译本。

关联案例 1

案件名称：某国际旅行社与张某某旅游合同案

案　　号：天津市第二中级人民法院（2021）津 02 民终 2542 号

裁判观点：旅游者因自身原因未携带护照，导致无法参加原定旅游行程而提出退团，致使双方签订的旅游合同无法继续履行，旅行社可以根据合同约定扣除相应费用，但是考虑游客是在临近起飞时提出退团，过错缘于游客，酌情再扣除部分费用。

① 山东省泰安市中级人民法院（2019）鲁 09 民终 1596 号。

关联案例2

案件名称：孟某、杨某等与旅游公司旅游合同案

案　　号：广东省深圳市中级人民法院（2015）深中法商终字第1913号

裁判观点：旅游经营者在未经旅游者同意的情况下，未按合同约定拼团至某出境社，并单方更改双方约定的旅游行程，被告不仅单方调整了旅游行程，还将部分接待业务委托给其他旅行社的行为构成违约，应当承担违约责任。

关联案例3

案件名称：张某与N国际旅行社常州分公司、X国际旅行社旅游合同案

案　　号：江苏省常州市中级人民法院（2015）常商终字第133号

裁判观点：根据合同约定，因未达到约定的成团人数不能成团，出境社解除合同的，应当采取书面等有效形式，在行程开始前30日以上（含第30日）提出解除合同的，不承担违约责任，出境社向旅游者退还已收取的全部旅游费用。

关联案例4

案件名称：许某某、王某某与H国际旅游集团开封市营业部等公司旅游合同案

案　　号：河南省开封市中级人民法院（2021）豫02民终3018号

裁判观点：旅游组织和服务者，应对旅游者的人身安全尽到保障义务。旅游者本人在参加高风险旅游项目时，其自身也应负有较高要求的注意义务和安全防范义务，保障自身安全。否则，应当根据各自的过错程度承担相应的责任。

第三节　典型案例精析

案例 1：T 国际旅行社、B 旅行社、B 旅行社西安分公司与王某等旅游合同案[①]

裁判要旨

关于旅游纠纷中侵权主体认定，作为旅游经营者，对旅游者负有安全保障义务，未尽到安全保障义务应当承担赔偿责任。旅游经营者擅自将其旅游业务转让给其他旅游经营者，旅游者在旅游过程中遭受损害，与旅游者签订旅游合同的旅游经营者和实际提供旅游服务的旅游经营者承担连带责任。多个旅行社共同合作经营导致侵权结果的发生，应当依照《民法典》第 1168 条承担连带责任，即二人以上共同实施侵权行为，造成他人损害的，应当承担连带责任。

作为分支机构的法人有购买旅行社责任险，在分支机构旅行社侵权承担民事责任时，旅行社责任险保险人应就同案承担替代性赔偿责任。

案情简介

本案原告阎某某系死者王某平之配偶，原告王某系死者王某平之子。王某平与阎某某欲往泰国旅游，在 T 国际旅行社宝鸡分社的办公地点交纳了泰国游团费，在范某某家中签订了团队出境旅游合同，旅游合同载明的出境社为 B 旅行社西安分公司。后 T 国际旅行社宝鸡分社员工田某某和 B 旅行社导游何某某带领阎某某、王某平、范某某等 19 人乘飞机前往泰国曼谷。到达曼谷后，何某某将 19 人团的领队工作转交田某某后离团。田某某安排阎某

① 一审：陕西省宝鸡市渭滨区人民法院（2018）陕 0302 民初 2921 号；二审：陕西省宝鸡市中级人民法院（2019）陕 03 民终 213 号。

某、王某平、范某某等19人旅游。2017年1月12日，王某平在游览过程中身体不适，田某某未及时处理。当晚11点左右，王某平开始呼吸困难，后被送至当地医院。王某平在当地住院期间死亡，后在当地火化。

B旅行社在L财产保险公司深圳分公司投保了旅行社责任险，每次事故责任险限额500万元，其中每次事故每人责任限额为50万元，附加精神损害保险10万元。B旅行社西安分公司还为王某平投保了境外旅行人身意外伤害保险。T国际旅行社宝鸡分社于2017年12月7日经核准设立。田某某未取得导游证书亦无相关医疗常识及境外旅游带队经验。19人的旅游费用发票由B旅行社西安分公司开具，旅游费用由T国际旅行社宝鸡分社负责人韩某收取，在留存了25460元后将剩余费用转至B旅行社账户。

阎某某、王某提起诉讼，请求判令T国际旅行社、B旅行社西安分公司、B旅行社、T国际旅行社宝鸡分社、范某某连带赔偿医疗费、死亡赔偿金、丧葬费、交通费、误工费、住宿费、餐饮费等各项费用及精神抚慰金共计128212元。L财产保险公司深圳分公司在承保的旅行社责任险50万元及附加险范围内承担赔偿责任。

法院裁决

一审法院判决：B旅行社支付阎某某、王某各项损失515733.20元；T国际旅行社宝鸡分社对上述赔偿金额承担连带清偿责任；T国际旅行社对T国际旅行社宝鸡分社承担不足的部分，承担补充赔偿责任；驳回阎某某、王某其他诉讼请求。

T国际旅行社不服，提起上诉。二审法院判决：根据《保险法》第65条和《旅行社责任保险管理办法》第20条第3款的规定，以及案涉旅行社责任保险条款的约定，结合旅行社责任保险设立的目的，一审未认定L财产保险公司深圳分公司在旅行社责任保险限额内承担赔偿责任适用法律不当，应予纠正。该院改判L财产保险公司深圳分公司在保险限额内赔偿阎某某、王某各项损失50万元，B旅行社与T国际旅行社宝鸡分社连带赔偿阎某某、王某剩余损失15733.2元，驳回阎某某、王某其他诉讼请求。

律师评析

本案系旅游者在旅游活动中发生意外死亡而产生的侵权责任纠纷案件，因跨境旅游活动涉及多个旅游经营者，又有不同主体以不同身份参与合同订立与执行，如何在复杂的合同与侵权关系中正确认定侵权主体并据此合理划分责任比例成为本案审理的难点，本案所涉及的主要法律问题如下。

1. 本案主体关系

由于本案涉及主体较多，笔者采用图表的形式以便更为直观地体现本案涉及主体关系。

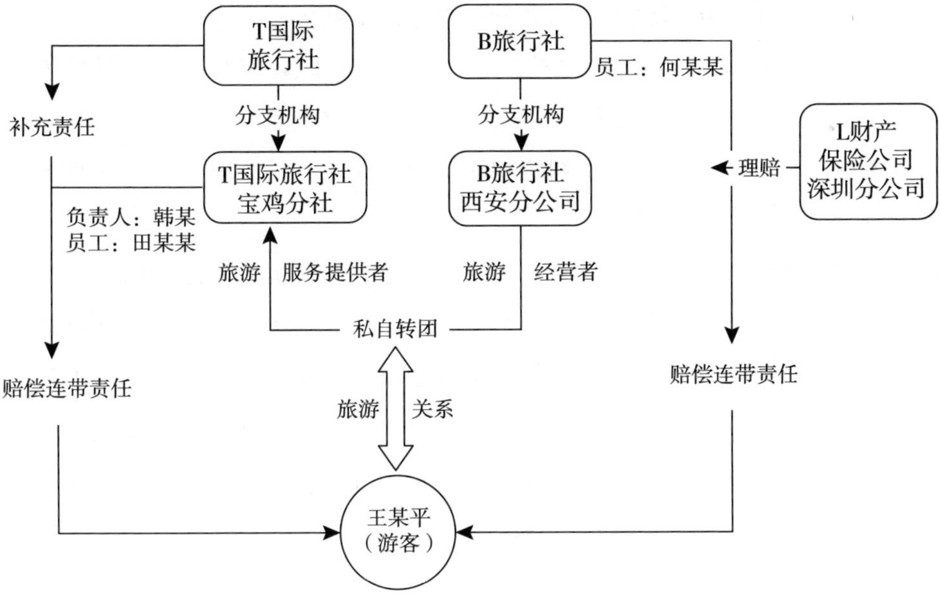

2. 本案侵权责任的认定

第一，关于 B 旅行社西安分公司责任认定分析。

B 旅行社西安分公司与游客王某平订立旅游合同，作为旅游经营者，未依据相应旅游规范做好安全提示，未根据旅游者整体年龄情况对行程进行合理调整，未在旅游者出现身体不适时及时采取措施，旅行社随团人员未取得相应带团资质，根据《旅游纠纷司法解释》第 7 条之规定，应当承担侵权责任。

第二，关于 B 旅行社责任认定分析。

B 旅行社西安分公司是 B 旅行社的分支机构，首先，本案中 B 旅行社实际收取T国际旅行社宝鸡分社转来的剩余旅游费用，B旅行社的导游何某某与T国际旅行社宝鸡分社员工田某某一同带团至曼谷，对于本次旅游活动B旅行社与T国际旅行社宝鸡分社之间近似合作经营的行为导致了上述结果的发生，因此B旅行社也应当承担连带责任。

其次，B旅行社开办了B旅行社西安分公司，根据《民法典》第74条第2款之规定，分支机构以自己的名义从事民事活动，产生的民事责任由法人承担；也可以先以该分支机构管理的财产承担，不足以承担的，由法人承担。因此，B旅行社也可以直接承担B旅行社西安分公司在本案中的民事责任。

第三，关于T国际旅行社宝鸡分社责任认定分析。

首先，T国际旅行社宝鸡分社参与本次旅游合同订立和履行。但是T国际旅行社宝鸡分社在本次旅行中促成旅游合同订立，派员带团游览，收取旅游者餐费的行为不符合《旅游纠纷司法解释》第1条第3款关于旅游辅助服务者的定义。

其次，B旅行社西安分公司擅自将其旅游业务转让给被告T国际旅行社宝鸡分社，依据《旅游纠纷司法解释》第10条第2款旅游经营者擅自将其旅游业务转让给其他旅游经营者，旅游者在旅游过程中遭受损害，请求与其签订旅游合同的旅游经营者和实际提供旅游服务的旅游经营者承担连带责任的，人民法院应予支持的规定，被告T国际旅行社宝鸡分社应对被告B旅行社西安分公司的侵权之债承担连带清偿责任。

关于上诉人T国际旅行社认为本案旅游合同的订立系韩某个人行为的理由，缺乏相应的证据予以佐证。由于韩某系T国际旅行社宝鸡分社的经营者，其经手的本案旅游活动也属于T国际旅行社宝鸡分社的经营范围。同时，在本次旅游合同订立时，T国际旅行社宝鸡分社已经成立，因此在本案中并不是韩某个人行为，实际上是代表公司的行为。

综合上述事实，T国际旅行社宝鸡分社应当对被告B旅行社西安分公司的侵权之债承担连带清偿责任。

第四，关于T国际旅行社责任认定。

T国际旅行社宝鸡分社系T国际旅行社的分支机构，根据《民法典》第

74 条之规定，本案中 T 国际旅行社可以直接承担分支机构责任，也可以承担不足部分的补充责任。综上，被告 T 国际旅行社作为被告 T 国际旅行社宝鸡分社的开办者，应对被告 T 国际旅行社宝鸡分社不足承担的部分，承担补充赔偿责任。

3. 关于旅行社责任险保险人 L 财产保险公司深圳分公司是否同案承担替代性赔偿责任

第一，B 旅行社与 T 国际旅行社宝鸡分社共同合作经营本次旅游业务，对本案承担连带赔偿责任，且 B 旅行社对 B 旅行社西安分公司以分支机构名义从事活动造成的损失既可以直接承担责任，也可以承担补充责任，因此从两个角度看 B 旅行社投保的保险人应当就本案承担保险责任。

第二，从旅行社责任保险设立的目的来看，亦是通过保险赔偿的方式，使受害人及时获得救济。因此旅行社责任险保险人应根据《保险法》第 65 条“保险人对责任保险的被保险人给第三者造成的损害，可以依照法律的规定或者合同的约定，直接向该第三者赔偿保险金”。《旅行社责任保险管理办法》第 20 条第 3 款中“旅行社对旅游者、导游或者领队人员应负的赔偿责任确定的，根据旅行社的请求，保险公司应当直接向受害的旅游者、导游或者领队人员赔偿保险金”之规定，就同案承担替代性赔偿责任。

4. 连带责任的追偿及责任份额问题

本案中，一审判决 B 旅行社西安分公司对王某平的死亡承担 40%的责任即 515733.20 元，B 旅行社和 T 国际旅行社宝鸡分社承担连带责任。二审判决由 B 旅行社投保的旅行责任险保险人 L 财产保险公司深圳分公司在旅行社责任险 50 万元责任限额内承担赔偿责任。B 旅行社与 T 国际旅行社宝鸡分社连带赔偿剩余损失 15733.2 元。

第一，关于连带责任的追偿权。

本案中保险公司代 B 旅行社和 B 旅行社西安分公司承担责任后，根据《民法典》第 178 条第 2 款之规定，连带责任人的责任份额根据各自责任大小确定，难以确定责任大小的，平均承担责任。实际承担责任超过自己责任份额的连带责任人，有权向其他连带责任人追偿。因此 L 财产保险公司深圳分公司有权向 T 国际旅行社宝鸡分社追偿。

关于如何行使追偿权，根据《最高人民法院经济审判庭关于生效判决的连带责任人代偿债务后应以何种诉讼程序向债务人追偿问题的复函》之规定，根据生效的法律文书，连带责任人代主债务人偿还了债务，或者连带责任人对外承担的责任超过了自己应承担的份额的，可以向原审人民法院请求行使追偿权。原审人民法院应当裁定主债务人或其他连带责任人偿还。此裁定不允许上诉，但可复议一次。如果生效法律文书中，对各连带责任人应承担的份额没有确定的，连带责任人对外偿还债务后向其他连带责任人行使追偿权的，应当向人民法院另行起诉。本案法院判决中没有明确各主体承担责任的具体份额，因此若要行使追偿权应当另行起诉确定份额。

第二，关于连带责任的比例问题。

根据《民法典》第 178 条第 2 款之规定，连带责任人的责任份额有约定的从约定，无约定的则根据各自责任大小确定，难以确定责任大小的，平均承担责任。

案例 2：郭某某、Z 国际旅行社龙岩分公司旅游合同案[①]

裁判要旨

因不可抗力导致旅游合同解除的，旅游经营者与旅游者应就旅游费用退还进行协商，协商不成的，应扣除已向地接社或履行辅助人支付且不可退还的费用后，将余款退还旅游者。旅行社应就已支付相关费用且不能退回的事实承担举证责任。且根据公平原则，对于不能退回的费用损失应当合同双方当事人根据公平原则合理分担。

案情简介

2020 年 1 月 11 日，旅游者郭某某等 8 人与出境社 Z 国际旅行社龙岩分

① 一审：福建省龙岩市新罗区人民法院（2020）闽 0802 民初 6115 号；二审：福建省龙岩市中级人民法院（2020）闽 08 民终 1816 号；再审：福建省高级人民法院（2021）闽民申 1532 号。

公司签订《团队出境旅游合同》，参加旅游线路：俄罗斯双首都8天奇缘之旅，出发时间为2020年2月4日，结束时间为2020年2月11日，共8天。合同第十四条约定：因不可抗力或者已尽合理注意义务仍不能避免的事件解除合同的，出境社应当在扣除已产生的费用包括但不限于已向地接社或者履行辅助人支付且不可退还的费用后，将余款退还旅游者。合同签订后，郭某某及家人计三人给付Z国际旅行社龙岩分公司旅游费21600元。2020年1月13日，Z国际旅行社龙岩分公司向S国际旅行社转账39994元。Z国际旅行社龙岩分公司为郭某某在内的8位旅游者购买洲际航空机票及莫斯科火车票。

2020年1月26日，Z国际旅行社发出《重要通知》，决定1月24日起取消国内团队和1月28日零时起出境旅游团队的出行计划，因此导致行程无法继续的相关事宜处理方式：解除合同的，根据团队出境旅游合同第十四条“因不可抗力……事件解除合同”的相关条款，旅行社在扣除已向地接社或履行辅助人支付且不可退还的费用后，将余款退还。所涉及的签证、航空公司机票、地接费用，我社将与各机关单位做协商处理，将可退还的费用退还给您，希望您予以理解并积极配合。国内游取消的团队按照国家相关规定和国内合同约定执行。2020年6月1日，S国际旅行社向Z国际旅行社龙岩分公司转账19994元，尚有2万元未转账。Z国际旅行社龙岩分公司将损失的2万元在8位旅游者中进行分配后，将剩余旅游费退还另5位旅游者。郭某某认为Z国际旅行社龙岩分公司扣除9750元没有依据，不同意Z国际旅行社龙岩分公司退还剩余旅游费11850元。郭某某遂诉至一审法院请求：1. 判令Z国际旅行社龙岩分公司立即退回郭某某报团旅游款21600元及相应利息（从2020年2月1日起至款清之日止的利息）。2. 诉讼费由被告承担。

另查明，2020年1月23日，中国民用航空局向各运输航空公司作出《关于免收民航机票退票费的通知》，自2020年1月24日零时起，此前已购买民航机票的旅客自愿退票的，各航空公司及其客票销售代理机构应免费办理退票，不得收取任何费用。

法院裁决

一审法院经审理认为：双方当事人订立的《团队出境旅游合同》因不可抗力而无法履行，双方均无过错。Z 国际旅行社龙岩分公司扣除向地接社或者履行辅助人支付且不可退还的 2 万元后，将余款退还旅游者，符合法律、合同规定。郭某某要求全额退还旅游费，没有法律依据，不予支持。扣除 Z 旅行社龙岩分公司已支付的 9750 元，Z 旅行社龙岩分公司应退还郭某某旅游费 11850 元。Z 旅行社龙岩分公司不存在故意不退还旅游费，郭某某要求 Z 旅行社龙岩分公司给付旅游费相应的利息，不予支持。遂判决：Z 旅行社龙岩分公司退还郭某某旅游费 11850 元；驳回郭某某的其他诉讼请求。

一审判决后，郭某某提起上诉。二审法院经审理后认为：本案中，在双方未能就旅游费用退还协商一致的情况下，郭某某起诉要求 Z 国际旅行社龙岩分公司返还旅游费，Z 国际旅行社龙岩分公司应当对其已支付相关费用且不能退回的事实承担举证责任。但 Z 国际旅行社龙岩分公司仅提供 S 国际旅行社向其退回部分费用的证据，未举证证明地接社和履行辅助人确定不予退回的费用，其举证责任尚未全部完成。同时，若地接社和履行辅助人不能退回的费用均由旅行者承担，对郭某某而言亦有失公平。双方当事人对合同解除均无过错，旅行未发生，对 Z 国际旅行社龙岩分公司仅为预期利益损失并无直接损失，但对郭某某而言损失已经直接发生。该部分不能退回的费用损失 9750 元，应由合同双方当事人根据公平原则合理分担，即郭某某与 Z 国际旅行社龙岩分公司各分摊 50%的费用即 4875 元为宜。Z 国际旅行社龙岩分公司共应退还郭某某旅游费 16725 元。遂改判：一、撤销福建省龙岩市新罗区人民法院（2020）闽 0802 民初 6115 号民事判决第二项即“驳回郭某某的其他诉讼请求”；二、变更福建省龙岩市新罗区人民法院（2020）闽 0802 民初 6115 号民事判决第一项为 Z 国际旅行社龙岩分公司应于本判决生效之日起十日内退还郭某某旅游费 16725 元；三、驳回郭某某的其他诉讼请求。后郭某某申请再审，再审法院认为二审法院根据公平原则，将费用损失按 50%进行分摊已臻合理。因本案出境旅游的交通方式为商业包机，郭某某主张本案不得收取费用，与《中国民用航空局关于免收民航机票退票费的通知》不相符，不予支持。遂裁定：驳回郭某某的再审申请。

律师评析

1. 双方当事人订立的《团队出境旅游合同》合法有效，因不可抗力事由而无法履行被迫解除，双方均无过错

根据《民法典》第180条第2款之规定，不可抗力是不能预见、不能避免且不能克服的客观情况。对不可抗力的理解，是一般对事件发生没有预知能力，并且已经尽到了最大的努力和采取一切可以采取的措施但仍不能避免和克服。

本案合同无法履行，双方均无过错，本案中双方当事人订立的《团队出境旅游合同》因这一不可抗力事由无法继续履行而被迫解除。

笔者认为应当根据合同内容、合同目的以及履行情况，动态、全面地分析是否为不可抗力，或是否能构成情势变更。在这时，合同双方应当本着公平、诚信原则，互相体谅、积极协商采取措施减少因不可抗力带来的损失。

2. 对于已支付给地接社或者履行辅助人且不可退还费用的事实应当由旅行社承担举证责任

首先，本案中双方签订的《团队出境旅游合同》约定了不可抗力情形下旅游费应如何分担，该约定符合《旅游法》第67条“组团社应当在扣除已向地接社或者履行辅助人支付且不可退还的费用后，将余款退还旅游者”之规定。

其次，对于“已支付给地接社或者履行辅助人且不可退还的费用”的认定问题，应当明确举证责任，根据提交的证据确定最终的损失金额，然后将剩余款项退还给旅游者。因为旅游合同的特殊性，往往涉及两个以上的主体，根据Z国际旅行社龙岩分公司向S国际旅行社转账购买洲际航空机票及莫斯科火车票这一事实可得出，S国际旅行社为本案的履行辅助人。因此本案应当由Z国际旅行社龙岩分公司举证证明其已经支付车票相关费用，且已经与履行辅助人S国际旅行社协调无法退费的事实，并就该事实提供相关证据，否则无法认定旅行社已经支付给地接社或者履行辅助人相关费用且不可退还，将对此事实承担举证不能的责任。

3. 旅行社应当根据公平原则确定损失分担数额，并退还旅游者剩余费用

公平原则是指民事主体应本着社会公认的公平观念从事民事活动，司法机关对民事纠纷行使裁判权时，也要体现社会主义和公共道德的要求[①]。在处理民事纠纷时主要体现在要公允、公正地确定双方责任承担。在双方民事法律行为中，当事人双方的权利义务应当相统一，责任承担应当相适应。不能仅由一方行使权利，也不能仅由一方承担义务。本案中，因为合同的解除，双方均无过错，在此种情况下，应当适用公平原则作为具体法律规定的补充，将实际支出无法退还的因旅游产生的费用根据公平原则由旅行社和旅游者分摊，由此最终确定退还旅游者旅游费用的具体数额。

本案中，在双方未能就旅游费用退还协商一致的情况下，旅游者郭某某起诉要求Z国际旅行社龙岩分公司返还旅游费，Z国际旅行社龙岩分公司应当对其已支付相关费用且不能退回的事实承担举证责任。但Z国际旅行社龙岩分公司仅提供S国际旅行社向其退回部分费用的证据，未举证证明地接社和履行辅助人确定不予退回的费用，其举证责任尚未全部完成。同时，若地接社和履行辅助人不能退回的费用均由旅行者承担，对旅游者郭某某而言亦有失公平。双方当事人对合同解除均无过错，旅行未发生，对Z国际旅行社龙岩分公司仅为预期利益损失并无直接损失，但对旅游者郭某某而言损失已经直接发生。该部分不能退回的费用损失9750元，应由合同双方当事人根据公平原则合理分担，即旅游者郭某某与Z国际旅行社龙岩分公司各分摊50%的费用即4875元为宜。综上，旅行社应当根据公平原则确定损失分担数额，并退还旅游者剩余费用。

① 马俊驹、余延满：《民法原论》，法律出版社2010年版，第38页。

第二十二章　保险合同纠纷[①]

第一节　理论概述与实务指引

近年来，随着经济的发展和保险服务领域的拓展，我国保险业发展迅猛，保险合同纠纷案件也呈现大幅度上升趋势。自 1995 年《保险法》正式立法以来，最高人民法院在 2009 年至 2018 年期间分别出台四份《关于适用〈中华人民共和国保险法〉若干问题的解释》（以下简称《保险法司法解释》），以适应社会经济形势的发展变化。

一、保险合同的概念

保险的本义是稳妥可靠的保障，后来延伸成一种保障机制。从经济角度来看，保险是分摊意外事故损失的一种财务安排；从法律角度看，保险是一方同意补偿另一方损失的一种合同行为；从社会角度看，保险是社会经济保障制度的重要组成部分；从风险管理角度看，保险是风险管理的一种方法。

《保险法》第 2 条规定："本法所称保险，是指投保人根据合同约定，向保险人支付保险费，保险人对于合同约定的可能发生的事故因其发生所造成的财产损失承担赔偿保险金责任，或者当被保险人死亡、伤残、疾病或者达到合同约定的年龄、期限等条件时承担给付保险金责任的商业保险行为。"第 10 条规定："保险合同是投保人与保险人约定保险权利义务关系的协议。投保人是指与保险人订立保险合同，并按照合同约定负有支付保险费义务的人。保险人是指与投保人订立保险合同，并按照合同约定承担赔偿或者给付

---

① 本章作者李硕。

保险金责任的保险公司。”

二、保险合同的特征

从上述保险及保险合同的概念可以看出，保险合同具有以下法律特征。

1. 保险合同是射幸合同

保险合同具有射幸性，其以不确定的事项为合同内容，保险合同仅是一种机会性的合同，保险事故的发生具有偶然性，若保险期间内保险事故不发生则被保险人一方无法获得保险金赔付，只有保险事故发生且满足合同约定的赔付条件，被保险人一方才会获得保险金的赔付。

2. 保险合同是双务、有偿合同

保险合同双方既享有权利，又负有义务，两者权利义务对等。对于投保人、被保险人一方而言，其权利是在发生保险事故时获取保险金，但应按照合同约定支付保险费；对于保险人而言，有权收取保险费，但在保险事故发生时应给付保险金，故保险合同是典型的双务、有偿合同。

3. 保险合同是不要式合同

虽然实践中，保险公司多向投保人签发书面保险单、保险合同等文书以记载合同内容，但实质上保险合同以当事人双方意思表示一致为成立要件，即保险合同双方当事人愿意接受特定条件拘束时，保险合同即为成立。签发保险单等书面文书的目的是对保险合同的内容加以确立，便于当事人知晓保险合同的内容，能产生证明的效果，但签发保险单并非保险合同成立所必须具备的形式。①

三、保险合同主要类型

根据《保险法》的相关规定及《民事案件案由规定》中对于保险纠纷案件的分类，保险合同纠纷类型主要分为财产保险合同与人身保险合同、原保险合同与再保险合同。

---

① 参见《最高人民法院公报》2016年第7期，物流公司与Z财产保险公司曲靖中心支公司财产损失保险合同纠纷案裁判摘要部分内容。

1. **财产保险合同与人身保险合同**

该种分类是司法实践中最主要的区分，二者主要区别在于保险标的不同，其中人身保险合同是以人的身体或寿命为保险标的所订立的保险合同，财产保险合同是以财物或相关利益为保险标的所订立的保险合同。

该类区分在司法实践中意义在于：

（1）二者的法律适用不同，不能交互适用，两类保险合同对应有不同的行为规范和裁判规则。如《保险法》第 31 条至第 47 条是针对人身保险合同设立的条文，第 48 条至第 66 条是针对财产保险合同设立的条文；《保险法司法解释（三）》是就保险法中人身保险合同部分有关法律适用的进一步解释，《保险法司法解释（四）》是就保险法中财产保险合同部分有关法律适用的进一步解释。

（2）二者确立价值不同，功能、基本原则、适用制度也均不相同。首先，人身保险是以人的身体或寿命作为合同保障的主要对象，其价值无法用金钱衡量，故人身保险合同的功能在于给付；对于财产保险而言，经济补偿及禁止得利是财产保险设立的出发点及归宿点，故财产保险合同的功能在于补偿。其次，基于确立价值不同，二者所适用的基本原则不完全相同，财产保险合同中，损失填补作为基本原则，也是确定保险金给付金额的基础，但是人身保险并不适用于损失补偿原则。最后，在适用制度上，财产保险是以损失填补为基础，对于财产保险的被保险人而言，不应当获取多于损失的利益，被保险人在获取保险金后，保险人对第三人有代位求偿权，而人身保险合同的保险人不享有代位求偿权。

（3）两类合同纠纷案件管辖地不同，《民事诉讼法解释》第 21 条规定："因财产保险合同纠纷提起的诉讼，如果保险标的物是运输工具或者运输中的货物，可以由运输工具登记注册地、运输目的地、保险事故发生地人民法院管辖。因人身保险合同纠纷提起的诉讼，可以由被保险人住所地人民法院管辖。"

2. **原保险合同与再保险合同**

原保险合同是指投保人本人与保险人所订立的，以人的身体或寿命、财产或相关利益为保险标的的保险合同，而再保险合同是原保险人将其所承担的保险风险，以分保形式部分转移给其他保险人的保险合同。

虽然再保险与原保险具有关联性，但两者基于不同的法律关系，当事人、标的、法律性质也各不相同。再保险合同的当事人是再保险接受人和原保险人，原保险合同的当事人为投保人与原保险人。原保险合同的保险标的为投保人一方的财产、人的身体或寿命，而再保险合同是以原保险人的责任为保险标的。基于《保险法》第 29 条对于再保险的规定，再保险合同适用合同相对性原则，只对原保险人和再保险人具有法律约束力，再保险接受人也只对原保险人负责，其与原保险合同的投保人或被保险人没有直接的法律关系。

司法实践中，原保险人投保再保险的，其基于被保险人对第三人赔偿请求权而获取的代位求偿不受再保险的影响，保险人可以就全部已付保险金依法向第三人行使代位求偿权，并不需要扣除已经获取的再保险赔偿，但应在代位求偿权行使成功后根据再保险合同的约定将求偿款分配给再保险接受人。也正因如此，存在再保险合同的情况下，保险代位求偿权的主体也仅限于发生在承担保险金赔付责任的原保险人与第三人之间，再保险接受人不得直接向第三人行使代位求偿权。[①]

第二节　办案思路与实战技巧

律师在办理保险合同纠纷案件时，应先考虑案件性质，是属于原保险合同纠纷还是再保险合同纠纷。如前所述，再保险合同纠纷存在于原保险人和再保险人之间，与本章所论述的保险合同纠纷并不相同，故本章对再保险合同纠纷不再展开讨论。

---

① 参见贾清林、周传植：《保险人代位求偿时无须扣除已获取的再保险赔偿》，载《人民司法·案例》2020 年第 17 期。同类观点的案例还有：最高人民法院（2019）最高法民终 299 号《实业公司、H 财产保险公司青岛分公司保险人代位求偿权纠纷》案件观点；最高人民法院（2018）最高法民终 1334 号《×财产保险公司等与某建设公司等保险人代位求偿权纠纷》案件观点。

对于原保险合同纠纷，首先应判断是属于人身保险合同纠纷还是财产保险合同纠纷，两者适用的行为规范和裁判规则并不完全相同。但无论是哪类保险合同纠纷，共同点在于其适用的保险法基本原则大体相同。笔者认为，代理保险合同纠纷案件，整体方向上可以按照如下思路进行逐一思考：首先，通过保险利益原则确定保险合同的效力或权利主体；其次，基于近因原则考量保险事故是否属于理赔范围；再次，根据保险人是否尽到提示说明义务确定合同免责条款是否产生效力；最后，根据投保人是否尽到如实告知义务确定保险人可否不承担赔偿或者给付保险金的责任。财产保险合同纠纷案件中，在保险合同有效、保险事故属于理赔范围、保险人应承担给付保险金责任的情况下，应进一步基于损失填补原则确定保险人所需给付保险金的金额。

一、以保险利益原则确定保险合同的效力或权利主体

《保险法》第12条第6款规定："保险利益是指投保人或者被保险人对保险标的具有的法律上承认的利益。"保险利益原则的根本目的是防止道德风险的发生，从而更好地实现保险"分散风险和消化损失"的功能,① 但在人身保险合同与财产保险合同中，保险利益确立时间、保险利益范围以及对于合同效力的影响不同。

1. 人身保险合同中的保险利益及其对合同效力的影响

对于人身保险合同而言，《保险法》第12条第1款规定："人身保险的投保人在保险合同订立时，对被保险人应当具有保险利益。"第31条规定："投保人对下列人员具有保险利益：（一）本人；（二）配偶、子女、父母；（三）前项以外与投保人有抚养、赡养或者扶养关系的家庭其他成员、近亲属；（四）与投保人有劳动关系的劳动者。除前款规定外，被保险人同意投保人为其订立合同的，视为投保人对被保险人具有保险利益。订立合同时，投保人对被保险人不具有保险利益的，合同无效。"《保险法司法解释（三）》第3条规定："人民法院审理人身保险合同纠纷案件时，应主动审

① 参见邹海林：《论保险利益原则及适用》，载《中外法学》1996年第5期。

查投保人订立保险合同时是否具有保险利益，以及以死亡为给付保险金条件的合同是否经过被保险人同意并认可保险金额。”

根据上述规定，在人身保险合同中，保险利益对合同效力具有直接影响，且是否具有保险利益属于法院在审理案件过程中依职权主动审查的范畴，当投保人在订立合同时对被保险人不具有保险利益的，保险合同无效，故在代理人身保险合同纠纷案件时，首先应判断投保人对被保险人是否具有保险利益。

根据我国保险法的立法例，人身保险合同中，保险利益的认定标准具体采用的是利益主义为主、同意主义为辅的认定标准，即以投保人与被保险人身份关系作为法定标准，补充以被保险人同意。但应予注意的是，对于为无民事行为能力人投保以死亡为给付保险金条件的人身保险合同，根据《保险法》第33条的立法本意及司法实践的认定，其保险利益关系主体应仅限于无民事行为能力人的父母，原则上其他具有人身依附关系的近亲属并不包含在内。如湖北省高级人民法院（2018）鄂民再290号（杨某林与人寿保险公司人身保险合同纠纷）案件中，法院最终确认，为无民事行为能力人投保以死亡为给付保险金条件的人身保险的主体仅限于未成年人父母，原则上不能做扩大解释。

此外，人身保险合同中保险利益的确立时间点为合同订立之时，即便在合同存续期间，投保人与被保险人身份关系发生变动（如离婚、劳动关系解除等），也并不影响已经确立的保险利益，即投保人在合同订立之后丧失保险利益并不影响合同的效力。

2. 财产保险合同中的保险利益及其对权利主体的影响

对于财产保险合同而言，《保险法》第12条第2款规定：“财产保险的被保险人在保险事故发生时，对保险标的应当具有保险利益。”第48条规定：“保险事故发生时，被保险人对保险标的不具有保险利益的，不得向保险人请求赔偿保险金。”《保险法司法解释（二）》第1条规定：“财产保险中，不同投保人就同一保险标的分别投保，保险事故发生后，被保险人在其保险利益范围内依据保险合同主张保险赔偿的，人民法院应予支持。”

根据上述规定，保险利益是确定财产保险中请求赔偿保险金权利主体的依据，在代理财产保险合同纠纷案件时，应据此判断当事人主体资格是否适格。财产保险的保险利益并非如人身保险体现在投保人与被保险人之间人身依附关系或者信赖关系之上，而是体现在投保人对保险标的的利害关系，[①]故不同的主体对于同一财产可以具有不同的保险利益，可以就同一财产投保与其保险利益相对应的保险险种，成立不同的保险合同，在各自的保险利益范围内获得保险保障，从而实现利用保险制度分散各自风险的目的。

与人身保险不同，财产保险中保险利益确立的时间点为保险事故发生之时，若被保险人仅在保险合同订立时具有保险利益，发生保险事故时保险标的已经转移，并不影响财产保险合同的效力，但原被保险人将丧失保险利益，由保险标的的受让人承继被保险人的权利义务，届时向保险人主张权利的主体为受让人。

二、通过近因原则考量保险事故是否属于理赔范围

1. 近因原则及其对于理赔范围的影响

在保险合同有效、权利主体适格的前提下，应当进一步考虑保险事故是否属于保险人的理赔范围，因而涉及近因原则。近因是指造成承保损失起决定性、有效性的原因。虽然近因原则在我国《保险法》中并无明文规定，但已被认定属于保险法的基本原则，且当前已达成普遍共识，近因原则中的近因并非指时间上最接近损失的原因，而是指在效果上最具有决定性、支配力的原因。

近因原则，是指保险人承担赔偿责任的范围应限于以承保风险为近因造成损失，对承保风险并非近因所造成的损失不承担赔付责任。近因原则以我国法律上的因果关系理论解释可能更为通俗，保险法上的因果关系认定，在于判断被保险人所遭受的损失是否属于保险人所承保的风险导致，进而决定保险人是否承担赔付责任。[②] 但实践中导致事故发生的近因往往并非单一的，

---

① 邹海林、常敏：《中华人民共和国保险法释义》，中国检察出版社 1995 年版，第 146 页、第 148 页。

② 周雪峰：《论保险法上的因果关系—从近因规则到新兴规则》，载《法商研究》2011 年第 1 期。

若是单一近因所引发的事故，且其属于保险合同所约定的除外责任事项，则保险公司可以拒绝赔付。若引发事故的近因属于多项近因，多项近因均属于承保风险或均属于除外责任时，保险人可否拒绝赔付自不待言；若多项近因中有承保风险，也有既不属于承保风险也不属于除外责任的事项，保险人也应当承担赔付责任；若多项近因中既有承保风险，又有除外责任的情况下，保险公司如何赔付将在下文中进行论述。

2. 近因原则在我国实践中的应用

在司法实践中，不乏保险人基于近因原则作为涉诉纠纷不属于理赔范围的抗辩（该抗辩理由常见于人身意外伤害保险、财产保险案件当中），也有法院直接以近因原则作为审判依据的判例。

如广东省高级人民法院在（2019）粤民申 7637 号（B 财产保险公司广东分公司与建筑工程公司人身保险合同纠纷）案件中，原告所在单位向被告投保建筑工程团体人身意外伤害保险，其中约定“被保险人疾病、中暑、猝死等属于保险人的责任免除范围”。在保险期间内，原告在工地不慎摔倒被送至医院，经抢救无效死亡，医生诊断其为脑血管意外死亡。据此，保险公司主张原告死亡系脑血管疾病所致，并非意外伤害死亡，根据保险合同责任免除条款，其不应当承担赔付责任。法院最终认定，原告意外摔伤同时造成了脑血管疾病，并进而造成其死亡，原告脑血管疾病并非意外事故发生之后过了一段时间才出现，故可以认定原告死亡的近因是意外事故，而非脑血管疾病，保险公司应当承担保险责任。

再如四川省高级人民法院（2018）川民申 5937 号（张某元、熊某莲人身保险合同案），原告所在单位向被告投保建筑施工人员团体意外伤害保险，其中约定：被保险人因无有效资质操作施工导致身故或残疾的，保险人不承担给付保险金责任。在保险期间内，原告在登杆作业安装过程中，杆子倾倒导致原告死亡。后事故调查组查明原告等人无高压电工特种作业操作证，属于违规登杆作业。据此保险公司出具拒赔通知书。法院最终认定，根据保险近因原则，近因如果属于除外风险，则保险人不承担赔偿责任。原告不具备高压电工特种作业操作证，违规登杆进行作业是本案事故发生的直接原因，保险人以该理由拒绝赔偿符合保险近因原则。

3. 近因原则的发展

《保险法司法解释（三）》第 25 条规定："被保险人的损失系由承保事故或者非承保事故、免责事由造成难以确定，当事人请求保险人给付保险金的，人民法院可以按照相应比例予以支持。"这一条文可以视为在近因原则基础上作出的进一步延伸——分摊原则。司法实践中，引发被保险人损失的近因可能存在多样性，这一条文要解决的问题是，若双方对事故产生的近因存在争议，且这些近因中既有承保事故、非承保事故又有除外责任的情况，该争议难以确定，当事人请求保险人给付保险金时，应根据案件审理情况，结合公平原则，按照适当比例判定理赔金额。①

分摊原则已适用于司法审判当中，如最高人民法院（2017）最高法民再 413 号（曲某模、保险公司威海中心支公司海上、通海水域保险合同纠纷）案件，原告向被告投保综合险，保险条款约定保险人负责的赔偿范围包括暴风雨、台风等，保险人不负责赔偿由于船东及其代表的疏忽等造成的损失、责任。在保险期间内，船舶在躲避台风过程中遭遇暴风雨，触礁搁浅导致全损，但原告索赔被拒。法院最终认定：本案事故系由承保风险（台风与船长船员的疏忽）和非承保风险（船东的疏忽）共同作用而发生，其中台风为主要原因。根据上述各项风险（近因）对事故发生的影响程度，酌定保险公司对涉案事故承担 75%的保险赔偿责任。

三、根据保险人的提示说明义务确定合同免责条款是否产生效力

提示说明义务是最大诚信原则项下对于保险人的要求。最大诚信原则，顾名思义就是要诚实守信，该原则可以说是调整保险双方的基本准则，主要是针对保险市场信息不对称问题。保险业务的双方，一方是保险人，另一方是投保人、被保险人。对于投保人、被保险人而言，保险合同的条款基本上都是保险人预先制定的格式条款，保险人具有对合同信息及内容所达含义天然的信息优势，此时投保人和被保险人处于劣势地位；对于保险人而言，保

① 参见《焦作中院判决苏某某等诉人保公司保险合同纠纷案——近因原则在意外伤害保险合同纠纷中的适用》，载《人民法院报》2021 年 9 月 9 日。

险标的自始至终掌握在投保人或被保险人手中，如人身保险中身体健康状况、财产保险中财产的状态等，投保人和被保险人对保险标的的实质性危险拥有信息优势，此时保险人处于劣势地位。

基于此，最大诚信原则无论是对保险人，还是对投保人、被保险人，均有要求。在我国保险法中，最大诚信原则对保险人提出了对于条款内容的提示说明义务，对于投保人提出了如实告知义务。而保险人是否尽到对合同条款的提示说明义务将对合同条款效力产生直接的影响。

1. 提示说明义务内容

《保险法》第 17 条规定："订立保险合同，采用保险人提供的格式条款的，保险人向投保人提供的投保单应当附格式条款，保险人应当向投保人说明合同的内容。对保险合同中免除保险人责任的条款，保险人在订立合同时应当在投保单、保险单或者其他保险凭证上作出足以引起投保人注意的提示，并对该条款的内容以书面或者口头形式向投保人作出明确说明；未作提示或者明确说明的，该条款不产生效力。"

根据上述规定，可以看出提示说明义务分为提示、说明两个层次：其一为保险人有提示投保人注意合同内容、条款的义务，此义务的履行主要通过书面保险凭证予以体现，目的在于提醒投保人注意阅读；其二为对部分合同条款内容进一步地明确说明，目的在于让投保人切实理解合同条款的具体意思表达。同时，提示、说明义务具有程度的差异性，对于格式条款内容，保险人仅具有一般的说明义务，但是对于免除保险人责任条款的内容，保险人具有明确的提示以及说明义务，该提示说明属于法定、强制性、由保险人一方积极主动履行的义务，并不以投保人的询问为前提。

2. 提示说明义务的范围

根据《保险法司法解释（二）》第 9 条第 1 款之规定，保险人提供的格式合同文本中的责任免除条款、免赔额、免赔率、比例赔付或者给付等免除或者减轻保险人责任的条款，可以认定为《保险法》第 17 条第 2 款规定的"免除保险人责任的条款"。该条款以列举的方式列举了何谓免除保险人责任的条款，但免除保险人责任的条款并不局限于该规定所列举的内容，根据立法本意，判断保险合同条款是否属于免责条款，关键在于该条款是否免除或者减轻了保险人依据法律和合同应当承担的给付保险金的责任，若条款免除或减轻了保险人应当承担给付保险金责任，就应当视为免除保险人责任的条款，保险人应予承担提示说明义务。如司法实践中，法院根据条款具体拟表述的意思，将“每座责任限额”“累计赔偿限额”“等待期”① 等条款认定为对保险人责任作出限制的条款，确认属于保险人应当履行说明义务的条款。

但应注意保险责任条款和责任免除条款的区分，前者通常是指保险合同中约定的事故发生之时，保险人依据合同应当给付的保险金限额，通常是保险合同中对于保险范围、标准的约定，是属于确认保险人赔偿内容的条款，并不属于免除保险人责任的条款。而保险人责任免除条款是指保险合同中限制、减轻、免除保险人责任承担的条款，即在保险责任范围内保险人不承担赔偿的部分，其本质是在保险事故发生后，对于属于保险责任范围内的、本应由保险人承担的赔偿或给付保险金的义务，由于某些特定事由得以全部或部分豁免。免责条款，免的是保险责任范围内的“责”，原本不属于保险责任范围者，不存在“免责”的可能。司法实践中，常常有投保人一方将保险责任条款与责任免除条款相混淆，但前者并不需要保险人履行如实告知义务，且不影响合同条款效力；后者需保险人履行提示说明义务，否则条款不产生效力。②

3. 提示说明义务对合同免责条款效力的影响

根据《保险法》第 17 条之规定，若保险人一方未履行提示说明义务，

---

① 参见最高人民法院（2015）民申字第 632 号《T 财产保险股份有限公司河南省分公司、T 国际旅行社等财产损害赔偿纠纷》案件观点：“每座责任限额”和“累计赔偿限额”属于对保险人责任作出限制的条款。江苏省高级人民法院（2021）苏民申 1541 号《Z 人寿保险公司江苏省分公司、王某静人身保险合同纠纷》案件观点：“等待期”条款属于免除保险人责任的条款。

② 参见山东省高级人民法院（2021）鲁民申 12253 号《荣某、A 财产保险公司济南市分公司意外伤害保险合同纠纷》案件观点：争议条款内容属于明确保险公司赔偿金额范围及标准的条款，不属于责任免除条款内容，不因保险公司未明确说明而不产生效力。再如辽宁省高级人民法院（2020）辽民申 5066 号《家政服务公司、蔡某机动车交通事故责任纠纷》案件观点：争议合同条款是对保险赔偿范围的约定，并非免除保险人责任的免责条款，保险人无须尽到提示说明义务。又如河南省高级人民法院（2021）豫民申 5123 号《T 人寿保险股份有限公司漯河中心支公司、韩某平人身保险合同纠纷》案件观点：争议条款规定的内容系 T 人寿保险股份有限公司漯河中心支公司承担保险责任的条件、范围、金额，不符合关于限制责任条款的规定，因此应为保险责任条款，保险人无须履行提示说明义务。

则该条款不产生法律效力，但并不对合同其他条款的效力产生影响。针对保险人一方没有尽到提示说明义务，可以理解为双方当事人对于该条款没有达成合意，即便发生条款约定的免责事项，保险公司仍应当承担保险赔偿责任，即“免责条款”不“免责”，但当事人双方就其他合同条款内容达成的合意并不受到影响。

4. 司法实践中对于提示说明义务是否履行的认定

提示义务的履行方式主要通过合同条款中文字形式、字体加粗等方式体现，通常只要相关条款字体、字号、粗细能够与其他条款产生肉眼可见的区别，即可认定保险人已经尽到提示义务。

根据《保险法司法解释（二）》第13条第1款之规定，保险人对其履行了明确说明义务负举证责任。为取得诉讼中的主动权，保险人在投保申请确认书或其他投保文件中通常会设计投保人声明一栏，该栏目中投保人需要摘抄“本人已收到并认真阅读了产品说明书及保险条款，相关代理人已对保险条款进行了明确说明，本人确认已经了解条款所列的各项内容（尤其是保险责任、免除保险人责任的条款、犹豫期、退保等关键信息），同意遵守条款约定”或类似表述，同时要求投保人本人抄录后进行签字确认。司法实践中，若投保人已经对类似上述表述文字内容进行抄录并签字，法院往往判定保险人已经尽到提示说明义务的举证责任，如最高人民法院（2020）最高法民申2316号（木业公司、H财产保险公司日照中心支公司财产保险合同纠纷）案件，保险条款中载有“经保险人与投保人协商确定，每次事故赔偿限额为700万元人民币”的内容，法院认定该约定内容属于减轻保险人责任的条款，因投保人在保险单末尾用加黑字体载明“投保人声明：……本投保人已收到并详细阅读投保险种对应的贵公司保险条款，尤其是黑体字部分的条款内容；并对保险公司就保险条款内容，特别是免除保险公司责任的条款的提示和说明完全理解，没有异议，申请投保”，且投保人在投保单上加盖公章，故认定保险人已经履行了说明义务。北京市高级人民法院（2021）京民申6216号（科贸公司与Z财产保险公司北京分公司财产保险合同）案中，法院也作出了同样认定。反之，《人民法院报》2017年6月15日第6版案例精选——重庆市第四中级人民法院受理的王某斌诉T保险公司酉阳支公司保险合同案中，法院认定，保险人应当要求投保人手写“经保险人明确说明，本人已完全理解了责任免除、免赔规定等免除保险人责任的条款”，但基于保险人并没有要求投保人在投保时手写前述内容，故不能证明保险人已经就免责条款具体内容尽到明确说明义务，相应条款不产生法律效力。

四、根据投保人的如实告知义务确定保险人可否不承担给付保险金的责任

前文已经论述，最大诚信原则不仅有对保险人的要求，也有对投保人、被保险人一方的要求，因为保险标的实时处于投保人或被保险人的控制中，对于投保人、被保险人而言，应当对其身体健康状况、财产标的状况向保险人如实告知。

对于如实告知义务，《保险法》第 16 条规定：“订立保险合同，保险人就保险标的或者被保险人的有关情况提出询问的，投保人应当如实告知。投保人故意或者因重大过失未履行前款规定的如实告知义务，足以影响保险人决定是否同意承保或者提高保险费率的，保险人有权解除合同。前款规定的合同解除权，自保险人知道有解除事由之日起，超过三十日不行使而消灭。自合同成立之日起超过二年的，保险人不得解除合同；发生保险事故的，保险人应当承担赔偿或者给付保险金的责任。投保人故意不履行如实告知义务的，保险人对于合同解除前发生的保险事故，不承担赔偿或者给付保险金的责任，并不退还保险费。投保人因重大过失未履行如实告知义务，对保险事故的发生有严重影响的，保险人对于合同解除前发生的保险事故，不承担赔偿或者给付保险金的责任，但应当退还保险费。保险人在合同订立时已经知道投保人未如实告知的情况的，保险人不得解除合同；发生保险事故的，保险人应当承担赔偿或者给付保险金的责任。保险事故是指保险合同约定的保险责任范围内的事故。”

1. 如实告知义务的履行方式

如实告知义务的履行方式大体分为两类，一类为主动告知主义，也称无限告知主义；另一类为询问回答主义。《保险法司法解释（二）》第 6 条规定：“投保人的告知义务限于保险人询问的范围和内容。当事人对询问范围

及内容有争议的，保险人负举证责任。保险人以投保人违反了对投保单询问表中所列概括性条款的如实告知义务为由请求解除合同的，人民法院不予支持。但该概括性条款有具体内容的除外。”显然，我国对于如实告知义务采取的是询问回答主义。《中国保监会关于提醒人身保险投保人正确履行如实告知义务有关事项的公告》第 2 条规定：“……投保人需要向保险公司如实告知的事项以投保单及有关单证提示的范围为准，并以书面方式履行告知义务。”该公告内容进一步将投保人如实告知的内容确定在投保单及有关单证询问的范围内，且投保单或相关单证中询问的内容、事项应当是明确具体的，而不能是宽泛、模糊的，如果保险人采取概括性、宽泛性的方式进行询问，实际上是要求投保人承担主动、无限告知义务，从根本上违背了我国询问告知的立法初衷。

2. 如实告知义务的履行范围

如实告知的目的是获取保险标的相关信息，从而协助保险人获取评估风险所需要的事实，故如实告知的范围并不是涉及保险标的相关的所有事实，否则如实告知的范围可能无法穷尽。事实上，如实告知义务的范围限定于“重要事项”，具体而言是涉及保险风险的重要事项，也就是说，并非只要投保人对保险人询问的事项没有如实告知就应承担不利的法律后果，而是该事项是否如实告知足以影响保险人决定是否同意承保或者提高保险费率时，才进一步考虑投保人违背如实告知义务的法律后果。

Z 人寿保险公司临汾中心支公司、吕某斌人身保险合同案①中，原告向被告购买人身保险，在保险期间原告患有恶性肿瘤请求理赔，但被告认为，原告曾在购买保险之前体检查出患有甲状腺结节，且在订立保险合同之时未向被告进行告知，故被告不应承担赔偿责任。法院最终认定：首先，投保人的告知义务限于保险人询问的范围和内容，本案中保险人只是询问是否患有重大疾病，对甲状腺情况并未详细询问；其次，保险人未举证证明原告患有甲状腺结节与患恶性肿瘤之间有直接因果关系，足以影响合同的订立及履

---

① 最高人民法院（2017）最高法民申 1447 号。另作者为说明相关法律问题，对本案例进行了适当改写。

行。即使原告未如实告之其患有甲状腺结节，但在未确诊为恶性结节的情况下，并不具有足以影响保险人决定是否同意承保的情形。本案中投保人已经尽到了如实告知义务，保险人应予以理赔。

3. 违反如实告知义务的后果

在投保人违背如实告知义务，且未告知事项足以影响保险人决定是否同意承保或者提高保险费率的情况下，根据《保险法》第 16 条之规定，保险人有权解除合同，同时有权不承担赔偿或给付保险金的责任。基于投保人未履行如实告知义务的主观状态不同，是否退还投保人保险费不同。但除非保险人与投保人另行达成一致，否则保险公司因投保人未履行如实告知义务而拒绝承担保险责任的，应当以解除合同为前提条件，即解除合同是保险人拒绝承担保险责任的前置程序。

应当注意的是，投保人未履行如实告知义务情况下，保险人的解除权不仅有时间限制，而且有默示同意的限制。前者限制在于，该等解除权应当在合同成立两年之内且自保险人知晓解除事由三十日之内行使，否则保险人一方不得再解除合同；后者限制在于，若保险人在合同订立之时已经知道投保人没有履行如实告知义务，或者在合同成立后知道投保人未履行如实告知义务仍然收取保费的，保险人一方不得再解除合同，对于发生的事故应予理赔。但对于保险人解除权时间上的限制不应机械性地理解为固守不可抗辩期间，否则可能诱发投保人恶意骗保的不诚信行为。如在最高人民法院 2015 年度公布弘扬“社会主义核心价值观”典型案例之合同纠纷典型案例二——陈某诉 Z 人寿保险公司乐山中心支公司人身保险合同纠纷案中，投保人在被保险人出院次日向保险人投保，且在投保过程中故意隐瞒被保险人患有右肺腺癌的情况，被保险人在合同成立两年内因右肺腺癌先后 9 次入院治疗，投保人却在合同成立两年后才以住院病历为据向保险人申请赔付重大疾病保险金，该案审理法院以投保人主观恶意明显，且《保险法》第 16 条第 3 款应理解为保险人不得解除合同的前提是自合同成立之日起二年后新发生保险事故，对于合同成立时保险事故已发生，不属于前述条款适用的情形，本案中保险人仍享有解除权，并驳回投保人的理赔申请。

五、基于损失填补原则确定保险人应给付的保险金金额

损失填补原则，即填补投保人、被保险人一方因保险事故发生造成的实际损失，但被保险人不能基于保险事故的发生获取超过其所受损失的更多利益，否则保险将与赌博无异。通说认为，人身保险合同是以人的生命、健康为保险标的所订立的合同，其损失无法通过金钱来衡量或弥补，故人身保险合同中不适用损失填补原则，该原则仅适用财产保险合同当中，功能在于禁止被保险人一方不当得利，同时控制道德风险的发生。

1. 损失填补原则的填补限度

损失填补原则可以理解为保险人承担责任的一种限定，防止被保险人获得额外的不正当收益，这是损失填补原则的广义解释。[①]《保险法》第 55 条第 3 款规定："保险金额不得超过保险价值。超过保险价值的，超过部分无效，保险人应当退还相应的保险费。"

法定限制层面：首先，损失填补应当以保险利益为限，在发生保险事故时，若被保险人对保险标的不具有保险利益，保险人自无填补损失的责任，若具有保险利益，保险人的填补责任也仅限于被保险人的保险利益部分范围内；其次，损失填补应当以实际损失为限，以避免被保险人不当得利，实践中多以实际损失作为确认保险人支付保险赔偿金数额的依据。如最高人民法院（2018）最高法民终 1194 号（Z 财产保险公司宁夏分公司、橡胶公司财产保险合同）案中，法院确认财产保险损失赔偿的原则为投保范围内的实际损失。

约定限制层面：保险合同双方可以通过约定保险金额作为保险理赔的最高限额，但该约定的最高限额不得超过保险价值，否则为超额投保，根据《保险法》第 55 条第 3 款的规定，超过保险价值部分的投保无效。但现实生活中，若导致超额投保并非投保人的过错，而是基于保险人在订立保险合同过程中的强势地位且保险人能够从中获取利益的情况下，从利益平衡的角度出发，应优先适用诚信原则以维护社会秩序，而非机械地适用《保险法》第 55 条第 3 款的规定，此种情况下，超额部分的投保也应当视为有效，保险人

① 徐卫东：《保险法论》，吉林大学出版社 2000 年版，第 238 页。

应当承担给付保险金的责任。①

2. 损失填补原则的再发展——代位求偿制度

代位求偿制度是基于损失填补原则的再发展，更是财产保险合同的重要制度。《保险法》第 60 条规定："因第三者对保险标的的损害而造成保险事故的，保险人自向被保险人赔偿保险金之日起，在赔偿金额范围内代位行使被保险人对第三者请求赔偿的权利。前款规定的保险事故发生后，被保险人已经从第三者取得损害赔偿的，保险人赔偿保险金时，可以相应扣减被保险人从第三者已取得的赔偿金额。保险人依照本条第一款规定行使代位请求赔偿的权利，不影响被保险人就未取得赔偿的部分向第三者请求赔偿的权利。"从该规定可以看出，当财产保险标的系因第三者原因造成损害，但该项损失已经由保险人填补的情况下，被保险人对第三者的赔偿请求权转移至保险人。该项制度的确立初衷基于损失填补原则，具有防止被保险人双重得利的作用，同时第三者给被保险人造成损失的情况下，其责任并不因被保险人购买保险而免除，符合最基本的公平正义。

（1）代位求偿的行使主体、行使对象及限制

代位求偿权的本质是一种债权转让，即债的主体发生变更，保险人有权直接以自己的名义向第三者主张权利。在代位求偿权案件中，保险人一经向被保险人赔付保险金，即依法当然取得保险代位求偿权，法院无须审查保险人与被保险人之间的保险法律关系，但应审查被保险人对于第三者是否享有权利主张，若被保险人对第三者并无权利主张，则代位求偿权无适用空间。如最高人民法院（2021）最高法民申 6585 号（Z 财产保险公司福州中心支公司与空调设备公司、电器公司保险人代位求偿权纠纷案）中，保险人未能举证第三者对被保险人构成侵权，故法院驳回了保险人请求代位求偿的诉请。

代位求偿权行使的对象为因其行为造成保险标的损害的第三者，即本应因其损害行为向被保险人进行赔付的第三者，但《保险法》第 62 条规定：除被保险人的家庭成员或者其组成人员故意造成本法第 60 条第 1 款规定的

---

① 参见丁晓峰：《机动车商业保险中超额承保的司法规制》，载《人民司法·案例》2020 年第 26 期。

保险事故外，保险人不得对被保险人的家庭成员或者其组成人员行使代位请求赔偿的权利。一般来说，家庭成员之间属于利益共同体，被保险人受损，其家庭成员的共有利益也受到了损害，若保险人向被保险人支付保险金后，仍有权向其家庭成员追偿，那么实际上被保险人的损失仍未得到填补。

（2）代位求偿的行使范围及金额

《保险法司法解释（四）》第7条规定："保险人依照保险法第六十条的规定，主张代位行使被保险人因第三者侵权或者违约等享有的请求赔偿的权利的，人民法院应予支持。"故代位求偿行使范围，不仅限于因第三者侵权而发生的损害赔偿请求权，还包括因第三者违反合同约定而产生的损害赔偿请求权。

保险人代位求偿的金额方面，不得超过其向被保险人支付的保险金，否则将导致保险人获取超额利益，若保险人从第三者获得的赔偿超出其已经支付的保险金，则就超出部分应当返还给被保险人。在保险人支付保险金之前，第三者已经完全向被保险人赔付的情况下，被保险人的损失已经被全面填补，此时无代位求偿权的适用空间；若保险人支付保险金之前，第三者已经部分赔偿，则保险人支付保险金的范围以被保险人未被填补的实际损失为限，其代位求偿的金额亦受到其实际支付的保险金限制。

关联案例1

案件名称：杨某林与人寿保险公司人身保险合同案

案　　号：湖北省高级人民法院（2018）鄂民再290号

裁判观点：如为无民事行为能力人投保以死亡为给付条件的人身保险不受限制，则该人身保险合同潜藏的巨大保险利益可能诱使直接或间接的受益者侵害欠缺防卫能力的被保险人，导致被保险人生命安全受到严重威胁。为防止此类威胁，保险法原则上禁止投保人与保险人缔结以无民事行为能力人死亡为保险金给付条件的保险合同，父母为其未成年子女投保上述保险可为例外。即便如此，法律仍通过限制此类保险的保险金给付总额，降低诱发风险的概率。因此，为无民事行为能力人投保以死亡为给付条件的人身保险原理上不得作扩大解释至父母以外的其他人。

关联案例2

案件名称：曲某模、Z财产保险公司威海中心支公司海上、通海水域保险合同案

案　　号：最高人民法院（2017）最高法民再413号

裁判观点：本案事故系由承保风险（台风与船长船员的疏忽）和非承保风险（船东的疏忽）共同作用而发生，其中台风为主要原因。根据上述各项风险（原因）对事故发生的影响程度，法院酌定Z财产保险公司威海中心支公司对涉案事故承担75%的保险赔偿责任（本案系基于近因原则发展的分摊原则的具体适用，在导致保险事故发生的近因既包括承保风险又包括非承保风险的情况下，基于公平原则确定保险人的理赔金额）。

关联案例3

案件名称：建设公司、A财产保险公司丰都支公司财产保险合同案

案　　号：最高人民法院（2020）最高法民申3210号

裁判观点：免责条款指当事人所约定的免除或限制当事人违反义务法律后果的条款。本案中，意外事故作为确定保险人承保范围的条款，是确定免除保险人责任条款的前提，不属于免除保险人责任的条款。中交股份公司主张人A财产保险公司丰都支公司未对意外事故定义条款履行明确说明义务，该定义条款不产生法律效力，缺乏依据，法院不予支持（即应注意保险责任条款和责任免除条款的区分，对于前者，保险公司不负明确说明义务）。

关联案例4

案件名称：Z人寿保险公司临汾中心支公司、吕某斌人身保险合同案

裁判观点：1. 投保人的告知义务限于保险人询问的范围和内容。当事人对询问的范围和内容有争议的，由保险人负举证责任，保险人只是针对重大疾病问题进行询问，对甲状腺情况并未详细询问，不足以说明投保人未尽如实告知义务（即投保人履行如实告知义务的前提为保险人进行询问，且询问应当明确、详细）。2. 保险人未举证证明原告患有甲状腺结节与患恶性肿瘤之间有直接因果关系，足以影响合同的订立及履行。即使原告未如实告之其患有甲状腺结节，但在未确诊为恶性结节的情况下，并不具有足以影响保险公司临汾中心支公司决定是否同意承保的情形，投保人已尽如实告知义务（即只有当投保人未履行如实告知义务影响投保人决定是否承保或决定费率情况时，才会产生违背如实告知义务的法律责任）。

关联案例5

案件名称：Z财产保险公司江苏分公司诉安装公司保险人代位求偿权案

来　　源：最高人民法院指导性案例74号

裁判观点：保险人行使代位求偿权，应以被保险人对第三者享有损害赔偿请求权为前提，这里的赔偿请求权既可因第三者对保险标的实施的侵权行为而产生，亦可基于第三者的违约行为等产生，不应仅限于侵害赔偿请求权。

第三节　典型案例精析

J集团、A财产保险公司抚州市分公司保险人代位求偿权案[①]

裁判要旨

1. 根据《保险法》第61条文义及保险代位求偿权制度的立法目的，保险人行使代位求偿权须以被保险人对第三人享有损害赔偿请求权为前提，这里的赔偿请求权既可以第三人对保险标的实施的侵权行为为基础，亦可以第三人的违约行为为基础，且保险人可分别基于上述两种赔偿请求权对不同主体同时主张权利；2. 施工过程中造成发包人的设备毁损灭失，承包人或分包人以其属于被保险人，主张驳回保险人对其行使代位求偿权请求的，可通过审查保险利益的范围来决定被保险人的范畴。

案情简介

1. 2014年8月14日，电力公司抚州分公司、电力研究院在A财产保险公司抚州市分公司处投保，该投保单名称为电力公司抚州分公司保险单，建筑/安装工程一切险保单号：PGGG20143625××××。该保险单主要内容：①投保人为电力公司抚州分公司、电力研究院；②被保险人名称为业主电力公司抚州分公司、承包商电力研究院及其分包商、工程监理公司、供货商、项目融资方，各方以各自所拥有与该项目相关的权益和利益为限；③保险工程名称为电力公司抚州分公司2×1000MW新建工程项目；④保险工程范围为本工程包括但不限于以下地址范围，永久工程所在地及为实施施工专用施工区域、材料预制构件基地，和其他临时工程、临时建筑、临时设施所在地及其邻近区域，本工程的工地内外库房、仓储物品所在地及其邻近区域，本工

① 一审：江西省抚州市中级人民法院（2019）赣10民初6号；二审：江西省高级人民法院（2020）赣民终99号；再审：最高人民法院（2021）最高法民申1922号。

程的施工建造和/或使用的道路及其邻近区域，上述各地之间的运输途中；⑤保险期限自2014年8月1日0时起至2016年7月31日24时止（上述期限以项目工程整体竣工之日为准），保证期自工程整体竣工后18个月；⑥如第三方原因造成本保险项下保险事故，保险人同意被保险人在告知合理修复方案的前提下可先行修复，并按照本保单之规定给予赔付，但被保险人应将对第三方追偿之权利转让给保险人，并积极协助保险人进行追偿。

2. 2014年5月15日，D集团（甲方）与J集团（乙方）签订《塔式起重机租赁合同》，J集团向D集团、电力公司抚州分公司2×1000MW新建工程提供塔吊T3000-160V一台。合同约定以下几项内容：①乙方提供具有相应资格证书的机操工2名，相应的资格证书要正式有效。②起重机信号指挥由甲方负责。③塔吊进出场费包干价为10万元，包月吊装费为28万元/月，合同定金为23.5万元。④事故责任：乙方作业人员因思想不集中、疲劳作业、违章操作、设备带病运转等原因造成对施工现场损害或自身及他人伤亡事故，相应费用及责任由乙方负责。按照塔吊司机（机操工）一切动作听指挥的规定，吊物在起吊、吊运、落放过程中的事故，责任在信号指挥人员及起重挂钩人员一方。塔吊司机错误执行指挥信号的，责任在塔吊司机一方。⑤违约责任：合同期间，乙方工作人员不服从甲方指挥、管理，造成甲方财务损坏的，应按实际进行赔偿。

3. 2014年12月19日，涉案塔式起重机在电力公司抚州新建电厂工程施工中发生倒塌事故，塔机完全摔毁，同时砸毁工地其他设施若干。2015年4月1日，经有关司法鉴定中心对1012T001402518号“中联T3000-160V”塔式起重机倒塌的事故原因进行司法鉴定，出具了司法鉴定意见书，该鉴定意见为此次塔机的倒塌事故是起重机作业过程中现场指挥发出“点落”的正确指令后，塔吊司机操作不当导致超载、吊装钢丝绳断裂，引起塔机突然卸载而倒塌。

4. 2015年12月4日，保险公估公司受原告保险公司抚州市分公司、电力研究院共同委托就案涉保险事故作出公估终报，核损金额为12410690元。

5. 2016年1月4日，电力研究院与保险公司抚州市分公司签订了赔付协议书，该协议书载明双方同意保险人根据保单约定向被保险人/受益人赔付 12410690 元，在全部支付前述款项后，保险人就前述保险事故应承担的责任依法解除。2016 年 1 月 7 日，保险公司抚州市分公司按该协议书约定向电力研究院支付了赔偿款合计 12410690 元。后，原告保险公司抚州市分公司依据（2018）赣 10 民终 1102 号生效民事判决，取得案涉塔吊第三人责任险保险公司 T 财产保险公司湖南分公司 50 万元赔偿款。经扣减，保险公司抚州市分公司依据案涉《塔式起重机租赁合同》向 J 集团追偿因其侵权行为造成 T3000-160V 发生塔吊倒塌事故其支付所承保的电力公司抚州分公司 2 号锅炉损失金额 11910690 元。

6. 另查，2014 年 2 月，电力研究院将案涉电力公司抚州分公司 2×1000MW 新建工程主体建筑安装工程第Ⅱ标段发包给 D 集团，并签订《施工合同》。2014 年 5 月，D 集团与 J 集团就案涉电力公司抚州分公司 2×1000MW 新建工程签订《建设工程施工劳务分包合同》。合同约定：J 集团分包范围为 2 号机组锅炉本体及汽机房管道安装；分包劳务内容为各系统施工包括安装、单体调试、配合分系统调试和整套启动；劳务报酬共计叁仟伍佰万元整。

法院裁决

本案焦点较多，保险方面的核心焦点问题主要有二：一是被告 J 集团是不是案涉建筑/安装工程一切险的被保险人；二是保险公司抚州市分公司在已经基于案外人塔吊司机的侵权行为对其行使保险人代位求偿权的情况下，是否还有权基于 J 集团的违约行为行使代位求偿权。

针对上述争议焦点，一审法院认为：针对焦点一，经查，案涉建筑/安装工程一切险的被保险人虽包括承包商电力研究院及其分包商，但分别以各自所拥有与该项目相关的权益和利益为限。电力研究院将案涉电力公司抚州分公司 2×1000MW 新建工程主体建筑安装工程第Ⅱ标段发包给 D 集团，D 集团将上述工程 2 号机组锅炉本体及汽机房管道安装分包给 J 集团，J 集团分包的权益和利益仅限于 2 号机组锅炉本体及汽机房管道安装。本案庭审中合议庭经询问 J 集团“在 2 号机组安装劳务分包合同中，分包范围 2 号机组锅炉、汽机房管道安装与案涉塔吊机施工有什么关系?”J 集团代理人回答：

"没有关系。"故，J集团并非保险公司抚州分公司对案涉塔吊事故造成的损失提起的保险人代位求偿权纠纷中案涉被保险人。针对焦点二，《保险法》第61条第1款的文义及保险代位求偿权制度的立法目的，保险人行使代位求偿权必须以被保险人对第三人享有损害赔偿请求权为前提，这里的赔偿请求权既可因第三人对保险标的实施的侵权行为而产生，亦可基于第三人的违约行为等产生。案涉保险事故是因塔吊司机错误执行指挥信号造成，事故责任在塔吊司机一方。依据J集团与D集团塔吊租赁合同的约定，塔吊司机由J集团提供，塔吊司机错误执行指挥信号的，责任在塔吊司机一方，乙方J集团方工作人员不服从甲方D集团指挥、管理，造成甲方财物损坏的，应据实进行赔偿。J集团对此应承担合同违约责任。保险公司抚州分公司已就案涉保险事故向被保险人电力研究院赔偿了12410690元，并已取得案涉塔吊第三人责任险保险公司支付的保险理赔款50万元，现其代位电力研究院向J集团求偿11910690元，于法有据，应予支持。

一审判决后，J集团不服，分别向江西省高级人民法院提起二审，二审维持原判后又向最高人民法院提起再审。最高人民法院最终认定J集团并不对事故发生的保险标的具有保险利益，不属于被保险人；同时，由于其违反与D集团签订的《塔式起重机租赁合同》中相关约定，保险公司有权向其行使追偿权，最终驳回了J集团的再审申请。

律师评析

本案涉及保险合同的两大原则：一为保险利益原则；二为损失填补原则。

1. 财产保险的保险利益

保险利益原则是保险法特有的原则，投保人或被保险人是否对保险标的具有保险利益涉及保险合同的效力、保险人保险责任的承担，事关当事人的重大利益。财产保险合同中，被保险人是否具有保险利益将直接影响其能否向保险人请求承担保险责任，触及保险合同纠纷最核心的问题。《保险法》第12条第2款规定："财产保险的被保险人在保险事故发生时，对保险标的应当具有保险利益。"这句话可以理解为，财产保险中，事故发生时，对保险标的具有保险利益的为被保险人，反之对保险标的不具有保险利益的则不属于被保险人。《保险法司法解释（二）》第 1 条规定："财产保险中，不同投保人就同一保险标的分别投保，保险事故发生后，被保险人在其保险利益范围内依据保险合同主张保险赔偿的，人民法院应予支持。"司法解释从鼓励保险交易的角度出发，明确了在财产保险中对于同一保险标的可以有多个被保险人同时存在，但各个被保险人仅在其各自保险利益范围内享有保险金请求权，结合《保险法》第 12 条的规定，其仅在保险利益范围内才属于被保险人。

实践中，参与工程建设的各个主体为分散风险，多进行投保建筑安装工程一切险，该类保险合同的被保险人一般包括：业主、总承包商、分包商、监理、与工程有密切关系的其他单位或个人等。从鼓励保险创新和交易的角度，上述主体虽然不是财产所有权人，但也可以基于不同的保险需求，就同一保险标的向保险公司投保，并在各自的保险利益范围内获得保险保障，从而实现利用保险制度分散各自风险的目的。司法实践中经常存在某一方工程主体以其系被保险人为由主张不属于适格被告，但事实上，各主体并非均对全部工程利益享有保险利益，各主体的保险利益仅以其对工程项目相关的权益和利益为限，如某分包商对于工程的保险利益应限于其分包范围，并非总承包商承接的总体工程范围，对其分包范围以外的工程部分原则上该分包商不享有保险利益，即对该部分其不属于被保险人。

如上所述，保险利益在诸如工程一切险等工程类保险合同纠纷中可以作为法院判断某主体是否属于被保险人的依据。在本案中，法院也正是基于保险利益原则来判断 J 集团是否属于涉案保险事故纠纷被保险人的。虽然 J 集团主张其是涉案工程的分包商属于被保险人，不应将其作为追偿对象。但根据 J 集团与 D 集团签订的《建设工程施工劳务分包合同》的约定，J 集团分包范围仅包括 2 号机组锅炉本体及汽机房管道安装，分包的劳务内容为各系统施工包括安装、单体调试、配合分系统调试和整套启动。而保险事故的公估报告中载明，本案中受损锅炉设备共计十大类，分别为钢结构、烟道、受热面、挡板门、吊杆、梁板部件、格栅板、燃尽风、膨胀节及平台栏杆，上述标的并不在 J 集团分包范围内。故依据《保险法司法解释（二）》的规定，在事故发生时，J 集团对保险标的并不具有保险利益，J 集团主张其为被保险人没有事实依据。

不同主体对于同一保险标的可以有不同的保险利益，保险利益不同，可以投保的保险类别也不同，从而分别订立不同种类的合同；当然不同主体也可在同一保险合同项下基于其自身保险利益范围获取保险保障。对于工程设备所有权主体而言，为了分散保险标的毁损或灭失的风险，可以投保与其所有权保险利益相一致的财产损失保险，而承包商、分包商对于建设工程通常具有责任保险利益，其若要将施工过程中可能产生的损害赔偿责任转移给保险人承担，可以投保相关责任保险，而不能一概借由发包人投保的保险免除己方应负的赔偿责任。

2. 代位求偿制度

代位求偿制度系基于损失填补原则所衍生，设置目的在于避免被保险人分别从保险人处以及第三者处获得赔偿，从而获取多于其损失的不当利益，且保险人在理赔后向实际造成损失的第三者进行追偿，也会避免因保险理赔免除第三者应承担的法律责任，否则无异于变相鼓励实际侵权人或违约者通过被保险人的保险规避自身应承担的法律责任。基于此，保险人行使代位求偿以被保险人对第三者享有损害赔偿请求权为前提，而该损害赔偿请求权既可因为第三者对保险标的实施的侵权行为而产生，也可基于第三者的违约行为而产生，无须区分造成损害赔偿的法律行为性质，否则第三人责任将根据他人是否投保而有不同，不符合立法逻辑。故在本案中，J 集团所主张的因保险人已经基于案外人塔吊司机的侵权行为对其行使保险人代位求偿权的情况下，不应再基于 J 集团的违约行为对其行使代位求偿权的理由不能成立。

在被保险人基于不同的法律关系对不同主体同时享有损害赔偿请求权时，保险人可分别行使代位求偿权。但基于侵权损害赔偿产生的代位求偿权与基于合同违约产生的代位求偿权的请求权基础不同，依据的事实和法律关系也不同。在保险人依法取得保险代位求偿权的纠纷案件中，通常无须将审查保险人与被保险人之间的保险法律关系作为重点，该类案件的重点往往是被保险人与造成损害的第三者之间的基础性法律关系，二者之间法律关系的不同直接影响保险人请求权基础以及举证责任。如第三者是基于侵权行为造成被保险人损害，则应依侵权责任构成要求为准，依次审查第三者侵权责任成立的因果关系构成要件和责任范围的因果关系构成要件（即应考虑损害事实的存在、行为违法发生、因果关系及行为主体的主观过错），从而判断保险人能否向第三者行使代位求偿权以及求偿范围；若第三者是基于违约行为造成被保险人损害，则按照其与被保险人订立的合同为基础作为保险人行使代位权的依据。本案中，J集团所主张的保险人在已经基于案外人塔吊司机的侵权行为对其行使保险人代位求偿权的情况下，不应再对其行使代位求偿权的理由虽不成立，但是两者的请求权基础不同，案件审查重点及要件也不相同。本案中保险人基于合同违约向J集团主张求偿权，法院主要审查的是合同内容，即依据J集团与D集团塔吊租赁合同的约定，塔机司机由J集团提供，J集团方工作人员不服从D集团指挥、管理，造成D集团财物损坏的，应据实进行赔偿，J集团对此应承担合同违约责任。而塔吊司机错误执行指挥信号的，责任在塔吊司机一方，其职务行为法律后果应当由J集团承担，J集团对此应承担合同违约责任，就该基础性法律关系而言，被保险人一方有权基于合同违约向J集团主张权利，在被保险人已经向保险人获取保险赔付的情况下，保险人有权基于合同违约向J集团行使代位求偿权。

代位求偿权制度基于损失填补原则衍生，其目的不仅包括避免被保险人获取多余的利益，也包括避免保险人获取更多的利益，保险人代位求偿的金额以其向被保险人支付的保险金为限。本案中保险人虽已就案涉保险事故向被保险人电力研究院赔偿了12410690元，但其已取得案涉塔吊第三人责任险保险公司支付的保险理赔款50万元，因此其代位电力研究院向J集团求偿的金额为11910690元。

第二十三章　医疗服务合同纠纷[①]

第一节　理论概述与实务指引

医疗服务合同并非《民法典》合同编中的典型合同，而是一种非典型合同。但是，医疗服务合同与每个人、每个家庭息息相关，人的生老病死都离不开医疗服务合同。如果医疗服务合同在履行过程中存在瑕疵，就可能引发医疗纠纷。

医疗纠纷分为医疗服务合同纠纷和医疗损害责任纠纷。最高人民法院印发的《民事案件案由规定》（法〔2020〕347 号）第四部分合同、准合同纠纷第 137 项服务合同纠纷下规定了医疗服务合同纠纷，第九部分侵权责任纠纷第 376 项规定了医疗损害责任纠纷。医疗服务合同纠纷在横向体系上属于第四级案由，医疗损害责任纠纷在横向体系上属于第三级案由。在医疗服务合同履行过程中，如果患方受到损害，存在主张违约责任和侵权责任竞合的问题。实践中，因部分纠纷没有书面的医疗服务合同，患方通常会选择医疗损害责任纠纷为案由主张侵权责任。如医方因患方欠费、腾房等原因起诉，通常会选择医疗服务合同为案由进行起诉。

一、医疗服务合同的概念

对于医疗服务合同的概念，理论界一直存在不同观点，一般认为，医疗服务合同是指医疗服务提供方和医疗服务接受方订立的，由医疗服务提供方提供医疗服务，医疗服务接受方接受医疗服务并支付医疗费用的合同。提供

---

① 本章作者何宁、赵旭善。

医疗服务的一方通常是医疗机构或独立执业医师，一般称为医方；接受医疗服务的一方是患者，一般称为患方。

医疗服务合同是集委托合同、买卖合同、租赁合同和承揽合同等于一体的混合合同，属于非典型合同的一种。如医方提供医疗服务与患方支付相应的医疗服务费用，属于委托合同；患方从医方购买药品和医用材料，属于买卖合同；患方需要利用医方提供的辅助器械、病床等并支付使用费，属于租赁合同；医方为患者制作、镶装义齿等，患方付费，属于承揽合同。但医疗服务合同并不是上述合同的简单联立，而是以委托合同为核心，各合同之间相互关联的一个整体。

根据医疗服务内容的不同，可将医疗服务合同分为三类：

1. 一般医疗服务合同，是指患者因身体发生病理性改变而委托医方进行诊疗而成立的合同，其目的在于疾病的诊疗，并以医患双方为保障合同适当履行而具有的基本权利义务为内容。

2. 健康检查合同，是指对人体健康状况进行检查评价而成立的合同，其目的在于疾病的发现与预防而非诊治，比较常见的需要健康检查的主要有考试、入学、工作、购买保险、胎儿和婴幼儿发育情况等。

3. 特殊医疗服务合同，是指患方并无疾病或创伤的情况下，因特殊需要而与医方订立的合同，如无痛分娩、医学美容、终止妊娠、辅助生殖等。

二、医疗服务合同的特征

医疗服务合同除了具有诺成、不要式、双务、有偿等一般民事合同的特点外，与其他民事合同相比，由于其自身的特殊性，医疗服务合同还有一些与众不同的特征，主要表现在以下几方面。

1. 医方需要具有执业许可资质才能成为合法的合同主体

医疗服务涉及患者的生命权及健康权，不具备专门医学知识的人不得为之，故对医疗机构及医务人员在资格上有严格的限制性，这种限制性主要表现在医疗机构执业许可制度及医疗卫生人员执业资格许可制度两个方面。《基本医疗卫生与健康促进法》第 38 条第 1 款规定：“举办医疗机构，应当具备下列条件，按照国家有关规定办理审批或者备案手续：（一）有符合规定的名称、组织机构和场所；（二）有与其开展的业务相适应的经费、设施、设备和医疗卫生人员；（三）有相应的规章制度；（四）能够独立承担民事责任；（五）法律、行政法规规定的其他条件。”根据《医师法》第 8 条及第 13 条之规定，国家实行医师资格考试制度和医师执业注册制度，未注册取得医师执业证书，不得从事医师执业活动。《护士条例》第 7 条第 1 款规定：“护士执业，应当经执业注册取得护士执业证书。”

2. 医疗服务合同的缔结具有一定的强制性

意思自治是《合同法》的基本原则，医疗机构是具有一定社会公益性的组织，肩负救死扶伤的社会责任。因此，对于患者请求诊疗的要求，医疗机构无正当理由不得拒绝就诊，特别是当患者处于危急情况下向医疗机构发出求治的要约时，医疗机构不得以任何理由予以拒绝。《医师法》第 27 条第 1 款规定：“对需要紧急救治的患者，医师应当采取紧急措施进行诊治，不得拒绝急救处置。”《医疗机构管理条例》第 30 条规定：“医疗机构对危重病人应当立即抢救。对限于设备或者技术条件不能诊治的病人，应当及时转诊。”

3. 医疗服务合同所约定的医疗服务是医疗服务过程，而不是医疗服务结果

医学是一门极其复杂又是一个充满未知和变数的领域，加之患者的个体差异，还有许多医学上尚未明确诊断和治愈的疾病，医方只能借助医学知识和技术提供尽可能符合医学科学原理和患者具体情况的医疗服务，以尽可能使患者恢复健康，但绝不可能保证患者的病情必然向恢复健康的方向发展，医疗服务合同所约定的医疗服务只能是医疗服务过程，而不是医疗服务结果。因此，只要医方提供的医疗服务不违反法律法规和诊疗技术规范的规定，即使医疗服务未能挽救患者的生命或使其恢复健康，也不能认定为医方违约。

4. 医疗服务合同直接关系重大人身利益

医疗服务合同以医疗服务即诊断治疗行为为客体，是医患双方财产法律关系，但诊断治疗行为是在患者人身上实施，因此医疗服务合同又具有极强的人身性，进而演化为以人身关系为主，财产关系反而退居其次，这是医疗服务合同有别于其他一般民事合同最大的特点，并对医患双方的权利义务或行为规则产生深刻影响。

5. 医疗服务合同主体双方的不对等性

作为医疗服务合同标的诊疗行为，具有高度专业知识和技术，由此决定了医疗服务合同主体双方在能力上的不对等。医疗机构及其医务人员是卫生专业技术机构和专业技术人员，掌握医学专业知识与技术；而患方通常是缺乏相关医学知识的普通人，其不能了解医疗机构及其医务人员履行诊疗义务本身的基本内容与要求，二者在能力与信息上的不对称造成医患双方法律地位上的平等而实际并不平等的情况，因而极易导致医方对患方合法权益的侵害，这也是医疗服务合同纠纷频发的主要原因。

6. 医疗服务合同违约责任的特殊性

医疗服务合同履行过程中，如医方违反了法定或约定的诊疗义务造成患者权益的损害又不能构成侵权时，根据公平和民事损害补偿原则，患方有权追究医疗机构的违约责任；如医方违反法定或约定的诊疗义务造成患者人身损害时，就存在违约责任与侵权责任的竞合，患方通常会要求医方承担医疗损害侵权责任。而患方违约的情形相对简单，多为患方未按时交纳医疗费或占用医疗机构床位等，医方有权要求患方承担违约责任，其法律适用也相对较为简单。

三、民事案由解析

人民法院审理民事案件，一般情况下，一个诉讼中仅涉及一个法律关系，即仅有一个案由。案由的确定，有利于明确诉讼请求和双方的争议焦点，有利于明确举证责任，有利于更好地维护当事人权利，也有利于法官正确适用法律。《民法典》第186条规定："因当事人一方的违约行为，损害对方人身权益、财产权益的，受损害方有权选择请求其承担违约责任或者侵权责任。"在医疗服务合同履行过程中，如果患者受到损害，会出现请求权竞合的情况，患方需确定是以医疗服务合同纠纷追究医方违约责任，还是以医疗损害责任纠纷追究医方的侵权责任。笔者认为，如果患者出现人身损害，选择以医疗损害责任纠纷为案由起诉更有利于维护当事人的权利。

医疗服务合同纠纷是三级案由服务合同纠纷项下的四级案由。如果患方作为原告起诉，选择以医疗服务合同纠纷为案由起诉的常见情形有：医方过度治疗乱收费、患方期望医方继续履行合同、患方无明确人身损害后果但医方存在明显违约行为的其他情形；如果医方作为原告起诉，选择以医疗服务合同纠纷为案由起诉的常见情形有：患方欠费、医方要求患者出院腾床、医方要求患者履行合同或解除合同的其他情形。

医疗损害责任纠纷是二级案由侵权责任纠纷项下的三级案由，其下还设立了侵害患者知情同意权责任纠纷和医疗产品责任纠纷两个四级案由。上述案由多以患方作为原告起诉，在以医疗产品责任纠纷为案由的诉讼中，医方赔偿后，向药品上市许可持有人、生产者、血液提供机构行使追偿权时，医方可作为原告。如果患方起诉，出现两个四级案由不能涵盖时，应当以他们的上级案由医疗损害责任纠纷为案由起诉。

第二节　办案思路与实战技巧

医疗服务合同是社会生活中使用非常广泛的一类合同，但通常医疗服务合同双方并不会签订书面合同，双方对服务的内容均没有明确的约定，这就给医疗服务合同纠纷案件的代理增加了难度。笔者主要从医疗服务合同纠纷案件的诉讼主体、常见违约情形、违约责任承担方式以及医疗美容类纠纷案件办案思路等几方面进行阐述。

一、医疗服务合同纠纷案件的诉讼主体

医疗机构或者患者都可以成为此类案件的原告或者被告，如患者死亡，死亡患者的近亲属也可以成为此类案件的原告或者被告。如患者存在欠付医疗费的情况，医疗机构可以作为原告以医疗服务合同纠纷为案由起诉，要求患者支付欠付的医疗费。如医疗机构存在过度治疗及乱收费的情况，患者可以作为原告以医疗服务合同纠纷为案由起诉，要求医疗机构返还多收取的费用；如医疗机构存在怠于履行合同的情况，患者可以作为原告以医疗服务合同纠纷为案由起诉，要求医疗机构继续履行合同。

医疗机构作为原告起诉患方欠付医疗费的案件中，如患者已经死亡，则需要列患者的近亲属为被告，一般是患者的第一顺序继承人（父母、配偶、子女）。因医疗服务合同具有相对性，如果患者在世，一般都应以患者本人作为被告起诉，当患者死亡，需要列患者近亲属为被告时，此类案件的案由也会作出相应调整，由医疗服务合同纠纷调整为被继承人债务清偿纠纷。如果患者遗产已经分配完毕，且某个继承人继承的遗产数额可以查清的情况下，可就某个继承人进行诉讼；在患者遗产尚未分配完毕的情况下，因遗产处于继承人共同共有或共同管理的状态，应将此类案件作为必要共同诉讼处理。

二、医疗服务合同纠纷案件中常见的违约情形

医疗服务合同为不要式合同，双方一般不会签订书面合同，对权利义务也没有明确的约定，这无疑给此类案件中如何认定违约带来了难度，法院在审理此类案件时，一般会根据法律规定和社会经验法则进行认定。

1. 医疗机构常见的违约情形

（1）在履行医疗服务合同过程中出现过错

医疗过错是引起医疗纠纷最常见的情形。虽然，医疗行为具有相对的局限性，但是，个别医疗机构也确实存在诊疗不规范、违反医疗常规等问题，导致在履行医疗服务合同中出现过错，使患者的医疗服务合同目的不能实现，往往给患者或者家属带来难以承受之痛。因医疗行为具有较强的专业性，评价医疗机构是否存在过错医疗行为往往会借助专业的鉴定机构，如患方主张医方有此种类型的违约情形，法院一般会释明患方，引导患方以医疗损害责任纠纷为案由进行起诉。

（2）在履行医疗服务合同过程中过度医疗

过度医疗，是指医疗机构或医务人员在履行医疗服务合同过程中，违反法定或约定的义务，以非法获益为目的，故意采取个体疾病不需要的诊疗手段，造成患者经济损失的行为。诊断方面，体现为患者本身不需要的检查，医方却要求做该项检查；或者是本来可以用简单的、低成本的方法进行检查，却要求患者用复杂的、高成本的技术手段进行检查。治疗方面，体现为患者本身不需要该项治疗或用药，医方却要求患者做该项治疗或用药；或者

本来可以用简单、低成本的治疗手段或药物进行治疗，却要求患者用复杂的、高成本的治疗手段或药物进行治疗。

《民法典》第 1227 条规定："医疗机构及其医务人员不得违反诊疗规范实施不必要的检查。"该条款以禁止性规定的形式，规定了医疗机构及其医务人员应当遵守的义务，但没有对过度检查的责任承担方式作出规定。实践中，很难对医疗机构实施过度检查做出准确判断，笔者认为，应当委托鉴定机构对治疗的必要性和发生医疗费用的合理性进行鉴定。

（3）未履行或不当履行医疗服务合同中法定或约定的义务

随着患者维权意识的增强，患者对知情同意权的要求越来越高，医方履行告知义务的责任也越来越重。《民法典》第 1219 条规定："医务人员在诊疗活动中应当向患者说明病情和医疗措施。需要实施手术、特殊检查、特殊治疗的，医务人员应当及时向患者具体说明医疗风险、替代医疗方案等情况，并取得其明确同意；不能或者不宜向患者说明的，应当向患者的近亲属说明，并取得其明确同意。医务人员未尽到前款义务，造成患者损害的，医疗机构应当承担赔偿责任。"根据上述规定，说明义务是法律规定的医务人员应为的义务，如医务人员未履行或不当履行，造成患者损害的，医疗机构应当承担赔偿责任。需要说明的是，该情形一般会合并医方其他医疗过错，在医疗损害责任案件中一并审理。

在一些特殊的医疗服务合同中，因医疗服务合同主体发生变化，涉及医学伦理问题，医患双方对是否进行某项医疗行为存在争议，医方也会出现不履行医疗服务合同的问题。如陈某某诉妇幼保健院医疗服务合同纠纷案①，双方对是否继续履行医疗服务合同产生争议，法院一般会对医疗服务合同是否成立并生效、是否具备可履行内容、继续履行是否违背公序良俗原则等内容进行重点审查，最终判决是否继续履行医疗服务合同。

2. 患方常见的违约情形

（1）欠付医疗费用

欠付医疗费用是患方违约最常见的情形。医患双方的医疗服务合同成立

---

① 参见《最高人民法院公报》2022 年第 2 期。

后，支付医疗费是患方最基本的义务，患方可能由于多种原因拒绝支付医疗费。常见的原因有以下几种：第一，患方认为医方存在过错拒绝支付医疗费，法院一般的处理方式是告知患方医疗服务合同与医疗损害责任并非同一案由，如患方认为医方存在过错，应履行完毕医疗服务合同后，以医疗损害责任纠纷为案由另行起诉；第二，患方因其他侵权责任（如交通事故）就医治疗，患方对由谁交纳医疗费存在争议，由于医疗服务合同具有相对性，患者应为医疗费的承担主体，患者向医方交纳医疗费后，可以向侵权责任承担主体进行追偿；第三，家庭困难，该种情况多见于老年患者，患者本人经济拮据，其子女也不能或不愿承担医疗费用，此种情形往往会存在执行难的问题。

医方主张权利时，需要准备病历、费用清单、欠费证明等证据材料，以证明医方完成了医疗服务合同约定或法定的义务、患者发生医疗费用的总金额、已付金额以及欠费金额。如果主张欠付医疗费的利息损失，可以自患者出院之日起计算。

（2）占床

占床是指患者具备出院指征，已经无治疗的必要，但其由于自身疾病以外的因素，拒不搬出病房的行为。占床分为两种类型：第一种类型是，医方已经为患者办理完毕出院手续，意味着医方已经与患者解除了医疗服务合同关系；第二种类型是，医方尚未为患者办理出院手续，医患双方医疗服务合同关系仍然存续。第一种类型，因医疗服务合同已经终止，笔者认为以排除妨碍纠纷为案由进行诉讼为宜，如某医院诉王某、任某排除妨害案①。第二种类型，因医疗服务合同尚未终止，医方应以医疗服务合同纠纷为案由进行诉讼。

占床原因多种多样，但是，大部分是由于患方与医方存在医疗纠纷，该医疗纠纷正在解决过程中或患方对解决结果不满意。

三、医疗服务合同纠纷案件中常见的违约责任承担方式

《民法典》第 577 条规定："当事人一方不履行合同义务或者履行合同义务不符合约定的，应当承担继续履行、采取补救措施或者赔偿损失等违约责

---

① 山西省大同市平城区人民法院（2019）晋 0213 民初 3663 号。

任。”第 579 条规定：“当事人一方未支付价款、报酬、租金、利息，或者不履行其他金钱债务的，对方可以请求其支付。”根据上述法律规定，医疗服务合同纠纷案件常见的违约责任承担方式有：继续履行、采取补救措施、支付价款、赔偿损失等。

继续履行应当具备可履行的内容且不违背公序良俗原则。例如：《最高人民法院公报》案例——陈某某诉妇幼保健院医疗服务合同纠纷案件，经江苏省无锡市梁溪区人民法院审理，认为：夫妻双方与医疗机构订立“体外受精—胚胎移植”医疗服务合同，依法成立的合同，对当事人具有法律约束力，双方当事人均应按照合同约定履行各自义务。医疗机构已经完成取卵、胚胎培养等合同内容，在胚胎正式移植前丈夫死亡且生前并未向医疗机构表示拒绝履行合同，妻子要求医疗机构继续履行胚胎移植义务，既是当事人真实意思的反映，亦具备可履行的内容，且并不违反法律法规及公序良俗，医疗机构应当继续履行医疗服务合同。

采取补救措施常见于形成诉讼之前的双方调解阶段，如医疗行为未达到治疗效果，经过医患双方协商，医方可以采取二次手术等补救措施。

支付价款常见于患方欠费的医疗服务合同纠纷，医患双方形成医疗服务合同关系，医方提供医疗服务，支付相应医疗费用属于患方的基本合同义务。

赔偿损失常见于医方医疗行为存在瑕疵的医疗服务合同纠纷，由于医方提供的医疗行为存在瑕疵或过错，给患方造成了损失，医方对于患方的损失应当予以赔偿。对于患方损失的范围，如医方过错医疗行为造成患者人身损害的，患方损失范围可以参照人身损害类案件的赔偿项目。《民法典》第 1179 条规定：“侵害他人造成人身损害的，应当赔偿医疗费、护理费、交通费、营养费、住院伙食补助费等为治疗和康复支出的合理费用，以及因误工减少的收入。造成残疾的，还应当赔偿辅助器具费和残疾赔偿金；造成死亡的，还应当赔偿丧葬费和死亡赔偿金。”第 1183 条第 1 款规定：“侵害自然人人身权益造成严重精神损害的，被侵权人有权请求精神损害赔偿。”如史某与卫生院医疗服务合同纠纷案件①。

---

① 江苏省徐州市贾汪区人民法院（2020）苏 0305 民初 2864 号。

需要说明的是，在《民法典》实施之前，如果以医疗服务合同纠纷为案由提起诉讼，患方请求精神损害赔偿，因没有法律依据往往得不到支持。《民法典》实施后，根据其第996条“因当事人一方的违约行为，损害对方人格权并造成严重精神损害，受损害方选择请求其承担违约责任的，不影响受损害方请求精神损害赔偿”之规定，在医疗服务合同履行中出现违约责任和侵权责任竞合时，无论患方选择医疗服务合同纠纷还是医疗损害责任纠纷为案由起诉，均不影响患方请求精神损害赔偿。

四、医疗美容类医疗服务合同纠纷案件的办案思路

随着人们生活水平的提高，人们对美的要求越来越高，并开始通过医疗手段来追求美。医疗美容是指通过医学的手段改变人体的外部形态、皮肤色泽或者生理功能，医学手段包括但不限于药物、手术、医疗器械等治疗方式。医疗美容与一般的生活美容不同，医疗美容属于医疗行为，从事医疗美容必须取得医疗机构执业许可证，实施医疗美容行为的主体也要求取得医师或者护士执业证书。医疗美容纠纷作为医疗纠纷的常见类型，原告一般都以医疗服务合同纠纷为案由进行起诉。

医疗服务合同纠纷案件中如何认定医方存在违约是实践中的难点，在医疗损害责任纠纷案件中，一般会通过医疗损害鉴定来明确医方是否存在过错、患方的损害后果、损害后果与过错医疗行为之间的因果关系以及原因力大小。实践中，人民法院在医疗服务合同纠纷案件中也可以委托专门机构进行鉴定，通过鉴定来明确医方的违约责任，鉴定事项与医疗损害鉴定的内容基本一致。如第三节典型案例精析中案例1钱某与医疗美容诊所医疗服务合同纠纷案件。

在医疗美容纠纷案件中，往往很难对医疗美容的效果进行鉴定，对于美的认识，没有统一的标准，个人主观性较强，因此损害后果很难界定。法院在审理此类案件过程中，与一般医疗损害案件相比，对鉴定结论的依赖性不强，但患方诉讼请求不会因为没有鉴定结论就不被支持。如医疗美容医院与潘某云医疗服务合同纠纷案件①，一审诉讼中，患者并未申请鉴定，一审法

---

① 北京市第三中级人民法院（2022）京03民终5444号。

院根据患者就诊事实、相关病历和术前术后照片，认定医方存在违约行为并承担违约责任，二审法院维持了一审判决。

另外，医疗美容纠纷是否适用《消费者权益保护法》中的惩罚性赔偿条款，笔者认为，医疗美容纠纷不应适用《消费者权益保护法》。不可否认，现阶段的医疗美容带有一定的消费色彩，但是，医疗美容在行为主体、资质要求、行为方式、行政管理等多个方面都有别于一般的生活美容。医疗美容必须借助医务人员的专业医疗行为才能达到合同目的，医疗美容更应该界定为一种医疗行为。而医疗行为主要受《民法典》合同编和侵权责任编以及《医疗机构管理条例》《医师法》等特别法规范调整，不应再适用《消费者权益保护法》进行调整。

关联案例1

案件名称：某医院诉王某、任某排除妨害案

案　　号：山西省大同市平城区人民法院（2019）晋0213民初3663号

裁判观点：患者病情稳定，无须继续住院治疗，达到出院指征，医疗机构为患者办理完毕出院手续，医患双方医疗服务合同终止。原被告双方不存在医患关系，应以排除妨碍纠纷为案由进行诉讼。

关联案例2

案件名称：陈某诉妇幼保健院医疗服务合同案

来　　源：《最高人民法院公报》2022年第2期

裁判观点：医患双方医疗服务合同成立并生效，已经完成取卵、胚胎培养等合同内容，在胚胎正式移植前丈夫死亡且生前并未向医疗机构表示拒绝履行合同，妻子要求医疗机构继续履行胚胎移植义务，既是当事人真实意思的反映，亦具备可履行的内容，且并不违反法律法规及公序良俗，医疗机构应当继续履行医疗服务合同。

关联案例3

案件名称：史某与卫生院医疗服务合同案

案　　号：江苏省徐州市贾汪区人民法院（2020）苏0305民初2864号

裁判观点：依法成立并生效的医疗服务合同，对医患双方均具有法律约束力，医患双方均应当秉承诚信原则，并按照法律的规定和合同的约定，全面忠实履行各自的义务，并有权依法享有法定的和约定的权利。当事人一方不履行合同义务或者履行合同义务不符合约定的，则应当承担违约责任。给对方当事人造成损失的，应当承担赔偿责任，损失赔偿额应当相当于因违约造成的损失。因当事人一方的违约行为，侵害对方人身、财产权益的，受害方有权选择依法要求对方承担违约责任或侵权责任。给原告造成人身、财产损失的，原告有权选择要求被告应当承担违约责任。关于原告各项损失的数额，根据《最高人民法院关于审理人身损害赔偿案件适用法律若干问题的解释》的规定，侵权人应当赔偿医疗费、护理费、误工费、住院伙食补助费、精神抚慰金等费用。

关联案例4

案件名称：医疗美容医院与潘某云医疗服务合同案

案　　号：北京市第三中级人民法院（2022）京03民终5444号

裁判观点：患者选择该医疗机构就医，与该医疗机构建立医疗服务合同关系，一旦双方发生医疗纠纷，往往就会出现违约和侵权竞合的情形。患者选择医疗服务合同为案由起诉，意味着患者选择了违约之诉寻求司法救济，不能将证明医方存在过错的举证责任直接分配给患方，结合其他证据足以认定医方违约的，医疗机构应承担违约责任。

第三节　典型案例精析

案例1：钱某与医疗美容诊所医疗服务合同案[①]

裁判要旨

医疗服务合同不宜适用《消费者权益保护法》。医疗服务合同纠纷案件中，申请鉴定的举证责任并不必然由原告承担，根据案件事实及相关证据足以认定医疗机构存在违约情形的，医疗机构应当承担违约责任。承担违约责任的方式包括退还医疗费，赔偿误工费、交通费、住宿费等合理损失。

案情简介

2016年1月25日，钱某因双眼睑皮肤松弛至深圳某医院就诊，门诊行“双上睑皮肤松垂切除、重睑术”。2018年11月30日，钱某至中国人民解放军南部战区总医院就诊，门诊诊断为“双侧重睑术后，切口下缘单薄，切口上缘疤痕粘连、凹陷、牵拉，伴有眼干不适”，医嘱“随诊，可考虑手术修复”。

2018年12月5日，钱某至医疗美容诊所（某诊所）就诊，专科检查结果为“双侧上睑皮肤弹性差、薄、暗沉呈褐色，切口下缘尤为明显。原手术切口以上区域可见瘢痕粘连，睑窝明显凹陷，切口下唇菲薄，有多条不规则皮肤褶皱”，诊断为“双侧上睑松弛矫正、重睑术后”，治疗意见为“双侧重睑修复手术治疗，以改善睑窝凹陷形态为主”。2018年12月6日，钱某签署术前注意事项、手术（治疗）同意书，后于当日在某诊所接受“切开修复重睑+自体脂肪填充睑窝”。

---

① 一审：北京市东城区人民法院（2021）京0101民初13608号；二审：北京市第二中级人民法院（2022）京02民终5607号；再审：北京市高级人民法院（2023）京民申482号。另作者为说明相关法律问题，对本案例进行了适当改写。

2019年12月30日，钱某至深圳市另一医院眼科就诊，诊断“干眼症，眼睑闭合不全，屈光不正”。2021年3月3日，钱某至同一医院烧伤整形科就诊。2021年3月23日，钱某至其他医院就诊，建议手术修复。2021年10月22日，钱某至某大学中山眼科中心就诊，建议行眼睑异物取出术。2021年11月22日，钱某至某大学中山眼科中心就诊，诊断为“双眼重睑形成术以及自体脂肪填充术后，双眼屈光不正、双眼睑板腺功能障碍”，可考虑行双眼睑皮下填充物取出术，但难以完全取出，而且可能会发生瘢痕粘连明显，并可能难以解决异物不适感。

另，钱某曾向一审法院申请鉴定，鉴定事项为：对某诊所对其医疗美容行为是否存在过错，若存在过错，该过错与其目前的损害是否存在因果关系及原因力大小进行鉴定。针对该鉴定事项，某诊所提交了钱某在该诊所就诊的全部病历材料。钱某不认可病历真实性，不同意将该病历作为鉴定检材。因钱某未能提交相应证据否定病历的真实性，故法院对于某诊所提交的部分病历作为鉴定检材的效力予以认定。钱某对于法院的认定坚持提出异议，经释明，钱某表示撤回前述鉴定申请，认为现有证据足以证明某诊所存在违约行为。

关于医疗服务合同的目的，钱某提交相关微信聊天记录、谈话、通话录音等证据以证明相关工作人员曾承诺手术可以改善其术前的伤病状况，使之更加美观，术后相关工作人员亦承认未达到手术目的。某诊所认为上述证据无法证明其存在违约行为。

法院裁决

一审法院经审理认为：当事人应当按照合同约定全面履行自己的义务，因当事人一方的违约行为，损害对方人身权益、财产权益的，受损害方有权选择请求其承担违约责任或者侵权责任。钱某选择在某诊所处支付服务费，并接受“切开修复重睑+自体脂肪填充睑窝”的手术，双方存在医疗服务合同关系，双方亦不持异议，法院依法予以认定。该合同已经履行完毕，现钱某主张某诊所为其实施的手术不成功，未告知不良后果及替代性治疗方案，虚假、夸大承诺手术效果，导致其目前存在眼睑膨胀、褶皱、外观畸形、局部异物坨状凸起、干眼症、视力下降等损伤，钱某可在违约之诉和侵权之诉中择一而诉，现钱某选择要求某诊所承担违约责任，故本案的争议焦点在于：医疗过错鉴定是否适用于医疗服务合同纠纷案件的审理，现有证据能否证明某诊所存在违约行为。

首先，本案案由虽系医疗服务合同纠纷，但相关事实仍需通过申请鉴定予以明确，该举证责任在于钱某。本案中，现有证据可以证明钱某现遗留双眼上睑皮下条索状肿块肿胀，凹凸不平、重睑线瘢痕睑板腺开口脂质堵塞、双眼睑板腺功能障碍等伤病，若钱某于某诊所处接受手术前不存在眼睑部位的伤病情况，则该证据已经可以证明钱某于某诊所处接受手术后受到了相应损害，此时举证责任应发生转移，应由某诊所举证证明钱某的损害与其为钱某实施的手术不相关，某诊所若无法证明，根据违约责任的“严格责任”特性，不论手术是否存在过错，某诊所均应承担违约责任。然而，钱某于2016年1月25日的“双上睑皮肤松垂切除、重睑术”，术后遗留疤痕粘连、凹陷、牵拉，伴有眼干不适、睑窝凹陷，皮肤褶皱等伤病，为改善上述状况而至某诊所处手术，其于手术前即存在一定的伤病情况，现阶段遗留的伤病，与其接受某诊所手术前的伤病有何种区别和变化，现阶段的伤病是否系其手术前伤病的发展和转归，某诊所为钱某实施的手术对钱某术前的伤病有无改善以及是否造成了进一步的损害，上述事实均需通过专业司法鉴定予以明确，该举证责任应由钱某负担。

其次，根据相关法律及司法解释的规定，医疗过错鉴定的鉴定事项为：实施诊疗行为有无过错；诊疗行为与损害后果之间是否存在因果关系以及原因力大小；医疗机构是否尽到了说明义务、取得患者或者患者近亲属明确同意的义务等。上述鉴定事项分别对应侵权行为的构成要件，当事人申请上述鉴定的目的即证明医疗机构是否构成侵权。本案中，钱某主张某诊所存在未全面履行告知义务、手术不成功等违约行为，上述鉴定虽按照侵权之诉的内在逻辑，但鉴定意见亦可作为合同之诉的裁判依据，若某诊所的行为存在过错，构成侵权，该行为之于合同之诉的评价则为瑕疵给付或加害给付，应当认定为构成违约并承担相应违约责任。而该举证责任亦应由钱某负担。

当事人对自己提出的诉讼请求所依据的事实有责任提供证据加以证明，

没有证据或证据不足以证明当事人的事实主张的，由负有举证责任的当事人承担不利后果。本案中，因钱某未申请司法鉴定，现有证据无法证明其目前的伤病情况与某诊所为其实施的手术相关，亦无法证明某诊所在履行合同过程中存在瑕疵给付或加害给付的行为，故钱某的全部诉讼请求法院无法支持。

钱某未完成举证责任系因未申请司法鉴定，若钱某经过考虑后认可申请鉴定的必要性，对于钱某关于本案事实再次起诉的诉权应予以尊重和保留，钱某可另行起诉并通过相关司法鉴定完成举证责任。据此，一审法院判决：驳回钱某的全部诉讼请求。

钱某不服一审判决，提起上诉。

二审审理过程中，双方对一审判决认定的事实并无异议，钱某向二审法院提交以下新证据：1. 北京市东城区市场监督管理局《答复》及《行政处罚决定书》，欲证明韩某虚假宣传被行政机关认定并处罚，其受韩某误导而选择接受服务，某诊所及韩某应当对虚假宣传和承诺承担连带责任；2. 2022年3月15日最高法院发布的消费者权益保护典型案例的判决书，欲证明医疗美容包括消费型医疗美容，如果为了满足对美追求的生活需要而接受经营者提供的医疗美容服务的，应当受《消费者权益保护法》调整。

二审法院认为，患者选择医疗机构就医，与该医疗机构建立医疗服务合同关系，一旦双方发生医疗纠纷，往往就会出现违约和侵权竞合的情形。本案中，钱某在某诊所处支付服务费，并接受“切开修复重睑+自体脂肪填充睑窝”手术，双方成立医疗服务合同关系。钱某作为原告，选择以医疗服务合同纠纷为案由起诉本案，意味着选择了违约之诉寻求司法救济。

双方争议的焦点之一是本案法律适用问题。首先，需要明确的是，基于钱某的选择，本案应适用原合同法及相关司法解释。同时，应当指出，2021年1月1日，《民法典》业已实施，加大了对民事主体的保护范围和力度。根据《最高人民法院关于适用〈中华人民共和国民法典〉时间效力的若干规定》第2条“民法典施行前的法律事实引起的民事纠纷案件，当时的法律、司法解释有规定，适用当时的法律、司法解释的规定，但是适用民法典的规定更有利于保护民事主体合法权益，更有利于维护社会和经济秩序，更有利于弘扬社会主义核心价值观的除外”之规定，故《民法典》相关条款也应当适用于本案。

双方争议的焦点之二是某诊所是否承担违约责任及本案举证责任应当如何分配。违约责任，无疑属于“严格责任”，一审法院分配举证责任确有不当。钱某已经提供相关病历、诊断等医学文件及其未接受手术时 2016 年接受第一次手术后及在某诊所接受二次手术后的照片，并当庭展示其目前眼部情况。首先，可以确认钱某现遗留双眼上睑皮下条索状肿块肿胀，凹凸不平、重睑线瘢痕睑板腺开口脂质堵塞、双眼睑板腺功能障碍等伤病，其中双眼上睑皮下条索状肿块肿胀及凹凸不平是其在某诊所接受手术前所没有的。其次，根据某诊所的病历资料显示，钱某术前呈“双侧上睑皮肤弹性差、薄、暗沉呈褐色，切口下缘尤为明显。原手术切口以上区域可见瘢痕粘连，睑窝明显凹陷，切口下唇菲薄，有多条不规则皮肤褶皱”的状态，被该诊所诊断为“双侧上睑松弛矫正、重睑术后”，该诊所给出的治疗意见为“双侧重睑修复手术治疗，以改善睑窝凹陷形态为主”。由此，可以认定双方对于“切开修复重睑+自体脂肪填充睑窝”手术的目的是明确的。最后，在钱某签署的术前注意事项、手术（治疗）同意书中，未见某诊所就术后可能出现双眼上睑皮下条索状肿块肿胀及凹凸不平的不良后果进行告知。以上事实，足以证明某诊所为钱某实施的该项手术，不仅未能实现手术预期目的，还造成不良后果，钱某主张某诊所构成违约，理由充足，二审法院予以确认。

双方争议的焦点之三是某诊所应当如何承担违约责任。手术目的没有实现，钱某还因此遭受损害，其主张退还全部医疗费用，理由充足，二审法院予以支持。关于钱某主张的就医交通费、住宿费，其已经提供了与在某诊所就诊时间相符的票据，且请求金额合理，二审法院予以支持；其主张的误工费，考虑其因在某诊所手术失败，结合其所从事的职业、在某诊所就诊及手术之后在其他医院多次就诊的事实，其主张的金额在合理范围内，二审法院亦予以支持。同时，由于钱某为改善眼部状态按照某诊所治疗建议接受手术，手术失败不仅给其身体造成伤害，也给其精神造成较为严重的损害，根据《民法典》第 996 条的规定，钱某虽以违约之诉提起本案诉讼，其在本案中要求某诊所赔偿其精神抚慰金，理由充足，二审法院亦应支持。但应当指出，因本案不适用《消费者权益保护法》的相关规定，钱某主张某诊所 3 倍赔偿其支付的医疗服务费，二审法院实难支持。钱某主张的后续治疗费，因尚未发生，本案不予处理，其可待实际发生后另行主张。

综上所述，钱某的上诉请求部分成立，应予支持。

二审法院作出以下判决：撤销北京市东城区人民法院（2021）京 0101 民初 13608 号民事判决；医疗美容诊所于本判决生效之日起 10 日内退还钱某医疗费 61400 元；医疗美容诊所于本判决生效之日起 10 日内赔偿钱某交通费 898 元、住宿费 1542.98 元；医疗美容诊所于本判决生效之日起 10 日内赔偿钱某误工费 3000 元；医疗美容诊所于本判决生效之日起 10 日内赔偿钱某精神损害抚慰金 10000 元；驳回钱某其他诉讼请求。

律师评析

首先，关于医疗过错鉴定是否适用于医疗服务合同纠纷案件的审理。根据申请的鉴定事项，本案中医疗过错鉴定的准确名称应为医疗损害鉴定，根据《最高人民法院关于审理医疗损害责任纠纷案件适用法律若干问题的解释》第 11 条第 2 款的规定，申请内容包括：（一）实施诊疗行为有无过错；（二）诊疗行为与损害后果之间是否存在因果关系以及原因力大小；（三）医疗机构是否尽到了说明义务、取得患者或者患者近亲属明确同意的义务；（四）医疗产品是否有缺陷、该缺陷与损害后果之间是否存在因果关系以及原因力的大小；（五）患者损伤残疾程度；（六）患者的护理期、休息期、营养期；（七）其他专门性问题。根据申请事项的内在逻辑，其鉴定结论应当适用于医疗损害责任案件。笔者认为，在医疗服务合同纠纷案件中，如根据现有证据不能明确违约行为，根据案情需要，可对实施诊疗行为有无过错或其他专门性问题进行鉴定，通过专业的鉴定机构来明确违约行为。所以，医疗服务合同纠纷案件中，根据案情需要，可以委托鉴定机构对专门性问题进行过错鉴定。

其次，关于举证责任分配问题。一审法院认为钱某现阶段的伤病是否系其手术前伤病的发展和转归，某诊所为钱某实施的手术对钱某术前的伤病有无改善以及是否造成了进一步的损害，上述事实均需通过专业司法鉴定予以明确，该举证责任应由钱某负担。二审法院则认为钱某已经提供相关病历、诊断等医学文件及其未接受手术时2016年接受第一次手术后及在某诊所接受二次手术后的照片，认定双方对于“切开修复重睑+自体脂肪填充睑窝”手术的目的是明确的，不仅合同目的并未实现，还造成其一定损害。以上事实并不需要专业司法鉴定予以明确，足以认定某诊所构成违约。

笔者认同二审法院关于举证责任的分配，钱某已经完成了初步举证，如果某诊所对此持否定意见，应就其主张承担举证责任。实践中，即使双方对病历真实性没有异议，好多病历也不能完成鉴定，这种情况会导致医疗美容纠纷中原告的合法权益得不到保护。二审法院在钱某已经完成初步举证，且按照普通人的认知标准，足以判断出钱某面部手术前、后存在明显差异的情况下，举证责任发生转移，某诊所应就不存违约情形承担举证责任。

再次，关于此类案件是否应适用《消费者权益保护法》的问题，前文中已有论述，在此不再赘述。

最后，关于违约责任的承担。《民法典》第577条规定：“当事人一方不履行合同义务或者履行合同义务不符合约定的，应当承担继续履行、采取补救措施或者赔偿损失等违约责任。”据此，因合同不能继续履行，二审法院认定赔偿损失，损失范围包括：退还医疗费，赔偿误工费、交通费、住宿费和精神损害赔偿。《民法典》第996条规定：“因当事人一方的违约行为，损害对方人格权并造成严重精神损害，受损害方选择请求其承担违约责任的，不影响受损害方请求精神损害赔偿。”据此，原告以医疗服务合同为案由提起诉讼，并不影响其精神损害抚慰金的诉讼请求，二审法院予以支持。

案例2：王某1、王某2、王某3与某医院医疗服务合同案[①]

裁判要旨

双方形成医疗服务合同关系。王某1、王某2、王某3作为患者的继承

① 一审：北京市西城区人民法院（2021）京0102民初16749号；二审：北京市第二中级人民法院（2022）京02民终4572号。

人，负有清偿患者尚欠医疗费的义务。王某1等人对患者住院期间产生医疗费的合理性、必要性有异议，但未提交相关证据予以证明，负有举证不能的法律责任。医方提交王某1、王某2、王某3的保证书无法证明与本案的关联性，王某1、王某2、王某3仅在遗产继承范围内承担连带清偿责任。

案情简介

2020年6月22日，患者范某主因“间断憋气2月余，加重伴发热6天”在某医院住院治疗，于2020年8月19日办理出院手续并同时办理入院手续，同年10月31日，范某死亡，死亡原因为败血症、脓毒性休克。2020年8月19日至2020年10月31日发生医疗费共计626477.01元（其中医保39626.71元，个人自付586850.30元），范某住院期间预交住院押金共计230000元，尚欠原告某医院医疗费356850.30元。被告王某2曾经签署住院保证书（年月日项为空白），内容为：“范某”同志因病住你院，我愿保证该同志在住院期间遵守医院一切规定，服从治疗，随时负责交付住院费用、绝不拖欠，如有拖欠由本保证人负责清偿，并承担相应的经济责任，病愈或治疗告一段落时，听从主管医师决定按时办理出院，如逾期不出院，愿意按中华人民共和国卫生部、公安部2012年4月30日《关于维护医疗机构秩序的通告》（卫通〔2012〕7号）等有关规定处理。保证人（家属）姓名：王某2，与患者关系：“母子”，电话（家属）：“135××××”，家庭地址：“北京市西城区阜内大街××号”，本保证人：“王某3”保证某医院住院登记表及上述所填内容真实无误，并承担由虚假信息导致的一切后果。其中“王某3”签字为其本人所签，王某3认可该签字系其本人所签，但对保证书内容不予认可，仅是负责保证王某2的信息无误，而不是对保证书内容进行保证。保证书上“王某2”姓名为机打姓名，不是本人签字。

患者范某与王某1系夫妻关系，生育子女2人，即王某2、王某3。

法院裁决

一审法院经审理认为：范某在某医院住院治疗，双方已形成医疗服务合同关系。范某死亡后，王某1等人作为范某的继承人，负有清偿范某尚欠医疗费的义务。王某 1 等人对范某住院期间产生医疗费的合理性、必要性有异议，但未提交相关证据予以证明，负有举证不能的法律责任，故某医院要求三被告清偿范某所欠医疗费 356850.30 元，于法有据，计算得当，本院应予支持。另某医院提交的住院保证书，保证人处填写为王某 2，但未有王某 2 本人签字，王某 3 签字保证内容为保证住院登记表及所填写内容真实无误，且保证书中未填写日期，范某在被告医院多次就诊，无法证明与本案关联性，故该住院保证书对三被告不发生法律效力。

一审法院作出如下判决：1. 本判决生效之日起三十日内，被告王某 1、王某 2、王某 3 在范某遗产继承范围内连带清偿所欠原告某医院医疗费 356850.30 元。2. 驳回原告某医院其他诉讼请求。

王某 1、王某 2、王某 3 不服一审判决，提起上诉。

二审中，上诉人未提交新证据，某医院为证明病历复印范围系患方自行选择的套餐，提供复印申请表一张。二审法院对一审查明的事实予以确认，经过审理，认为一审法院认定事实清楚，适用法律正确，作出如下判决：驳回上诉，维持原判。

律师评析

首先，关于此类医疗服务合同纠纷案件中原告的举证责任。第一，原告需提交患者住院病历，用于证明医患双方存在医疗服务合同关系、医方提供了相应医疗服务以及患者的治疗过程。第二，原告需要提交住院费用清单，用于证明患者在住院期间发生的总费用。第三，原告需要提交住院押金条，用于证明患者已经缴纳的医疗费用。第四，如患者为医保患者，原告还应当提交基本医疗保险住院医疗费申请支付审核单（支字 2 号表），用于证明医保统筹支付金额和个人自付金额，个人自负金额减去患者已经缴纳的金额即为欠付医疗费用。

其次，关于此类医疗服务合同纠纷案件中被告的答辩。如被告以原告医疗行为存在过错进行抗辩或提起反诉，法院一般会释明被告以医疗损害责任纠纷为案由另行起诉。上述案件中，被告上诉中称原告存在过度治疗、超医保范围用药、超医保限额未告知等情形，法院认为被告对患者住院期间产生医疗费的合理性、必要性有异议，但未提交相关证据予以证明，负有举证不能的法律责任。笔者认为，对医疗费用合理性、必要性举证责任的分配至关重要，对于患方而言，限于自身知识水平，很难提交直接的证据证明医疗费用“不合理、不必要”，一般需依赖于鉴定机构对此专门问题的鉴定意见。

最后，对于患者近亲属的保证责任问题。实践中，欠付医疗费用类医疗服务合同纠纷存在执行难的问题，如果医方能够提交证据证明患者近亲属对患者欠付的医疗费用承担保证责任，将能缓解此类纠纷案件的执行难问题。由于医疗服务合同的特殊性，大部分医疗机构不能提供《保证书》或其他证据证明第三人承担保证责任。笔者认为，为保护医疗机构合法权益，亟须完善相应入院手续，确保患者不能交付医疗费时，其近亲属能够承担保证责任。根据《民法典》第 365 条的规定，保证合同可以是单独订立的书面合同，也可以是主债权债务合同中的保证条款。第三人单方以书面形式向债权人作出保证，债权人接收且未提出异议的，保证合同成立。根据该条款，医疗机构可以制作简易的保证书，让患者近亲属或其他第三人亲笔抄写：对于患者（姓名）欠付的医疗费用，我（保证人姓名）和患者（姓名）承担连带还款责任。在保证人处签字捺印，并留存保证人身份证复印件。

第二十四章　网络主播经纪服务合同纠纷[①]

第一节　理论概述与实务指引

根据中国互联网络信息中心（CNNIC）2023 年 8 月 28 日在北京发布的第 52 次《中国互联网络发展状况统计报告》显示，截至 2023 年 6 月，我国网民规模达 10.79 亿人，较 2022 年 12 月增长 1109 万人，互联网普及率达 76.4%。其中，网络直播用户规模达 7.65 亿人，较 2022 年 12 月增长 1474 万人，占网民整体的 71.0%。其中，电商直播用户规模为 5.26 亿人，较 2022 年 12 月增长 1194 万人，占网民整体的 48.8%；游戏直播用户规模为 2.98 亿人，较 2022 年 12 月增长 3188 万人，占网民整体的 27.6%；真人秀直播用户规模为 1.94 亿人，较 2022 年 12 月增长 657 万人，占网民整体的 18.0%；演唱会直播用户规模为 1.87 亿人，较 2022 年 12 月减少 2066 万人，占网民整体的 17.3%；体育直播用户规模为 3.23 亿人，较 2022 年 12 月减少 5072 万人，占网民整体的 29.9%。[②]

网络直播用户的规模之大，增长之迅速，很显然网络直播在网络用户中广受欢迎，网络主播行业的兴起也渐成燎原之势。行业兴起则纠纷渐起，网络直播行业是近年来兴起的新兴行业，此行业发展过程中衍生出众多网络主播与经纪机构之间的经纪服务合同纠纷案件。但由于此类合同纠纷尚无专门的法律规定，司法实践中的裁判规则也尚未统一，因此，笔者尝试结合司法裁判观点及《民法典》的相关规定，对此类合同纠纷的相关焦点问题及办案思路进行梳理和总结。

---

① 本章作者褚宝鹏、刘盼。

② 参见《第 52 次〈中国互联网络发展状况统计报告〉发布》，载中国互联网络信息中心网站，https：//cnnic.cn/n4/2023/0828/c199-10830.html，最后访问时间：2023 年 12 月 31 日。

一、网络主播经纪服务合同的概念

我国《民法典》并未将网络主播经纪服务合同列为典型合同，其作为新兴的合同类型，在现行法律框架内，尚未有完善的法律规定。关于网络主播及网络视听领域经纪机构的管理，主要靠有关主管部门发布的规章予以规定。国家广播电视总局、文化和旅游部于 2022 年 6 月 8 日发布的《网络主播行为规范》（广电发〔2022〕36 号）第 1 条规定：“通过互联网提供网络表演、视听节目服务的主播人员，包括在网络平台直播、与用户进行实时交流互动、以上传音视频节目形式发声出镜的人员，应当遵照本行为规范。利用人工智能技术合成的虚拟主播及内容，参照本行为规范。”国家广播电视总局于 2022 年 5 月 20 日发布的《广播电视和网络视听领域经纪机构管理办法》（广电发〔2022〕34 号）第 2 条第 1 款规定：“本办法所称广播电视和网络视听领域经纪机构，是指依法设立的为参与广播电视和网络视听节目的演员、嘉宾、主持人、网络主播等人员，提供签约、推广、代理等相关活动的机构。”结合上述关于网络主播和网络视听领域经纪机构的界定，可以将网络主播经纪服务合同定义为：网络主播与经纪机构所订立的，由经纪机构为网络主播提供签约、推广、代理、培训等综合服务，网络主播支付经纪服务报酬的合同。

二、网络主播经纪服务合同的特征

网络主播经纪服务合同具有如下特征：

1. 网络主播经纪服务合同的标的具有综合性

网络主播经纪服务合同通常以增加网络主播曝光度为主要目的，经纪机构围绕这一目的利用自身的优势资源为网络主播提供签约、推广、代理、培训等一系列综合服务，增加网络主播的曝光度，从而使主播获得更多流量及粉丝的关注，最终将粉丝与流量转化为直播收益。

2. 网络主播经纪服务合同是诺成合同及不要式合同

网络主播经纪服务合同的当事人双方意思表示一致时，合同即告成立，无须以当事人的义务履行作为合同成立的要件。网络主播经纪服务合同的订立方式，既可以是书面形式，也可以是口头形式。因此，网络主播经纪服务合同为诺成合同和不要式合同。

3. 网络主播经纪服务合同通常为双务合同及有偿合同

网络主播经纪服务合同是由经纪机构提供综合性服务，网络主播须支付相应的服务报酬，双方互负权利义务，故为双务合同、有偿合同。

第二节 办案思路与实战技巧

从笔者查询到的相关司法案例来看，网络主播经纪服务合同纠纷案件成讼的主要原因大多为网络主播以经纪机构未按约定提供经纪服务为由要求解除合同，经纪机构以网络主播合同履行期限未届满即单方面解除合同为由要求网络主播支付违约金。实践中，此类案件的争议焦点问题主要包括合同效力、合同性质、违约行为及违约责任、合同解除等几个方面。法院在审理此类案件时，仍是以基础合同理论为切入点，并结合网络直播行业发展的特殊性进行综合考量后进行裁判。

一、关于网络主播经纪服务合同的效力问题

1. 经纪机构资质与合同效力问题

在 2021 年 9 月之前，由于缺乏明确的管理规定，网络主播通常以经纪机构不具有《营业性演出管理条例》所规定的营业性演出许可证、经营范围不包括演出经纪等为由主张经纪服务合同无效。但法院通常不予支持，其原因主要包括[①]：（1）《营业性演出管理条例》关于资质许可等规定应当属于管理性强制性规定，在不存在其他合同无效情形时，违反此类强制性规定不会导致合同无效。从合同内容上，经纪机构系从事对网络主播进行培养培训、宣传推广、行纪、居间等经纪活动的主体，并不仅仅是提供现场表演活动的经纪机构。（2）《营业性演出管理条例》所规定的营业性演出，是指以营利为目的为公众举办的现场文艺表演活动，在相关平台进行直播的行为，并不属于现场类的文

---

① 如（2019）京 0105 民初 28337 号，（2021）京 0106 民初 24574 号，（2021）苏 0404 民初 800 号等案件中，法院均未支持网络主播提出的以经纪机构不具有资质而合同无效的抗辩。

艺表演活动。(3)《主播经纪合同》约定的事项并非国家限制经营、特许经营以及法律、行政法规禁止经营的事项，故签订合同时，虽超越经营范围、未取得营业性演出许可证，但是并不影响双方签订《主播经纪合同》的有效性。

为规范网络表演经纪机构的经营行为，加强网络表演内容管理，促进网络表演行业健康有序发展，文化和旅游部于2021年8月30日发布《网络表演经纪机构管理办法》。该办法第2条规定："本办法所称网络表演经纪机构，是指依法从事下列活动的经营单位：（一）网络表演的组织、制作、营销等经营活动；（二）网络表演者的签约、推广、代理等经纪活动。"第4条第1款规定："网络表演经纪机构从事演出经纪活动，应当依法取得营业性演出许可证。"据此规定，经纪机构从事网络主播的经纪活动，则须依法取得营业性演出许可证。2022年10月10日，文化和旅游部市场管理司发布了《关于延长〈网络表演经纪机构管理办法〉政策缓冲期的公告》，将该管理办法政策缓冲期延长至2024年2月29日。也就是说，在过渡期届满之前，未取得营业性演出许可证的经纪机构从事网络主播的经纪活动并不构成对该管理办法的违反。在过渡期届满之后，若仍未取得营业性演出许可证的，则不能从事演出经纪活动。

可以合理预见的是，在该管理办法过渡期届满之后，经纪机构是否具有相应的资质仍将会成为此类案件的争议焦点之一。笔者认为，《网络表演经纪机构管理办法》属于部门规章，且该办法关于资质许可的规定应当属于管理性强制性规定，因此，在不存在其他合同无效情形时，违反此类规定不应导致合同无效。但需要明确指出的是，虽然违反该规定不必然导致合同无效，但不代表经纪机构不需要承担法律责任。根据该办法第16条"网络表演经纪机构违反本办法第四条有关规定，由文化和旅游主管部门依照《营业性演出管理条例》第四十三条予以查处"之规定，经纪机构将面临其他法律风险①。

① 《营业性演出管理条例》第43条：有下列行为之一的，由县级人民政府文化主管部门予以取缔，没收演出器材和违法所得，并处违法所得8倍以上10倍以下的罚款；没有违法所得或者违法所得不足1万元的，并处5万元以上10万元以下的罚款；构成犯罪的，依法追究刑事责任：（一）违反本条例第六条、第十条、第十一条规定，擅自从事营业性演出经营活动的；（二）违反本条例第十二条、第十四条规定，超范围从事营业性演出经营活动的；（三）违反本条例第八条第一款规定，变更营业性演出经营项目未向原发证机关申请换发营业性演出许可证的。违反本条例第七条、第九条规定，擅自设立演出场所经营单位或者擅自从事营业性演出经营活动的，由工商行政管理部门依法予以取缔、处罚；构成犯罪的，依法追究刑事责任。

2. 格式条款与合同效力问题

《民法典》第 496 条至 498 条对格式条款进行了集中规定，若经纪服务合同的某些条款被认定为无效或者不成为合同内容，则无法产生法律约束力。实践当中，网络主播可能会以经纪服务合同为经纪机构出具的格式合同，未经双方协商和修改，且经纪服务合同条款排除了网络主播的主要权利，加重了其违约责任，免除了经纪机构的违约责任为由主张合同无效。对此，应作如下分析：

首先，从合同条款形式上判断是否属于格式条款。根据《民法典》第 496 条第 1 款之规定，格式条款是当事人为了重复使用而预先拟定，并在订立合同时未与对方协商的条款。核心判断要点为"为了重复使用而预先拟定+未与协商"，如果符合这两个要点，则属于格式条款，反之则不属于格式条款。

其次，从合同条款的内容上，依据公平原则进行实质判断。根据《民法典》第 496 条第 2 款之规定，采用格式条款订立合同的，提供格式条款的一方应当遵循公平原则确定当事人之间的权利和义务。也就是说，经纪机构并非不可以采用格式条款，但应遵守公平原则确定双方的权利义务。否则，该格式条款可能会被认定为无效。根据《民法典》第 497 条第 2 款之规定，提供格式条款一方不合理地免除或者减轻其责任、加重对方责任、限制对方主要权利或者排除对方主要权利的，该格式条款无效。如在郭某梅与商贸公司合同纠纷二审案①中，法院认为：依照第 10. 2. 2 条的约定，郭某梅在解约之后两年内的工作选择受到了限制，已经对其主要权利进行排除，虽在该协议中就直播所得费用中载明包含了竞业保障金，但并未明确该竞业保障金的金额或计算方式，即不足以证实商贸公司已就竞业限制向郭某梅提供了合理的补偿金等保障，而商贸公司也无证据证实其对该条款尽到了提示说明义务，故对于解约之后的竞业限制及追加违约金的约定，显然属于加重郭某梅责任并限制其主要权利的格式条款，应属无效。

最后，从合同订立程序上判断是否尽到了法定的提示及说明义务。根据《民法典》第 496 条第 2 款之规定，提供格式条款的一方应当采取合理的方式

---

① 广东省广州市中级人民法院（2020）粤 01 民终 21768 号。

提示对方注意免除或者减轻其责任等与对方有重大利害关系的条款，按照对方的要求，对该条款予以说明。否则，因此导致对方没有注意或者理解与其有重大利害关系的条款的，对方可以主张该条款不成为合同的内容。

从实践经验来看，虽然经纪服务合同通常系经纪机构预先拟定，但网络主播具有完全民事行为能力，理应对所处行业具备相当的认知水平，其在订立经纪服务合同时理应对合同条款予以事先审查，并负有理性审慎义务，其在该合同中签名确认的行为应当视为其对合同条款的确认与接受。因此，法院一般不会以此为由直接认定经纪服务合同为格式合同，亦不会直接以该经纪服务合同为格式合同即认定该经纪服务合同无效。在吴某溪、信息科技公司服务合同纠纷案[①]中，法院认为：格式条款是当事人为了重复使用而预先拟定，并在订立合同时未与对方协商的条款。首先，从案涉合同形式上看，虽然除了吴某溪的签字是手写以外，其余内容均为打印而成，但判断合同是否为格式合同，并非以人工书写或机器打印为界限，书写的方式和合同范本的借鉴仅为合同的形成手段，而非认定格式条款的依据。其次，案涉合同第 9 条违约责任第 3 款虽然约定了吴某溪的违约责任，但第 1 款同时也约定了信息科技公司的违约责任，且案涉合同同样亦未排除吴某溪通过直播获得收益的权利，双方的主要权利义务在合同中均有明确的约定，并不存在免除信息科技公司责任、加重吴某溪的责任、排除吴某溪主要权利的情形。再次，吴某溪作为一名具有完全民事行为能力的网络主播，其在签约之前已进行过较长时间的直播，理应对该行业具备相当的认知水平，其在订立案涉合同时理应对合同条款予以事先审查，并负有理性审慎义务。最后，虽然信息科技公司占有一定缔约优势地位，但吴某溪此前也有在其他平台进行直播，且签订合同时并非处于危困、缺乏判断能力的情形，故吴某溪在该协议中签名确认的行为应当视为其对合同条款的确认与接受。综上，吴某溪主张《主播独家合作协议-经纪类》中第 9 条第 3 款至第 8 款属于格式条款缺乏理据，法院不予支持。

但是，若经纪机构拟定的经纪服务合同中某些条款只约定了经纪机构的权利但未约定经纪机构的义务，或只约定了网络主播的义务及违约责任，而未约

---

① 广东省广州市中级人民法院（2021）粤 01 民终 21777 号。

定网络主播应享有的权利，则相关条款可能会被认定为无效的格式条款。

需要注意的是，合同部分无效，不影响其他部分的效力，其他部分仍然有效。只要经纪服务合同的其他条款内容并不存在法定的无效情形，则该经纪服务合同的其他条款仍为有效，并不会因为存在个别无效条款而导致合同整体无效。

二、关于网络主播经纪服务合同的性质问题

网络主播经纪服务合同与《民法典》合同编规定的典型合同性质不同，其常常涵盖委托、劳动、培训、行纪、中介等合同特征，是一个综合性的商事合同。在实务中，产生争议较多的是双方之间的合同究竟是经纪服务合同还是劳动合同。不同的法律定性，对网络主播与经纪机构间的权利义务关系的认定，以及违约责任、违约金金额的认定均有较大差别。依据原劳动和社会保障部《关于确立劳动关系有关事项的通知》（劳社部发〔2005〕12 号）的规定，并结合网络主播行业的特点，笔者认为可主要从人身管理的从属性程度、经济的从属性程度两个方面来认定网络主播与经纪机构之间关系的性质。如经纪服务合同履行过程中有明显的管理从属性和经济从属性，则应认定为劳动关系，反之则应认定为经纪服务合同关系。

1. 从人身管理的从属性程度判断

网络主播与经纪机构是否存在人身从属性，主要从经纪机构对网络主播的直播时间、地点、方式、内容、过程、考勤、考核等方面进行考察。若经纪机构对前述事项有着明确的要求或制度规定，且网络主播对此没有决定权与参与协商权，则经纪机构会被认定为对网络主播进行了劳动法意义上的管理行为，网络主播对经纪机构而言具有从属性，从而认定双方为劳动关系。如在传媒公司与陈某劳动争议纠纷案①中，法院认为：首先，尽管传媒公司与陈某订立的合同标题为“艺人培训及经纪合同”，但该合同内容能够体现出传媒公司向对方规定了劳动时间、请假、考勤制度等内容。传媒公司还针对主播的管理问题制定了《签约主播管理制度》作为“艺人培训及经济合同”的组成部分，在

---

① 江苏省宿迁市中级人民法院（2019）苏 13 民终 127 号。

《签约主播管理制度》中对主播的管理、培训、直播时间、请假、收益结算等事项作出了详细的规定，且《签约主播管理制度》第5条第4项还有“根据考核转为正式主播后”的字样，表明传媒公司对主播存在考核行为。上述事实表明双方并非相互独立、平等的民事关系，而是存在管理、从属关系。但需要注意的是，若经纪机构仅仅为了维护网络直播秩序，或为准备网络直播活动而对网络主播作出的合理要求，以及为便于实施经纪服务而进行的其他管理行为，则不应视为经纪机构对网络主播实施了《劳动法》意义上的管理行为。如在传媒公司与黄某梅合同纠纷案①中，法院认为：虽原告制定有规章制度，但该规章制度形成于2020年1月17日，不足以证实原、被告在签订案涉《合作签约合同》时被告即受该公司制度约束。《合作签约合同》中虽同样约定了被告无条件服从安排，严格遵守甲方的规章制度，但因被告属于原告公司旗下的主播艺人，对外彰显被告的企业文化，原告要求被告接受其规章制度管理属于原告基于维护自身企业形象所约定的条款，不应简单认定为原告各项劳动规章制度适用于被告。原、被告均确认开播时长虽有约定，但具体的开播时间由被告自行确定，仅需要报原告确认，由原告进行打卡考核。且被告在其自行确定的开播时间以外，亦可以自主决定其他的开播时间，由此可见，被告对于履行合同的具体时间享有自主权，并非由原告指定。原、被告在《合作签约合同》中无明确约定直播内容，被告在直播过程中可根据自身的技能进行直播，由此可见，被告履行合同的内容仅为直播，对直播内容享有自主权，不受原告的规制。

2. 从经济的从属性程度判断

网络主播与经纪机构之间是否具有经济从属性关系，主要关注网络主播的收益是否直接来源于经纪机构。一般意义上的经纪服务合同在对网络直播收益的分配进行约定时，通常约定由第三方直播平台设立代管账户，双方根据提前约定的分配方式对直播收益进行分配；或者约定直播收益直接进入网络主播或经纪机构在第三方直播平台设立的账户，再由双方根据提前约定的分配方式进行分配。此种情形下网络主播的收益并非直接来源于经纪公司，

---

① 广东省广州市白云区人民法院（2020）粤0111民初9522号。

而是双方根据约定的分配方式对进入第三方直播平台设立账户的直播收益进行分配。但实务中存在经纪服务合同中约定，网络直播收益进入经纪机构账户后，再由经纪机构进行分配，同时还有若网络主播对收益有异议，则必须以经纪机构的数据为准等此类明显限制网络主播权利的条款。这就导致经纪机构对网络主播的收益享有绝对的掌控权，且在外观上表现出网络主播的收益完全来源于经纪机构，网络主播与经纪机构具有经济从属性关系，从而易被认定双方存在劳动关系。当然，若经纪机构在对网络直播收益进行分配前，将网络直播的收益金额、成本支出等情况如实告知网络主播，在外观上表现出双方为平等的民事主体关系，网络主播与经纪机构之间不存在经济上的从属性关系，也就不宜认定双方存在劳动关系。

在李某、传媒公司确认劳动关系纠纷案件①中，二审法院的观点对于区分和认定劳动合同关系和经纪合同关系具有较强的参考价值。在该案中，二审广东省深圳市中级人民法院认为：本案的争议焦点是李某与传媒公司之间是否存在劳动关系。虽然双方签订了《传媒公司艺人签约独家经纪合同》（以下简称《经纪合同》），但双方之间的法律关系应当考察双方之间实质形成的权利义务关系。劳动关系是指用人单位招用劳动者成为其成员，劳动者在用人单位的管理下，提供由用人单位支付报酬的劳动而产生的权利义务关系。演艺经纪合同关系则是指演艺人员与经纪人或经纪机构所签订的，由经纪人或经纪机构为其提供包装、宣传、推介等服务，而演艺人员应当服从经纪人或经纪机构的安排，参与经纪人或经纪机构所组织和安排的演出活动等形成的权利义务关系。前者具有较强的人身属性，后者则是平等民事主体之间的权利义务关系。

本案中，首先，双方均认可传媒公司对李某实行考勤管理。李某每天工作 8 小时，实行大小周工作制，通过“钉钉”打卡记录考勤。李某的工作均由传媒公司策划部兼主管苏某管理，请休假及报销都要通过苏某确认。双方在合同中还约定李某应当遵守传媒公司的各项规章制度。从上述情况可见，传媒公司对李某进行管理。

---

① 广东省深圳市中级人民法院（2021）粤 03 民终 21086 号。

其次，双方均确认李某的主要工作内容是出镜拍摄短视频。李某对视频拍摄安排没有选择权，根据双方签订的《经纪合同》，李某“在合作过程中，包括短视频内容制作、发布以及后续运营等方面因积极配合乙方（本院注：传媒公司）工作的安排，不得推诿或拒绝”，即李某对短视频内容制作、发布以及后续运营并没有主动权，没有挑选的权利，更没有拒绝的权利。同时，《经纪合同》中还约定，李某必须全部服从传媒公司的经纪安排，即李某对其工作内容、工作步骤等没有决定权。合同约定，传媒公司享有李某拍摄视频的著作权，李某“提供的或新注册的用于本合同合作的任意账号的所有权自双方合作之日起全部归属于甲方，乙方仅在合同期内拥有使用权”。因李某拍摄的短视频需要在第三方平台进行推广，但根据上述条文，传媒公司对第三方平台账户拥有比李某更大的权利，李某不享有对其工作成果的所有权、决定权和控制权。而传媒公司决定李某的工作内容、工作步骤、工作成果的展示方式及归属。因此，李某在工作过程中无论对工作内容、工作步骤还是工作成果都没有主动权和控制权。

再次，传媒公司每月向李某转账支付款项，备注为“工资”。根据双方签订的《经纪合同》，合作账户产生的收益，由传媒公司进行核算，扣除成本后，对税前利润按照传媒公司90%、李某10%的比例进行分配，如对收益或成本有争议的，以传媒公司提供的数据为准。即传媒公司对账户产生的利益分配具有绝对的话语权。

从次，根据《经纪合同》的约定，传媒公司应当根据李某的特点对其进行包装、宣传并在网络上推广李某，但本案中传媒公司并未提交有效证据证明其曾履行了上述合同义务。同时对于演艺经纪合同中常见的经纪公司的合同义务包括就艺人的职业发展进行规划指导、为其安排演艺活动、为艺人的演艺技能提高开展培训等方面，在本案《经纪合同》中未约定，传媒公司也没有举证证明曾履行相关义务。

最后，从双方认可的微信聊天记录中可见，李某提出工资最低要求“6K”，传媒公司2019年5月31日回复“可以从6K开始”，并询问李某看合同的时间。2019年6月6日晚上9点45分传媒公司工作人员询问李某“你那边周一是可以入职的吧？”并发送了图片——内容为“员工应缴资料

（验原件，留复印件）”。上述流程与普通员工入职流程一致。传媒公司主张虽然双方协商的是劳动关系，但双方最终达成一致并签订合同的是《经纪合同》，对此，法院认为，《经纪合同》签订于2019年6月6日，同日晚上传媒公司工作人员询问及告知的却是入职情况，明显与传媒公司主张不同。

从上述情形可见，传媒公司招用李某成为传媒公司的成员，并对李某的工作具有极大的控制权和决定权，李某受传媒公司管理并服从于传媒公司，工作成果归属于传媒公司，传媒公司为李某发放报酬。传媒公司通过视频拍摄获取粉丝及流量，进而产生收益，李某的工作构成了传媒公司的业务组成部分。双方并没有履行演艺经纪合同关系中应有的权利义务关系。综上，二审法院认为，双方在合同的实际履行中形成的是劳动关系，而并非平等民事主体之间的合同关系。

三、关于网络主播经纪服务合同解除及违约责任的代理思路及要点

在网络主播经纪服务合同纠纷案件中，网络主播与经纪机构之间关于违约行为的认定及违约责任的承担，是此类案件的主要焦点。实践中比较典型的争议主要包括以下几类：

1. 网络主播以身体不适等客观情况不能继续履行合同为由，要求解除合同

此类案件中，网络主播多以身体不适等客观情况不能继续履行合同为由要求解除合同，经纪机构则以网络主播未届合同履行期限即单方面解除合同，要求网络主播承担相应的违约责任。

笔者认为，由于网络主播对于经纪服务合同而言具有较强的人身属性，可替代性较低，且在网络主播不愿意直播的情况下，不宜强制履行。因此，若网络主播由于身体原因影响合同履行的，应结合具体的原因及其对合同履行的影响力情况进一步分析判断网络主播是否可以解除合同以及是否应当承担违约责任。如网络主播因患疾病，经诊断需要长期入院治疗或居家休养，其身体条件确已不适宜继续进行直播工作（如声带受损）的，笔者认为即可构成情势变更的情形，网络主播可以据此要求解除经纪服务合同，且无须承担违约责任。至于经纪机构因此遭受的损失或不利影响，可根据公平原则予以处理。《民法典》第533条规定：“合同成立后，合同的基础条件发生了当

事人在订立合同时无法预见的、不属于商业风险的重大变化，继续履行合同对于当事人一方明显不公平的，受不利影响的当事人可以与对方重新协商；在合理期限内协商不成的，当事人可以请求人民法院或者仲裁机构变更或者解除合同。人民法院或者仲裁机构应当结合案件的实际情况，根据公平原则变更或者解除合同。”

如网络主播仅是以感冒、胃疼、头疼等轻微疾病或经短期治疗即可恢复健康的疾病为由要求解除合同，则难以得到法院的支持，若网络主播仍坚持以此为由解除合同的，则需承担相应的违约责任。如在胡某萌与传媒公司合同纠纷案件①中，一审法院认为，合作协议约定胡某萌在请假过程中应该履行一定的审批手续，但是胡某萌未按照约定履行，且其仅提供体检报告和胃镜检查报告来证明其不能进行直播，证据不充分。二审法院认为，胡某萌自述因身体不适，从 2017 年 3 月起没有依照合同约定连续直播，但未举证证明已向公司说明停播原因并已经过公司允许，其擅自停播、少播的行为构成违约。基于胡某萌的违约行为，传媒公司依据合同中关于违约责任条款的约定，要求胡某萌承担违约责任，扣发其全部未发放的收益，符合法律规定，一审法院判决驳回胡某萌的诉讼请求并无不当。

2. 网络主播以粉丝数量、收入未显著提高为由，主张经纪机构未提供合格的经纪服务，故而要求解除合同

此类案件中，判断经纪机构是否提供了合格的经纪服务是案件争议焦点。一般而言，与经纪机构订立经纪服务合同，网络主播的主要目的就是获得粉丝量和收益的增长。因此，粉丝量、收益的增长程度是网络主播衡量经纪机构是否提供合格经纪服务的标准之一，也是产生此类纠纷案件的重要原因。在实践中，若网络主播在签约后粉丝量、收入都得到了显著增长，其后，网络主播再以粉丝量和收益未能持续增长为由要求解除合同的，其主张往往不被支持。但若网络主播签约后，其粉丝和收益均未得到显著提高，主播是否可以此为由要求解除合同呢？笔者认为理由仍不充足，虽然增加粉丝

---

① 一审：湖北省武汉市武昌区人民法院（2018）鄂 0106 民初 1558 号；二审：湖北省武汉市中级人民法院（2018）鄂 01 民终 6948 号。

数、收益是网络主播和经纪机构订立合同的动机和追求的合作效果，至于能否达到该效果，受到多种因素影响，如网络主播自身的直播内容、直播质量、直播风格、直播特点、直播技艺，等等。因此，不宜将是否达到该效果简单地等同于双方订立经纪服务合同的合同目的。网络主播与经纪机构签订经纪服务合同的合同目的，应是享受经纪机构为其提供合同约定的经纪服务。经纪机构提供的经纪服务是综合性的，不能仅以粉丝数量及收入的增长作为判断经纪机构是否提供了合格经纪服务的唯一判断标准，更应侧重于关注经纪机构是否真正提供了合同中约定的经纪服务。若经纪机构已按照合同约定提供了经纪服务，尽管网络主播的粉丝数量及收益未明显增长，也不能由此判断经纪机构违约，网络主播亦无权以此为由要求解除合同。如在传媒公司与刘某丹网络服务合同纠纷案件①中，刘某丹上诉称："推广资源的扶持等相关提升乙方主播知名度和收益的相关证据以证明传媒公司有为乙方的宣传等方面进行过投入。刘某丹在 2018 年 10 月 27 日的粉丝数为 21373，而直到 2019 年 8 月 27 日的粉丝数亦仅为 21965，可见刘某丹的粉丝数没有由于与传媒公司签订案涉合同后得到显著增长。故传媒公司没有对刘某丹履行合同义务，属于违约情形。"但广州中院并未采纳其意见，最终以刘某丹未经传媒公司同意，擅自在传媒公司指定的其他平台直播、签约其他公会，属违约行为为由，认定其应当向传媒公司承担相应的违约责任。

但需要注意的是，如果经纪机构与网络主播订立的合同中，将增长粉丝数和增加收益明确约定为经纪机构的合同义务，则网络主播可以基于相关约定要求经纪机构承担违约责任。

3. 网络主播以经纪机构逾期支付费用为由要求解除合同

在网络主播的收入由经纪机构进行分配和支付的合同模式下，经纪机构负有根据合同约定按时足额向网络主播支付相关费用的义务，否则将构成违约。此类案件中，网络主播能否以经纪机构逾期支付费用为由要求解除合同，需要根据具体情况具体分析。笔者认为，在此种情况下，应分析判断经纪机构的违约行为是否已经达到根本违约的程度。若经纪机构存在长期、多

---

① 广东省广州市中级人民法院（2021）粤 01 民终 9892 号。

次、大额逾期支付的情形，或者经网络主播催告后仍拒绝支付的，网络主播可以主张解除合同。反之，则司法机构可能会认为经纪机构的迟延支付行为属于一般履行瑕疵，并未达到致使合同目的无法实现的情形，不足以构成根本违约，进而不支持网络主播解除经纪服务合同的主张。如在张某与网络科技公司合同纠纷案件①中，法院认为：首先，网络科技公司在合同履行过程中曾两次迟延支付合作费用属实。从微信聊天的沟通记录来看，交接工作人员解释流程原因和节假日原因导致略有迟延。网络科技公司在诉争之前亦已实际支付。此类轻微迟延履行情形，并不符合法定解除合同的条件。其次，关于网络科技公司至今未支付的2018年7月、8月的合作费用。2018年7月的合作费用根据合同约定应在2018年8月31日前支付。张某在2018年8月28日向传媒公司发送解除合同通知书，次日在直播平台进行直播活动，2018年9月1日在微博公告加盟新直播平台并停止在网络科技公司平台的直播活动。张某在网络科技公司应付单月合作费用之前以自己的行为表明不履行合同义务，网络科技公司可以要求其承担违约责任，考虑到张某违约情节严重，所承担的违约责任远大于应付款项数额，网络科技公司在解决争议前暂停支付2018年7月的费用并不构成违约。2018年8月的合作费用按照合同约定应在2018年9月30日前支付，张某履行2018年9月的合同义务在先，张某自2019年9月1日起拒绝继续履行合同义务，网络科技公司享有先履行抗辩权，在争议未能解决前暂停支付亦不构成违约。

4. 经纪机构以网络主播未履行完毕经纪服务合同即更换直播平台为由要求解除合同

实践中，经纪机构与网络主播在签署经纪服务合同时，通常会在合同中约定独家合作内容，即经纪服务合同履行过程中，未经经纪机构事先书面同意，网络主播不得在第三方竞争平台进行直播活动，否则视为违约。网络主播多以此约定为霸王条款或格式条款，显失公平为由主张该约定无效。从司法实务来看，网络主播在经纪服务合同未履行完毕即更换直播平台的行为，使经纪服务合同无法继续履行，属于根本违约，经纪机构可以以此为由要求

---

① 浙江省杭州市中级人民法院（2020）浙01民终363号。

解除合同并要求赔偿损失。在张某与网络科技公司合同纠纷案件中，法院认为：网络直播平台与主播之间的独家合作，是通过主播的解说特点、直播风格、技艺水平、人气指数等人身属性吸引受众观看并打赏，通过吸引用户、提升访问量、扩大市场份额以实现平台盈利，同时也给主播带来收益。网络直播平台行业竞争激烈，竞争的核心是主播资源的竞争。在平台市场竞争方面应注重保护平台培养利益，鼓励和保障平台逐步培养优秀主播，规制平台违法违规挖人及主播违约跳槽等不正当竞争现象。从传媒公司和网络科技公司之间经营业务内部划转及张某与相应主体签订并履行合同的延续过程看，网络科技公司对张某的培养过程包括传媒公司的培养过程。张某自 2014 年 12 月至 2018 年 2 月期间逐渐成长为业内优秀主播，收入状况从固定合作费用 12 万元/年增至基础合作费用 400 万元/年加礼物分成。张某的成长固然离不开自身提升技艺的努力，但更离不开平台投入大量资金长期培育。张某在成为网络科技公司的主播核心资源后，双方签订《独家合作协议》，对张某擅自解约行为约定了较为严苛的违约责任，不仅对网络科技公司在《独家合作协议》履行期间内物质投入进行保障，更是对网络科技公司对张某长期培养的实际投入和已转化的公司价值予以保障。张某亦签署特别声明确认合作条件经充分协商为其真实意思表示。故双方之间就擅自解约所约定的违约金并不显失公平。张某主张该解约金与合同约定的物质投入存在直接对等关系而要求按照实际履行期间和对应投入调整违约金。该主张并不能对应直播平台与主播之间设定解约违约金时的保障范围，且导致擅自解约行为越早违约责任越轻，违约程度与违约后果严重倒置，存在鼓励尽早违约的不良导向，故实务中对该主张不予采纳。①

5. 网络主播因其遭受网络不良舆论时经纪机构未进行处理，遂以经纪机构未提供合格的经纪服务为由要求解除合同

在此类案件中，网络主播在直播过程中遇到网络不良舆论，请求经纪机构进行处理，若经纪机构拒绝处理或未能处理，网络主播据此主张经纪机构

---

① 案号：浙江省杭州市中级人民法院（2020）浙 01 民终 363 号。另作者为说明相关法律问题，对本案例进行了适当改写。

未提供合格的经纪服务而要求解除合同。笔者认为，在经纪服务合同对经纪机构处理网络不良舆论的义务未作明确约定的情况下，不宜以此认定经纪机构构成违约，不应成为主播行使合同解除权的合理理由。对此问题，在江某涛与信息科技公司等网络服务合同纠纷案件中，首先，网络主播属公众人物的范畴，为人们广泛知晓和关注，且能从社会中得到较大利益。而江某涛通过公开在网络上直播，在主观上追求被社会公众关注从而获利。网络主播常常要独自面对线上几万名、几十万名甚至几百万名的观众，并且实时与观众交流互动，是一个综合能力很强的职业。网络互动与交流不会是绝对和谐的，必然会发生争执甚至谩骂。而网络言论的即时性，主播不可避免地会遇到带有批评性质甚至过激的评论。面对和处理网络言论应为网络主播的职业内容，网络主播尤其是长期从事网络主播的主体应当有能力正确面对和处理来自网络褒贬不一的评价甚至谩骂。江某涛自 2012 年起即通过上传游戏视频的方式与网友互动，经过长时间的磨炼，其应有强于普通人的能力应对网络上的各类言论。即使更换到其他平台直播，各直播平台、各主播之间仍有竞争关系，网络互动不会停止，网络攻击性言论不会消失。因此，网络言论的攻击一般情况下不应成为直播行使合同解除权继而离开原平台更换到其他平台继续直播的合理理由。其次，江某涛与其他主播之间就直播等事项发生的争议属于个人之间的纠纷，从涉案服务协议约定内容中无法认定信息科技公司在出现该类主播与观众之间、主播与其他主播之间在线上发生言语类纠纷时要进行何种程度的干预和处理。法院认为信息科技公司就此存在违约并无合同依据。最后，江某涛提交的被弹幕刷屏的证据与江某涛无法直播的后果之间根据现有证据不足以认定。微博粉丝量降低与信息科技公司有无适当干预以及弹幕刷屏之间亦缺乏直接的关联性。江某涛上诉所称的有人前往其住所对江某涛与家人的人身安全进行威胁亦无充分有效的证据支持。综观本案，江某涛提交的证据并不能形成有效证据链，证明信息科技公司存在根本违约的行为。换言之，江某涛就其有关信息科技公司构成根本违约，从而其有权离开信息科技公司的主张并未完成举证责任，应承担举证不能的不利后果。

6. 经纪服务合同中约定的违约金是否过高的问题

在此类案件中，多因网络主播未履行完毕经纪服务合同即更换直播平台或另起炉灶，致经纪服务合同无法继续履行，经纪机构以此为由要求网络主播支付高额违约金，而网络主播以违约金过高为由要求进行调减。

《民法典》第 585 条第 1 款规定："当事人可以约定一方违约时应当根据违约情况向对方支付一定数额的违约金，也可以约定因违约产生的损失赔偿额的计算方法。"从实践来看，在经纪机构与网络主播的经纪服务合同纠纷中，通常有两种方式，一是约定一个固定数额的违约金，二是以主播解约前一段时间（如 12 个月）的平均收益乘以剩余合同期限来计算违约金。对于一些收益较高的网络主播而言，违约金甚至高达数千万元。因此，网络主播通常会根据《民法典》第 585 条第 2 款"约定的违约金低于造成的损失的，人民法院或者仲裁机构可以根据当事人的请求予以增加；约定的违约金过分高于造成的损失的，人民法院或者仲裁机构可以根据当事人的请求予以适当减少"的规定，要求减少违约金（需要注意的是，有时网络主播还会同时提出违约金条款为格式条款的抗辩，对此问题，前已述及，此不赘述）。对此问题，法院一般认为：根据合同自由原则，经纪机构与网络主播可以在合同中自由约定违约金；同时，根据合同严守原则，经纪机构与网络主播对于合同中约定的违约金应严格遵守。但合同自由并非绝对，需受合同正义原则规制。判断和调整违约金数额需以违约损失为基础，运用公平原则和诚实信用原则，根据具体案情，综合考虑合同履行情况、合同期限、合同约定的合作费用、合同双方的过错程度以及预期利益等各种因素来综合认定违约金是否过高。在徐某松与网络科技公司合同纠纷案件①中，法院认为：主播违约跳槽造成平台的损失，不应局限于显而易见的实际已发生的具体损失，而且就具体金额而言，鉴于主播跳槽所导致的损失难以量化，亦不应对平台苛求过重的举证责任，否则有违公平原则。就违约金合理性的判断，应当立足行业健康发展，综合涉案协议履行期间，徐某松的收益情况及其过错程度，综合直播行业的特点、直播平台的投入及主播个体差异等多方面因素，根据公平

① 上海市第一中级人民法院（2020）沪 01 民终 1356 号。

原则及违约金兼具惩罚性之特征予以综合考量。

网络直播是近年来的新兴行业，对于公平、诚实信用原则的适用尺度与因违约所受损失的准确界定，必须考虑网络直播行业的特点。首先，应审查经纪机构为了帮助网络主播能够更好地进行直播，是否提供了相应的人力、物力支持并产生相应的成本支出。从网络直播的行业特点来看，主播的成长有自己努力的因素，亦有经纪机构提供经纪服务的因素。因此，若经纪机构未提供如何约定的经纪服务，可适当减轻违约责任或调减违约金金额。反之，则网络主播关于减少违约金的主张难以得到法院支持，或者减少的幅度会受到影响。其次，应审查经纪服务合同的履行期限，即经纪服务合同解除时尚未完成的履行期限。再次，应分析判断经纪机构与网络主播的过错程度，即导致经纪服务合同无法继续履行的原因。最后，应考虑网络主播签署经纪服务合同后的收入及收入增长情况，以此判断经纪机构的预期利益损失。

7. 因网络主播的违约行为导致经纪服务合同解除，经纪机构主张返还相关直播收益

有些经纪机构与网络主播签署的经纪服务合同中约定，如因网络主播存在根本违约行为致经纪服务合同无法继续履行的，网络主播应返还经纪机构已支付的全部合作费用（如直播收益、报酬等）。对于经纪机构的此类主张，通常难以得到法院的支持。其原因在于获得直播收益是网络主播的主要合同权利，在经纪服务合同履行期间亦付出了相应的劳动，直播收益系网络主播付出劳动的对价，属网络主播基于经纪服务合同的合理收入。因此，即使因网络主播的违约行为导致经纪服务合同解除，网络主播已获得的合作费用也无须返还。如在传媒公司、钟某婷服务合同纠纷案件①中，法院认为：案涉服务合同系原告提供的格式合同，被告进行直播后取得酬金系被告的主要权利。被告取得的酬金是被告的正当劳动所得。合同中关于被告违约后，原告有权向被告追偿已付给被告的酬金、税费的约定，限制了被告的主要权利。根据法律规定，该条款应为无效条款。因此，原告要求被告返还酬金 9120 元的诉讼请求，法院不予支持。

---

① 江苏省连云港经济技术开发区人民法院（2021）苏 0791 民初 2610 号。

关联案例1

案件名称： 文化公司与李某合同案

案　　号： 北京市朝阳区人民法院（2019）京0105民初28337号

裁判观点：《营业性演出管理条例》关于资质许可等规定应当属于管理性强制性规定，违反此类强制性规定不会导致合同无效。

关联案例2

案件名称： 郭某梅与商贸公司合同案

裁判观点： 提供格式条款的一方不合理地免除或者减轻其责任、加重对方责任、限制对方主要权利或排除对方主要权利的应属无效。

关联案例3

案件名称： 传媒公司与陈某劳动争议案

案　　号： 江苏省宿迁市中级人民法院（2019）苏13民终127号

裁判观点： 在经纪合同中，经纪公司对主播详细规定了劳动时间、请假、考勤制度、培训、直播时间、请假、收益结算、考核等内容。从外观上表现出双方并非相互独立、平等的民事关系，而是存在管理、从属性特点的，符合劳动关系特征。

关联案例4

案件名称： 传媒公司与黄某梅合同案

案　　号： 广东省广州市白云区人民法院（2020）粤0111民初9522号

裁判观点： 在经纪合同中，经纪机构对主播基于维护企业形象所约定的规章制度，不应简单认定为经纪机构的劳动规章制度适用于网络主播。

关联案例5

案件名称： 胡某萌与传媒公司合同案

裁判观点： 主播在未经经纪机构允许的情况下，以轻微身体不适为由擅自停播、少播的行为构成违约。

关联案例6

案件名称： 传媒公司与刘某丹网络服务合同案

裁判观点： 经纪服务期内主播粉丝数量未显著增长，不属于经纪机构的违约情形。

关联案例7

案件名称： 江某涛与信息科技公司等网络服务合同案

案　　号： 广东省广州市中级人民法院（2018）粤01民终13951号

裁判观点： 网络言论的攻击一般情况下不应成为直播行使合同解除权继而离开原平台更换到其他平台继续直播的合理理由。

关联案例8

案件名称： 徐某松与网络科技公司合同案

案　　号： 上海市第一中级人民法院（2020）沪01民终1356号

裁判观点： 主播违约跳槽造成平台的损失，不应局限于显而易见的实际已发生的具体损失，而且就具体金额而言，鉴于主播跳槽所导致的损失难以量化，亦不应对平台苛求过重的举证责任，否则有违公平原则。就违约金合理性的判断，应当立足行业健康发展，综合涉案协议履行期间，徐某松的收益情况及其过错程度，综合直播行业的特点、直播平台的投入及主播个体差异等多方面因素，根据公平原则及违约金兼具惩罚性之特征予以综合考量。

第三节　典型案例精析

案例1：网络科技公司诉张某网络主播经纪服务合同案[①]

裁判要旨

网络主播经纪服务合同纠纷案中涉及的争议焦点大多为因直播平台经营资质产生的经纪服务合同效力问题、直播平台是否按合同约定履行了经纪服务以及网络主播单方面解除经纪合同的违约金金额认定问题，本案亦涉及上述问题。法院在裁判时主要关注合同履行情况、合同期限、合同约定的合作费用、合同双方的过错程度以及直播平台预期利益等各种因素来综合认定直播平台与网络主播需承担的责任。

案情简介

传媒公司为互动娱乐平台的运营商，开展游戏直播等业务，张某为游戏主播。2014年12月19日，传媒公司与张某签订一份《独家合作协议》，协议约定传媒公司利用其自身优势为张某进行推广宣传，扶持张某进行游戏解说业务，张某成为传媒公司独家签约解说员，与传媒公司进行深度合作。2015年12月20日，传媒公司与张某协商签订了《独家合作协议》，合作期限为2016年1月1日至2016年12月31日，后续签至2020年1月31日。2016年10月17日，网络科技公司成立。2018年1月1日，传媒公司将运营网络直播等业务转至网络科技公司经营，传媒公司对于张某的合同权利主张，也归网络科技公司行使，传媒公司与张某之间的协议终止。2018年2月2日，网络科技公司和张某签订了《游戏主播独家合作协议》，约定张某从本协议生效之日起成为网络科技公司独家签约的游戏主播，与网络科技公司

---

① 一审：浙江省杭州市下城区人民法院（2018）浙0103民初7520号；二审：浙江省杭州市中级人民法院（2020）浙01民终363号。

进行深度合作，网络科技公司为张某提供物质条件支持。协议合作期限为2018年2月1日至2022年1月31日，共计四年。网络科技公司在合作期限内应支付给张某的合作费用包括：（1）基础费用：人民币333333元/月。（2）礼物分成：根据网络科技公司平台内的相关规则，用户可以向张某发送礼物奖励，且网络科技公司将按照平台规则收取相应的费用后将张某应得礼物分成支付至张某指定账户。合作协议还对双方权利义务做了约定：网络科技公司应按照本协议约定向张某支付合作费用；张某在未得到网络科技公司事先书面同意的前提下，不得在第三方竞争平台上从事任何与游戏相关的直播互动、同时推流、发布协议游戏视频、协议游戏音频或其余类似行为；张某不得以任何目的、任何形式参加与网络科技公司或网络科技公司关联公司有竞争关系的第三方举办或独家合作的任何活动、赛事。另外还约定了如张某擅自解约，应一次性向网络科技公司支付解约金2000万元。

《游戏主播独家合作协议》签订后，网络科技公司于2018年2月起至2018年8月期间支付张某基础合作费用共计1666665元，支付礼物分成165906.65元。2018年7月至8月，网络科技公司未支付张某基础合作费用666666元以及礼物分成28663.39元。2018年8月28日，张某向传媒公司发送一份解除合同通知书，以公司没有按照约定提供推广资源、自2018年7月拖欠其工资和礼物分成为由，提出解除2018年2月2日签订的《游戏主播独家合作协议》。2018年8月29日，张某在其他直播平台进行直播活动。2018年9月1日，张某在其微博上公告称加盟新直播平台，并停止了在网络科技公司平台的直播活动。2018年9月29日网络科技公司向张某发送律师函，要求张某立即停止在其他平台的直播行为，继续履行与网络科技公司的《游戏主播独家合作协议》；若张某单方面擅自解除《游戏主播独家合作协议》，应就协议约定的违约责任的承担和支付，在三个工作日内与网络科技公司洽谈落实。张某之后未与网络科技公司达成一致意见，网络科技公司故诉至法院要求解除《游戏主播独家合作协议》，并要求张某支付解约金2000万元，并返还网络科技公司已支付的合作费用。审理过程中，张某提起反诉，要求网络科技公司支付2018年7月、8月合作费用以及广告宣传费。

法院裁决

一审法院经审理认为：网络科技公司与张某签订的《游戏主播独家合作协议》系双方当事人真实意思表示，合法有效。从本案合同履行的过程看，双方在合同签订以后，网络科技公司依约为张某提供了直播平台、向张某支付合作费用，张某也已经在网络科技公司提供的平台上进行直播，双方各自履行相应的合同义务。关于确认双方于2018年2月2日签订的《游戏主播独家合作协议》合同解除的问题。合同双方当事人除不可抗力因素以外，只有在履行过程中乙方出现根本违约，致使合同目的不能实现的情况下，无过错方才享有解除权，而一般履行瑕疵，未达到致使合同目的无法实现的情形，并不足以构成根本违约。首先，张某于2018年8月28日向传媒公司发送解除合同通知书的行为系发送解除通知的对象错误，对网络科技公司不发生法律效力。其次，即使网络科技公司存在未及时支付合作费的事实，张某也应在合理的期限内予以催告，并且网络科技公司迟延支付行为属于一般履行瑕疵，并未达到致使合同目的无法实现的情形，不足以构成根本违约。本案在审理过程中，张某与网络科技公司也均明确表示已解除合同，双方签订的《游戏主播独家合作协议》已经丧失继续履行条件，网络科技公司主张解除合同的条件成就。关于本案违约方以及违约金金额的认定问题。按照网络科技公司与张某所签的《游戏主播独家合作协议》的约定，张某在本协议有效期内进行的游戏主播事项属于网络科技公司与张某的独家合作，在未得到网络科技公司事先书面同意的前提下，不得在第三方竞争平台上从事任何与游戏相关的直播互动、同时推流等行为，否则视为张某违约，应向网络科技公司支付违约金。本案中，张某的行为已明显违反双方的约定，构成根本违约，应承担相应的违约责任。综合合同中的基础费用为每月333333元及礼物分成的约定，其收入与违约金的约定也基本相符，不存在明显加重张某义务的情形。张某作为知名网络游戏主播离开网络科技公司的直播平台至其他平台直播，网络科技公司主张平台用户以及流量锐减，可预期收入减少亦是客观事实，但鉴于网络科技公司在履行合同中亦存在延迟发放合作费用和礼物分成的情况，综合考虑合同的已履行情况、合作期限、约定的合作费用金额以及各方当事人在履约过程中的过错程度等因素，依据公平原则和诚实信用原则，酌情调整确定违约金金额为1300万元。关于网络科技公司主张返还合作费用的问题。网络科技公司与张某之间的合同期限自2018年2月1日起，双方的报酬按月结算，而张某在履行合同期间亦付出了相应的劳动，对网络科技公司要求张某返还合作费用的诉讼请求不予支持。关于张某主张网络科技公司未支付合作费用、广告宣传费用以及利息损失的问题。网络科技公司未支付的合作费用应返还，至于广告宣传费，并非网络科技公司的合同支付义务，该项诉讼请求不予支持。

二审法院经审理认为：关于《游戏主播独家合作协议》的效力争议。网络科技公司的经营活动，属于将网络游戏技法展示或解说内容，通过互联网、移动通信网、移动互联网等信息网络，实时传播或者以音频形式上传传播的经营活动。根据文化部《网络表演经营活动管理办法》第2条第3款的规定，应参照该办法进行管理。根据该办法第4条的规定，网络科技公司应当根据《互联网文化管理暂行规定》向省级文化行政部门申请取得《网络文化经营许可证》。网络科技公司在与张某签订《游戏主播独家合作协议》前已申请取得《网络文化经营许可证》，其从事案涉经营活动在行政许可经营范围内。张某以网络科技公司超越经营范围订立合同且违反国家限制经营、特许经营以及法律、行政法规禁止性经营规定主张合同无效，法院不予支持。

关于张某是否有权解除合同并已实际解除合同的争议。张某主张网络科技公司违约在先，其有权解除合同并已实际依法解除了合同。张某主张的网络科技公司违约情形主要分两类：网络科技公司多次迟延支付并至今拖欠合作费用；网络科技公司没有履行宣传推广的合同义务。网络科技公司在合同履行过程中曾两次迟延支付合作费用，但在诉争之前已支付，此类轻微迟延履行情形，不符合法定解除合同的条件。关于至今未支付的2018年7月、8月合作费用，张某在网络科技公司应付单月合作费用之前以自己的行为表明不履行合同义务，考虑到张某违约情节严重，所承担的违约责任远大于应付款项数额，网络科技公司在解决争议前暂停支付合作费用并不构成违约。且网络科技公司已提供初步证据证明其已履行宣传推广义务，张某并未提供证据予以反驳，亦未提供合同履行期间涉及宣传推广争议进行交涉、沟通的任何证据。关于本案是否存在混合过错导致违约责任抵销的争议。网络科技公司在合同履行期间的违约情形仅为两次迟延付款行为，该情形与张某无法约定事由单方擅自解除合同并拒绝履行合同义务的违约情形之间并无对等性。张某主张混合过错及违约责任相抵，缺乏事实和法律依据，不予支持。

关于违约金是否应当在一审判决基础上再行调减的争议。网络直播平台与直播之间的独家合作，是通过主播的解说特点、直播风格、技艺水平、人气指数等人身属性吸引受众观看并打赏，通过吸引用户、提升访问量、扩大市场份额以实现平台盈利，同时也给主播带来利益。网络直播平台行业竞争激烈，竞争的核心是主播资源的竞争。在平台市场竞争方面应注重保护平台培养利益，鼓励和保障平台逐步培养优秀主播，规制平台违法违规挖人及主播违约跳槽等不正当竞争现象。张某自 2014 年 12 月至 2018 年 2 月期间逐渐成长为业内优秀主播，收入状况从固定合作费用 12 万元/年增长至基础合作费 400 万元/年加礼物分成。张某的成长固然离不开自身提升技艺的努力，但更离不开平台投入大量资金长期培育。张某在成为网络科技公司的主播核心资源后，双方签订《游戏主播独家合作协议》，对张某擅自解约行为约定了较为严苛的违约责任，不仅对网络科技公司在《游戏主播独家合作协议》履行期间物质投入进行保障，更是对网络科技公司对张某长期培养的实际投入和已转化的公司价值予以保障。张某亦签署特别声明确认合作条件经充分协商为其真实意思表示。故双方之间就擅自解约所约定的违约金并不显失公平。张某在协议期内的故意违约行为，严重违反诚实信用原则。不仅造成网络科技公司直播平台基础用户流失直接影响网络科技公司的价值，还使得网络科技公司失去剩余合作期间内的可期待利益。一审法院酌情将违约金调整为 1300 万元并无不当。

律师评析

网络主播经纪服务合同纠纷案成讼的主要原因多为网络主播以经纪机构未按约定提供宣传推广及培养的服务为由要求解除合同，经纪机构则以网络主播合同履行期限未届满即单方面解除合同为由要求网络主播支付高额违约金。

本案的争议焦点也主要以此展开：第一，《游戏主播独家合作协议》的效力问题。网络主播多以经纪机构未取得相关经营资质为由要求认定合同无效。本章第二节已详细阐述了经纪机构在经营过程中应取得的经营资质，此处不再具体阐述。本案中，张某以网络科技公司未取得《网络文化经营许可证》为由要求认定合同无效，但网络科技公司在双方签署合同前即已取得该经营资质，其从事案涉经营活动在行政许可经营范围内。故二审法院对张某的该项主张不予支持。司法实务中，在关于经纪机构未取得相关经营资质的问题上，更倾向于《网络表演经营机构管理办法》《互联网文化管理暂行规定》属管理性规定，非效力性强制规定，即使经纪机构不具备相应资质，只要经纪合同系双方真实意思表示，且不违反法律、行政法规的强制性规定，应属合法有效。第二，网络科技公司迟延支付合作费用，张某是否有权解除合同。经纪机构在履行合同过程中，偶有迟延支付合作费用的情况出现，那么网络主播是否可以以此为由要求解除合同，还应根据案情具体分析此违约行为是否已达到根本违约的程度。本案中，张某主张网络科技公司因迟延支付合作费用违约在先，其有权解除合同，但因网络科技公司在诉争之前已实际支付，二审法院认为此违约行为属于轻微迟延履行情形，不构成根本违约，不符合法定解除合同的条件。第三，张某主张网络科技公司未履行宣传推广的合同义务是否成立。网络主播多以直播平台或经纪机构未按约定履行宣传推广义务、未按约定履行培养义务为由要求解除合同。本案中，网络科技公司提供初步证据证明其已履行宣传推广义务，张某未能提供证据予以反驳，亦未提供合同履行期间就设计宣传推广争议进行交涉沟通的任何证据，故二审法院对张某的该项主张不予以支持。第四，网络科技公司主张的违约金是否过高，《游戏主播独家合作协议》对张某擅自解约的违约金约定是否显失公平。网络科技公司要求张某支付违约金 2000 万元，一审法院考虑到网络科技公司在合同履行期间亦存在迟延履行的情况，故综合考量合同已履行情况、合作期限、约定的合作费用金额及当事人的过错程度等因素，酌情将违约金调整为 1300 万元，二审法院对此亦认可。法院对此的裁判观点结合了网络主播的行业特点，考虑到网络直播平台竞争的核心是主播资源的竞争，且张某收入显著增长，亦可证明网络科技公司投入了大量资金长期培育，违约金的约定并未显失公平。法院在裁量违约金金额时，主要考量因素一般为网络主播的收入增长情况、经纪合同期限、双方的过错程度以及守约方的可期待利益损失。

案例 2：李某诉某传媒公司确认劳动关系案①

裁判要旨

经纪机构与艺人虽然签订了《经纪合同》，但若双方并没有履行《经纪合同》中应有的权利义务关系，反而是经纪机构对艺人拥有极大的控制、决定及管理权，且艺人的工作属于经纪机构业务的组成部分时，双方构成的系劳动合同关系而非平等民事主体之间的合同关系。

案情简介

李某与某传媒公司于 2019 年 6 月 6 日签订《独家经纪合同》，合同的主要内容为：首部载明“乙方为甲方认可的极具发展潜力的网络红人，甲方具有专业的经纪服务、媒体营销以及商业运作经验，基于该前提，本着诚意合作、互利互惠的原则，根据《合同法》及其他相关法律法规的规定，乙方成为甲方的签约艺人，甲乙双方协商一致达成以下合同”。其中第 2 条约定：“合作内容：1. 乙方入驻成为某传媒公司旗下艺人，在合作期间甲方作为乙方独家经纪人，负责处理乙方线上、线下演艺经纪事宜，甲方将根据乙方的特点对其进行包装、宣传并在网络上推广乙方，乙方按甲方要求以个人名义在第三方平台（包括但不限于短视频平台、社交媒体等现有平台以及将来新注册、开发的与视频有关的一切网站、应用等）注册网络虚拟账号，或以现有网络虚拟账号，或甲方为乙方开设的账号，按照本合同的约定进行合作。2. 乙方提供的或新注册用于本合同合作的任意账号的所有权自双方合作之日起全部归属于甲方，乙方仅在合同期限内拥有使用权。3. 合同期内，乙方保证全部服从甲方的经纪安排，甲方利用自身的团队、资源提升乙方影响力，

① 一审：广东省深圳市南山区人民法院（2020）粤 0305 民初 28112 号；二审：广东省深圳市中级人民法院（2021）粤 03 民终 21086 号。

推广上述账号并进行商业运作（包括但不限于广告合作、商业活动、电商销售等）获得收益。4. 未经甲方书面同意，乙方不得在非甲方指定的互联网演艺平台上从事任何的演艺活动。”第5条约定：“……（1）合作期间，乙方应以专业、守时、敬业的工作态度配合甲方演出、活动、拍摄安排等，包括但不限于参加甲方安排的培训，与甲方共同策划账号的内容创意，配合甲方营运账号所需要的出演、出镜、直播、视频拍摄、简介等，配合甲方安排的商业以及非商业活动，其他甲方运营账号所需要乙方配合的安排……（7）……乙方擅自终止合同履行、解除合同或违反合同约定，乙方应向甲方支付甲方为提升乙方知名度而支出的合理费用（已在分配盈利时扣除的除外），并按照第7条第1款约定支付违约金。”第6条约定：“1. 鉴于乙方无其他收入，甲方每月给予乙方生活补贴2000元。2. 双方合作的账号产生相应收益，由甲方进行核算，在扣除相应的成本后，双方对利润（税前）按照甲方90%，乙方10%的比例进行分配……3. 乙方每月需按甲方要求拍摄视频发布到合作账号上，乙方同意若发布的视频数量及质量未达到甲方要求，甲方有权根据有效视频按比例在乙方分配的收益中进行扣除。4. 费用结算时间：每月20日至25日结算上月费用。”第7条违约责任约定：“1. 乙方应严格执行本合同约定，如有违反上述条款行为的，根据甲方确定的赔偿日期的粉丝数量，乙方按照每个粉丝10元作价赔偿守约方的损失，若上述赔偿仍不足以弥补甲方损失，甲方可继续追偿。2. 乙方违反与甲方签署的经纪合同或违反与甲方有商业关系的第三方签署的合约，造成甲方或第三方损失的，由乙方承担全部违约责任，如因此导致甲乙双方解除或终止合同，乙方按第7条第1款支付甲方违约金。3. 本合同履行期间，除约定条件成就，乙方不得擅自解除合同，若乙方擅自解除合同，应赔偿甲方在履行本合同中所有投入损失，及支付违约金（违约金根据双方确定的赔偿日期的粉丝数量，按照每个粉丝10元计算）。4. 乙方应诚实守信，如乙方存在买粉丝、刷粉丝、刷数据等造假行为，甲方可根据乙方造假的粉丝数量按照每个粉丝10元计算违约金，要求乙方支付。如情节严重（造假数量达到1万个以上），甲方有权解除本合同。5. 因本合同纠纷产生的费用包括但不限于诉讼费、保全费、担保费、律师费、公证费、鉴定费等由违约方承担。”另，合同的第8条约定了甲乙可以单方解除合同的情形，第 9 条约定合作账户的回购条件等。李某提交银行流水、考勤记录、被迫解除劳动合同通知书、李某与某传媒公司人事苏某如微信聊天记录、社保清单、委托代理合同、律师费发票，证明李某每天工作 8 小时，大周工作 5 天，小周工作 6 天，并通过“钉钉”打卡记录考勤，某传媒公司没有为李某购买社保。某传媒公司对以上证据的真实性均予认可，质证称考勤记录为了保证李某向某传媒公司提供足够数量的视频，在抖音等短视频平台运营账号上传高质量及足够数量的视频才能提高账号的曝光率，获取更多的粉丝及流量从而衍生招商广告、演出等项目，公司在固定的地点、固定的时间由某传媒公司提供专业的拍摄器材及辅助人员，与李某共同策划拍摄出足够数量的视频，该证据仅为双方正常履行经纪合同的行为，无法证明双方具有劳动关系；聊天记录仅为某传媒公司与李某正式签署合同之前的沟通环节，双方于 2019 年 6 月 6 日签订的《独家经纪合同》才是双方最终达成的合意。

法院裁决

一审法院经审理认为：《独家经纪合同》首部明确双方系基于李某的发展潜力以及某传媒公司可以提供的经纪服务等，根据《合同法》等法律规定，确定双方的权利义务关系。从合同内容看来，某传媒公司根据李某的特点对被告包装、宣传并在网络上推广被告，利用李某注册的网络虚拟账号进行广告合作、商业活动、电商销售等商业运作，李某配合某传媒公司演出、活动、拍摄安排等，与某传媒公司共同策划虚拟账号的内容创意，并按照某传媒公司的要求每月发布一定数量的视频；合作账号产生的收益，某传媒公司扣除相应成本后，双方对利润（税前）按照某传媒公司 90%，李某 10% 的比例进行分配，另鉴于李某无其他收入，某传媒公司每月给予李某生活补贴 2000 元；合同还约定了违约金条款、解除合同条款等，可见双方订立合同时的真实意思并非建立劳动合同关系。从合同的履行情况来看，某传媒公司存在要求李某考勤的管理行为，但此考勤行为仅是为了保证李某在某传媒公司的团队、资源协助下能够发布足够数量及质量的视频，以便切实履行双方订立的经纪合同，除此以外，李某并不受某传媒公司其他劳动制度的约束，某传媒公司也没有为李某购买社保，李某从事该工作本身是为了提升李某自身知名度与影响力并从中获取收益，李某对于具体工作内容，有充分表达自己意见的权利，可与某传媒公司共同策划虚拟账号的内容创意，与劳动合同关系中，劳动者提供的劳动完全从属于用人单位业务的特征不符。综上，双方并未形成劳动关系，某传媒公司主张其与李某于 2019 年 6 月 6 日至 2020 年 3 月 23 日期间不存在劳动关系，一审法院予以支持。关于律师费，如前所述，双方不存在劳动关系，李某在仲裁阶段主张的律师费没有依据，一审法院不予支持。

一审法院判决：1. 确认某传媒公司与李某于 2019 年 6 月 6 日至 2020 年 3 月 23 日期间不存在劳动关系。2. 某传媒公司无须支付李某律师费 2500 元。

李某不服一审判决，以原审认定事实不清、证据不足、适用法律错误为由提出上诉。

二审法院经审理认为：本案的争议焦点是李某与某传媒公司之间是否存在劳动关系。虽然双方签订了《签约独家经纪合同》，但双方之间的法律关系应当考察双方之间实质形成的权利义务关系。劳动关系是指用人单位招用劳动者成为其成员，劳动者在用人单位的管理下，提供由用人单位支付报酬的劳动而产生的权利义务关系。演艺经纪合同关系则是指演艺人员与经纪人或经纪机构所签订的，由经纪人或经纪机构为其提供包装、宣传、推介等服务，而演艺人员应当服从经纪人或经纪机构的安排，参与经纪人或经纪机构所组织和安排的演出活动等形成的权利义务关系。前者具有较强的人身属性，后者则是平等民事主体之间的权利义务关系。

某传媒公司招用李某成为某传媒公司的成员，并对李某的工作具有极大的控制权和决定权，李某受某传媒公司管理并服从于某传媒公司，工作成果归属于某传媒公司，某传媒公司为李某发放报酬。某传媒公司通过视频拍摄获取粉丝及流量，进而产生收益，李某的工作构成了某传媒公司的业务组成部分。双方并没有履行演艺经纪合同关系中应有的权利义务关系。综上，二审法院认为，双方在合同的实际履行中形成的是劳动关系，而并非平等民事主体之间的合同关系。

最终二审法院认定原审法院认定事实部分不清，适用法律不当，遂判决：1. 撤销广东省深圳市南山区人民法院（2020）粤 0305 民初 28112 号民事判决。2. 确认上诉人李某与被上诉人某传媒公司于 2019 年 6 月 6 日至 2020 年 3 月 23 日期间存在劳动关系。3. 被上诉人某传媒公司应于本判决生效之日起十日内支付上诉人李某律师费 2500 元。

律师评析

网络主播是随着互联网的发展而诞生的一种新兴职业，其与经纪机构之间的合作模式是多元的。目前，网络主播有三种主要的工作模式。一是主播与网络直播平台直接签订合同，成为直播平台的签约艺人，接受直播平台的规章制度约束。二是直播平台授予网络主播直播权限，网络主播通过注册进行直播表演，获取一定收益。三是主播与经纪机构签订经纪合同，由经纪机构安排其在网络直播平台上进行直播。本案中李某与某传媒公司之间签订的是“经纪合同”，符合第三种网络主播的工作模式。

本案一审法院与二审法院就网络主播与经纪机构之间究竟形成何种性质的法律关系存在不同观点。一审法院依据双方签订的《签约独家经纪合同》首部基于李某发展潜力以及传媒公司可以提供经纪服务的约定，加之之后合同的履行情况，认为李某与经纪机构订立合同时的真实意思表示并非建立劳动关系，故认定双方不存在劳动关系。而二审法院分别从考勤管理、工作内容及工作成果的决定权和控制权、利益分配的控制权、双方合同义务的履行情况、入职流程五个方面进行综合评析后，认为双方没有演艺经纪合同关系中应有的权利义务关系，故撤销了一审判决并改判李某与某传媒公司存在劳动关系。

网络主播这一职业完全是由于新的科技、互联网发展而产生的，与传统的职业存在天壤之别，网络主播与经纪机构之间以合作协议或经纪合同的形式签订合同，使网络主播与经纪机构之间披上了“民事合同关系”的外衣。因此，如何准确地界定网络主播与经纪机构之间建立的究竟为何种法律关系是解决此类纠纷的重要问题。实践中，认定劳动关系的主要依据是原劳动和社会保障部发布的《关于确立劳动关系有关事项的通知》第 1 条规定的（一）用人单位和劳动者符合法律、法规规定的主体资格；（二）用人单位依法制定的各项劳动规章制度适用于劳动者，劳动者受用人单位的劳动管理，从事用人单位安排的有报酬的劳动；（三）劳动者提供的劳动是用人单位业务的组成部分。但网络主播相较传统劳动者而言，其大多没有固定的工作地点、工作时间，用人单位对其的约束性管理规定也更少，其薪酬的计算和收取方式也是多种多样，其中主要来源于平台用户的打赏。因此，以传统的劳动关系认定标准面对网络主播这种新型的劳动关系显得力不从心，在认定新型的劳动关系时，应根据不同平台以及不同类型主播的实际用工特点，综合全部案件事实进行判断，更应该注重实质从属性的判断，避免仅依靠合同的约定、合同名称等表象来认定双方为何种性质的法律关系，而忽略了合同的实际履行情况。回到本案，一审法院仅依据合同名称、约定内容来判定案涉合同是否为劳动合同，最终得出双方之间不存在劳动关系这一值得商榷的结论。二审法院则是从人身从属性的角度，分别从李某是否需要接受某传媒公司的考勤管理、对其工作内容是否具有选择权、对工作成果是否享有决定权和控制权、对利益分配的控制权、双方合同义务的履行情况、入职流程等方面，全面阐述了网络主播与经纪机构之间存在的权利义务关系，从而认定双方为劳动合同关系，而非平等民事主体之间的合同关系。二审法院的这一裁判观点为今后实务中应如何界定网络主播与经纪机构之间是否形成了名为经纪关系实为劳动关系的情形提供了参考，维护了网络主播应享有的合法权益。

图书在版编目（CIP）数据

合同案件办案策略与技巧 / 张盈，张海燕主编 .—2 版 .—北京：中国法制出版社，2024. 3
（办案策略与技巧）
ISBN 978-7-5216-3779-3

Ⅰ. ①合… Ⅱ. ①张… ②张… Ⅲ. ①合同法-案例-中国 Ⅳ. ①D923. 65

中国国家版本馆 CIP 数据核字（2023）第 137777 号

策划编辑：韩璐玮（hanluwei666@ 163. com）
责任编辑：孙静　　封面设计：周黎明

合同案件办案策略与技巧
HETONG ANJIAN BAN'AN CELÜE YU JIQIAO

主编/张盈　张海燕
经销/新华书店
印刷/三河市国英印务有限公司
开本/710 毫米×1000 毫米　16 开　　印张/ 47. 5　字数/ 613 千
版次/2024 年 3 月第 2 版　　2024 年 3 月第 1 次印刷

中国法制出版社出版
书号 ISBN 978-7-5216-3779-3　　定价：149. 00 元

北京市西城区西便门西里甲 16 号西便门办公区
邮政编码：100053　　传真：010-63141600
网址：http：//www. zgfzs. com　　**编辑部电话：010-63141787**
市场营销部电话：010-63141612　　**印务部电话：010-63141606**

（如有印装质量问题，请与本社印务部联系。）